绿博书系　　考研专业课辅导系列

经济学原理
微观经济学分册

考点归纳、习题详解、考研真题　　圣才考研网　主编

PRINCIPLES OF ECONOMICS
7TH EDITION

化学工业出版社
·北京·

本书的对应教材为［美］曼昆著、梁小民等译的《经济学原理（微观经济学分册）》第7版。

本书遵循教材的章目编排，共分22章，每章由四部分组成。第一部分为知识结构导图，完美清晰地呈现本章知识体系。第二部分为考点难点归纳，梳理总结本章的重要考点和难点。第三部分为课后习题详解，详细分析和解答教材的课后习题。第四部分为名校考研真题详解，精选数十所名校的近年考研真题，并提供详细的答案和解析。

本书免费赠送超值大礼包，包括视频课程（网授精讲班——教材精讲＋考研真题串讲）、名师考前直播答疑、3D电子书、3D题库（历年真题＋章节题库＋考前押题）、手机版（电子书＋题库），详情见前言内容。

本书可作为高等院校经济类专业学生的学习辅导书，也可作为考研学生的复习用书及教师的教学参考书。

图书在版编目（CIP）数据

经济学原理 微观经济学分册 考点归纳、习题详解、考研真题/圣才考研网主编. —北京：化学工业出版社，2017.8
（绿博书系 考研专业课辅导系列）
ISBN 978-7-122-30037-9

Ⅰ.①经… Ⅱ.①圣… Ⅲ.①经济学-研究生-入学考试-自学参考资料②微观经济学-研究生-入学考试-自学参考资料 Ⅳ.①F016

中国版本图书馆CIP数据核字（2017）第150186号

责任编辑：提 岩 王 可　　　　装帧设计：张 辉
责任校对：王素芹

出版发行：化学工业出版社（北京市东城区青年湖南街13号　邮政编码100011）
印　　刷：北京云浩印刷有限责任公司
装　　订：三河市骥发装订厂
787mm×1092mm　1/16　印张24　字数632千字　2017年9月北京第1版第1次印刷

购书咨询：010-64518888（传真：010-64519686）　售后服务：010-64518899
网　　址：http://www.cip.com.cn
凡购买本书，如有缺损质量问题，本社销售中心负责调换。

定　价：58.00元　　　　　　　　　　　　　　　　　　　　　版权所有　违者必究

前　言

　　[美]曼昆著、梁小民等译的《经济学原理（微观经济学分册）》第7版，是世界上最流行的初级经济学教材，也是我国众多高校采用的经济学优秀教材，被众多高校（包括科研机构）指定为经济类专业考研参考书目。

　　为了帮助读者更好地学习专业课，提高专业课成绩，我们编写了这本教材的学习辅导书，并精选了数十所高校近年来有代表性的考研真题，进行了详细的解析。本书具有以下几个方面的特点。

　　（1）针对性强。本书按照[美]曼昆著、梁小民等译的《经济学原理（微观经济学分册）》第7版教材的章目编排，每章总结归纳考试中经常出现的考点和难点，并精选了大量的名校考研真题，使本书具有很强的针对性与参考性，便于考生复习备考。

　　（2）全面系统。本书每章都由知识结构导图、考点难点归纳、课后习题详解和名校考研真题详解四部分组成。本书秉承"三贴近"原则，即贴近教材、贴近考研真题、贴近命题方向，帮助考生进行全面复习。

　　（3）解答详尽。本书所选部分考研真题有相当的难度，对每道题（包括名词解释）都尽可能给出详细的参考答案，条理分明，便于记忆，便于考生掌握应试技巧和作答思路。

　　本书免费赠送超值大礼包，具体包括：①视频课程（网授精讲班——教材精讲＋考研真题串讲）；②名师考前直播答疑；③3D电子书；④3D题库（历年真题＋章节题库＋考前押题）；⑤手机版（电子书＋题库）。手机扫描下方二维码，或登录圣才学习网首页的【购书大礼包】专区（www.100xuexi.com/gift），免费领取本书大礼包，咨询电话4009008858。

　　本书由圣才考研网主编，参与编写的人员有陈世佐、邱亚辉、王巍、杨辉、匡晓霞、蔡霞、赵芳微、蒋珊珊、段瑞权、娄旭海、李昌付、涂幸运、张宝霞、黄前海、李雪、肖萌等。

　　由于编者水平有限，书中难免有不足之处，欢迎广大读者批评指正。

编　者

2017年5月

目 录

第1章　经济学十大原理 ······ 1	知识结构导图 ······ 104
知识结构导图 ······ 1	考点难点归纳 ······ 104
考点难点归纳 ······ 1	课后习题详解 ······ 106
课后习题详解 ······ 2	名校考研真题详解 ······ 117
名校考研真题详解 ······ 15	**第8章　应用：赋税的代价** ······ 121
第2章　像经济学家一样思考 ······ 17	知识结构导图 ······ 121
知识结构导图 ······ 17	考点难点归纳 ······ 121
考点难点归纳 ······ 17	课后习题详解 ······ 122
课后习题详解 ······ 19	名校考研真题详解 ······ 131
名校考研真题详解 ······ 30	**第9章　应用：国际贸易** ······ 134
第3章　相互依存性与贸易的好处 ······ 32	知识结构导图 ······ 134
知识结构导图 ······ 32	考点难点归纳 ······ 134
考点难点归纳 ······ 32	课后习题详解 ······ 137
课后习题详解 ······ 33	名校考研真题详解 ······ 150
名校考研真题详解 ······ 43	**第10章　外部性** ······ 154
第4章　供给与需求的市场力量 ······ 47	知识结构导图 ······ 154
知识结构导图 ······ 47	考点难点归纳 ······ 154
考点难点归纳 ······ 47	课后习题详解 ······ 156
课后习题详解 ······ 50	名校考研真题详解 ······ 167
名校考研真题详解 ······ 65	**第11章　公共物品和公共资源** ······ 171
第5章　弹性及其应用 ······ 69	知识结构导图 ······ 171
知识结构导图 ······ 69	考点难点归纳 ······ 171
考点难点归纳 ······ 69	课后习题详解 ······ 173
课后习题详解 ······ 72	名校考研真题详解 ······ 182
名校考研真题详解 ······ 83	**第12章　税制的设计** ······ 186
第6章　供给、需求与政府政策 ······ 88	知识结构导图 ······ 186
知识结构导图 ······ 88	考点难点归纳 ······ 186
考点难点归纳 ······ 88	课后习题详解 ······ 187
课后习题详解 ······ 90	名校考研真题详解 ······ 196
名校考研真题详解 ······ 98	**第13章　生产成本** ······ 198
第7章　消费者、生产者与市场效率 ······ 104	知识结构导图 ······ 198
	考点难点归纳 ······ 198

课后习题详解 …………………… 202
　　名校考研真题详解 ………………… 215

第14章　竞争市场上的企业 ………… 220
　　知识结构导图 …………………… 220
　　考点难点归纳 …………………… 220
　　课后习题详解 …………………… 223
　　名校考研真题详解 ………………… 234

第15章　垄断 ……………………… 238
　　知识结构导图 …………………… 238
　　考点难点归纳 …………………… 238
　　课后习题详解 …………………… 241
　　名校考研真题详解 ………………… 255

第16章　垄断竞争 ………………… 259
　　知识结构导图 …………………… 259
　　考点难点归纳 …………………… 259
　　课后习题详解 …………………… 262
　　名校考研真题详解 ………………… 270

第17章　寡头 ……………………… 273
　　知识结构导图 …………………… 273
　　考点难点归纳 …………………… 273
　　课后习题详解 …………………… 275
　　名校考研真题详解 ………………… 287

第18章　生产要素市场 …………… 293
　　知识结构导图 …………………… 293
　　考点难点归纳 …………………… 293
　　课后习题详解 …………………… 296
　　名校考研真题详解 ………………… 307

第19章　收入与歧视 ……………… 312
　　知识结构导图 …………………… 312
　　考点难点归纳 …………………… 312
　　课后习题详解 …………………… 313
　　名校考研真题详解 ………………… 321

第20章　收入不平等与贫困 ……… 323
　　知识结构导图 …………………… 323
　　考点难点归纳 …………………… 323
　　课后习题详解 …………………… 325
　　名校考研真题详解 ………………… 335

第21章　消费者选择理论 ………… 338
　　知识结构导图 …………………… 338
　　考点难点归纳 …………………… 338
　　课后习题详解 …………………… 342
　　名校考研真题详解 ………………… 357

第22章　微观经济学前沿 ………… 362
　　知识结构导图 …………………… 362
　　考点难点归纳 …………………… 362
　　课后习题详解 …………………… 363
　　名校考研真题详解 ………………… 375

第1章 经济学十大原理

经济学十大原理
- 人们如何做出决策
  - 人们面临权衡取舍
  - 某种东西的成本是为了得到它所放弃的东西
  - 理性人考虑边际量
  - 人们会对激励做出反应
- 人们如何相互影响
  - 贸易可以使每个人的状况都变得更好
  - 市场通常是组织经济活动的一种好方法
  - 政府有时可以改善市场结果
- 整体经济如何运行
  - 一国的生活水平取决于它生产物品与服务的能力
  - 当政府发行了过多货币时,物价上升
  - 社会面临通货膨胀与失业之间的短期权衡取舍

 考点难点归纳

考点1 什么是经济学

(1) 经济学是研究社会如何管理自己的稀缺资源。

(2) 稀缺性是指社会拥有的资源是有限的,因此不能生产人们希望拥有的所有物品与服务。现实中存在着资源的有限性和人类欲望的无限性之间的矛盾。经济学家们从经济学角度来研究使用有限的资源生产什么、如何生产和为谁生产的问题。经济学研究的问题和经济物品均以稀缺性为前提。

 【名师点读】

经济学有两个最基本的假设:①经济个体是理性的,即理性人——系统而有目的地尽最大努力实现其目标的人;②经济资源是相对稀缺的,消费的前提是生产分配及交换,而生产的前提是有资源,资源的稀缺性决定了人必须进行选择。深刻地理解理性人假设及资源的稀缺性是学好本门课程的关键。

考点2 经济学十大原理

范围	原　　理
人们如何做出决策	原理一：人们面临权衡取舍 原理二：某种东西的成本是为了得到它所放弃的东西 原理三：理性人考虑边际量 原理四：人们会对激励做出反应
人们如何相互影响	原理五：贸易可以使每个人的状况都变得更好 原理六：市场通常是组织经济活动的一种好方法 原理七：政府有时可以改善市场结果
整体经济如何运行	原理八：一国的生活水平取决于它生产物品与服务的能力 原理九：当政府发行了过多货币时,物价上升 原理十：社会面临通货膨胀与失业之间的短期权衡取舍

【名师点读】

经济学十大原理是对经济学研究的各领域的中心思想的概括，考生应理解并记住。

（1）经济个体在追求最大化目标时，其理性行为受到限制，因此经济学尤其是微观经济学十分强调约束条件下的最大化。做出决策时，任何一种行为的成本可用其所放弃的机会衡量，理性人通过比较边际成本与边际收益作出决策，人们根据其所面临的激励改变行为。

（2）关于整体经济，考生需理解一些基本概念。如生产率决定了不同国家和地区的生活水平，是生活水平差异的最终根源，货币量的增长是通货膨胀的最终根源，社会面临通货膨胀与失业的短期权衡取舍等。具体内容在后续章节有具体讲到，考生需熟练掌握。

课后习题详解

一、概念题

1. 稀缺性（scarcity）

答：经济学研究的问题和经济物品都是以稀缺性为前提的。稀缺性是指社会资源的有限性。人类消费各种物品的欲望是无限的，满足这种欲望的物品，有的可以不付出任何代价而随意取得，称之为自由物品，如阳光和空气；但绝大多数物品是不能自由取用的，因为世界上的资源（包括物质资源和人力资源）是有限的，这种有限的、为获取它必须付出某种代价的物品，称为"经济物品"。正因为稀缺性的客观存在，地球上就存在着资源的有限性和人类的欲望与需求的无限性之间的矛盾。经济学的一个重要研究任务就是："研究人们如何进行抉择，以便使用稀缺的或有限的生产性资源（土地、劳动、资本品如机器、技术知识）来生产各种商品，并把它们分配给不同的社会成员进行消费。"也就是从经济学角度来研究使用有限的资源生产什么、如何生产和为谁生产的问题。

2. 经济学（economics）

答：经济学是研究社会如何管理自己的稀缺资源。时下经常见诸国内报刊文献的"现代西方经济学"一词，大多也都在这个意义上使用。

自从凯恩斯的名著《就业、利息和货币通论》于 1936 年发表之后，西方经济学界对经济学的研究便分为两个部分：微观经济学与宏观经济学。微观经济学是以单个经济主体（作为消费者的单个家庭或个人，作为生产者的单个厂商或企业，以及单个产品或生产要素市场）为研究对象，研究单个经济主体面对既定的资源约束时如何进行选择的科学。宏观经济学则以整个国民经济为研究对象，主要着眼于对经济总量的研究。

3. 效率（efficiency）

答：效率是指社会能从其稀缺资源中得到最大利益的特性。指人们在实践活动中的产出与投入之比值，或者是效益与成本之比值，如果比值大，效率就高；反之，比值小，效率就低。效率与产出或者收益的大小成正比，而与成本或投入成反比，也就是说，如果想提高效率，必须降低成本或投入，提高收益或产出。

4. 平等（equality）

答：平等指人与人的利益关系及利益关系的原则、制度、做法、行为等都合乎社会发展的需要，即经济成果在社会成员中平均分配的特性。平等是一个历史范畴，不存在永恒的公平。在不同的社会中，人们对平等的观念是不同的。平等观念是社会的产物，按其所产生的社会历史条件和社会性质的不同而有所不同。平等又是一个客观的范畴，尽管在不同的社会形态中，平等的内涵不同，不同的社会、不同的阶级对平等的理解不同，但平等具有客观的内容，平等是社会存在的反映，具有客观性。

5. 机会成本（opportunity cost）

答：机会成本是指为了得到某种东西所必须放弃的东西。指将一种资源用于某种用途，而未用于其他用途所放弃的最大预期收益。机会成本的存在需要三个前提条件：①资源是稀缺的；②资源具有多种生产用途；③资源的投向不受限制。从机会成本的角度来考察生产过程时，厂商需要将生产要素投向收益最大的项目，以避免带来生产的浪费，达到资源配置的最优。机会成本的概念是以资源的稀缺性为前提提出的，当一个社会或一个企业用一定的经济资源生产一定数量的一种或者几种产品时，这些经济资源就不能同时被使用在其他的生产用途方面。这就是说，这个社会或这个企业所能获得的一定数量的产品收入，是以放弃用同样的经济资源来生产其他产品时所能获得的收入作为代价的，这也是机会成本产生的缘由。因此，社会生产某种产品的真正成本就是它不能生产另一些产品的代价。

6. 理性人（rational people）

答：理性人是指系统而有目的地尽最大努力去实现其目标的人。理性人是经济研究中所假设的、在一定条件下具有典型理性行为的经济活动主体，可以是消费者、厂商，也可以是从事任何其他经济活动的人。在经济研究中，往往从这种理性人的假设出发，推导出一定条件下人们经济行为的规律。比如，假设在完全竞争市场条件下，经济活动主体所追求的唯一目标是自身经济利益的最大化，即作为理性人的消费者追求效用最大化，作为理性人的厂商追求利润最大化等。

7. 边际变动（marginal change）

答：边际变动指对行动计划的微小增量调整。经济学中的边际指的是因变量随着自变量的变化而变化的程度，即自变量变化一个单位，因变量会因此而改变的量。边际的概念根植于高等数学的一阶导数的概念，如果函数的自变量为多个，则针对每个自变量的导数为偏导数。

8. 激励（incentive）

答：激励是指引起一个人做出某种行为的某种东西。激励利用外部诱因使人的积极性和创造性受到调动与激发。这时外部刺激内化为个人的自觉行动，使人完成目标的行为处于高度的受鼓舞状态，从而最大限度地发挥人的潜力（智力和体力）。当人的某种需要产生时，心理上就会产生一种不安或紧张状态，从而造成一种内在驱动力，驱使人的行动指向目标。当目标达到后，需要即得到满足，激励状态解除，随后又会产生新的需要，这个过程就是激励过程。人的工作效率取决于他的能力和激励水平（即积极性的高低）。激励的手段包括物质利益激励、精神激励、环境激励、目标激励、任务激励和组织激励等。

9. 市场经济（market economy）

答：市场经济指当许多企业和家庭在物品与服务市场上相互交易时，通过他们的分散决策配置资源的经济。在市场经济下，经济决策是分散进行的，它由经济组织和个人各自独立地做出。市场经济对于资源的配置是通过市场机制来实现的，通过市场机制内的供给与需求、价格、竞争、风险等要素之间的相互作用来促进资源的优化配置和各部门的按比例发展。实际上，资源配置问题就是决定经济社会生产什么和生产多少、如何生产以及为谁生产的问题。

（1）生产什么。在市场经济中，市场机制通过供求规律来决定生产什么。当需求量超过供给量从而产生短缺时，市场机制促使价格上涨，刺激这种短缺商品的生产，减少对它的消费。当需求量小于供给量从而产生过剩时，市场机制促使价格下跌，压缩这种过剩商品的生产并增加对它的消费。在这两种情况下，最终会导致该商品的供求达到平衡。市场机制的作用在于变动价格水平来使每一种商品的生产适应它的需求。

（2）如何生产。在如何生产的问题中，仍由价格机制来分配各个生产者所需要的生产要素。为了应对价格竞争和取得最大利润，生产者的最佳方法便是采用效率最高的生产方法，以便把成本降低到最低点。生产者在利润的刺激下，会用便宜的生产方法取代费用较高的生产方法。因此，在市场经济下，投入的生产要素将分配给使用它们进行生产的最富有成效的生产者。

（3）为谁生产。为谁生产物品取决于生产要素市场上的供给和需求，要素市场决定了劳动、土地、资本和企业家才能的价格即工资率、地租、利息率和利润的大小，从而也就决定了这些要素所有者的报酬或收入。

10. 产权（property rights）

答：产权又称"财产所有权"，是指个人拥有并控制稀缺资源的能力，或者可以理解为人们对其所交易的东西的所有权，即人们在交易活动中使自己或他人在经济利益上受益或受损的权力。产权是一定所有制关系在法律上的表现，也就是法律上确认的经济主体对自身所有的财产权利。

11. 市场失灵（market failure）

答：市场失灵指市场本身不能有效配置资源的情况，即价格机制在某些领域不能起作用或不能起有效作用的情况。从社会福利角度来看，价格机制并不是万能的，它不可能调节人们经济生活的所有领域。

导致市场失灵的原因主要有以下几种：①外部性，即一个经济主体的行为造成的另一个经济主体的利益或成本的变化，而另一个经济主体又没有得到支付或补偿的情况；②公共物品，即对整个社会有益，但因不能获得收益或私人成本太高而私人厂商不愿意生产的产品和服务，如国防、空间研究、气象预报等；③交易成本非零，如搜集信息、讨价还价、达成合同等所需要的成本，往往使得交易难以进行；④市场特权，如垄断的存在或过度的竞争；

⑤市场机制不能够解决社会目标问题；⑥非对称信息，如生产者往往具有比消费者更多的关于商品的信息等。一般均衡理论中所谓"竞争的市场可以达到帕累托最优状态"，是在假定市场上不存在上述导致市场失灵的任一因素的情况下发生的。因为只要其中一种因素存在，就会导致资源配置的效率损失，使经济不能达到帕累托最优状态。从 20 世纪初起，这些问题逐渐受到人们的重视。许多经济学家认为，市场的缺陷和不足是可以通过政府采取某些经济行为来纠正的。

12. 外部性（externality）

答：外部性又称外部效应或外在性，指一个人的行为对旁观者福利的影响。或者可以理解为市场交易对交易双方之外的第三者所造成的影响。

外部性的影响方向和作用结果具有两面性，可分为正的外部性和负的外部性（也称为外部经济和外部不经济）。那些能为社会和其他个人带来收益或能使社会和个人降低成本支出的外部效应称为正的外部性，它是对个人或社会有利的外部性，如免疫计划；那些能够引起社会和其他个人成本增加或导致收益减少的外部效应称为外部不经济，它是对个人或社会不利的外部性，如工厂导致的污染。

外部性会造成私人成本和社会成本之间或私人收益和社会收益之间的不一致，这种成本和收益差别虽然会相互影响，却没有得到相应的补偿，因此容易造成市场失灵。福利经济学认为，除非社会上的正外部性效果与负外部性效果正好相互抵消，否则外部性的存在使得帕累托最优状态不可能达到，从而也不能达到个人和社会的最大福利。外部性理论可以为经济政策提供某些建议，它为政府对经济的干预提供了一种强有力的依据，政府可以根据外部性的影响方向与影响程度的不同制定相应的经济政策，并利用相应的经济手段，消除外部效应对成本和收益差别的影响，实现资源的最优配置和收入分配的公平合理。

13. 市场势力（market power）

答：市场势力指单个经济活动者（或某个经济活动小群体）对市场价格有显著影响的能力。经济学的基本观点认为，造成市场失灵的一个重要原因是市场势力的存在。例如国家出台津贴扣税与实名购房的政令，其意图在于推动一个公开竞争市场的建构，但是最终却收效甚微。毫无疑问，被两则政令影响到自身利益的强势话语权者，都充当了阻挠者，而他们行为的背后，更存在着权力寻租等腐败因素。

14. 生产率（productivity）

答：生产率指每单位劳动投入所生产的物品与服务的数量。生产率一般指劳动生产率，即劳动者生产某种产品的劳动效率。劳动生产率水平可以用单位时间内所生产的产品的数量来表示。单位时间内生产的产品数量越多，劳动生产率就越高；反之，则越低。劳动生产率水平也可以用生产单位产品所耗费的劳动时间来表示。生产单位产品所需要的劳动时间越少，劳动生产率就越高；反之，则越低。

15. 通货膨胀（inflation）

答：通货膨胀指经济中物价总水平的上升。指在纸币流通条件下，由于货币供应量过多，使有支付能力的货币购买力超过商品可供量，从而引起货币不断贬值和一般物价水平持续上涨的经济现象。在宏观经济学中，通货膨胀主要是指价格和工资的普遍持续上涨。

通货膨胀按表现形式不同可分为开放型通货膨胀和抑制型通货膨胀两大类；按物价上涨的不同速度可分为爬行式通货膨胀（温和通货膨胀）、奔腾式通货膨胀和恶性通货膨胀（极度通货膨胀）；按通货膨胀形成的原因可分为需求拉上型通货膨胀和成本推进型通货膨胀等。

通货膨胀只有在纸币流通的条件下才会出现,在金银货币流通的条件下不会出现此种现象。这是因为金银货币本身具有价值,作为贮藏手段的职能,可以自发地调节流通中的货币量,使它同商品流通所需要的货币量相适应。而在纸币流通的条件下,由于纸币本身不具有价值,它只是代表金银货币的符号,不能作为贮藏手段,因此,纸币的发行量如果超过了商品流通所需要的数量,造成流通中的纸币量比流通中所需要的金银货币量多了,货币就会贬值,这就是通货膨胀。

16. 经济周期(business cycle)

答:经济周期指就业和生产等经济活动的波动。又称经济波动或国民收入波动,指总体经济活动的扩张和收缩交替反复出现的过程。现代经济学中关于经济周期的论述一般是指经济增长率的上升和下降的交替过程,而不是经济总量的增加和减少。一个完整的经济周期包括繁荣、衰退、萧条、复苏(也可以称为扩张、持平、收缩、复苏)四个阶段。在繁荣阶段,经济活动全面扩张,不断达到新的高峰;在衰退阶段,经济短时间保持均衡后出现紧缩的趋势;在萧条阶段,经济出现急剧的收缩和下降,很快从活动量的最高点下降到最低点;在复苏阶段,经济从最低点恢复并逐渐上升到先前的活动量高度,进入繁荣。衡量经济周期处于什么阶段,主要依据国民生产总值、工业生产指数、就业和收入、价格指数、利息率等综合经济活动指标的波动。经济周期的类型按照其频率、幅度、持续时间的不同,可以划分为短周期、中周期、长周期三类。对经济周期的形成原因有很多解释,其中比较有影响的主要是纯货币理论、投资过度论、消费不足论、资本边际效率崩溃论、资本存量调整论和创新论等。

二、复习题

1. 列举三个你在生活中面临的重大权衡取舍的例子。

答:经济学十大原理的第一个原理就是:人们面临权衡取舍。为了得到一件喜爱的东西,人们通常就不得不放弃另一件喜爱的东西。做出决策要求人们在一个目标与另一个目标之间权衡取舍。在生活中面临的重要权衡取舍的例子很多,举三个例子如下。

(1)大学入学时面临专业选择的权衡取舍,选学经济学就要放弃学习数学的机会,反之亦然。

(2)大学生活中,面临选择安静学习还是参加社团结交朋友锻炼自己的权衡取舍。

(3)大学毕业后,面临着是否继续深造的选择,选择继续上学攻读研究生学位,就意味着在今后三年中放弃参加工作、赚工资和积累社会经验的机会。

2. 你会将哪些项目列为去迪士尼乐园度假的机会成本?

答:机会成本指将一种资源用于某种用途,而未用于其他用途所放弃的最大预期收益。去迪士尼乐园度假的机会成本是去迪士尼乐园度假的时间或金钱做其他事情所能获得的最大收益。例如:用来去迪士尼乐园度假的时间可以用在看电视或者加班工作等,在这些活动中所能获得的收益即为去迪士尼乐园度假的机会成本。

3. 水是生活必需品。一杯水的边际收益是大还是小呢?

答:边际收益指消费者在一定时间内增加一单位商品的消费所得到的满足程度(常用效用量来衡量)的增量。边际收益存在递减规律,该规律的内容为:在一定时间内,在其他商品的消费量保持不变的条件下,随着消费者对某种商品消费量的增加,消费者从该商品连续增加的每一单位消费中得到的满足程度增量即边际收益是递减的。

一杯水的边际收益多大,取决于当时的环境。如果你正在参加马拉松赛跑,或者你在沙漠的太阳下奔走了三个小时，那么，此时的边际收益将会极大。但是，若你刚喝过其他的饮料，此时一杯水的边际收益就很小了。也就是说，虽然有些东西对人的生命是很重要的（比如水），但其边际收益并不总是很大的。

4. 为什么决策者应该考虑激励？

答：激励从其词意上看，就是指激发鼓励的意思。具体来说，激励指激发人的行为动机，使人有一股内在动力，以促使个体更好地实现行为目标。激励也可以说是调动积极性的过程。从人的行为规律来看，行为的每一个阶段、每一个过程都存在着如何激励的问题。激励有利于调动人们潜在的工作积极性和主动性，创造性地进行劳动，出色地去实现既定的目标，不断提高工作效率，创造更多的物质财富。

政策制定者应该考虑激励的原因如下。

（1）人们会对激励做出反应，而政策会影响激励。例如，对汽油征税，人们就会考虑开小型、节油型汽车。

（2）政策有时也会产生事先并不明显的影响。例如，美国国会通过立法要求汽车公司生产包括安全带在内的各种安全设备，使得安全带成为汽车的标准设备。安全带降低了司机伤亡的概率，从而减少了司机的车祸代价；换言之，安全带减少了缓慢而谨慎地开车的利益。在这种激励下，人们对安全带的反应是更快地开车，结果司机死亡人数变少，而行人死亡人数增加了。

因此，在分析任何一政策时，政策制订者不仅应该考虑直接影响，而且还应该考虑因为激励而发生的间接影响，从而使制定的政策取得良好的效果。

5. 为什么各国之间的贸易不像一场比赛一样有赢家和输家呢？

答：经济学原理表明：贸易能使每个人的状况都变得更好。各国之间的贸易并不像一场比赛一样有赢家和输家，具体来讲，其原因可以从以下两个方面来分析。

（1）贸易不是零和博弈。一些人按照赢家和输家来看待交换。他们对贸易的反应是，在出售之后，如果卖者幸福，则买者一定倒霉，因为卖者必定从买者那里得到了点什么。也就是说，他们把贸易视为一方获益则另一方必定受损的零和博弈。这些人没有认识到，双方都是自愿交易而获益，因为允许各方从事其最有效的生产，然后交换另一方更有效生产的东西，没有人遭受损失，而且贸易是自愿的。

（2）各国之间的贸易之所以不像一场比赛一样有赢家和输家，是因为贸易可以使贸易各方受益。通过国际分工可以使各国专门从事自己最擅长的活动，这种专业化生产可以提高效率，再通过贸易交换可以使贸易各方都能以较低的成本获得各种各样的物品与服务，从而使得各方的福利都增加。因此，在公平的贸易中可以得到"双赢"或者"多赢"的结果。

6. 市场中的看不见的手在做什么呢？

答：关于市场中的那只"看不见的手"如何发挥作用，可以从以下几点来分析。

（1）亚当·斯密提出了"看不见的手"原理。亚当·斯密在他的《国富论》(1776年)中写道："每个人都在力图使用他的资本，来使其生产品能得到最大的价值。一般地说，他并不企图增进公共福利，也不知道他所增进的公共福利为多少。他所追求的仅仅是他个人的安乐，仅仅是他个人的利益。在这样做时，有一只看不见的手引导他去促进一种目标，而这种目标绝不是他所追求的东西。由于追逐他自己的利益，他经常促进了社会利益，其效果要比他真正想促进社会利益时所得到的效果要大。"

（2）亚当·斯密"看不见的手"理论认为：只要每一个人都是理性的，并且都追求自身效用最大化，那么就不需要有人来管理，将会有一只"看不见的手"来进行调控，经济运行由此可以自动达到最佳状态。即"看不见的手"通过价格机制、供求机制、竞争机制来自动调节人们的行为以使社会福利最大化。

（3）该思想包含着三个要点：①追求个人利益是人类从事经济活动的主要动力；②市场中的那只"看不见的手"自发地将各种个人利益转变为一种共同利益；③对国民财富的增长来说，政府对经济管得越少越好。福利经济学继承了亚当·斯密的思想，认为自由放任的市场可以自发地导致共同利益的增加。

7. 解释市场失灵的两个主要原因，并各举一个例子。

答：市场失灵指市场本身不能有效配置资源的情况，也即价格机制在某些领域不能起作用或不能起有效作用的情况。

（1）外部性是一个人的行为对旁观者福利的影响。当一个人不完全承担（或享受）他的行为所造成的成本（或收益）时，就会产生外部性。外部性的影响会造成私人成本和社会成本之间，或私人收益和社会收益之间的不一致，因此容易造成市场失灵。外部性又分为正的外部性和负的外部性。如一个人在公共场合吸烟，污染了环境，损害了他人健康，产生了负的外部性；而一个人的知识又会有外溢性，即产生正的外部性。

（2）市场势力指一个人（或一小群人）不适当地影响市场价格的能力。例如，某种商品的垄断生产者由于几乎不受市场竞争的影响，可以向消费者收取过高的垄断价格。

8. 为什么生产率是重要的？

答：（1）生产率指每单位劳动投入所生产的物品与服务的数量。生产率一般指劳动生产率，即劳动者生产某种产品的劳动效率。劳动生产率水平可以用单位时间内所生产的产品的数量来表示。单位时间内生产的产品数量越多，劳动生产率就越高；反之，则越低。劳动生产率水平也可以用生产单位产品所耗费的劳动时间来表示。生产单位产品所需要的劳动时间越少，劳动生产率就越高；反之，则越低。

（2）在那些每单位时间工人能生产大量物品与服务的国家，大多数人享有高生活水平；在那些工人生产率低的国家，大多数人必须忍受贫困的生活。同样，一国的生产率的增长率决定了平均收入的增长率。所以，一国的生产率水平与该国的平均收入水平之间有正相关关系，生产率越高，该国的生活水平就越高。

9. 什么是通货膨胀？什么引起了通货膨胀？

答：（1）通货膨胀的含义

通货膨胀指经济中物价总水平的上升。指在纸币流通条件下，由于货币供应量过多，使有支付能力的货币购买力超过商品可供量，从而引起货币不断贬值和一般物价水平持续上涨的经济现象。

（2）引起通货膨胀的因素

通货膨胀是流通中货币量的过度增加而造成的货币贬值，由此导致经济生活中价格总水平上升。所以，货币量增长引起了通货膨胀。按照西方经济学的解释，通货膨胀的主要原因有：需求拉上、成本推进、供求混合性以及结构性等因素。

①需求拉上因素。这是从总需求的角度来分析的原因，它是指产品市场在现有的价格水平下，经济的总需求水平超过总供给水平，导致的一般物价水平上升引起的通货膨胀。引起总需求过多的因素有两大类：一类被称为实际因素，如消费需求和投资需求扩大、政府支出增加、减税以及净出口增加等因素都会使 IS 曲线向右移动，引起总需求曲线的向右移动，从而使经济在现有的价格水平下总需求超过总供给。另一类被称为货币因素，即货币供

给量的增加或实际货币需求的减少,这会使得 LM 曲线向右移动,也会导致总需求在现有价格水平下扩大。在经济的总供给没有达到充分就业的产出水平之前,总需求的增加在使价格水平上升的同时,也使总产出增加。随着经济接近充分就业产出水平,总需求再增加,产出也不会再增加,而只会导致价格水平的上升。

② 成本推进因素。这是从供给的角度来分析通货膨胀的原因,它是指由于生产成本的提高而引起的一般物价水平的上升。供给就是生产,根据生产函数,生产取决于成本。因此,从总供给的角度看,引起通货膨胀的原因在于成本的增加。成本的增加意味着只有提高原有的价格水平才能达到原来的产出水平,即总供给曲线向左上方移动。在总需求不变的情况下,总供给曲线向左上方移动会使国民收入减少,价格水平上升。根据引起成本增加的原因不同,成本推进的通货膨胀可以分为工资成本推进的通货膨胀、利润推进的通货膨胀和进口成本推进的通货膨胀三种。

③ 供求混合性因素。这是把总需求与总供给结合起来分析通货膨胀的原因,许多经济学家认为,通货膨胀的根源不是单一的总需求拉上或总供给推进,而是两者共同作用的结果。

④ 结构性因素。结构性通货膨胀是由于各经济部门劳动生产率的差异、劳动力市场的结构特征和各经济部门之间收入水平的攀比等引起的通货膨胀。

10. 短期中通货膨胀与失业如何相关?

答:短期中通货膨胀与失业之间存在着权衡取舍,是一种负相关的关系。具体分析如下。

(1) 短期中,低通货膨胀率通常是以高的失业率为代价的,这是由短期内价格黏性造成的。政府为了抑制通货膨胀会减少流通中的货币量,人们可用的货币量减少,但是商品价格在短期内是黏性的,仍居高不下,于是社会消费的商品和服务量减少。消费量减少又引起企业开工不足,导致了失业。

(2) 菲利普斯曲线就是说明失业率和货币工资率之间交替变动关系的一条曲线。它是由英国经济学家菲利普斯根据 1861~1957 年英国的失业率和货币工资变动率的经验统计资料提出来的,故称之为菲利普斯曲线。因为西方经济学家认为,货币工资率的提高是引起通货膨胀的原因,即货币工资率的增加超过劳动生产率的增加会引起物价上涨,从而导致通货膨胀。所以,菲利普斯曲线又成为当代经济学家用以表示失业率和通货膨胀率之间此消彼长、相互交替关系的曲线,即认为:失业率高,通胀率就低;失业率低,通胀率就高,并认为二者间这种关系可为政府进行总需求管理提供一份可供选择的菜单,即通胀率或失业率太高时,可用提高失业率的紧缩政策或提高通胀率的扩张政策来降低通胀率或降低失业率,以免经济过分波动,如图 1-1 所示。

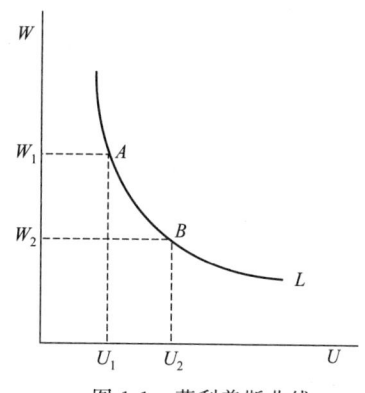

图 1-1 菲利普斯曲线

在图 1-1 中,W 为货币工资变动率,U 为社会的失业率,L 即为菲利普斯曲线。当失业率由 U_2 降到 U_1 时,货币工资变动率就由 W_2 上升到 W_1。这表明失业率与货币工资变动率有着一种交替关系。也就是说,要实现充分就业就必然会出现较高的物价上涨率。由于货币工资变动率与物价上涨率有关,而通货膨胀又用物价上涨率来表示。因而,进一步对此图引申,便可表示通货膨胀率与失业率之间的关系。

三、快速单选

1. 经济学最好的定义是对（ ）的研究。
　a. 社会如何管理其稀缺资源
　b. 如何按最盈利的方式经营企业
　c. 如何预测通货膨胀、失业和股票价格
　d. 政府如何可以制止不受制约的利己所带来的危害
【答案】a
【解析】社会拥有的资源是有限的，因此不能生产人们希望拥有的所有物品与服务。由于资源是稀缺的，社会资源的管理就尤为重要。经济学研究社会如何管理自己的稀缺资源，经济学家还研究人们如何相互影响，分析影响整个经济的力量和趋势。

2. 你去看一场电影的机会成本是（ ）。
　a. 门票的价格
　b. 门票的价格加上你在电影院购买汽水和爆米花的费用
　c. 去看电影所需要的所有现金支出加上你的时间的价值
　d. 只要你享受了电影并认为使用的时间和金钱是值得的，就为零
【答案】c
【解析】机会成本是为了得到某种东西所必须放弃的东西。考虑看电影的机会成本包括：①去看电影所需要的所有现金支出，即门票的价格、购买汽水和爆米花的费用；②看电影的时间价值，即当把时间用于看电影时，就不能把这段时间用于工作，为此而不得不放弃的工作收入。

3. 边际变动（ ）。
　a. 对公共政策并不重要　　　　b. 是对现有计划的微小增量改变
　c. 使结果无效率　　　　　　　d. 并不影响激励
【答案】b
【解析】经济学家用边际变动这个术语来描述对现有行动计划的微小增量改变。边际指边缘，边际变动是围绕所做的事的边缘的调整，即对现有行动计划的微小增量改变。理性人通常通过比较边际收益与边际成本来做决策。

4. 亚当·斯密的看不见的手是指（ ）。
　a. 企业家以消费者的支出为代价而获取利润的不易察觉而隐蔽的方法
　b. 尽管市场参与者是利己的，但自由市场仍能达到合意结果的能力
　c. 即使消费者没有意识到管制，但政府管制仍然可以有利于消费者的能力
　d. 生产者或消费者在不受管制的市场上给无关旁观者带来成本的方式
【答案】b
【解析】经济学家亚当·斯密在其著作《国民财富的性质和原因的研究》中提出了全部经济学中最著名的观察结果：家庭和企业在市场上相互交易，他们仿佛被一只"看不见的手"所指引，并导致了合意的市场结果。亚当·斯密说，经济参与者受利己心所驱动，而市场上这只看不见的手指引这种利己心去促进总体的经济福利。

5. 政府可能为了（ ）而对市场经济进行干预。
　a. 保护产权
　b. 纠正外部性引起的市场失灵

c. 达到更为平等的收入分配

d. 以上全对

【答案】d

【解析】只有在政府实施规则并维持对市场经济至关重要的制度时，看不见的手才能施展其魔力。最重要的是，市场经济需要实施产权的制度，以便个人可以拥有和控制稀缺资源。此外，在存在外部性或市场势力的情况下，设计良好的公共政策可以提高经济效率。许多公共政策，例如所得税和福利制度的目标就是要实现更平等的经济福利分配。

6. 如果一个国家有高且持久的通货膨胀，最有可能的解释是（　　）。

a. 中央银行发行了超量货币

b. 工会为过高的工资讨价还价

c. 政府征收过高的税收

d. 企业运用自己的垄断势力实行过高的价格

【答案】a

【解析】在大多数严重或持续的通货膨胀情况下，罪魁祸首是货币量的增长。当一国政府发行了大量本国货币时，货币的价值就下降了。从美国的经济史中也可以得出类似的结论：20世纪70年代的高通货膨胀与货币量的迅速增长是相关的，而近年来经历的低通货膨胀与货币量的缓慢增长也是相关的。

四、问题与应用

1. 描述下列每种情况下所面临的权衡取舍：

a. 一个家庭决定是否购买一辆新车。

b. 一个国会议员决定对国家公园支出多少。

c. 一个公司总裁决定是否新开一家工厂。

d. 一个教授决定用多少时间备课。

e. 一个刚大学毕业的学生决定是否去读研究生。

答：a. 决定是否买一辆新车的家庭面临买新车还是把钱用到其他方面的权衡取舍。如果买新车就要减少家庭其他方面的开支，如外出旅行、购置新家具等；如果不买新车就享受不到驾驶新车外出的方便和舒适。

b. 决定对国家公园支出多少的国会议员面临国家公园和其他支出项目之间的权衡取舍。对国家公园的支出数额大，国家公园的条件可以得到改善，环境会得到更好的保护。但同时，政府可用于交通、邮电等其他公共事业的支出就会减少。

c. 决定是否开一家新厂的公司总裁面临开新厂和投资于其他可能使公司受益的活动之间的权衡选择。比如，公司也可以通过扩建原厂和升级设备来扩大企业规模，或者将资金投入于产品研发，从而提高生产率。总裁决策的根据是哪种策略可以使得利润增加最多。

d. 决定备课时间多少的教授面临提高授课质量和参与其他活动的权衡取舍。如果加大备课时间，会提高授课质量，而如果将时间用于其他活动，比如用于研究活动，可能会出更多的成果。

e. 决定是否读研的学生面临学士学位所能带来的潜在收入与更多教育所带来的收益之间的权衡取舍。如果他不读研，直接工作，可以比读研多赚几年工资；而如果读研，读研期间，他可能没有多少收入，但是他将获得更多的知识，以及未来可能拥有好的工作机会和更高的工资。

2. 你正想决定是否去度假。度假的大部分成本（机票、住旅馆的费用、放弃的工资）都用美元来衡量，但度假的利益是心理上的。你将如何比较利益与成本呢？

答：这种心理上的利益可以用是否达到既定目标来衡量。对于这个行动前就做出的既定目标，人们一定有一个为实现目标而愿意承担的成本范围。在这个可以承受的成本范围内，度假如果满足了既定目标，如：放松身心、恢复体力等，那么，就可以说这次度假的利益至少不小于它的成本。具体来讲，可以采取以下两种比较方式。

(1) 将度假与你可以用度假成本所做的其他事情进行比较。比如你可以买一套新的高尔夫球棒，然后比较你更喜欢度假还是高尔夫球棒。

(2) 考虑度假的花费需要做多少工作来赚取，然后比较度假的心理收益与工作的心理成本。

3. 你正计划用星期六的时间去做兼职，但一个朋友请你去滑雪。去滑雪的真实成本是什么？现在假设你已计划星期六在图书馆学习，这种情况下去滑雪的成本是什么？请解释。

答：真实成本指实际付出的成本加上机会成本。去滑雪实际付出的成本是直接的金钱支出，而滑雪的机会成本是指去滑雪所放弃的而从其他活动中所能获得的最大预期收益。

(1) 如果你正计划用星期六去做兼职，去滑雪的真实成本就是滑雪的直接金钱支出以及丧失兼职时间的机会成本（周六打工所能赚到的工资）。

(2) 如果你本计划在图书馆学习，那么去滑雪的成本就是滑雪的直接金钱支出以及丧失学习时间的机会成本（在这段时间里可以获得的知识）。

4. 你在水上篮球比赛中赢了 100 美元。你可以选择现在花掉它或者在利率为 5% 的银行账户中存一年。现在花掉 100 美元的机会成本是什么呢？

答：如果选择将这 100 美元在利率为 5% 的银行账户中存一年，那么一年后将得到 105 美元。所以，现在花掉 100 美元的机会成本是在一年后得到 105 美元的银行支付（利息＋本金）。

5. 你管理的公司在开发一种新产品过程中已经投资 500 万美元，但开发工作还没有完成。在最近的一次会议上，你的销售人员报告说，竞争性产品的进入使你们新产品的预期销售额减少为 300 万美元。如果完成这项开发还要花费 100 万美元，你还应该继续进行这项开发吗？为了完成这项开发，你的最高花费应该是多少？

答：(1) 还应该继续这项开发。已经投资的 500 万美元属于沉没成本，与现在的决策不相关，现在决策的关键是边际利润。如果你投入 100 万美元，可以得到 300 万美元的收入，因此边际利润是 200 万美元，所以应该继续进行这项开发。

(2) 为了完成这项开发，你最多能再花 300 万美元。只要边际收益大于边际成本，就有利可图。

6. 社会保障制度为 65 岁以上的人提供收入。如果一个社会保障的领取者决定去工作并赚一些钱，他所领到的社会保障津贴通常会减少。

a. 提供社会保障如何影响人们在工作时的储蓄激励？

b. 收入提高时津贴减少的政策如何影响 65 岁以上的人的工作激励？

答：a. 提供社会保障降低了人们在工作时期储蓄的激励。社会保障的提供使人们退休以后仍可以获得收入，以保证生活。因此，人们不用为退休后的生活费而发愁，人们在工作时期的储蓄就会减少。

b. 收入提高时津贴减少的政策降低了65岁以上的人的工作激励。因为努力工作获得高收入反而会使得到的津贴减少，因此，65岁以上的人可能会选择不工作或者少工作。

7. 一项1996年的法案修改了联邦政府的反贫困计划，对许多福利领取者做了只能领取两年津贴的限制。
   a. 这个变动如何影响对工作的激励？
   b. 这个变动如何反映了平等与效率之间的权衡取舍？

答：a. 这个变动使得人们参加工作的激励增强。这个变动会激励那些只能领取两年津贴的福利领取者努力寻找工作，因为如果在两年内不能使自己获得工作，两年之后，这些福利领取者就没有收入了。

b. 这个变动反映了法案改革者提高效率和适当降低公平性的意图。因为只能领取两年津贴，可能会使得找不到工作的人没有收入，公平性降低；但是因为这个变动激励津贴领取者更努力地找工作，社会的效率会提高。

8. 解释下列每一项政府活动的动机是关注平等还是关注效率。在关注效率的情况下，讨论所涉及的市场失灵的类型。
   a. 对有线电视的价格进行管制。
   b. 向一些穷人提供可用来购买食物的消费券。
   c. 在公共场所禁止吸烟。
   d. 把标准石油公司（它曾拥有美国90%的炼油厂）分拆为几个较小的公司。
   e. 对收入较高的人实行较高的个人所得税税率。
   f. 制定禁止酒后开车的法律。

答：a. 这是出于关注效率的动机，市场失灵的原因是市场势力的存在。可能某地只有一家有线电视台，有线电视的市场就属于垄断市场。由于没有竞争者，有线电视台会向有线频道的消费者收取高出市场均衡价格的价格。垄断市场不能使稀缺资源得到最有效的配置。在这种情况下，对有线电视频道的价格进行管制会提高市场效率。

b. 这是出于关注平等的动机，政府这样做是想把经济蛋糕更公平地分给每一个人。

c. 这是出于关注效率的动机。因为公共场所中的吸烟行为会影响周围不吸烟者的身体健康，对社会产生了有害的外部性，而外部性正是市场失灵的一种情况。

d. 这是出于关注效率的动机，市场失灵是由于市场势力。标准石油公司在美国石油业中属于规模最大的公司之一，占有相当大的市场份额，很容易形成市场垄断。垄断市场的效率低于竞争市场的效率。因此，政府出于关注效率的动机分解它。

e. 这是出于关注平等的动机，让高收入者多缴税，低收入者少缴税，有助于社会财富在社会成员中更公平地分配。

f. 这是出于关注效率的动机，市场失灵是由外部性造成的。酒后开车对其他人的生命造成威胁，禁止酒后开车可以提高人们的安全保障。

9. 从平等和效率的角度讨论下面每种说法：
   a. "应该保证社会上每个人得到尽可能最好的医疗。"
   b. "当工人被解雇时，应该使他们在找到一份新工作之前能一直领取失业津贴。"

答：平等指经济成果在社会成员中平均分配的特性。平等是一个历史范畴，不存在永恒的公平。不同的社会，人们对平等的观念是不同的。平等观念是社会的产物，按其所产生的社会历史条件和社会性质的不同而有所不同。平等又是一个客观的范畴，尽管在不同的社会形态中，平等的内涵不同，不同的社会、不同的阶级对平等的理解不同，但平等具有客观的内容，平等是社会存在的反映，具有客观性。

效率是指社会能从其稀缺资源中得到最大利益的特性。指人们在实践活动中的产出与投入之比值，或者是效益与成本之比值，如果比值大，效率就高，反之比值小，效率就低。效率与产出或者收益的大小成正比，而与成本或投入的大小成反比，也就是说，如果想提高效率，必须降低成本或投入，提高收益或产出。

a. 如果保证社会上每个人得到尽可能最好的医疗，国家将会有更多的产出被用于医疗事业。

从效率的角度来看，如果你认为当前医生们形成了一个垄断联合从而保证他们的高收入，那么可以认为效率会因为这种说法的实施而得到改善。但是，更可能的情况是，这种说法的实施会降低效率，因为每个人都拥有最好的医疗条件，人们就不会为了争取好的医疗条件而努力工作，会降低工作的激励，从而影响社会的效率。

从公平的角度来看，因为穷人得到充分好的医疗条件的可能性比较小，而这种说法的实施会改善这种情况，从而体现了公平性。

b. 这种说法体现了平等性，却以降低效率为代价。在工人被迫失去工作后到找到新工作之前的这段时间里，失业津贴的发放使他们能够维持生活，体现了平等性。但一直提供失业津贴减少了对工作的激励，既然在找到新工作之前，不劳动也可以获得维持生活的收入，被解雇者就不会急于寻找工作，从而影响了效率。

10. 你的生活水平在哪些方面不同于你的父母或祖父母在你这个年龄时的生活水平？为什么会发生这些变化？

答：（1）在衣、食、住、行等各个方面，我的生活水平均高于我的父母或祖父母年轻时的生活水平。

（2）发生这些变化的主要原因是生产率的提高。一国的生活水平取决于它生产物品与服务的能力。几乎所有生活水平的变动都与生产率的变化有关，高生产率可以生产出更多的物品和服务供人们消费，从而使人们享有更高的生活水平。

11. 假设美国人决定把他们更多的收入用于储蓄。如果银行把这笔钱借给企业，企业用这笔钱建设新工厂，这种高储蓄会如何加快生产率的提高呢？你认为谁会从更高的生产率中获益呢？社会会得到免费午餐吗？

答：（1）高储蓄会加快生产率增长。高储蓄使银行可以有更多的资金贷给企业，于是企业可以从银行那里获得更多更便宜的贷款投入到生产中去，扩大生产规模、引进先进技术和设备、培训工人、改善生产条件等，这样就会提高生产率。

（2）工人和企业主都会从高生产率中获益。工人会因为生产量更大而获得更多的工资，企业主会得到投资的收益。

（3）社会不会得到免费的午餐，因为从长期来看，高储蓄意味着用于消费的资金减少，会造成市场需求降低。生产出来的商品销售不出去，市场陷入疲软之中，生产企业的利润减少。于是，企业减少产量，甚至解雇工人以降低成本。社会经济发展减缓，甚至停滞。所以高储蓄换来的生产率提高只能使社会暂时获益，无法持久。

12. 在美国独立战争期间，美国殖民地政府无法筹集到足够的税收来为战争融资。为了弥补这个差额，殖民地政府决定更多地印发货币。通过印发货币弥补支出有时被称为"通货膨胀税"。你认为当增发货币时，谁被"征税"了？为什么？

答：当政府更多地印发货币时，持有货币者被"征税"了，因为货币增加造成物价水平上升，货币的实际价值降低，即一单位美元的购买力下降。货币增加使得持有货币者的财富缩水，所能够购买的商品和服务的实际数量减少，就像是向每个持有货币的人征收了税，引起了通货膨胀。

名校考研真题详解

1. 为什么说微观经济学理论的基础是理性原理？请利用你所学过的理论举例说明。［武汉大学 2013 研］

答：经济学家通常假设，人是理性的。在机会成本为既定的条件下，理性人系统而有目的地尽最大努力去实现其目标。理性人通常通过比较边际收益与边际成本来做出决策。当且仅当一种行为的边际收益大于边际成本时，一个理性决策者才会采取这种行为。理性是微观经济学的基本假设条件之一，是分析生产者理论、消费者理论的基础。

比如说在各种市场条件下，生产者都在追求利润最大化，而消费者都追求效用最大化，只有在理性的基础上，才能建立经济模型，对经济参与人的行为进行系统性的分析。

2. 请阐述经济学十大原理。［深圳大学 2007 研］

答：经济学是研究如何管理稀缺资源的一门学科。经济学的十大原理是对经济学研究的各领域的中心思想的概括，其主要体现在三个方面。

（1）人们如何作出决策

原理一：人们面临权衡取舍。人们为了得到喜爱的一件东西，通常不得不放弃另一件喜爱的东西。作出决策就是要求经济人在一个目标与另一个目标之间进行权衡取舍。

原理二：某种东西的成本是为了得到它所放弃的东西。由于人们面临权衡取舍，作出决策就要比较可供选择的行动方案的成本与收益，也就是机会成本。

原理三：理性人考虑边际量。人们通常考虑边际量来作出最优决策。只有一种行动的边际收益大于边际成本，一个理性决策者才会采取这项行动。

原理四：人们会对激励作出反应。由于人们通过比较成本与利益作出决策，所以，当成本或利益变动时，人们的行动也会改变。所以，人们会对激励作出反应。

（2）人们如何相互贸易

原理五：贸易可以使每个人的状况都变得更好。贸易使各国可以专门从事自己有比较优势的活动，并享有各样的物品和服务，从而使每个人的状况更好。

原理六：市场通常是组织经济活动的一种好方法。企业和家庭在市场上相互贸易，价格和个人利益指导着他们的决策，市场经济在大多数情况下实现了社会福利的最大化的结果。

原理七：政府有时可以改善市场结果。市场需要政府来保护，而且当市场失灵时，市场不能有效地配置资源，政府干预经济可以提高效率和促进公平。

（3）整体经济如何运行

原理八：一国的生活水平取决于它生产物品和服务的能力。一国的生产增长率决定了平均收入增长率。在生产率水平高的国家，人们享有更高的生活水平。

原理九：当政府发行了过多货币时，物价上升。通货膨胀是经济中物价总水平的上升，而大多数的通货膨胀的罪魁祸首是货币量的增长。

原理十：社会面临通货膨胀和失业间的短期权衡取舍。当政府增加经济中的货币量时，可能引起通货膨胀，也可能在短期内降低失业水平。通货膨胀与失业的权衡取舍只是短期的，决策者可以选择影响经济所经历的通货膨胀与失业的组合。

3. 简要回答价格机制的作用。[北师大 2010、2009、2008 研]

答：价格机制是亚当·斯密所说的"看不见的手"的市场发挥作用的主要机制。市场通过供求双方在价格上达到均衡来实现资源的有效配置。斯密的重要观点是，价格会自发调整，指引这些单个买者和卖者，在大多数情况下实现整个社会福利的最大化。市场在发挥价格机制的作用时最大的优点是：

（1）自由市场把物品的供给分配给对这些物品评价最高的买者，这种评价用买者的支付意愿来衡量；

（2）自由市场将物品的需求分配给能够以最低成本生产这些物品的卖者；

（3）自由市场生产出使消费者剩余和生产者剩余的总和最大化的物品量。

以上是价格机制的积极作用。同时，作为市场作用的最主要的价格机制在配置资源时也存在着消极作用，会导致市场低效率。市场失灵主要表现在垄断、外部效应、公共产品和信息不对称，这些都会影响价格机制发挥作用，出现低效率。不过，从总的来说，价格机制还是配置资源最有效的手段。

4. 根据有关经济学原理，简析我国森林减少、珍稀动物灭绝的原因及解决的措施。[北师大 2004 研]

答：经济学是研究资源的稀缺性的一门学科。稀缺性是指社会拥有的资源是有限的，因此不能生产人们希望拥有的所有物品和服务。由于资源的稀缺，社会资源的管理就变得尤为重要。

从经济学的角度看，我国森林减少、珍稀动物灭绝的原因在于这些资源的稀缺使得对这些资源的需求远远大于供给，这种需求和供给的缺口反映在价格上就是这些资源的价格奇高，利润奇高，从而导致对这些资源的开发使用也很高，最终造成森林资源和珍稀动物资源的急剧减少。在一定的时期内，森林资源、珍稀动物资源的总量是不变的，表现在总供给曲线上就是垂直的直线，因此这些资源的价格就完全取决于对资源的需求。随着我国经济水平的提高，尤其是很多重要的自然保护观念没有形成，暴富起来的人们对稀缺资源的需求也增加。尽管从物品的有用性方面看，这些资源都很容易找到替代品，但由于社会环境的影响，所谓的珍稀资源给一部分人带来更大的心理上的效用，所以财富的增加导致对这些稀有资源的需求增加。需求的增加必然导致资源价格的上涨，在这些资源成本不变的情况下，价格上涨带来利润的上涨。稀缺资源往往是暴利，这就导致很多人通过各种非法手段获取资源，这是导致我国森林减少、珍稀动物灭绝的根本原因。

解决我国森林减少、珍稀动物灭绝的根本途径，从经济学上讲，就是提高砍伐森林、捕捉珍稀动物的机会成本。分析森林减少、珍稀动物灭绝的原因可以发现，一般砍伐森林、捕捉珍稀动物都和这些资源所在地的居民有密切的关系，而这些资源所在地的居民一般都比较贫穷，所以他们的机会成本很低。政府应该通过各种途径，使这些居民加入到保护当地稀缺资源的事业中来，并给予他们一些补助，同时加大对砍伐森林、捕捉珍稀动物的惩罚程度，从而提高他们的机会成本。当他们砍伐森林、捕捉珍稀动物的成本大于其收益时，砍伐森林、捕捉珍稀动物的行为也就会减少了。

第 2 章 像经济学家一样思考

知识结构导图

像经济学家一样思考
- 作为科学家的经济学家
  - 科学方法：观察、理论和进一步观察
  - 假设的作用
  - 经济模型
    - 循环流量图
    - 生产可能性边界
  - 微观经济学与宏观经济学
- 作为政策顾问的经济学家
  - 实证分析与规范分析
  - 华盛顿的经济学家们
  - 为什么经济学家的建议并不总是被采纳
- 经济学家意见分歧的原因
  - 科学判断的不同
  - 价值观的不同
  - 感觉与现实

考点难点归纳

考点 1 两个简单的经济模型

（1）循环流量图

循环流量图是对经济组织方式的简要表述，表明了物品与服务、生产要素以及货币支付在家庭和企业之间的流动。经济决策由家庭和企业做出。家庭和企业在物品与服务市场（在这个市场上，家庭是买者，而企业是卖者）以及生产要素市场（在这个市场上，企业是买者，而家庭是卖者）上相互交易。外面一圈的箭头表示货币的流向，里面一圈的箭头表示相应的投入与产出的流向。典型的循环流量图如图 2-1 所示。

（2）生产可能性边界

生产可能性边界表示在可得到的生产要素与生产技术既定时，一个经济所能生产的产品数量的各种组合的图形。

经济可以在生产可能性边界上或该边界内的任何一点上进行生产，但不能在该边界以外任何一点上进行生产。生产可能性边界上（而不是该边界以内）的点代表有效率的生产水平。

生产可能性边界也表明了用另一种物品来衡量一种物品的机会成本。

技术进步使生产可能性边界向外移动，从而增加了经济所能生产的产量。

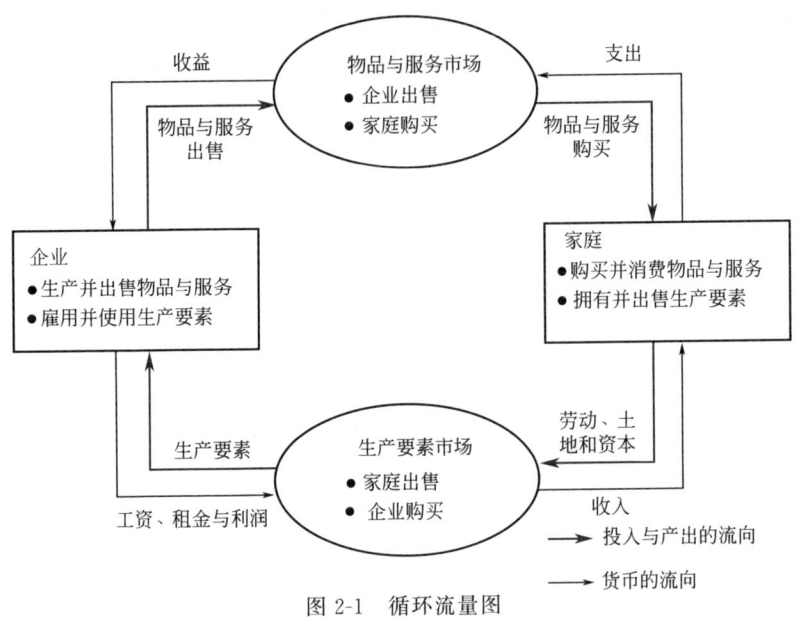

图 2-1 循环流量图

考点 2 微观经济学与宏观经济学

微观经济学是研究家庭和企业如何做出决策,以及它们如何在市场上相互交易的学科。宏观经济学是研究整体经济现象,包括通货膨胀、失业和经济增长的学科。

微观经济学和宏观经济学是密切相关的。由于整体经济的变动产生于千百万个人的决策,所以,不考虑相关的微观经济决策而去理解宏观经济的发展是不可能的。

尽管微观经济学与宏观经济学之间存在固有的联系,但这两个领域仍然是不同的。由于微观经济学和宏观经济学探讨不同的问题,所以,它们有时采用相当不同的方法。

【名师点读】

微观经济学与宏观经济学是西方经济理论的两个分支,所考查的对象和依据的理论等各不相同,考生应深刻理解微观经济学和宏观经济学之间的区别与联系,为以后经济知识的学习奠定良好的基础,同时有助于更清晰、更准确地运用相关经济理论去分析和解决实际问题。

考点 3 实证分析与规范分析

实证分析即实证表述,是描述经济现象"是什么"以及社会经济问题实际上是如何解决的一种分析方法。这种方法旨在揭示有关经济变量之间的函数关系和因果关系。

规范分析即规范表述,是研究经济活动"应该是什么"以及社会经济问题应该是怎样解决的一种分析方法。这种方法通常要以一定的价值判断为基础,提出某些准则作为经济理论的前提和制定政策的依据,并考察如何才能符合这些准则。

这两种表述的关键区别在于如何来判断其有效性。原则上,实证表述是可以通过对证据的检验来肯定或是否定的;而规范表述除了事实,还包括价值,判断一项政策是好是坏不仅仅看科学事实,还包含对伦理道德、宗教信仰以及政治哲学的看法。当然这两者也是互相关联的,实证分析会对规范分析产生影响,但规范分析结论不仅需要实证分析,还需要价值判断。

第2章 像经济学家一样思考

【名师点读】

实证分析与规范分析是经济学重要的分析方法，是容易考查的内容，应重点掌握其内涵。通常以简答题的形式进行考查，相关考研真题如下。

【简答题】简述实证分析与规范分析。[中南大学2016研；北交大2015研]

一、概念题

1. 循环流量图（circular-flow diagram）

答：循环流量图是指表明物品与服务、生产要素以及货币支付在家庭和企业之间如何流动的经济图形。外面一圈的箭头表示货币的流向，里面一圈的箭头表示相应的投入与产出的流向。循环流量图的形式是简化的，是整体经济的一个简化模型（不包括国际贸易和政府）。在该模型中，经济由两类决策者——家庭和企业——所组成。企业用劳动、土地和资本（建筑物和机器等）这些投入品来生产物品和服务，这些投入品被称为生产要素。家庭则拥有生产要素并消费企业生产的所有物品与服务。

2. 生产可能性边界（production possibilities frontier）

答：生产可能性边界也称为社会生产可能性边界或生产可能性曲线，指在可得到的生产要素与生产技术既定时，一个经济所能生产的产品数量的各种组合的图形。由于整个社会的经济资源是有限的，当这些经济资源都被充分利用时，增加一定量的一种产品的生产，就必须放弃一定量的另一种产品的生产。整个社会生产的选择过程形成了一系列的产品间的不同产量组合，所有这些不同产量的组合就构成了社会生产的可能性边界。假设一个社会把其全部资源用于 A 和 B 两种产品的生产，那么生产可能性边界可用图2-2表示。

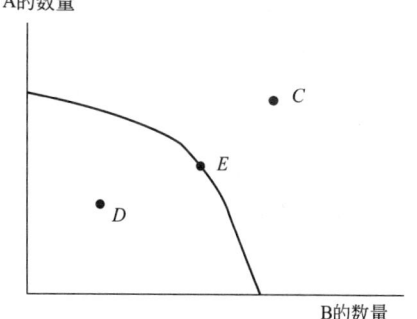

图2-2 生产可能性边界

该图形表示，一个社会在资源一定、技术一定的情况下所可能生产的 A 产品和 B 产品的各种不同产量的组合。位于曲线右边的点（如 C 点）是不能达到的，因为没有足够的资源，而曲线左边的点（如 D 点）可以达到，但没有利用完或没有有效利用全部可供利用的资源。而位于曲线上的点（如 E 点）则表示全部资源都得到了利用而又可以接受的组合。这条曲线向下倾斜是因为当全部资源都被利用时，要获得更多一些的一种产品，就必须以牺牲其他的产品为代价。一条生产可能性曲线说明：边界以外无法达到的组合意味着资源的有限性；边界线上各种组合的存在意味着选择的必要；边界向下倾斜意味着机会成本。

3. 微观经济学（microeconomics）

答：微观经济学是宏观经济学的对称，指研究家庭和企业如何做出决策，以及它们在某个市场上的相互交易的经济学。微观经济学是以市场经济中单个经济主体的经济行为和经济规律作为考查对象，研究单个生产者或企业是如何利用有限的资源生产商品和服务以获取最大利润，以及单个消费者或家庭是如何利用有限的货币收入购买商品和服务以获取最大满足。因此，微观经济学的核心内容是论证亚当·斯密的"看不见的手"原理。微观经济学采用个量分析法，个量是指与单个经济主体的经济行为相适应的经济变量，如单个生产者的产量、成本、利润，某一商品的需求量、供给量、效用和价格等。微观经济学在分析这些经济变量之间的关系时，假设总量固定不变，所以又被称为个量经济学。

微观经济学的理论内容主要包括：消费理论或需求理论、厂商理论、市场理论、要素价格或分配理论、一般均衡理论和福利经济理论等。由于这些理论均涉及市场经济和价格机制的作用，因而微观经济学又被称为市场经济学。从根本上讲，微观经济学所研究的问题都同市场机制、价格决定有关。当然，它也研究具有整体意义的社会经济问题，如福利经济学和一般均衡分析等，但这同样是以单个消费者和生产者的行为为出发点的。

4. 宏观经济学（macroeconomics）

答：宏观经济学是与微观经济学相对而言的，它是研究整体经济现象的经济学。宏观经济学是以国民经济总体为考察对象，研究经济生活中有关总量的决定与变动，解释失业、通货膨胀、经济增长与波动、国际收支与汇率的决定与变动等经济中的宏观整体问题，所以又称之为总量经济学。宏观经济学的中心和基础是总供给-总需求模型。具体来说，宏观经济学主要包括总需求理论、总供给理论、失业与通货膨胀理论、经济周期与经济增长理论、开放经济理论、宏观经济政策等内容。

5. 实证表述（positive statements）

答：实证表述即实证分析，是描述经济现象"是什么"以及社会经济问题实际上是如何解决的一种分析方法。这种方法旨在揭示有关经济变量之间的函数关系和因果关系。实证表述的结论常常被用作规范表述命题的依据。实证分析的本质是要证实或证伪关于变量之间关系的"假说"。这个假说，不仅是"是什么"，而必须包涵着"将是什么"的命题，是一个把"是"与"将是"联结起来的判断。

6. 规范表述（normative statements）

答：规范表述即规范分析，是研究经济活动"应该是什么"以及社会经济问题应该是怎样解决的一种分析方法。这种方法通常要以一定的价值判断为基础，提出某些准则作为经济理论的前提和制定政策的依据，并考察如何才能符合这些准则。

价值判断对规范分析是非常必要的。例如，甲引起丙，乙引起丁。丙与丁相比，丙是"好的"，丁是"不好的"，所以甲与乙相比，甲是"好的"，乙是"不好的"。换言之，规范表述涉及甲、乙、丙、丁的是非善恶。不同于实证表述的是，规范表述是伦理的判断，它并不是先去检验经济运行过程，而是先去检验假设本身，并通过对假设的检验，再对经济运行过程做出判断。例如，假设以5%的年增长率作为目标，规范分析就要讨论这一假设本身是否正确，5%的年增长率能否成为目标等。它认为只有从伦理的角度弄清楚这个问题之后，才能对经济运行过程做出判断。西方制度经济学中的分析，基本上属于规范表述。而宏观经济学与微观经济学中所进行的分析，基本上属于实证分析，但这些实证分析都是建立在一定的规范前提之上的。

二、复习题

1. 为什么说经济学是一门科学？

答：经济学之所以是一门科学，其原因主要有以下几点。

（1）以科学方法来研究和探讨经济问题

科学的本质是科学方法——科学地提出理论，收集数据资料，并分析这些数据资料以努力证明或否定他们提出的社会理论。正如其他学科一样，经济学观察一个事件，建立一种理论，并收集数据来检验这种理论。但是，收集数据来检验经济理论是困难的，因为经济学家通常不能从试验中创造数据。这就是说，经济学家不能仅仅为了一种理论而控制经济。因此，经济学家通常采用从历史事件中收集到的数据。总之，经济学家研究经济的过程和方法与自然科学的科学家研究自然是一样的，只不过经济学家进行实验的能力受到限制，并且要依赖自然科学实验的发展。

（2）利用假设来解释世界

假设可以使解释这个世界更为容易。例如，为了研究国际贸易的影响，经济学家可以假设世界只由两个国家组成，而且每个国家只生产两种产品。通过理解只有两个国家和两种产品这种假想世界中的国际贸易，来更好地理解人们生活在其中的、更复杂的现实世界中的国际贸易。

（3）以科学家的客观性来探讨经济学的主题

经济学家努力以科学家的客观性来探讨他们的主题。像所有科学家一样，他们做出了适当的假设并建立了简化的模型，以便解释周围的世界。经济学家使用由图形和方程式组成的经济模型，经济模型根据假设建立，而且是现实经济的简单化。

2. 为什么经济学家要做出假设？

答：经济学家之所以要做出假设，其原因有以下三点。

（1）经济学家之所以做出假设是为了研究问题的方便。通过对不同的问题做出不同的假设，略去对问题的答案没有实质影响的因素，突出实质性的内容，可以集中思考，从而更为容易地解释问题，得出结论。而且通过假设略去对问题没有实质影响的因素并不会影响最终的结论，从而可以得出正确结论乃至经济规律来指导人们的生产生活。

（2）假设可以使解释这个世界更为容易。例如，为了研究国际贸易的影响，可以假设世界只由两个国家组成，而且每个国家只生产两种产品。当然，现实世界由许多国家组成，每个国家都生产成千上万的不同类型产品。但通过假设两个国家和两种产品，就可以集中进行思考。一旦理解了只有两个国家和两种产品这种假想世界中的国际贸易，就可以更好地理解人们生活在其中的、更复杂的现实世界中的国际贸易。

（3）经济学家用不同的假设来回答不同的问题。假设要研究当政府改变流通中的货币量时经济中会出现什么情况，这种分析的一个重要内容是价格会做出什么反应。经济中的许多价格并不经常变动，如报摊上的杂志价格就需要好几年才能变动一次。了解了这一事实后，当研究政策变动在长短不同时间中的影响时就会做出不同的假设。为了研究这种政策的短期效应，可以假设价格变动并不大，甚至可以做出极端而人为的假设：所有价格完全是固定的。但是，为了研究这种政策的长期效应，可以假设所有价格完全是有伸缩性的。正如物理学家在研究大理石下落和气球下落时用了不同的假设一样，经济学家在研究货币量变动的短期与长期效应时也用了不同的假设。

3. 经济模型应该准确地描述现实吗？

答：（1）经济模型的含义

经济模型指用来描述与所研究的经济事物有关的经济变量之间相互关系的理论结构，是现代西方经济理论的一种主要分析方法，是一种对现实世界的简化。经济模型主要用来研究经济现象间互相依存的数量关系，其目的是为了反映经济现象的内部联系及其运动过程，帮助人们进行经济分析和经济预测，解决现实的经济问题。经济模型本身可以用带有图形、图表或文字的方程来表示。

(2) 经济模型不应该准确地描述现实，原因如下：

经济模型不可能准确地描述现实，也不需要准确地描述现实。现实世界太复杂，是由各种主要变量和次要变量构成的，错综复杂，因而除非把次要的因素排除在外，否则就不可能进行严格的分析，或者分析太复杂以致无法进行。通过做出某些假设，可以排除许多次要因素，从而建立起模型。这样一来，便可以通过模型对假设所规定的特殊情况进行分析。因此，模型通过忽略掉大量不会对研究结果有实质性影响的细节来说明什么是真正重要的。模型是为了增进人们对现实的理解而简化了的现实。

4. 说出你的家庭参与要素市场的一种方式，以及参与产品市场的一种方式。

答：家庭是生产要素市场上的卖者，同时也是产品市场上的买者。

(1) 生产要素是在生产经营活动中利用的各种经济资源的统称，一般包括土地、劳动力、资本、技术和信息等。市场经济要求生产要素商品化，以商品的形式在市场上通过市场交易实现流动和配置，从而形成各种生产要素市场。生产要素市场有生产资料市场、金融市场、劳动力市场、房地产市场、技术市场、信息市场、产权市场等。在生产要素市场上，家庭向企业出售用于生产物品与服务所需的各种投入（如劳动、土地、资本等）。

(2) 产品市场是指可供人们消费的最终产品和服务的交换场所。产品市场为家庭提供了各种各样的商品和服务，满足家庭生存和发展的各种需要。在产品市场上，家庭向企业购买各种产品和服务。

5. 举出一种没有包括在简单的循环流量图中的经济关系。

答：简单的循环流量图中没有包含政府部门和国外经济部门。

(1) 现实经济生活中，政府在经济中发挥着重要作用。①在微观层面，政府通过公共管制来对企业的经营决策做出某些限制，纠正市场缺陷、制止竞争失灵。其措施主要有两种：一是价格管制，即由政府规定垄断企业产品的价格，企业只能按政府规定的价格销售产品；二是反垄断，由政府通过立法禁止独家或少数企业控制价格的行为。②在宏观层面，政府通过财政政策和货币政策来实现经济增长、充分就业、物价稳定和国际收支平衡。财政政策是政府变动税收和支出以便影响总需求进而影响就业和国民收入的政策。货币政策指中央银行变动货币供给量，影响利率和国民收入的政策措施。

(2) 世界经济是开放的，一国与他国展开国际贸易，从而使得各自的状况变得更好。由于资源或技术限制，一国不可能生产出所需的所有商品，它必须与其他国家进行国际贸易，进口自己急需的商品，同时向世界其他国家出口自己的产品。

6. 画出并解释一个生产牛奶与点心的经济的生产可能性边界。如果一场瘟疫使该经济中的一半奶牛死亡，这条生产可能性边界会发生怎样的变动？

答：(1) 生产可能性边界也称为社会生产可能性边界或生产可能性曲线，指一个经济在可获得的生产要素与生产技术既定时所能生产的产品数量的各种组合。由于整个社会的经济资源是有限的，当这些经济资源都被充分利用时，增加一定量的一种产品的生产，就必须放弃一定量的另一种产品的生产。

(2) 牛奶和点心的生产可能性边界是指在其他条件（如技术、要素供给等）不变情况下，生产牛奶和点心所能达到的最大产量的组合。如图 2-3 所

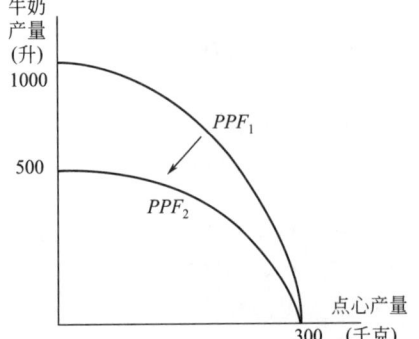

图 2-3 牛奶与点心的生产可能性边界

示，假设在正常情况下，将可能得到的所有资源全用于生产点心，可以生产 300 千克；如果全用于生产牛奶，可以生产 1000 升。PPF_1 表示正常情况下该经济的生产可能性边界。

（3）如果一场疾病造成该经济中一半的奶牛死亡，生产可能性边界会向内移，即 PPF_2 线。但如果该经济体只生产点心而不生产牛奶，那么奶牛的数量减少并不影响点心的产量，但是只要生产牛奶，奶牛数量减少就会影响牛奶的产量。

7. 用生产可能性边界描述"效率"的思想。

答：（1）效率和生产可能性边界的含义

① 效率是指经济社会的产出是有效的，社会的稀缺资源得到最有效的利用。

② 生产可能性边界也称为社会生产可能性边界或生产可能性曲线，指一个经济在可获得的生产要素与生产技术既定时所能生产的产品数量的各种组合。

（2）效率可以通过生产可能性边界来描述

如图 2-4 所示，生产可能性边界上的点代表有效率

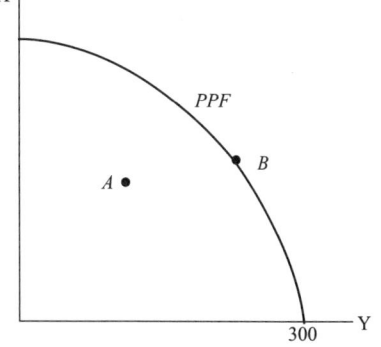

图 2-4　生产可能性边界与效率

的生产水平，如 B 点，增加 X 产品的生产必须减少 Y 产品的生产，反之亦然。生产可能性边界内的点表示无效率的结果，如 A 点，在 A 点可以增加 X 产品的生产而不减少 Y 产品的生产，由于某种原因，该经济所生产的 X 和 Y 的总量小于它能够使用的资源所能生产的产量。

8. 经济学分为哪两个分领域？解释这两个分领域各研究什么。

答：经济学被分为微观经济学和宏观经济学两个领域。

（1）微观经济学研究的内容

微观经济学是以单个经济主体（作为消费者的单个家庭或个人，作为生产者的单个厂商或企业）以及单个产品或生产要素市场为研究对象，研究单个经济主体面对既定的资源约束时如何进行选择的科学。微观经济学研究的中心问题是如何利用市场机制来实现资源的最优配置。资源配置，是指把现有资源用于生产可供人们消费的物品或服务的过程。由于资源在任何经济社会中都是稀缺的，因而资源最优配置的机制必须决定资源用于何种物品的生产以及如何实现有效率的生产。另外，在资源的所有权既定的条件下，一定的资源将是获得产品的唯一途径。所以，资源配置问题就是决定经济社会生产什么和生产多少、如何生产以及为谁生产的问题，从而构成了微观经济学研究的中心问题。

①"生产什么和生产多少"要解决的问题是，如何选择既定的资源来生产哪些产品，并最大限度地满足人们的需要。在市场经济下，生产什么和生产多少取决于消费者的"货币选票"，也就是说取决于消费者的需求。在其他条件不变情况下，一种商品的价格越高，社会分配到用于该商品的资源就越多，市场上该商品的供给量就越大。

②"如何生产"取决于厂商的行为。一般情况下，一种产品的生产可采用多种方法，但这些方法有效率高低之分。由于资源是稀缺的，所以采用效率高的方法具有特别重要的意义。在利润最大化目标的驱使下，理性的厂商将选择要素的最优组合，以实现产量既定时成本最小或成本既定时产量最大。

③"为谁生产"在相当程度上是一个收入分配问题。厂商使用要素所有者的要素必须支付一定的费用，这些费用构成了要素所有者的收入。而这些收入又成为作为消费者的要素所有者获得消费品的基础。所以，决定要素所有者的收入也就决定了社会产品的归属。

微观经济学的理论内容主要包括：消费理论或需求理论、厂商理论、市场理论、要素价格或分配理论、一般均衡理论和福利经济理论等。由于这些理论均涉及市场经济和价格机制的作用，因而微观经济学又被称为市场经济学。

（2）宏观经济学研究的内容

宏观经济学是以国民经济总体作为考察对象，研究经济生活中有关总量的决定与变动，解释失业、通货膨胀、经济增长与波动、国际收支与汇率的决定与变动等经济中的宏观整体问题，所以又称之为总量经济学。宏观经济学的中心和基础是总供给-总需求模型。具体来说，宏观经济学主要包括总需求理论、总供给理论、失业与通货膨胀理论、经济周期与经济增长理论、开放经济理论、宏观经济政策等内容。现代宏观经济学诞生的标志是凯恩斯于1936年出版的《就业、利息和货币通论》。宏观经济学在20世纪30年代奠定基础，二战后逐步走向成熟并得到广泛应用，20世纪60年代后的"滞胀"问题使凯恩斯主义的统治地位受到严重挑战并形成了货币主义、供给学派、理性预期学派对立争论的局面，20世纪90年代新凯恩斯主义的形成又使国家干预思想占据主流。

9. 实证表述与规范表述之间的差别是什么？各举出一个例子。

答：（1）实证表述和规范表述的含义

实证表述是企图描述世界是什么的观点，它试图如实地描绘经济活动并揭示其客观规律，回答"是什么，怎么样，为什么"。实证表述的结论常常被用作规范表述命题的依据。实证分析的本质是要证实或证伪关于变量之间关系的"假说"。这个假说，不仅是"是什么"，而必须包涵着"将是什么"命题，是一个把"是"与"将是"联结起来的判断。

规范表述是企图描述世界应该如何运行的观点，它在实证表述的基础上进一步试图规定经济活动应该如何展开，提出"应该是什么，应该怎么样"。它回答这样的问题：为什么要做出这种选择，而不做出另一种选择？价值判断对规范分析是非常必要的。不同于实证表述的是，规范表述是伦理的判断，它并不是先去检验经济运行过程，而是先去检验假设本身，并通过对假设的检验，再对经济运行过程做出判断。

（2）实证表述与规范表述之间的差别

实证表述和规范表述的主要差别在于如何来判断其有效性。原则上，实证表述是可以通过对证据的检验来肯定或否定的；而规范表述除了事实，还包括价值，判断一项政策是好是坏不仅仅看科学事实，还包含对伦理道德、宗教信仰以及政治哲学的看法。当然这两者也是互相关联的，实证分析会对规范分析产生影响，但规范分析结论不仅需要实证分析，还需要价值判断。

（3）实证表述和规范表述的例子

例如，关于减税和削减社会福利的争论实际上涉及两个问题：一是减税和削减社会福利会引起什么后果，二是应不应该这样做。"减税和削减社会福利会使人们更勤奋地工作"是一种实证表述；"税收和社会福利应该削减"是一种规范表述。

10. 为什么经济学家有时会向决策者提出相互矛盾的建议？

答：经济学家有时向政策制定者提供相互矛盾的建议的原因有两个。

（1）经济学家可能对世界如何运行的不同实证理论的正确性看法不一致，因而会有不同的科学判断。经济学是一门年轻的科学，仍然有许多问题需要解决。经济学家有时意见不一致，是因为他们对不同理论的正确性或重要参数的大小有不同的直觉。例如，经济学家对家庭储蓄对储蓄税后收益变动的敏感程度看法不同。

（2）经济学家可能有不同的价值观，因此对政策应该努力实现的目标有不同的规范观点。例如，经济学家对于是否应该进行收入再分配看法不同。

在现实中，虽然经济学家对于许多问题有正常的分歧，但在许多经济学原理上是极为一致的。

三、快速单选

1. 经济模型是（　　）。
　　a. 复制经济运行的机械设备　　　　b. 对经济的详尽而真实的描述
　　c. 经济某些方面的简单再现　　　　d. 预测经济未来的电脑程序

【答案】c

【解析】经济学家通常使用由图形和方程组成的模型来了解世界。经济模型忽略了许多细节，不包括经济的每一个特征，以便了解真正重要的东西。所有模型都建立在一些假设之上，都是为了加深对现实的理解而简化了现实。所以说，经济模型简单再现了经济的某些方面。

2. 循环流量图说明在生产要素市场上，（　　）。
　　a. 家庭是卖者，企业是买者　　　　b. 家庭是买者，企业是卖者
　　c. 家庭和企业都是买者　　　　　　d. 家庭和企业都是卖者

【答案】a

【解析】在循环流量图中，经济简单化为只由两类决策者——企业和家庭——所组成。家庭和企业在两类市场上相互交易。在物品与服务市场上，家庭是买者，而企业是卖者。具体来说就是家庭购买企业生产的物品与服务。在生产要素市场上，家庭是卖者，而企业是买者，家庭向企业提供用于生产物品与服务的投入。

3. 生产可能性边界内的一点是（　　）的。
　　a. 有效率，但不可能　　　　　　　b. 可能，但无效率
　　c. 既有效率又可能　　　　　　　　d. 既无效率又不可能

【答案】b

【解析】生产可能性边界表明在生产要素和生产技术既定时，一个经济所能生产的产品的数量的各种组合。该经济可以生产该边界上或以内的任何组合。生产可能性边界内的点代表该产量小于它从可以获得的资源中所能得到的最大可能产量，因此是无效率的。

4. 一个经济生产热狗与汉堡包。如果一项热狗对健康非常有利的发现改变了消费者的偏好，它将（　　）。
　　a. 扩大生产可能性边界　　　　　　b. 收缩生产可能性边界
　　c. 使经济沿着生产可能性边界变动　　d. 使经济在生产可能性边界内变动

【答案】c

【解析】当经济增长时会发生的情况，社会可以使生产从原来的生产可能性边界上的一点移动到新的生产可能性边界上的一点，如某行业的技术进步可以使生产可能性边界向外移动。但是社会选择该边界上的哪一点取决于它对两种物品的偏好，偏好变动则使经济沿着生产可能性边界变动。

5. 以下所有话题都在微观经济学研究范围之内，除了（　　）。
　　a. 香烟税对青少年吸烟行为的影响
　　b. 微软的市场势力在软件定价中的作用

c. 反贫困计划在减少无家可归者中的效率

d. 政府预算赤字对经济增长的影响

【答案】d

【解析】微观经济学研究家庭和企业如何做出决策，以及它们如何在特定市场上相互交易。宏观经济学研究整体经济现象，包括通货膨胀、失业和经济增长。

6. 以下哪一种说法是实证的，而不是规范的？（　　）

a. X 法将减少国民收入　　　　　　b. X 法是一种好的立法

c. 国会应该通过 X 法　　　　　　　d. 总统应该否决 X 法

【答案】a

【解析】实证表述试图描述世界是什么样子，它在努力解释世界如何运行，如最低工资法引起了失业；而规范表述试图描述世界应该是什么样子，如政府应该提高最低工资。规范结论并不仅仅根据实证分析，还涉及价值判断。

四、问题与应用

1. 画一张循环流量图。指出模型中分别对应于下列活动的物品与服务流向和货币流向的部分。

a. Selena 向店主支付 1 美元买了 1 夸脱牛奶。

b. Stuart 在快餐店工作，每小时赚 4.5 美元。

c. Shanna 花 30 美元理发。

d. Salma 凭借她在 Acme Industrial 公司 10％的股权赚到了 1 万美元。

答：循环流量图如图 2-5 所示。外面一圈的箭头表示货币的流向，里面一圈的箭头表示相应的投入与产出的流向。

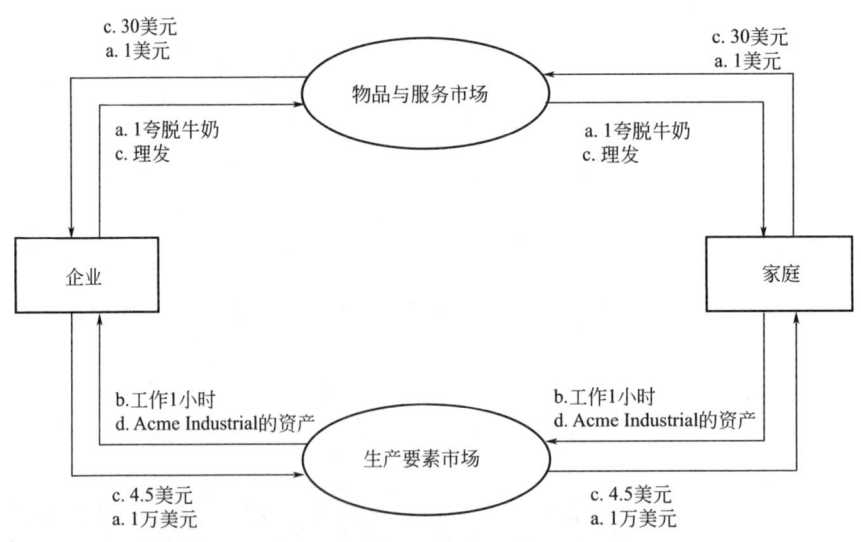

图 2-5　循环流量图

2. 设想一个生产军用品和消费品的社会，我们把这些物品称为"大炮"和"黄油"。

a. 画出大炮与黄油的生产可能性边界。用机会成本解释为什么这条边界的形状最有可能是向外凸出。

b. 标出这个经济不可能实现的一点。再标出可以实现但无效率的一点。

c. 设想这个社会有两个政党，称为鹰党（想拥有强大的军事力量）和鸽党（想拥有较弱的军事力量)。在生产可能性边界上标出鹰党可能选择的一点和鸽党可能选择的一点。

d. 假想一个侵略成性的邻国削减了军事力量。结果鹰党和鸽党都等量减少了自己原来希望生产的大炮数量。用黄油产量的增加来衡量，哪一个党会得到更大的"和平红利"？并解释。

答：a. 大炮与黄油的生产可能性边界表示的是一个社会在资源一定、技术一定的情况下所可能生产的大炮与黄油的各种不同产量的组合。大炮与黄油的生产可能性边界如图 2-6 所示。

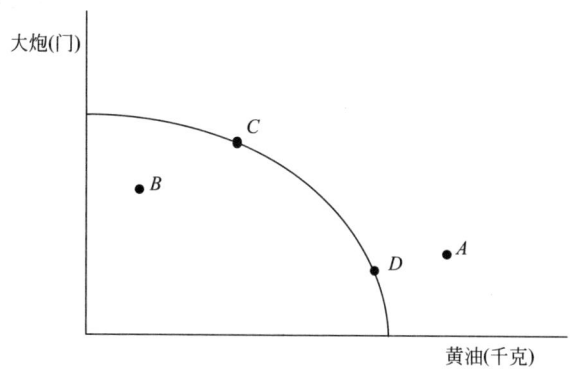

图 2-6 大炮与黄油的生产可能性边界

图 2-6 中的生产可能性边界最有可能是向外凸出的。这是因为资源的稀缺性和要素之间的不完全替代性，使得机会成本递增，这就表现为生产可能性边界向外凸出。当生产可能性边界向外凸出时，随着一种商品产量的增加，每增加一单位这种商品所放弃的另一种商品的产量呈递增趋势。

具体来说，根据大炮衡量的黄油的机会成本取决于经济中正在生产的每种物品的数量。在这个经济中，当经济用它的大部分资源生产黄油时，生产可能性边界是非常陡峭的。因为甚至最适于生产大炮的工人和机器都被用来生产黄油，经济为了每千克黄油所放弃的大炮数量的增加相当可观。与此相比，当经济把其大部分资源用于生产大炮时，生产可能性边界非常平坦。在这种情况下，最适于生产大炮的资源已经用于大炮行业，经济为每一千克黄油所放弃的大炮数量的增加是微不足道的。

b. 因为生产可能性边界是一个社会在资源一定、技术一定的情况下所可能生产的大炮和黄油的各种不同产量的组合，所以位于生产可能性边界上的点则表示全部资源都得到了充分利用而又可以接受的组合。位于曲线右边的点是不能成立的，因为没有足够的资源，而曲线左边的点可以成立，但没有利用完或没有有效利用全部可供利用的资源。

如图 2-6 所示，A 点是经济不可能实现的一点，B 点是可以实现但无效率的一点。

c. 鹰党可能选择 C 点，尽量多生产大炮，尽可能少生产黄油。鸽党可能选择 D 点，多生产黄油而少生产大炮。

d. 用黄油的生产来衡量，鹰党得到更大的"和平红利"。在鹰党的政策下，经济用它的大部分资源生产大炮，甚至最适于生产黄油的工人和机器都被用来生产大炮，经济为了每门大炮所放弃的黄油数量的增加相当可观。因此，当鹰党决定少生产大炮时，黄油产量增加很大。与此相比，鸽党本来就把大部分资源用于生产黄油，因此，再少生产一门大炮，所带来的黄油数量的增加也是很微小的。

3. 第1章讨论的第一个经济学原理是人们面临权衡取舍。用生产可能性边界说明社会在两种"物品"——清洁的环境与工业产量之间的权衡取舍。你认为什么因素决定生产可能性边界的形状和位置？如果工程师开发出了一种更少污染的新的发电方法，生产可能性边界会发生什么变化？

答：本题讨论的是环境清洁和高收入的组合。在生产可能性边界线上，两种产品是完全替代的；在生产可能性边界外是不能实现的状态。生产可能性边界表明了社会所面临的一种权衡取舍，一旦达到了该边界上有效率的各点，得到更多的一种物品的唯一方法就是减少另一种物品的生产。

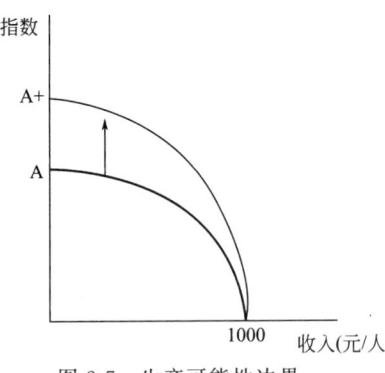

图2-7　生产可能性边界

如图2-7所示，若将该经济的所有资源都用于改善环境，人们可以享受到A级的环境条件；若将所有的资源所得用来发工资，人均收入可达1000元。人们要想增加收入，就必须减少对环境改善的支出，于是环境指数下降；反之，要想享受清洁的环境，就要减少收入。这就是清洁的环境与高收入之间的权衡取舍。

决定生产可能性边界的形状和位置的因素主要是这一经济所拥有的生产要素数量和技术水平。具体来讲，决定本题中生产可能性边界的因素主要是保持环境清洁的成本，或者说是改善环境的技术水平。

如果工程师开发出一种更少污染的新的发电方法，就是改善环境的技术水平提高了，生产可能性边界会向外移，如图2-7所示。

4. 一个经济由Larry、Moe和Curly这三个工人组成。每个工人每天工作10小时，并可以提供两种服务：割草和洗汽车。在1小时内，Larry可以割一块草地或洗一辆汽车，Moe可以割一块草地或洗两辆汽车，而Curly可以割两块草地或洗一辆汽车。

a. 计算在以下情况（即我们所标的A、B、C和D）时，各能提供多少每种服务：
- 三个工人把他们所有的时间都用于割草。（A）
- 三个工人把他们所有的时间都用于洗汽车。（B）
- 三个工人都分别把一半时间用于两种活动。（C）
- Larry分别把一半时间用于两种活动，而Moe只洗汽车，Curly只割草。（D）

b. 画出这个经济的生产可能性边界。用你对a的回答来确定图形上的A、B、C和D点。

c. 解释为什么生产可能性边界的形状是这样的。

d. a中有哪一种配置是无效率的吗？请解释。

答：a. 在A情况下，能割40块草地，洗0辆汽车；在B情况下，能割0块草地，洗40辆汽车；在C情况下，能割20块草地，洗20辆汽车；在D情况下，能割25块草地，洗25辆汽车。

b. 这个经济的生产可能性边界如图2-8

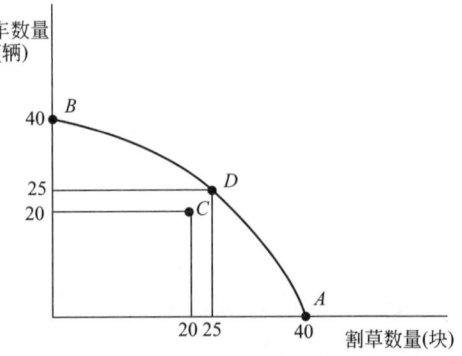

图2-8　生产可能性边界

所示，A、B、D三点在生产可能性边界上，C点在生产可能性边界以内。

c. 在1小时内，Larry在割草和洗车这两项工作上的效率是一样的，而Moe洗车的效率更高，Curly割草的效率更高。

d. C种配置是无效率的，因为只需要通过简单地对这三个人的时间再分配，就可以洗更多的车和割更多块的草地，也即产出会更多。

5. 把下列话题分别归入微观经济学或宏观经济学：

a. 家庭把多少收入用于储蓄的决策。

b. 政府管制对汽车废气的影响。

c. 高国民储蓄对经济增长的影响。

d. 企业关于雇用多少工人的决策。

e. 通货膨胀率和货币量变动之间的关系。

答：（1）微观经济学指研究家庭和企业如何做出决策，以及它们在某个市场上的相互交易的经济学。微观经济学是以市场经济中单个经济主体的经济行为和经济规律作为考查对象，研究单个生产者或企业是如何利用有限的资源生产商品和服务以获取最大利润，以及单个消费者或家庭是如何利用有限的货币收入购买商品和服务以获取最大满足。

宏观经济学是与微观经济学相对而言的，是研究整体经济现象的经济学，以国民经济总体为考察对象，研究经济生活中有关总量的决定与变动，解释失业、通货膨胀、经济增长与波动、国际收支与汇率的决定与变动等经济中的宏观整体问题。

（2）由微观经济学和宏观经济学的含义可以判断，a、b、d属于微观经济学；c、e属于宏观经济学。

6. 把下列表述分别归入实证表述或规范表述，并解释。

a. 社会面临着通货膨胀与失业之间的短期权衡取舍。

b. 降低货币增长率将降低通货膨胀率。

c. 美联储应该降低货币增长率。

d. 社会应该要求福利领取者去找工作。

e. 降低税率鼓励人们更多地工作和更多地储蓄。

答：（1）实证表述和规范表述的含义及其区别。

实证分析，是描述经济现象"是什么"以及社会经济问题实际上是如何解决的一种分析方法。规范分析，是研究经济活动"应该是什么"以及社会经济问题应该是怎样解决的一种分析方法。实证表述和规范表述的主要差别在于如何判断它们的有效性。从原则上讲，实证表述可以通过检验证据而确认或否定实证描述，而规范表述的判断不仅涉及事实数据，还涉及价值观的问题。

（2）由实证表述和规范表述的含义及区别可对题中的各种表述作如下归类。

a. 实证表述。它描述的是一个事实，是描述式的，回答的是"是什么"的问题，而不是"应该是什么"的问题。经济学家通过研究数据发现通货膨胀与失业率之间的负相关关系，给出了"社会面临着通货膨胀与失业之间的短期权衡取舍"这样的事实描述，所以是实证表述。

b. 实证表述。它描述了一个事实，是描述式的，回答的是"是什么、将是什么"的问题，而不是"应该是什么"的问题。经济学家通过研究数据发现通货膨胀率与货币增长率之间的正相关性很强，给出了"降低货币增长率将降低通货膨胀率"这样的事实描述，所以是实证表述。

c. 规范表述。它企图描述世界应该如何运行，是命令式的，回答的是"应该是什么，应该怎么样"。

d. 规范表述。它并未描述一个事实，相反它是一个关于"世界应该怎么样"的陈述，所以属于规范表述。

e. 实证表述。经济学家已经研究出税率与工作以及税率与储蓄之间的关系，而且已经发现这两种关系都是负相关关系。所以，该表述是关于"是什么"的，属于实证表述。

名校考研真题详解

1. 简述实证分析与规范分析。［中南大学 2016 研；北交大 2015 研］

答：微观经济学既对付实证问题，也对付规范问题。实证问题涉及解释和预测，规范问题研究应该如何。实证分析和规范分析是经济学重要的分析方法。

（1）实证分析是描述经济现象"是什么"以及社会经济问题实际上是如何解决的经济学研究方法。它对有关命题的逻辑分析，旨在理解经济过程实际是什么，将会是什么，为什么，而不涉及对结果好坏和是否公平的评价，其中不包含任何价值判断。实证分析既有定性分析，也有定量分析。

（2）规范分析以一定的价值判断作为出发点，提出行为的标准，并研究如何才能符合这些标准。它力求说明"应该是什么"的问题，或者说，它回答这样的问题：为什么要做出这种选择，而不做出另一种选择？

（3）实证分析和规范分析既有区别又有联系。规范分析和实证分析的区别可归纳为以下三点。①规范分析在研究经济事物的同时树立一个判别标准，以便能对分析结果做出好与坏的判断。而实证分析则只对经济运行过程本身做出描述，并不做出好与坏的判断。②二者要解决的问题不同。规范分析要说明经济事物是否符合既定的价值标准。实证分析则要解决经济"是什么"的问题，要研究经济变量的规律及其相互之间的联系，并对未来做出预测。③规范分析没有客观性，其结论受到价值标准的影响；实证分析的内容具有客观性，其结论可以接受事实的验证。尽管有上述区别，实证分析和规范分析二者之间仍相互联系。规范分析以实证分析为基础，而实证分析则以规范分析为指导。实证分析的结果往往要以一定的价值判断作为最终目标，而规范分析的结论往往又是实证分析的出发点。

2. 怎样区分"技术效率"与"经济效率"？请论证说明"技术上有效率一定是经济上也有效率"这个命题是否正确。经济效率与生产资源的稀缺性的关系如何？［武汉大学 2013 研］

答：（1）"技术效率"和"经济效率"都是生产效率问题，但前者纯粹是从生产技术的角度考虑技术的可行性问题，比方说生产一定产品，应当投入的劳动力数量与设备数量，而经济效率还需要考虑生产要素的相对价格，如何使用生产要素才能使生产成本最低。

（2）"技术上有效率一定是经济上也有效率"这一命题是错误的。技术上有效率不一定经济上也有效率。例如，以一项工程为例，从技术角度考虑，则投入一定数量的劳动力和少量先进的设备就是有效率的，然而，如果劳动力工资很低的，而先进设备却非常昂贵，此时用简陋的设备替代先进设备更合算，这样才达到经济效率。

（3）经济效率与资源稀缺性的关系

资源的稀缺性是指相对于人们的需求而言，资源是稀缺的。正是因为资源的稀缺性，导致社会经济活动的目的是以最少的资源消耗取得最大的经济效果，达到经济效率。一般来说，越是稀缺的资源，其价格越昂贵，采用这种资源进行生产的成本越高，经济效率越低。

3. 有人指出"经济增长是资源耗费与技术进步之间的一场竞赛"。试用生产可能性边界解释该观点。[北科大 2008 研]

答：在没有技术进步的条件下，经济增长需要消耗资源，而地球上可用于生产以满足人们需求的资源越来越少，这时生产可能性边界会向内移动，地球所能承载的经济增长的空间越来越小。如果发生技术进步，或者提高资源的利用效率，或者发现新的替代资源，就能抵消人们对地球资源的消耗，进而保证生产可能性边界不向内移动，甚至向外移动，这样就保证了经济增长的可持续性。

第 3 章

相互依存性与贸易的好处

```
                                   ┌ 生产可能性
                  ┌ 一个现代经济寓言 ┤
                  │                 └ 专业化与贸易
                  │                        ┌ 绝对优势
                  │                        │ 机会成本和比较优势
相互依存性与贸易的好处 ┤ 比较优势：专业化的动力 ┤ 比较优势与贸易
                  │                        └ 贸易的价格
                  │                   ┌ Tom Brady 应该自己修剪草坪吗
                  └ 比较优势的应用  ┤
                                    └ 美国应该与其他国家进行贸易吗
```

考点 1　专业化与贸易

经济学是研究为满足社会需求而如何进行生产和分配的科学。在全球经济下，人们可以选择自给自足，也可以选择专业化生产，相互之间进行贸易，并导致经济相互依存。国家和个人可以通过专业化生产和贸易解决由于稀缺性引起的问题，并从中获得好处。

每个人都消费本国和世界各国许多其他人所生产的物品与服务。相互依存和贸易之所以合意，是因为它可以使每个人享用更多数量和品种的物品与服务。

考点 2　比较优势原理

有两种方法比较两个人在生产一种物品时的能力。如果生产者生产一种物品所需要的投入较少，则可以说该生产者在生产该物品上有绝对优势；如果一个生产者以低于另一个生产者的机会成本生产一种物品，则可以说该生产者在生产该物品上有比较优势。专业化和贸易的好处是基于比较优势的。

（1）绝对优势

绝对优势理论由亚当·斯密提出。该理论认为，自由贸易会引起国际分工，国际分工的基础是有利的自然禀赋，或后天有利的生产条件，它们都可以使一国在生产上和对外贸易方面处于比其他国家绝对有利的地位。如果各国都按照各自有利的生产条件进行分工和交换，将会使各国的资源、劳动力和资本得到最有效的利用,从而大大提高劳动生产率和增加物质财富。

绝对优势比较的是生产一种物品所需要的投入量,生产一种物品需要资源少(比如说劳动时间少)的生产者称为在生产那种物品时具有绝对优势。即,效率最高的生产者(有最高生产率的生产者)有绝对优势。

(2) 比较优势

① 比较优势和机会成本

绝对优势比较的是每个生产者的实际成本,而比较优势则是比较每个生产者生产的机会成本。机会成本指为了得到某种东西所必须放弃的东西,生产一种物品机会成本较少的生产者在生产这种物品时有比较优势。

需要注意的是,一种物品的机会成本是另外一种物品的机会成本的倒数。同一个人不可能在生产两种物品中都有比较优势,除非两个人有相同的机会成本。

② 比较优势与贸易

无论绝对优势如何,如果生产者生产每种物品的机会成本不同,每个生产者就应该专门生产其机会成本低的产品。即每个生产者都应该生产其具有比较优势的物品,然后去交换其他产品。

机会成本和比较优势的差别引起了贸易的好处。当每个人专门生产自己有比较优势的物品时,经济的总量就会增加,而且,经济蛋糕规模的这种扩大可以使每个人的状况更好。贸易可以使每个人的状况更好,是因为它使每个人可以从事自己有比较优势的活动。

对从贸易中获益的双方而言,他们进行贸易的价格在两者的机会成本之间,卖者可以以高于其机会成本的价格出售一种商品,买者可以以低于其机会成本的价格购买一种商品,结果双方的状况都将改善。

③ 比较优势的应用

比较优势原理解释了相互依存和贸易的好处。比较优势原理适用于国家与个人,经济学家用比较优势原理支持各国间的自由贸易。

在国外生产并在国内销售物品称为进口,在国内生产并在国外销售物品称为出口。即使美国在生产汽车和粮食上都有绝对优势,它也应该专门生产自己有比较优势的东西。由于美国生产粮食的机会成本低(更肥沃的土地)而日本高,所以,美国应该生产更多的粮食并出口到日本,以交换从日本进口的汽车。

【名师点读】

专业化和贸易的好处是基于比较优势的。该部分知识是本章的重点,考生要知道比较优势和绝对优势的含义及其区别,能运用比较优势原理解释现实生活中的经济问题。抓住机会成本最小这一原则去判断比较优势在考试中比较常见。

一、概念题

1. 绝对优势(absolute advantage)

答:绝对优势指可以用较少量的投入生产物品的一种生产率方面的优势,它是指一个生产者用比另一个生产者更少的投入生产某种物品的能力。绝对优势比较的是生产一种物品所需要的投入量，如果生产者生产一种物品所需要的投入较少，则可以说该生产者在生产该物品上有绝对优势。绝对优势理论由英国古典经济学家亚当·斯密（Adam Smith，1723～1790年）为反对当时的重商主义和保护贸易政策在其1776年的巨著《国富论》中提出，主张以各国生产成本的绝对差异为基础进行国际专业化分工，并通过自由贸易获得利益。如果一国某种产品的绝对生产成本或价格比其他国家低，就称该国具有这种产品上的绝对优势，因而该国就应完全专业化生产并出口这种产品，同时进口那种它具有绝对劣势的产品。

2. 机会成本（opportunity cost）

答：机会成本指将一种资源用于某种特定用途所放弃的使用该项资源在其他用途中所能获得的最大收益。机会成本的存在需要三个前提条件：①资源是稀缺的；②资源具有多种生产用途；③资源的投向不受限制。从机会成本的角度来考察生产过程时，厂商需要将生产要素投向收益最大的项目，而避免生产的浪费，达到资源配置的最优。

从经济资源的稀缺性这一前提出发，当一个社会或一个企业用一定的经济资源生产一定数量的一种或者几种产品时，这些经济资源就不能同时被使用在其他的生产用途方面。这就是说，这个社会或这个企业所能获得的一定数量的产品收入，是以放弃用同样的经济资源来生产其他产品时所能获得的收入作为代价的，这也是机会成本产生的缘由。因此，社会生产某种产品的真正成本就是它不能生产另一些产品的代价。

所以，机会成本的含义是：任何生产资源或生产要素一般都有多种不同的使用途径或机会，也就是说可以用于多种产品的生产。但是当一定量的某种资源用于生产甲种产品时，就不能同时用于生产乙种产品。因此生产甲种产品的真正成本就是不生产乙种产品的代价，或者是等于该种资源投放于乙种产品生产上可能获得的最大报酬。

3. 比较优势（comparative advantage）

答：比较优势指生产产品的机会成本较小的生产者所具有的优势，它是指一个生产者以低于另一个生产者的机会成本生产某种物品的能力。比较优势比较每个生产者生产的机会成本，生产一种物品机会成本较少的生产者在生产这种物品时有比较优势。需要注意的是，同一个人不可能在生产两种物品中都有比较优势，除非两个人有相同的机会成本，因为一种物品的机会成本是另外一种物品的机会成本的倒数。若一个人生产一种物品的机会成本比较高，那么他生产另一种物品的机会成本必然比较低。

比较优势理论是主张以各国生产成本的相对差异为基础进行国际专业化分工，并通过自由贸易获得利益的一种国际贸易理论。该理论是由英国古典经济学家大卫·李嘉图（David Ricardo，1772～1823年）在其《政治经济学及其赋税原理》一书中提出的。斯密以"绝对优势"解释了贸易的发生，但如果一国在所有产品的生产上都具有绝对优势，而另一国在所有的产品生产上都处于绝对劣势，按照斯密的理论就不会有贸易发生，而事实绝非如此。在所有产品上都具有绝对优势的一国，相对而言总有一种产品是优势最大的；在所有产品上都具有绝对劣势的另一国，比较起来总有一种产品是劣势最小的。此时应按照李嘉图的"两利相权取其重，两弊相权取其轻"的原则，有绝对优势的一国生产并出口优势最大的产品，而绝对劣势的一国生产并出口劣势最小的产品，两国在相对成本差异的基础上一样能发生贸易，获得贸易利益。

4. 进口（imports）

答：进口是出口的对称，指一国本身不生产某种商品或服务而从国外购买以满足国内消费者需求的交易活动。将一定时期内所有进口商品和服务的贸易额相加，就得到一个国家在这个时期的进口总额。

5. 出口（exports）

答：出口是进口的对称，指本国生产的商品不在国内消费而是输出国外的活动，或者是服务输出国外的交易活动。将一定时期内所有出口商品和服务的贸易额相加就得到出口总额，它反映一个国家的出口贸易的水平。

二、复习题

1. 在什么情况下，生产可能性边界是直线，而不是外凸的？

答：(1) 生产可能性边界表示在充分利用各种资源时，同时进行两种或者更多的商品生产所能得到的最大产量。生产可能性边界的假设前提为：①固定的资源。在一定时间上，可供使用的各种生产要素的数量是固定不变的。②充分就业。在现有生产过程中，所有的生产要素均得到了充分使用，不存在资源闲置。③生产技术。在考虑问题的时间范围之内，生产技术，即由投入转化为产出的能力，是固定不变的。④两种产品。为了简化问题起见，通常假定某一经济仅生产两种产品。

生产可能性边界是一条斜率为负且凹向原点的曲线。具有凹性的生产可能性边界反映了机会成本递增法则。它是指随着某一种产品的产量增加，每增加一个单位的该产品产量所需放弃的其他产品产量呈递增的趋势，或者说，机会成本随其产量的增加而递增。机会成本递增的关键在于在多数情况下，经济资源并非完全适应于其他可供选择的用途，即资产专用性。

(2) 如果资源能完全适用于生产两种产品，或者说，资源具备完全替代性，那么，机会成本便为某一常数。生产可能性边界就为一条斜率为负的直线了。

2. 解释绝对优势和比较优势有什么不同。

答：绝对优势和比较优势的不同体现在以下几个方面。

(1) 比较的标准不同。绝对优势比较的是生产率，比较生产一种物品所需要的投入量，即每个生产者生产的实际成本；而比较优势比较的是每个生产者生产的机会成本。绝对优势反映了生产率的高低，比较优势反映了相对机会成本的高低。

(2) 两种理论所主张的国际专业化分工不同。绝对优势理论主张以各国生产成本的绝对差异为基础进行国际专业化分工；比较优势理论主张以各国生产成本的相对差异为基础进行国际专业化分工。

(3) 专业化和贸易产生的好处是根据比较优势，而不是绝对优势。同一生产者可能同时在两种物品上都具有绝对优势，但是不可能在生产两种物品中都有比较优势，除非两个人有相同的机会成本，因为一种物品的机会成本是另外一种物品的机会成本的倒数。若一个人生产一种物品的机会成本比较高，那么他生产另一种物品的机会成本必然比较低。

3. 举例说明一个人在做某件事上有绝对优势，而另一个人有比较优势。

答：高尔夫选手伍兹能用2小时修剪完草坪。在这同样的2小时中，他能为耐克鞋拍一部电视商业广告片，并赚到1万美元。与他相比，住他隔壁的佛瑞斯特·古姆普能用4小时修剪完伍兹家的草坪。在这同样的4小时中，他可以在麦当劳店工作并赚到20美元。在这个例子中，伍兹修剪草坪的机会成本是1万美元，而佛瑞斯特修剪草坪的机会成本是20美元。伍兹在修剪草坪上有绝对优势，因为他可以用更少的时间干完这件事，但佛瑞斯特在修剪草坪上有比较优势，因为他的机会成本比较低。

4. 对贸易来说，是绝对优势重要还是比较优势重要？以你对上一道题的答案为例来解释你的推理。

答：对贸易来说，比较优势重要。专业化和贸易产生的好处依据的是比较优势，而不是绝对优势。尽管一个生产者可以在生产两种物品上都具有绝对优势，但他不可能在生产两种物品中都有比较优势，因为生产一种物品的机会成本低意味着生产另一种物品的机会成本高。贸易使生产者可以利用他们生产的机会成本的差别。当每个人专门生产自己有比较优势的物品时，经济的总量就会增加，而且，经济蛋糕规模的这种扩大可以使每个人的状况更好。贸易可以使每个人的状况更好，是因为它使每个人可以从事自己有比较优势的活动。

从第3题的例子来看，每个人从事自己有比较优势的事情，同时相互交换物品或服务，可以使大家都达到经济上的更优状态。伍兹拿出用2小时拍摄广告的一部分收入如30美元雇用佛瑞斯特·古姆普来修剪草坪，这样两人收入都会提高。所以比较优势对伍兹和佛瑞斯特来讲更为重要。

5. 如果双方根据比较优势进行贸易并且双方都从中获益，则贸易的价格应该在哪个范围内？

答：比较优势原理确定了专业化和贸易的好处，对从贸易中获益的双方而言，他们进行贸易的价格应该在两种机会成本之间。

以农民和牧牛人同意按每盎司牛肉3盎司土豆的比例进行贸易为例，这一价格在牧牛人的机会成本（每盎司牛肉2盎司土豆）和农民的机会成本（每盎司牛肉4盎司土豆）之间。使双方均能获益的价格并不一定非得在2和4的正中间，但它一定是在2和4之间的某个地方。在这个价格范围内，牧牛人想卖牛肉以购买土豆，而农民想卖土豆以购买牛肉。每一方都可以以低于他（或者她）的机会成本的价格购买一种物品。最后，他们双方都专门生产他（或者她）有比较优势的物品，结果，双方的状况都得到改善。

6. 为什么经济学家反对限制各国之间贸易的政策？

答：经济学家反对限制各国之间贸易的政策，原因如下。

（1）经济学家反对各国限制贸易的政策是因为各国通过自由贸易可以提高各国的福利水平，实现更大的繁荣。每个国家都会在不同的服务或物品生产上具有比较优势，根据比较优势原理，各国集中生产并出口各自的比较优势产品，进口比较劣势的产品，通过自由贸易，在各国资源、劳动力投入相同的前提下，每个国家的消费者都可以消费更多的物品和服务，所有的国家都可以实现更大的繁荣。

（2）按照西方主流国际贸易理论的说法，完全竞争的市场经济必定使本国有比较优势的产品相对价格较低，从而在国际贸易中具有较高的竞争优势，没有国家间贸易壁垒的完全自由贸易会让这种优势充分发挥出来，使各国都仅仅出口自己具有比较优势的产品，进口自己具有比较劣势的产品，从而使各国的福利都达到更大。

三、快速单选

1. 在1个小时内，David 可以洗2辆汽车或剪1块草坪，Ron 可以洗3辆汽车或剪1块草坪。谁在洗汽车上有绝对优势？谁在剪草坪上有绝对优势？（　　）

a. David 在洗汽车上有绝对优势，Ron 在剪草坪上有绝对优势

b. Ron 在洗汽车上有绝对优势，David 在剪草坪上有绝对优势

c. David 的绝对优势在洗汽车上，而不在剪草坪上

d. Ron 的绝对优势在洗汽车上，而不在剪草坪上

第 3 章 相互依存性与贸易的好处

【答案】 d

【解析】 绝对优势是指一个生产者用比另一个生产者更少的投入生产某种物品的能力。如果生产者生产一种物品所需要的投入较少,就可以说该生产者在生产这种物品上有绝对优势。在该题中,时间是唯一的投入,Ron 洗 1 辆汽车所用时间比 David 洗 1 辆汽车所用时间少,而剪 1 块草坪所需要的时间都相同,所以 Ron 的绝对优势在洗汽车上,而不在剪草坪上。

2. 同样,在 1 个小时内,David 可以洗 2 辆汽车或剪 1 块草坪,Ron 可以洗 3 辆汽车或剪 1 块草坪。谁在洗汽车上有比较优势?谁在剪草坪上有比较优势?(   )

    a. David 在洗汽车上有比较优势,Ron 在剪草坪上有比较优势

    b. Ron 在洗汽车上有比较优势,David 在剪草坪上有比较优势

    c. David 的比较优势在洗汽车上,而不在剪草坪上

    d. Ron 的比较优势在洗汽车上,而不在剪草坪上

【答案】 b

【解析】 比较优势是指一个生产者以低于另一个生产者的机会成本生产某种物品的能力。如果一个生产者在生产 X 物品时放弃了较少的其他物品,即生产 X 物品的机会成本较小,就可以说该生产者在生产 X 物品上具有比较优势。David 洗 1 辆汽车的机会成本是剪 1/2 块草坪,而 Ron 洗 1 辆汽车的机会成本是剪 1/3 块草坪,所以 Ron 在洗汽车上有比较优势;David 剪 1 块草坪的机会成本是洗 2 辆汽车,Ron 剪 1 块草坪的机会成本是洗 3 辆汽车,所以 David 在剪草坪上有比较优势。

3. 两个人生产都有效率,并根据比较优势进行互利的贸易,则(   )。

    a. 他们俩人的消费都能达到各自的生产可能性边界之外

    b. 他们俩人的消费都在生产可能性边界之内

    c. 一个人的消费在生产可能性边界之内,而另一个人的消费在生产可能性边界之外

    d. 每个人的消费都在自己的生产可能性边界之上

【答案】 a

【解析】 专业化和贸易的好处是基于比较优势。当每个人专门生产自己有比较优势的物品时,经济的总产量就增加了,经济蛋糕的变大可用于改善每个人的状况。

4. 一国通常会进口哪一种物品?(   )

    a. 该国具有绝对优势的物品   b. 该国具有比较优势的物品

    c. 其他国家具有绝对优势的物品   d. 其他国家具有比较优势的物品

【答案】 d

【解析】 比较优势原理说明,每种物品应该由生产这种物品机会成本较低的国家生产。即该国应该生产并出口一些自身具有比较优势的物品,而进口其他国家具有比较优势的物品。

5. 假设在美国生产一架飞机要用 1 万小时劳动,生产一件衬衣要用 2 小时劳动。在中国,生产一架飞机要用 4 万小时劳动,生产一件衬衣要用 4 小时劳动。这两个国家将进行哪种贸易?(   )

    a. 中国将出口飞机,美国将出口衬衣

    b. 中国将出口衬衣,美国将出口飞机

    c. 两国都出口衬衣

d. 在这种情况下贸易不会带来好处

【答案】b

【解析】比较优势原理说明，每种物品应该由生产这种物品机会成本较低的国家生产，即该国应该生产并出口自身具有比较优势的物品，进口其他国家具有比较优势的物品。美国生产一架飞机的机会成本是生产五千件衬衣，而中国生产一架飞机的机会成本是一万件衬衣。所以，美国在生产飞机上具有比较优势，同理可得中国在生产衬衣上具有比较优势，所以中国应出口衬衣，而美国应出口飞机。

6. Mark 做一顿晚餐用 30 分钟，洗一件衣服用 20 分钟。他的室友做每一件事只要一半的时间。这两个室友应该如何分配工作？（　　）

a. Mark 根据自己的比较优势，应该多做饭

b. Mark 根据自己的比较优势，应该多洗衣服

c. Mark 根据自己的绝对优势，应该多洗衣服

d. 在这种情况下贸易不会带来好处

【答案】d

【解析】贸易可以使每个人的状况都变得更好，因为它使人们可以专门从事自己有比较优势的活动。由题中条件可知，Mark 和他的室友做一顿晚餐的机会成本都是洗 3/2 件衣服。所以双方不存在比较优势，在这种情况下贸易不会带来好处。

四、问题与应用

1. Maria 可以每小时读 20 页经济学著作，也可以每小时读 50 页社会学著作。她每天学习 5 小时。

a. 画出 Maria 阅读经济学和社会学著作的生产可能性边界。

b. Maria 阅读 100 页社会学著作的机会成本是多少？

答：a. 如图 3-1 所示。

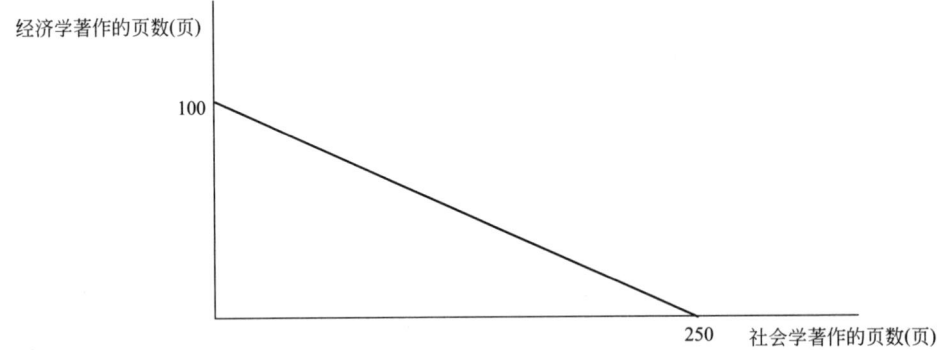

图 3-1　Maria 读书的生产可能性边界

b. Maria 读 100 页社会学著作需要 2 小时，读 20 页经济学著作需要 1 小时，所以她在 2 小时内可读 40 页经济学著作。她读 100 页社会学著作的机会成本是读 40 页经济学著作。

2. 美国和日本工人每人每年都可以生产 4 辆汽车。一个美国工人每年可以生产 10 吨粮食，而一个日本工人每年可以生产 5 吨粮食。为了简化起见，假设每个国家有 1 亿工人。

a. 为这种情况做出类似于（教材）图 3-1 的表格。

b. 画出美国和日本经济的生产可能性边界。

c. 对美国来说，生产一辆汽车的机会成本是多少？生产粮食的呢？对日本来说，生产一辆汽车的机会成本是多少？生产粮食的呢？把这些信息填入类似于（教材）表 3-1 的表中。

d. 哪个国家在生产汽车上具有绝对优势？在生产粮食上呢？

e. 哪个国家在生产汽车上具有比较优势？在生产粮食上呢？

f. 没有贸易时，每个国家有一半工人生产汽车，一半工人生产粮食。每个国家能生产多少汽车和粮食呢？

g. 从没有贸易的状况出发，举例说明贸易可以使每个国家的状况都变得更好。

说明：问题 a 中提到（教材）图 3-1 的表格为：农民和牧牛人的生产机会

项　　目	生产 1 盎司所需要的时间（分钟）		8 个小时的产量（盎司）	
	牛肉	土豆	牛肉	土豆
农民	60	15	8	32
牧牛人	20	10	24	48

问题 c 中提到的（教材）表 3-1 为：牛肉和土豆的机会成本

项　　目	1 盎司牛肉的机会成本	1 盎司土豆的机会成本
农民	4 盎司土豆	1/4 盎司牛肉
牧牛人	2 盎司土豆	1/2 盎司牛肉

答：a. 见表 3-1。

表 3-1　美国工人和日本工人的生产机会

项目	1 个工人生产 1 单位物品（吨/辆）的时间（年）		1 亿工人 1 年的产量	
	粮食	汽车	粮食（亿吨）	汽车（亿辆）
美国	1/10	1/4	10	4
日本	1/5	1/4	5	4

b. 见图 3-2。美国和日本的工人每人都能生产 4 辆汽车，如果所有工人都生产汽车，美国和日本各可以生产 4 亿辆汽车。美国工人每人可生产 10 吨谷物，如果美国只生产谷物，则可以生产 10 亿吨谷物。日本工人每人可生产 5 吨谷物，如果日本只生产谷物，则可以生产 5 亿吨谷物。两国的生产可能性边界如图 3-2 所示。

c. 对美国来说，1 辆汽车的机会成本是 2.5 吨粮食；1 吨粮食的机会成本是 0.4 辆汽车。对日本来说，1 辆汽车的机会成本是 1.25 吨粮食；1 吨粮食的机会成本是 0.8 辆汽车。如表 3-2 所示。

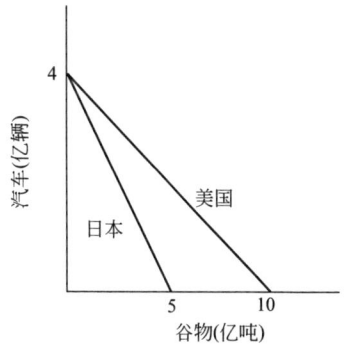

图 3-2　生产可能性边界

d. 美国在生产粮食中占有绝对优势，美国和日本生产汽车的绝对能力相同。

e. 美国在生产粮食上有比较优势，日本在生产汽车上有比较优势。

表 3-2　汽车和粮食的机会成本

项目	1 辆汽车的机会成本	1 吨粮食的机会成本
美国	2.5 吨粮食	0.4 辆汽车
日本	1.25 吨粮食	0.8 辆汽车

f. 美国 1 年可以生产出 5 亿吨粮食和 2 亿辆汽车，日本 1 年可以生产出 2.5 亿吨粮食和

2亿辆汽车。

g. 如果没有贸易，美国和日本1年一共可以消费7.5亿吨粮食（5+2.5）和4亿辆汽车（2+2）。如果美国和日本分工，各司其能。美国专门生产它有比较优势的粮食，1年可产10亿吨；日本专门生产它有比较优势的汽车，1年可产4亿辆。两者再进行贸易，互通有无，两国每年可以享受10亿吨粮食和4亿辆汽车，比没有分工和贸易时多出2.5亿吨粮食（10−7.5）。所以，贸易可以使两个国家的状况都变得更好。

3. Pat和Kris是室友。他们把大部分时间用于学习（理所当然），但也留出一些时间做他们喜欢的事：做比萨饼和制作清凉饮料。Pat制作1加仑清凉饮料需要4小时，做1块比萨饼需要2小时。Kris制作1加仑清凉饮料需要6小时，做1块比萨饼需要4小时。

　　a. 每个室友做1块比萨饼的机会成本是多少？谁在做比萨饼上有绝对优势？谁在做比萨饼上有比较优势？

　　b. 如果Pat和Kris互相交换食物，谁将用比萨饼换取清凉饮料？

　　c. 比萨饼的价格可以用清凉饮料的加仑数来表示。能使两个室友状况都更好的比萨饼交易的最高价格是多少？最低价格是多少？解释原因。

　　答：a. Pat做1块比萨饼的机会成本是1/2加仑清凉饮料。Kris制作1块比萨饼的机会成本是2/3加仑清凉饮料。Pat在做比萨饼上既有绝对优势又有比较优势。

　　b. Pat将用比萨饼换清凉饮料，因为他在做比萨饼上有比较优势。

　　c. 1块比萨饼的最高价格是2/3加仑清凉饮料，最低价格是1/2加仑清凉饮料。因为Pat在做比萨饼上有比较优势，并且机会成本是1/2加仑清凉饮料，如果两个室友之间实行贸易，他会选择生产比萨饼，并与Kris交换清凉饮料。如果1块比萨饼交换不到1/2加仑清凉饮料，Pat就宁可少生产1块比萨饼，而自己去生产1/2加仑清凉饮料。Kris在生产清凉饮料上有比较优势，机会成本是3/2块比萨饼。在贸易中，他会选择生产清凉饮料并与Pat交换比萨饼。对于Kris而言，1加仑清凉饮料最少要换3/2块比萨饼，也就是说，1块比萨饼的最高价格是2/3加仑清凉饮料。如果1块比萨饼的价格高于2/3加仑清凉饮料，Kris的1加仑清凉饮料就换不到3/2块比萨饼，那他就宁可少生产1加仑饮料，自己去生产3/2块比萨饼。

4. 假设加拿大有1000万工人，而且每个工人每年可生产2辆汽车或30蒲式耳小麦。

　　a. 加拿大生产1辆汽车的机会成本是多少？加拿大生产1蒲式耳小麦的机会成本是多少？解释这两种物品机会成本之间的关系。

　　b. 画出加拿大的生产可能性边界。如果加拿大选择消费1000万辆汽车，没有贸易时它可以消费多少小麦？在生产可能性边界上标出这一点。

　　c. 现在假设美国从加拿大购买1000万辆汽车，每辆汽车交换20蒲式耳小麦。如果加拿大继续消费1000万辆汽车，这种交易使加拿大可以消费多少小麦？在你的图上标出这一点。加拿大应该接受这笔交易吗？

　　答：a. 加拿大生产1辆汽车的机会成本是15蒲式耳小麦。生产1蒲式耳小麦的机会成本是1/15辆汽车。这两种物品机会成本之间互为倒数关系。

　　b. 如图3-3所示，如果加拿大选择消费1000万辆汽车，没有贸易时，加拿大可消费15 000万蒲式耳小麦，即A点（1000，15 000）。

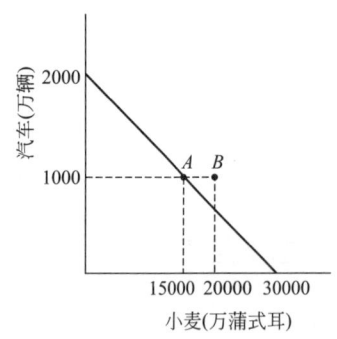

图3-3　加拿大的生产可能性边界

c. 如图3-3所示，这笔交易使加拿大能消费20 000万蒲式耳小麦（20×1000），即B点（1000，20 000）。加拿大应该接受这笔交易，因为它使加拿大可消费的物品总量增加了。

5. 英格兰和苏格兰都生产烤饼和毛衣。假设一个英格兰工人每小时能生产50个烤饼或1件毛衣。假设一个苏格兰工人每小时能生产40个烤饼或2件毛衣。

a. 在每种物品的生产上，哪个国家有绝对优势？哪个国家有比较优势？

b. 如果英格兰和苏格兰决定进行贸易，苏格兰将用哪种商品与英格兰交易？解释原因。

c. 如果一个苏格兰工人每小时只能生产1件毛衣，苏格兰仍然能从贸易中得到好处吗？英格兰仍然能从贸易中得到好处吗？解释原因。

答：a. 英格兰工人在生产烤饼上有绝对优势，苏格兰工人在生产毛衣上有绝对优势。1个英格兰工人生产1个烤饼的机会成本是1/50件毛衣，生产1件毛衣的机会成本是50个烤饼。1个苏格兰工人生产1个烤饼的机会成本是1/20件毛衣，生产1件毛衣的机会成本是20个烤饼。可见，英格兰工人在生产烤饼上有比较优势，苏格兰人在生产毛衣上有比较优势。

b. 如果英格兰人决定与苏格兰人交易，苏格兰人将用毛衣与英格兰人交易，因为苏格兰在生产毛衣上有比较优势。

c. 如果1个苏格兰人每小时只生产1件毛衣，那么他们生产1件毛衣的机会成本是40个烤饼，仍低于英格兰人生产1件毛衣的机会成本（50个烤饼）。所以，苏格兰人在生产毛衣上仍有比较优势。而此时，1个苏格兰人生产1个烤饼的机会成本是1/40件毛衣，仍高于1个英格兰人生产1个烤饼的机会成本，即英格兰人在生产烤饼上仍有比较优势。那么在贸易中，苏格兰人和英格兰人仍都能受益。

6. 下表描述了Baseballia国两个城市的生产可能性：

项　　目	一个工人每小时生产的红袜子量（双）	一个工人每小时生产的白袜子量（双）
波士顿	3	3
芝加哥	2	1

a. 没有贸易时，波士顿1双白袜子的价格（用红袜子表示）是多少？芝加哥1双白袜子的价格是多少？

b. 在每种颜色的袜子的生产上，哪个城市有绝对优势？哪个城市有比较优势？

c. 如果这两个城市相互交易，两个城市将分别出口哪种颜色的袜子？

d. 可以进行交易的价格范围是多少？

答：a. 没有贸易时，波士顿1双白袜子的价格是1双红袜子，芝加哥1双白袜子的价格是2双红袜子。

b. 波士顿在生产红、白袜子上都有绝对优势。波士顿在生产白袜子上有比较优势，芝加哥在生产红袜子上有比较优势。

c. 如果它们相互交易，波士顿将出口白袜子，而芝加哥出口红袜子。

d. 白袜子的最高价格是2双红袜子，最低价格是1双红袜子。红袜子的最高价格是1双白袜子，最低价格是1/2双白袜子。

7. 一个德国工人生产一辆汽车需要400小时，而生产一箱红酒需要2小时。一个法国工人生产一辆汽车需要600小时，而生产一箱红酒需要x小时。

a. 要从可能的贸易中得到好处，x的值应该是多少？解释原因。

b. x的值多大时德国会出口汽车，进口红酒？解释原因。

答：a. 当 x 不等于 3 时，国际贸易能够带来好处。

如果存在比较优势，该贸易双方可以从贸易中获得好处。德国工人生产一辆汽车的机会成本是 200 箱红酒，类似的，德国工人生产一箱红酒的机会成本是 1/200 辆汽车。当 $x=3$ 时，法国工人生产一辆汽车的机会成本是 200 箱红酒。在这种情况下，两个国家之间没有比较优势。当 x 不等于 3 时，存在比较优势，国际贸易可以带来好处。

b. 当 $x<3$ 时，德国会出口汽车，进口红酒。

要使德国出口汽车，它必须在生产汽车上有比较优势，而法国则需在生产红酒上具有比较优势，也就是德国工人生产汽车的机会成本小于法国工人。德国工人生产一辆汽车的机会成本是 200 箱红酒，当 $x<3$ 时，法国工人生产一辆汽车的机会成本大于 200 箱红酒。例如，当 $x=2$ 时，法国工人生产一辆汽车的机会成本是 300 箱红酒（600/2＝300）。因此，当 $x<3$ 时，德国在生产汽车上有比较优势，它将出口汽车，进口红酒。

8. 假设一个美国工人每年能生产 100 件衬衣或 20 台电脑，而一个中国工人每年能生产 100 件衬衣或 10 台电脑。

a. 画出这两个国家的生产可能性边界。假设没有贸易时，两个国家的工人各用一半时间生产两种物品。在你的图上标出这一点。

b. 如果这两个国家进行贸易，哪个国家将出口衬衣？举出一个具体的数字例子，并在你的图上标出。哪个国家将从贸易中获益？解释原因。

c. 解释两国可以交易的电脑价格（用衬衣衡量）是多少。

d. 假设中国的生产率赶上了美国，因此，一个中国工人每年可以生产 100 件衬衣或 20 台电脑。你预期这时的贸易形式会是什么样的？中国生产率的这种进步将如何影响两国居民的经济福利？

答：a. 两个国家的生产可能性边界如图 3-4 所示。如果没有贸易，一个美国工人把一半的时间用于生产每种物品，则能生产 50 件衬衣、10 台电脑（图 3-4 中 B 点）。如果没有贸易，一个中国工人把一半的时间用于生产每种物品，则能生产 50 件衬衣、5 台电脑（图 3-4 中 A 点）。

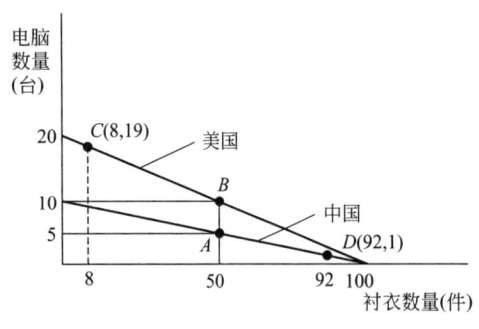

图 3-4　生产可能性边界

b. 中国将出口衬衣。对美国而言，生产一台电脑的机会成本是 5 件衬衣，而生产一件衬衣的机会成本为 1/5 台电脑。对中国而言，生产一台电脑的机会成本是 10 件衬衣，而生产一件衬衣的机会成本为 1/10 台电脑。因此，美国在生产电脑上有比较优势，中国在生产衬衣上有比较优势，所以中国将出口衬衣。

衬衣的价格在 1/10 到 1/5 台电脑之间，两国都会从贸易中获益。例如，衬衣的价格为 1/8 台电脑，中国出口 8 件衬衣换回 1 台电脑。中国专门生产衬衣（100 件），并出口其中的 8 件，就有 92 件衬衣和换回的 1 台电脑（图 3-4 中 D 点）。而没有贸易时，92 件衬衣和 1 台电脑在中国是不可能得到的产出。美国专门生产电脑（20 台）并向中国出口其中的 1 台换取 8 件衬衣，美国就有 19 台电脑和 8 件衬衣（图 3-4 中 C 点），这也是没有贸易时美国不可能得到的产出。由此可见，贸易使中国和美国所能消费的产品增加，两国都获益了。

c. 一台电脑的价格将在 5 到 10 件衬衣之间。如果电脑的价格低于 5 件衬衣，美国将不会出口，因为在美国一件衬衣的机会成本为 1/5 台电脑。如果电脑的价格高于 10 件衬衣，中国将不会进口，因为在中国一台电脑的机会成本是10件衬衣。

d. 如果中国的生产率赶上美国，两国生产率相同时，两国间的贸易将不存在，贸易的好处也会消失。这是因为贸易的好处产生的原因是它让每个国家都利用自己的比较优势进行交易而得到更多的产品。如果中国和美国生产电脑和衬衣的机会成本都一样的话，也就是双方都不存在比较优势了，贸易的好处也就不复存在了。

9. 下列表述正确还是错误？分别做出解释。
a. "即使一国在生产所有物品上都有绝对优势，两国也能从贸易中得到好处。"
b. "某些极有才能的人在做每一件事情上都有比较优势。"
c. "如果某种贸易能给某个人带来好处，那么它就不会也给另一个人带来好处。"
d. "如果某种贸易对一个人是好事，那么它对另一个人也总是好事。"
e. "如果贸易能给某个国家带来好处，那么它也一定能给该国的每一个人带来好处。"

答：a. 正确。因为一国即使在生产的所有物品上都有绝对优势，它也不可能在所有物品上都有比较优势。相反，即使一国在所有物品的生产上都处于绝对劣势，它也会在某些物品上具有比较优势。只要存在着比较优势，就使得国际贸易的产生成为可能，两国就都能从国际贸易中得到好处，福利就会增加。

b. 错误。一个人不可能同时在做两件事情上都拥有比较优势，因为如果用一件事情表示另一件事情的机会成本，那么这两件事情的机会成本互为倒数。

c. 错误。贸易所达到的是双赢或者多赢局面。在贸易中，人们各自生产自己具有比较优势的产品，社会总产量增加，每个人的状况都会变得更好。

d. 错误。贸易对于双方都有好处，前提是贸易价格必须介于两人的机会成本之间，此时卖者可以以高于其机会成本的价格出售一种商品，买者可以以低于其机会成本的价格购买一种商品，结果双方的状况都将改善。但是如果贸易价格高于（或低于）双方的机会成本，则必有一方会遭受损失。

e. 错误。贸易给某个国家某些人带来好处的同时，可能损害该国国内另一些人的利益。例如，假设一国在生产小麦上有比较优势，在生产汽车上有比较劣势，那么，出口小麦、进口汽车将给这个国家带来好处，因为现在这个国家能够消费更多的商品。然而，贸易的出现，尤其是进口汽车，会损害国内汽车制造工人和厂商的利益。

名校考研真题详解

1. 假设一个美国人每月能生产100件衬衣或20台电脑，而一个中国人每月能生产80件衬衣或10台电脑。

（1）画出中国、美国的生产可能性边界。假设没有贸易情况，两个国家的工人各用一半时间生产两种物品。

（2）如果中美发生贸易，哪个国家将出口衬衣？哪个国家将从贸易中获益？并解释原因。两个国家可以交易的电脑价格是多少（用衬衣来衡量）？

（3）假设中国的生产率赶上了美国，因此，一个中国人每月可以生产100件衬衣或20台电脑。中国生产率的提高将如何影响中美两国的经济福利？

（4）如果中国是一个衬衣小国，政府决定对于出口衬衣支付一定量货币来补贴衬衣出口，这种补贴出口如何影响国内衬衣价格、衬衣消费量以及中美国民的福利？［人大2013研］

解：（1）两个国家的生产可能性边界如图3-5所示。如果没有贸易，一个美国工人把一半的时间用于生产每种物品，则能生产50件衬衣、10台电脑。如果没有贸易，一个中国工人把一半的时间用于生产每种物品，则能生产40件衬衣、5台电脑。

（2）①中国将出口衬衣。对美国而言，生产一台电脑的机会成本是5件衬衣，而生产一件衬衣的机会成本为1/5台电脑。对中国而言，生产一台电脑的机会成本是8件衬衣，而生产一件衬衣的机会

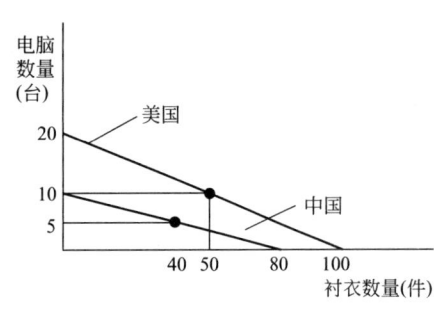

图3-5 生产可能性边界

成本为1/8台电脑。因此，美国在生产电脑上有比较优势，中国在生产衬衣上有比较优势，所以中国将出口衬衣。

②电脑的价格在5到8件衬衣之间，两个国家都会从贸易中获益。例如，电脑的价格为6件衬衣，换言之，中国出口6件衬衣换回1台电脑。中国专门生产衬衣（80件），并出口其中的6件，这样就有74件衬衣和换回的1台电脑。而没有贸易时，74件衬衣和1台电脑在中国是不可能得到的产出。美国专门生产电脑（20台）并向中国出口其中的1台换取6件衬衣。这样，美国最后就有19台电脑和6件衬衣，这也是没有贸易时美国不可能得到的产出。由此可见，贸易使中国和美国所能消费的产品增加，两国都获益了。

③一台电脑的价格将在5到8件衬衣之间。如果电脑的价格低于5件衬衣，美国将不会出口，因为在美国一件衬衣的机会成本为1/5台计算机。如果电脑的价格高于8件衬衣，中国将不会进口，因为在中国一台电脑的机会成本是8件衬衣。

（3）如果中国的生产率赶上美国，两国生产率相同时，两国间的贸易将不存在，贸易的好处也会消失。这是因为贸易的好处产生的原因是它让每个国家都利用自己的比较优势进行交易而得到更多的产品。如果中国和美国生产电脑和衬衣的机会成本都一样的话，也就是双方都不存在比较优势了，贸易的好处也就不复存在了。

（4）由于假定中国是一个衬衣小国，所以政府用货币来补贴衬衣出口，不会对国际市场上衬衣的价格产生影响，却能提高国内衬衣价格，直到国内价格等于出口价格加补贴，同时减少国内消费衬衣的数量，促进衬衣出口。福利方面将对中国国民福利造成损害，同时增加美国国民福利。

2. 什么是比较优势？举例说明。［北工大2007研］

答：（1）比较优势的含义

李嘉图认为各国不一定专门生产劳动成本绝对低（即绝对有利）的商品，而只要专门生产劳动成本相对低（即利益较大或不利较小）的商品，便可进行对外贸易，并能从中获益和实现社会劳动的节约。因此，他认为国家应该按照"两优取其重，两劣取其轻"的比较优势原则进行分工。如果一个国家在两种商品的生产上都处于绝对有利的地位，但有利的程度不同，而另一个国家在两种商品的生产上都处于绝对不利的地位，但不利的程度也不同。在这种情况下，前者应专门生产最为有利（即有利程度最大）的商品，后者应专门生产其不利程度最小的商品，通过对外贸易，双方都能取得比自己以等量劳动所能生产的更多的产品，从而实现社会劳动的节约，给贸易双方都带来利益。

（2）比较优势理论示例

如表3-3所示，虽然英国生产两种产品的投入都高于葡萄牙（都处于绝对劣势），但其生产呢绒的效率相对酒要高一些。也可以说，英国在生产呢绒方面具有比较优势，葡萄牙在

生产酒方面具有比较优势。让英国和葡萄牙进行分工，分工生产的结果是两种产品的产量都高于分工以前。

表 3-3 比较优势理论示例

项 目	分工前		分工后	
	呢绒	酒	呢绒	酒
英国的劳动投入	100	120	100＋120＝220	
葡萄牙的劳动投入	90	80		80＋90＝170
总产量	2 单位	2 单位	2.2 单位	2.125 单位

3. 假设美国和中国台湾生产小麦和计算机的单位成本如下表所示。

项 目	美国	中国台湾
生产小麦的单位成本	1	3
生产计算机的单位成本	2	4

美国在哪种物品的生产上具有比较优势？中国台湾在哪种物品的生产上具有比较优势？为什么？[华南理工 2007 研]

答：如果一个国家或地区在本地生产一种产品的机会成本（用其他产品来衡量）低于在其他国家或地区生产该产品的机会成本的话，则这个国家或地区在生产该种产品上就拥有比较优势。

通过观察表格资料可得美国每生产 1 单位小麦的机会成本为 0.5 单位计算机，中国台湾每生产 1 单位小麦的机会成本为 3/4 单位计算机，可见，美国生产小麦的机会成本低于中国台湾生产小麦的机会成本，因此，美国在小麦的生产上具有比较优势。

同理，可以看出美国每生产 1 单位计算机的机会成本为 2 单位小麦，中国台湾每生产 1 单位计算机的机会成本为 4/3 单位小麦，中国台湾生产计算机的机会成本低于美国生产计算机的机会成本，因此，中国台湾在计算机的生产上具有比较优势。

4. 假设 A 国一个工人每年生产 100 件衬衣或 20 台电脑，B 国一个工人每年生产 100 件衬衣或 10 台电脑。

（1）假设没有贸易时每个国家的工人生产每种物品各用一半时间，在两国每年的生产可能性边界图中标出这种情况。

（2）A 国在哪种物品的生产上具有比较优势？B 国在哪种物品的生产上具有比较优势？

（3）解释两国贸易时的电脑价格（用衬衣衡量）是多少？并用具体的数字例子说明两国贸易增加的经济福利。

（4）假设若干年后 B 国的一个工厂每年也生产 100 件衬衣或 20 台电脑，你预期这时的贸易形式会怎样？又如何影响两国的经济福利？[北工大 2009 研]

答：（1）令 X 表示生产的衬衣数量，Y 表示生产的电脑数量，则两国的生产可能性边界如图 3-6 所示。

（2）A 国生产一件衬衣的成本为 0.2 台电脑，生产一台电脑的成本为 5 件衬衣；而 B 国生产一件衬衣的成本为 0.1 台电脑，生产一台电脑的成本为 10 件衬衣，所以 A 国在电脑生产上具有比较优势，而 B 国在衬衣生产上具有比较优势。

（3）贸易时，一台电脑的价格将在 5 到 10 件衬衣之间。如果电脑的价格低于 5 件衬衣，A 国将不会出口，因为在 A 国一件衬衣的机会成本为 1/5 台电脑。如果电脑的价格高于 10 件衬衣，B 国将不会进口，因为在 B 国一台电脑的机会成本是 10 件衬衣。

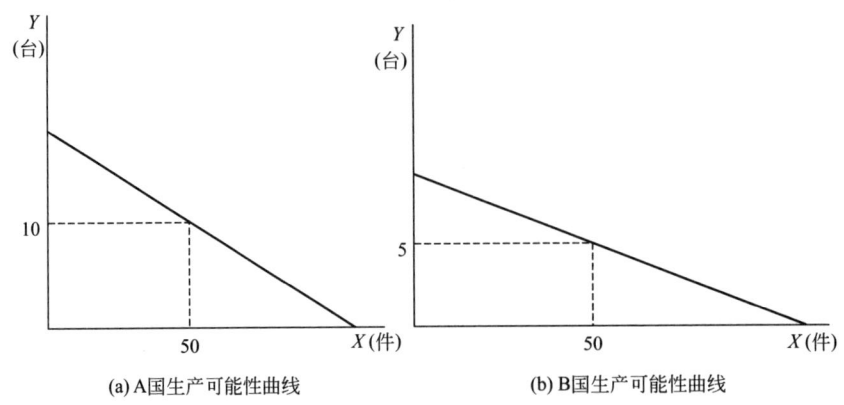

图 3-6 两国的生产可能性边界

假定两国在进行贸易之前分别用一半的时间生产电脑和衬衣，即 A 国生产 50 件衬衣和 10 台电脑，B 国生产 50 件衬衣和 5 台电脑，两国进行贸易后，分别只生产本国具有比较优势的产品，则福利变化如下：

项 目	衬衣（件）	电脑（台）
A 国	－50	＋10
B 国	＋50	－5
合 计	0	＋5

从表中可以看出，生产进行重新组合之后，两国生产的衬衣数量不变，但现在生产了更多的电脑。所以，当 A 国集中生产电脑且 B 国集中生产衬衣时，这种生产上的重新组合将增大两国经济的规模。

(4) 当 B 国的工厂每年也生产 100 件衬衣或 20 台电脑时，A、B 两国都不具有比较优势，但此时双方仍然应该分工生产电脑和衬衣，即 A 国生产电脑，B 国生产衬衣，因为之前的分工已经使得两国在生产其优势产品上具有经验、投入等优势，同时可以获得规模效益，但此时两国的经济福利没有变化。

第4章 供给与需求的市场力量

 知识结构导图

$$
\text{供给与需求的市场力量}\begin{cases}\text{市场与竞争}\begin{cases}\text{什么是市场}\\ \text{什么是竞争}\end{cases}\\ \text{需求}\begin{cases}\text{需求曲线：价格和需求量之间的关系}\\ \text{市场需求与个人需求}\\ \text{需求曲线的移动}\end{cases}\\ \text{供给}\begin{cases}\text{供给曲线：价格与供给量之间的关系}\\ \text{市场供给与个人供给}\\ \text{供给曲线的移动}\end{cases}\\ \text{供给与需求的结合}\begin{cases}\text{均衡}\\ \text{分析均衡变动的三个步骤}\end{cases}\end{cases}
$$

 考点难点归纳

考点 1　市场与竞争

市场是由某种物品或服务的买者与卖者组成的一个群体。买者作为一个群体决定了一种物品或服务的需求，而卖者作为一个群体决定了一种物品或服务的供给。

（1）市场类型的划分与特征

市场类型的划分与特征如表 4-1 所示。

表 4-1　市场类型的划分与特征

市场类型	厂商数目	产品差别程度	对价格控制的程度	进出一个行业的难易程度	接近哪种商品市场
完全竞争	很多	完全无差别	没有	很容易	一些农产品
垄断竞争	很多	有差别	有一些	比较容易	一些轻工产品、零售业
寡头	几个	有差别或无差别	相当程度	比较困难	钢、汽车、石油
垄断	唯一	唯一的产品，且无相近的替代品	很大程度，但经常受到管制	很困难，几乎不可能	公用事业，如水、电

（2）完全竞争市场

完全竞争市场指竞争不存在任何阻碍和干扰因素的市场情况，亦即没有任何垄断因素的

市场结构。完全竞争市场有两个主要特征：

① 用于销售的物品是完全相同的；

② 买者和卖者如此之多，以至于没有一个买者或卖者可以影响价格。由于完全竞争市场上的买者与卖者必须接受市场决定的价格，所以，他们被称为价格接受者。

【名师点读】

四种市场类型是很基础的知识，考生应不断巩固和加深对该知识点的理解，就本章而言，考生需理解并牢记完全竞争市场的各个特征，并熟练掌握价格接受者等相关概念。

考点 2 需求

一种商品的需求是指消费者在一定时期内在各种可能的价格水平愿意而且能够购买的商品数量。

（1）需求曲线

商品的需求可以用一条需求曲线来表示。需求曲线一般向右下方倾斜，它表示商品的需求量与价格成反方向变动的变化。需求曲线可以用需求函数来表示，需求函数 $Q^d = f(p)$ 表示一种商品的需求量和该商品的价格之间存在着一一对应的关系。

需求定理：在其他条件相同时，一种物品价格上升，该物品需求量减少；价格下降，需求量增加。

（2）市场需求与个人需求

市场需求是所有个人对某种物品或服务需求的总和，把个人需求曲线水平相加可以得出市场需求曲线。市场需求曲线表示在所有其他影响消费者需求的因素保持不变时，一种物品的总需求量如何随该物品价格的变动而变动。

（3）影响需求曲线移动的因素

当人们改变他们在每种价格上希望购买的量时，需求曲线移动。使需求曲线移动的重要因素如表 4-2 所示。

表 4-2 影响需求曲线移动的因素

因素	说　明
收入	①正常物品：在其他条件相同时，收入增加引起需求量增加的物品 ②低档物品：在其他条件相同时，收入增加引起需求量减少的物品
相关物品的价格	①替代品：一种物品的价格上升引起另一种物品需求量增加的两种物品 ②互补品：一种物品的价格上升引起另一种物品需求量减少的两种物品
爱好	若爱好转向一种物品，这就引起该物品的需求增加
预期	对未来收入或价格的预期将影响当期一种物品的需求
买者的数量	在某种既定价格时，任何一种增加买者希望购买的数量的变动都会使需求曲线向右移动；反之则向左

【名师点读】

一般考查需求曲线的特征、性质以及引起需求曲线位置移动的因素。考生应理解需求的含义，并能够求解需求函数及根据需求函数画出需求曲线。还要区分需求变动与需求量变动这两个概念，考试中常以概念题、简答题的形式考查。

第4章 供给与需求的市场力量

考点3 供给

一种物品的供给是指生产者在一定时期内在各种可能的价格下愿意而且能够提供出售的该种物品的数量。

(1) 供给曲线

商品的供给可以用一条供给曲线来表示。供给曲线一般向右上方倾斜，表示商品的供给量与价格成同方向变动的变化。供给曲线可以用供给函数来表示，供给函数 $Q^s = f(p)$ 表示一种商品的供给量和该商品的价格之间存在着一一对应的关系。

供给定理：在其他条件相同时，一种物品价格上升，该物品供给量增加；当价格下降时，供给量也减少。

(2) 市场供给与个人供给

市场供给量是在每种价格上所有卖者供给量之和。为了得出任何一种价格时的总供给量，可以把个人供给曲线轴上表示的个人供给量相加。市场供给曲线表示，一种物品的总供给量如何随着它的价格变动而变动。

(3) 影响供给曲线移动的因素

当生产者改变他们在每种价格上希望出卖的数量时，供给曲线移动。影响供给曲线移动的因素如表4-3所示。

表4-3 影响供给曲线移动的因素

因素	说明
投入品价格	一种物品的供给量与生产这种物品所用投入品的价格负相关
技术	技术进步降低企业的成本，从而增加供给量
预期	对未来的预期将影响当期一种物品的供给
卖者的数量	在某种既定价格时，任何一种增加卖者希望生产的数量的变动都会使供给曲线向右移动；反之则向左

【名师点读】

与需求对应，此部分一般考查供给曲线的特征、性质以及引起供给曲线位置移动的因素，考生应理解供给的含义，区分供给变动和供给量变动这两个概念，除以概念题和简答题的形式考查外，此部分内容还常结合需求曲线，考查基本的计算。要求考生能够求解供给函数及根据供给函数画出供给曲线。相关考研真题如下。

【计算题】我国每年大约进口5000亿根香烟，一共275亿包，每包价格10元。已知：需求价格弹性为0.4，供给价格弹性为0.5。求：

(1) 该情况下的需求曲线；

(2) 该情况下的供给曲线。[对外经贸大学2016研]

考点4 供给与需求的结合

(1) 均衡

均衡是市场价格达到使供给量与需求量相等的水平时的状态。使供给与需求平衡的价格即为均衡价格。

供求定理：任何一种物品价格的调整都会使该物品的供给与需求达到平衡。

买者与卖者的行为自然而然地使市场趋向于均衡。当市场价格高于均衡价格时，存在物品的过剩，引起市场价格下降。当市场价格低于均衡价格时，存在短缺，引起市场价格上升。

（2）分析均衡变动的三个步骤

① 确定该事件是使供给曲线移动还是使需求曲线移动，或者是在某些情况下，使两种曲线都移动。

② 确定曲线移动的方向，是向右移动，还是向左移动。

③ 用供求图说明这种移动如何改变均衡价格和均衡数量。

（3）供给曲线移动被称为"供给变动"，而需求曲线移动被称为"需求变动"。沿着一条固定供给曲线的移动称为"供给量的变动"，而沿着一条固定需求曲线的移动称为"需求量的变动"。

（4）当供给或需求曲线移动时，价格和数量如何发生变动的具体情况如表4-4所示。

表4-4 当供给或需求移动时，价格和数量发生的变动

项目	供给未变	供给增加	供给减少
需求未变	价格相同,数量相同	价格下降,数量增加	价格上升,数量减少
需求增加	价格上升,数量增加	价格不确定,数量增加	价格上升,数量不确定
需求减少	价格下降,数量减少	价格下降,数量不确定	价格不确定,数量减少

【名师点读】

供求定理是重要的概念，为重点考查知识点，学生应深刻理解供求定理的内容并能够运用供求定理来解释实际问题。相关考研真题如下。

【论述题】2010年农产品价格出现了迅猛的上涨态势。根据中国新闻社一个记者的追踪调查：一车西红柿，千里进京，成本为每斤1元。送菜进城的菜农每斤赢利为0.1元。然而，西红柿在从批发市场到市民餐桌的"最后一公里"，其价格却"野蛮上涨"，连翻几个跟头，从1.1元涨至3元。请运用所学的经济学理论，从需求、供给和一般均衡的角度分析这种涨价现象，并提出抵制价格上涨的政策建议。[人大2012研]

课后习题详解

一、概念题

1. 市场（market）

答：市场是由某种物品或服务的买者与卖者组成的一个群体。买者作为一个群体决定了一种物品或服务的需求，而卖者作为一个群体决定了一种物品或服务的供给。

市场作为商品经济的范畴，具有三层含义：一是指商品交换的场所；二是指由商品供求双方及其中介人之间，围绕着体现各自利益的价格而展开激烈竞争所形成的各种经济关系总和；三是指调节社会经济运行的一种关系。贯穿于这三层含义并能统一于市场这一范畴的核心是商品交换，或者说是商品流通。

2. 竞争市场（competitive market）

答：竞争市场指有许多买者和卖者，以至于每个人对市场价格的影响都微乎其微的市

场。竞争市场一般指完全竞争市场。完全竞争，又称为纯粹竞争，是指不存在任何阻碍和干扰竞争因素的市场情况，亦即没有任何垄断因素的市场结构。完全竞争市场需要具备以下四个条件：①市场上有大量的买者和卖者；②市场上每一个厂商提供的商品都是同质的；③所有的资源具有完全的流动性；④信息是完全的。

3. 需求量（quantity demanded）

答：需求量是指消费者在一定时期内，在各种可能的价格水平下愿意而且能够购买的商品的数量。根据定义，如果消费者对某种商品只有购买的欲望而没有购买的能力，就不能算作是需求。需求必须是既有购买欲望又有购买能力的有效需求。影响商品需求的因素有：该商品的价格、消费者收入、其他相关商品价格、消费者偏好和消费者对未来的预期等。在其他影响因素不变的条件下，需求量与价格的关系可用需求曲线来表示。一般说来，随着商品价格的提高，消费者消费商品的数量减少。

4. 需求定理（law of demand）

答：需求定理是有关物品价格与需求量之间关系的定理。该定理的内容是：在其他条件不变的情况下，某商品的需求量与价格之间成反方向变动，即需求量随着商品本身价格的上升而减少，随商品价格的下降而增加。以纵轴为价格，以横轴为需求量，那么需求曲线一定是向右下倾斜的。大多数的一般商品都会满足上述需求定理，但现实生活中并非所有商品都会满足需求法则，例如：①吉芬商品，如特定时期的马铃薯；②炫耀性物品，如钻石。

5. 需求表（demand schedule）

答：需求表是表示一种物品的价格与需求量之间关系的表格。从需求表中可以清楚地看到商品价格与需求量之间的函数关系。

6. 需求曲线（demand curve）

答：需求曲线指用几何图形表示的，在其他条件不变的情况下商品需求量与其价格之间的数量关系。这里的"其他条件不变"是指消费者的收入、偏好及其他商品的价格不变。在这样的假定下，可利用无差异曲线、预算线及效用最大化条件推导出在各种不同价格水平下消费者对某种商品的需求量，在价格-需求坐标系中将这些点连接起来即可得到该商品的需求曲线。需求曲线一般是向右下方倾斜的，这表明商品需求量随价格的上升而下降。

7. 正常物品（normal good）

答：正常物品指在其他条件相同时，收入增加引起需求量增加的物品。与低档商品相对，在价格不变的情况下，如果消费者的收入增加，对正常物品的需求随之增加；在收入减少时，对正常物品的需求随之减少。对正常商品来说，需求数量的变动方向总是与收入的变动方向相同。应注意的是，正常商品的范围会随着经济发展水平和消费者收入水平的变化而变化。

8. 低档物品（inferior good）

答：低档物品指在其他条件相同时，收入增加引起需求量减少的物品。如果某种商品当消费者收入减少时需求量增加，而当消费者收入增加后其消费量反而减少，则这种商品就是低档物品。低档物品的收入弹性为负值，价格变化引起的收入效应与替代效应方向相反，而其需求曲线一般仍为正常向下倾斜的曲线，但低档物品中的吉芬商品的需求曲线向右上方倾斜。

9. 替代品（substitutes）

答：替代品指一种物品价格上升引起另一种物品需求增加的两种物品。换句话说，替代品是指在效用上可以相互代替，满足消费者的同一种欲望的商品。例如牛肉和羊肉、圆珠笔和钢笔、煤和石油等都属于替代品。两种商品如果有替代关系，当其中一种商品价格不变时，另一种商品价格提高，就会引起对前一种商品需求量的增加；反之，另一种商品价格下跌，就会引起对前一种商品需求量的减少。例如：当羊肉价格不变时，作为羊肉的替代品牛肉的价格上升，人们就会多吃羊肉而少吃牛肉，故对羊肉的需求量增加；如果羊肉价格不变时牛肉价格下降，人们就会少吃羊肉而多吃牛肉，对羊肉的需求量就会减少。由于一种商品的价格与其替代品的需求量作相同方向的变动，其交叉弹性为正数。替代品属于相关商品的一种（另一种为互补品），常用于对市场上某种商品需求量变动原因的分析。

10. 互补品（complements）

答：互补品指一种物品价格上升引起另一种物品需求减少的两种物品。换句话说，互补品是指在效用上互相补充配合，从而满足消费者的同一种欲望的商品。如照相机与胶卷、录音机与磁带、汽车与汽油等都属于互补品。当两种商品为互补品时，其中一种商品价格不变，而另一种商品的价格上涨，则会使前一种商品的需求量下降；反之，另一种商品的价格下跌，则会使前一种商品的需求量上升。例如，在照相机价格不变时，作为其互补品的胶卷的价格大幅度上涨，则人们对照相机的需求也会相应减少；胶卷价格下降，人们对照相机的需求则会相应增加。由于一种商品的价格与其互补品的需求量呈相反方向变动，其交叉弹性为负数。互补品属于相关商品的一种（另一种为替代品），常用于对市场上某种商品需求量变动原因的分析。

11. 供给量（quantity supplied）

答：供给量是生产者在一定时期内，在各种可能的价格下愿意而且能够提供出售的该种商品的数量。影响供给的因素主要有：商品自身的价格、生产技术与管理水平、生产要素价格、其他商品价格、生产者的预期和政府税收等。其中最重要的影响因素是商品自身的价格。在其他影响因素不变的条件下，商品供给量与价格的关系可以用供给曲线表示。供给按其主体不同可分为个人供给和市场供给。其中个人供给是指生产者在一定时期内，在各种可能的价格水平下愿意而且能够提供出售的该种商品的数量。如果生产者对某种商品只有提供出售的愿望，而没有提供出售的能力，则不能形成有效供给，也不能算作供给。市场供给是指一种物品在同一时间及同一市场区域各个经济单位供给的水平相加。

12. 供给定理（law of supply）

答：供给定理指有关价格与供给量之间关系的定理。该定理的内容为：在其他条件相同时，一种物品价格上升，该物品供给量就增加；当价格下降时，供给量也减少。换句话说，在其他条件不变的情况下，某一商品的价格越低，该商品的供给量就越小；而商品的价格越高，该商品的供给量就越大。商品或服务供给量与其价格之间存在同方向变化的依存关系，即供给量是价格的增函数。

13. 供给表（supply schedule）

答：供给表指在其他条件都保持不变时，一种物品价格和供给量之间关系的表格。从供给表中清楚地看到商品价格与供给量之间的函数关系，也可以根据供给表中的价格-供给量组合，在平面坐标图上绘制出商品的供给曲线。

14. 供给曲线（supply curve）

答：供给曲线是表示一种物品的价格与供给量之间关系的图形。供给曲线表示某一特定时间内，当某商品的生产成本、技术水平、相关产品价格以及厂商对某商品价格预期不变时，在此商品不同价格水平下，厂商愿意而且能够提供的商品数量与相应价格之间的关系。

15. 均衡（equilibrium）

答：均衡指市场价格达到使供给量与需求量相等的水平时的状态。也就是说，均衡时生产者愿意而且能够提供的商品量恰好等于消费者愿意而且能够购买的商品量。供给与需求的交叉点就是市场的均衡点，它表示供给与需求两种力量在市场的特定时间内处于均衡的状态。

均衡是在西方经济学中被广泛运用的一个重要的概念。均衡的最一般的意义是指经济事物中有关的变量在一定条件的相互作用下所达到的一种相对静止的一种状态。经济事物之所以能够处于这样的一种静止状态，是由于在这样的状态中有关该经济事物的各方面的力量能够相互制约和相互抵消，也由于在这样的状态中有关该经济事物的各方面的愿望都能得到满足。正因为如此，西方经济学家认为，经济学的研究往往在于寻找在一定条件下经济事物变化最终趋于静止点的均衡状态。

在微观经济分析中，市场均衡可以分为局部均衡和一般均衡。局部均衡是就单个市场或部分市场的供求与价格之间的关系和均衡状态进行分析。一般均衡是就一个经济社会中的所有市场的供求与价格之间的关系和均衡状态进行分析。一般均衡假定各种商品的供求和价格都是相互影响的，一个市场的均衡只有在其他所有市场都达到均衡的情况下才能实现。

16. 均衡价格（equilibrium price）

答：均衡价格是商品的供给量与需求量相等时的价格。在市场上，由于供给和需求力量的相互作用，市场价格趋向于均衡价格。如果市场价格高于均衡价格，则市场上出现超额供给，超额供给使市场价格趋于下降直至均衡价格；反之，如果市场价格低于均衡价格，则市场上出现超额需求，超额需求使市场价格趋于上升直至均衡价格。因此，市场竞争使市场稳定于均衡价格。

17. 均衡数量（equilibrium quantity）

答：均衡数量指均衡价格下的供给量与需求量。也就是说，均衡数量是商品的市场需求量与市场供给量相等时的数量。从几何意义上说，一种商品市场的均衡出现在该商品的市场需求曲线和市场供给曲线相交的交点上，该交点被称为均衡点。均衡点上的价格和相对应的供求量分别被称为均衡价格和均衡数量。市场上需求量和供给量相等的状态，也被称为市场出清的状态。

18. 过剩（surplus）

答：过剩有时也称为超额供给的状态，指供给量大于需求量的状态。在过剩时，现行价格下卖者不能卖出他们想卖的所有物品，即供过于求产生过剩。厂商对过剩的反应是降低其价格。反过来，价格下降增加了需求量，并减少了供给量。价格要一直下降到市场达到均衡时为止。

19. 短缺（shortage）

答：短缺有时也称为超额需求的状态，指需求量大于供给量的状态。在短缺时，需求者不能按现行价格买到他们想买的一切，即供不应求产生短缺。厂商对短缺的反应是提高其价格。反过来，价格上升减少了需求量，并增加了供给量。价格要一直上升到市场达到均衡时为止。

20. 供求定理（law of supply and demand）

答：供求定理是认为任何一种物品的价格都会自发调整，使该物品的供给与需求达到平衡的观点。指在其他条件不变的情况下，需求变动分别引起均衡价格和均衡数量的同方向的变动；供给变动分别引起均衡价格的反方向的变动和均衡数量的同方向的变动。具体如下。

如果供给不变，需求增加使需求曲线向右上方移动，均衡价格上升，均衡数量增加；需求减少使需求曲线向左下方移动，均衡价格下降，均衡数量减少。

如果需求不变，供给增加使供给曲线向右下方移动，均衡价格下降，均衡数量增加；供给减少使供给曲线向左上方移动，均衡价格上升，均衡数量减少。

二、复习题

1. 什么是竞争市场？简单描述一种不是完全竞争的市场。

答：(1) 竞争市场指有许多买者和卖者，以至于每个人对市场价格的影响都微乎其微的市场。竞争市场一般指完全竞争市场。完全竞争，又称纯粹竞争，是指不存在任何阻碍和干扰竞争因素的市场情况，亦即没有任何垄断因素的市场结构。完全竞争市场需要具备以下四个条件：①市场上有大量的买者和卖者；②市场上每一个厂商提供的商品都是同质的；③所有的资源具有完全的流动性；④信息是完全的。

(2) 完全竞争市场之外的市场类型

除了完全竞争市场，还有垄断市场、寡头市场和垄断竞争市场。

① 垄断市场指整个行业中只有唯一的一个厂商的市场组织，唯一卖者通过制定垄断价格，获得垄断利润。在完全垄断市场上，一个行业只有一家厂商，垄断厂商是独家卖主，它面对的需求也就是整个市场的需求。

② 寡头市场指少数几家厂商控制整个市场的产品生产和销售的一种不完全竞争的市场。它既具有完全竞争市场的特点，又兼有垄断市场的特点，但更接近于垄断市场，寡头之间往往通过联合而不是恶性竞争来共同控制市场来获取利润。

③ 垄断竞争市场指一个市场中有许多厂商生产和销售有差别的同种商品的一种市场组织。在垄断竞争市场上，有许多买者和卖者，进入和退出某一产业比较容易，产品有差别，这些产品彼此之间都是非常接近的替代品，每个企业对市场价格影响小。

2. 什么是需求表和需求曲线？它们之间是什么关系？为什么需求曲线向右下方倾斜？

答：(1) 需求表和需求曲线

需求表是表示一种物品的价格与需求量之间关系的表格。从需求表中可以清楚地看到商品价格与需求量之间的函数关系。

需求曲线指用几何图形表示的，在其他条件不变的情况下商品需求量与其价格之间的数量关系。这里的"其他条件不变"是指消费者的收入、偏好及其他商品的价格不变。

(2) 需求表和需求曲线之间的关联

需求表和需求曲线的关系是需求曲线将需求表用图形的形式表现出来，商品的需求曲线是根据需求表中商品不同的价格-需求量的组合在平面坐标图上所绘制的一条曲线。

(3) 需求曲线向右下方倾斜的原因

根据需求定理，需求曲线是向右下方倾斜的。需求定理是有关物品价格与需求量之间关系的定理，该定理的内容是：在其他条件不变的情况下，某商品的需求量与价格之间成反方向变动，即需求量随着商品本身价格的上升而减少，随商品本身价格的下降而增加。以价格为纵轴，需求量为横轴，那么需求曲线一定是向右下倾斜的。

3. 消费者爱好的变化引起沿着需求曲线的变动，还是需求曲线的移动？价格的变化引起沿着需求曲线的变动，还是需求曲线的移动？

答：(1) 沿着需求曲线的变动与需求曲线的移动的含义

沿着需求曲线的变动，称为需求量的变动，是指在同一需求曲线情况下其他条件不变时，由该商品价格变动引起的消费者需求数量的变动。

需求曲线的变动是指由于消费者偏好、收入和其他商品价格等发生变动，需求曲线整体的移动。有许多变量会引起需求曲线的移动，其中最重要的有：①收入。如对正常物品来说，收入增加会引起需求曲线向右移动；对于低档物品来说，收入增加会引起需求曲线向左移动。②相关物品的价格。替代品价格上升或者互补品价格下降都会引起需求曲线向右移动。③爱好。决定需求的最明显因素是爱好，如果对某物品的爱好增强，会引起需求曲线向右移动。④预期。对未来收入和价格等的预期均会引起需求曲线的移动。⑤买者数量。如果买者数量增多，会引起需求曲线向右移动。

（2）通过上面分析可知，消费者爱好的变化是引起需求曲线移动的重要变量之一，而价格的变化则是引起沿着需求曲线的变动的原因，因此消费者爱好的变化引起需求曲线的移动，价格的变化引起沿着需求曲线的变动。

4. Popeye 的收入减少了，结果他买了更多的菠菜。菠菜是低档物品，还是正常物品？Popeye 的菠菜需求曲线会发生什么变化？

答：根据低档物品的定义，菠菜对 Popeye 来说是低档物品。Popeye 的收入减少了，他对菠菜的需求量反而增大，因而菠菜是低档物品。

对于一般低档物品来说，需求曲线是向右下方倾斜的，收入的减少会引起需求曲线向右移动。菠菜的价格没变，但是 Popeye 对菠菜的需求量增大了，所以 Popeye 对菠菜的需求曲线是向右移动了。

5. 什么是供给表和供给曲线？它们之间是什么关系？为什么供给曲线向右上方倾斜？

答：（1）供给表和供给曲线

供给表指在其他条件都保持不变时，一种物品价格和供给量之间关系的表格。供给曲线是表示一种物品的价格与供给量之间关系的图形。供给曲线表示某一特定时间内，当某商品的生产成本、技术水平、相关产品价格以及厂商对某商品价格预期不变时，在此商品不同价格水平下，厂商愿意而且能够提供的商品数量与相应价格之间的关系。

（2）供给表和供给曲线之间的关系

供给曲线将供给表用图形的形式表现出来，商品的供给曲线是根据供给表中商品不同的价格-供给量的组合在平面坐标图上所绘制的一条曲线。

（3）供给曲线向右上方倾斜的原因

由于供给定理，供给曲线是向右上方倾斜的。供给定理是关于价格与供给量之间关系的定理。该定理的内容为：在其他条件相同时，一种物品价格上升，该物品供给量就增加；当价格下降时，供给量也减少。换句话说，在其他条件不变的情况下，某一商品的价格越低，该商品的供给量就越小；而商品的价格越高，该商品的供给量就越大。商品或服务供给量与其价格之间存在同方向变化的依存关系，即供给量是价格的增函数。

根据供给定理，在以价格为纵轴，需求量为横轴的坐标系中，供给曲线一定是向右上方倾斜的。

6. 生产者技术的变化引起沿着供给曲线的变动，还是供给曲线的移动？价格的变化引起沿着供给曲线的变动，还是供给曲线的移动？

答：沿着供给曲线的变动，也称为供给量的变动，是指在同一供给曲线情况下，由价格变动引起的生产者供给数量的变动。供给曲线的变动是指价格不变的条件下，由于生产技术与管理水平、生产要素价格、其他商品价格、生产者的预期和政府税收等因素发生变动引起的供给曲线整体的移动。

生产者的技术、投入成本等因素的变动会引起供给曲线的移动，当技术提高时，供给曲线右移。价格的变化则是引起沿着供给曲线变动的原因，随着价格上升，供给量沿着供给曲线右移，供给量增加。

因此，生产技术的变动引起供给曲线的移动，价格变化引起了供给量沿着供给曲线的变动。

7．给市场均衡下定义。描述使市场向均衡变动的力量。

答：（1）市场均衡的定义

市场均衡指价格达到使供给量等于需求量水平的状态。也就是说，均衡时生产者愿意而且能够提供的商品量恰好等于消费者愿意而且能够购买的商品量。供给与需求的交叉点就是市场的均衡点，它表示供给与需求两种力量在市场的特定时间内处于均衡的状态。

（2）市场向均衡变动的力量

供求定理指任何一种物品的价格都会自发调整，使该物品的供给与需求达到平衡的观念。换句话说，供求定理是指在其他条件不变的情况下，需求变动分别引起均衡价格和均衡数量的同方向的变动；供给变动分别引起均衡价格的反方向的变动和均衡数量的同方向的变动。

当价格高于均衡价格时，市场上供过于求，出现物品过剩（也称超额供给），卖者为了扩大销售采取降价措施，直至达到均衡价格；反之，当价格低于均衡价格时，市场上供不应求，出现物品短缺（也称超额需求），由于太多的买者抢购太少的物品，卖者可以做出的反应是提高自己的价格而不会降低销售量。随着价格上升，需求量减少，供给量增加，市场趋向均衡。

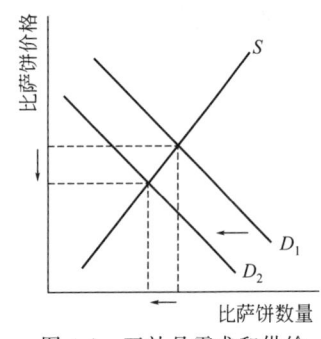

图 4-1 互补品需求和供给曲线移动情况

8．啤酒与比萨饼是互补品，因为人们常常边吃比萨饼，边喝啤酒。当啤酒价格上升时，比萨饼市场的供给、需求、供给量、需求量以及价格会发生什么变动？

答：互补品指在效用上互相补充配合，从而满足消费者的同一种欲望的商品。某商品的互补品价格下降会增加对该商品的需求，而价格上升会降低对该商品的需求。

当比萨饼的互补品啤酒的价格上升时，比萨饼市场的需求会降低，即比萨饼的需求曲线向左移动，如图 4-1 所示。比萨饼的供给曲线不受影响，保持不变。从图 4-1 中可以发现，均衡数量和均衡价格均降低，因此比萨的需求量和供给量均降低。

综上，当啤酒价格上升时，比萨饼市场的供给不变，需求减少，均衡供给量降低，需求量降低，价格降低。

9．描述市场经济中价格的作用。

答：价格在市场经济中起着极其重要的作用，主要体现在以下几个方面。

（1）价格是对市场供求进行调节的信号，是推动物品与服务的需求量与供给量达到均衡状态的力量。当市场价格偏离均衡价格时，导致供给不平衡，产生过剩或短缺，此时生产者就会调整自己的产量以满足市场需求，最终达到市场的供求平衡，生产者和消费者达到了自己的效用最大化。

（2）价格激励最有效的生产。如果不能激励人们见机行事，价格即便传递了信息也是徒劳的。价格体系的另外一个重要的特点是，它在传递信息的同时，还激励了人们见机行事，指明了人们如何见机行事。例如在铅笔涨价的时候,激励了人们寻找替代品,同时还指明钢笔和毛笔哪种更合算。

(3) 价格是配置稀缺资源的机制。价格既反映了一种物品的社会价格,也反映了生产该物品的社会成本,它指引着个别决策者在大多数情况下实现了整个社会福利最大化的结果。

三、快速单选

1. 以下哪一种变动不会使汉堡包的需求曲线移动?( )
  a. 热狗的价格　　　　　　　　b. 汉堡包的价格
  c. 汉堡包面包的价格　　　　　d. 汉堡包消费者的收入
【答案】 b
【解析】 需求曲线表示在其他所有影响买者的变量保持不变的情况下,一种物品的价格变动时,该物品的需求量会发生什么变动。当这些变量中的一个变动时,需求曲线会发生移动。a、c、d 三项均表示其他变量的改变,导致在既定价格下,数量发生变动,从而使需求曲线移动。而汉堡包价格的变动影响数量的变动,是在需求曲线上的移动,不是需求曲线移动。

2. ( ) 增加将引起沿着既定需求曲线的变动,这种变动称为 ( ) 的变动。
  a. 供给,需求　　b. 供给,需求量　　c. 需求,供给　　d. 需求,供给量
【答案】 b
【解析】 沿着一条固定需求曲线的变动被称为"需求量的变动"。题目中需求曲线没有变动,可知是供给改变导致的供给曲线移动。供给增加,供给曲线向右移动,在任何一种价格水平下,卖家愿意出售的总量增加。需求曲线不变,数量增加导致价格下降,这是在需求曲线上的移动,故称为需求量的变动。

3. 电影票和 DVD 是替代品。如果 DVD 的价格上升,电影票市场会发生什么变动?( )
  a. 供给曲线向左移动　　　　　b. 供给曲线向右移动
  c. 需求曲线向左移动　　　　　d. 需求曲线向右移动
【答案】 d
【解析】 当一种物品价格下降引起对另一种物品的需求量减少时,这两种物品被称为替代品。电影票和 DVD 是替代品,当 DVD 的价格上升,愿意购买它的人数减少,相比价格上涨的 DVD,人们更偏好电影票,所以电影票市场的需求上升,需求曲线向右移动。

4. 新的大油田的发现将使汽油的 ( ) 曲线移动,引起均衡价格 ( )。
  a. 供给,上升　　b. 供给,下降　　c. 需求,上升　　d. 需求,下降
【答案】 b
【解析】 使每一种价格水平下的供给量都增加的任何一种变动,都会使供给曲线向右移动。发现新的油田,石油产量增加,使供给量增加,供给曲线向右移动。在原有的石油价格上,石油供给量过多,从而导致均衡价格下降。

5. 如果经济进入衰退而且收入下降,低档商品市场会发生什么变动?( )
  a. 价格和数量都提高　　　　　b. 价格和数量都下降
  c. 价格提高,数量下降　　　　d. 价格下降,数量提高
【答案】 a
【解析】 低档物品是一种当收入减少时,需求量增加的物品。收入越低,对低档商品的需求越高,所以低档商品的需求曲线向右移动,原有价格上,需求量的增加导致价格的上

升,最终均衡价格和数量都提高。

6. 以下哪一种情况会引起果酱的均衡价格上升和均衡数量减少?(　　)

a. 作为果酱互补品的花生酱的价格上升

b. 作为果酱替代品的棉花软糖的价格上升

c. 作为果酱投入品的葡萄的价格上升

d. 在果酱作为正常商品时,消费者的收入增加

【答案】c

【解析】a项,互补品花生酱的价格上升,人们愿意购买的果酱数量减少,果酱的需求曲线向左移动,在原有的价格上需求量的下降导致价格的下降,均衡价格和数量都减少;b项,果酱的替代品棉花软糖的价格上升,人们愿意购买更多的果酱,果酱的需求曲线向右移动,在原有的价格上需求量的增加导致价格的上升,均衡价格和数量都增加;c项,果酱的成本上升,卖家生产更少的果酱,果酱的供给曲线向左移动,在原有价格上,需求过度,果酱价格上升,故均衡价格上升,数量减少;d项,在果酱作为正常商品时,消费者收入上升,消费数量上升,价格也上升。

四、问题与应用

1. 用供求图分别解释以下表述:

a. "当寒流袭击佛罗里达时,全国超市中的橙汁的价格上升。"

b. "当每年夏天新英格兰地区天气变暖时,加勒比地区旅馆房间的价格直线下降。"

c. "当中东爆发战争时,汽油价格上升,而二手凯迪拉克车的价格下降。"

答:a. 寒流袭击佛罗里达,农作物被摧毁,使得橙子的供给减少。如图4-2所示,表现为橙子的供给曲线向左移动,新的均衡价格高于原来的均衡价格。

b. 新英格兰地区的人冬天经常到加勒比地区避寒,而在夏天,则很少有人到加勒比地区旅游,因为新英格兰地区的气候更为舒适。所以,夏天对加勒比地区旅馆的需求降低。如图4-3所示,需求曲线向左移动,均衡价格比冬天低。

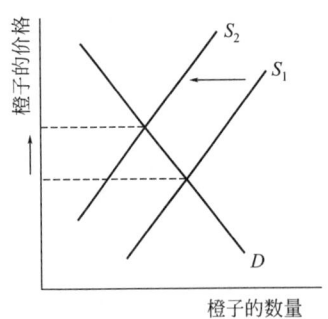

图4-2　全国超市中橙汁的供求图

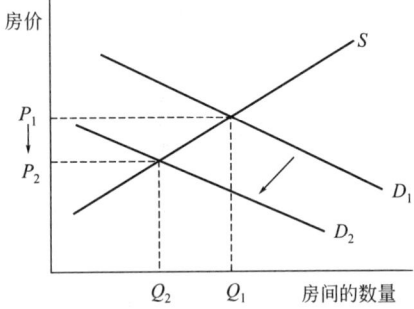

图4-3　加勒比地区旅馆房间的供求图

c. 当中东爆发战争时,许多市场都受到了影响。因为世界上有很大部分的汽油在中东生产,战争使得汽油的供给下降,如图4-4(a)所示,汽油的供给曲线向左移动,汽油的均衡价格上升。因为汽车和汽油是互补品,开汽车的成本因为汽油价格的上升而上升。对于二手凯迪拉克来说,将会有较少的人想买,而拥有凯迪拉克的人可能会更想把车卖掉,所以对二手凯迪拉克的需求降低,供给增加。如图4-4(b)所示,需求曲线向左移动,供给曲线向右移动,均衡价格下降。

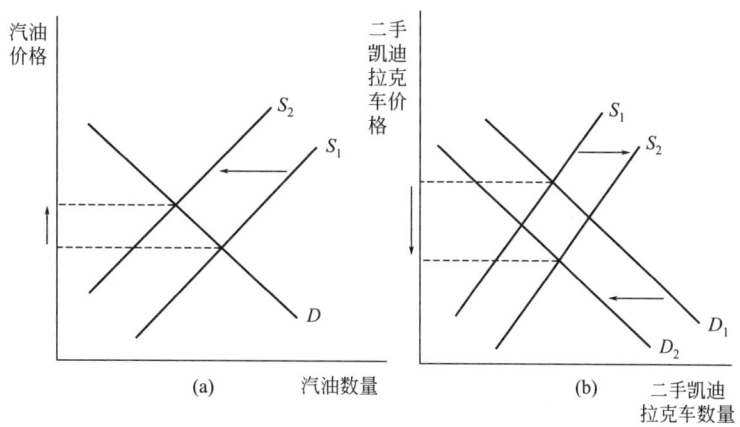

图 4-4 中东战争对二手凯迪拉克车的影响

2. "练习本需求增加提高了练习本的需求量,但没有提高练习本的供给量。"这句话是对还是错?解释原因。

答:一般情况下,这种说法是错误的。

如图 4-5 所示,某种因素影响了练习本的需求,使需求曲线向右移动,均衡价格和均衡数量均增大。但并没有什么因素改变练习本的供给,即练习本的供给曲线不会发生移动。但是一般说来,在其他因素不变时,需求量的增大会引起价格的上升。根据供给定理,价格的上升会引起供给量的增大。

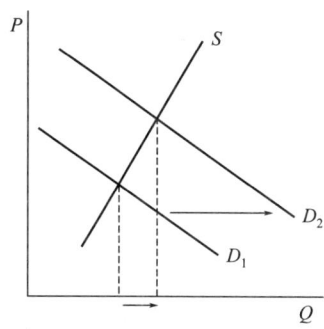

图 4-5 练习本的需求曲线向右移动

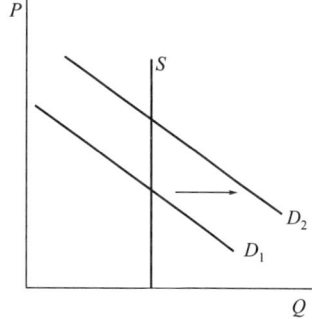

图 4-6 供给曲线是一条垂直线

只有在供给曲线是一条垂直线时,练习本的供给量才不会发生变化,如图 4-6 所示。但是,现实中练习本的供给曲线一般不会是一条垂直线,所以"练习本需求增加提高了练习本的需求量,但没有增加练习本的供给量"的说法是错误的。

3. 考虑家用旅行车市场。根据下面所列的事件,分别指出哪一种需求或供给的决定因素将受到影响。同时还要指出,需求或供给是增加了,还是减少了。然后画图说明该事件对家用旅行车价格和数量的影响。

a. 人们决定多生孩子。

b. 钢铁工人罢工,致使钢材价格上涨。

c. 工程师开发出用于家用旅行车生产的新的自动化机器。

d. 运动型多功能车价格上升。

e. 股市崩溃减少了人们的财产。

答：a. 如果人们决定多生孩子，他们就会想要比较大的车以载孩子出去，因此对家用旅行车的需求会增大，需求曲线右移，但不会影响供给，供给曲线不会发生变化。如图 4-7 所示，旅行车的价格和数量均增加。

b. 如果钢铁工人罢工提高了钢材价格，生产家用旅行车的成本上升，因此家用旅行车的供给下降，需求不受影响。如图 4-8 所示，家用旅行车的价格上升，数量下降。

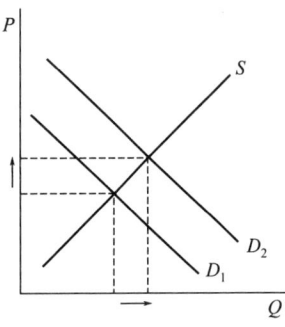

图 4-7　人们决定多生孩子的影响和运动型多功能车价格上升的影响

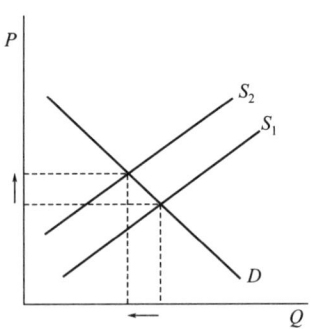

图 4-8　钢铁工人罢工的影响

c. 工程师开发出用于家庭旅行车生产的新的自动化机器是技术上的进步，会引起供给的增加，需求不受影响。如图 4-9 所示，家用旅行车的价格下降，数量增加。

d. 因为运动型多功能车是家用旅行车的替代品，所以运动型多功能车价格上升会使得家用旅行车的需求增加，供给不受影响，家用旅行车的价格和数量均会增加。其表现同样如图 4-7 所示。

e. 股市崩溃减少了人们的财产，收入的减少会使得对家用旅行车的需求下降（家用旅行车是正常物品），供给不受影响。如图 4-10 所示，家用旅行车的价格和数量均下降。

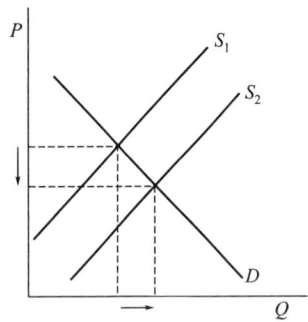

图 4-9　工程师发明自动化机器的影响

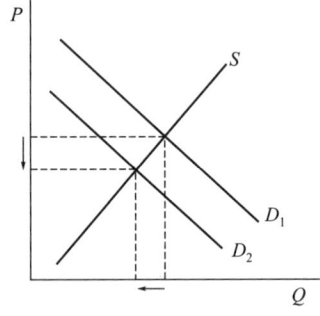

图 4-10　股市崩溃的影响

4. 考虑 DVD、电视和电影院门票市场。

a. 对每一对物品，确定它们是互补品还是替代品：
- DVD 和电视
- DVD 和电影票
- 电视和电影票

b. 假设技术进步降低了制造电视的成本。画一个图说明电视市场会发生什么变动。

c. 再画两个图说明电视市场的变动如何影响 DVD 市场和电影票市场。

答：a. DVD 和电视是互补品，因为不可能在没有电视的情况下看 DVD。DVD 和电影票是替代品，因为一部电影既可以在电影院看，也可以在家看。电视和电影票是替代品，原因与上面的类似。

b. 技术进步降低了制造电视的成本，使电视的供给曲线向右移动。电视的需求曲线不变。结果是电视的均衡价格下降，均衡数量上升，如图 4-11 所示。

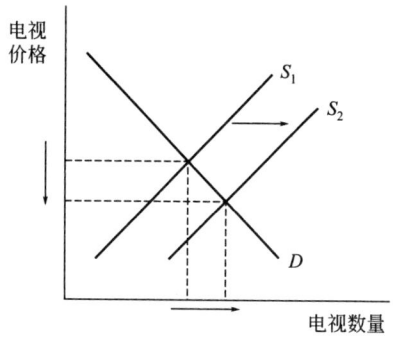

图 4-11　电视的均衡价格下降，均衡价格上升

c. 由于电视和 DVD 是互补品，电视价格的下降使 DVD 的需求增加。需求增加引起 DVD 均衡价格上升，均衡数量增加，如图 4-12 所示。

由于电视和电影票是替代品，电视价格的下降使电影票需求减少。需求的减少使电影票的均衡价格下降，均衡数量减少，如图 4-13 所示。

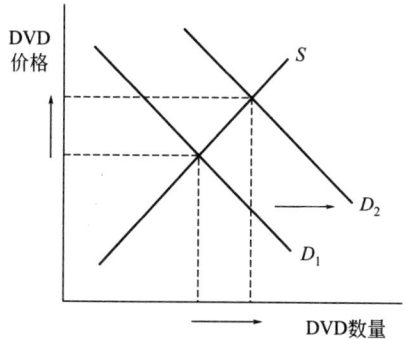

图 4-12　需求增加引起 DVD 均衡价格上升，均衡数量增加

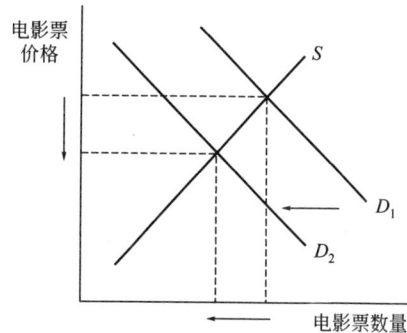

图 4-13　需求的减少使电影票的均衡价格下降，均衡数量减少

5. 过去 30 年间，技术进步降低了电脑芯片的成本。你认为这会对电脑市场产生怎样的影响？对电脑软件呢？对打字机呢？

答：（1）技术进步降低了电脑芯片的成本，因此生产电脑的成本下降，电脑的供给曲线向右移动，需求不受影响。如图 4-14 所示，电脑的均衡价格下降，均衡数量增加。

（2）电脑软件与电脑是互补品。电脑市场均衡价格下降，均衡数量上升，软件的需求也会上升，需求曲线向右移动，而供给曲线没有改变。如图 4-15 所示，软件市场的均衡价格上升，均衡数量增加。

（3）由于电脑也可以用来打字，它和打字机是替代品。电脑芯片成本降低使电脑价格降低，人们对打字机的需求会下降，供给不受影响。如图 4-16 所示，打字机的均衡价格下降，均衡数量下降。

6. 运用供求图，说明下列事件对运动衫市场的影响。
a. 南卡罗来纳的飓风损害了棉花作物。
b. 皮夹克价格下降。
c. 所有大学都要求学生穿合适的服装做早操。

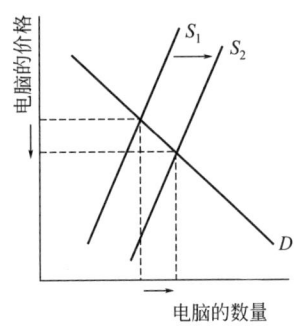
图4-14 电脑市场供求图

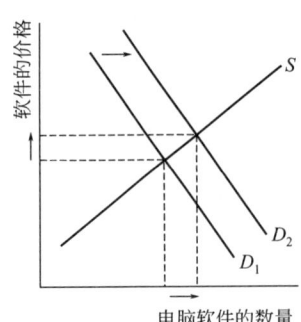
图4-15 电脑软件市场供求图

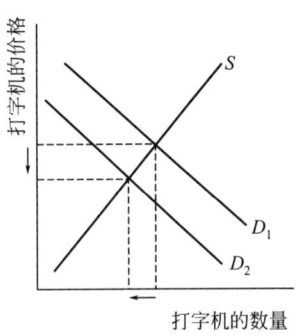
图4-16 打字机市场供求图

d. 新织布机被发明出来。

答：a. 南卡罗来纳的飓风减少了棉花的产量，使生产运动衫的投入价格上升，运动衫的供给曲线向左移动，因此运动衫的均衡价格上升，均衡数量减少，如图4-17所示。

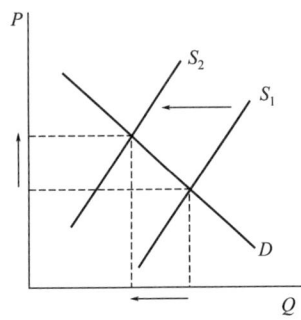
图4-17 飓风的影响

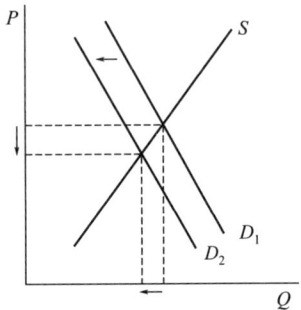
图4-18 皮夹克价格下降的影响

b. 皮夹克和运动衫是替代品，皮夹克价格下降，会引起运动衫的需求下降，运动衫的需求曲线向左移动，因此运动衫的均衡价格下降，均衡数量减少，如图4-18所示。

c. 所有大学都要求学生穿合适的服装做早操会使得运动衫的需求增加，需求曲线向右移动，供给不受影响，因此运动衫的均衡价格和数量均上升，如图4-19所示。

d. 新织布机的发明使运动衫生产的技术水平提高，使运动衫的供给曲线向右移动，需求不受影响，因此运动衫的价格下降，均衡数量增加，如图4-20所示。

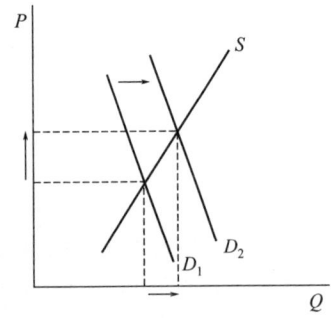
图4-19 大学要求学生穿合适的服装做早操的影响

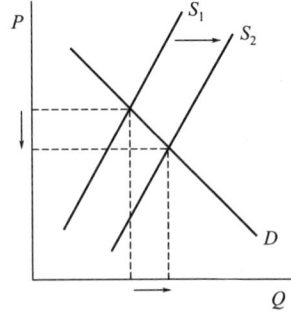
图4-20 新织布机发明的影响

7. 番茄酱是热狗的互补品（以及调味品）。如果热狗价格上升，番茄酱市场会发生什么变动？番茄市场呢？番茄汁市场呢？橙汁市场呢？

答：如果热狗价格上升，热狗的销售量会下降。因为番茄酱是热狗的互补品，番茄酱的需求会下降，它的供给并不改变，因此，番茄酱的价格和销售量都会下降。与此相连，番茄是制作番茄酱的主要原料，对它的需求也会下降，在供给不变的情况下，番茄的销售量和价格都会下降。而番茄是番茄汁的主要原料，番茄价格下降使番茄汁的生产成本下降，供给增加，番茄汁的销售量上升，价格下降。而橙汁和番茄汁是替代品，番茄汁价格的下降会使得橙汁的需求下降，从而使得橙汁的价格和数量都下降。

8．比萨饼市场的需求与供给如表 4-5 所示。

表 4-5　比萨饼市场的需求与供给

价格（美元）	需求量（个）	供给量（个）	价格（美元）	需求量（个）	供给量（个）
4	135	26	7	68	98
5	104	53	8	53	110
6	81	81	9	39	121

a. 画出需求曲线与供给曲线。该市场上的均衡价格和均衡数量是多少？
b. 如果该市场上实际价格高于均衡价格，什么会使市场趋向于均衡？
c. 如果该市场上实际价格低于均衡价格，什么会使市场趋向于均衡？

答：a. 均衡指供给曲线和需求曲线相交的那一点。也就是说，均衡指供给量恰好等于需求量的那一点。从需求与供给表可知，当价格为 6 美元时，比萨饼供给量和需求量相等，均为 81 个。通过描点画图作出比萨饼市场的供求曲线，如图 4-21 所示，市场的均衡价格为 6 美元，均衡数量为 81 个。

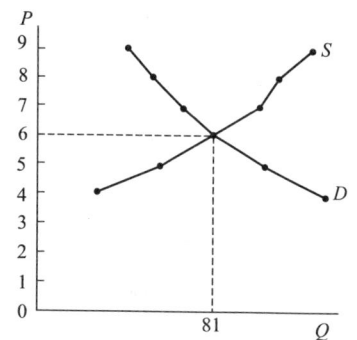

图 4-21　比萨饼市场的供求曲线

b. 当市场实际价格高于均衡价格时，存在超额供给，厂商发现比萨饼积压，于是它们会降低价格，增加销量，市场趋于均衡。

c. 当市场实际价格低于均衡价格时，存在超额需求，厂商发现提高价格也不会使比萨饼的销量减少，于是就会提高价格，需求减小，市场趋于均衡。

9．考虑以下事件：科学家发现，多吃橙子可以降低患糖尿病的风险；同时农民用了新的肥料，提高了橙子的产量。说明并解释这些变化对橙子的均衡价格和均衡数量有什么影响。

答：（1）多吃橙子有益健康的科学发现将增加橙子的需求，从而导致橙子的均衡价格和均衡数量都提高。

（2）如果农民用了新肥料，橙子产量提高，则橙子的供给会增加，从而导致橙子的均衡价格下降，均衡数量提高。

（3）如果以上两个事件同时发生，则均衡数量将提高，但是均衡价格的变化不确定。均衡价格的变化取决于需求和供给增加的幅度大小，均衡价格可能会上升，可能会下降，也可能保持不变，如图 4-22 所示。

10．因为百吉圈与奶酪通常一起食用，所以它们是互补品。

a. 我们观察到奶酪的均衡价格与百吉圈的均衡数量同时上升。什么因素会引起这种变动——是面粉价格下降，还是牛奶价格下降？说明并解释你的答案。

b. 再假设奶酪的均衡价格上升了，但百吉圈的均衡数量减少了。什么因素会引起这种变动——是面粉价格上升，还是牛奶价格上升？说明并解释你的答案。

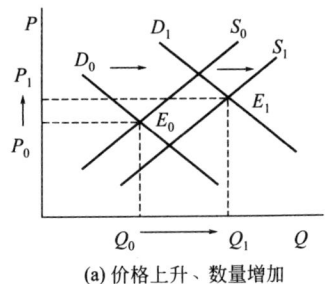
(a) 价格上升、数量增加

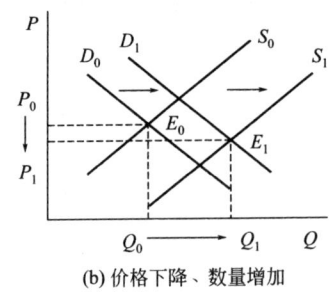
(b) 价格下降、数量增加

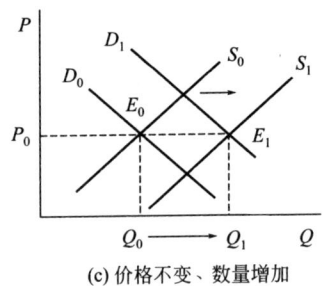
(c) 价格不变、数量增加

图 4-22　科学发现以及新肥料对橙子市场均衡的影响

答：a. 这种变动形式是面粉价格下降引起的。因为面粉是生产百吉圈的原料，所以如果面粉价格下降，百吉圈的供给曲线会向右移动，从而百吉圈的均衡价格下降，均衡数量增加，如图 4-23 所示。

因为奶酪和百吉圈是互补品，所以百吉圈均衡价格的下降会引起奶酪的需求增加，因而奶酪的均衡价格和均衡产量都会增加，如图 4-24 所示。

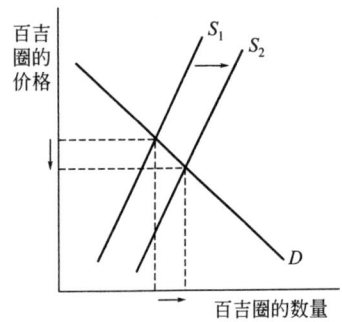

图 4-23　百吉圈的供给曲线会向右移动

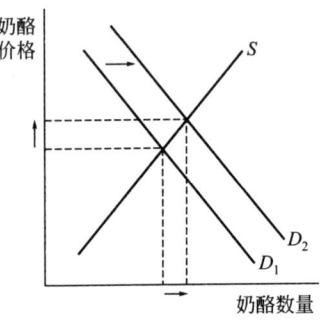

图 4-24　奶酪的需求增加

因此，面粉价格下降可以引起奶酪的均衡价格与百吉圈的均衡数量同时上升。

如果牛奶价格下降，因为牛奶是生产奶酪的原料，利用与以上分析相同的方法，可知奶酪的均衡价格下降，均衡数量增加，而百吉圈的均衡价格和均衡数量均上升。因此，牛奶价格下降不会引起奶酪的均衡价格与百吉圈的均衡数量同时上升。

b. 这种变动形式是牛奶价格上升引起的。因为牛奶是生产奶酪的原料，所以如果牛奶价格上升，奶酪的供给曲线会向左移动，从而奶酪的均衡价格上升，均衡数量减少，如图 4-25 所示。

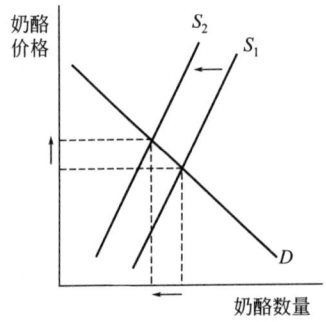

图 4-25　奶酪的供给曲线会向左移动

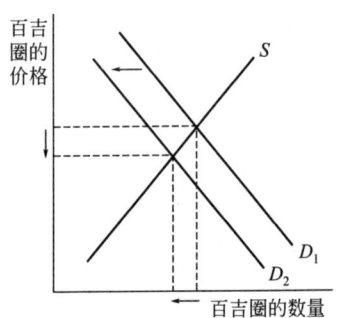

图 4-26　百吉圈的需求降低

因为奶酪和百吉圈是互补品，所以奶酪均衡价格的上升会引起百吉圈的需求降低，因而百吉圈的均衡价格和均衡产量都会降低，如图4-26所示。

因此，牛奶价格上升可以同时引起奶酪的均衡价格上升和百吉圈的均衡数量减少。

同样的方法可以分析得到：如果面粉价格上升，会引起百吉圈均衡价格上升和均衡数量下降，奶酪的均衡价格和均衡数量均下降。

11. 假设你们大学里篮球票的价格是由市场力量决定的。现在，需求与供给表表4-6如下。
a. 画出需求曲线和供给曲线。这条供给曲线有什么不寻常之处？为什么会是这样的？
b. 篮球票的均衡价格和均衡数量是多少？
c. 明年你们大学计划共招收5000名学生。新增的学生的需求表如表4-7所示。

表4-6 需求与供给表

价格（美元）	需求量（张）	供给量（张）	价格（美元）	需求量（张）	供给量（张）
4	10 000	8000	16	4000	8000
8	8000	8000	20	2000	8000
12	6000	8000			

表4-7 需求表

价格（美元）	需求量（张）	价格（美元）	需求量（张）
4	4000	16	1000
8	3000	20	0
12	2000		

现在把原来的需求表与新生的需求表加在一起，计算整个大学的新需求表。新的均衡价格和均衡数量是多少？

答：a. 需求与供给曲线如图4-27所示。

这条供给曲线的不寻常之处：供给曲线是垂直的。因为大学体育馆里的座位数是固定的，不论每个座位的价格是多少，组委会最多可以提供的球票数量不改变。也就是说，球票价格的变化不影响球票的供应量。

b. 票的均衡价格为8美元，均衡数量为8000张。

c. 新的需求与供给表如表4-8所示。

由新的需求和供给表可知，新的均衡价格为12美元，均衡数量为8000张。

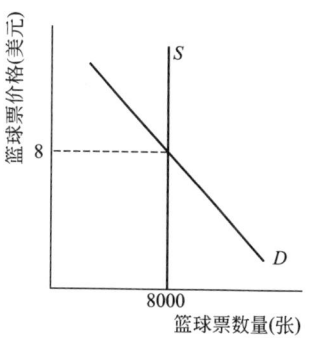

图4-27 球票的需求与供给曲线

表4-8 新的需求与供给表

价格（美元）	需求量（张）	供给量（张）	价格（美元）	需求量（张）	供给量（张）
4	14 000	8000	16	5000	8000
8	11 000	8000	20	2000	8000
12	8000	8000			

名校考研真题详解

1. 哪些因素会影响卖者对一种物品的供给量？［武汉大学2015研；深圳大学2012研］

答：影响卖者对一种商品的供给数量取决于多种因素，其中主要的因素如下。

（1）商品价格水平。一般来说，一种商品价格越高，卖者提供的数量越多；反之，卖者供给量越少，其表现为商品供给量沿供给曲线移动。

（2）投入品价格。一种物品的供给量与生产这种物品所用的投入品的价格负相关，投入品价格越高，卖者成本越高，物品供给量越少；反之，物品供给量越多。

（3）技术。技术水平的提高可以降低成本，增加卖者利润，从而增加供给量。

（4）预期。卖者的物品供给量还取决于对未来的预期，如果卖者对未来预期看好，如预期价格上涨，则会增加物品供应量。

（5）卖者的数量。卖者的数量同样会影响卖者对一种物品的供给量，若市场上卖同种物品的卖者很多，价格相对较低，单个卖者会减少供给，反之，则会增加供给量。

2. 假设小明对衣服的反需求函数是 $P=5-\frac{1}{2}Q^B$。小华对衣服的反需求函数是 $P=10-2Q^h$。他们两个人对衣服的总需求为多少？如果衣服的价格为每件 4 元，那么小明和小华对衣服的购买量是多少？如果衣服的价格涨为 10 元，那么小明和小华对衣服的总购买量又是多少？［人大 2011 研］

解：（1）由已知可得小明和小华对衣服的需求函数分别为：

$$Q^B = 10 - 2P$$
$$Q^h = 5 - 0.5P$$

因此，当 $P \leq 5$ 时，总需求为 $Q = Q^B + Q^h = 15 - 2.5P$；当 $5 < P \leq 10$ 时，总需求为 $Q = Q^h = 5 - 0.5P$；当 $P > 10$ 时，总需求为 $Q = 0$。故两人对衣服的总需求为：

$$Q = \begin{cases} 15 - 2.5P & P \leq 5 \\ 5 - 0.5P & 5 < P \leq 10 \\ 0 & P > 10 \end{cases}$$

（2）当衣服的价格为 $P = 4$ 时，此时小明和小华对衣服的购买量为 $Q = 15 - 2.5P = 5$。

（3）当衣服的价格涨为 $P = 10$，此时小明和小华对衣服的购买量为 $Q = 5 - 0.5P = 0$。

3. 供给曲线的移动与沿着供给曲线的移动有何不同？造成这两种移动的原因各有哪些？［北工大 2007 研］

答：（1）供给曲线的移动被称为"供给变动"，它以供给函数为基础，反映商品的价格以外因素变动和供给量变动之间的规律，表现为供给曲线的水平移动；而沿着供给曲线移动被称为"供给量的变动"，表现为供给量沿着一条固定的供给曲线移动。两者的区别在于引起这两种变动的因素是不相同的，并且，这两种变动在几何图形中的表示也是不相同的，如图 4-28 所示。

（2）造成这两种移动的原因分别如下。

① 供给曲线的移动被称为"供给变动"，是指在某商品价格不变的条件下，由于其他因素变动所引起的该商品的供给数量的变动。这里的其他因素变动是指投入品的价格、技术、预期和卖者的数量等。

② 沿着供给曲线的变动被称为"供给量的变动"，是指在其他条件不变时，由某商品的价格变动所引起的该商品供给数量的变动。

4. 市场供给曲线移动的原因是什么？［北工大 2006 研］

答：供给曲线的移动被称为"供给变动"，是指在某商品价格不变的条件下，由于其他因素变动所引起的该商品的供给数量的变动。这里的其他因素变动是指投入品的价格、技术、预期和卖者的数量，在几何图形中，供给的变动表现为供给曲线的位置发生移动。影响

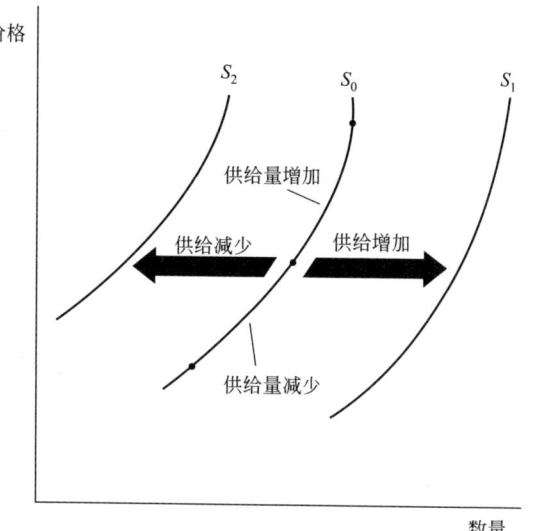

图 4-28 供给量变动与供给变动

市场供给曲线移动的因素具体如下。

（1）投入品价格，即生产成本。在商品自身价格不变的条件下，生产成本上升会减少利润，从而使得商品的供给量减少，供给曲线向左移动；相反，生产成本下降会增加利润，从而使得商品的供给量增加，供给曲线向右移动。一种物品的供给量与生产这种物品所用的投入品的价格负相关。

（2）技术。把各种投入品变为商品的技术也是供给量的另一个决定因素。如技术进步通过降低企业的生产成本可以增加商品的供给量。

（3）预期。如果生产者对未来的预期看好，如预期商品的价格会上涨，生产者在制订生产计划时就会增加产量供给，从而会使供给曲线向右移动。如果生产者对未来的预期是悲观的，如预期商品的价格会下降，生产者在制订生产计划时就会减少产量供给，从而使供给曲线向左移动。

（4）卖者的数量。除了以上影响单个卖者行为的因素以外，市场供给还取决于这些卖者的数量，当卖者的数量增多，市场中产品的供给量就会增多。

5. 下列事件对产品 X 的需求会产生什么影响？
（1）产品 X 变得更为流行；
（2）产品 X 的替代品 Y 的价格上升；
（3）预计居民收入将上升。［北科大 2010 研］

答：（1）决定需求的最明显的因素是爱好。如果消费者喜欢某种物品，消费者就会多购买。当消费者对某种商品的偏好程度增强时，该商品的需求量就会增加；相反，偏好程度减弱，需求量就会减少。因此如果产品 X 变得更为流行，对该商品的需求量将增加。

（2）当一种商品本身的价格保持不变，而与它相关的其他商品的价格发生变化时，这种商品本身的需求量也会发生变化。随着替代品 Y 价格的上升，消费者会增加对产品 X 的需求。

（3）对于大多数商品（正常物品）来说，当消费者的收入水平提高时，就会增加对商品的需求量。相反，当消费者的收入水平下降时，就会减少对商品的需求量。因此如果 X 是正常品，预计居民收入将上升将增加产品 X 的需求量。但对于低档品来说，消费者的收入水平与对该种商品的需求量反方向变动，因此如果 X 是低档品的话，居民收入上升对 X 产品的需求将降低。

6. 简要分析影响需求的主要因素。［华中科大 2016 研；北科大 2008、2007 研］

答：（1）从微观角度看，一种物品的需求量是买者愿意并且能够购买的该种物品的数量。影响需求量的主要因素如下。

① 价格。一般说来，一种商品的价格越高，该商品的需求量就会越小；相反，价格越低，需求量就会越大。

② 收入。对于大多数商品（正常物品）来说，当消费者的收入水平提高时，就会增加对商品的需求量；相反，当消费者的收入水平下降时，就会减少对商品的需求量。

③ 相关商品的价格。当一种商品本身的价格保持不变，而与它相关的其他商品的价格发生变化时，这种商品本身的需求量也会发生变化。包括替代品——一种物品价格上升引起另一种物品需求量增加的两种物品，互补品——一种物品价格上升引起另一种物品需求量减少的两种物品。

④ 爱好。决定需求的最明显因素是爱好。如果消费者喜欢某种物品，消费者就会多买。当消费者对某种商品的偏好程度增强时，该商品的需求量就会增加；相反，偏好程度减弱，需求量就会减少。

⑤ 预期。当消费者预期某种商品的价格在未来时期会上升时，就会增加对该商品的现期需求量；当消费者预期某商品的价格在未来时期会下降时，就会减少对该商品的现期需求量。

（2）从宏观的角度看，需求是指社会总需求。总需求由消费需求、投资需求、政府需求和国外需求构成。

① 消费需求的影响因素有收入水平、商品价格水平、利率水平、收入分配状况、消费者偏好、家庭财产状况、消费信贷状况、消费者年龄构成以及制度、风俗习惯等。

② 投资需求的影响因素主要有实际利率水平、预期收益率和投资风险等。

③ 影响政府需求的因素主要有国家制度、经济发展阶段、政府职能、自然条件以及领导者意志等。

④ 影响国外需求的因素主要有汇率、自然条件、生产技术水平、消费者偏好以及对外贸易政策（如关税）等。

第 5 章 弹性及其应用

 知识结构导图

```
                    ┌ 需求弹性 ┬ 需求价格弹性及其决定因素
                    │         │ 需求价格弹性的计算
                    │         │ 中点法：计算变动百分比和弹性的更好方法
                    │         │ 各种需求曲线
                    │         │ 总收益与需求价格弹性
                    │         │ 沿着一条线性需求曲线的弹性和总收益
                    │         └ 其他需求弹性
弹性及其应用 ──┼ 供给弹性 ┬ 供给价格弹性及其决定因素
                    │         │ 供给价格弹性的计算
                    │         └ 各种供给曲线
                    │
                    └ 供给、需求和弹性的三个应用 ┬ 农业的好消息可能对农民来说是坏消息吗
                                                  │ 为什么石油输出国组织不能保持石油的高价
                                                  └ 禁毒增加还是减少了与毒品相关的犯罪
```

 考点难点归纳

考点 1　需求价格弹性和供给价格弹性

（1）需求价格弹性与供给价格弹性的基本概念

需求价格弹性与供给价格弹性可由表 5-1 反映。

表 5-1　需求价格弹性与供给价格弹性

项目	需求价格弹性（e_d）	供给价格弹性（e_s）
含义	衡量一种物品需求量对其价格变动反应程度的指标	衡量一种物品供给量对其价格变动反应程度的指标
公式表示	需求价格弹性＝$\dfrac{需求量变动百分比}{价格变动百分比}$	供给价格弹性＝$\dfrac{供给量变动百分比}{价格变动百分比}$
影响因素	①相近替代品的可获得性：有相近替代品的物品往往富有需求弹性 ②必需品与奢侈品：必需品需求倾向于缺乏弹性，而奢侈品需求倾向于富有弹性 ③市场的定义：范围小的市场的需求弹性大（更易找到相近的替代品） ④时间范围：长期内更富有弹性	供给价格弹性往往取决于所考虑的时间长短，长期的产量对价格变动更敏感，长期供给价格弹性比短期大

需注意的是：一般用中点法计算(P_1, Q_1)和(P_2, Q_2)两点间的需求价格弹性，公式为：

$$需求价格弹性 = \frac{(Q_2-Q_1)/[(Q_2+Q_1)/2]}{(P_2-P_1)/[(P_2+P_1)/2]}$$

分子是用中点法计算的数量变动百分比，分母是用中点法计算的价格变动百分比。

（2）需求曲线（供给曲线）与需求价格弹性（供给价格弹性）的关系

一般而言，通过某一点的需求曲线越平坦，需求的价格弹性就越大。需求曲线（供给曲线）与需求价格弹性（供给价格弹性）的关系具体如表5-2所示。

表5-2 需求曲线（供给曲线）与需求价格弹性（供给价格弹性）的关系

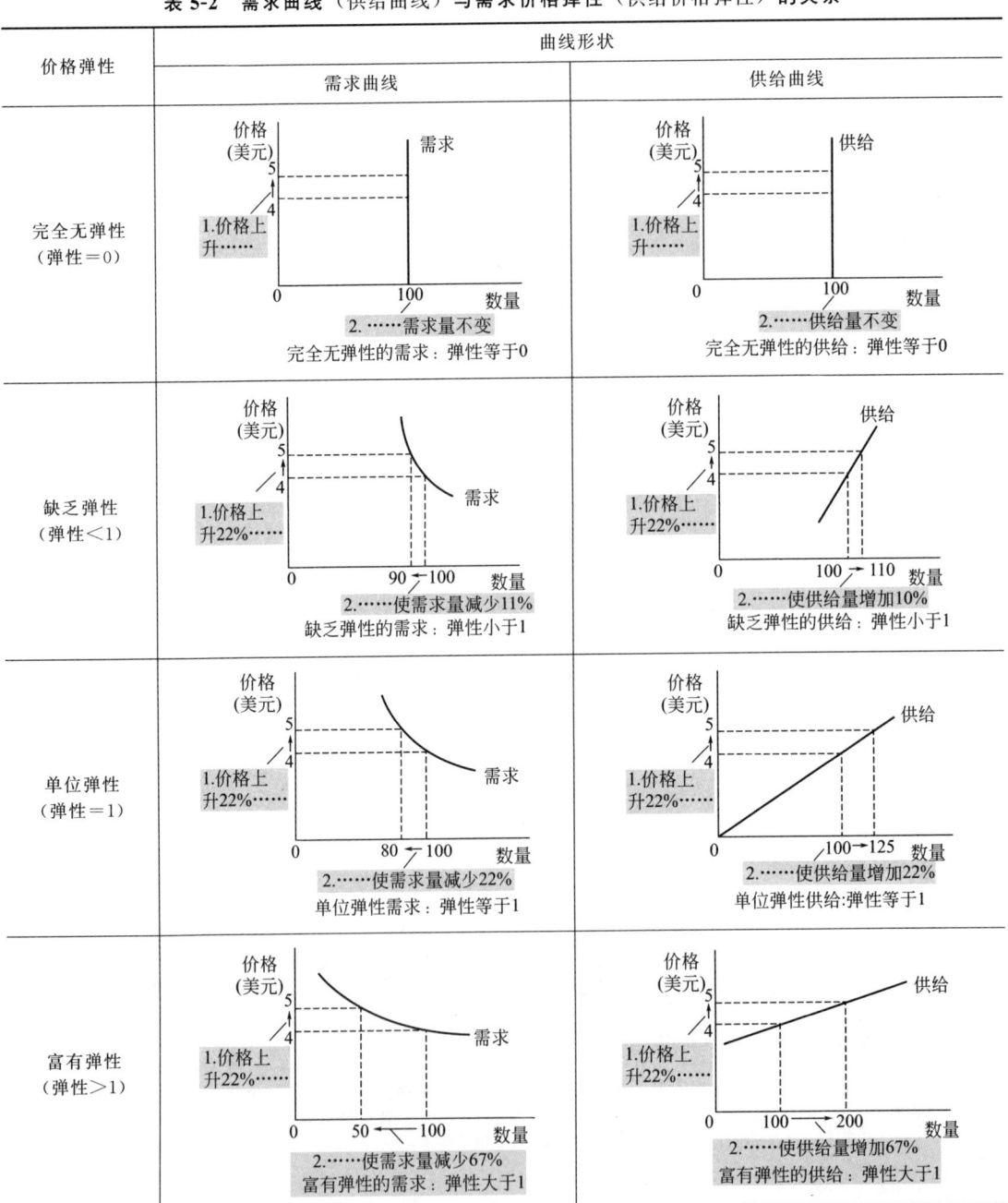

续表

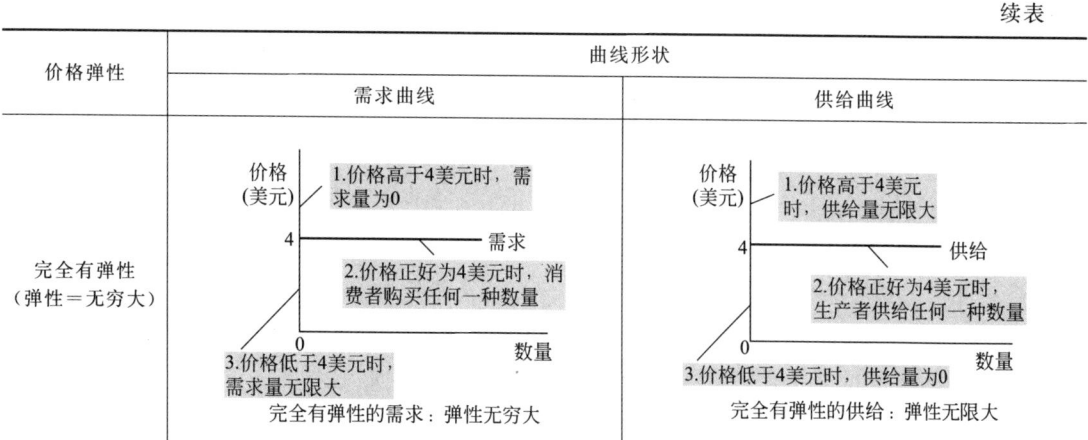

（3）总收益与需求价格弹性

总收益指厂商按照一定价格出售一定量产品所获得的全部收入，等于该产品的价格乘以销售量（$TR=PQ$），则 $\frac{dTR}{dP}=\frac{d(PQ)}{dP}=Q+P\frac{dQ}{dP}=Q\left(1+\frac{P}{Q}\frac{dQ}{dP}\right)=Q(1-e_d)$。因此，商品需求价格弹性和厂商的销售收入之间的综合关系如表5-3所示。

表5-3　需求价格弹性和销售收入的关系

价格	$e_d>1$	$e_d=1$	$e_d<1$	$e_d=0$	$e_d=\infty$
降价	增加	不变	减少	同比例于价格的下降而减少	既定价格下，收益可以无限增加，因此，厂商不会降价
涨价	减少	不变	增加	同比例于价格的上升而增加	收益会减少为零，故厂商也不会涨价

（4）供给、需求和弹性的三种应用

① 农产品市场。技术进步使农产品供给曲线向右移动。但是，食物的需求通常是缺乏弹性的（需求曲线陡峭），因为食物并不昂贵，而且是必需品。结果，供给曲线向右移动引起均衡价格大幅度下降，以及均衡供给量较小量增加。因此，不可避免的是，农业技术进步减少了农民集团的总收益。

② 石油市场。20世纪70年代，石油输出国组织为了提高石油价格而减少石油产量。在短期中，石油的需求是缺乏弹性的（需求曲线陡峭），因为消费者不容易找到替代品。因此供给减少大大提高了价格，并增加生产者的总收益。但是，在长期中，消费者找到替代品，并使用更省油的汽车，这使石油需求变得富有弹性，而且生产者找到更多石油，这使供给曲线变得富有弹性。结果，短期中石油价格大幅度上升，长期中价格有所回落。

③ 非法毒品市场。在短期中，非法毒品的需求是缺乏弹性的。结果，减少毒品供给的禁毒政策往往使毒品价格大幅度上升，而消费量减少得很少，因此吸毒者的总支付增加了。这需要增加吸毒者的资金，就会引起与毒品相关的犯罪增加。在长期中，这种总支付和犯罪的增加是较少的，因为随着时间推移，这种非法毒品的需求变得富有弹性。换个说法，旨在减少毒品需求的政策减少了毒品市场上的总收益，并减少了与毒品相关的犯罪。

【名师点读】

弹性是微观经济学中一个非常重要的概念，各类需求弹性和供给弹性的含义为频繁考点。要求学生重点掌握需求价格弹性的计算及其影响因素，理解需求价格弹性与销售收入的关系。相关考研真题如下。

1.【概念题】需求价格弹性［厦门大学2017、2008研；东北大学2016研；浙江大学2014研；中央财大2013研］

2.【简答题】一种商品需求价格弹性的大小主要受哪些因素影响？这些因素对需求价格弹性的具体影响是怎样的？［浙江财大2014研；山东大学2012研］

3.【简答题】何为需求价格弹性？影响需求价格弹性的因素有哪些？［山东大学2017研；西南大学2012研］

4.【简答题】"谷贱伤农"，粮食丰收反而会带来农民收入的下降，请分析背后的经济学原因，并说明政府在农业领域可以发挥哪些作用。［暨南大学2017研；中国青年政治学院2013研］

考点2 需求收入弹性与需求的交叉价格弹性

（1）需求收入弹性

衡量一种物品需求量对消费者收入变动反应程度的指标。用公式表示为：

$$需求收入弹性 = \frac{需求量变动百分比}{收入变动百分比}$$

需求收入弹性大于零的物品为正常物品，正常物品的需求量随收入水平的增加而增加；需求收入弹性小于零的物品为低档物品，低档物品的需求量随收入水平的增加而减少。

（2）需求的交叉价格弹性

衡量一种物品需求量对另一种物品价格变动的反应程度的指标。用公式表示为：

$$需求的交叉价格弹性 = \frac{物品1的需求量变动百分比}{物品2的价格变动百分比}$$

需求的交叉价格弹性是正数，则物品1和物品2是替代关系；需求的交叉价格弹性是负数，则物品1和物品2是互补关系；需求的交叉价格弹性等于零，则物品1和物品2没有关系。

【名师点读】

需求收入弹性与需求的交叉价格弹性是各类需求弹性中常考的知识点，考试多以概念形式考查，也有部分考卷中会考查其计算，比较常见，难度不大。

一、概念题

1. 弹性（elasticity）

答：弹性指衡量需求量或供给量对其某种决定因素的变动的反应程度的指标。弹性用来表明两个经济变量变化的关系，当两个经济变量之间存在函数关系时，作为自变量的经济变量的变化，必然引起作为因变量的经济变量的变化。弹性的大小由弹性系数来表示，弹性系数等于因变量的相对变化对自变量的相对变化的比值。即：

$$弹性系数 = \frac{因变量的变动比例}{自变量的变动比例}$$

设两个经济变量之间的函数关系为 $Y=f(X)$，则具体的弹性公式为：

$$E = \frac{\frac{\Delta Y}{Y}}{\frac{\Delta X}{X}} = \frac{\Delta Y}{\Delta X} \frac{X}{Y}$$

其中，E 为弹性系数；ΔX、ΔY 分别为变量 X、Y 的变动量。

弹性概念在西方经济学中广泛应用，经济理论中有多种多样的弹性概念，例如，需求价格弹性、需求收入弹性、供给价格弹性等。由于弹性是两个量的相对变化的比，因此，弹性是一个具体的数字，它与自变量和因变量的度量单位无关。

2. 需求价格弹性（price elasticity of demand）

答：需求价格弹性指某种商品需求量变动的百分比与价格变动的百分比之比，它用来衡量商品需求量对其价格变动的反应程度。用公式表示为：

$$需求价格弹性 = \frac{需求量变动百分比}{价格变动百分比}$$

需求价格弹性的经济含义可表示为"当价格变化百分之一时，需求量可能会有百分之几的变化"。这一概念是由马歇尔在解释价格与需求的关系时提出的。需求价格弹性按照其大小可分为五种：①若 $e_d=0$，则称该物品的需求完全无弹性。②若 $0<e_d<1$，则称该物品的需求相当缺乏弹性，如多数生活必需品。③若 $e_d=1$，则称该物品的需求为单位弹性。此时需求量的相对变化幅度与价格的相对变化幅度相等。④若 $1<e_d<\infty$，则称该物品的需求相当富有弹性。大多数奢侈品的需求弹性便是如此。⑤若 $e_d=\infty$，则称该物品的需求为完全有弹性。

3. 总收益（total revenue）

答：总收益指一定时期内厂商从一定量产品的销售中得到的货币总额，它等于单位产品的价格 P 乘以销售量 Q，即：

$$TR = PQ$$

由于完全竞争的厂商所面对的是一条水平的需求曲线，厂商增减一单位产品的销售所引起的总收益的变化（ΔTR）总是等于固定不变的单位产品的价格 P，所以，总收益曲线是一条从原点出发的直线，其斜率就是固定不变的价格。总收益与边际收益、平均收益有密切的关系。厂商的边际收益 MR 被定义为由一单位销售量的变化所引起的总收益的变化。平均收益即厂商在一定量产品的销售中，平均每一单位获得的收益，即总收益与销售量之比（$AR = TR/Q$）。

4. 需求收入弹性（income elasticity of demand）

答：需求收入弹性指在某特定时间内，某商品的需求量变动的百分比与消费者收入变动的百分比之比。它被用来衡量某种商品需求量对消费者收入变动的反应程度。用公式表示为：

$$需求收入弹性 = \frac{需求量变动百分比}{收入变动百分比}$$

根据商品的需求收入弹性系数值，可以将所有的商品分为两类：$e_m>0$ 的商品为正常品，正常品的需求量随收入水平的增加而增加；$e_m<0$ 的商品为低档品，低档品的需求量随收入水平的增加而减少。在正常品中，$0<e_m<1$ 的商品为必需品，$e_m>1$ 的商品为奢侈品。

5. 需求的交叉价格弹性（cross-price elasticity of demand）

答：需求的交叉价格弹性指在某特定时间内，某种商品需求量变动的百分比与另一种相关商品价格变动的百分比之比，用来衡量一种物品需求量对另一种物品价格变动的反应程度。用公式表示为：

$$需求的交叉价格弹性 = \frac{物品1的需求量变动百分比}{物品2的价格变动百分比}$$

需求的交叉价格弹性系数的符号取决于所考察的两种商品的相关关系。交叉弹性系数的性质如下。①交叉价格弹性是正数，则物品1和物品2是替代关系。例如，大米与面粉，米价的上升会引起面粉消费量的增加。②交叉价格弹性是负数，则物品1和物品2是互补关系。例如，汽车与汽油，汽油价格的上升将引起汽车消费量的减少。③交叉价格弹性为零，则物品1和物品2没有关系。例如，鸡蛋与灯泡即是两种无关的产品，鸡蛋价格的变化对灯泡的消费量无影响。

6. 供给价格弹性（price elasticity of supply）

答：供给价格弹性指某商品供给量变化的百分比与其价格变化的百分比之比，用来衡量该商品供给量对其价格变动的反应程度。用公式表示为：

$$供给价格弹性 = \frac{供给量变动百分比}{价格变动百分比}$$

供给价格弹性按照其大小可分为五种：①若 $e_s=0$，则称该物品的供给完全无弹性，如稀有的古董及珍品。②若 $0<e_s<1$，则称该物品的供给缺乏弹性，多数农产品的供给均缺乏弹性。③若 $e_s=1$，则称该产品的供给有单位弹性。④若 $1<e_s<\infty$，则称该产品的供给富有弹性，多数工业产品的供给均富有弹性。⑤若 $e_s=\infty$，则称该物品的供给完全弹性。

二、复习题

1. 给需求价格弹性和需求收入弹性下定义。

答：(1) 需求价格弹性指某种商品需求量变动的百分比与价格变动的百分比之比，它用来衡量商品需求量对其价格变动的反应程度。用公式表示为：

$$需求价格弹性 = \frac{需求量变动百分比}{价格变动百分比}$$

需求价格弹性的经济含义可表示为"当价格变化百分之一时，需求量可能会有百分之几的变化"。

(2) 需求收入弹性指在某特定时间内，某商品的需求量变动的百分比与消费者收入变动的百分比之比。它被用来衡量某种商品需求量对消费者收入变动的反应程度。用公式表示为：

$$需求收入弹性 = \frac{需求量变动百分比}{收入变动百分比}$$

2. 列出并解释本章中所讨论的决定需求价格弹性的四个因素。

答：影响需求价格弹性的因素有很多，其中主要有以下几个。

（1）相似替代品的可获得性。有较多相似替代品的物品往往富有需求弹性，因为消费者从这种物品转向其他物品较为容易。例如，黄油和人造黄油很容易互相替代。假设人造黄油的价格不变，黄油价格略有上升，就会使黄油销售量大大减少。与此相比，由于鸡蛋是一种没有相近替代品的食物，所以鸡蛋的需求弹性就小于黄油。

（2）必需品与奢侈品。必需品需求倾向于缺乏弹性，奢侈品需求倾向于富有弹性。当看病的价格上升时，尽管人们会比平常看病的次数少一些，但不会大幅度地减少他们看病的次数。与此相比，当游艇价格上升，游艇需求量会大幅度减少。原因是大多数人把看病作为必需品，而把游艇作为奢侈品。当然，一种物品是必需品还是奢侈品并不取决于物品本身固有的性质，而取决于买者的偏好。对于一个热衷于航行而不太关注自己健康的水手来说，游艇可能是需求缺乏弹性的必需品，而看病是需求富有弹性的奢侈品。

（3）市场的定义。范围小的市场的需求弹性一般大于范围大的市场，因为范围小的市场上的物品更容易找到相近的替代品。例如，食物是一个广义的范畴，它的需求相当缺乏弹性，因为没有好的食物替代品。冰淇淋是一个较狭义的范畴，它的需求较富有弹性，因为容易用其他甜点来替代冰淇淋。香草冰淇淋是一个非常狭义的范畴，它的需求非常富有弹性，因为其他口味的冰淇淋几乎可以完全替代香草冰淇淋。

（4）时间框架。一般说来物品的需求往往在长期内更富有弹性。因为，当消费者决定减少或停止对价格上升的某种商品的购买之前，他一般需要花费时间去寻找和了解该商品的可替代品。

3. 如果弹性大于1，需求是富有弹性还是缺乏弹性？如果弹性等于零，需求是完全有弹性还是完全无弹性？

答：需求弹性即需求价格弹性，指衡量某种商品需求量对其价格变动的反应程度。用公式表示为：需求价格弹性 $= \dfrac{需求量变动百分比}{价格变动百分比}$。根据需求弹性数值的大小，可以判断需求弹性的类型。

（1）需求弹性大于1，表示需求量的变动率大于价格的变动率，所以，此时的需求量对于价格变动的反应是比较敏感的，需求富有弹性。

（2）需求弹性等于零，表示价格变动时，需求量不会发生任何变动，因此，需求完全无弹性。

4. 在一个供求图上标明均衡价格、均衡数量和生产者得到的总收益。

答：（1）均衡指供给量等于需求量时的状态，均衡点是供给曲线和需求曲线相交的那一点。均衡价格指供给曲线和需求曲线相交点的价格。均衡数量指供给曲线和需求曲线相交时的数量。总收益是指一定时期内生产者从一定量产品的销售中得到的货币总额，它等于单位产品的价格 P 乘以销售量 Q，即 $TR=PQ$。

（2）如图5-1所示，供给曲线与需求曲线的交点 E 是均衡点，均衡点所对应的价格 P 是均衡价格，所对应的数量 Q 是均衡数量。PQ，即阴影部分的面积是生产者得到的总收益。

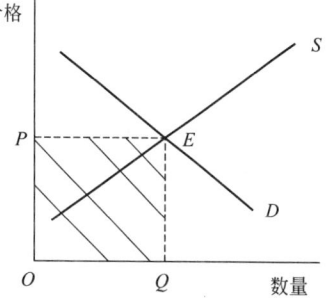

图5-1 均衡价格和均衡数量

5. 如果需求是富有弹性的，价格上升会如何改变总收益？解释原因。

答：如果需求是富有弹性的，降低价格会增加厂商的销售收入；相反，提高价格会减少厂商的销售收入，即商品的价格与厂商的销售收入成反方向的变动。所以，价格上升会使总收益减少。

原因如下。

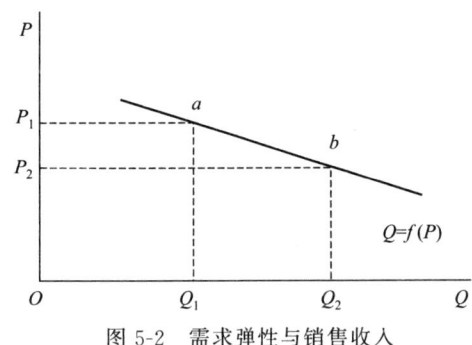

图 5-2 需求弹性与销售收入

（1）需求富有弹性表示需求量的变动率大于价格的变动率，此时需求量对于价格变动的反应比较敏感，价格的稍微上升带来需求量的大量下降，最后总收益 PQ 会因需求量的大量减少抵消价格上升带来的收益而使总收益下降。这种情况如图 5-2 所示。

（2）图 5-2 中，需求曲线上 a、b 两点之间是富有弹性的，两点之间的价格变动率引起一个较大的需求量的变动率。具体地看，当价格为 P_1，需求量为 Q_1 时，销售收入 PQ 相当于矩形 OP_1aQ_1 的面积；当价格为 P_2，需求量为 Q_2 时，销售收入 PQ 相当于矩形 OP_2bQ_2 的面积。显然，前者面积小于后者面积。这就是说，若厂商从 b 点运动到 a 点，则提价的结果会使销售收入减少。

（3）可以具体举例说明这种情况。假设某商品的 $e_d=2$。开始时，商品的价格为 10 元，需求是 100，厂商的销售收入 $=10\times100=1000$ 元。当商品的价格上升 1%，即价格为 10.10 元时，由于 $e_d=2$，所以，相应的需求量的下降率为 2%，即需求量下降为 98，厂商的销售收入 $=10.10\times98=989.80$ 元。显然，厂商提价后的销售收入反而下降了。

6. 如果一种物品的需求收入弹性小于零，我们把这种物品称为什么？

答：如果一种物品需求收入弹性小于零，则这种物品为低档物品。原因如下：如果当消费者收入减少时对一种物品的需求增加，而当消费者收入增加后其消费量反而减少，则这种商品就是低档物品。低档物品的收入弹性为负值，价格变化引起的收入效应与替代效应方向相反，而一般低档物品的需求曲线仍为正常向下倾斜的曲线，但低档物品中的吉芬商品的需求曲线向右上方倾斜。所以如果一种物品需求收入弹性小于零，这种物品就属于低档物品。

7. 如何计算供给价格弹性？供给价格弹性衡量什么？

答：（1）供给价格弹性有时候也被简称为供给弹性。它表示价格变动 1% 引起供给量变动的程度。供给价格弹性的计算同需求价格弹性相似，是由供给量变动的百分比与价格变动的百分比的比值确定，用公式表示：供给价格弹性 = 供给量变动的百分比/价格变动的百分比。

（2）供给价格弹性衡量一定时期内一种商品的供给量对其价格变动的反应程度。这种反应程度可以通过 e_s 值的大小来判断，e_s 值越大，供给量的变动对于价格的变动的反应越敏感。供给的价格弹性可以根据 e_s 值的大小分为五种类型：$e_s>1$ 表示供给富于弹性；$e_s<1$ 表示供给缺乏弹性；$e_s=1$ 表示供给单一弹性或单位弹性；$e_s=\infty$ 表示供给完全弹性；$e_s=0$ 表示供给完全无弹性。

现实经济生活中，供给单一弹性、供给完全无弹性和供给完全富于弹性比较少见，大多数商品的供给不是富于弹性就是缺乏弹性。供给完全无弹性和供给完全富于弹性的例子有：如一些不可再生性资源（如土地的供给），以及那些无法复制的珍品的供给价格弹性等于零，而在劳动力严重过剩地区劳动力供给曲线具有完全弹性（无穷大弹性）的特点。

8. 如果一种物品可获取的量是固定的，而且再也不能多生产，供给的价格弹性是多少？

答：如果一种物品可获取的量是固定的，而且再也不能多生产，则供给的价格弹性为零，即对于每单位价格变化，供给量的变化为零。

9. 一场风暴摧毁了豆作物的一半。当需求非常富有弹性还是非常缺乏弹性时，这个事件对农民的伤害更大？解释原因。

答：当需求非常富有弹性时，该事件对农民的伤害更大。因为风暴对豆作物的摧毁使得豆作物的供给曲线向左移动，导致均衡价格提高，当需求非常富有弹性时，需求数量的下降超过了价格的增加，导致总收入减少。

三、快速单选

1. 一种没有任何相近替代品的挽救生命的药物将具有（　　）。
a. 很小的需求弹性　　　　　　　　b. 很大的需求弹性
c. 很小的供给弹性　　　　　　　　d. 很大的供给弹性

【答案】a

【解析】没有任何相近替代品的物品具有较小的需求弹性，因为消费者从这种物品转向其他物品比较困难；而且挽救生命的药物属于必需品，其本身需求弹性也小。故这种没有相近替代品的挽救生命的药物将具有很小的需求弹性。

2. 一种物品的价格从 8 美元上升到 12 美元，需求从 110 单位减少为 90 单位。用中点法计算的弹性是（　　）。
a. 1/5　　　　　　b. 1/2　　　　　　c. 2　　　　　　d. 5

【答案】b

【解析】根据需求价格弹性的中点法公式：需求价格弹性 $= \dfrac{(Q_2-Q_1)/[(Q_2+Q_1)/2]}{(P_2-P_1)/[(P_2+P_1)/2]}$，代入数据可得，中点法计算的弹性 $= -\dfrac{(90-110)/[(90+110)/2]}{(12-8)/[(12+8)/2]} = 1/2$。

3. 向右下方倾斜的线性需求曲线是（　　）的。
a. 缺乏弹性　　　　　　　　　　　b. 单位弹性
c. 富有弹性　　　　　　　　　　　d. 在一些点缺乏弹性，在另一些点富有弹性

【答案】d

【解析】尽管线性需求曲线的斜率是不变的，但弹性并不是不变的。这是因为斜率是两个变量变动的比率，而弹性是两个变量变动百分比的比率。在价格低而数量高的各点上，需求曲线是缺乏弹性的；在价格高而数量低的各点上，需求曲线是富有弹性的。

4. 在一个时期内，企业进入和退出一个市场的能力意味着在长期中，（　　）。
a. 需求曲线富有弹性　　　　　　　b. 需求曲线缺乏弹性
c. 供给曲线富有弹性　　　　　　　d. 供给曲线缺乏弹性

【答案】c

【解析】在长期中，企业可以开设新工厂或关闭旧工厂；此外，新企业可以进入一个市场，旧企业也可以退出。因此，在长期中，供给量可以对价格变动做出相当大的反应，故供给曲线富有弹性。

5. 如果一种物品的（　　），该物品的供给增加将减少生产者得到的总收益。

　　a. 需求曲线缺乏弹性　　　　　　　b. 需求曲线富有弹性
　　c. 供给曲线缺乏弹性　　　　　　　d. 供给曲线富有弹性

【答案】a

【解析】总收益，即对一种物品的总支付量，等于该物品的价格乘以销售量。物品供给增加将导致商品的价格下降，对于缺乏弹性的需求曲线，价格下降时需求量稍微上升，总收益下降，总收益与价格变动方向相同；对于富有弹性的需求曲线，价格下降时需求量大幅上升，总收益下降，总收益与价格变动方向相反。

6. 上个月咖啡的价格急剧上升，而销售量没变。5个人中的每一个人都提出了一种解释（　　）。

　　Tom：需求增加了，但供给完全无弹性。
　　Dick：需求增加了，但供给完全无弹性。
　　Harry：需求增加了，但供给同时减少。
　　Larry：供给减少了，但需求是单位弹性。
　　Mary：供给减少了，但需求是完全无弹性。

谁可能是正确的？

　　a. Tom、Dick 和 Harry　　　　　　b. Tom、Dick 和 Mary
　　c. Tom、Harry 和 Mary　　　　　　d. Dick、Harry 和 Larry
　　e. Dick、Harry 和 Mary

【答案】c

【解析】Tom，供给完全无弹性，供给曲线是一条垂直的线，需求增加，供给量不变，价格上升；Dick，需求曲线是一条垂直的线，需求增加，需求曲线向右移动，销量增加，价格上升；Harry，需求曲线向右移动，供给曲线向左移动，它们的交点可能使均衡价格上升，但数量不变；Larry，供给曲线向左移动，供给量减少，在原先价格上，需求过多，所以价格上升；Mary，需求曲线是一条垂直的线，供给减少，需求量不变，价格上升。故 Tom、Harry 和 Mary 的解释是正确的。

四、问题与应用

1. 在下列每一对物品中，你认为哪一种物品的需求更富有弹性，为什么？

　　a. 指定教科书或神秘小说。
　　b. 贝多芬音乐唱片或一般古典音乐唱片。
　　c. 在未来6个月内乘坐地铁的人数或在未来5年内乘坐地铁的人数。
　　d. 清凉饮料或水。

答：a. 神秘小说的需求比指定教科书更富有弹性。因为指定教科书是必需品，没有替代品，价格升高，其需求量也不会变动多少。而神秘小说可以看作一种非必需品，它有许多的替代品，价格上升，人们就会选择其他的小说或者少买小说或借阅的方式。所以，神秘小说的需求量对价格更敏感，更富有弹性。

　　b. 贝多芬音乐唱片的需求比古典音乐唱片总体需求更具有弹性。贝多芬音乐唱片市场是一个比古典音乐唱片市场范围小的市场。如果贝多芬音乐唱片的价格升高，找到与贝多芬音乐唱片比较接近的替代品更容易一些，比如莫扎特等其他古典音乐家的唱片。但是如果所有的古典音乐唱片价格都上升，找到比较接近的替代品就变得困难，对古典音乐的偏好很难转变为对摇滚等音乐的偏好。因此，贝多芬音乐唱片的需求更具有弹性。

c. 未来 5 年内乘坐地铁比在未来 6 个月内乘坐地铁更富有弹性。物品往往随着时间变长而需求更富有弹性。当地铁票价上升时，短期内消费者难以找到其他既方便又价格合适的交通工具。但地铁票价在长期内较高时，人们可能会逐步转向其他形式的交通工具，因此，未来 5 年内乘坐地铁比在未来 6 个月内乘坐地铁更富有弹性。

d. 清凉饮料比水更富有弹性。清凉饮料是一种具有相近替代品的奢侈品，而水是一种没有相似替代品的生活必需品。如果水的价格上升，人们只能接受高价格，而如果清凉饮料的价格上升，消费者可以很容易地转向其他的苏打饮料。因此，清凉饮料的需求量对价格更敏感，更富有弹性。

2. 假设公务乘客和度假乘客对从纽约到波士顿之间航班机票的需求如表 5-4 所示。

表 5-4　纽约到波士顿之间航班机票的需求

价格(美元)	需求量(张)(公务乘客)	需求量(张)(度假乘客)
150	2100	1000
200	2000	800
250	1900	600
300	1800	400

a. 当票价从 200 美元上升到 250 美元时，公务乘客的需求价格弹性为多少？度假乘客的需求价格弹性为多少？（用中点法计算）

b. 为什么度假乘客与公务乘客的需求价格弹性不同？

解：a. （i）中点：价格＝225，数量＝1950

$$\text{公务乘客的需求价格弹性}=\left|\frac{(1900-2000)/1950}{(250-200)/225}\right|\approx 0.23$$

（ii）中点：价格＝225，数量＝700

$$\text{度假乘客的需求价格弹性}=\left|\frac{(600-800)/700}{(250-200)/225}\right|\approx 1.29$$

b. 度假乘客的需求价格弹性比公务乘客的大，原因在于两类人的时间成本不同。对公务人员来说，时间成本较高，飞机是最快的交通工具，为了节省时间，即使机票价格升高，他们的最佳选择还可能是坐飞机，所以他们的机票需求价格弹性小。度假乘客则不同，他们是为了外出游玩，时间成本比较低。如果机票价格升高，为了节省度假成本，他们可以选择其他交通工具。因此，他们的需求价格弹性大。

3. 假设取暖用油的需求价格弹性在短期中是 0.2，而在长期中是 0.7。

a. 如果每加仑取暖用油的价格从 1.8 美元上升到 2.2 美元，短期中取暖用油的需求量会发生什么变动？长期中呢？（用中点法计算）

b. 为什么这种弹性取决于时间长短？

答：a. 每加仑取暖用油的价格从 1.8 美元上升到 2.2 美元，价格变动百分比为：

$$\frac{2.2-1.8}{2}\times 100\%=20\%$$

当需求价格弹性为 0.2 时，短期中取暖用油的需求量会减少 0.2×20％＝4％。

当需求价格弹性为 0.7 时，长期中取暖用油的需求量会减少 0.7×20％＝14％。

b. 在长期中，消费者通过购买其他诸如用天然气或电力取暖的设施来作出调整，以减少对取暖用油的需求。因此，与短期相比，在长期内消费者能够更加容易地对取暖用油价格上升作出反应，所以需求弹性也较大。

4. 价格变动引起一种物品的需求量减少了30%，而这种物品的总收益增加了15%。这种物品的需求曲线是富有弹性还是缺乏弹性？解释原因。

答：如果价格变动使得一种物品的需求量减少而总收益增加，则这种变动必然是由价格上涨引起的。如果总收益增加，则价格上涨的幅度必须高于需求量减少的幅度，因而需求是缺乏弹性的。

此外也可以用公式推导，如下：

假设需求量为 Q，价格为 P，则总收益为 PQ，总收益变动的百分比为：

$$\frac{\Delta(PQ)}{PQ} \approx \frac{Q\Delta P}{PQ} + \frac{P\Delta Q}{PQ} = \frac{\Delta P}{P} + \frac{\Delta Q}{Q}$$

即：$15\% \approx \frac{\Delta P}{P} - 30\%$，从而：$\frac{\Delta P}{P} = 45\%$。

需求价格弹性为：$e_d = \left| \frac{\Delta Q}{Q} \middle/ \frac{\Delta P}{P} \right| \approx 0.67 < 1$，因而这种商品的需求缺乏弹性。

5. 咖啡和面包圈是互补品。两者的需求都缺乏弹性。一场飓风摧毁了一半咖啡豆。用图形回答以下问题，并做适当标记：

a. 咖啡豆的价格会发生什么变化？
b. 一杯咖啡的价格会发生什么变化？用于咖啡的总支出会发生什么变化？
c. 面包圈的价格会发生什么变化？用于面包圈的总支出会发生什么变化？

答：a. 市场对咖啡豆的影响如图5-3所示。当飓风摧毁了一半咖啡豆时，咖啡豆的供给下降，价格上升，供给量减少。

b. 市场变化对咖啡的影响如图5-3所示。当一杯咖啡的重要原材料投入品咖啡豆价格上涨时，咖啡的供给减少，一杯咖啡的价格上升，均衡数量下降。

由于咖啡的需求缺乏弹性，当价格上涨时，用于咖啡的总支出增加。

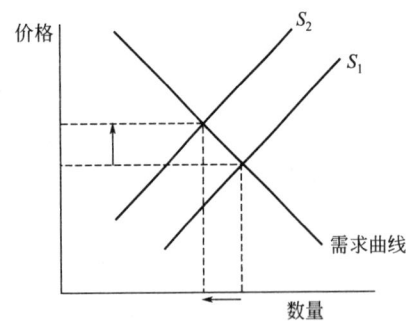
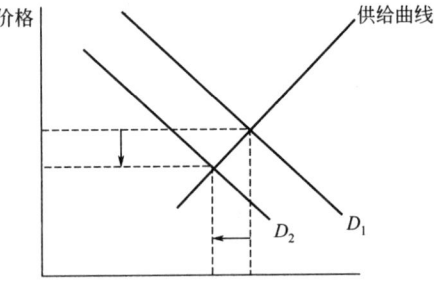

图5-3 市场变化对咖啡豆和咖啡的影响　　图5-4 市场变化对面包圈的影响

c. 市场变化对面包圈的影响如图5-4所示。当咖啡价格上涨，消费者对咖啡的需求数量减少，由于咖啡和面包圈是互补品，消费者对面包圈的需求也减少，因此面包圈的价格将下降。

由于面包圈的需求缺乏弹性，当价格下降时，用于面包圈的总支出下降。

6. 假设你的DVD需求表如表5-5所示：
a. 用中点法计算，在你的收入分别为10 000美元和12 000美元的情况下，当DVD的价

格从 8 美元上升到 10 美元时，你的需求价格弹性。

b. 分别计算在价格为 12 美元和 16 美元的情况下，当你的收入从 10 000 美元增加到 12 000 美元时，你的需求收入弹性。

表 5-5　DVD 需求表

价格（美元）	需求量（张）（收入＝10 000 美元）	需求量（张）（收入＝12 000 美元）
8	40	50
10	32	45
12	24	30
14	16	20
16	8	12

解：a. 收入为 10 000 美元时，中点：价格＝9，数量＝36。

$$需求价格弹性 = \left| \frac{(32-40)/36}{(10-8)/9} \right| = 1$$

收入为 12 000 美元时，中点：价格＝9，数量＝47.5。

$$需求价格弹性 = \left| \frac{(45-50)/47.5}{(10-8)/9} \right| \approx 0.47$$

b. 价格为 12 美元时，中点：收入＝1.1，数量＝27。

$$需求收入弹性 = \frac{(30-24)/27}{(1.2-1)/1.1} \approx 1.22$$

价格为 16 美元时，中点：收入＝1.1，数量＝10。

$$需求收入弹性 = \frac{(12-8)/10}{(1.2-1)/1.1} = 2.2$$

7. Maria 总是把她收入的 1/3 用于买衣服。

a. 她对衣服的需求收入弹性是多少？

b. 她对衣服的需求价格弹性是多少？

c. 如果 Maria 的爱好变了，她决定只把收入的 1/4 用于买衣服，她的需求曲线会如何改变？她的需求收入弹性和需求价格弹性现在是多少？

答：a. Maria 总把她收入的 1/3 用于买衣服时，Maria 对衣服的需求收入弹性是 1。设 Maria 原来的收入是 a，用于买衣服的花费为 $a/3$，如果收入增加了 $b\%$，即变为 $a(1+b\%)$，则用于买衣服的花费是 $a(1+b\%)/3$，则对衣服的需求量变动为：

$$\frac{a(1+b\%)/3 - a/3}{a/3} = b\%$$

所以：

$$需求收入弹性 = \frac{需求量变动百分比}{收入变动百分比} = \frac{b\%}{b\%} = 1$$

b. Maria 对衣服的需求价格弹性是 1。

设 Maria 用于买衣服的花费为 c，原来衣服的平均价格为 d，则原来的需求量为 c/d，衣服价格变化了 $e\%$，即变为 $d(1+e\%)$，则现在衣服的需求量为 $c/[d(1+e\%)]$，则对

衣服的需求量变动为：$\dfrac{c/[d(1+e\%)] - c/d}{c/d} = e\%$，所以：

$$需求价格弹性=\frac{需求量变动百分比}{价格变动百分比}=\frac{e\%}{e\%}=1$$

c. 如果 Maria 的爱好变了，她决定只把收入的 1/4 用于买衣服，她对衣服的需求降低，需求曲线会向左移动。但因为她仍然将收入的固定比例用于买衣服，所以她的需求收入弹性和需求价格弹性都仍然保持是 1。

8. 《纽约时报》（1996 年 2 月 17 日）报道，在地铁票价上升之后乘客减少了："1995 年 12 月，即价格从 25 美分上升到 1.5 美元的第一个月以后，乘客减少了近四百万人次，比上一年的 12 月减少了 4.3%。"

　　a. 用这些数据估算地铁乘客的需求价格弹性。
　　b. 根据你的估算，当票价上升时，地铁当局的收益会有什么变化？
　　c. 为什么你估算的弹性可能是不可靠的？

答：a. 地铁乘客的需求价格弹性 $=\dfrac{4.3\%}{(1.5-0.25)/0.25}=0.0086$。

b. 由 a 问得出的地铁的需求价格弹性为 0.0086，小于 1，所以当票价上升时，地铁当局的收益会上升。

c. 乘客乘地铁的季节性因素可能会导致弹性是不可靠的。因为统计的月份正好是新年前一个月，一般来说，新年前后人们外出探亲、度假的人数增多，交通运输会比平时繁忙，各种交通工具的载客量一般都会增大。因此，票价的提高可能对人们乘地铁的需求影响不大。但当客流高峰过去后，人们可能会为了节省车费而选择其他的交通工具上班、上学。这样，票价升高会使乘地铁人次大大减少，从而地铁乘客的需求价格弹性会与原先的估算有所不同。

9. 两个司机 Walt 和 Jessie 分别开车到加油站。在看价格之前，Walt 说："我想加 10 加仑汽油。"Jessie 说："我想加 10 美元汽油。"每个司机的需求价格弹性是多少？

答：Walt 的需求价格弹性为 0。因为无论油价是多少，他都要 10 加仑汽油，需求量对于不同的汽油价格没有变化。Jessie 的需求价格弹性为 1。因为无论油价是多少，Jessie 固定地要支出 10 美元，油价上涨 1%，他所买的汽油量就下降 1%。

10. 考虑针对吸烟的公共政策。

　　a. 研究表明，香烟的需求价格弹性大约是 0.4。如果现在每盒香烟为 2 美元，政府想减少 20% 的吸烟量，应该将香烟价格提高多少？
　　b. 如果政府永久性地提高香烟价格，这项政策对从现在起 1 年内吸烟量的影响更大，还是对从现在起 5 年内吸烟量的影响更大？
　　c. 研究还发现，青少年的需求价格弹性大于成年人。为什么这可能是正确的？

答：a. 设价格应提高到 X 元，原来的吸烟量为 a。

利用中点法计算：

中点：价格 $=(X+2)/2$，数量 $=(a+0.8a)/2=0.9a$。

所以，$\left|\dfrac{(0.8a-a)/0.9a}{(X-2)/[(X+2)/2]}\right|=0.4$，解得：$X\approx 3.5$

即政府应该将价格提高 1.5 美元。

b. 这项政策对从现在起 5 年内吸烟量的影响更大。因为短期内人们的习惯不易改变；而在长期内，因为吸烟的支出太大，一些吸烟者会改变吸烟的习惯，选择少吸烟或者不吸烟。

c. 青少年的需求价格弹性大于成年人，因为青少年的收入一般低于成年人，他们对香烟价格的变化更敏感，而成年人可能已经吸烟成瘾，也就是说，成年吸烟者对烟的偏好可能更强，烟对他们而言更像必需品。

11. 你是一位博物馆馆长。博物馆经营缺乏资金，因此，你决定增加收益。你应该提高还是降低门票的价格？解释原因。

答：在作出提高或降低门票决定之前，应该了解参观博物馆的需求弹性是否富有弹性。如果需求富有弹性，就应该降低门票价格来增加总收益；如果需求缺乏弹性，就应该提高门票价格来增加收益。

12. 请解释下列情况为什么是正确的：全世界的干旱增加了农民通过出售粮食得到的总收益，但如果只有堪萨斯州出现干旱，堪萨斯州农民得到的总收益就会减少。

答：因为粮食是缺乏需求价格弹性的。全世界的干旱使世界粮食减产，粮食价格上升的幅度大于需求量减少的幅度，出售粮食的农民总收益增加。但如果只是堪萨斯有干旱，堪萨斯生产的粮食占世界粮食产量的很小比例，因此不会对世界粮价产生大的影响，可以认为世界粮食价格不变，因此，干旱使得堪萨斯农民的产量减少，也会使他们总收益减少。

名校考研真题详解

1. 举例说明供给弹性在短期和长期的区别，并说明影响这些区别的因素。[武汉大学2010研]

答：（1）供给价格弹性表示在一定时期内一种商品供给量对其价格变动的反应程度。或者说，表示在一定时期内当一种商品的价格变化百分之一时所引起的该商品的供给量变化的百分比。

（2）供给弹性在短期和长期的区别及其影响因素

① 在大多数市场上，决定供给价格弹性的一个关键因素是所考虑的时间长短。供给在长期中的弹性通常都大于短期。在短期中，企业不能轻易地改变工厂的规模来增加或减少一种物品的产量。因此，在短期中供给量对价格不是很敏感。与此相反，在长期中，企业可以开设新工厂或关闭旧工厂。此外，在长期中，新企业可以进入一个市场，旧企业也可以退出。因此，在长期中，供给量可以对价格作出相当大的反应。

② 就产品的生产周期来说，在一定的时期内，对于生产周期较短的产品，厂商可以根据市场价格的变化较及时地调整产量，供给的价格弹性相应就比较大。相反，生产周期较长的产品的供给的价格弹性就往往较小。

③ 对大多数商品而言，长期供给弹性大于短期供给弹性，但对于一些特殊商品而言，也会存在短期供给弹性大于长期供给弹性。这类商品一般属于耐用品。因为耐用品（如废旧金属的供给）在价格上升时可以作为供给的一部分而被重复利用。这种再生供给的能力使得短期供给弹性有可能大于长期供给弹性。

2. 请说明需求价格弹性与厂商销售收入的关系。[中南财大2011研；暨南大学2010研]

答：需求价格弹性表示在一定时期内一种商品的需求量对其价格变动的反应程度。商品的需求价格弹性和提供该商品的厂商的销售收入之间存在着密切的关系，这种关系可归纳为以下三种情况。

（1）当 $e_d>1$，即需求富有弹性时，销售收入与价格反向变动，即它随价格的提高而减少，随价格的降低而增加。这是因为，当 $e_d>1$ 时，厂商降价所引起的需求量的增加率大于价格的下降率。这意味着价格下降所造成的销售收入的减少量必定小于需求量增加所带来的销售收入的增加量。所以，降价最终带来的销售收入值是增加的。相反，在厂商提价时，最终带来的销售收入值是减少的。

（2）当 $e_d<1$ 时，即需求缺乏弹性时，销售收入与价格同向变动，即它随价格的提高而增加，随价格的降低而减少。这是因为，当 $e_d<1$ 时，厂商降价所引起的需求量的增加率小于价格的下降率。这意味着需求量增加所带来的销售收入的增加量并不能全部抵消价格下降所造成的销售收入的减少量。所以，降价最终带来的销售收入值是减少的。相反，在厂商提价时，最终带来的销售收入值是增加的。

（3）当 $e_d=1$ 时，销售收入和价格的变动没有关系。这是因为，当 $e_d=1$ 时，厂商变动价格所引起的需求量的变动率和价格的变动率是相等的。这样一来，由价格变动所造成的销售收入的增加量或减少量刚好等于由需求量变动所带来的销售收入的减少量或增加量，所以，无论厂商是降价还是提价，销售收入值是固定不变的。

3. 运用弹性理论解释为什么在 20 世纪 70 年代，石油输出国组织要限制石油的生产。[深圳大学 2013 研]

答：需求价格弹性指某种商品需求量变动的百分比与价格变动的百分比之比，它用来衡量该商品需求量对其价格变动的反应程度。根据需求价格弹性与厂商收益可知，当商品的需求缺乏弹性时，商品价格与厂商收益呈正向变动关系，提高产品的价格可以增加厂商的收益，价格降低反而会使得厂商总收益减少。

石油输出国组织经常限制石油产量，是因为在石油的需求没有变化的情况下，石油的价格将上涨。如图 5-5 所示，限制石油产量的政策使供给曲线由 S_1 向左平移至 S_2，价格从 P_1 上升到 P_2。

同时，由于石油为各国的重要能源，其需求价格弹性较小，从而其需求量的下降幅度会小于

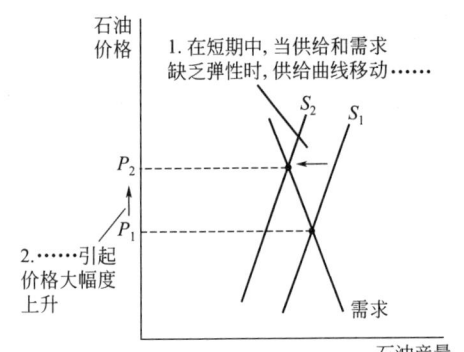

图 5-5　石油供给减少的影响

价格的上涨幅度，使得价格上升所造成的销售收入的增加量必定大于需求量减少所带来的销售收入的减少量，石油输出国组织的总收益将增加。因此，石油输出国组织经常限制石油的产量，否则，各石油生产国将蒙受收入上的损失。

4. 假设小明对食品 A 的需求曲线为 $Q=10-2P$。当食品价格为 P^* 时，小明对食品 A 的价格需求弹性为 $-\dfrac{2}{3}$。那么 P^* 等于多少？[人大 2011 研]

解：当食品价格为 P^* 时，此时需求量为 $Q^*=10-2P^*$，因此由需求价格弹性公式可得：

$$e_d=\frac{dQ}{dP}\frac{P}{Q}=-2\times\frac{P^*}{10-2P^*}=-\frac{2}{3}，解得：P^*=2。$$

5. 我国每年大约进口 5000 亿根香烟，一共 275 亿包，每包价格 10 元。已知：需求价格弹性为 0.4，供给价格弹性为 0.5。求：

（1）该情况下的需求曲线；

（2）该情况下的供给曲线。［对外经贸大学 2016 研］

解：（1）假定需求函数为 $Q^D = f(P)$，以 e_d 表示需求的价格弹性系数，则弹性的一般公式可以表示为：

$$e_d = \lim_{\Delta P \to 0} -\frac{\Delta Q}{\Delta P}\frac{P}{Q} = -\frac{dQ}{dP}\frac{P}{Q}$$

将题中数值代入上式，有：

$$0.4 = -\frac{dQ}{dP} \times \frac{10}{275}$$

解得：$\frac{dQ}{dP} = -11$。

又因为当 $P=10$ 时，$Q=275$，所以需求曲线为：$Q = -11P + 385$。

（2）假定供给函数为 $Q^S = f(P)$，以 e_s 表示供给的价格弹性系数，则供给的价格点弹性的公式为：

$$e_s = \frac{\frac{dQ}{Q}}{\frac{dP}{P}} = \frac{dQ}{dP}\frac{P}{Q}$$

将题中数值代入上式，有：$0.5 = \frac{dQ}{dP} \times \frac{10}{275}$，解得：$\frac{dQ}{dP} = 13.75$。

又因为当 $P=10$ 时，$Q=275$，所以供给曲线为：$Q = 13.75P + 137.5$。

6. 何为需求价格弹性？影响需求价格弹性的因素有哪些？［山东大学 2017 研；西南大学 2012 研；中央财大 2011 研；昆明理工大学 2010 研］

答：（1）需求的价格弹性指某种商品需求量变化的百分率与价格变化的百分率之比，它用来衡量该商品需求量对其价格变动的反应程度。需求弹性系数的计算公式如下。

① 需求弧弹性表示需求曲线上两点之间的弹性，其计算公式为：

$$e_d = \frac{\frac{\Delta Q^D}{Q^D}}{\frac{\Delta P}{P}} = \frac{\Delta Q^D}{\Delta P}\frac{P}{Q^D}$$

② 平均弹性，其计算公式为：

$$e_d = \frac{Q_2 - Q_1}{P_2 - P_1}\frac{P_1 + P_2}{Q_1 + Q_2}$$

③ 点弹性表示的是需求曲线上某一点的弹性，其计算公式为：

$$e_d = \frac{dQ}{dP}\frac{P}{Q}$$

（2）影响需求价格弹性的因素是很多的，其中主要有以下几个。

① 商品的价格水平的高低。一般而言，价格越高，e_d 越大；反之，价格越低，e_d 越小。

② 商品的可替代性。一种商品其替代品愈多，愈重要，则需求弹性愈大。例如樟脑过去没有替代品，其需求弹性较小。现在有了替代品（即人造樟脑），则天然樟脑的需求弹性即行加大，价格上涨时可以用人造樟脑代替天然樟脑，因而需求量大幅减少。

③ 商品用途的广泛性。一般来说，一种商品的用途越是广泛，它的需求的价格弹性就可能越大；相反，用途越是狭窄，它的需求的价格弹性就可能越小。这是因为，如果一种商

品具有多种用途，当它的价格较高时，消费者只购买较少的数量用于最重要的用途上。当它的价格逐步下降时，消费者的购买量就会逐渐增加，将商品越来越多地用于其他的各种用途上。

④ 商品对消费者生活的重要程度。一种产品对人们生活必需的程度愈大，则其需求弹性愈小。例如作为生活必需品的粮食，在现实中，价格虽有变化，消费量一般不会有太大的变化，因此，其需求弹性甚小。而看电影对一般消费者来说，是非生活必需品，其需求弹性就较大。

⑤ 商品的消费支出在消费者全部支出中所占的比例。一种产品的消费支出在全部支出中所占的比例愈大，则其需求弹性愈大。因此同一种产品对贫苦家庭而言，其需求弹性较大，对富有家庭而言，其需求弹性较小。例如，大米对贫苦家庭而言其消费支出占全部支出的比例较大，当价格上涨时，为避免对其他消费支出造成太大的影响，不得不减少大米的消费，而以其他廉价食品代替。反之，当价格下跌时，消费者变得比较富裕，乃有余力增加大米的消费，而减少其他廉价食品的消费。因此，对贫苦的家庭而言，大米的需求弹性相对地较大。对富有家庭而言，大米的消费支出在其全部支出中所占的比例较小，价格虽有变化，对其他消费支出不致有太大的影响，因此，其消费量变化甚微，甚至无变化。因此，对富有的家庭而言，大米的需求弹性相对较小。

⑥ 所考察的消费者调节需求量的时间。一般来说，所考察的调节时间越长，则需求的价格弹性就可能越大。因为，当消费者决定减少或停止对价格上升的某种商品的购买之前，他一般需要花费时间去寻找和了解该商品的可替代品。例如，当石油价格上升时，消费者在短期内不会较大幅度地减少需求量。但设想在长期内，消费者可能找到替代品，于是，石油价格上升会导致石油的需求量较大幅度地下降。

7. "谷贱伤农"，粮食丰收反而会带来农民收入的下降，请分析背后的经济学原因，并说明政府在农业领域可以发挥哪些作用。[暨南大学 2017 研；中国青年政治学院 2013 研；北航 2009 研；清华大学 2005 研]

答："谷贱伤农"指风调雨顺时，农民粮食增收，粮价却下降，卖粮收入反而比往年少的现象。

(1) "谷贱伤农"的经济学原因分析

造成"谷贱伤农"这种现象的根本原因在于农产品往往是缺乏需求弹性的商品。以图 5-6 来具体说明。图中的农产品的需求曲线 D 是缺乏弹性的。农产品的丰收使供给曲线由 S 的位置向右平移至 S' 的位置，在缺乏弹性的需求曲线的作用下，农产品的均衡价格大幅度地由 P_1 下降为 P_2，均衡数量从 Q_1 上升为 Q_2。由于农产品均衡价格的下降幅度大于农产品的均衡数量的增加幅度，最后致使农民总收入减少。总收入的减少量相当于图中矩形 $OP_1E_1Q_1$ 和 $OP_2E_2Q_2$ 的面积之差。

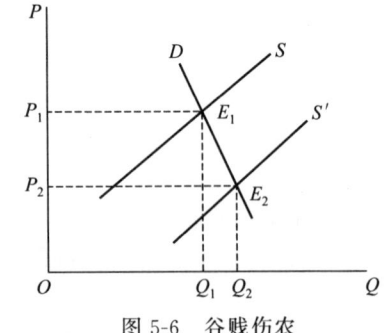

图 5-6 谷贱伤农

(2) 政府在农业领域可以发挥的作用

由于农产品是缺乏弹性的商品，农产品的丰收反而会降低农民的收入，这会降低农民生产的积极性，因此政府需要采取措施保证农民的收入，具体来说，可以采取以下两个措施。

① 政府保护价收购。即在农业丰收时，为了避免价格大幅度下降，政府设定农产品收

购保护价，这就保证了农民可以以较高的价格出售农产品，从而使得农产品丰收时农民也可以获得更高的收入，保证了农民生产的积极性。

② 对农业生产进行补贴。政府可以采取直接补贴的形式，对进行农业生产的农民进行财政补贴，这种补贴实质上降低了农业生产的成本。农民不会因为农产品丰收而收入减少，这保证了农民生产的积极性。

第 6 章

供给、需求与政府政策

知识结构导图

供给、需求与政府政策 {
- 价格控制 {
  - 价格上限如何影响市场结果
  - 价格下限如何影响市场结果
  - 对价格控制的评价
}
- 税收 {
  - 向卖者征税如何影响市场结果
  - 向买者征税如何影响市场结果
  - 弹性与税收归宿
}

考点难点归纳

考点 1　价格上限和价格下限

价格上限是某种物品与服务价格法定的最高限，比如租金控制；价格下限是某种物品或服务价格法定的最低限，比如最低工资。

用供求工具分析价格控制（价格上限和价格下限）的影响，如表 6-1 所示。

表 6-1　价格上限和价格下限对市场结果的可能影响

项目	情　形	
	高于均衡价格	低于均衡价格
价格上限	非限制性的价格上限 对价格或销售量没有影响	限制性的价格上限 需求量大于供给量，引起短缺

第6章 供给、需求与政府政策

续表

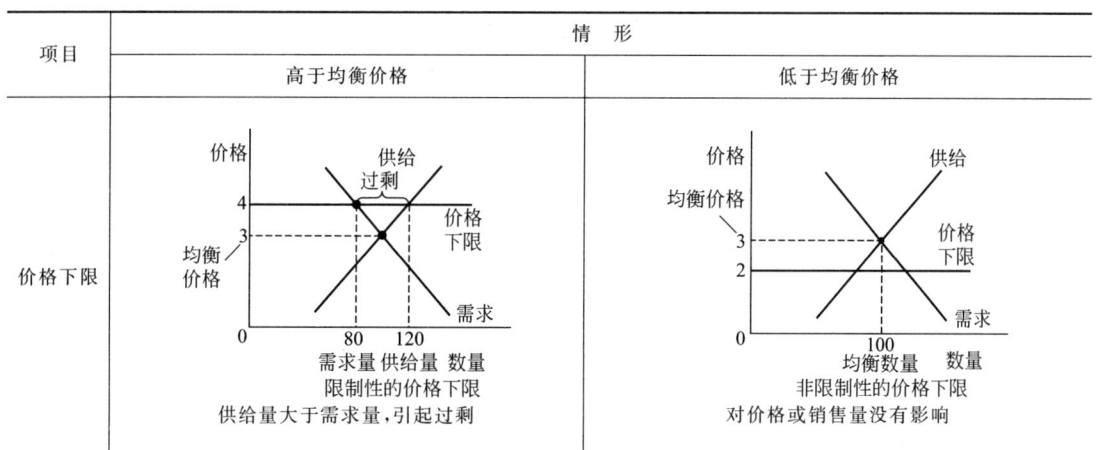

项目	情形	
	高于均衡价格	低于均衡价格
价格下限	限制性的价格下限 供给量大于需求量，引起过剩	非限制性的价格下限 对价格或销售量没有影响

> 🎓 **【名师点读】**
>
> 政府价格政策有最高限价、最低限价，政府价格管制会导致社会福利损失。该部分内容主要考查政府价格政策类型及对消费者和生产者福利的影响。

考点2 税收的影响

政府无论是对生产者征税还是对消费者征税都会达到相同的均衡结果，其中，对生产者征税将使供给曲线移动，对消费者征税将使需求曲线移动。税收在生产者和消费者之间进行分配。

一般情况下，税收是由卖者和买者共同分担，但对二者的影响程度不同，需求弹性和供给弹性决定了税收负担在买者与卖者之间的分摊，税收负担将更多地落在缺乏弹性的市场一方身上，如图6-1所示。

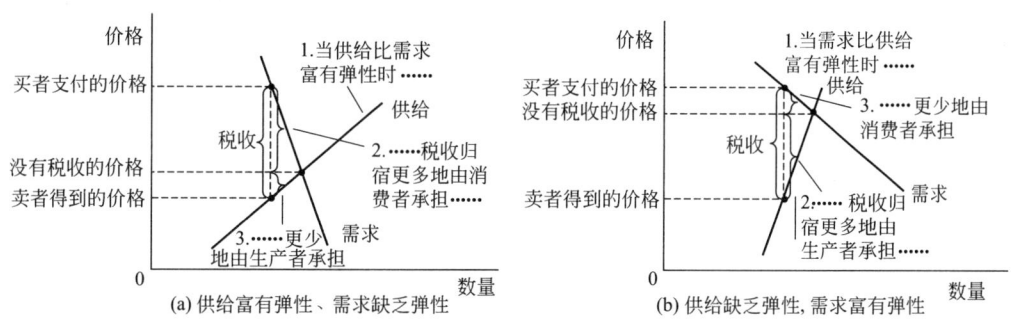

图6-1 税收负担如何分摊

> 🎓 **【名师点读】**
>
> 税收归宿是税收负担在市场参与者中得到分摊的形式，即是对谁来承担税收负担的研究。税收归宿取决于供给和需求的价格弹性。弹性与税收归宿问题是本部分内容的重点，考生需熟练掌握对于此类问题的作图分析。

课后习题详解

一、概念题

1. 价格上限（price ceiling）

答：价格上限又称限制价格，指可以出售一种物品的法定最高价格。如果价格上限高于均衡价格，这种价格上限对价格或销售没有影响，被称为没有限制作用的价格上限；如果价格上限低于均衡价格，则价格上限会导致经济偏离均衡状态，使得需求量大于供给量，引起短缺，这种价格上限属于有限制作用的价格上限。政府解决供给不足主要有两种方法：配给制和排队。在实行价格上限时还必然出现黑市交易。在这样的政策下，得益的是能以低廉的价格买到商品的消费者，而生产者和买不到商品的消费者的利益则受到损害。

2. 价格下限（price floor）

答：价格下限又称支持价格，指可以出售一种物品的法定最低价格。如果价格下限低于均衡价格时，这种价格下限对价格或销售量没有影响，可以称为没有限制作用的价格下限；如果价格下限高于均衡价格时，价格下限会使得经济偏离均衡状态，最终价格等于价格下限规定的水平，供给量大于需求量，引起过剩，这种价格下限被称为有限制作用的价格下限。许多国家实行的农产品支持价格和最低工资都属于价格下限。就农产品支持价格而言，目的是稳定农业生产和农民的收入，有其积极意义，但这也导致了农产品过剩，不利于市场调节下的农业结构调整。

3. 税收归宿（tax incidence）

答：税收归宿是指税收负担在市场参与者之间进行分配的方式。它是关于税收负担分配的问题，指税收最终导致哪些人的福利损失，也就是税收最终由哪些人负担了。在一般情况下，政府对一种物品征税时，税收由买者和卖者共同承担，也就是说税收有两个归宿——买者和卖者。但税收对买者和卖者的影响不同，这取决于该物品的供给弹性和需求弹性。供给弹性较小而需求弹性较大时，税收更多地由卖者承担；需求弹性较小而供给弹性较大时，税收更多地由买者承担。

二、复习题

1. 举出一个价格上限的例子和一个价格下限的例子。

答：（1）价格上限的例子

为了保障城镇中低收入居民的住房需求，国家对城镇居民中的安居工程售房制定最高限价。这种限制价格政策有利于社会平等的实现，有利于社会的安定。但这种政策会引起严重的不利后果，主要有以下几方面。

第一，价格水平低，不利于刺激生产，从而会使产品长期存在短缺现象。对住房价格限制，尤其是较长期的限制，是限制房地产业发展的一个重要因素。

第二，价格水平低，不利于抑制住房需求，从而会在资源缺乏的同时又造成严重的浪费。

第三，限制价格之下所实行的住房配给会引起社会风尚败坏。

（2）价格下限的例子

为了保护农民种粮的积极性，政府对粮食的国家合同定购部分收购时制定最低限价，以保护农民的利益。从长期来看，支持价格政策确实有利于农业的发展，这主要体现在以下几方面。

第一，稳定了农业生产，减缓了经济危机对农业的冲击。

第二，通过对不同农产品的不同支持价格，可以调整农业结构，使之适应市场需求的变动。

第三，扩大农业投资，促进了农业现代化的发展和劳动生产率的提高。

正因为如此，实行农产品支持价格的国家，农业生产发展都较好。但支持价格政策也有其副作用，如政策需要收购价格下限造成的过剩农产品，会使财政支出增加，使政府背上沉重的包袱。

2. 什么引起了一种物品的短缺？是价格上限还是价格下限？用图形证明你的答案。

答：当价格上限低于市场均衡价格时会引起一种物品的短缺，因为价格低于市场均衡价格会导致消费者的过多需求而生产者由于无利可图减少生产，导致需求大于供给而产生供不应求的短缺局面。

如图6-2所示，在竞争性市场上，不存在价格上限时，均衡价格为 P_0，均衡产量为 Q_0。当价格上限定为 P_1 时，供给量为 Q_1，而需求量为 Q_2，此时短缺数量为 Q_2-Q_1。

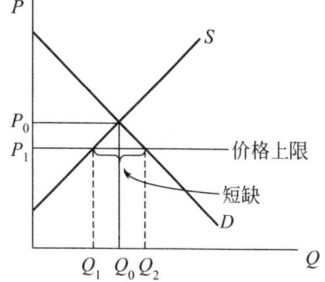

图6-2 价格上限导致短缺

3. 当不允许一种物品的价格使供给与需求达到平衡时，配置资源的机制是什么？

答：当不允许一种物品的价格使供给与需求平衡时，必须选择一种机制配置资源。如果供给超过需求，就会出现商品过剩，这种情况应采取价格下限，销售者可以在此基础上吸引顾客。如果需求超过供给，就会出现商品短缺的情况，此时应采取价格上限，销售者应在此基础上进行配给。

4. 解释为什么经济学家通常都反对价格控制。

答：经济学家通常总是反对价格控制，因为价格控制会导致资源配置无效率。具体如下。

（1）在市场经济中，价格对资源配置起着调节作用，价格的调整能够使商品供给量等于需求量，从而使消费者和生产者效用最大化。价格有平衡供求从而协调经济活动的关键作用，当决策者用立法规定的方法确定价格时，就模糊了正常指引社会资源配置的信号，造成某种物品的过剩或短缺，从而使生产者和消费者的利益受到伤害。

（2）价格控制破坏了价格的资源配置功能，会对经济造成不好的影响。下面分别分析最低限价和最高限价的影响。

第一，在最低限价情况下，政府规定的最低价格高于实际的均衡价格，这给生产者和消费者都带来不利的影响。从消费者角度看，最低限价导致产品或服务的价格居高不下，消费者对产品或服务的需求量减少，消费者剩余减少。从生产者角度看，虽然在最低限价情况下，生产者以高于均衡价格的价格销售产品或服务，但由于消费者的需求减少，生产者并不一定能从价格的升高中获利，而且，生产者的生产能力因为消费抑制而得到抑制，生产者无法发挥规模优势以降低成本。

第二，在最高限价的情况下，生产者愿意生产的数量低于消费者的需求量，于是出现商品短缺的现象。由于商品短缺，政府为了维持这种限制价格，往往采取配给制，限定消费者购买的数量，但这时市场上往往会出现抢购、黑市交易、投机等现象，这些行为严重破坏了正常的市场秩序。

5．假设政府取消向一种物品的买者征税，而向这种物品的卖者征同样的税。税收政策的这种变动如何影响买者为这种物品向卖者支付的价格、买者所支付的（包括税在内的）货币量、卖者得到的（扣除税收的）货币量以及销售量？

答：政府取消向一种物品的买者征税，而向这种物品的卖者征同样的税，税收政策的这种变动对买者向卖者支付的价格、买者所支付的包括税在内的货币量、卖者扣除税收得到的货币量，以及销售量均不产生影响。因为税收的归宿取决于供给和需求的价格弹性，而不取决于向买者征税，还是向卖者征税。

6．一种物品的税收如何影响买者支付的价格、卖者得到的价格以及销售量？

答：一种物品的税收使买者支付的价格上升，卖者得到的价格下降，销售量下降。政府对商品征税时，买者和卖者共同分摊税收。

（1）如果政府向买者征税，那么需求向下移动每单位税收的大小。需求减少将导致销售量减少，从而买者支付的价格上升，而卖者得到的价格下降。

（2）如果政府向卖者征税，那么供给向上移动每单位税收的大小。由于供给减少将导致销售量减少，从而买者支付的价格上升，而卖者得到的价格下降。

所以，不管政府向买者征税，还是向卖者征税，最后都使买者支付的价格上升，卖者得到的价格下降，销售量下降。

7．什么决定了税收负担在买者与卖者之间的分配？为什么？

答：需求弹性和供给弹性决定了税收负担在买者与卖者之间的分摊。具体分析如下。

（1）一般情况下，税收是由卖者和买者共同分担，但对二者的影响程度不同，需求弹性和供给弹性决定了税收负担在买者与卖者之间的分摊，税收负担将更多地落在缺乏弹性的市场一方身上。因为弹性实际上衡量当条件变得不利时，买者或卖者离开市场的意愿。需求弹性小意味着买者对消费这种物品没有适当的替代品。供给弹性小意味着卖者对生产这种物品没有适当的替代品。当对这种物品征税时，市场中选择范围小的一方不能轻而易举地离开，从而必须承担更多的税收负担。

（2）在供给富有弹性而需求缺乏弹性的情况下，卖者对该物品的价格非常敏感，供给曲线较为平坦；而买者非常不敏感，需求曲线较为陡峭。当对有这种弹性的市场征税时，卖者得到的价格下降很少，因此，卖者只承担了较少负担；而买者支付的价格大幅度上升，因此买者承担了大部分税收负担。

（3）在供给缺乏弹性而需求富有弹性的情况下，卖者对该物品的价格非常不敏感，供给曲线较为陡峭；而买者非常敏感，需求曲线较为平坦。当对有这种弹性的市场征税时，买者支付的价格上升较少，而卖者得到的价格大幅度下降。因此，此时卖者承担了大部分税收负担。

三、快速单选

1．当政府设置限制性价格下限时，它会引起（　　）。
a．供给曲线向左移动　　　　　　b．需求曲线向右移动
c．物品短缺　　　　　　　　　　d．物品过剩

【答案】d

【解析】政府实施的价格下限高于均衡价格时，价格下限对市场有限制性约束。供求力量使价格向均衡价格变动，但当市场价格达到价格下限时，就不能再下降了，此时的市场价格等于价格下限。在这种价格下限时，物品的供给量超过了需求量，限制性价格下限引起了

过剩。

2. 在有限制性价格上限的市场上，价格上限上升会（　　）供给量，（　　）需求量，并减少（　　）。

　　a. 增加，减少，过剩　　　　　　　　b. 减少，增加，过剩
　　c. 增加，减少，短缺　　　　　　　　d. 减少，增加，短缺

【答案】c

【解析】在有限制性价格上限的市场上，市场价格等于价格上限。在这种价格时，物品的需求量超过了供给量，存在物品短缺。当价格上限上升时，价格上限接近均衡价格，供求力量趋向于使价格向均衡变动，物品的需求量减少，供给量增加，短缺缓解。

3. 对一种物品向消费者征收每单位1美元的税收相当于（　　）。
　　a. 向这种物品的生产者征收每单位1美元的税收
　　b. 对这种物品的生产者支付每单位1美元的补贴
　　c. 使该物品的每单位价格提高了1美元的价格下限
　　d. 使该物品的每单位价格提高了1美元的价格上限

【答案】a

【解析】无论是对消费者征税和对生产者征税，在这两种情况下，税收都在买者支付的价格和卖者得到的价格之间打入了一个楔子。无论税收是向买者征收还是向卖者征收，这一买者价格与卖者价格之间的楔子都是相同的。在这两种情况下，这个楔子都使供给曲线和需求曲线的相对位置移动。在新均衡时，买者和卖者分摊了税收负担。对买者征税和对卖者征税的唯一区别是谁来把钱交给政府。

4. 以下哪一种情况会增加供给量，减少需求量，并提高消费者支付的价格？（　　）
　　a. 实施限制性价格下限　　　　　　　b. 取消限制性价格下限
　　c. 把税收加在生产者一方　　　　　　d. 取消对生产者征税

【答案】a

【解析】当政府实施限制性价格下限，此时的市场价格从均衡价格提高至价格下限。在这种价格下限时，物品的供给量增加，需求量减少，限制性价格下限引起了过剩。取消限制性价格下限则相反。向生产者征税使供给曲线向上移动，供给量和需求量减少，市场价格提高。取消对生产者征税则相反。

5. 以下哪一种情况会增加供给量，增加需求量，并降低消费者支付的价格？（　　）
　　a. 实施限制性价格下限　　　　　　　b. 取消限制性价格下限
　　c. 把税收加在生产者一方　　　　　　d. 取消对生产者征税

【答案】d

【解析】向生产者征税使供给曲线向上移动，供给量和需求量减少，市场价格提高。而取消对生产者征税则相反，供给曲线向下移动会增加供给量和需求量，降低消费者支付的价格。当政府实施限制性价格下限，此时的市场价格从均衡价格提高至价格下限。在这种价格下限时，物品的供给量增加，需求量减少，限制性价格下限引起了过剩。取消限制性价格下限则相反。

6. 在哪一种情况下，税收负担主要落在消费者身上？（　　）
　　a. 向消费者收税　　　　　　　　　　b. 向生产者收税
　　c. 供给缺乏弹性，需求富有弹性　　　d. 供给富有弹性，需求缺乏弹性

【答案】d

【解析】对一种物品的征税是在买者支付的价格和卖者得到的价格之间打入的一个楔子。当市场向新均衡变动时,买者为该物品支付的价格高了,而卖者从该物品得到的价格低了。从这种意义上说,买者与卖者分摊了税收负担。税收归宿(税收负担的分摊)并不取决于是向买者征税,还是向卖者征税。税收归宿取决于供给和需求的价格弹性。税收负担更多地落在缺乏弹性的市场一方,因为市场的这一方较难通过改变购买量或销售量来对税收做出反应。

四、问题与应用

1. 古典音乐的爱好者说服了国会实行每张门票 40 美元的价格上限。这种政策使听古典音乐会的人多了还是少了?解释原因。

答:这种价格上限政策对听古典音乐会的人数的影响是不确定的,要做具体分析。如果 40 美元高于门票的均衡价格,对市场没有影响,听古典音乐会的人数不会改变。如果价格上限低于门票均衡价格,会有更多的人想购票去听音乐会。但是,在 40 美元的价格下,古典音乐会的举办者所愿意并且能够提供的音乐会门票数量比实行价格上限之前减少,市场上形成了短缺。这种价格控制政策使最终听音乐会的人少了。

2. 政府确信奶酪自由市场的价格太低了。

a. 假设政府对奶酪市场实行限制性价格下限。用供求图说明,这种政策对奶酪价格和奶酪销售量的影响。此时是存在奶酪的短缺还是过剩?

b. 奶酪生产者抱怨价格下限减少了他们的总收益。这种情况可能吗?解释原因。

c. 针对奶酪生产者的抱怨,政府同意以价格下限购买全部过剩奶酪。与基本的价格下限政策相比,谁从这种新政策中获益?谁受损失?

答:a. 这种政策会使奶酪价格上升,销售量减少,存在奶酪的过剩。如图 6-3 所示,实行价格下限使得市场交易价格高于均衡价格,故生产者比在均衡价格下增加供给量,消费者比在均衡价格下减少消费量,所以奶酪销售量减少,奶酪市场存在过剩现象。

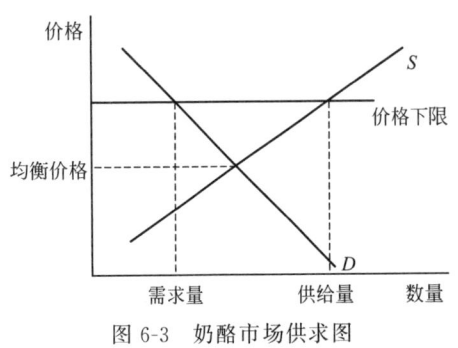

图 6-3 奶酪市场供求图

b. 这种情况可能,因为价格下限造成了奶酪市场产品过剩,奶酪的销售量下降。如果奶酪的需求是富有弹性的,价格上升的幅度就小于销售量下降的幅度,奶酪生产者的总收益会减少。

c. 与基本的价格下限政策相比,奶酪生产者从新政策中获益,因为他们用更高的价格售出了更多的产品;购买奶酪的消费者受损失,因为他们必须支付更高的价格;政府也受损失,它以高价格购买了部分奶酪,这需要支付财政收入。

3. 最近的研究发现,飞盘的需求与供给如表 6-2 所示。

a. 飞盘的均衡价格和均衡数量是多少?

b. 飞盘制造厂说服了政府,飞盘的生产增进了科学家对空气动力学的了解,因此对于国家安全是很重要的。关注此事的国会投票通过了实行比均衡价格高 2 美元的价格下限。新的市场价格是多少?可以卖出多少个飞盘?

c. 愤怒的大学生在华盛顿游行并要求飞盘降价。更为关注此事的国会投票通过取消了

价格下限,并将以前的价格下限降低 1 美元作为价格上限。新的市场价格是多少?可以卖出多少个飞盘?

表 6-2 飞盘的需求与供给表

每个飞盘的价格(美元)	需求量(百万个)	供给量(百万个)
11	1	15
10	2	12
9	4	9
8	6	6
7	8	3
6	10	1

答:a. 飞盘的均衡价格是 8 美元,均衡数量是 600 万个。因为此时供求相等,市场均衡。

b. 新的市场价格是 10 美元,可以卖出 200 万个飞盘。因为实行 10 美元的价格下限后,生产者愿意提供 1200 万个飞盘,但是消费者只需要 200 万个飞盘,这时市场只能卖出消费者需要的 200 万个飞盘。

c. 新的市场均衡价格是 8 美元,可以卖出 600 万个飞盘。因为虽然规定了 9 美元的价格上限,但是市场均衡价格 8 美元低于价格上限,此时价格上限没有限制性,市场力量自然而然地使经济向均衡变动,故新的均衡价格仍是 8 美元,交易量仍是均衡产量 600 万个。

4. 假设联邦政府要求喝啤酒者每购买一箱啤酒支付 2 美元税收(实际上,联邦政府和州政府都对啤酒征收某种税)。

a. 画出没有税收时啤酒市场的供求图。说明消费者支付的价格、生产者得到的价格以及啤酒销售量。消费者支付的价格和生产者得到的价格之间的差额是多少?

b. 现在画出有税收时啤酒市场的供求图。说明消费者支付的价格、生产者得到的价格以及啤酒销售量。消费者支付的价格和生产者得到的价格之间的差额是多少?啤酒的销售量增加了还是减少了?

答:a. 图 6-4 表示没有税收时啤酒市场的供求图。消费者支付的价格和生产者得到的价格都是 P_1,啤酒销售量为 Q_1。消费者支付的价格和生产者得到的价格之间的差额是零。

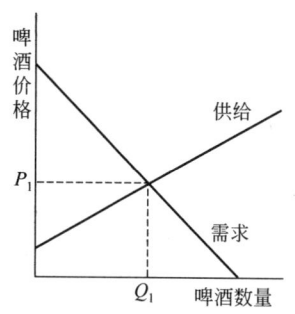

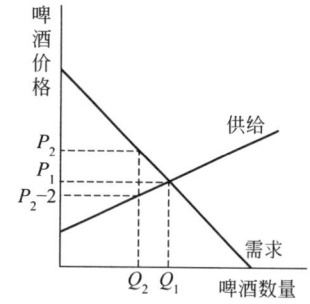

图 6-4 没有税收时的啤酒市场供求

图 6-5 有税收时的啤酒市场供求

b. 图 6-5 表示有税收时啤酒市场的供求图。消费者支付的价格为 P_2,生产者得到的价格为 P_2-2,啤酒销售量为 Q_2。消费者支付的价格和生产者得到的价格之间的差额是 2 美元。啤酒的销售量减少了,减少量为 Q_1-Q_2。

5. 一个参议员想增加税收收入并使工人的状况变好。一个工作人员建议增加由企业支付的工薪税,并将这些额外收入中的一部分用来减少工人支付的工薪税。这能实现这个参议员的目标吗？解释原因。

答：这个建议不一定能实现参议员的目的。原因分析如下。

（1）税收归宿指税收负担的最终归属点或税负转嫁的最后结果。它是关于税收负担分配的问题，指税收最终导致哪些人的福利损失，也就是税收最终由哪些人负担了。在一般情况下，政府对一种物品征税时，税收由买者和卖者共同承担，也就是说税收有两个归宿——买者和卖者。但税收对买者和卖者的影响不同，这取决于该物品的供给弹性和需求弹性。供给弹性较小时，税收更多地由卖者承担；需求弹性较小时，税收更多地由买者承担。

（2）税收归宿并不取决于向谁征税，工人和企业的税收分担是由劳动的供给和需求弹性决定的。增加由企业支付的工薪税，实际上有一部分增加的税收会转嫁到工人身上，增加了工人的税收负担。额外收入确实可以减少工人支付的工薪税。但是，在实施了这一系列措施之后，工人的状况是否变好还要取决于增加的工薪税负担与增加的额外收入之间谁大谁小。

6. 如果政府对豪华轿车征收 500 美元的税，那么消费者所支付价格的上涨幅度是大于 500 美元，小于 500 美元，还是正好为 500 美元？解释原因。

答：一般情况下，消费者支付的价格上升小于 500 美元。原因分析如下。

不论政府是对消费者还是对生产者征税，税收负担一般由两者来分摊，所以税收使得消费者支付的价格上升，生产者得到的价格减少，但两者的价格变化都小于税收额。但如果豪华汽车消费完全无弹性，则税收负担会全部由消费者承担，消费者支付的价格上升 500 美元。

7. 国会和总统决定，美国应该通过减少使用汽油以减轻空气污染。他们对所销售的每加仑汽油征收 0.5 美元的税收。

a. 他们应该对生产者征税，还是对消费者征税？用供求图加以详细解释。

b. 如果汽油的需求较富有弹性，这种税对减少汽油消费量更为有效，还是更为无效？用文字和图形做出解释。

c. 这种税收使汽油消费者受益还是受损？为什么？

d. 这种税使石油行业工人受益还是受损？为什么？

答：a. 他们对生产者征税和对消费者征税都是一样的。如图 6-6 所示，无税收时，需求曲线为 D_1，供给曲线为 S_1。如果对生产者征税，供给曲线会向上移动与税收相等的数额（0.5 美元），此时均衡的数量变为 Q_2，消费者支付的价格为 P_2，生产者得到的价格为 $P_2-0.5$ 美元。如果对消费者征税，需求曲线会向下移动与税收相等的数额（0.5 美元），此时均衡的数量也为 Q_2，消费者支付的价格为 P_2，生产者得到的价格为 $P_2-0.5$ 美元。

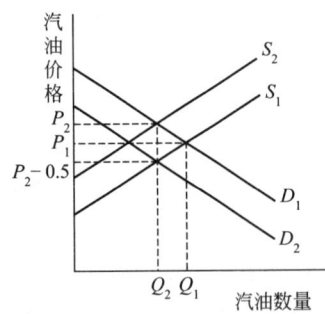

图 6-6 对生产者征税和对消费者征税的最后均衡

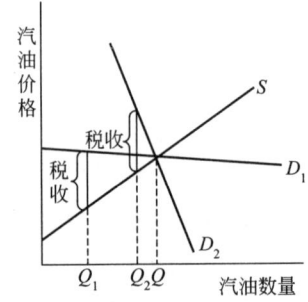

图 6-7 需求弹性对均衡数量的影响

b. 如果汽油需求较富有弹性，这种税收对减少汽油消费更有效。从图 6-7 中可以看出需求曲线 D_1 比 D_2 更富有弹性。对汽油征税，其价格会上升，如果需求富有弹性，价格上升会使需求量大幅下降。当需求曲线为 D_1 时，税收使需求量从 Q（D_1、D_2 和供给曲线的交点）下降到 Q_1；当需求曲线为 D_2 时，税收使需求量从 Q 下降到 Q_2，小于需求曲线为 D_1 时的下降幅度。

c. 这种税收使汽油消费者受损，因为他们必须支付更高的汽油价格。

d. 这种税收使石油行业工人也受损。因为石油生产者实际得到的价格下降了，石油销售量下降，使得石油行业的总收益下降，支付给石油工人的工资也下降，一部分石油工人还可能面临失业。

8. 本章中的案例研究讨论了联邦最低工资法。

a. 假设最低工资高于低技能劳动市场上的均衡工资。在低技能劳动市场的供求图上，标明市场工资、受雇工人数量，以及失业工人数量。再标明对低技能工人的总工资支付。

b. 现在假设劳工部长建议提高最低工资。这种提高对就业会有什么影响？就业变动取决于需求弹性还是供给弹性？还是同时取决于这两者？还是两者都不取决于？

c. 这种最低工资的提高对失业会有什么影响？失业变动取决于需求弹性还是供给弹性？还是同时取决于这两者？还是两者都不取决于？

d. 如果低技能劳动的需求是缺乏弹性的，所建议的提高最低工资会增加还是减少对低技能工人的工资支付总量？如果低技能劳动的需求是富有弹性的，你的答案会有什么改变？

答：a. 如图 6-8 所示，不存在最低工资时，均衡工资为 W_1，雇用工人数量为 Q_1。当最低工资法规定最低工资为 W_M 时，雇用工人的数量为 Q_2，失业工人数量为 $Q_3 - Q_2$。工人得到的总工资如图中面积 $ABCD$。

b. 这种提高如果使最低工资高于市场均衡工资，会使就业率下降。就业的变动一定会出现，不取决于这两种弹性。但这种变动程度取决于需求弹性，供给弹性不起作用，因为市场上劳动力过剩。弹性大，变化的程度就大；弹性小，变化的程度就小。如果提高后的最低工资低于市场均衡工资，对就业没什么影响。

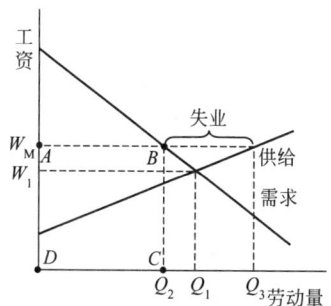

图 6-8 低技能劳动市场供求图

c. 这种提高会使失业率上升。失业变动的程度取决于需求和供给弹性。需求弹性决定了劳动力的需求数量，供给弹性决定了劳动力的供给数量，劳动力供给和需求之间的差额决定了失业的数量。

d. 如果低技能劳动的需求是缺乏弹性的，所建议的提高最低工资会增加对低技能工人的工资支付总量。如果这种需求富有弹性，所建议的提高最低工资会减少对低技能工人的工资支付总量。

9. 在 Fenway 公园，波士顿红袜队的主场，只有 39 000 个座位。因此，发售的门票也固定在这个数量。由于看到了增加收入的黄金机会，波士顿市对每张票征收由买票者支付的 5 美元的税收。波士顿的球迷很有市民风范，顺从地每张票交纳了 5 美元。画图说明上述税收的影响。税收负担落在谁身上——球队所有者、球迷，还是两者兼而有之？为什么？

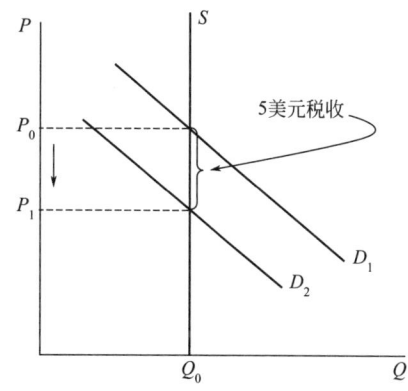

图 6-9 税收对门票价格的影响

答：如图 6-9 所示，由于座位数量和门票数量固定，所以座位的供给完全缺乏价格弹性，为一条垂线。在未征税前，球迷支付的价格和球队所有者得到的价格都是 P_0。每张门票 5 美元的税收将使需求曲线从 D_1 向下移动到 D_2，税收的负担将全部由球队的所有者来承担，球迷支付的价格 P_0 不变，而球队所有者得到的价格 $P_1 = P_0 - 5$。

10. 补贴与税收相反。在对冰淇淋蛋卷购买者征收 0.5 美元税收时，政府对购买的每个冰淇淋蛋卷收取 0.5 美元；而对冰淇淋蛋卷购买者补贴 0.5 美元时，政府对购买的每个冰淇淋蛋卷支付 0.5 美元。

a. 说明每个冰淇淋蛋卷 0.5 美元的补贴对冰淇淋蛋卷的需求曲线、消费者支付的有效价格、卖者得到的有效价格和销售量的影响。

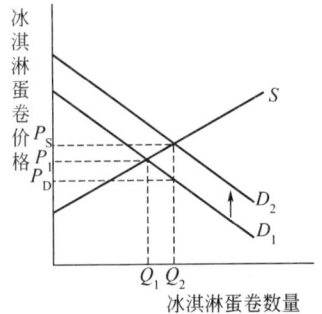

图 6-10 政府对冰淇淋蛋卷购买者补贴 0.5 美元的供求图

b. 消费者会从这种政策中受益还是受损？生产者是受益还是受损？政府是受益还是受损？

答：a. 补贴使冰淇淋的需求曲线从 D_1 向右移动到 D_2，供给曲线不变，消费者支付的价格为 P_D，卖者得到的价格为 $P_S = P_D + 0.5$，销售量从 Q_1 上升到 Q_2。如图 6-10 所示。

b. 消费者因这项政策受益，因为政府补贴后消费者需要支付的价格 P_D 低于没有补贴时的价格 P_1，而消费量却比没有补贴时多，即消费者可以以更低的价格买更多的产品。生产者也由于这项政策受益，因为政府补贴后生产者可以以更高的价格卖出更多的冰淇淋。政府需要花钱补贴消费者，故政府受损。

名校考研真题详解

1. 简述最低限价的含义及其影响。[暨南大学 2012 研]

答：（1）最低限价也称为支持价格，是政府所规定的某种产品的最低价格。最低价格总是高于市场的均衡价格。

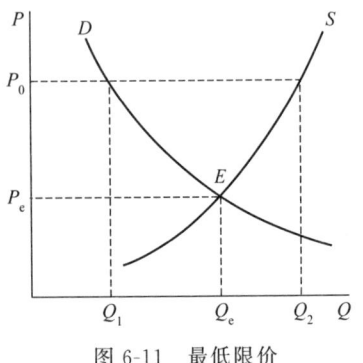

图 6-11 最低限价

（2）实行最低限价，市场上会出现产品过剩。如图 6-11 所示，政府对某种产品实行最低限价。开始时的市场均衡价格为 P_e，均衡数量为 Q_e。政府实行最低限价所规定的市场价格为 P_0。如图 6-11 所示，最低限价 P_0 大于均衡价格 P_e，且在最低限价 P_0 水平，市场供给量 Q_2 大于市场需求量 Q_1，市场上出现产品过剩的情况。

由于最低限价高于均衡价格，会刺激生产、限制消费，导致市场过剩。如果没有政府收购，就会出现变相降价或黑市交易。因此，为了保障最低限价制度有效实施，应该建立政府的收购和储备系统。

2. 简述决定税收负担在买者与卖者之间分摊的因素。[深圳大学 2011 研]

答：税收负担取决于供给和需求的价格弹性，税收负担更多地落在了缺乏弹性的市场一方身上，因为市场的这一方较难通过改变购买量或销售量来对税收作出反应。在本质上，税收衡量当条件变的不利时，买者或卖者离开市场的意愿。需求弹性小意味着买者对消费这种物品没有适当的替代品。供给弹性小意味着卖者对生产这种物品没有适当的替代品。当对这种物品征税时,市场中选择范围小的一方不能轻易地离开市场,从而必须承担更多的税收负担。

如图 6-12(a) 所示,此时供给富有弹性而需求缺乏弹性,税收负担更多地由消费者承担,更少地由生产者承担,消费者承担税负部分为 P_1-P_0,生产者承担的部分为 P_0-P_2,有 $P_1-P_0>P_0-P_2$。如图 6-12(b) 所示,供给缺乏弹性而需求富有弹性,税收负担更多地由生产者承担,更少地由消费者承担,此时 $P_1-P_0<P_0-P_2$。

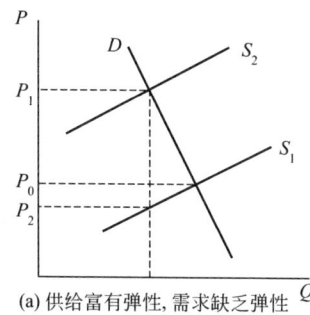 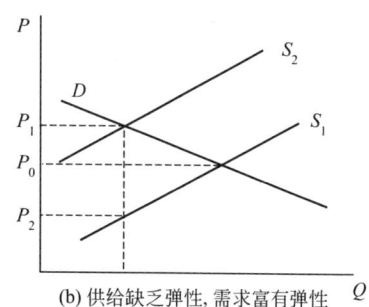

(a) 供给富有弹性,需求缺乏弹性　　　(b) 供给缺乏弹性,需求富有弹性

图 6-12　税收负担的分摊

3. 假设某国对玉米的需求函数是 $Q^D=10-2P$,供给函数是 $Q^S=3P-5$。政府认为由市场决定的玉米均衡价格过低,因此政府实施了价格支持政策对农民进行保护。由于保护价格所造成的剩余供给由政府统一采购。采购的价格等于政府所设定的保护价格。现假设政府所设定的保护价格为 $P^S=4$。

(1) 计算在政府采取保护价格之前,由市场所决定的玉米的均衡价格和均衡产量。

(2) 在保护价格政策之下,农民的玉米供给量是多少?该国的玉米需求量是多少?政府的玉米购买量是多少?

(3) 图示因政府的保护价格政策所导致的生产者剩余的变化。并计算政策实行前后生产者剩余的变化量。

(4) 图示因政府的保护价格政策所导致的消费者剩余的变化。并计算政策实行前后消费者剩余的变化量。

(5) 计算政府实行价格保护政策成本。

(6) 假定现在政府将价格保护政策改为对生产玉米的农民进行直接补贴。补贴政策的主要内容为:某农民每生产一单位的玉米,政府将补贴该农民 $s=\dfrac{5}{3}$。请计算出在这个补贴政策下新的市场均衡价格。政府推行这个补贴政策的成本是多少?[人大 2011 研]

解:(1) 政府采取保护价格前,由玉米的需求等于供给有:
$$10-2P=3P-5$$
解得:$P=3$,从而 $Q=Q^D=10-2P=4$。即由市场决定的玉米的均衡价格为 3,均衡产量为 4。

(2) 在保护价格 $P^S=4$ 下,玉米供给为:$Q^S=3P^S-5=7$;
玉米的需求为:$Q^D=10-2P^S=2$;
政府的玉米收购量为:$Q^S-Q^D=7-2=5$。

(3) 该国对玉米的需求曲线如图 6-13 中 D 所示,供给曲线为 S,政府采取保护价格之前,均衡价格和产量为 3 和 4,采取保护价格之后均衡价格为 4,供给量为 7。因此,在图 6-13 中,政策实施前后生产者剩余变化量为 $A-C$,即生产者剩余变化量为:

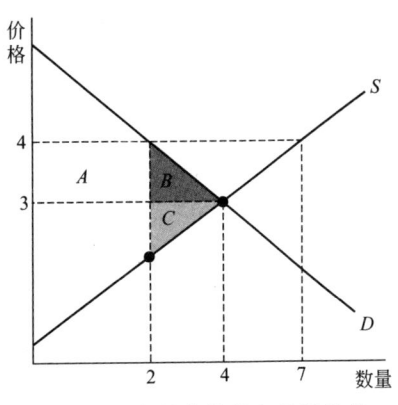

图 6-13 保护价格带来的消费者
与生产者剩余变化

$$(4-3)\times 2 - \frac{1}{2}\times(4-3)\times(3-1)=1$$

即生产者剩余增加 1 单位。

(4) 如图 6-13 所示，政府采取保护价格政策之后，消费者剩余减少量为 $A+B$，即：

$$\frac{1}{2}\times(2+4)\times(4-3)=3$$

即实行保护价格政策之后，消费者剩余减少 3。

(5) 政府实施价格保护政策，政府支出即价格保护政策成本为：

$$(Q^S - Q^D)\times P^S = (7-2)\times 4 = 20$$

(6) 实施补贴政策后，需求供给变为：

$$Q^S = 3\left(P + \frac{5}{3}\right) - 5 = 3P$$

则由 $Q^D = Q^S$ 有：$10 - 2P = 3P$，解得：$P=2$，$Q = Q^D = Q^S = 6$。

政府实施补贴政策的成本为：

$$sQ = \frac{5}{3}\times 6 = 10。$$

4. 为了达到保护环境、绿色出行的目标，政府对汽油的生产者开征了汽油税。请根据经济学原理分析：

(1) 汽油税对汽油市场和汽车市场的影响；

(2) 汽油税可以被转嫁的原因及转嫁份额的影响因素，并导出消费者所承担的比例；

(3) 汽油税可能被超额转嫁的条件。[对外经贸大学 2013 研]

答：(1) 政府对汽油的生产者开征汽油税，会使得汽油市场汽油价格上升，汽油需求量减少。同时由于汽油和汽车是互补品，汽油价格的上升，会使得汽车市场需求结构发生变化。汽油价格上升使得消费者对大排量汽车需求减少，对汽油排量小的汽车和非燃油汽车需求增加。

(2) ① 汽油税可以被转嫁的原因在于汽油生产者可以提高产品的价格从而将部分税收转嫁给消费者。

② 转嫁份额取决于供给曲线和需求曲线的形状，即消费者需求弹性和生产者供给弹性的相对大小。当消费者的需求缺乏弹性而生产者的供给富有弹性，此时汽油税更多地由消费者承担；当消费者的需求富有弹性而生产者的供给缺乏弹性，则汽油税更多地由生产者承担，消费者只承担小部分。如图 6-14 所示。在图 6-14(a) 中，需求相对于供给无弹性，税负主要归于消费者。在图 6-14(b) 中表示需求相对于供给有很大弹性，税负主要归于生产者。

③ 消费者所承担的比例为 $e_s/(e_s - e_d)$，该式表明以高价形式转嫁给消费者的税收份额。当 $e_d = 0$ 时，消费者承担份额为 100%，所有税负由消费者承担；当 $e_d = -\infty$ 时，份额为 0，消费者不承担任何税负，生产者承担全部税负。

(3) 汽油税可能被超额转嫁的条件

① 汽油生产者为垄断厂商或者寡头，具有很大的垄断势力，可以控制汽油产量，制定远超过平均成本的高价格。

② 消费者的需求完全缺乏弹性，消费者的需求曲线为垂直线，此时，汽油税完全

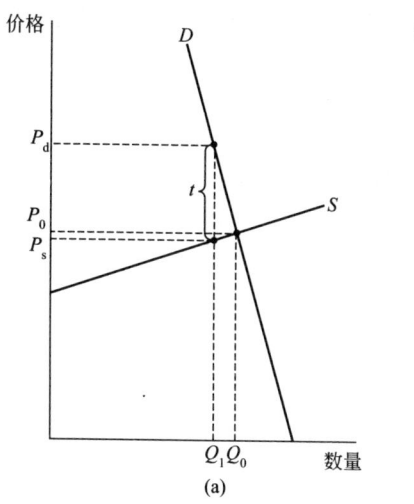
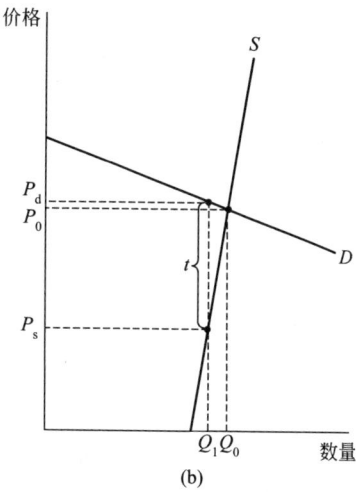

图 6-14　弹性与税收负担

由消费者承担，汽油生产者提高到汽油税之上的价格不仅能弥补税收，同时获得超额利润。

由于上述两个条件，从而使得汽油税可能被超额转嫁。

5. 现实中存在诸多干预市场供求规律的情况，例如政府出于社会目标的考虑对从食品到房租的价格进行最高限价管制，其价格往往低于市场均衡价格。请回答：

（1）最高限价政策将对市场供求产生怎样的影响？

（2）最高限价政策将对社会经济福利（包括消费者剩余和生产者剩余）产生什么影响？

（3）从长期来看，你认为最高限价管制能够解决高价格与供求矛盾的问题吗？请说明你的理由。[南开大学 2012 研]

答：（1）最高限价也称为限制价格，是指政府出于稳定经济、保障消费者基本生活需要的目的，对某些商品的价格规定低于市场均衡价格的最高价格。

如图 6-15 所示，原先市场的均衡点为 E，即均衡价格为 P_e，均衡数量为 Q_e。P_0 为限制价格（$P_0 < P_e$），当价格为 P_0 时，需求量为 Q_2，供给量为 Q_1，$Q_2 - Q_1$ 为实行最高限价后的产品短缺的数量。

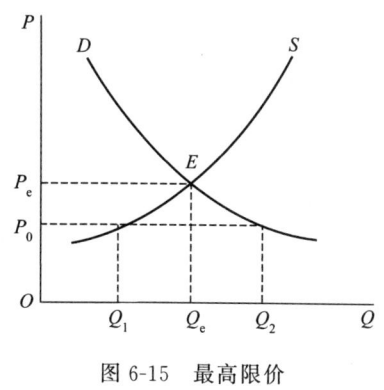
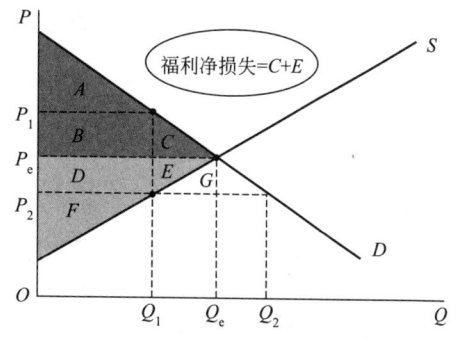

图 6-15　最高限价　　　　　　图 6-16　限价前后社会总福利的变化

（2）如图 6-16 所示，限价前，均衡价格为 P_e，均衡数量为 Q_e。消费者剩余为 $A+B+C$ 的面积，生产者剩余为 $D+E+F$ 的面积。实施最高限价后，消费者剩余增加 D 的面积，

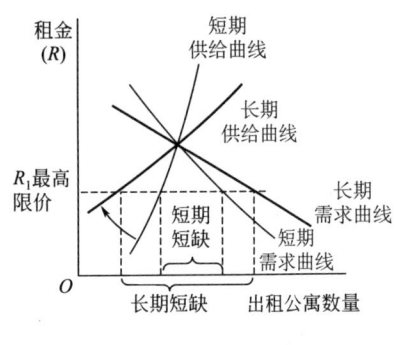

图 6-17 最高限价

减少 C 的面积，生产者剩余减少 $D+E$ 的面积。因此，实施最高限价后，整个社会的福利净损失为 $C+E$ 的面积。

（3）从长期来看，这种限价政策不利于解决供求矛盾问题，反而使得供需缺口更加严重。

以房屋出租市场为例，相对于短期来说，实施最高限价，出租住房的供给在长期更有弹性，因为房东可能拒绝修建新的公寓楼，或是将现有公寓当做单位住房来出售。另外，对住房的需求在长期也更有弹性，低的住房价格使得长期住房需求增加。因此，如图 6-17 所示，相对于短期来说，长期短缺更加严重。

6. 假定对菜花的需求为：$Q=1000-5P$，菜花的长期供给曲线为 $Q=4P-80$，政府对每单位菜花征收 45 元的税收，问：

（1）这种税收会对市场均衡产生什么影响？

（2）这种税收负担会怎样在菜花的卖者与买者之间分担？

（3）这种税收将使消费者剩余和生产者剩余发生怎样的变化？[辽宁大学 2010 研]

解：（1）菜花的需求函数为 $Q=1000-5P$，供给函数为 $Q=4P-80$。

由 $D=S$，解得：均衡价格 $P=120$ 元；均衡数量 $Q=400$。

政府对每单位菜花征收 45 元税收后，会使销售者的供给曲线向上移动，移动的垂直距离等于 45 元。

此时长期供给函数变为 $Q=4(P-45)-80=4P-260$，市场需求函数仍为 $Q=1000-5P$。

由 $D=S$，解得：均衡价格 $P=140$ 元；均衡数量 $Q=300$。

即征税后使均衡价格由 120 元上升为 140 元，均衡销售量由 400 减少到 300。

（2）菜花在原均衡点上的需求价格弹性为：$e_d=-\dfrac{dQ}{dP}\dfrac{P}{Q}=5\times\dfrac{120}{400}=1.5$；

供给价格弹性为：$e_s=\dfrac{dQ}{dP}\dfrac{P}{Q}=4\times\dfrac{120}{400}=1.2$。

因此消费者的税收转嫁因子为：$1.2/(1.2+1.5)=4/9$。

每单位征税 45 元，则消费者承担 $45\times4/9=20$（元），而生产者承担 25 元。

（3）征收税收后减少的消费者剩余为：$CS=(140-120)\times(400+300)\times\dfrac{1}{2}=7000$。

征税后生产者面临的价格是 $140-45=95$（元），则减少的生产者剩余为：

$$PS=(120-95)\times(400+300)\times\dfrac{1}{2}=8750$$

7. 政府如果对产品的卖方征收销售税，那么，在其他条件不变的情况下这将会导致商品的供给曲线向上平移。然而，根据供求曲线具体形状的不同，实际的税收负担情况是不同的。假定商品的需求曲线为负斜率的直线，试结合图形分析一下：

（1）在什么情况下税收负担能够完全转嫁给买方？

（2）在什么情况下买卖双方均承担一定的税赋？

（3）在什么情况下税收负担完全不能转嫁给买方？

（4）上述变化有什么规律性？[东北财大 2009 研]

答：（1）税收完全由买方负担

如图 6-18 所示，供给曲线为水平直线，原有均衡点为 E 点。当政府对产品的卖方征收销售税时，供给曲线 S 向上移动至 S'，形成新的均衡点 E' 点。可以看出，税收负担能够完全转嫁给买方。通过转嫁，消费者承担了全部税额。

（2）税收负担由买卖双方共同承担

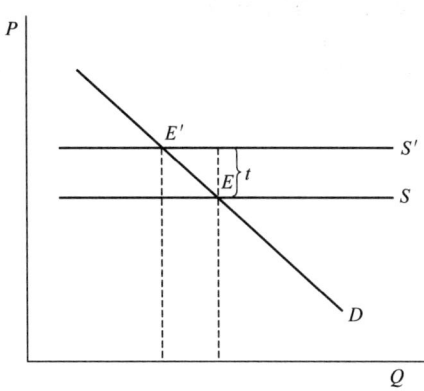

图 6-18　税收负担完全转嫁给买方

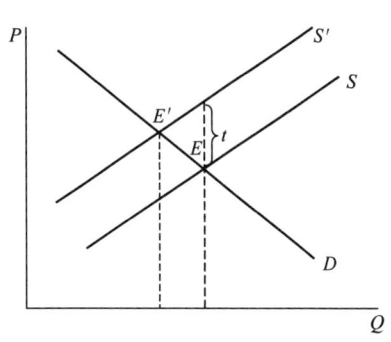

图 6-19　税收负担由买卖双方共同承担

如图 6-19 所示，供给曲线向右上方倾斜，原有均衡点为 E 点。当政府对产品的卖方征收销售税时，供给曲线 S 向上移动至 S'，形成新的均衡点 E' 点。可以看出，产品价格不是按全部税额上涨的，通过转嫁，买方和卖方各承担了一部分税额。

（3）税收负担完全不能转嫁给买方

如图 6-20 所示，供给曲线与横轴垂直，保持一个固定的水平，原有均衡点为 E 点。当政府对产品的卖方征收销售税时，供给曲线不会发生变化，所以产品价格保持原来的水平，税收负担无法转嫁，卖方承担了全部税额。

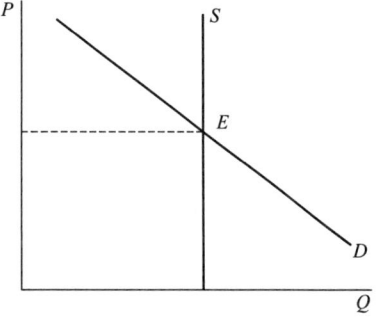

图 6-20　税收负担完全不能转嫁给买方

（4）从上述分析中可以看出：供给曲线的弹性是影响税收归宿的主要因素之一。在其他条件不变的前提下，供给弹性越大，卖方就越可以通过价格上涨的方式把更多的税收转嫁给买方，税收更多地由买方承担；供给弹性越小，卖方就越难以通过价格上涨的方式把更多的税收转嫁给买方，只能自己来承受大部分的税收。

第7章 消费者、生产者与市场效率

 知识结构导图

```
                              ┌ 支付意愿
                    ┌ 消费者剩余 ┤ 用需求曲线衡量消费者剩余
                    │         │ 价格降低如何增加消费者剩余
                    │         └ 消费者剩余衡量什么
                    │         ┌ 成本与销售意愿
消费者、生产者与市场效率 ┤ 生产者剩余 ┤ 用供给曲线衡量生产者剩余
                    │         └ 价格上升如何增加生产者剩余
                    │ 市场效率 ┌ 仁慈的社会计划者
                    │        └ 市场均衡的评价
                    └ 市场效率与市场失灵
```

 考点难点归纳

考点1 消费者剩余与生产者剩余

(1) 消费者剩余

消费者剩余等于买者愿意为一种物品支付的量减去其为此实际支付的量。支付意愿是买者愿意为某种物品支付的最高价格，衡量买者对物品的评价。消费者剩余可用几何图形表示，通过求出需求曲线以下、市场价格以上的面积，可计算消费者剩余。

价格下降可增加消费者剩余，这种消费者剩余的增加由两部分构成：①原有消费者可以为要购买的量少支付而得到了更多的剩余；②新的买者由于现在价格低于他们的支付意愿而进入市场，新的消费者剩余出现。消费者剩余衡量买者参与市场中得到的利益，反映了买者的经济福利。

(2) 生产者剩余

生产者剩余等于卖者出售一种物品得到的量减去其生产成本。生产成本是卖者为了生产一种物品而必须放弃的所有东西的价值，生产者剩余即生产者在提供一定数量的某种产品时实际接受的总支付和愿意接受的最小总支付之间的差额，可用几何图形表示，通过求出市场价格以下、供给曲线以上的面积，可计算生产者剩余。

价格上升可以增加生产者剩余，这种生产者剩余的增加由两部分构成：①原有卖者可以

为要出卖的量而得到了更多的利益；②一些新卖者进入市场，新的生产者剩余出现。生产者剩余衡量卖者从参与市场中得到的利益，反映了卖者的经济福利。

【名师点读】

消费者剩余、生产者剩余都是考试中的频繁考点，经常以概念题或计算题的形式出现，考生在复习过程中不仅要对该考点理解透彻，还应准确作图与分析计算。相关考研真题如下。

1. 【概念题】消费者剩余［中央民族大学 2015 研；华东理工 2015 研］
2. 【计算题】考虑以下古诺竞争模型。市场中有 N 个企业，生产相同的产品，均没有生产成本。市场需求函数为 $p=a-bQ$，其中 $a, b>0$，Q 为行业总产量。如果企业同时展开产量竞争，那么：
 (1) 均衡时价格是多少？
 (2) 此时消费者剩余是多少？［中央财大 2014 研］

考点 2　市场效率

(1) 市场的总剩余是用买者支付意愿衡量的买者对物品的总评价减去卖者提供这些物品的成本。总剩余常被作为社会经济福利的衡量指标。

消费者剩余＝买者的评价－买者支付的量

生产者剩余＝卖者得到的量－卖者的成本

总剩余＝消费者剩余＋生产者剩余＝买者的评价－卖者的成本

(2) 使消费者和生产者剩余的总和最大化的资源配置可以说是有效率的。自由市场生产的产量是使消费者和生产者剩余总和最大化的产量。

① 自由市场把物品的供给分配给对这些物品评价最高的买者，这种评价用买者的支付意愿来表示。

② 自由市场将物品的需求分配给可以以最低成本生产这些物品的卖者。因此，在生产与销售量达到市场均衡时，社会计划者不能通过改善买者之间的消费配置或卖者的生产配置来增加社会福利。

③ 自由市场生产的产量是使消费者和生产者剩余总和最大化的产量。

(3) 供给与需求的均衡使消费者与生产者剩余的总和最大化。即市场中"看不见的手"指引买者与卖者有效地配置资源。

(4) 自由市场可能无效率的原因有以下两个。

① 市场可能是不完全竞争的。如果个别买者或卖者（或者他们一小群人）可以影响价格，他们就有市场势力，而且他们可以使价格和数量背离均衡。

② 市场会起副作用或外部性，这会影响那些根本没有参与市场的人。市场上的买者和卖者没有考虑污染之类的副作用，以致市场均衡也许对整个社会没有效率。

【名师点读】

本考点为基础性知识，除对总剩余计算的考查外，直接考查的频率不高，但仍需要理解透彻。一般会结合福利经济学、帕累托最优或市场失灵等其他相关内容，以概念题、判断题或者论述题的形式对本考点进行考查。

课后习题详解

一、概念题

1. 福利经济学（welfare economics）

答：福利经济学是一种规范经济学，研究的是整个经济的资源配置与个人福利的关系，特别是市场经济体系的资源配置与福利的关系，以及与此有关的各种政策问题。福利经济学研究要素在不同厂商之间的最优分配以及产品在不同家庭之间的最优配置。它的主要特点是：从一定的价值判断出发建立理论体系，在边际效用论的基础上建立福利概念，依据既定的社会目标和福利理论制定经济政策。20世纪初，西方国家为调和日益尖锐的社会矛盾，福利经济学应运而生。英国经济学家A.C.庇古是福利经济学的创始人和主要代表。庇古1920年出版的《福利经济学》是福利经济学产生的标志。庇古的福利经济学有两个基本命题：一是国民收入总量愈大，社会经济福利愈大；二是国民收入分配愈均等，社会经济福利愈大。由于在1929~1933年的大危机以后，庇古的理论已经不能完全适应需要，因此他的理论被称为旧福利经济学。与庇古的旧福利经济学相对的是其后出现的新福利经济学，代表人物有勒纳、卡尔多、希克斯等。

2. 支付意愿（willingness to pay）

答：支付意愿指买者愿意为某种物品支付的最高价格。支付意愿是衡量买者对物品的评价，评价越高支付意愿越强，愿意支付的价格越高，反之，评价越低支付意愿越弱，愿意支付的价格越低。

3. 消费者剩余（consumer surplus）

答：消费者剩余指买者愿意为一种物品支付的量减去其为此实际支付的量。由于各种物品的边际效用会递减，消费者对购买不同数量的同一种商品，往往愿意支付不同的价格，但市场上的商品一般只有一个价格，这便产生了消费者剩余。例如在消费者持续购买某种商品时，根据边际效用递减规律，对于消费者来说，前面购买的单位商品要比最后购买的单位带来更多的效用。因此，消费者愿意对前面购买的单位付出较多的价格，而一般商品的价格是固定的，那么在前面每一单位中消费者就可能因为所付的价格低于所愿意支付的价格而得到剩余。

若某产品需求函数为$P=D(x)$，P_1和X_1分别代表成交价格和成交量，则从$X=0$到$X=X_1$时，$\int_0^{X_1} D(x)dx$是消费者愿意支付的数额，$P_1 X_1$为实际支付的数额，于是消费者剩余（用CS表示）$= \int_0^{X_1} D(x)dx - P_1 X_1$。

4. 成本（cost）

答：成本也称为生产成本，指生产活动中用于购买各种生产要素的支出总和。生产要素包括劳动、资本、土地和企业家才能。生产活动中所使用的生产要素的价格包括付出劳动所得到的工资、付出资本所得到的利息、付出土地所得到的地租和付出企业家才能所得到的利润这四部分。因此西方经济学中所说的成本，包括利润在内。生产成本中所包括的利润称为正常利润，它是作为企业家才能这一生产要素的报酬而被包括在成本之内的。只有超额利润才不包含在成本以内。

在分析成本时，可以把成本分为总成本、平均成本和边际成本。总成本是生产某一特定产量所需要的成本总额,它包括固定成本与可变成本。平均成本是生产平均每个单位产品的成本,用总成本除以产量,就得出平均成本。平均成本包括平均固定成本和平均可变成本。边际成本是生产最后增加一个单位产品所花费的成本,也就是说,边际成本是增加一个单位产量所引起的总成本的增加量。

5. 生产者剩余（producer surplus）

答：生产者剩余指卖者出售一种物品得到的量减去其生产成本。它通常用市场价格线以下、SMC 曲线以上的面积来表示,如图 7-1 中的阴影部分面积所示。

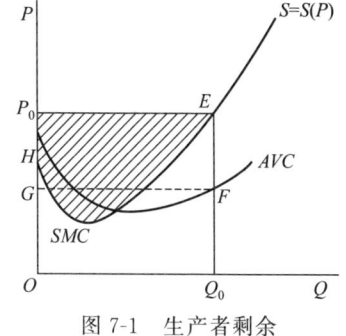

图 7-1　生产者剩余

其原因在于：在生产中,只要价格大于边际成本,厂商进行生产总是有利的。这时,厂商就可以得到生产者剩余。因此,在图 7-1 中,在产量为零到最大产量 Q_0 之间的价格线以下和供给曲线（即短期边际成本曲线）以上的阴影部分面积表示生产者剩余。其中,价格线以下的矩形面积 OP_0EQ_0 表示总收益即厂商实际接受的总支付,供给曲线（即短期边际成本曲线）以下的面积 $OHEQ_0$ 表示总边际成本即厂商愿意接受的最小总支付,这两块面积之间的差额构成生产者剩余。

由此,生产者剩余也可以用数学公式定义。令反供给函数 $PS = f(Q)$,且均衡价格为 P_0 时厂商的供给量为 Q_0,则生产者剩余为：

$$PS = OP_0 \cdot OQ_0 - \int_0^{Q_0} f(Q)\mathrm{d}Q$$

式中,PS 为生产者剩余的英文简写,式子右边的第一项表示收益,第二项表示厂商愿意接受的最小总支付。

此外,还应该看到,在短期内,由于固定成本是无法改变的,所以,总边际成本必然等于总可变成本。这样一来,生产者剩余也可以用厂商的收益和总可变成本的差额来定义。在图 7-1 中,生产者剩余也可以由矩形 GP_0EF 给出,它等于收益（OP_0EQ_0）减去总可变成本（$OGFQ_0$）。其实,从本质上讲,在短期中,由于固定成本不变,所以,只要收益大于总可变成本,厂商进行生产就是有利的,就得到了生产者剩余。

6. 效率（efficiency）

答：效率指资源投入和生产产出的比率,是资源配置使社会所有成员得到的总剩余最大化的性质。人类任何活动都离不开效率问题,人作为智慧动物,其一切活动都是为了实现其既定的目标。在实现目标的过程中,有的人投入少,但实现的目的多,即所说的事半功倍；而有的人投入很大,但实现的目的少,或者实现不了其目标,即所说的事倍功半。前者是高效率,后者是低效率。所以效率就是人们在实践活动中的产出与投入之比值,或者叫效益与成本之比值,如果比值大,效率就高,也就是效率与产出或者收益的大小成正比,而与成本或投入成反比例,也就是说,如果想提高效率,必须降低成本投入,提高效益或产出。

7. 平等（equality）

答：平等指在社会成员中平均地分配经济成果的性质,也就是将资源公平地分配给社会成员。平等是一个历史范畴,不存在永恒的公平。不同的社会,人们对平等的观念是不同的。平等观念是社会的产物,按其所产生的社会历史条件和社会性质的不同而有所不同。平等又是一个客观的范畴,是社会存在的反映,尽管在不同的社会形态中,平等的内涵不同,不同的社会、不同的阶级，对平等的理解不同，但平等具有客观的内容。

平等是和效率相联系的概念。西方经济学家认为，在平等与效率之间存在着一种矛盾：生产要素供给者根据其生产要素的效率取得报酬，效率越高，报酬越大；要促使经济效率的增长，就必须使报酬有差别，从而收入也有了差别，这样要提高效率就势必削弱平等。相反，要达到平等即收入的均等化，各生产要素供给者的积极性就会降低，从而导致效率的损失。假如个人所得税率过高，有易于缩小贫富差距，但却使效率受损，因为这会导致人们工作与闲暇的替代、储蓄与消费的替代等，同时还可能引起财产向境外转移和人才外流等问题，这些都是经济效率的损失。

平等和效率之间存在的这种矛盾被称为平等与效率的交替。它是规范经济学中所研究的一个重要课题；不同的学者对于平等和效率谁为优先社会目标的问题，回答不一。

二、复习题

1. 解释买者的支付意愿、消费者剩余和需求曲线如何相关。

答：买者的支付意愿、消费者剩余与一种物品的需求曲线密切相关，需求曲线的高度代表了消费者的支付意愿。在任何一种数量上，需求曲线给出的价格表示边际买者的支付意愿。通过求出需求曲线以下和价格以上的面积，可计算出消费者剩余。

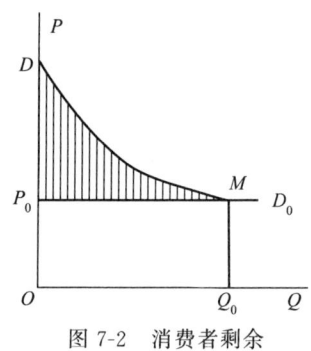

图 7-2 消费者剩余

还可以用图 7-2 更具体地衡量消费者剩余。在图中，DD_0 为需求曲线。当消费者以单位价格 OP_0 购买 OQ_0 单位的物品时，他实际支付的总额为 OQ_0MP_0。但是，OQ_0 单位的物品提供给他的效用为 OQ_0MD，即他愿意支付的最大支出为 OQ_0MD。而两者之间的差额，即 P_0MD，就是消费者剩余，它随着价格的下降而增加。

2. 解释卖者的成本、生产者剩余和供给曲线如何相关。

答：供给曲线以上价格线以下部分的面积代表了生产者剩余。供给曲线的高度代表了卖者的成本，供给曲线给出的价格表示卖者的边际收益。通过找出价格以下和供给曲线以上的面积，可计算出生产者剩余。生产者剩余衡量卖者从参与市场中得到的利益，反映了卖者的经济福利。

3. 在供求图中，标出市场均衡时的生产者剩余和消费者剩余。

答：消费者剩余是买者从参与市场活动中得到的收益，生产者剩余是卖者得到的收益。因此，把总剩余作为社会经济福利的衡量指标。市场的总剩余是用买者支付意愿衡量的买者对物品的总评价减去卖者提供这些物品的成本。

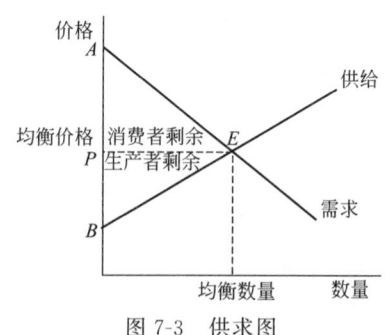

图 7-3 供求图

消费者剩余＝买者的评价－买者支付的量
生产者剩余＝卖者得到的量－卖者的成本
总剩余＝消费者剩余＋生产者剩余
    ＝买者的评价－卖者的成本

图 7-3 的供求曲线表示了生产者和消费者剩余。APE 的面积代表消费者剩余，PBE 的面积代表生产者剩余。

4. 什么是效率？它是经济决策者的唯一目标吗？

答：（1）效率

效率指资源投入和生产产出的比率,是资源配置使社会所有成员得到的总剩余最大化的性质,是人们在实践活动中的产出与投入之比值,或者叫效益与成本之比值,如果比值大,效率就高,也就是效率与产出或者收益的大小成正比,而与成本或投入成反比例,即,如果想提高效率,必须降低成本投入,提高效益或产出。

(2) 效率不是经济决策者的唯一目标。

最大化总剩余的资源配置是有效率的,总剩余是消费者剩余和生产者剩余的总和。效率并不是政策制定者唯一关心的目标,他们还要关心平等问题,即社会福利在各种卖者和买者之间分配的公平性。效率问题是能不能尽量把蛋糕做大,平等问题是能不能公平地切割蛋糕。

5. 说出两种类型的市场失灵。解释为什么每一种都可能使市场结果无效率。

答:市场失灵包括市场势力和外部性等类型,每一种都可能使市场结果无效率,原因如下。

(1) 市场势力会导致结果的无效率。因为当一小部分厂商影响市场价格时,会导致市场价格和产量偏离在充分竞争条件下均衡的价格和产量,只有在均衡点处社会总剩余才最大化,因此市场势力会导致市场无效率。

市场势力的一个典型情况就是垄断,垄断市场是缺乏效率的。从社会福利最大化的意义上讲,价格反映了消费者的边际福利,而边际成本则反映了社会为生产这一单位产品花费的成本。但在垄断市场的均衡状态下,价格高于生产的边际成本,从而存在着帕累托改进的可能。

以效用的方式说明,社会的净福利是消费者的总效用与生产成本之间的差额。由于需求曲线反映了消费者的边际效用,而供给曲线反映了厂商生产的边际成本,因而,既定产量下,需求曲线与供给曲线之间的面积度量了社会净福利。与完全竞争市场相比,由于垄断厂商的产量低于供求相等所决定的产量,因而垄断所造成的损失为垄断产量到完全竞争产量的需求曲线与供给曲线之间的面积。如图7-4所示,三角形E_mE_cF的面积是垄断所造成的福利损失。

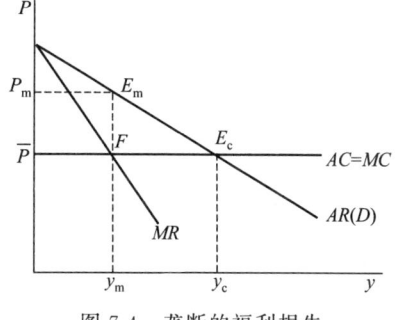

图7-4 垄断的福利损失

(2) 外部性是某些市场参与者的行为对旁观者福利的影响。当出现外部性时,卖者和买者并没有考虑外部性对社会的影响,社会的边际收益和边际成本与私人的边际收益和边际成本不相等。假设社会边际收益等于私人边际收益,在外在不经济时,私人边际成本小于社会边际成本,从而私人决策所生产的产量大于社会最优产量;反之,如果存在外在经济,则私人产量不足。因此在外部性情况下,市场不能使社会的总剩余最大化,即市场是无效率的。

三、快速单选

1. Jen 对她的时间的评价为每小时 60 美元。她用 2 小时为 Colleen 按摩。Colleen 愿意为按摩支付 300 美元,但他们通过谈判把价格定为 200 美元。在这个交易中,(   )。

  a. 消费者剩余比生产者剩余多 20 美元   b. 消费者剩余比生产者剩余多 40 美元
  c. 生产者剩余比消费者剩余多 20 美元   d. 生产者剩余比消费者剩余多 40 美元

【答案】a

【解析】消费者剩余=买者的评价-买者支付的量,所以 Colleen 的消费者剩余=300-200=100(美元);生产者剩余=卖者得到的量-卖者的成本,所以 Jen 的生产者剩余=

$200-60\times2=80$（美元）。最终消费者剩余比生产者剩余多20美元。

2. 点心的需求曲线是向右下方倾斜的。当点心的价格是 **2** 美元时，需求量是 **100**。如果价格上升到 **3** 美元，消费者剩余会发生什么变动？（　　）

  a. 减少小于 100 美元　　 b. 减少多于 100 美元
  c. 增加少于 100 美元　　 d. 增加多于 100 美元

【答案】a

【解析】消费者剩余是指需求曲线以下和价格以上的总面积是某种物品或服务市场上所有买者的消费者剩余的总和。由于买者总想为他们买的物品少支付一些，因此价格升高使某种物品买者的状况变差，消费者剩余减少。消费者剩余的这种增加由两部分组成：①原有买者的消费者支付的多了而境况变差，其剩余减少量是他们增加的支付量，即 100 美元；②一些买者退出市场，市场需求量减少，因此，消费者剩余减少小于 100 美元。

3. John 当大学教师每学期的收入为 **300** 美元。当大学把支付给教师的价格提高到 **400** 美元时，**Emily** 也进入市场并开始当教师。由于这种价格上升，生产者剩余增加了多少？（　　）

  a. 少于 100 美元　　 b. 在 100 美元到 200 美元之间
  c. 在 200 美元到 300 美元之间　　 d. 多于 300 美元

【答案】b

【解析】教师工资从 300 美元提升到 400 美元，John 的生产者剩余增加了 100 美元。当工资为 300 美元时，Emily 没有进入市场，说明 Emily 的成本高于 300 美元；当工资上升到 400 美元时，Emily 进入市场，由生产者剩余＝卖者得到的量－卖者的成本得，Emily 的生产者剩余小于 100 美元。所以，总的生产者剩余增加量在 100 美元到 200 美元之间。

4. 有效的资源配置使（　　）最大化。

  a. 消费者剩余　　 b. 生产者剩余
  c. 消费者剩余加生产者剩余　　 d. 消费者剩余减生产者剩余

【答案】c

【解析】消费者剩余和生产者剩余的总和称为总剩余。如果资源配置使社会所有成员得到的总剩余最大化，就可以说，这种配置是有效率的。

5. 当市场均衡时，买者是支付愿望（　　）的人，而卖者是成本（　　）的人。

  a. 最高，最高　　b. 最高，最低　　c. 最低，最高　　d. 最低，最低

【答案】b

【解析】自由市场生产出使消费者剩余和生产者剩余的总和最大化的物品量，此时生产量与销售量达到市场均衡。达到均衡的自由市场把物品的供给分配给对这些物品评价最高的买者，这种评价用买者的支付意愿来衡量；将物品的需求分配给能够以最低成本生产这些物品的卖者。

6. 生产大于供求均衡的产量是无效率的，因为边际买者的支付意愿是（　　）。

  a. 负数　　 b. 零
  c. 正数但小于边际卖者的成本　　 d. 正数并大于边际卖者的成本

【答案】c

【解析】如图 7-5 所示，供给曲线和需求曲线相交时，市场达到均衡。在产量为 Q_2 时，生产大于供求均衡产量，此时供给曲线位于消费曲线上方，即边际买者的支付意愿即买者的评价大于 0，但是小于卖者的成本。

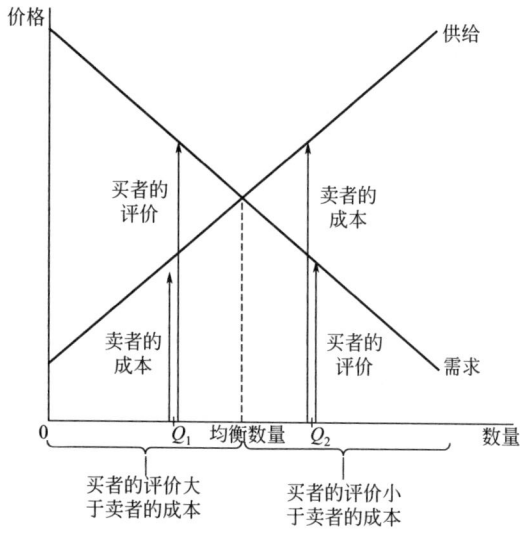

图 7-5 均衡数量的效率

四、问题与应用

1. Melissa 用 120 美元购买了一个 iPhone，并得到了 80 美元的消费者剩余。

a. 她的支付意愿是多少？

b. 如果她在降价销售时买了售价为 90 美元的 iPhone，她的消费者剩余会是多少？

c. 如果 iPhone 的价格是 250 美元，她的消费者剩余会是多少？

答：a. 消费者剩余等于消费者的支付意愿减去所支付的价格。因此，Melissa 的支付意愿为 120＋80＝200 美元。

b. 如果她在降价时买了售价为 90 美元的 iPhone，则消费者剩余为 200－90＝110 美元。

c. 如果 iPhone 的价格是 250 美元，高于 Melissa 的支付意愿，她将选择不买，此时她的消费者剩余为零。

2. 加利福尼亚早来的寒流使柠檬变酸。柠檬市场上的消费者剩余会有什么变动？柠檬水市场上的消费者剩余会有什么变动？用图形说明你的答案。

答：（1）柠檬变酸，消费者对柠檬的评价下降，需求曲线向左下方移动。在其他条件不变的情况下，消费者剩余减少。如图 7-6 所示，柠檬质量下降，使需求曲线从 D_1 下降到 D_2，△APE 是原先的消费者剩余，△$A'P'E'$ 是变动后的消费者剩余，△APE＞△$A'P'E'$。

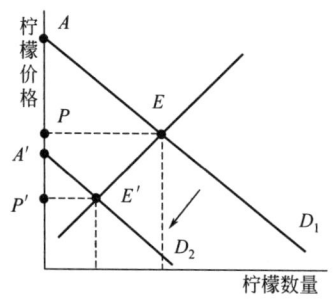

图 7-6 寒流对柠檬市场的影响

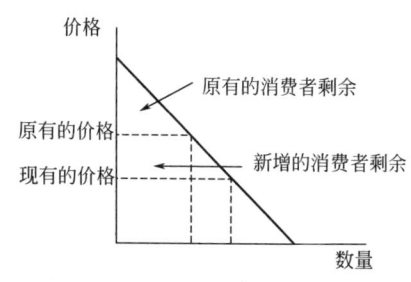

图 7-7 寒流对柠檬水市场的影响

（2）由于柠檬价格的下降，柠檬水的投入成本减少，柠檬水的价格也下降。在其他条件不变的情况下，柠檬水市场上消费者剩余增加，如图7-7所示。

3. 假设对法国面包的需求增加。在法国面包市场上，生产者剩余会发生什么变动？在面粉市场上，生产者剩余会发生什么变动？用图形说明你的答案。

答：法国面包需求的增加将导致法国面包市场上的生产者剩余增加，如图7-8所示。需求曲线的移动使价格上升，生产者剩余从 A 增加到 $A+B+C$。

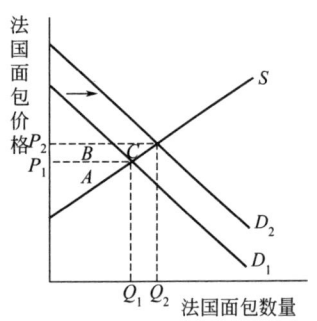
图7-8 面包市场生产者剩余的变动

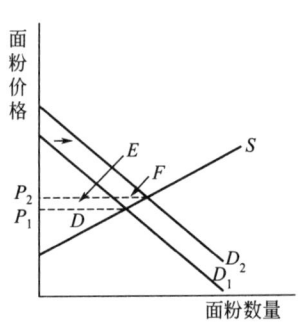
图7-9 面粉市场生产者剩余的变动

法国面包数量的增加使面粉的需求增加，如图7-9所示，结果面粉的价格上升，生产者剩余从 D 增加到 $D+E+F$。影响一个市场上生产者剩余的事件也可能会对相应市场上的生产者剩余产生影响。

4. 这是一个大热天，Bert 口干舌燥。下面是他对一瓶水的评价：

对第一瓶水的评价　　　　7美元
对第二瓶水的评价　　　　5美元
对第三瓶水的评价　　　　3美元
对第四瓶水的评价　　　　1美元

a. 根据以上信息推导出 Bert 的需求表。画出他对瓶装水的需求曲线。

b. 如果一瓶水的价格是4美元，Bert 会买多少瓶水？Bert 从他的购买中得到了多少消费者剩余？在你的图形中标出 Bert 的消费者剩余。

c. 如果价格下降到2美元，需求量会有何变化？Bert 的消费者剩余会有何变化？用你的图形说明这些变化。

答：a. 如表7-1及图7-10所示。

表7-1 Bert 的需求表

价格（美元）	需求量（瓶）
大于7	0
7～5	1
5～3	2
3～1	3
1以下	4

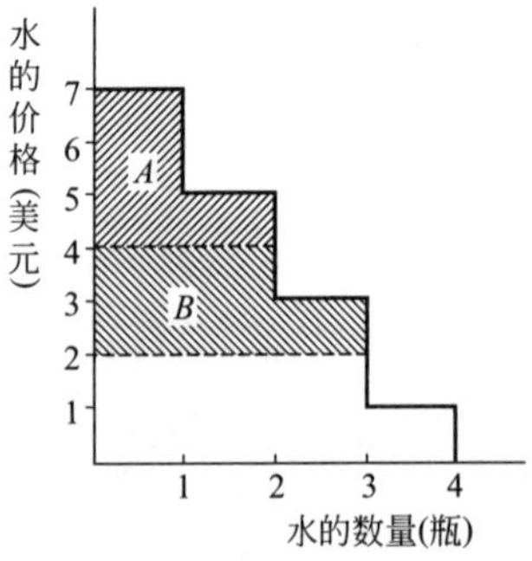

图7-10 Bert 的需求曲线

b. 当一瓶水的价格为4美元时，Bert 买两瓶水。他的消费者剩余如图7-10所示。他第一瓶水的价值为7美元，但只支付4美元，消费者剩余为3美元。他第二瓶水的价值为5美元,但只支付 4 美元,消费者剩余为 1 美元。所以,Bert 的总消费者剩余为 4 美元,如图 7-10 中的 A 所示。

c. 当一瓶水的价格从 4 美元降到 2 美元时,Bert 买三瓶水,他的消费者剩余为如图 7-10 所示的 A+B,B 为新增加的消费者剩余数量。他从第一瓶水获得的消费者剩余为 5 美元,第二瓶的消费者剩余为 3 美元,第三瓶的消费者剩余为 1 美元,总消费者剩余为 9 美元。当水的价格从 4 美元下降到 2 美元时,消费者剩余增加了 5 美元。

5. Ernie 有一台抽水机。由于抽大量的水比抽少量的水困难,随着抽的水越来越多,生产一瓶水的成本增加。下面是他生产每瓶水的成本:

第一瓶水的成本	1 美元
第二瓶水的成本	3 美元
第三瓶水的成本	5 美元
第四瓶水的成本	7 美元

a. 根据以上信息推导出 Ernie 的供给表。画出他的瓶装水的供给曲线。

b. 如果一瓶水的价格是 4 美元,Ernie 会生产并销售多少瓶水?Ernie 从这种销售中得到了多少生产者剩余?在你的图形中标出 Ernie 的生产者剩余。

c. 如果价格上升为 6 美元,供给量会有何变化?Ernie 的生产者剩余会有何变化?在你的图形中标出这些变化。

答:a. Ernie 的供给表及供给图如表 7-2 及图 7-11 所示。

表 7-2　Ernie 的供给表

价格(美元)	供给量(瓶)	价格(美元)	供给量(瓶)
大于 7	4	1～3	1
5～7	3	1 以下	0
3～5	2		

b. 当一瓶水的价格为 4 美元时,Ernie 售出 2 瓶水。他的生产者剩余如图 7-11 中 A 所示。他售出第一瓶水的价格是 4 美元,但其生产成本仅为 1 美元,生产者剩余为 3 美元。当他售出价格为 4 美元的第二瓶水时,Ernie 的生产成本为 3 美元,生产者剩余为 1 美元。Ernie 的总生产者剩余是 4 美元。

c. 当一瓶水的价格从 4 美元上升到 6 美元时,Ernie 售出 3 瓶水。他的生产者剩余为图 7-11 的 A+B,B 为新增加的生产者剩余数量。一瓶水的价格从 4 美元上升到 6 美元使第一瓶水的生产者剩余为 5 美元、第二瓶水的生产者剩余为

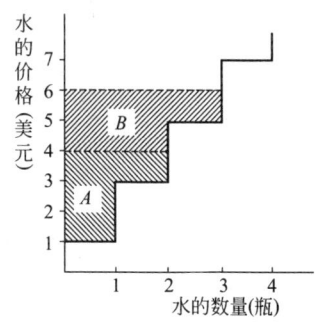

图 7-11　Ernie 的供给曲线

3 美元、第三瓶水的生产者剩余为 1 美元,总的生产者剩余为 9 美元。当水的价格从 4 美元上升到 6 美元时,生产者剩余增加了 5 美元。

6. 考虑一个由问题 4 中的 Bert 作为买者、问题 5 中的 Ernie 作为卖者组成的市场。

a. 用 Ernie 的供给表和 Bert 的需求表找出价格为 2 美元、4 美元和 6 美元时的供给量和需求量。这些价格中哪一种能使供求达到均衡?

b. 在这种均衡时,消费者剩余、生产者剩余和总剩余是多少?

c. 如果 Ernie 少生产并且 Bert 少消费一瓶水,总剩余会发生什么变动?

d. 如果 Ernie 多生产并且 Bert 多消费一瓶水，总剩余会发生什么变动？

答：a. 从 Ernie 的供给表和 Bert 的需求表可得出供给和需求的值，如表 7-3 所示。

表 7-3 供求表

价格（美元）	供给量（瓶）	需求量（瓶）
2	1	3
4	2	2
6	3	1

仅在价格为 4 美元时，供需才保持均衡。

b. 在这种均衡中，消费者剩余是 4 美元，生产者剩余是 4 美元，总剩余是 8 美元。

c. 如果 Ernie 少生产一瓶水，Ernie 的生产者剩余会下降到 3 美元，如图 7-10 所示。如果 Bert 少消费一瓶水，他的消费者剩余下降到 3 美元，如图 7-11 所示。总剩余将下降到 6 美元。

d. 如果 Ernie 多生产一瓶水，他的边际成本为 5 美元，但其价格仅为 4 美元，所以其生产者剩余减少 1 美元。如果 Bert 多消费一瓶水，其价值为 3 美元，但价格为 4 美元，其消费者剩余也下降了 1 美元。所以总剩余下降 2 美元。

7. 在过去十年间，生产平板电视的成本降低了。让我们考虑这一事实的某些含义。

a. 用供求图说明生产成本下降对平板电视的价格和销售量的影响。

b. 用你的图形说明消费者剩余和生产者剩余发生了什么变化。

c. 假定平板电视的供给是非常富有弹性的。谁从生产成本下降中获益最大？是平板电视的消费者还是生产者？

答：a. 平板电视市场上生产成本下降的影响是使供给曲线向右移动，如图 7-12 所示。最后导致平板电视的均衡价格下降，而均衡产量上升。

b. 平板电视的价格下降，消费者剩余从 A 增加到 $A+B+C+D$。供给曲线移动前，生产者剩余为 $B+E$。在供给曲线移动后，生产者剩余的面积为 $E+F+G$。所以生产者剩余变化的数量为 $F+G-B$，其值可能为正也可能为负。产量和消费者剩余都增加了，而价格的下降减少了生产者剩余。由于消费者剩余增加了 $B+C+D$，生产者剩余增加 $F+G-B$，总剩余的增加 $C+D+F+G$。

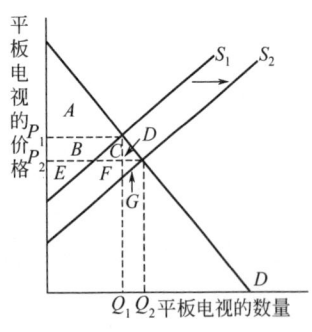

图 7-12 平板电视供求图

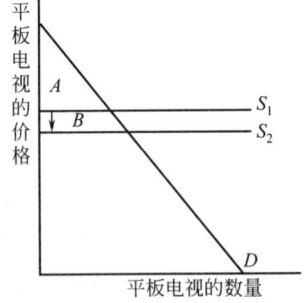

图 7-13 供给曲线平行时没有生产者剩余

c. 如果平板电视的供给是富有弹性的，则供给曲线的移动会使消费者获益较大。假设供给曲线是平行的，如图 7-13 所示。此时，并没有生产者剩余。消费者得到生产成本下降的全部收益，随着消费者剩余的增加，其面积从 A 增加到 $A+B$。

8. 有四位消费者愿意为理发支付下列价格：

Gloria　7美元　　Jay　2美元　　Claire　8美元　　Phil　5美元

有四家理发店，其成本如下：

A企业　3美元　　B企业　6美元　　C企业　4美元　　D企业　2美元

每家店只能为一个人理发。从效率来看，应该有多少次理发？哪些店应该理发？哪些消费者应该理发？最大可能的总剩余是多少？

答：图7-14显示理发的供给与需求曲线，理发3次且价格在4美元到5美元之间，供给等于需求。企业A、C和D会给Gloria、Claire和Phil理发。Jay愿意支付的价格太低而企业B的成本太高，所以不会参与。最大的总剩余在需求和供给曲线之间，为11美元（8−2+7−3+5−4=11）。

9. 过去几十年经济中最大的变化之一是技术进步使生产电脑的成本降低了。

a. 画出供求图说明电脑市场上价格、数量、消费者剩余和生产者剩余发生了什么变动。

b. 四十年前学生在写文章时一般用打字机，今天他们都用电脑。电脑和打字机是互补品还是替代品？用供求图说明打字机市场上的价格、数量、消费者剩余和生产者剩余发生了什么变动。电脑技术进步对打字机生产者而言是好事还是坏事？

c. 电脑和软件是互补品还是替代品？用供求图说明软件市场上的价格、数量、消费者剩余和生产者剩余发生了什么变动。电脑技术进步对软件生产者而言是好事还是坏事？

d. 上述分析有助于解释为什么软件生产者比尔·盖茨是世界上最富有的人之一吗？

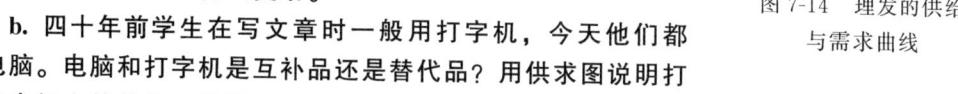

图7-14　理发的供给与需求曲线

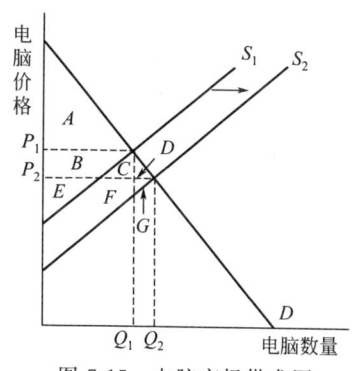

图7-15　电脑市场供求图

答：a. 市场上，电脑生产成本的下降使供给曲线向右移动，如图7-15所示。因此，电脑的均衡价格下降而均衡产量上升。电脑价格的下降使消费者剩余从A增加到$A+B+C+D$，增加额为$B+C+D$。

供给曲线移动前，生产者剩余为$B+E$。供给曲线移动后，生产者剩余为$E+F+G$。故生产者剩余的变化额为$F+G−B$，生产者剩余随数量的增加而增加，随价格的下降而减少。由于消费者剩余增加$B+C+D$，而生产者剩余增加$F+G−B$，所以总剩余增加$C+D+F+G$。

b. 电脑和打字机是替代品，电脑价格的下降使人们用电脑代替打字机，打字机的需求曲线向左移动，如图7-16所示，导致打字机的均衡价格和均衡数量同时下降。打字机市场的消费者剩余从$A+B$到$A+C$，净变化为$C−B$。生产者剩余的变化从$C+D+E$到E，净损失$C+D$。电脑技术进步对打字机生产者而言是不幸的。

c. 软件与电脑是互补品，电脑价格的下降和产量的上升将使软件的需求上升，软件的需求曲线向右移动，如图7-17所示，使软件的均衡价格和均衡数量同时上升。软件市场的消费者剩余从$B+C$到$A+B$，净变化$A−C$。生产者剩余从E到$C+D+E$，增加$C+D$。电脑技术进步对软件生产者而言是幸福的。

d. 这种分析有助于解释为什么软件生产者比尔·盖茨是世界上最富有的人之一，这是由于计算机技术的进步，导致电脑价格的下降和产量的上升，从而使得软件的需求大大上升。

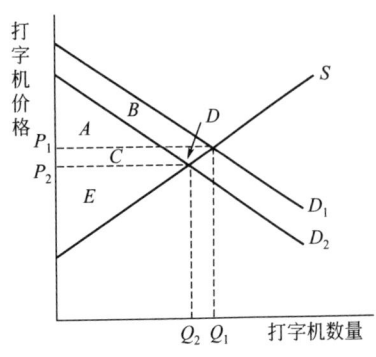

图 7-16 打字机市场供求图

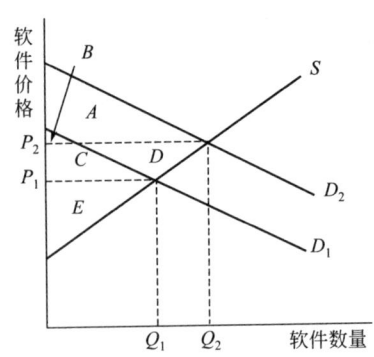

图 7-17 软件市场供求图

10. 你的朋友正在考虑两家手机服务提供商。A 提供商每月收取固定服务费 120 美元，无论打多少次电话都是如此。B 提供商不收取固定服务费，而是每打 1 分钟电话收费 1 美元。你的朋友对每月打电话时间的需求由方程 $Q^D=150-50P$ 给出，其中 P 是每分钟电话的价格。

a. 对每个提供商，你的朋友多打 1 分钟电话的费用是多少？

b. 根据你对 a 的回答，你的朋友用每个提供商的服务会打多少分钟电话？

c. 她每个月给每个提供商付费多少？

d. 她从每个提供商得到的消费者剩余是多少？（提示：画出需求曲线，并回忆一下三角形面积的公式。）

e. 你会推荐你的朋友选择哪一个提供商？为什么？

答：a. 如图 7-18 所示，根据题意得，朋友每月对电话时间的需求是 $Q^D=150-50P$，所以，对 A 提供商，由于只收取固定服务费 120 美元，这位朋友多打 1 分钟电话的费用是 0 美元；对 B 提供商，由于每打 1 分钟电话收费 1 美元，因此，这位朋友多打 1 分钟电话的费用为 1 美元。

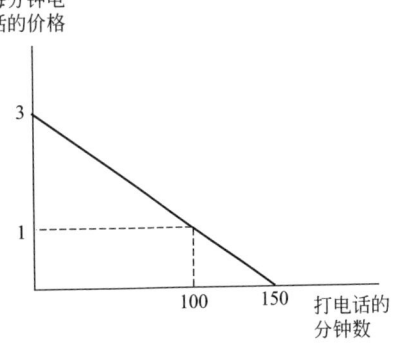

图 7-18 打电话的需求曲线

b. 根据 a 的回答，这位朋友用 A 提供商的服务会打 $150(=150-50\times0)$ 分钟；用 B 提供商的服务会打 100 分钟 $(=150-50\times1)$。

c. 他每个月向 A 提供商付费 120 美元，向 B 提供商付费 $PQ^D=150-50=100$ 美元。

d. 根据需求方程可得到他的需求曲线，如图 7-18 所示，从 A 提供商得到的消费者剩余为 $1/2\times3\times150-120=105$ 美元，从 B 提供商得到的消费者剩余为 $1/2\times2\times100=100$ 美元。

e. 我会推荐我的朋友选择 A 提供商，因为选择 A 提供商，他可以得到更多的消费者剩余。

11. 考虑医疗保险如何影响所进行的医疗服务量。假设一般的就医治疗成本为 100 美元，但一个有医疗保险的人只需自付 20 美元，他的保险公司支付剩下的 80 美元。（保险公司将通过保险费来收回这 80 美元，但一个人所支付的保险费不取决于他接受了多少治疗。）

a. 画出医疗市场上的需求曲线（在你的图形中，横轴应该代表治疗的次数）。标出如果治疗价格为 100 美元，治疗的需求量。

b. 在你的图上标出如果消费者每次治疗只支付 20 美元，治疗的需求量。如果每次治疗的社会成本的确是 100 美元，而且，如果个人有如上所述的医疗保险，这一治疗数量能使总剩余最大化吗？解释原因。

c. 经济学家经常指责医疗保险制度导致人们滥用医疗。根据你的分析，说明为什么医疗的使用被认为是"滥用"。

d. 哪种政策可以防止这种滥用？

答：a. 医疗保险的需求如图 7-19 所示。如果每人的医疗价格为 100 美元，则需求量为 Q_1。

b. 如果消费者每次医疗付费 20 美元，需求量将达到 Q_2。由于社会成本是 100 美元，每个人都有医疗保险，治疗的数量大大超过了社会最优量，不能使总剩余最大化。总剩余最大化的点为 Q_1，远远小于 Q_2。

c. 医疗保险的滥用使消费者在看病时自己支付的价格大大低于实际应支付的均衡价格。因此，医疗市场的总剩余为负，医疗资源被滥用了。

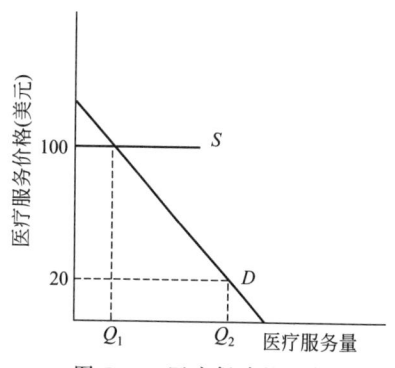

图 7-19 医疗保险的需求

d. 为了防止滥用医疗保险，可以采用一些限制措施。如规定保险扣除量，即在一定时期内，一定金额以下的医疗费用，保险公司才支付实际治疗费的 80%，超过这一限额的医疗费用完全由消费者自己承担。但是，这种方法也不能完全杜绝医疗滥用，只能是降低滥用的程度，而且，这种方法可能会引起公平问题。

名校考研真题详解

1. 已知某粮食市场的需求和供给方程分别为：$Q^D=50-P$，$Q^S=-10+2P$。试求：

(1) 市场均衡时的价格和数量、均衡点的需求弹性和供给弹性，以及消费者剩余和生产者剩余。

(2) 若政府实行最低限价 $P=25$，试问：

(A) 此时市场的供给和需求会发生什么变化？

(B) 若政府敞开收购农民的粮食，此时的消费者剩余和生产者剩余是多少？[北航 2012 研；重庆大学 2004 研]

解：（1）粮食的需求函数为 $Q^D=50-P$，供给函数为 $Q^S=-10+2P$。联合供给函数和需求函数，得市场的均衡价格和均衡产量为：$P^*=20$，$Q^*=30$

需求弹性：$e_d=-\dfrac{dQ^D}{dP}\dfrac{P}{Q}=20/30\approx 0.67$

供给弹性：$e_s=\dfrac{dQ^S}{dP}\dfrac{P}{Q}=40/30\approx 1.33$

消费者剩余：$CS=\dfrac{1}{2}\times(50-20)\times 30=450$

生产者剩余：$PS=\dfrac{1}{2}\times(20-5)\times 30=225$

（2）（A）当市场最低限价为 25 时，此时的需求为 $Q^D=50-25=25$，供给为 $Q^S=-10+2\times 25=40$。供给增加了 10，而需求减少了 5。此时，供给大于需求，存在产品过剩。

（B）若政府敞开收购农民的粮食，此时，消费者剩余等于如图 7-20 所示的 $\triangle DFB$ 的面积，即消费者剩余为：

$$\frac{(50-25)\times 25}{2}=312.5$$

而生产者剩余等于如图 7-20 所示的 $\triangle ACB$ 的面积，即生产者剩余为：

$$\frac{(25-5)}{2}\times 40=400$$

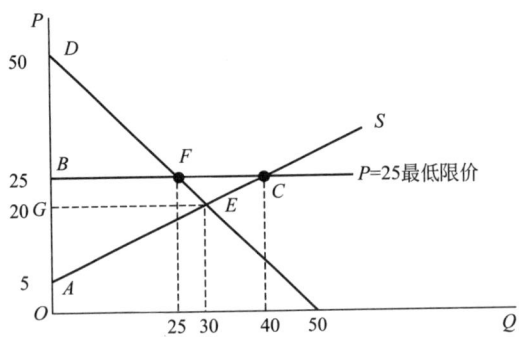

图 7-20　最低限价与消费者剩余和生产者剩余

2. 棉花市场需求函数为 $Q^D=10-2P$，供给函数为 $Q^S=3P-5$，政府为了保护棉农利益，决定采取适当政策。

（1）政府决定制定最低价格，并决定按照最低 $P=4$ 收购市场上剩余棉花，求政策前后供给量与需求量的变化量以及政府需要采购的数量。

（2）计算政策实行前后消费者剩余以及生产者剩余的变化、政府采购的成本。

（3）政府决定将最后价格政策改为对棉农补贴。棉农每销售一单位棉花，政府对其补贴 s 元，请确定 s 使生产者利益和实行最低价格时相同以及政府的成本。[上海财大 2011 研]

解：（1）根据市场均衡条件 $Q^D=Q^S$ 可以求得政府决定制定最低价格之前的均衡价格和均衡数量，为此有 $10-2P=3P-5$，均衡价格为 $P^*=3$，均衡数量 $Q^*=4$。政府制定最低 $P=4$ 后，需求量变为 $Q^D=10-2\times 4=2$，减少了 2，供给量变为 $Q^S=3\times 4-5=7$，增加了 3，市场的剩余量为 $7-2=5$，所以政府需要购买 5 个单位的棉花。

（2）需求函数和供给函数如图 7-21 所示。

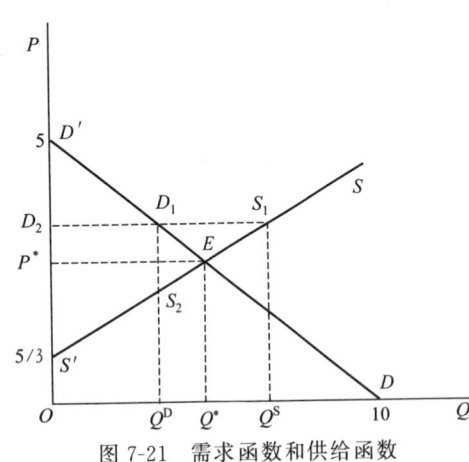

图 7-21　需求函数和供给函数

显然政策实行前的消费者剩余为 $\triangle EP^*D'$ 的面积，该三角形的底边长为 $EP^*=OQ^*=4$，高为 $P^*D'=OD'-OP^*=5-3=2$，因此消费者剩余为 $4\times 2/2=4$。生产者剩余为 $\triangle EP^*S'$ 的面积，该三角形的底边长为 $EP^*=OQ^*=4$，高为 $P^*S'=OP^*-OS'=3-5/3=4/3$，因此生产者剩余为 $4\times 4/3/2=8/3$。

政策实行后的消费者剩余为 $\triangle D_1D_2D'$ 的面积，该三角形的底边长为 $D_1D_2=OQ^D=2$，高为 $D_2D'=OD'-OD_2=5-4=1$，因此消费者剩余为 $2\times 1/2=1$。生产者剩余为 $\triangle S_1D_2S'$ 的面积，该三角形的底边长为 $D_2S_1=OQ^S=7$，高为 $D_2S'=OD_2-OS'=4-$

$5/3=7/3$,因此生产者剩余为 $7\times 7/3/2=49/6$。

因此,政策实行后的消费者剩余减少了 3,而生产者剩余增加了 $11/2=5.5$。

政府采购的成本就是矩形 $Q^D D_1 S_1 Q^S$ 的面积 $4\times 5=20$。

（3）设棉农每销售一单位棉花政府对其补贴 s 元才能使生产者利益和实行最低价格时相同,则有 $8/3+4s=49/6$。

可得 $s=1.375$,政府需要支付的总成本为 5.5,单位成本为 1.375。

3. 运用剩余理论,证明政府对价格的控制这种行为对生产者、消费者和社会都不利。
[上海交大 2011 研]

答：从消费者剩余和生产者剩余的角度看,政府对价格的控制这种行为对生产者、消费者和社会都不利。下面考察某种限制价格的影响,分析如下。

如图 7-22 所示,假设政府不对价格进行控制,则供给曲线和需求曲线相交于 E 点,对应的均衡价格为 P_0,均衡产量为 Q_0。此时消费者剩余为 $\triangle AP_0E$ 部分,生产者剩余为 $\triangle OP_0E$ 部分。社会总剩余为 $\triangle AOE$ 部分。如果政府认为当前的价格水平偏高,从而将价格限制在 P_c 的水平,在此价格水平下,生产者愿意提供的数量降至 q_c。相应的,消费者剩余和生产者剩余缩减为图 7-22 中

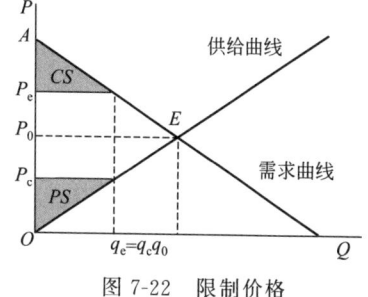

图 7-22 限制价格

的阴影面积。可以看出,损失的消费者剩余和生产者剩余是图 7-22 中央的不规则四边形面积。这部分面积就是消费者剩余和生产者剩余各自在竞争市场与限制价格情形下的差额。所以,政府对价格的控制对生产者、消费者和社会都不利。

4. 2011 年 3 月福山核泄漏后,中国消费者大量囤积碘盐,这主要是因为有一部分消费者（A 类消费者）错误地认为碘盐能够防辐射,增加了对碘盐的需求；另一部分消费者（B 类消费者）并不相信这个,对碘盐的需求没有变化,假设碘盐的供给曲线是传统的斜向上曲线,没有发生变化：

（1）福山核泄漏危机如何影响中国碘盐的均衡价格和数量。

（2）谁在碘盐能够防辐射的谣言下获利？分别从 A 类消费者和 B 类消费者的消费者剩余和生产者剩余去解释。[人大 2015 研]

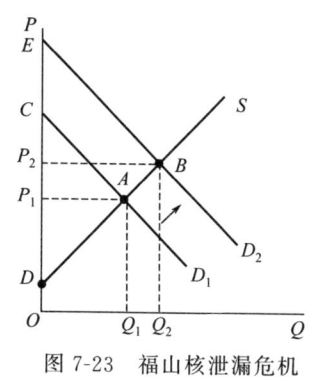

图 7-23 福山核泄漏危机对中国碘盐的影响

解：（1）福山核泄漏危机通过影响 A 类消费者的需求,从而影响碘盐的均衡价格和数量。如图 7-23 所示,碘盐市场的初始需求曲线、供给曲线分别为 D_1、S,均衡价格为 P_1,均衡数量为 Q_1。A 类消费者认为碘盐能够防辐射,福山核泄漏使得他们增加了对碘盐的消费,从而需求曲线向右移动到 D_2,供给曲线不变。新的市场均衡价格上升到 P_2,均衡数量增加到 Q_2。

（2）生产者在碘盐能够防辐射的谣言下获利。

如图 7-23 所示,生产者剩余从 $\triangle DAP_1$ 增加到 $\triangle DBP_2$；由于新的市场均衡价格上升,B 类消费者对碘盐的需求没有变化,因此其消费者剩余下降；A 类消费者和 B 类消费者总的消费者剩余从 $\triangle AP_1C$ 变化到 $\triangle BP_2E$,该消费者剩余可能上升,也可能下降,这取决于消费价格弹性、供给价格弹性；对于 A 类消费者,虽然新的市场均衡价格上

升，但是他们愿意为碘盐支付的价格也上升了，他们的消费者剩余很可能上升了。

5. 如何解决效率与公平之间的矛盾，对此，西方学者并无一致的答案。然而，大体的说来，他们较为普遍的思路是"效率优先、兼顾公平"。论述效率优先的含义。[武汉大学2008研]

答：(1) 效率优先，就是在决定收入分配的问题上，首先考虑效率，把效率当作决定收入分配的第一位的因素。经济效率高，所得到的收入也高；反之，经济效率低，所得到的收入也低。是在保证效率的基础上，再考虑兼顾公平的问题。

(2) 要做到效率优先，就是要让市场机制在收入分配领域里充分地发挥作用，就是要让市场的供求关系去决定各种生产要素的价格，去决定收入的分配，也就是要承认个人的天赋能力的差别、承认后天努力的差别、承认努力结果（这些结果可能包含了纯粹运气的作用）的差别，总之，承认一切合法和合理的差别，并把这些差别与它们的结果即收入联系起来。在这里，"合理"的和"合法"的差别就是指上述由于个人的"天赋""努力"或"运气"之类因素造成的差别，而不包括利用各种非法手段造成的差别。

按照经济学的观点，只有在竞争性的市场经济中来决定收入的分配才可以使各种经济资源达到最优的配置，才可以使经济的效率达到最大。任何对市场机制的不必要的和不恰当的干预都只能起到妨碍资源优化配置和降低经济效率的作用。市场机制通过奖勤罚懒、优胜劣汰的办法，刺激人们去努力工作、储蓄和投资。如果没有这一机制，社会就要寻找其他的替代办法。比如，积极鼓励"奉献精神"，或者，强制要求"完成任务"等。然而，在目前的社会发展阶段上，这些替代的办法至多也只能暂时地适用于少数社会成员，而不能长期适用于大多数社会成员。

(3) 效率优先不是不要平等。在坚持效率优先的条件下，还必须兼顾公平。为了做到效率优先、兼顾公平，需要做好以下几方面的工作：①减少和消除不合理的收入；②促进机会均等；③限制某些行业、某些个人的垄断性收入；④实现生存权利和消灭贫穷。

第8章 应用：赋税的代价

知识结构导图

应用：赋税的代价 { 赋税的无谓损失 { 税收如何影响市场参与者 / 无谓损失与贸易的好处 } / 决定无谓损失的因素 / 税收变动时的无谓损失和税收收入

考点难点归纳

考点1　赋税的无谓损失

无谓损失指当税收（或其他某种政策）扭曲了市场结果时所引起的总剩余的减少。

（1）无谓损失与经济效率

供求均衡使市场上买者和卖者的总剩余最大化。但当税收提高了买者的价格而降低了卖者的价格时，它对买者的激励是比没有税收时少消费，而对卖者的激励是比没有税收时少生产。当买者和卖者对这些激励做出反应时，市场规模缩小到其最优水平之下。因此，税收扭曲了激励，并引起市场资源配置无效率。

（2）无谓损失与贸易的好处

当政府对一种物品收税时，销售量减少。结果，买者和卖者之间一些潜在的贸易好处没有得到实现，这些贸易好处的损失就引起了无谓损失。

（3）决定无谓损失的因素

价格弹性衡量供给量和需求量对价格变动的反应程度，供给和需求的价格弹性决定了无谓损失的大小。

①供给弹性。当供给比较缺乏弹性时，税收的无谓损失小；当供给比较富有弹性时，税收的无谓损失大。

②需求弹性。当需求比较缺乏弹性时，税收的无谓损失小；当需求比较富有弹性时，税收的无谓损失大。

【名师点读】

本考点是基础性知识，一般在考试中单独考查较少，考生应理解无谓损失的定义，特别是对无谓损失的决定因素的理解（供给和需求的价格弹性决定无谓损失的大小），要求考生会利用图形分析作答。一般在计算题中结合消费者（生产者）剩余或税收等相关内容进行考查。

考点2 无谓损失和税收收入

（1）税收增加越多，对激励的扭曲越大，无谓损失增加也越多

随着税收的增加，无谓损失也在增加。实际上，税收的无谓损失的增加要快于税收规模的扩大，原因是无谓损失是税收增加倍数的平方。

（2）税收收入起初随着税收规模扩大而增加，然后减少

因为从每单位中得到的税收大于减少的销售单位，故开始时税收收入增加。但在某一点，一直增加的税收使市场规模（销售与征税的规模）降到政府开始对这少量物品征收高税收的程度时，税收收入开始减少。

（3）拉弗曲线

高税率使市场收缩巨大，1974年阿瑟·拉弗提出了减少税收的思想。拉弗曲线的基本含义是，税收并不总是随着税率的增高而增高，当税率高过一定点后，税收的总额不仅不会增加，反而还会下降。因为决定税收的因素，不仅要看税率的高低，还要看课税的基础即经济主体收入的大小。过高的税率会削弱经济主体的经济活动积极性，因为税率过高企业只有微利甚至无利，企业便会纷纷缩减生产，使企业收入降低，从而削减了课税的基础，使税源萎缩，最终导致税收总额的减少。

（4）结论

税收以两种方式给市场参与者带来损失：①资源从买者和卖者转向政府；②税收扭曲了激励，因此，生产和销售的物品少于没有收税时的数量，即税收使社会失去了有效市场的一些利益。

【名师点读】

本部分内容不难，考生应主要注意无谓损失和税收收入如何随税收规模而变动，对于拉弗曲线的定义和基本内容要有深刻的认识，常以概念题或简答题的形式进行考查。

一、概念题

无谓损失（deadweight loss）

答：无谓损失指税收（或其他某种政策）扭曲了市场结果时所引起的总剩余的减少。如图8-1所示，对一种物品征税减少了消费者剩余（用面积$B+C$代表）和生产者剩余（用面积$D+E$代表）。由于生产者剩余和消费者剩余的减少量大于税收收入（面积$B+D$），所以，税收引起了无谓损失（面积$C+E$）。

二、复习题

1.当对一种物品征税时，消费者剩余和生产者剩余会发生怎样的变动？税收收入与消费者剩余和生产者剩余相比较如何？解释原因。

答：（1）当对一种物品征税时，消费者剩余和生产者剩余都会减少。

（2）与税收收入的比较具体如图8-1所示。对一种物品征税减少了消费者剩余（用面积$B+C$代表）和生产者剩余（用面积$D+E$代表）。由于生产者和消费者剩余的减少大于税

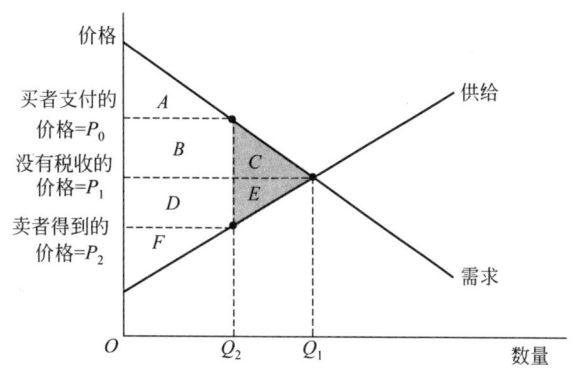

图 8-1　无谓损失

收收入（面积 $B+D$），所以，税收引起了无谓损失（面积 $C+E$）。

（3）税收引起无谓损失的原因是税收扭曲了消费者的支付意愿和生产者的生产成本，使资源配置无效率，进而使社会总剩余减少。市场通常可以有效地配置稀缺资源。这就是说，供求均衡使市场上买者和卖者的总剩余最大化。但是，当税收提高了买者的价格而降低了卖者的价格时，它对买者的激励是比没有税收时少消费，而对卖者的激励是比没有税收时少生产。当买者和卖者对这些激励做出反应时，市场规模缩小到其最优水平之下。因此，由于税收扭曲了激励，就引起市场资源配置无效率。

2. 画出对某种物品征收销售税的供求图。在图上注明无谓损失，标明税收收入。

答：无谓损失指当税收（或某种其他政策）扭曲了市场结果时所引起的总剩余的减少。如图 8-1 所示，税收引起的无谓损失为 $C+E$ 表示的面积。

税收收入为政府征税所获得的收入，图中税收收入为 $B+D$ 的面积。对一种物品征税减少了消费者剩余（用面积 $B+C$ 代表）和生产者剩余（用面积 $D+E$ 代表）。由于生产者剩余和消费者剩余的减少大于税收收入，所以，税收引起了无谓损失（面积 $C+E$）。

税收增加越多，它对激励的扭曲就越大，无谓损失增加也就越多。实际上，税收的无谓损失的增加要快于税收规模的扩大，原因是无谓损失是税收增加倍数的平方。例如，如果税收增加 2 倍，无谓损失的增加倍数为 4；如果税收增加 3 倍，无谓损失的增加倍数为 9，以此类推。

3. 供给弹性与需求弹性如何影响税收的无谓损失？为什么会有这种影响？

答：（1）供给与需求的弹性对无谓损失的影响

价格弹性衡量供给量和需求量对价格变动的反应程度，供给和需求的价格弹性决定无谓损失的大小。供给和需求的价格弹性越大，税收的无谓损失越大，反之越小。

（2）产生这种影响的原因

因为弹性反映的是消费者的需求和生产者的供给数量的变动对价格变动的反应程度。弹性越大，当征税引起价格些许变动时，需求和供给数量变动幅度就会很大。

税收造成无谓损失，是因为它使买者和卖者改变自己的行为。税收提高了买者支付的价格，因此他们的消费少了。同时，税收降低了卖者得到的价格，因此他们的生产少了。由于行为的这些变动，市场规模缩小到最优水平之下。供给和需求弹性衡量买者和卖者对价格变动的反应程度，从而决定了税收在多大程度上扭曲了市场结果。因此，供给和需求弹性越大，税收的无谓损失也就越大。

4. 为什么专家们对劳动税无谓损失大小的看法不一致？

答：专家们对劳动税无谓损失大还是小的看法不一致。决定无谓损失大小的是供给和需求的价格弹性。需求和供给的价格弹性越大，税收的无谓损失越大，反之越小。专家对劳动税无谓损失的大小不一致是因为他们对劳动供给的弹性大小的看法不一致。

（1）那些认为劳动税并没有严重扭曲的经济学家相信，劳动供给是相当缺乏弹性的。他们说，无论工资如何，许多人都要从事全职工作。如果是这样的话，劳动供给曲线几乎是垂直的，劳动税造成的无谓损失小。

（2）那些认为劳动税引起严重扭曲的经济学家相信，劳动供给是富有弹性的。他们承认，某些工人群体的劳动可能缺乏弹性，但认为，许多其他群体对激励反应较大。下面是一些例子。

① 许多工人可以调整他们工作的时间——例如加班工作。工资越高，他们选择工作的时间越多。

② 一些家庭有第二个赚钱的人——往往是有孩子的已婚妇女——他们要根据情况决定是在家里从事不拿报酬的家务劳动，还是在市场上从事有报酬的劳动。当决定是否参加工作时，这些第二个赚钱的人要比较在家里的收益（包括节省照顾孩子的费用）和他们能赚到的工资。

③ 许多老年人可以选择什么时候退休，而且，他们的部分决策也是根据工资高低。一旦他们退休了，工资高低决定了他们业余工作的激励。

④ 一些人考虑从事非法经济活动，例如，毒品贸易，或从事可以逃税的"暗中"支付工资的工作，经济学家把这种情况称为地下经济。当决定是在地下经济中工作还是合法工作时，这些潜在的违法者要比较他们违法赚到的收入和合法赚到的工资。

在以上每一种情况下，劳动供给量都对工资（劳动价格）作出了反应。因此，当劳动收入要纳税时，这些工人的决策就被扭曲了。劳动税鼓励工人减少工作时间，第二个赚钱人留在家里，老年人早退休，以及一些无耻之徒进入地下经济。

5. 当税收增加时，无谓损失和税收收入会发生怎样的变动？

答：（1）当税收增加时，对激励的扭曲增大，无谓损失增加。

随着税收的增加，无谓损失也在增加。实际上，无谓损失的增加要快于税收规模。原因是无谓损失是税收增加倍数的平方。例如，税收增加2倍，无谓损失的增加倍数为4。

（2）当税收增加时，税收收入起初随着税收规模扩大而增加，然后减少。

随着税收增加，税收收入先增加，然后减少。开始税收收入增加是因为从每单位中得到的税收大于它减少的销售单位。但是，在某一点，一直增加的税收使市场规模（销售与征税的规模）降到政府开始对这少量物品征收高税收的程度时，税收收入开始减少。

拉弗曲线可以表述这种思想。拉弗曲线的基本含义是，税收并不是随着税率的增高一直增加，当税率高过一定点后，税收的总额不仅不会增加，反而还会下降。因为决定税收的因素，不仅要看税率的高低，还要看课税的基础即经济主体收入的大小。过高的税率会削弱经济主体的经济活动积极性，因为税率过高企业只有微利甚至无利，企业便会心灰意冷，纷纷缩减生产，使企业收入降低，从而削减了课税的基础，使税源萎缩，最终导致税收总额的减少。

三、快速单选

1. 在哪一种情况下对一种物品征税会产生无谓损失？（　　）

a. 消费者剩余和生产者剩余的减少大于税收收入

b. 税收收入大于消费者剩余和生产者剩余的减少

c. 消费者剩余的减少大于生产者剩余的减少

d. 生产者剩余的减少大于消费者剩余的减少

【答案】a

【解析】对一种物品征税减少了消费者剩余和生产者剩余,生产者剩余和消费者剩余的减少大于税收收入。这种由税收所引起的总剩余减少被称为无谓损失。当对物品征税时,a项,消费者剩余和生产者剩余的减少大于税收收入,总剩余减少,产生无谓损失;b项,税收收入大于消费者剩余和生产者剩余的减少,没有无谓损失;cd两项没有考虑税收收入,无法判断是否产生无谓损失。

2. Jane 每周付给 Chuck 50 美元的剪草坪费。当政府对 Chuck 的剪草坪收入征收 10 美元的税时,他把价格提高到 60 美元。在这一较高价格时,Jane 仍然雇用他。生产者剩余、消费者剩余和无谓损失的变化是多少?(　　)

a. 0 美元,0 美元,10 美元

b. 0 美元,−10 美元,0 美元

c. 10 美元,−10 美元,10 美元

d. 10 美元,−10 美元,0 美元

【答案】b

【解析】在初始交易时候,生产者 Chuck 收入为 50 美元,消费者 Jane 支出为 50 美元,政府收入为 0 美元;在政府对生产者征税 10 美元时,税收收入 10 美元,生产者收入=60−10=50(美元),生产者剩余不变,消费者支出 60 美元,消费者剩余下降 10 美元,因为税收收入等于消费者剩余和生产者剩余的变化量,没有无谓损失,故无谓损失变化量为 0 美元。

3. 鸡蛋的供给曲线是线性的,且向右上方倾斜;需求曲线是线性的,且向右下方倾斜。如果鸡蛋税从 2 美分增加到 3 美分,税收的无谓损失将(　　)。

a. 增加 50%以下,甚至有可能减少

b. 正好增加 50%

c. 增加 50%以上

d. 答案取决于供给和需求哪个更富有弹性

【答案】c

【解析】税收的无谓损失的增加要快于税收规模的扩大,且无谓损失的扩大速度为税收规模扩大速度的一倍。即税收规模扩大为原来的 1.5 倍,无谓损失扩大为原来的 2.25 倍,所以鸡蛋税税收上涨产生的无谓损失增加量将为原来的 1.25 倍,即增加 50%以上。

4. 花生酱有向右上方倾斜的供给曲线和向右下方倾斜的需求曲线。如果税收从每磅 10 美分增加到 15 美分,政府的税收收入会(　　)。

a. 增加 50%以下,甚至有可能减少

b. 正好增加 50%

c. 增加 50%以上

d. 答案取决于供给和需求哪个更富有弹性

【答案】a

【解析】税收的无谓损失的增加要快于税收规模的扩大,且无谓损失的扩大速度为税收规模扩大速度的一倍,即税收规模扩大原来的 1.5 倍,无谓损失扩大为原来的 2.25 倍,所以无谓损失增加 1.25 倍,即增加 50%以上。无谓损失=减少的生产者剩余变化量+减少的消费者剩余变化量−税收收入,所以税收收入=减少的生产者剩余变化量+减少的消费者剩余变化量−无谓损失,无谓损失增加 50%以上,税收收入增加 50%以下,甚至有可能减少。

5. 拉弗曲线说明,在某些情况下,政府可以对一种物品减税,并增加(　　)。

a. 无谓损失　　　b. 政府税收收入　　　c. 均衡数量　　　d. 消费者支付的价格

【答案】 b

【解析】 拉弗曲线用于说明应纳税收入"弹性"的概念——即应纳税收入随着税率变动而变动。税收收入起初随着税收规模的扩大而增加，但如果税收规模达到足够大，税收收入就会开始下降。所以，当税收规模过大时，减少税率可以刺激经济活动，提高生产率，增加产出，从而增加政府税收收入。

6. 如果决策者想通过对一种物品征税来增加收入而又减少无谓损失，那么他就应该找到一种需求弹性（　　）而供给弹性（　　）的物品。

  a. 小，小　　　　b. 小，大　　　　c. 大，小　　　　d. 大，大

【答案】 a

【解析】 税收提高了买者支付的价格，因此他们的消费减少了；同时，税收降低了卖家得到的价格，因此他们的生产减少了。当需求弹性和供给弹性都很小的情况下，税收导致的价格变化对买者和卖家影响小，均衡数量缩小越少，则产生的无谓损失越小。

四、问题与应用

1. 比萨饼市场的特征是需求曲线向右下方倾斜，供给曲线向右上方倾斜。

  a. 画出竞争市场的均衡图。标出价格、数量、消费者剩余和生产者剩余。存在无谓损失吗？解释原因。

  b. 假设政府令每个比萨饼店每卖出一个比萨饼缴纳 1 美元税。说明这种税对比萨饼市场的影响，确定并标出消费者剩余、生产者剩余、政府收入及无谓损失。每块面积与税前相比有何变动？

  c. 如果取消税收，比萨饼的买者和卖者的状况会变好，但政府会失去税收收入。假设消费者和生产者自愿把他们的部分收入交给政府。各方（包括政府）的状况能比有税收时更好吗？用你的图上所标出的面积做出解释。

  答：a. 比萨饼竞争市场均衡图如图 8-2 所示。均衡价格为 P_1，均衡产量为 Q_1，消费者剩余为 $A+B+E$，生产者剩余为 $C+F+D$。没有无谓损失，总剩余在供给和需求曲线之间，即 $A+B+C+D+E+F$。

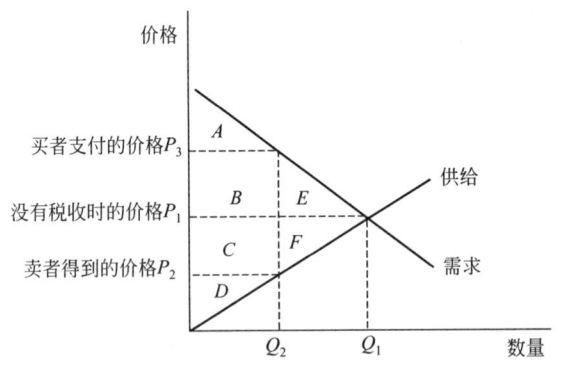

图 8-2　有税收时的均衡图

  b. 比萨饼税使卖者得到的价格降低，买者支付的价格增加，销售量从 Q_1 减少到 Q_2。消费者剩余由税前的面积 $A+B+E$ 减少为税收后的面积 A；生产者剩余由税前的面积 $C+D+F$ 减少为税收后的面积 D。税收收入为面积 $B+C$。无谓损失为面积 $E+F$。税收前没有税收收入和无谓损失。如图 8-2 所示。

  c. 各方的状况比有税收时更好。具体分析如下：

如果取消税收而且消费者和生产者自愿把他们的部分收入（$B+C$）转移支付给政府以补偿政府的税收损失，那么各方状况都会比有税收时更好。此时市场均衡产量与不征税时一样仍然是 Q_1，均衡价格仍为 P_1，消费者剩余为 $A+E$ 的面积，因为消费者将原来得到的部分 B 自愿转交给政府了；生产者剩余为 $D+F$ 的面积，因为生产者将原来所得的 C 自愿转交给了政府。这样政府得到了相当于征税时的等量收入（$B+C$），消费者比征税时多得到了 E 部分消费者剩余，生产者比征税时多得到了 F 部分的生产者剩余。如果生产者和消费者交给政府的部分稍稍多于 $B+C$ 的面积，那么政府的收入也比有税收时增加，这样三方的状况均有所改善。

2. 评价以下两句话。你同意吗？为什么？

a. "一种没有无谓损失的税收不能为政府筹集任何收入。"

b. "不能为政府筹集收入的税收不会有任何无谓损失。"

答：a. 不同意。在供给完全无弹性或需求完全无弹性的情况下，税收既不会影响均衡数量，也不会产生无谓损失，但此时税收可以增加政府的收入。此外，有些税收不会产生无谓损失，只会增加政府收入。例如矫正税（即庇古税），即政府用于纠正外部性影响的税收。矫正税与大多数其他税不同，大多数税收扭曲了激励，并使资源配置背离社会最优；经济福利的减少——即消费者和生产者剩余的减少——大于政府收入增加的量，引起了无谓损失。与此相比，当存在外部性问题时，社会也关注那些受到影响的旁观者的福利。矫正税是存在外部性时的正确激励，从而使资源配置接近于社会最优。因此，矫正税增加了政府的收入，也提高了经济福利。

b. 不同意。例如，对卖者征收 100% 的税收，此时卖者将不会供给任何产品，因而政府的税收收入为零，但是税收却造成了极大的无谓损失，它使均衡数量降为零。

3. 考虑橡皮筋市场。

a. 如果这个市场供给非常富有弹性，而需求非常缺乏弹性，橡皮筋的税收负担将如何在消费者和生产者之间分摊？运用消费者剩余和生产者剩余工具来回答。

b. 如果这个市场供给非常缺乏弹性，而需求非常富有弹性，橡皮筋的税收负担将如何在消费者和生产者之间分摊？把你的答案和 a 的答案进行对比。

答：a. 橡皮筋的税将会更多地落在消费者一方，如图 8-3 所示。

如果供给非常富有弹性，则供给曲线很平缓，而需求非常缺乏弹性，所以需求曲线很陡峭。征税后消费者剩余减少面积 $A+B$，而生产者剩余减少的面积 $C+D$，由图 8-3 很容易看出面积 $A+B$ 远远大于 $C+D$，所以税收对消费者影响更大。消费者剩余减少的面积中 A 就作为税收上交政府，B 是无谓损失；生产者剩余减少面积中 C 是上缴税收部分，D 是无谓损失。政府得到的税收收入（$A+C$）中，取自于消费者的部分 A 远远大于 C，故消费者承担了大部分税收。

b. 橡皮筋的税将更多地落在生产者一方，如图 8-4 所示。

如果供给非常缺乏弹性，而需求非常富有弹性。征税后消费者剩余减少了面积 $A+B$，而生产者剩余减少了面积 $C+D$，由图 8-4 很容易看出面积 $A+B$ 远远小于 $C+D$，所以税收对生产者影响更大。消费者剩余减少的面积中 A 就作为税收上交政府，B 是无谓损失；生产者剩余减少面积中 C 是上缴税收部分，D 是无谓损失。政府得到的税收收入（$A+C$）中，取自于消费者的部分 A 远远小于 C，故生产者承担了大部分税收。

通过以上两种情况比较可见，对于征税的分摊问题，总是弹性小的一方承担更大的税收。

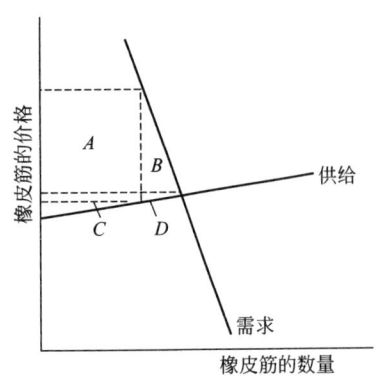
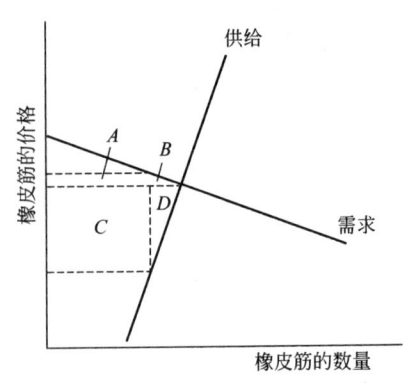

图 8-3　橡皮筋的税更多地落在消费者一方　　图 8-4　橡皮筋的税更多地落在生产者一方

4. 假设政府征收燃油税。

a. 这种税的无谓损失是在征税后第一年大，还是第五年大？解释原因。

b. 从这种税中得到的收入是在征税后第一年多，还是第五年多？解释原因。

答：a. 这种税的无谓损失在征税后第五年大。原因如下。

在短期内，虽然税收使油价上涨，但人们不容易大幅度改变对燃料油的需求和供给；而在长期内，人们可以通过改装锅炉、改进燃油技术等大幅度减少对燃料油的需求，也可以通过关闭一些油田、油厂来大量减少油料供给。因此，一年后的燃料油的需求和供给弹性小于五年后的弹性。弹性越大，税收对市场的扭曲越大。因此，在征税后第五年的无谓损失大于第一年的。

b. 第一年后的税收收入比第五年多。在第一年，需求几乎无弹性，所以均衡数量没有下降，税收收入相对较高。随着时间的累积，人们会找到石油的替代物，均衡数量下降，税收收入也跟着下降。

5. 有一天上完经济学课以后，你的朋友建议说：对食物征税是筹集收入的一个好方法，因为食物的需求是相当缺乏弹性的。从什么意义上说，对食物征税是筹集税收收入的"好"方法？从什么意义上说，它并不是筹集税收收入的"好"方法？

答：（1）从理论上说，对食物征税是增加税收的"好"方法。首先，人必须吃饱肚子，因而食物的需求是相当缺乏弹性的，食物买者承担了全部税负。其次，税收的无谓损失取决于供给和需求的弹性。食物的需求相当缺乏弹性，食物税不会改变市场配置，没有无谓损失。政府的税收收入等于消费者的损失。

（2）从社会公平角度讲，对食物征税并不是增加税收的"好"方法。由于穷人将收入的大部分都花费在食物消费上，而富人的食物消费支出在总支出中占的比例较小，而食物税收大部分是由消费者承担，所以穷人将更大程度地承担食物税的负担，不利于社会公平。

6. 前纽约州参议员 Daniel Patrick Moynihan 曾经提出一个法案，该法案要对某种空心弹征收 10 000% 的税。

a. 你认为这种税能筹集到大量税收收入吗？为什么？

b. 如果说这种税不能筹集到税收收入，Moynihan 议员为什么还要提议征收这种税呢？

答：a. 这种税一开始能大幅度增加税收收入，但很快就没有税收收入了。因为税率过高，生产者和消费者都没有剩余可言，市场规模会缩小为零，政府也就没有税收收入了。

b. Moynihan 议员提出这种税应该是想减少甚至消除这种空心弹的使用，这种税可以达到这一目的。

7. 政府对购买袜子征税。

a. 说明这种税对袜子市场的均衡价格和均衡数量的影响。确定在征税前后的以下面积：消费者总支出、生产者总收益和政府税收收入。

b. 生产者得到的价格上升了还是下降了？你能判断出生产者的总收益是增加了还是减少了吗？解释原因。

c. 消费者支付的价格上升了还是下降了？你能判断出消费者的总支出增加了还是减少了吗？详细解释。（提示：考虑弹性。）如果消费者总支出减少了，消费者剩余增加了吗？解释原因。

答：a. 图 8-5 显示对袜子征税的影响。无税时，均衡产量为 Q_1，均衡价格为 P_1，消费者总支出等于生产者的总收入，即 $P_1 \times Q_1$，也等于 $B+C+D+E+F$，但政府税收为零。当买者的价格 P_B 和卖者的价格 P_S 楔入税收因素时，即为 $P_B=P_S+$税收。均衡产量下降到 Q_2。消费者总支出为 $P_B \times Q_2$，等于 $A+B+C+D$。生产者的总收入为 $P_S \times Q_2$，等于 $C+D$，而政府的税收收入为 $Q_2 \times$税收，即 $A+B$。

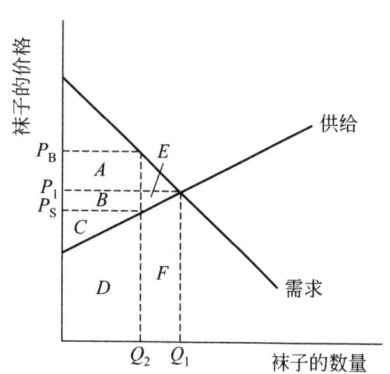

图 8-5 袜子市场均衡图

b. 除非供给极富弹性或需求完全无弹性，生产者得到的价格下降，生产者的总收益减少。生产者总收益＝生产者得到的价格×销售量，因为生产者得到的价格下降，销售量也下降，生产者收益的损失相当于 $B+E+F$。

c. 除非需求极富弹性或供给完全无弹性，消费者支付的价格上升。消费者的总支出是否上升或下降取决于需求的价格弹性。如果需求富有弹性，产量下降的比率大于价格上升的比率，总支出减少。如果需求无弹性，产量下降的比率小于价格上升的比率，总支出增加。无论消费者的总支出是下降还是上升，消费者剩余都将减少，这是由于价格的上升和产量的减少。

8. 本章分析了对物品征税的福利影响。现在考虑相反的政策。假定政府补贴一种物品：每销售 1 单位该物品，政府向买者支付 2 美元。补贴如何影响消费者剩余、生产者剩余、税收收入和总剩余？补贴会引起无谓损失吗？解释原因。

答：图 8-6 显示了政府对每 1 单位该物品补贴 2 美元所造成的影响。补贴前均衡价格为 P_1，均衡数量为 Q_1。补贴后，购买者支付价格 P_B，生产者获得价格 P_S，$P_S=P_B+2$，销售的数量为 Q_2。表 8-1 显示了补贴对消费者剩余、生产者剩余、税收收入和总剩余的影响。因为总剩余减少了面积 $D+H$，所以补贴政策所产生的无谓损失的数量为面积 $D+H$。

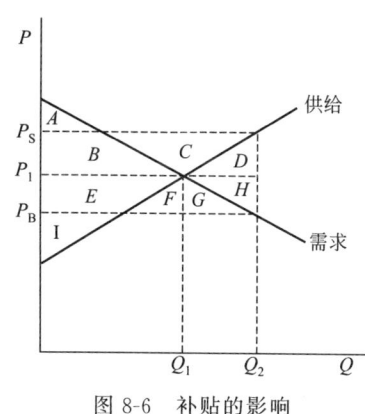

图 8-6 补贴的影响

表 8-1 补贴对消费者剩余、生产者剩余、税收收入和总剩余的影响

项 目	补贴前	补贴后	变动
消费者剩余	$A+B$	$A+B+E+F+G$	$+(E+F+G)$
生产者剩余	$E+I$	$B+C+E+I$	$+(B+C)$
政府收益	0	$-(B+C+D+E+F+G+H)$	$-(B+C+D+E+F+G+H)$
总收益	$A+B+E+I$	$A+B-D+E-H+I$	$-(D+H)$

9. 小镇的旅馆房间价格为每天每间 100 美元，一般每天租出去 1000 个房间。

a. 为了筹集收入，市长决定对旅馆每个租出去的房间收取 10 美元的税。在征税之后，旅馆房间的价格上升到 108 美元，租出去的房间减少为 900 个。计算这种税为小镇筹集到多少收入，以及税收的无谓损失。（提示：三角形的面积是 1/2×底×高。）

b. 市长现在把税收翻一番，即增加到 20 美元。价格上升到 116 美元，租出去的房间减少为 800 个。计算税收增加后的税收收入和无谓损失。它们是等于、大于，还是小于原来的两部？解释原因。

答：a. 对每间租出去的房子征收 10 美元的税的影响如图 8-7 所示。税收收入用图中的 $A+B$ 表示，即 $10\times900=9000$ 美元。征税带来的无谓损失用图中的 $C+D$ 表示，即 $0.5\times10\times100=500$ 美元。

b. 对每间租出去的房子征收 20 美元的税的影响如图 8-8 所示。税收收入用图中的 $A+B$ 表示，即 $20\times800=16\,000$ 美元。征税带来的无谓损失用图中的 $C+D$ 表示，即 $0.5\times20\times200=2000$ 美元。

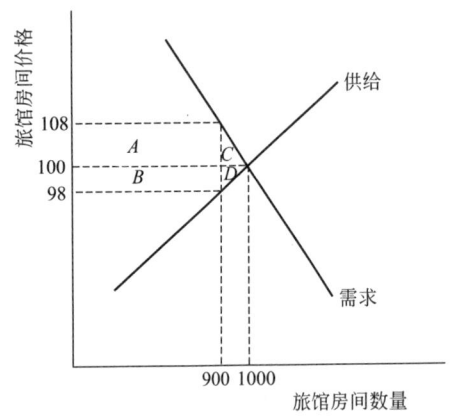

图 8-7　征税带来的无谓损失　　　　图 8-8　对每间租出去的房子征收 20 美元的税的影响

由此可见，当税收翻一番时，税收收入增加，但小于原来的两倍，无谓损失大于原来的两倍。

10. 假设某个市场可由以下供给和需求方程来描述：
$$Q^S=2P$$
$$Q^D=300-P$$

a. 求解均衡价格和均衡数量。

b. 假设对买者征收税收 T，因此，新的需求方程是：
$$Q^D=300-(P+T)$$
求解新的均衡。卖者得到的价格、买者支付的价格和销售量会发生什么变动？

c. 税收收入是 $T\times Q$。用你对问题 b 的答案求解作为 T 的函数的税收收入。画出 T 在 0～300 之间这种关系的图形。

d. 税收的无谓损失是供给和需求曲线之间三角形的面积。回忆一下，三角形面积是 1/2×底×高，以此求解作为 T 函数的无谓损失。画出 T 在 0～300 时这种关系的图形。（提示：从侧面看，无谓损失三角形的底是 T，高是有税收时的销售量与无税收时的销售量之差。）

e. 现在政府对每单位该物品征收 200 美元的税。这是一种好政策吗？为什么？你能提出更好的政策吗？

答：a.市场均衡时满足供给数量等于需求数量，即 $2P=300-P$，解得均衡价格＝100，均衡数量＝200。

b.若 P 是卖者的价格，$P+T$ 是买者的价格。需求数量方程等于既定的供给数量方程，即
$$2P=300-(P+T)$$
$$3P=300-T$$

方程两边同除以 3 推出卖者得到的价格：$P=100-T/3$。

买者支付的价格为：$P=100+2T/3$。

销售数量为：$Q=2P=200-2T/3$。

c.由于税收收入为：$T\times Q$。由 $Q=200-2T/3$ 得：
$$税收收入=200T-2T^2/3$$

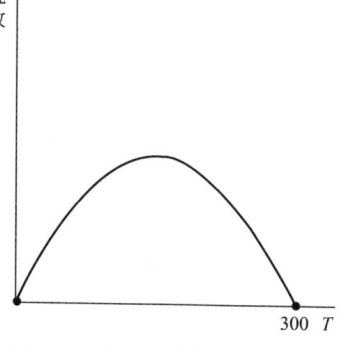

图 8-9　作为 T 函数的税收收入

如图 8-9 所示，当税收收入为 0 时，$T=0$ 或 $T=300$。

d.如图 8-10 所示，三角区域的面积表示无谓损失，计算公式为：$1/2\times$底$\times$高，底就是价格的变化，即税收的规模（T），高为减少的数量值（$2T/3$）。所以无谓损失等于 $1/2T\times 2T/3=T^2/3$，其范围在 0（当 $T=0$ 时）与 30 000（当 $T=300$ 时）之间，如图 8-11 所示。

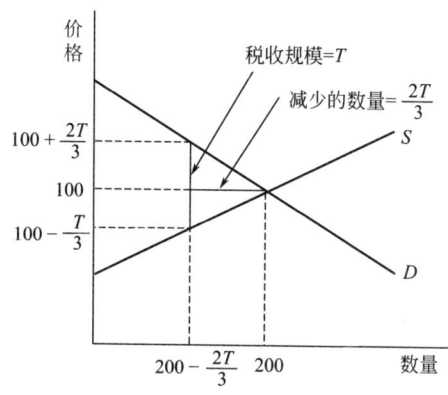

图 8-10　作为 T 函数的无谓损失

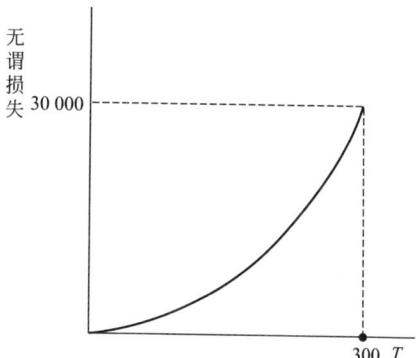

图 8-11　无谓损失的大小

e.对这种物品每单位征收 200 美元的税不是一种好政策，因为此时的税收收入是递减的。每单位税收为 150 美元时，政府税收收入最高，再提高税收反而会减少税收收入。当每单位税收为 150 美元时，税收收入为 15 000 美元；当每单位税收为 200 美元时，税收收入为 13 333 美元。当每单位税收为 150 美元时，无谓损失为 7500 美元；当每单位税收为 200 美元时，无谓损失为 13 333 美元。

名校考研真题详解

1. 已知 X 商品的需求函数为 $Q^D=35-10P$，供给函数为 $Q^S=-9+12P$，其中 P 为价格，如果政府限制市场数量固定为 9 个单位，则社会的绝对损失（deadweight loss）为多少。[人大 2013 研]

解：在市场达到均衡时，$Q^D=Q^S$，即有：
$$35-10P=-9+12P$$

解得：$P^*=2$，从而 $Q^*=15$。

在政府限制数量下，即 $Q=9$ 时，代入 $Q^D=35-10P$，$Q^S=-9+12P$，可得 $P^D=2.6$，$P^S=1.5$。

从而绝对损失为：$(2.6-1.5)\times(15-9)\times\dfrac{1}{2}=3.3$。

2. 请解释为何税收会造成无谓损失。[深圳大学 2013 研]

答：一种物品的税收使该物品买者与卖者的福利减少了，而且，消费者和生产者剩余的减少常常超过了政府筹集到的收入。无谓损失指当税收（或其他某种政策）扭曲了市场结果时所引起的总剩余的减少。

税收造成无谓损失，是因为它使买者和卖者改变自己的行为。税收提高了买者支付的价格，因此他们的消费少了。同时，税收降低了卖者得到的价格，因此他们的生产少了。由于行为的这些变动，市场规模缩小到最优水平之下。

如图 8-12 所示，没有税收时，价格是 P_1，销售量是 Q_1。由于需求曲线反映了买者的支付意愿，所以，消费者剩余是需求曲线和价格之间的面积，即 $A+B+C$。同样，由于供给曲线反映了卖者的成本，所以，生产者剩余是供给曲线和价格之间的面积，即 $D+E+F$。在这种情况下，由于没有税收，税收收入等于零。总剩余，即消费者剩余和生产者剩余之和，等于面积 $A+B+C+D+E+F$。

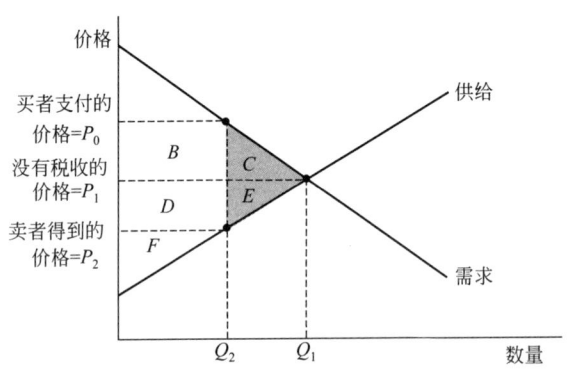

图 8-12 无谓损失

征税后，征税减少了消费者剩余（用面积 $B+C$ 代表）和生产者剩余（用面积 $D+E$ 代表）。由于生产者和消费者剩余的减少大于税收收入（面积 $B+D$），所以，税收引起了无谓损失（面积 $C+E$）。

3. 假设以下供给与需求方程描述了一个市场：$Q^S=2P$，$Q^D=300-P$。

(1) 求解均衡价格和均衡数量。

(2) 假设对买者征收税收 T，因此新需求方程是 $Q^D=300-P+T$，卖者得到的价格，及买者支付的价格和销售量会发生什么变化？

(3) 将税收收入 R 表示为 T 的函数，并画出 T 在 $0\sim300$ 间的图形。

(4) 将税收的无谓损失也表示为 T 的函数，并画出 T 在 $0\sim300$ 间的图形。

(5) 现在政府对每单位物品征收 200 元的税，这是一个好政策吗？[北工大 2009 研]

解：(1) 达到均衡时 $Q^S=Q^D$，即有：
$$2P=300-P$$

解得：均衡价格 $P=100$。

将均衡价格代入需求函数或供给函数，可得均衡数量 $Q=200$。

（2）达到新的均衡时，$Q^S=Q^D$，即有：
$$2P=300-P+T$$

解得：卖者得到的价格 $P^S=100-\dfrac{T}{3}$。

$P^D=P^S+T$，因此买者支付的价格 $P^D=100-\dfrac{T}{3}+T=100+\dfrac{2T}{3}$。

将 $P^S=100-\dfrac{T}{3}$ 代入需求函数或供给函数，可得均衡数量为 $Q=200-\dfrac{2T}{3}$。与（1）比较可以看出，销售量有所减少，其原因在于买者要承担一个较高的价格。

（3）税收收入 $R=TQ=\left(200-\dfrac{2T}{3}\right)T=-\dfrac{2}{3}T^2+200T$。横轴表示税收，纵轴表示税收收入，对应的图形如图8-13所示。

（4）税前均衡数量为200，税后均衡数量为 $200-\dfrac{2T}{3}$，则无谓损失为：
$$\dfrac{1}{2}T\left[200-\left(200-\dfrac{2T}{3}\right)\right]=\dfrac{1}{3}T^2$$

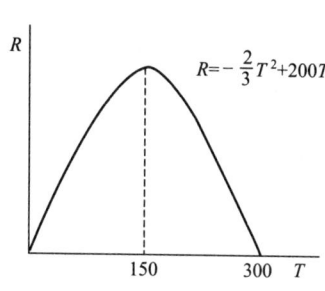

图8-13 税收收入

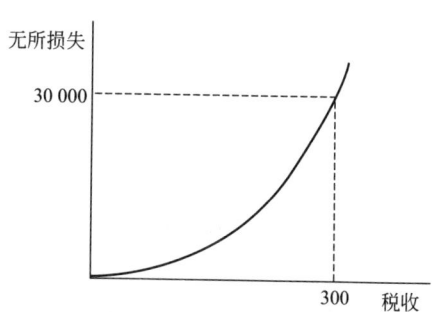

图8-14 无谓损失

横轴表示税收，纵轴表示无谓损失，对应的图形如图8-14所示。

（5）政府要使税收收入最大化，应有 $R=TQ=-\dfrac{2}{3}T^2+200T$ 最大，可求得当 $T=150$ 元时税收收入最大，所以对每单位物品征收200元的税不是一个好政策。

4. 税收的代价是什么？［北师大2009研］

答：一种物品的税收使该物品买者与卖者的福利减少，而且，消费者剩余和生产者剩余的减少常常超过了政府筹集到的收入。总剩余（消费者剩余、生产者剩余和税收收入之和）的减少被称为税收的无谓损失。税收带来无谓损失是因为它使买者少消费，使卖者少生产，这种行为变动使市场规模缩小到使总剩余最大化的水平之下。由于供给弹性和需求弹性衡量市场参与者对市场状况变动的反应程度，所以，弹性越大意味着无谓损失越大。

税收增加越多，它对激励的扭曲越大，无谓损失也就越大。但由于税收减少了市场规模，税收收入不会一直增加。税收收入起初随着税收规模的扩大而增加，但如果税收规模达到足够大时，税收收入就会开始下降。

第 9 章 应用：国际贸易

 知识结构导图

应用：国际贸易
- 决定贸易的因素
  - 没有贸易时的均衡
  - 世界价格和比较优势
- 贸易的赢家和输家
  - 出口国的得失
  - 进口国的得失
  - 关税的影响
  - 贸易政策的结论
  - 国际贸易的其他好处
- 各种限制贸易的观点
  - 工作岗位论
  - 国家安全论
  - 幼稚产业论
  - 不公平竞争论
  - 作为讨价还价筹码的保护论

 考点难点归纳

考点 1 贸易的影响

决定贸易的因素是比较优势。

(1) 出口国的得失

当一国允许贸易并成为一种物品的出口者时，国内该物品生产者的状况变好了，而国内该物品消费者的状况变坏了，如图 9-1 所示。

结果如下：

项　目	贸易前	贸易后	变动
消费者剩余	$A+B$	A	$-B$
生产者剩余	C	$B+C+D$	$+(B+D)$
总剩余	$A+B+C$	$A+B+C+D$	$+D$

面积 D 表示总剩余的增加，并代表贸易的收益。

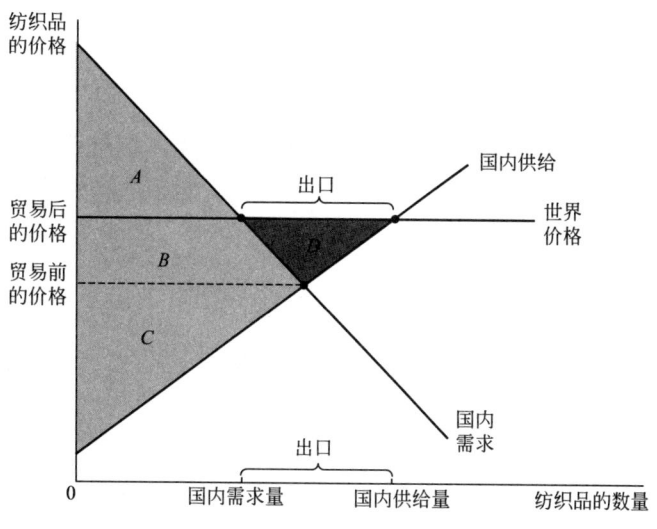

图 9-1 一个出口国的国际贸易

(2) 进口国的得失

当一国允许贸易并成为一种物品的进口者时，国内该物品消费者的状况变好了，而国内该物品生产者的状况变坏了，如图 9-2 所示。

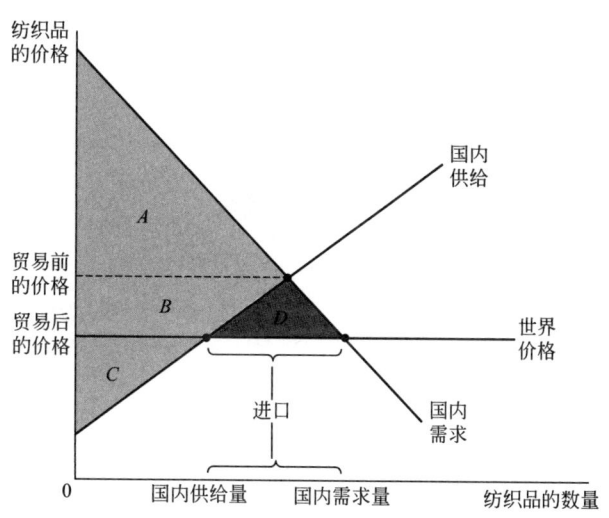

图 9-2 一个进口国的国际贸易

结果如下：

项　目	贸易前	贸易后	变动
消费者剩余	A	$A+B+D$	$+(B+D)$
生产者剩余	$B+C$	C	$-B$
总剩余	$A+B+C$	$A+B+C+D$	$+D$

面积 D 表示总剩余增加，并代表贸易的收益。

> **【名师点读】**
> 考试中对贸易的影响的考查较为基础，考生应将出口国和进口国的国际贸易分析图牢记心间，考试中常以计算题的形式对此进行考查，考生需认真审题，区分出口和进口的不同情况。

考点 2　关税和进口配额

（1）关税的影响

关税是对在国外生产而在国内销售的物品征收的税。

关税会引起无谓损失，因为关税是一种税收，也扭曲了激励，并使稀缺资源配置背离了最优水平。在这种情况下，引起两种效应：①使国内生产者能收取的价格高于世界价格，鼓励他们增加低效率的生产；②提高了买者不得不支付的价格，从而迫使他们减少消费。如图9-3所示。

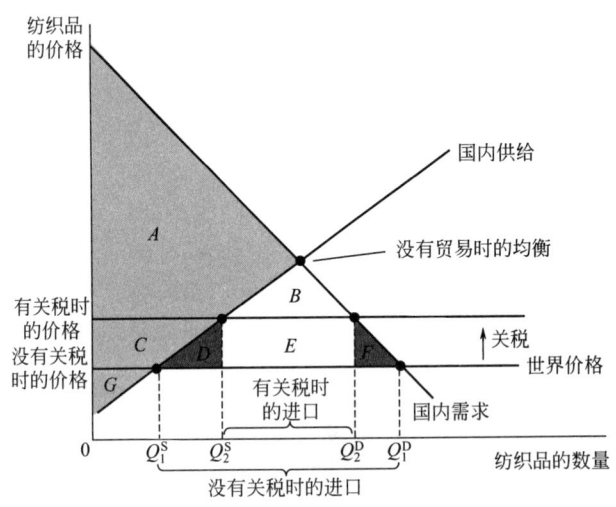

图 9-3　关税的影响

结果如下：

项　目	关税前	关税后	变动
消费者剩余	A＋B＋C＋D＋E＋F	A＋B	－(C＋D＋E＋F)
生产者剩余	G	C＋G	＋C
政府收入	无	E	＋E
总剩余	A＋B＋C＋D＋E＋F＋G	A＋B＋C＋E＋G	－(D＋F)

面积 $D＋F$ 表示总剩余的减少，并代表关税的无谓损失。

（2）进口配额的影响

进口配额是对在国外生产但在国内销售的物品的数量限制。

由于配额使国内价格上升到世界价格之上，国内卖者的状况变好了，许可证持有者的状况也变好了，但消费者的损失大于这些好处之和。

第9章 应用：国际贸易

（3）关税和进口配额的效果比较

相同点：都提高了物品的国内价格，减少了国内消费者的福利，增加了国内生产者的福利，并引起了无谓损失。

区别：关税筹集了政府收入，而进口配额产生了许可证持有者剩余。但政府可以通过对许可证收费来占有许可证持有者剩余。如果政府这样做，进口许可证费用的作用完全与关税一样。在这两种政策之下，消费者剩余、生产者剩余和政府收入完全相同。

【名师点读】

关税和进口配额都是各国限制国际贸易的方法，考试中经常考的是关税的有关分析，常以计算题的形式进行考查，考生不仅要明白关税限制国际贸易的基本原理，还要能熟练地作图分析。

考点3　各种限制贸易的观点

各种限制贸易的观点及经济学家的反应如表9-1所示。

表9-1　各种限制贸易的观点及经济学家的反应

项　目	限制贸易的观点	经济学家的反应
工作岗位论	与其他国家进行自由贸易破坏了国内的工作岗位；对贸易能否创造工作岗位持怀疑态度	自由贸易在消灭一些工作岗位的同时，也创造了一些工作岗位；贸易的好处是依据比较优势，每个国家的工人最终都会在该国有比较优势的行业中找到工作岗位
国家安全论	某些行业对国家安全至关重要，自由贸易可能使国家在一些关键行业上依赖于外国	当存在对国家安全的正当关心时，保护关键行业可能是合适的。但这种观点会很快被那些渴望以损害消费者为代价给自己牟利的生产者所利用
幼稚产业论	新兴行业应实行暂时性贸易限制，有助于该行业的成长；有时老行业认为也需要暂时性保护，以助于对新情况做出调整	幼稚产业论在现实中难以实施；保护并不是一个行业成长所必需的
不公平竞争论	只有各国都按同样的规则行事，自由贸易才是合意的	当另一个国家已有补贴时，本国将从购买机会中获益
作为讨价还价筹码的保护论	当与自己的贸易伙伴讨价还价时，贸易限制可能还是有用的；贸易限制威胁有助于消除外国政府已实施的贸易限制	威胁可能不起作用，甚至可能使该国的选择更困难；实行贸易限制时，也将减少本国的经济福利

【名师点读】

本考点是基础性知识，不属于微观经济学的重点内容，一般在考试中考查较少，考生有基本的了解即可。

一、概念题

1. 世界价格（world price）

答：世界价格也称世界市场价格，指一种物品在世界市场上通行的价格。世界价格是由商品的国际价值决定的。国际价值是世界市场商品交换的唯一依据，各国商品的国别价值都必须还原为国际价值，以便在国际市场上交换。而各国商品的国别价值在多大程度上表现为国际价值，是与各国的经济技术水平、劳动强度和劳动生产率密切相关的。一般来说，一国的经济技术水平和劳动生产率越高，其商品价值就越低于国际商品价值，若按照国际商品价值出售，就能获得较好的经济效益；相反则会在竞争中处于不利的地位。

2. 关税（tariff）

答：关税是指对在国外生产而在国内销售的物品征收的一种税。与其他税收相比，关税有两个主要特点：第一，关税的征收对象是进出境的货物和物品；第二，关税具有涉外性，是对外贸易政策的重要手段。

征收关税的作用主要有两个方面：一是增加本国财政收入，二是保护本国的产业和国内市场。其中以前者为目的而征收的关税称为财政关税，以后者为目的而征收的关税称为保护关税。

与任何一种物品销售税一样，关税会扭曲激励，使得稀缺资源的配置背离最优水平，使市场接近于没有贸易时的均衡，因此，减少了贸易的好处。关税虽然使国内生产者的状况变好，而且政府增加了收入，但造成消费者的损失大于获得的这些好处。关税造成的无谓损失具体表现为：第一，关税使国内生产者能收取的价格高于世界价格，结果，鼓励他们增加低效率的生产；第二，关税提高了买者不得不支付的价格，从而使得他们减少消费。

二、复习题

1. 一国在没有国际贸易时的国内价格向我们传达了关于该国比较优势的哪些信息？

答：当没有国际贸易，某种商品的国内价格高于该种商品的世界价格时，该国在生产这种商品上没有比较优势；当某种商品的国内价格低于世界价格时，该国在该产品生产上具有比较优势，这是因为在世界市场上按世界价格交换时，该国可以获利。具体分析如下：

（1）贸易的决定因素是比较优势。在没有国际贸易时，市场产生了使国内供给量与国内需求量相等的国内价格。世界价格是一种物品在世界市场上通行的价格，而价格代表机会成本。因此，比较贸易前一种物品的世界价格和国内价格就可以回答究竟是本国生产的机会成本低，从而生产该种物品有比较优势，还是其他国家在该物品的生产上具有比较优势。

（2）假设在没有国际贸易时，考察A国生产牛肉是否有比较优势。可以通过把A国国内牛肉价格同牛肉的世界价格相比来考察。如果A国国内的牛肉价格低于世界价格，则A国在世界市场上具有生产牛肉的比较优势。相反，如果A国国内的牛肉价格高于世界价格，则外国生产牛肉有比较优势。通过将某种物品的国内价格同国际价格相比较，可以知道某国在生产该种物品上是否有比较优势。

2. 一国什么时候成为一种物品的出口者？什么时候成为进口者？

答：如果一种物品的世界价格高于国内价格，该国在生产这种物品上有比较优势。如果允许贸易，应该出口该产品，则该国就可以成为这种产品的出口国。

如果一种物品的世界价格低于国内价格，外国在生产这种物品上有比较优势。如果允许贸易，应该进口该产品，则该国就可以成为这种产品的进口国。

3. 画出一个进口国的供求图。在允许贸易之前，消费者剩余和生产者剩余是多少？有自由贸易时，消费者剩余和生产者剩余是多少？总剩余有什么变化？

答：自由贸易前后消费者剩余和生产者剩余的变化如图9-4所示。

贸易之前，消费者剩余是面积 A，生产者剩余是面积 $B+E$；有自由贸易时，消费者剩余是面积 $A+B+C+D$，生产者剩余是面积 E。在允许贸易前，总剩余是面积 $A+B+E$，有自由贸易时，总剩余是面积 $A+B+C+D+E$，增加了面积 $C+D$。

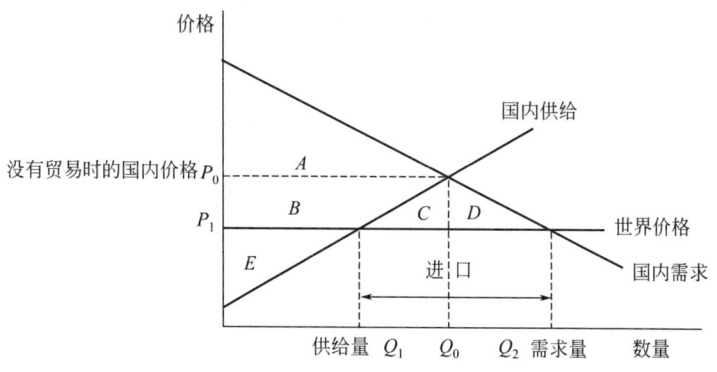

图 9-4　进口国的供求图

4. 描述什么是关税以及关税的经济影响。

答：关税对经济的影响具有两面性，具体如下。

（1）关税对经济的正面影响

关税提高了物品的国内价格，减少了国内消费者的福利，增加了国内生产者的福利。征收关税的作用主要有两个方面：①增加本国财政收入；②保护本国的产业和国内市场。其中以前者为目的而征收的关税称为财政关税，以后者为目的而征收的关税称为保护关税。

（2）关税对经济的负面影响

与任何一种物品销售税一样，关税会扭曲激励，使得稀缺资源的配置背离最优水平，使市场接近于没有贸易时的均衡，因此，减少了贸易的好处。关税虽然使国内生产者的状况变好，而且政府增加了收入，但造成消费者的损失大于获得的这些好处。关税造成的无谓损失具体表现为：①关税使国内生产者能收取的价格高于世界价格，结果，鼓励他们增加低效率的生产；②关税提高了买者不得不支付的价格，从而使得他们减少消费。

5. 列出经常用来支持贸易限制的五种观点。经济学家如何对这些观点做出回应？

答：一般用来支持贸易限制的五种观点如下。

（1）工作岗位论。自由贸易反对者认为与其他国家进行贸易减少了国内的工作岗位。经济学家认为，自由贸易在减少一些工作岗位的同时也创造了一些工作岗位，主要是消灭了一国没有比较优势的行业中的工作岗位，创造了有比较优势的行业中的工作岗位。并且，贸易的好处是依据比较优势而言，一国必定在某些物品的生产上有比较优势。每个国家的工人最终会在该国有比较优势的行业中找到工作。

（2）国家安全论。当某一行业受到来自国外的竞争威胁时，自由贸易的反对者往往宣称，允许它进行自由贸易会威胁到国家的安全。经济学家认为，当存在对国家安全的正当关心时，保护关键行业可能是合适的。但这种观点肯定会诱使一个行业的人夸大它们在国防中的作用，以便得到免受外国竞争的保护。

（3）幼稚产业论。这种观点认为，新兴行业应受到贸易限制的保护，这有助于该行业的成长。经济学家认为，幼稚产业论在现实中难以实施。为了成功运用保护，政府要确定保护哪个行业最终是有利的，并确定带给这些行业的利益是否大于保护给消费者带来的代价。这种保护对象的确定是困难的，往往是在政治上强有力的行业得到了保护。而且，保护一旦实施，就很难被取消。然而，保护并不是一个行业成长所必需的。

（4）不公平竞争论。这种观点认为，只有各国都按同样的规则行事，自由贸易才是合意的。如果各国的企业服从不同的法律和管制，那么，国际市场上的竞争是不公平的。例如，一个粮食出口国给予该国农民大量补贴，粮食进口国的农民会认为，这种补贴损害了他们的利益，并使两国粮食行业在自由贸易的竞争中变得不平等。经济学家认为，进口国的农民的确要蒙受损失，但进口国的消费者会从低价格中受益。而且，消费者得到的好处大于生产者的损失，粮食进口国仍会因自由贸易而使其总剩余增加。

（5）作为讨价还价筹码的保护论。该观点认为贸易限制的威胁有助于消除外国政府已实施的贸易限制。经济学家认为，如果这种威胁不起作用，该国会处在进退两难的尴尬境地。

6. 实现自由贸易的单边方法和多边方法之间的区别是什么？各举一个例子。

答：（1）实现自由贸易的单边与多边方法之间的差别

实现自由贸易的单边方法是通过一国单方面取消自己的贸易限制来实现的。而实现自由贸易的多边方法指多个国家在谈判基础上达成协议，共同削减贸易限制来达到自由贸易。多边方法有可能比单边方法引起更自由的贸易，因为它可以减少国外与国内的贸易限制。但同时，如果国际谈判失败了，结果也会带来比在单边方法时更多的贸易限制。

此外，多边方法可能有一种政治优势。在大多数市场中，生产者人数比消费者人数少，而且组织严密——因此，也具有更大的政治影响。例如，艾索兰德国降低钢铁关税，如果就其本身来考虑可能在政治上有困难，因为钢铁公司会反对自由贸易，而那些受益的钢铁使用者人数如此之多，以至于要组织起来支持自由贸易是相当困难的。但假设在艾索兰德国降低钢铁关税的同时，内格博兰德国促进降低其小麦关税。在这种情况下，艾索兰德国那些在政治上有影响的小麦农民就会支持该协议。因此，在单方降低关税不可能时，自由贸易的多边方法有时可以赢得政治上的支持。

（2）实现自由贸易的单边与多边方法的例子

英国在 19 世纪采取了单边方法，即用单方面的方法取消自己的贸易限制。近年来智利和韩国也采取这种方法。

多边方法的一个重要例子是关贸总协定（GATT）。第二次世界大战后，美国协助建立了关贸总协定。它的宗旨是通过削减关税和其他贸易壁垒，削除国际贸易中的差别待遇，促进国际贸易自由化，以充分利用世界资源，扩大商品的生产与流通。关贸总协定成功地把成员国之间的平均关税从第二次世界大战后的 40％左右降低到现在的 5％左右。

三、快速单选

1. 如果一个不允许钢铁进行国际贸易的国家的国内价格低于世界价格，那么（　　）。

a. 该国在生产钢铁中有比较优势，如果开放贸易会成为钢铁出口国

b. 该国在生产钢铁中有比较优势，如果开放贸易会成为钢铁进口国

c. 该国在生产钢铁中没有比较优势，如果开放贸易会成为钢铁出口国

d. 该国在生产钢铁中没有比较优势，如果开放贸易会成为钢铁进口国

【答案】a

【解析】国内价格反映钢铁的机会成本，即该国为了得到一单位钢铁必须放弃多少其他东西。如果国内价格低于世界价格，即国内生产钢铁的成本低，这表明相对于其他国家而言，该国在生产钢铁上具有比较优势。一旦允许贸易，该国就会成为一个钢铁出口国。该国的钢铁生产者渴望得到国外可以得到的高价格，并开始向其他国家的买者出售他们的钢铁。

2. 当 Ectenia 国在咖啡豆方面对世界开放贸易时，国内咖啡豆的价格下降。以下哪一个选项说明了这种情况？（   ）
　　a. 国内咖啡产量增加，而且 Ectenia 变成了咖啡进口国
　　b. 国内咖啡产量增加，而且 Ectenia 变成了咖啡出口国
　　c. 国内咖啡产量减少，而且 Ectenia 变成了咖啡进口国
　　d. 国内咖啡产量减少，而且 Ectenia 变成了咖啡出口国
　　【答案】c
　　【解析】国内咖啡豆的价格下降说明该国咖啡豆国内价格高于世界价格，Ectenia 国生产咖啡豆没有比较优势。一旦允许贸易，由于外国卖者提供了更好的价格，Ectenia 国的咖啡消费者将会购买其他国家的咖啡豆，国内咖啡产量减少，Ectenia 就会变成咖啡进口国。

3. 当一国开放一种产品的贸易并成为一个进口国时，将带来哪种结果？（   ）
　　a. 生产者剩余减少，但消费者剩余和总剩余都增加
　　b. 生产者剩余减少，消费者剩余增加，而进口对总剩余的影响不确定
　　c. 生产者剩余和总剩余都增加，但消费者剩余减少
　　d. 生产者剩余、消费者剩余和总剩余都增加
　　【答案】a
　　【解析】当一国开放一种产品的贸易并成为一个进口国时，说明贸易前国内价格高于世界价格。一旦允许贸易，国内价格就必然等于世界价格，国内供给量小于国内需求量。买者的状况变好（消费者剩余增加），而卖者的状况变坏（生产者剩余减少）。贸易提高了该国家作为一个整体的经济福利，总剩余增加。

4. 如果进口一种产品的国家征收关税，这就会增加（   ）。
　　a. 国内需求量　　b. 国内供给量　　c. 从国外的进口量　　d. 以上全部
　　【答案】b
　　【解析】在自由贸易下，国内价格等于世界价格。关税使进口产品的价格提高到世界价格之上，其增加量等于关税。由于关税提高了产品价格，它使国内需求量减少，使国内供给量增加。关税减少了进口量，并使国内市场向没有贸易时的均衡移动。

5. 以下哪一种贸易政策将有利于生产者，损害消费者，并增加一国贸易量？（   ）
　　a. 增加对进口征收的关税
　　b. 减少对进口国征收的关税
　　c. 当世界价格高于国内价格时，开始允许贸易
　　d. 当世界价格低于国内价格时，开始允许贸易
　　【答案】c
　　【解析】当世界价格高于国内价格时，一旦允许贸易，该国生产者渴望得到国外可以得到的高价格，并开始向其他国家的买者出售他们的产品，贸易量提高，有利于生产者，但国内价格升高到世界价格，损害国内消费者。

6. 征收关税和在进口配额时发放许可证的主要差别是关税增加了（   ）。
　　a. 消费者剩余　　b. 生产者剩余　　c. 国际贸易　　d. 政府收入
　　【答案】d
　　【解析】征收关税和在进口配额时发放许可证的唯一差别是：关税增加了政府的收入，而进口配额为那些得到进口许可证的人创造了剩余。进口许可证持有者的利润是国内价格

(他出售进口物品的价格)和世界价格(他购买这些物品的价格)之间的差额。

四、问题与应用

1. 没有贸易时,世界红酒的价格低于加拿大的现行价格。

a. 假设加拿大的红酒进口只是世界红酒总产量的一小部分,画出自由贸易下加拿大红酒市场的图形。在一个适当的表中,列出消费者剩余、生产者剩余和总剩余。

b. 现在假设墨西哥湾流的异常移动使欧洲的夏天气候异常寒冷,破坏了大部分的葡萄收成。这种冲击对世界红酒价格有什么影响?用你在问题 a 中的图和表说明对加拿大的消费者剩余、生产者剩余和总剩余的影响。谁是赢家?谁是输家?加拿大作为一个整体,状况变好了还是变坏了?

答:a. 如图 9-5 所示。在加拿大的葡萄酒市场上,葡萄酒的世界价格为 P_1。表 9-2 第二列是在 P_1 情况下的结果。

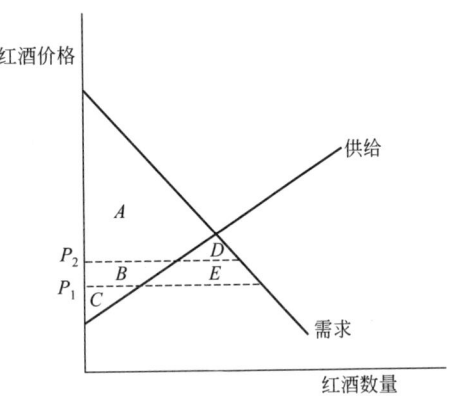

图 9-5 加拿大红酒市场

表 9-2 消费者剩余、生产者剩余和总剩余

项　　目	P_1	P_2	变动
消费者剩余	A+B+D+E	A+D	-(B+E)
生产者剩余	C	B+C	+B
总剩余	A+B+C+D+E	A+B+C+D	-E

b. 墨西哥湾流的异常移动使欧洲的夏天气候异常冷,摧毁了葡萄收成,葡萄酒的世界价格上升至 P_2。表 9-2 描述了当价格为 P_2 时对消费者剩余、生产者剩余以及总剩余的影响。从表 9-2 的"P_2"栏及衡量剩余变化的"变动"栏可知,加拿大红酒生产者是赢家,消费者是输家,加拿大的整体状况变坏了。

2. 假设国会对进口汽车征收关税,以保护美国汽车工业免受外国竞争。假设美国在世界汽车市场上是一个价格接受者,用图形说明:进口量的变化、美国消费者的损失、美国制造商的收益、政府收入以及关税带来的无谓损失。消费者的损失可以分为三部分:转移给国内生产者的收益、转移给政府的收入以及无谓损失。用你的图形确定这三个部分。

答:关税对进口汽车的影响如图 9-6 所示。无关税时,汽车的价格为 P_W,美国的产量是 Q_1^S,美国

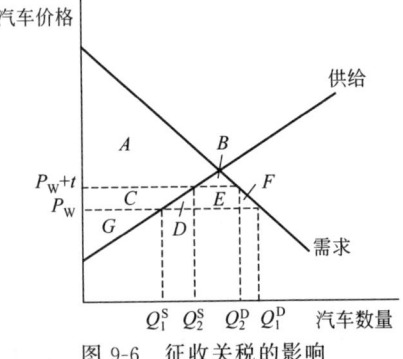

图 9-6 征收关税的影响

的购买量是 Q_1^D,美国汽车的进口为 $Q_1^D-Q_1^S$。征收关税使汽车的价格增加到 P_W+t,使美国汽车的供给量增加到 Q_2^S,而需求量减少到 Q_2^D,进口量减少为 $Q_2^D-Q_2^S$。表 9-3 描述了关税在税前和税后对消费者剩余、生产者剩余、政府收入和总剩余的影响。税后,消费者剩余减少 C+D+E+F,生产者剩余增加 C,政府收入增加 E,无谓损失为 D+F。消费者剩余的损失量 C+D+E+F 分割如下:C 进入生产者剩余,E 进入政府收入,而 D+F 则为

无谓损失。

表 9-3 税前和税后对消费者剩余、生产者剩余、政府收入和总剩余的影响

项　　目	税前	税后	变动
消费者剩余	$A+B+C+D+E+F$	$A+B$	$-(C+D+E+F)$
生产者剩余	G	$C+G$	$+C$
政府收入	0	E	$+E$
总剩余	$A+B+C+D+E+F+G$	$A+B+C+E+G$	$-(D+F)$

3. 当中国的纺织业扩张时，世界供给的增加降低了纺织品的世界价格。

a. 画出一个适当的图来分析这种价格变动如何影响一个像美国这样的纺织品进口国的消费者剩余、生产者剩余和总剩余。

b. 现在画出一个适当的图来说明这种价格变动如何影响像多米尼加共和国这样的纺织品出口国的消费者剩余、生产者剩余和总剩余。

c. 比较你对 **a** 和 **b** 的答案。相同之处是什么？不同之处是什么？哪一个国家应担心中国纺织品行业的扩张？哪一个国家应欢迎这种情况？解释原因。

答：a. 对于进口纺织品的国家来说，纺织品世界价格下降的影响如图 9-7 所示。最初的世界价格为 P_{W1}，最初的进口量为 $Q_1^D - Q_1^S$，下降后的世界价格为 P_{W2}，进口量为 $Q_2^D - Q_2^S$。表 9-4 表示消费者剩余、生产者剩余和总剩余的变化情况。从表中可以看出，价格变动后国内消费者的福利提高了，国内生产者的福利下降了，总剩余的增加量等于面积 $D+E+F$。

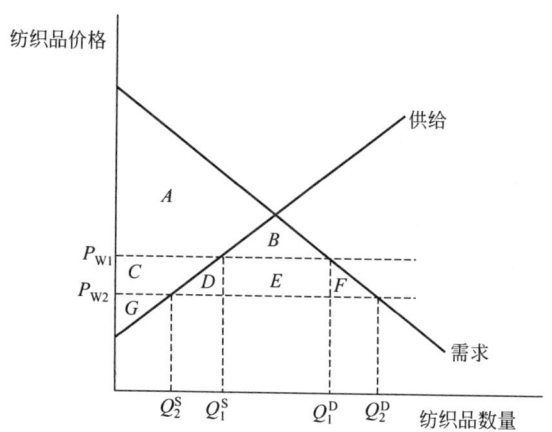

图 9-7 进口国消费者剩余、生产者剩余和总剩余的变化情况

表 9-4 价格变动前后对进口国消费者剩余、生产者剩余、政府收入和总剩余的影响

项　　目	P_{W1}	P_{W2}	变动
消费者剩余	$A+B$	$A+B+C+D+E+F$	$+(C+D+E+F)$
生产者剩余	$C+G$	G	$-C$
总剩余	$A+B+C+G$	$A+B+C+D+E+F+G$	$+(D+E+F)$

b. 对于出口纺织品的国家来说，纺织品世界价格下降的影响如图 9-8 所示。最初的世界价格为 P_{W1}，最初的出口量为 $Q_1^S - Q_1^D$，下降后的世界价格为 P_{W2}，出口量为 $Q_2^S - Q_2^D$。表 9-5 表示消费者剩余、生产者剩余和总剩余的变化情况。从表中可以看出，价格变动后国

内消费者的福利提高了,国内生产者的福利下降了,总剩余的减少量等于面积D。

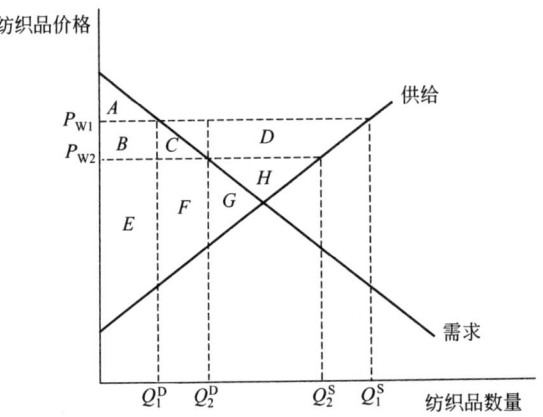

图9-8 出口国纺织品世界价格下降消费者剩余、生产者剩余和总剩余的变化情况

表9-5 价格变动前后对出口国消费者剩余、生产者剩余、政府收入和总剩余的影响

项 目	P_{W1}	P_{W2}	变动
消费者剩余	A	A+B+C	+(B+C)
生产者剩余	B+C+D+E+F+G+H	E+F+G+H	−(B+C+D)
总剩余	A+B+C+D+E+F+G+H	A+B+C+E+F+G+H	−D

c. a和b的答案的相同之处是纺织品的世界价格下降会导致纺织品进口国和出口国的消费者的福利都得到提高,而生产者的福利都下降了。

a和b的答案的不同之处是纺织品世界价格下降会导致纺织品进口国的进口增加,总剩余增加,但纺织品出口国的出口减少,总剩余减少。

像多米尼加共和国这样的纺织品出口国担心中国纺织品行业的扩张,像美国这样的纺织品进口国欢迎中国纺织品行业的扩张,这是因为中国纺织品行业的扩张,将增加纺织品的世界供给,降低纺织品的世界价格,使纺织品出口国的总剩余减少,总体福利下降,使纺织品进口国的总剩余增加,总体福利提高。

4. 考虑本章中支持限制贸易的观点。

a. 假设你是一个木材业的游说者,该行业因低价格的国外竞争而受损。你认为五种限制贸易的观点中,哪两个或三个能最有效地说服普通议员?解释你的理由。

b. 现在假设你是一个聪敏的经济学专业学生(希望这不是一个难以实现的假设)。虽然所有支持限制贸易的观点都有缺点,但请选择两个或三个看来对你最具经济学意义的观点。对于其中每种支持限制贸易的观点,给出支持它或反对它的经济学原理。

答:a. 木材业因国外低价格竞争而受损,因此,五种限制贸易的观点中,最能有效说服普通议员的观点有以下三个。①工作岗位论。国外的低价格竞争,甚至是倾销,减少了国内的工作岗位,导致了本国木材业的萎缩,伐木工人失业。②不公平竞争论。国外的低价格竞争是一种倾销行为,试图击垮美国的木材业,最终垄断美国市场。③国家安全论。木材也是一种重要的战略物资,木材业的萎缩会影响国家安全。

b. 最具经济学意义的观点主要有以下两个。

① 幼稚产业论。这种观点认为,新兴行业应受到贸易限制的保护,这有助于该行业的

成长。经济学家认为，幼稚产业论在现实中难以实施。为了成功运用保护，政府要确定保护哪个行业最终是有利的，并确定带给这些行业的利益是否大于保护给消费者带来的代价。这种保护对象的确定是困难的，往往是在政治上强有力的行业得到了保护。而且，保护一旦实施，就很难被取消。然而，保护并不是一个行业成长所必需的。

② 不公平竞争论。这种观点认为，只有各国都按同样的规则行事，自由贸易才是合意的。如果各国的企业服从不同的法律和管制，那么，国际市场上的竞争是不公平的。例如，一个粮食出口国给予该国农民大量补贴，粮食进口国的农民会认为，这种补贴损害了他们的利益，使两国粮食行业在自由贸易的竞争中变得不平等。经济学家认为，进口国的农民的确要蒙受损失，但进口国的消费者会从低价格中受益。而且，消费者得到的好处大于生产者的损失，粮食进口国仍会因为自由贸易而使其总剩余增加。

5. Textilia 国不允许服装进口。在没有贸易的均衡时，一件 T 恤衫的价格为 20 美元，均衡数量为 300 万件。有一天该国总统在度假时读了亚当·斯密的《国富论》，他决定向世界开放 Textilia 国的市场。T 恤衫的市场价格下降到世界价格 16 美元。Textilia 国消费的 T 恤衫增加到 400 万件，而生产的 T 恤衫减少到 100 万件。

a. 用一个图描述以上情况。你的图上应该标明所有数字。

b. 计算开放贸易引起的消费者剩余、生产者剩余和总剩余的变动（提示：三角形的面积是 1/2×底×高）

答：a. 图 9-9 表示 Textilia 国的 T 恤衫市场供求情况。在没有贸易时，一件 T 恤衫的均衡价格为 20 美元，均衡数量为 300 万件。当允许贸易时，T 恤衫的均衡价格下降为 16 美元，均衡数量为 400 万件，其中进口 300 万件。

b. 消费者剩余增加了面积 $A+B+C$。其中，$S_A=\frac{1}{2}\times(3+1)\times(20-16)=8$，$S_B=\frac{1}{2}\times(3-1)\times(20-16)=4$，$S_C=\frac{1}{2}\times(4-3)\times(20-16)=2$。由于横轴表示的 T 恤衫的数量是以 100 万件为单位来计量的，纵轴表示的 T 恤衫的价格是以美元/件为单位计量的，所以面积 A 表示 800 万美元，面积 B 表示 400 万美元，面积 C 表示 200 万美元，因而消费者剩余增加了 1400 万美元。

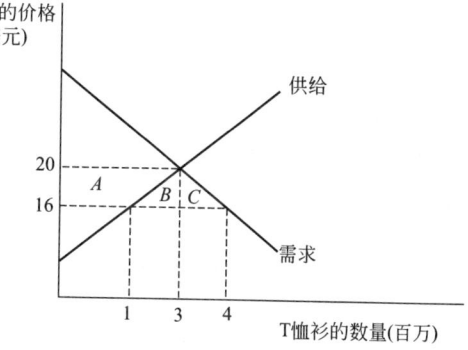

图 9-9 Textilia 国的 T 恤衫市场

生产者剩余减少了面积 A，即生产者剩余减少了 800 万美元。

总剩余增加了面积 $B+C$，即总剩余增加了 600 万美元。

6. 中国是一个粮食（如小麦、玉米和大米）的生产大国。在 2008 年，中国政府由于担心粮食出口提高了国内消费者的食品价格，所以对粮食出口征税。

a. 画出说明一个出口国的粮食市场的图形。把这个图作为回答以下问题的出发点。

b. 出口税对国内粮食价格有什么影响？

c. 它如何影响国内消费者的福利、国内生产者的福利以及政府收入？

d. 用消费者剩余、生产者剩余和税收收入的总和来衡量，中国的总福利会发生什么变化？

答：a. 一个出口国的粮食市场供求情况如图 9-10 所示，世界粮食价格为 P_W。图 9-10

中，在不征税的情况下，国内粮食的价格将等于国际市场价格，此时国内消费量为 Q_1，出口量为 Q_4-Q_1。

b. 如图 9-10 所示，对每单位出口粮食征税 $t=P_W-P_1$，出口关税导致国内价格下降，此时国内市场价格为 P_1，国内消费量增加为 Q_2，出口量减少为 Q_3-Q_2。因此，出口税将会降低出口国所获得的有效的世界价格，从而使国内粮食价格下降。

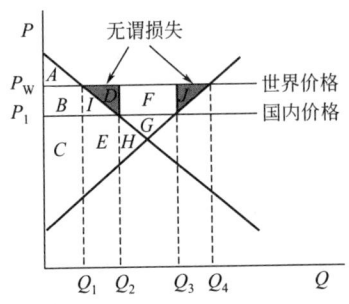

图 9-10 一个出口国的粮食市场图形

c. 国内消费者剩余、生产者剩余、政府税收收入的变化如表 9-6 所示。

表 9-6 进口税对消费者剩余、生产者剩余、政府收入和总剩余的影响

项目	国内消费者剩余	国内生产者剩余	政府收入	总剩余
不征出口税	A	$B+C+D+E+F+G+H+I+J$	0	$A+B+C+D+E+F+G+H+I+J$
征收出口税	$A+B+I$	$C+E+H+G$	F	$A+B+I+C+E+H+G+F$
变化情况	增加了($B+I$)	减少了($B+I+D+F+J$)	增加了 F	减少了($D+J$)

d. 如表 9-6 所示，出口征税导致的生产者损失中，一部分转移给了消费者和政府。但也有一部分是国内没有任何人能得到补偿的。从经济学含义上看，这部分没有得到补偿的损失是本国的消费扭曲损失，这是由于出口征税会导致国内过多地消费该种产品造成的。总剩余将会下降，因为生产者剩余的减少量大于消费者剩余和政府税收收入的增加量之和，出口税导致了无谓损失。

7. 考虑一个从外国进口某种物品的国家。说出以下各种说法是对还是错。解释你的答案。

a. "需求弹性越大，从贸易中获益越多。"

b. "如果需求完全无弹性，就不能从贸易中获益。"

c. "如果需求完全无弹性，消费者就不能从贸易中获益。"

答：a. 正确。对于一个既定的世界价格（低于国内价格）而言，当需求弹性越大时，需求数量增加越多。因此，当需求弹性越大时，消费者剩余也会越大，即从贸易中获益会越多。

b. 错误。当且仅当需求完全无弹性时，才不能从贸易中获益。

c. 错误。允许贸易时，只要需求数量增加，消费者剩余就会增加，消费者就能从中受益。

8. Kawmin 是一个生产并消费软糖的小国。软糖的世界价格是每袋 1 美元，Kawmin 国内软糖的供给与需求是由以下方程决定的：

需求：$Q^D=8-P$

供给：$Q^S = P$

其中，P 是每袋软糖的价格；Q 是软糖的袋数。

a. 画出一个当 Kawimin 国不允许贸易时表示该国状况的图形（并标注清楚）。计算以下项目（记住三角形的面积是 $1/2 \times$ 底 $\times$ 高）：均衡价格与均衡数量、消费者剩余、生产者剩余和总剩余。

b. 然后 Kawmin 国开放贸易市场。画出另一个表示软糖市场新状况的图形。计算均衡价格、消费量和生产量、进口量、消费者剩余、生产者剩余和总剩余。

c. 此后，Kawmin 国统治者对软糖生产者的抗议作出回应，对进口软糖征收每袋 1 美元的关税。用图形表示这种关税的影响。计算均衡价格、消费量和生产量、进口量、消费者剩余、生产者剩余、政府收入和总剩余。

d. 开放贸易的好处是什么？用关税限制贸易的无谓损失是什么？用数据回答。

答：a. 无贸易条件下，Kawmin 国的软糖市场状况如图 9-11 所示。供给曲线为 S，需求曲线为 D，两者决定了软糖市场的均衡价格为 $P=4$ 美元/袋，均衡数量为 $Q=4$ 袋。消费者剩余如图 9-11 中的阴影部分所示，$CS=0.5\times(8-4)\times4=8$ 美元；生产者剩余如图 9-11 中的阴影部分所示，$PS=0.5\times4\times4=8$ 美元；因而总剩余为 $TS=8+8=16$ 美元。

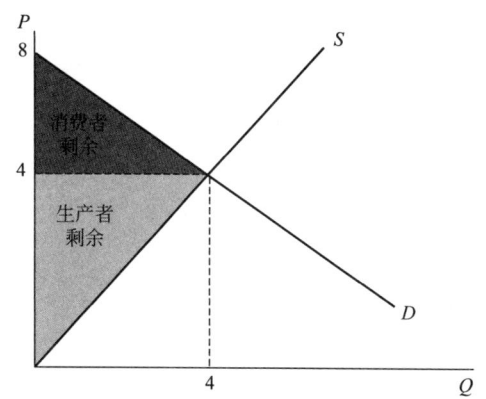

图 9-11 无贸易下软糖市场的均衡

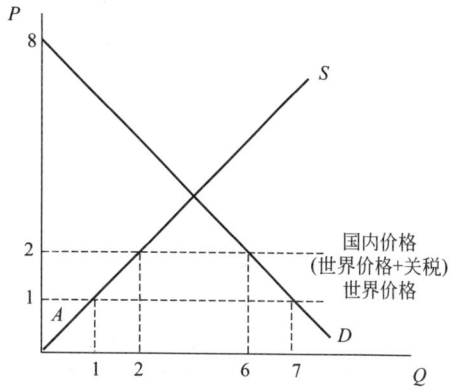

图 9-12 有贸易下 Kawmin 国软糖市场状况

b. 在有贸易的情况下，Kawmin 国的软糖市场状况如图 9-12 所示。此时，由于软糖市场的世界价格为 1 美元/袋，所以 Kawmin 国国内软糖的价格为 1 美元/袋，国内软糖的需求量为 7 袋，本国供应量为 1 袋，因而进口量为 $7-1=6$（袋）。国内消费者剩余为 $CS=0.5\times(8-1)\times7=24.5$（美元）；生产者剩余为 $PS=0.5\times1\times1=0.5$（美元）；总剩余为 $TS=24.5+0.5=25$（美元）。

c. 在 Kawmin 国对每袋软糖征收 1 美元关税的情况下，软糖的国内价格上涨为每袋 2 美元，此时需求量为 6 袋，本国供给量为 2 袋，进口量为 4 袋。国内消费者剩余为 $CS=0.5\times(8-2)\times6=18$（美元）；生产者剩余为 $PS=0.5\times2\times2=2$（美元）；政府税收收入为 $T=1\times4=4$（美元）；总剩余为 $TS=18+2+4=24$（美元）。

d. 当开放贸易时，经济总剩余从 16 美元增加到 25 美元，开放贸易的好处是总剩余增加了 9 美元。关税限制贸易的损失为 $25-24=1$（美元）。

9. 在否决了纺织品关税（进口税）提案之后，Isoland 国总统现在考虑对纺织品消费（既包括进口的纺织品，也包括国内生产的纺织品）征收同样数额的税。

a. 用教材中图 **9-4** 确定在纺织品消费税下，Isoland 国纺织品的消费量和生产量。

b. 对纺织品消费税设计一个与教材中图 **9-4** 中表格相似的表格。

c. 哪一种税——消费税还是关税——使政府筹集的收入更多？哪一种税的无谓损失少？解释原因。

答：a. 如图 9-13 所示，在没有消费税和关税时，Isoland 国的纺织品的生产量为 Q_1^S，消费量为 Q_1^D。在纺织品消费税下，由于价格上升，国内的消费量下降为 Q_2^D，但生产量即供给量仍然为 Q_1^S，这是因为生产者依然按照世界价格进行生产。

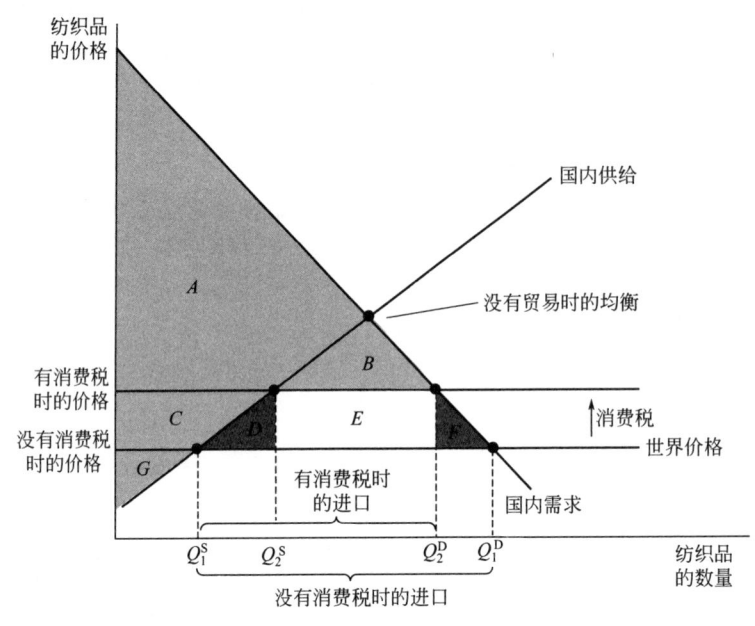

图 9-13 征收消费税的影响

b. Isoland 国的纺织品消费税的征收前后情况如表 9-7 所示。

表 9-7 消费税对消费者剩余、生产者剩余、政府收入和总剩余的影响

项目	无消费税	有消费税	变动
消费者剩余	A+B+C+D+E+F	A+B	−(C+D+E+F)
生产者剩余	G	G	无
政府收入	无	C+D+E	+(C+D+E)
总剩余	A+B+C+D+E+F+G	A+B+C+D+E+G	−F

c. 消费税使政府筹集的收入更多，因为对纺织品征收消费税，既包括进口的纺织品，也包括国内生产的纺织品，都征收同样的数额，所以相比关税来说，征收消费税政府会获得更多的收入；同样，征收消费税造成的无谓损失更少，在对纺织品征收关税时，消费者不仅会减少国内商品的购买量，同时也会减少对进口纺织品的购买量，造成了更多的无谓损失。

10. 假设美国是一个电视进口国，而且没有贸易限制。美国消费者一年购买 100 万台电视，其中 40 万台是国内生产的，60 万台是进口的。

a. 假设日本电视制造商的技术进步使世界电视价格下降了 100 美元。画图说明这种变化如何影响美国消费者和美国生产者的福利，以及如何影响美国的总剩余。

b. 价格下降后，消费者购买 120 万台电视，其中 20 万台是国内生产的，而 100 万台是进口的。计算价格下降引起的消费者剩余、生产者剩余和总剩余的变动。

c. 如果政府的反应是对进口电视征收 100 美元关税，这会产生什么影响？计算筹集的收入和无谓损失。从美国福利的角度看，这是一个好政策吗？谁可能会支持这项政策？

d. 假设价格下降并不是由于技术进步，而是由于日本政府向该行业进行了每台电视 100 美元的补贴。这会影响你的分析吗？

答：a. 技术进步使世界电视价格下降对美国的影响如图 9-14 所示。电视的世界价格最初为 P_1，消费者剩余为面积 $A+B$，生产者剩余为面积 $C+G$，总剩余为面积 $A+B+C+G$，进口量为"进口 1"。技术进步后，电视的世界价格下降为 P_2（等于 P_1-100），消费者剩余增加了面积 $C+D+E+F$，生产者剩余减少了面积 C，总剩余增加了 $D+E+F$，进口量上升为"进口 2"。具体情况如表 9-8 所示。

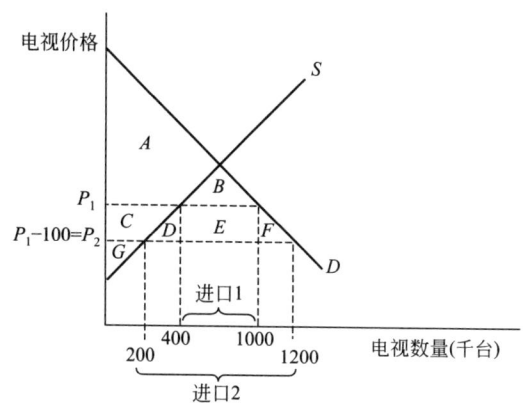

图 9-14 技术进步使世界电视价格下降对美国的影响

表 9-8 技术进步对消费者剩余、生产者剩余和总剩余变动表

项目	P_1	P_2	变动
消费者剩余	$A+B$	$A+B+C+D+E+F$	$+(C+D+E+F)$
生产者剩余	$C+G$	G	$-C$
总剩余	$A+B+C+G$	$A+B+C+D+E+F+G$	$+(D+E+F)$

b. 各个区域的面积计算如下：

$$S_C = \frac{1}{2} \times (200+400) \times 100 = 30\,000$$

$$S_D = \frac{1}{2} \times (400-200) \times 100 = 10\,000$$

$$S_E = (1000-400) \times 100 = 60\,000$$

$$S_F = \frac{1}{2} \times (1200-1000) \times 100 = 10\,000$$

由于横轴表示的电视的数量是以 1000 台为单位来计量的，纵轴表示的电视的价格是以美元/台为单位计量的，所以面积 C 表示 30 000 000 美元，面积 D 表示 10 000 000 美元，面积 E 表示 60 000 000 美元，面积 F 表示 10 000 000 美元。

因此，消费者剩余增加了 110 000 000 美元，生产者剩余减少了 30 000 000 美元，总剩余增加了 80 000 000 美元。

c. 如果政府对进口的电视征收 100 美元关税，那么，生产者和消费者的剩余都将恢复到最初，即电视价格为 P_1 时的状态。因而，消费者剩余减少了面积 $C+D+E+F$

（110 000 000美元），生产者剩余增加了面积C（30 000 000美元），政府征收了$100 \times 600\,000 = 60\,000\,000$美元的关税，征收关税带来的无谓损失相当于面积$D+F$（20 000 000美元）。

从美国福利的角度看，这不是一个好政策，因为征收关税后美国的总剩余减少了。但是，美国国内的生产者会支持该政策，因为他们从征收关税中获益。

d. 这种分析并不受价格下降原因的影响。世界价格的下降使消费者总剩余的增加额超过了生产者剩余的减少额，社会总剩余增加了。

11. 考虑一个出口钢铁的小国。假设该国"支持贸易"的政府决定通过对每吨销往国外的钢铁支付一定量货币来补贴钢铁出口。这种出口补贴如何影响国内钢铁价格、钢铁产量、钢铁消费量以及钢铁出口量？它如何影响消费者剩余、生产者剩余、政府收入和总剩余？从经济效率的角度看，这是一项好政策吗？（提示：对出口补贴的分析类似于关税的分析。）

答：出口补贴使钢的出口价格上升，生产者得到的补贴为s，如图9-15所示。图中的世界价格为P_W，这是补贴前的价格。在这种价格下，国内消费者购买钢的数量为Q_1^D，生产者供给Q_1^S，国家的出口量为$Q_1^S - Q_1^D$。将补贴列入价格后，供应商每单位得到的价格为P_W+s，由于出口时他们获得的世界价格是P_W，政府将给他们补贴s。然而，国内消费者仍然购买价格为世界价格P_W的钢。国内公司不想出售钢铁给国内的消费者，因为他们这样做没有得到补贴。所以，国内公司将其所有的钢铁产品销往国外，总量为Q_2^S。国内消费者继续购买Q_1^D。该进口钢铁量为Q_1^D，而出口钢铁量为Q_2^S，所以钢铁的净出口为$Q_2^S - Q_1^D$。最

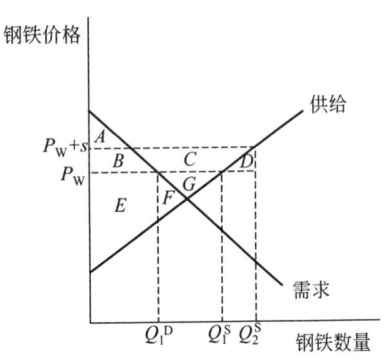

图9-15 补贴政策下的钢铁市场供求图

后，钢铁的国内价格不变，钢铁产量增加，钢铁的消费量不变，出口量增加。具体如表9-9所示，消费者剩余不变，生产者剩余增加，政府收入下降，总剩余减少。

表9-9 补贴前后市场变动表

项　目	无补贴	有补贴	变动
消费者剩余	$A+B$	$A+B$	0
生产者剩余	$E+F+G$	$B+C+E+F+G$	$+(B+C)$
政府收入	0	$-(B+C+D)$	$-(B+C+D)$
总剩余	$A+B+E+F+G$	$A+B-D+E+F+G$	$-D$

综上所述，从经济效率角度来看，这不是一项好政策，因为它导致了总剩余的减少。

名校考研真题详解

1. 什么是关税？简述关税对经济的影响。[深圳大学2012研]

答：(1) 关税是指对在国外生产而在国内销售的物品征收的一种税。当该国为进口国时，关税才是重要的。关税使进口的价格提高到世界价格之上，其增加量等于关税。关税一般是用来限制国家间贸易的一种常用的方式。

(2) 关税对经济的影响主要体现在以下几个方面。

① 关税提高了国内价格，国内卖者的状况变好，关税能使国内生产者收取的价格高于世界价格，这鼓励他们增加生产。

② 对进口商品征收关税，政府收入增加。

③ 关税提高了国内购买者不得不支付的价格，从而使得国内消费者减少征收关税进口商品的消费。

④ 关税会引起无谓的损失，社会总福利的净损失，与大部分税收一样，关税扭曲了激励，并使稀缺资源配置背离了最优水平。

2. 列出经常用来支持贸易限制的五种观点，经济学家如何对这些观点做出反应？［深圳大学 2009 研］

答：经常用来支持贸易限制的五种观点是：保护工作岗位、保卫国家安全、帮助幼稚产业、防止不公平竞争以及对外国的贸易限制做出反应。经济学家对各种观点的反应如下。

（1）工作岗位论。自由贸易的反对者认为与其他国家进行贸易破坏了国内的工作岗位。但自由贸易在消灭一些岗位的同时也创造了一些新的岗位，贸易的好处是基于比较优势，而不是绝对优势，每个国家的工人都能在该国具有比较优势的行业中找到工作岗位。

（2）国家安全论。贸易反对者认为某行业对国家的安全至关重要，该行业正受到其他国家的竞争威胁。经济学家承认当存在对国家安全的正当关心时，保护关键行业可能是合适的，但担心这种观点会被那些渴望以损害消费者利益为代价，以给自己牟利的生产者所利用。

（3）幼稚产业论。新行业支持暂时性贸易限制，可以鼓励该行业建立，有时旧行业也认为需要暂时性保护。经济学家对这些要求持怀疑态度，因为幼稚产业论在现实中难以实施。政府很难确定建立这些行业的利益是否大于保护给消费者带来的成本，政治程序也使得挑选变得更难。经济学家也在理论上怀疑幼稚产业论，保护并不是一个幼稚行业成长所必需的。

（4）不公平竞争论。只有各国都按同样的规则行事，自由贸易才是合意的。如果不同的国家企业服从不同的法律和管制，那么企业在国际上竞争就是不公平的。但是，消费者从低价购买中得到的好处会大于生产者的损失。

（5）作为讨价还价筹码的保护论。认为当与自己贸易伙伴讨价还价时，贸易限制有用的。但是，这种讨价还价战略的问题是，威胁有时可能不起作用。此时该国会面临两种坏的选择，实践威胁并实行贸易限制，会减少自己的经济福利，或收回自己的威胁，这又会在国际事务中失去尊严。

3. 决定比较优势的因素是什么？［北工大 2006 研］

答：比较优势是指一国（或地区）的不同产业部门所拥有的相对有利的生产条件。决定比较优势的因素主要有以下几个。

（1）自然禀赋：由土地、自然资源和气候等因素构成。自然禀赋是决定比较优势的一个基本因素，一般而言，自然禀赋较为富裕的地区，往往可以利用其资源优势来快速发展经济。

（2）获得性禀赋：指一个国家开发的物质资本和劳动技能。

（3）优越的知识：包括技术优势——历史形成或有目的的政策引导。

（4）专业化：可以在各方面都相似的国家之间创造出比较优势。专业化使得劳动者的技能得到改进和提高。

**4. 一国想要鼓励本国高清晰度屏幕电视机产业的发展。当前这种电视机国内售价很昂贵，达到 6500 美元一台。生产这种电视机的零部件成本为 3000 美元。从世界市场进口这种电视机的价格为 5000 美元。

（1） 幼稚工业论认为应保护国内产业使之免于外国竞争。从该论点出发，你认为是否应采用从价关税？关税率应为多少？

（2） 这样的保护使谁得益？谁受损？［北科大 2004 研］

答：（1）从价关税用进口产品价值的一部分表示。如果该国对外国电视机征收 30% 的关税，那么电视机的价格将增加为：$5000+5000\times0.3=6500$（美元），等于电视机的国内市场价格。在这样的关税率下，国内消费者将不会因为较低的价格而购买国外的电视机。国内的幼稚工业得到了保护，但这样的保护成本很高。因为还要分析在保护期之后国内产业成本降低的潜力。这个例子与幼稚工业的条件不完全相符。

（2）通过提高电视机的国内价格和（大国情况下）降低其国外价格，本国（进口国）的消费者受损，而国外（出口国）的消费者得益；国外的生产者受损而本国的生产者得益。此外，本国政府还可以获得财政收入。

5. 美国呼拉豆的国内供给和需求曲线如下：

供给：$P=50+Q$

需求：$P=200-2Q$

式中，P 为以美分/磅计的价格；Q 为以百万磅计的数量。在世界呼拉豆市场上，美国只是一个小国，无力影响现行价格。已知世界市场上的价格为 60 美分/磅，国会正考虑征收关税 40 美分/磅。试计算：

（1） 征收关税后呼拉豆的国内价格。

（2） 关税给国内消费者、国内生产者、政府带来的收益或损失。［人大 2007 研］

解：（1）为了分析对国内呼拉豆市场征收关税的影响，应从解决均衡价格和均衡数量着手。联立美国呼拉豆的国内供给函数和需求函数可得：均衡价格为 $P_0=100$ 美分，均衡数量为 $Q_0=50$ 百万磅。

未征收关税之前，由于世界市场价格 P_W 为 60 美分/磅，在此价格水平下，国内供应量 $Q^S=60-50=10$ 百万磅，国内需求量 $Q^D=\dfrac{200-60}{2}=70$ 百万磅，进口数量为国内供给与需求的差额，即 60 百万磅。如果对进口呼拉豆征收 40 美分/磅的进口关税，则进口有效价格上升为 100 美分/磅，即征收关税后呼拉豆的国内价格为 100 美分/磅。此时国内生产能满足国内需求，即进口量降为零。

（2）关税给国内消费者、国内生产者、政府带来的收益或损失可通过图 9-16 予以计算。

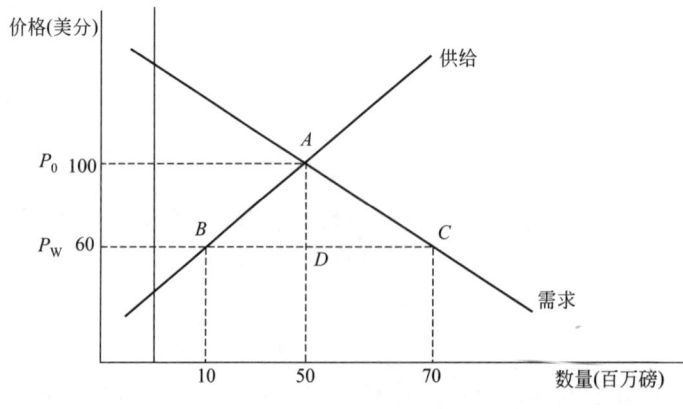

图 9-16 关税的效应

如图 9-16 所示，征收关税使国内市场价格提高，导致消费者福利受损，消费者福利损失为梯形 P_0ACP_W 的面积，即消费者福利损失 $=\dfrac{1}{2}\times(50+70)\times(100-60)=2400$（百万美分）。国内市场价格提高使生产者剩余增加，生产者福利增加为梯形 P_0ABP_W 的面积，即生产者福利增加 $=\dfrac{1}{2}\times(10+50)\times(100-60)=1200$（百万美分）。当关税水平为 40 美分/磅时，没有进口，政府没有得到关税收入。综上所述，关税的净福利效应＝生产者福利增加－消费者福利损失＝1200－2400＝－1200（百万美分），此为关税带来的社会福利净损失，即图 9-16 中的 △ABC 的面积。

第 10 章 外部性

```
           ┌ 外部性和市场无效率 ┬ 福利经济学：回顾
           │                    ├ 负外部性
           │                    └ 正外部性
           │
           │                    ┌ 命令与控制政策：管制
外部性 ────┼ 针对外部性的公共政策┼ 以市场为基础的政策 ┬ 矫正税与补贴
           │                    │                    └ 可交易的污染许可证
           │                    └ 对关于污染的经济分析的批评
           │
           │                      ┌ 私人解决方法的类型
           └ 外部性的私人解决方法 ┼ 科斯定理
                                  └ 为什么私人解决方法并不总是有效
```

考点 1　外部性与经济效率

外部性是指一个经济主体的行为对其他人产生了影响，但并不为此承担相应成本或获得相应收益。外部性会造成私人成本和社会成本，或私人收益与社会收益之间的不一致，因此容易造成市场失灵，使市场无效率。具体分析如表 10-1 所示。

表 10-1　外部性的分类与影响

项目	正的外部性	负的外部性
定义	经济主体的行为对其他人产生了好的影响，但并没有获得相应收益	经济主体的行为对其他人产生了不好的影响，但并没有为此承担相应成本
影响	社会收益＞私人收益 市场生产的数量＜社会合意的数量	社会成本＞私人成本 市场生产的数量＞社会合意的数量

考点 2　解决外部性的方法

（1）私人解决外部性的方法

① 科斯定理

科斯定理是指在交易费用为零时，只要产权初始界定清晰，并允许经济当事人进行谈判交易，就可以导致资源的有效配置。科斯定理说明，只要假设条件成立，市场势力就足够大，从而外部性问题总能通过市场自身来解决，而不需要政府的干预。

② 私人解决方法的类型

a. 用道德规范和社会约束来解决；

b. 慈善行为；

c. 通过依靠有关各方的私利来解决外部性问题；

d. 利益各方签订合约。

③ 私人解决方法的失效

私人经济主体可能通过②中的方式解决外部性问题，但在现实中，由于一些限制性因素，使得私人主体并不能很好地解决外部性引起的问题。比如交易成本可能很昂贵；各方都可能竭力使自身利益最大化而使谈判破裂；或者因为所涉及的利益主体太多，使得协调各方利益不太可能。因此，需要政府的介入来解决外部性问题，使外部性内在化，进而达到帕累托最优。

（2）政府解决外部性的方法

① 管制

政府可以通过规定或禁止某些行为来解决外部性。管制可采取多种形式，但无论在哪种情况下，为了制定出良好的规则，政府管制者都需要了解有关某些特定行业以及这些行业可以采用的各种技术的详细信息，但政府管制者要得到这些信息往往是困难的。

② 矫正税（庇古税）与补贴

矫正税是用于纠正外部性影响，以使资源有效配置的税收。庇古认为，政府可以通过给予具有正外部性活动的企业补贴，或向具有负外部性活动的企业征税来矫正价格，从而获得有效率的资源配置。

在矫正税制度下，矫正税决定了污染的价格，只要税率不变，污染的价格就不变，而需求曲线的移动改变了污染量，使污染量变化。如图10-1所示。

③ 污染许可证制度

污染许可证制度指政府规定一个总的污染数量，给每个企业发放一定量排污许可证，并允许企业对许可证进行交易，该制度能通过市场手段使经济运行有效率。

在污染许可证制度下，污染许可证的发放量决定了污染量，只要许可证的数量不变，污染量一般不会变，而需求曲线的移动改变了污染价格，使污染价格变化。如图10-2所示。

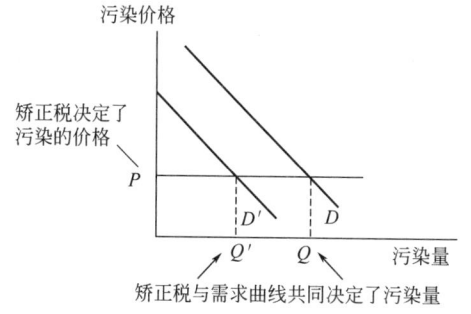

图10-1 矫正税的均衡

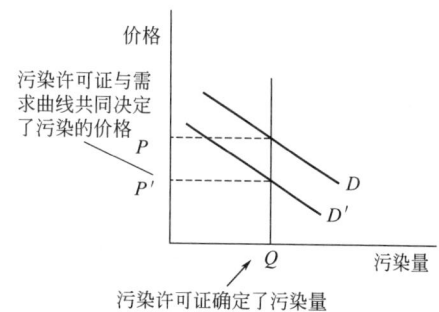

图10-2 污染许可证的均衡

【名师点读】

外部性的影响以及相应的对策是非常重要的知识点，既可以独立地出简答题，也可以与其他知识点综合起来进行考查，考生需要学会分析外部性以及其对资源配置的影响。相关考研真题如下。

> 1. 【概念题】科斯定理［北师大 2016 研；东北财大 2015 研；厦门大学 2014 研］
> 2. 【简答题】根据科斯定理，可以怎样解决外部性问题。［山东大学 2014 研］
> 3. 【简答题】外部影响是如何导致市场失灵的？政府应采取哪些措施矫正市场失灵？［中南财大 2014 研］

一、概念题

1. 外部性（externality）

答：外部性也称为外溢性、相邻效应，指一个人的行为对旁观者福利的无补偿的影响。外部性的影响会造成私人成本和社会成本之间，或私人收益和社会收益之间的不一致，这种成本和收益差别虽然会相互影响，却没有支付相应的成本和得到相应的补偿，因此容易造成市场失灵。

外部性的影响方向和作用结果具有两面性，可以分为外部经济和外部不经济。那些能为社会和其他个人带来收益或能使社会和个人降低成本支出的外部性称为外部经济，它是对个人或社会有利的外部性；那些能够引起社会和其他个人成本增加或导致收益减少的外部性称为外部不经济，它是对个人或社会不利的外部性。

福利经济学认为，除非社会上的外部经济效果与外部不经济效果正好相互抵消，否则外部性的存在使得帕累托最优状态不可能达到，从而也不能达到个人和社会的最大福利。外部性理论可以为经济政策提供某些建议，它为政府对经济的干预提供了一种强有力的依据，政府可以根据外部性的影响方向与影响程度的不同制定相应的经济政策，并利用相应的经济手段，以消除外部性对成本和收益差别的影响，实现资源的最优配置和收入分配的公平合理。

2. 外部性内在化（internalizing the externality）

答：外部性内在化指改变激励，以使人们考虑到自己行为的外部效应。当某种物品或服务的私人边际效益或成本被调整到足以使得个人或厂商的决策考虑其所产生的外部效应时，就实现了外部效应的内在化。为此，政府通常采取两类措施：矫正性的税收和矫正性的财政补贴。前者意在对私人边际成本的调整，通过对带有负的外部效应的物品或服务征收相当于其外部边际成本大小的税收，将其私人边际成本提高至同社会边际成本相一致的水平，以此实现负的外部效应的内在化；后者意在对私人边际效益的调整，通过对带有正的外部效应的物品或服务的消费者发放相当于其外部边际效益大小的财政补贴，将私人边际效益提高到同社会边际效益相一致的水平，以此实现正的外部效应的内在化。

3. 矫正税（corrective taxes）

答：矫正税是旨在引导私人决策者考虑负外部性引起的社会成本的税收。根据污染所造成的危害程度对排污者征税，用税收来弥补排污者生产的私人成本和社会成本之间的差距，使两者相等。这个方法最初是由庇古在其 1920 年出版的《福利经济学》一书中提出来的，所以又称庇古税。理想的矫正税应该等于负的外部性的活动引起的外部成本。作为解决污染的方法，经济学家对矫正税的偏爱通常大于管制，因为税收可以以较低的社会成本减少污染。实际上，矫正税规定了污染的价格，把污染权分配给那些减少污染成本最高的企业。与大多数其他税不同，矫正税改变了激励，使其考虑到外部性的存在，从而使资源配置向社会最适水平移动，因此，矫正税既增加了政府的收入，又提高了经济效率。

4. 科斯定理（Coase theorem）

答：科斯定理是认为如果私人各方可以无成本地就资源配置进行协商，那么，他们就可以自己解决外部性问题的观点。科斯定理是揭示市场经济中产权安排、交易成本和资源配置效率之间关系的原理。其基本思想由美国经济学家、1991年诺贝尔经济学奖获得者科斯在1960年发表的《社会成本问题》中提出，但科斯本人并没有直接将其思想以定理形式写出，而是体现在从解决环境污染的外部性问题出发所进行的案例分析中。科斯定理是由其他经济学家在解释科斯的基本思想时概括出来的，不同的经济学家从不同的侧面对科斯的基本思想进行了解释。

科斯定理的内容是：只要财产权是明确的，并且其交易成本为零或者很小，则无论在开始时财产权的配置是怎么样的，市场均衡的最终结果都是有效率的。科斯定理进一步扩大了"看不见的手"的作用。按照这个定理，只要那些假设条件成立，则外部影响就不可能导致资源配置不当。或者以另一角度来说，在所给条件下，市场力量足够强大，总能够使外部影响以最经济的办法来解决，从而仍然可以实现帕累托最优状态。但是，科斯定理解决外部影响问题在实际中并不一定真的有效。原因主要有：资产的财产权不一定总是能够明确地加以规定；已经明确的财产权不一定总是能够转让；分派产权会影响收入分配，而收入分配的变动可以造成社会不公平，引起社会动乱，在社会动乱的情况下，就谈不上解决外部效果的问题了。

5. 交易成本（transaction cost）

答：交易成本指各方在达成协议与遵守协议过程中所发生的成本。它包括：①获取某种产品质量信息的成本，如产品价格、使用性和耐久性等；②交易双方进行谈判的成本；③交易双方履行合同的成本。交易成本的大小取决于以下几点：①在一段时期内某一时点的交易数量；②在一段时期内某一时点成交的货物数量；③每次交易中参与者的数目；④每次交易的货物数量。

二、复习题

1. 举出一个负外部性的例子和一个正外部性的例子。

答：负外部性的例子：汽车废气有负外部性，因为它产生了使其他人不得不呼吸的烟雾。由于这种外部性，空气往往要受到严重污染。联邦政府努力通过规定汽车的排放废气标准来解决这个问题。联邦政府还对汽油征税，以减少人们开车的次数。

正外部性的例子：修复历史建筑具有正外部性，因为那些在这种建筑物附近散步或骑车的人会享受到这些建筑的美丽，并感受到这种建筑物的历史沧桑。建筑物的所有者得不到修复的全部利益，因此，他们往往很快就遗弃了这些建筑物。许多地方政府对这个问题的反应是对拆毁历史建筑物实行管制，并向修复这些建筑物的所有者提供税收减免。

2. 用供求图解释企业生产过程中发生的负外部性的影响。

答：生产中的负外部性会导致市场失灵，即社会资源配置的失当。如图10-3所示，图中水平直线$D=MR$是某竞争厂商的需求曲线和边际收益曲线，MC则为其边际成本曲线。由于存在着生产上的负外部性（例如生产造成的污染），社会的边际成本高于私人的边际成本，从而社会边际成本曲线位于（私人）边际成本曲线的上方，它由虚线（$MC+ME$）表示。虚线（$MC+ME$）与私人边际成本曲线MC的垂直距离，亦即ME，可以看成所谓边

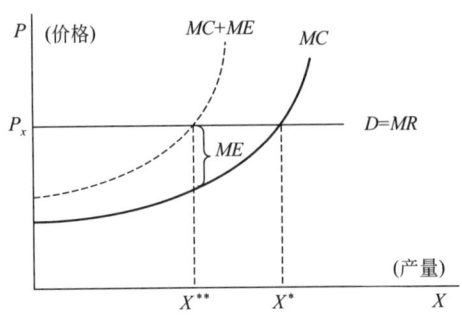

图 10-3 负外部性的影响

际外部不经济，即由于厂商增加一单位生产所引起的社会其他人所增加的成本。竞争厂商为追求利润最大化，其产量定在价格（亦即其边际收益）等于其边际成本处，即为 X^*；但使社会利益达到最大的产量应当使社会的边际收益（可以看成为价格）等于社会的边际成本，即应当为 X^{**}。因此，生产的外部不经济造成产品生产过多，超过了帕累托效率所要求的水平 X^{**}，造成产品生产的过剩。

3. 专利制度怎样帮助社会解决外部性问题？

答：专利制度帮助社会解决了技术外溢而产生的外部性问题。具体如下。

先进国家在向其他国家输出消费品时，必须要宣传其产品的性能，甚至公布部分技术指标，这就会将一些技术无意识地传播到贸易进口国，这就是"技术外溢"。技术外溢是一种正的外部性，即发明该技术的社会收益大于私人收益。

专利法通过给予发明者在一定时期内排他性地使用自己的发明而保护了发明者的权利。当一个企业做出了技术突破时，它可以为这种技术突破申请专利并使自己占有大部分经济收益。专利通过赋予企业对其发明的产权来把外部性内在化。如果其他企业想使用新技术，它必须得到发明企业的允许并向它支付专利费。因此，专利制度更大地激励企业进行推动技术进步的研究和其他活动。专利制度推动了技术创新活动，而且帮助社会解决了由于技术外溢而产生的外部性问题。

4. 什么是矫正税？为什么就保护环境免受污染的方法而言，经济学家对矫正税的偏好大于管制？

答：（1）矫正税的含义

矫正税是旨在引导私人决策者考虑负外部性引起的社会成本的税收。根据污染所造成的危害程度对排污者征税，用税收来弥补排污者生产的私人成本和社会成本之间的差距，使两者相等。这个方法最初是由庇古在其1920年出版的《福利经济学》一书中提出来的，所以又称庇古税。

（2）经济学家对矫正税作为一种保护环境免受污染的方法的偏好大于管制是因为税收以最低的总成本达到减少污染的目的。

假设有两个工厂——造纸厂和钢铁厂，每家工厂每年向河中倾倒500吨黏稠状的废物。环境保护署决定要减少污染量。考虑两种解决方法：

管制：环境保护署可以要求每家工厂把每年的排污量减少为300吨。

矫正税：环境保护署可以对每个工厂每排出一吨废物征收5万美元的税收。

大多数经济学家偏爱矫正税，具体的原因分析如下。

① 在减少污染总水平上税收和管制同样有效。环境保护署可以通过把税收确定在适当

的水平上，而达到它想达到的任何污染水平。税收越高，减少的污染也越多。实际上，如果税收足够高，工厂将完全关门，污染减少为零。

② 矫正税减少污染更有效率。管制要求每个工厂减少等量污染，但等量减少并不一定是清洁水质的最省钱的方法。可能的情况是，造纸厂减少污染的成本比钢铁厂低。如果是这样的话，造纸厂对税收的反应是大幅度地减少污染，以便少交税，而钢铁厂的反应是减少的污染少，交的税多。

③ 矫正税规定了污染权的价格。正如市场把物品分配给那些对物品评价最高的买者一样，矫正税把污染权分配给那些减少污染成本最高的工厂。无论环境保护署选择的污染水平是多少，它都可以用税收以最低的总成本达到这个目标。

④ 矫正税对环境更有利。在命令与控制的管制政策下，一旦工厂达到了 300 吨污染物的目标就没有理由再减少排污。与此相比，税收激励工厂去开发更清洁的技术，因为更清洁的技术可以减少工厂不得不支付的税收量。

5. 列出不用政府干预也可以解决外部性引起的问题的一些方法。

答：不用政府干预也可以解决外部性所引起的问题的方法有以下几种。

（1）用道德规范和社会约束来解决。例如，人们"做正确的事情"，不随地乱扔垃圾。

（2）慈善行为。例如，人们把钱捐给环保组织以及私人学院与大学。

（3）通过依靠有关各方的利己来解决外部性问题。例如，考虑一个苹果种植者和一个位置相互接近的养蜂人。每个人的经营都给对方带来了正外部性：蜜蜂在苹果树上采花粉，有助于果树结果实。同时，蜜蜂也用从苹果树上采集的花粉来酿造蜂蜜。但是，当苹果园主决定种多少苹果树和养蜂人决定养多少蜜蜂时，他们都没考虑到正外部性。结果，苹果园主种的树太少，而养蜂人养的蜜蜂也太少。如果养蜂人购买苹果树，或苹果园主买蜜蜂，这些外部性就内在化了，此时可以在同一个企业内进行这两种活动，而且这一个企业可以选择最优的苹果树和蜜蜂数量。

（4）利益各方签订合约。苹果园主和养蜂人之间的合约也可以解决树太少和蜜蜂太少的问题。这个合约可以规定树和蜜蜂的数量，也许还包括一方对另一方的支付。通过决定树和蜜蜂的正确数量，这个合约就可以解决通常这种外部性产生的无效率问题，并使双方的状况都变好。

私人经济主体可能通过以上方式解决外部性问题，但在现实中，由于一些限制性因素，使得私人主体并不能很好地解决外部性引起的问题。比如交易成本可能很昂贵，各方都可能竭力使自身利益最大化而使谈判破裂，或者因为所涉及的利益主体太多，而要协调各方利益不太可能。

6. 设想你是一个与吸烟者同住一间房的不吸烟者。根据科斯定理，什么因素决定了你的室友是否在房间里吸烟？这个结果有效率吗？你和你的室友如何达成这种解决方法？

答：科斯定理的内容：只要财产权是明确的，并且其交易成本为零或者很小，则无论在开始时财产权的配置是怎么样的，市场均衡的最终结果都是有效率的。

（1）根据科斯定理，我和我的室友将对他是否可以在室内吸烟进行讨价还价。如果他认为吸烟远比我认为干净的空气重要，那么他可以在室内吸烟；但如果我认为室内干净的空气远比他认为吸烟重要，那么达成的结果是他不可以在室内吸烟。

（2）只要可以无成本地对该问题进行讨价还价，那么问题的解决是有效的。

（3）如果允许吸烟，他将对我健康的损害进行赔偿；如果不允许吸烟，我将对他的损失进行赔偿，这样就可以解决该问题了。

三、快速单选

1. 以下哪一种是正外部性的例子？（　　）
  a. Bob 为 Hillary 剪草坪，并因这项工作得到 100 美元的报酬
  b. 在剪草坪时，Bob 的剪草机喷出烟雾，而 Hillary 的邻居 Kristen 不得不吸入
  c. Hillary 剪好的新草坪使她所在的社区更有吸引力
  d. 如果 Hillary 答应定期剪草坪，她的邻居会向她付费

【答案】c
【解析】当一个人从事一种影响旁观者福利并对这种影响既不付报酬又不得报酬的活动时，就产生了外部性。如果这种影响是有利的，就称为正外部性。ad 两项的例子不属于外部性；b 项的例子属于负外部性。

2. 如一种物品的生产引起了负外部性，那么，社会成本曲线就在供给曲线（　　），而且社会的最优数量（　　）均衡数量。
  a. 上方，大于　　b. 上方，小于　　c. 下方，大于　　d. 下方，小于

【答案】b
【解析】由于买者与卖者在决定其需求量或供给量时忽略了他们行为的外部效应，因此在存在外部性时，市场均衡并不是有效的。在存在负外部性的情况下，例如污染时，市场均衡仅仅反映了生产的私人成本，物品的社会成本大于其私人成本。因此，最优量 $Q_{最优}$ 小于均衡数量 $Q_{市场}$。

3. 当政府对一种物品征收的税等于与生产这种物品相关的外部成本时，它就（　　）消费者支付的价格，并使市场结果（　　）效率。
  a. 提高了，更有　　　　　　b. 提高了，更无
  c. 降低了，更有　　　　　　d. 降低了，更无

【答案】a
【解析】负外部性使市场生产的数量大于社会合意的数量，通过对有负外部性的物品征税使外部件内在化。如图 10-4 所示，对物品征税后，供给曲线移动到社会成本曲线，价格上升，均衡数量下降，达到社会合意的数量，是市场更有效率。

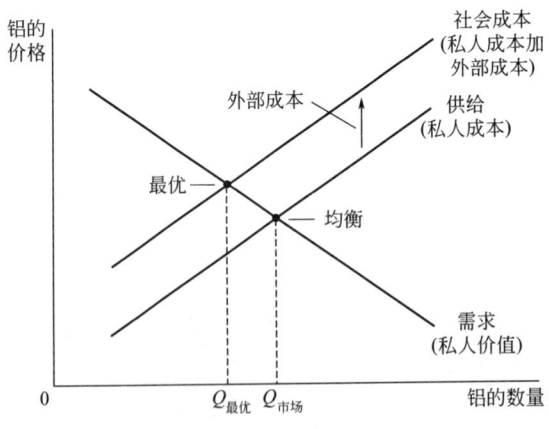

图 10-4　外部性与社会最优

4. 以下哪一种关于矫正税的说法不正确？（　　）
  a. 经济学家更偏爱矫正税，而不是命令与控制型管制

b. 矫正税增加了政府收入
c. 矫正税引起了无谓损失
d. 矫正税减少了市场销售量

【答案】c

【解析】负外部性使市场生产的数量大于社会合意的数量，矫正税和管制都可以解决负外部性、减少销售量。但经济学家对矫正税的偏爱通常大于管制，因为税收可以以较低的社会成本减少负外部性，实现这个目标时更有效率。大多数税扭曲了激励，并引起了无谓损失。与此相反，矫正税改变了激励，从而使资源配置向社会最优水平移动。因此，矫正税既增加了政府的收入，又提高了经济效率。

5. 政府拍卖出 500 单位的污染权。拍卖价格为每单位 50 美元，一共筹集了 25 000 美元。这种政策相当于对每单位污染征收（　　）的矫正税。

　　a. 10 美元　　　　　b. 50 美元　　　　　c. 450 美元　　　　　d. 500 美元

【答案】b

【解析】在使用矫正税时，污染企业必须向政府交税；在使用污染许可证时，污染企业必须为购买许可证进行支付。即使自己拥有许可证的企业也必须为污染进行支付；污染的机会成本是它们在公开市场上出卖其许可证所能得到的收入，即拍卖价格。矫正税和污染许可证都是通过使企业产生污染成本而把污染的外部性内在化。所以，矫正税等于污染权的拍卖价格。

6. 在以下哪一种情况下，科斯定理并不适用？（　　）

　　a. 双方之间存在严重的外部性　　　　　b. 法院系统可以有效地执行所有合约
　　c. 交易成本使谈判变得困难　　　　　　d. 双方都完全了解外部性

【答案】c

【解析】受外部性影响的利益各方可通过签订合约来解决问题，根据科斯定理，如果人们能够无成本地谈判，那么，他们总可以达成一个资源有效配置的协议。但在许多情况下，在许多利益各方间达成协议很困难，从而科斯定理并不适用，其重要原因之一就是交易成本（即各方在达成协议与遵守协议过程中所发生的成本）的存在。

四、问题与应用

1. 考虑有两种方法保护你的汽车不被偷窃。防盗杆使偷车者难以偷走你的汽车。报警器使得你的车在被偷以后，警察可以轻而易举地抓住小偷。以上哪一种类型的保护会给其他车主带来负外部性呢？哪一种会带来正外部性？你认为你的分析有什么政策含义吗？

答：（1）防盗杆的保护给其他车主带来负外部性，因为防盗杆的使用使偷汽车者难以偷走我的汽车，但是偷车者会把注意力转向其他汽车，多偷那些没有安装防盗杆的汽车。

（2）报警器给其他车主带来正外部性，因为偷汽车者并不知道哪些汽车装了报警器，为避免被抓，他们会减少偷任何一辆车的概率。

（3）这一分析的政策含义是政府应该对那些装报警器的汽车所有者给予补贴，对使用防盗杆的汽车所有者征税。

2. 考虑灭火器市场。
a. 为什么灭火器会表现出正外部性？
b. 画出灭火器市场的图形，标出需求曲线、社会价值曲线、供给曲线和社会成本曲线。
c. 指出市场均衡产量水平和有效率的产量水平。直观地解释为什么这两种产量不同。

d. 如果每个灭火器的外部利益是 10 美元，说明能带来有效率结果的政府政策。

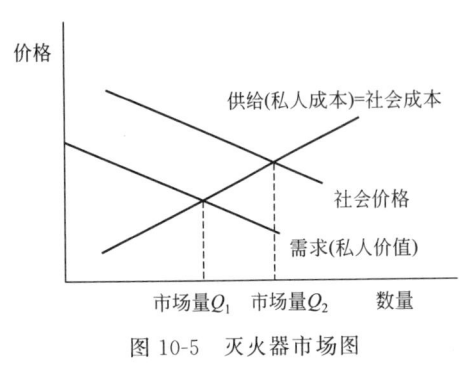

图 10-5 灭火器市场图

答：a. 灭火器的使用不仅可以减少使用者自己的损失，还可以减少其他人的生命、财产损失，所以灭火器的使用有正外部性。

b. 灭火器的使用有正的外部性，所以它的社会价值曲线高于它的需求曲线，供给曲线和社会成本曲线相同，如图 10-5 所示。

c. 如图 10-5 所示，市场均衡的产量水平是 Q_1，有效率的产量水平是 Q_2，且 Q_1 小于 Q_2。这两个产量不同是因为人们在购买灭火器时并没有把对他人的有利影响考虑在内，所以市场量小于最适量。

d. 政府为了使市场量达到最适量，应该对每个灭火器购买者补贴 10 美元，从而使需求曲线上移至社会价值曲线，市场量达到最适量。

3. 旧金山的一家本地戏剧公司提出建立一家新的社区剧院。在得到批准之前，市政规划者全面研究了该剧院对周围社区的影响。

a. 一个研究结果是，剧院使周边的交通量增大，这对社区有不利影响。市政规划者估算，增加的交通量给社区带来的成本是每张票 5 美元。这是哪一种外部性？为什么？

b. 画出剧院门票市场的图形，标明需求曲线、社会价值曲线、供给曲线、社会成本曲线、市场均衡的产出水平，以及有效率的产出水平，再说明每单位产出的外部性数量。

c. 通过进一步研究，市政规划者发现了第二种外部性。排练话剧往往持续到深夜，演员、舞台工作人员和其他剧院成员不时来来往往。规划者发现，步行人数的增加改善了周围街道的安全状况，据估算，给社区带来的利益是每张票 2 美元。这是哪一种外部性？为什么？

d. 在一个新图形上，说明在存在这两种外部性情况下的剧院门票市场。再标明需求曲线、社会价值曲线、供给曲线、社会成本曲线、市场均衡的产出水平、有效率的产出水平，以及每单位产出的这两种外部性的数量。

e. 描述一项可以带来有效率结果的政府政策。

答：a. 额外交通是一种负的外部性，因为它造成了交通拥堵，给其他司机造成了成本。

b. 剧院门票市场的图形如图 10-6 所示。因为此时仅存在负的外部成本，所以图中的曲线 D 既是需求曲线，同时也是社会价值曲线；S_2 为供给曲线，同时也是私人成本曲线；S_1 为社会成本曲线，同时也是私人成本和外部成本之和。

如图 10-6 所示，需求曲线 D 与供给曲线 S_2 相交，决定了市场均衡的产出水平为 Q_2。社会价值曲线 D 与社会成本曲线 S_1 相交，决定了有效率的产出水平为 Q_1。每单位负外部性的数量（即外部成本）为 5 美元，即为私人成本曲线与社会成本曲线之间的垂直距离。

c. 这是一种正的外部性，因为它给居住在剧院附近的居民带来了额外的收益。

d. 当存在两种外部性时，剧院门票市场的图形如图 10-7 所示。因为此时存在负的外部成本，所以 S_1 为供给曲线，同时也是私人成本曲线；S_2 为社会成本曲线。还因为此时存在正的外部收益，所以需求曲线为 D，社会价值曲线为 MSB。

如图 10-7 所示，需求曲线 D 与供给曲线 S_1 相交，决定了市场均衡的产出水平为 Q_1。社会价值曲线 MSB 与社会成本曲线 S_2 相交，决定了有效率的产出水平为 Q_2。

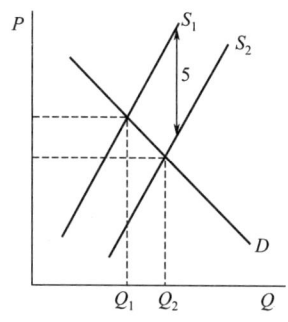
图10-6 外部成本对市场效率的影响

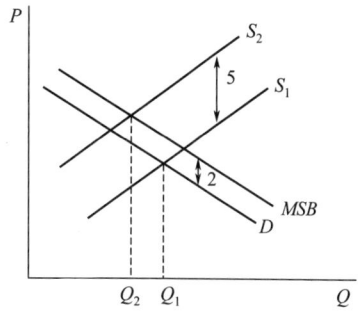
图10-7 外部收益和外部成本对市场效率的影响

每单位负外部性的数量（即外部成本）为5美元，即为私人成本曲线与社会成本曲线之间的垂直距离。每单位正外部性的数量（即外部收益）为2美元，即为需求曲线与社会价值曲线之间的垂直距离。

e. 在仅存在负外部性的情况下，政府可以对剧院出售的每张门票征税5美元，这将使剧院门票的供给曲线向上移动，与社会成本曲线重合，从而可以实现有效率的结果。如果同时存在正外部性和负外部性，则政府可以对剧院出售的每张门票征税5美元，同时对门票的需求者补贴2美元/张。这时供给曲线向上移动，与社会成本曲线重合；需求曲线向上移动，与社会价值曲线重合，因而可以实现有效率的结果。

4. 酒的消费越多，引起的汽车事故就越多，因此，就给那些不喝酒但开车的人带来了成本。

a. 画出酒的市场的图形，标出需求曲线、社会价值曲线、供给曲线、社会成本曲线、市场均衡的产量水平和有效率的产量水平。

b. 在你画的图上，用阴影标出与市场均衡的无谓损失相对应的面积。（提示：由于消费某种数量的酒的社会成本大于社会价值，从而产生了无谓损失。）解释原因。

答：a. 酒的消费有负外部性，所以它的社会价值曲线低于需求曲线，供给曲线等于社会成本曲线，市场均衡产量为Q_2，有效率的产量水平为Q_1，且Q_1小于Q_2，如图10-8所示。

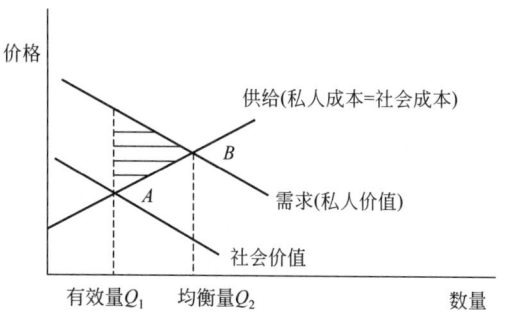

图10-8 酒市场供给和需求曲线

b. 图10-8中的阴影部分就是市场均衡产生的无谓损失。酒的社会价值小于其私人价值，由社会价值和社会成本曲线决定的产量Q_1对社会来说是有效率的。但是，酒市场的交易双方在交易时并不考虑消费酒所带来的负外部性，市场只按私人成本和私人价值来确定使交易双方剩余最大化的均衡销售量Q_2。在Q_2的水平上，酒的社会成本大于酒的社会价值，产生无谓损失。无谓损失＝(单位产量的社会成本－单位产量的社会价值)×(均衡产量－有效率产量)×$\frac{1}{2}$。

5. 许多观察者认为，我们社会中的污染程度太高了。

a. 如果社会希望把总污染减少一定量，为什么让不同企业减少不同量是有效率的？

b. 命令与控制方法通常依靠各个企业等量地减少污染。为什么这种方法一般不能针对那些本应该减少更多污染的企业？

c. 经济学家认为，适当的矫正税或可交易的污染权可以有效地减少污染。这些方法是怎样针对那些应该减少更多污染的企业的？

答：a. 让不同企业减少不同量的污染是有效率的，因为不同企业减少污染的成本不同。

b. 命令与控制方法对企业产生不了更多减少污染的激励。企业只要达到管制要求的排污量目标就完成任务了，没有理由再减少排污。而且，规定各企业统一的排污减少量并不一定是最省钱的保护环境的方法。由于不同企业减少污染需要的成本不同，要求所有企业等量减少排污是没有效率的。

c. 适当的矫正税可以把污染控制在环境部门想达到的任何程度。同时，矫正税把污染权分配给那些减少污染成本最高的工厂，是有效率的方法。而且，矫正税改变了对企业减少排污的激励，企业为了减少税收支出，总会尽力减少污染以少交税。可交易的污染权利即污染许可证减少污染与矫正税很相似。那些以高成本才能减少污染的企业愿意为污染许可证出最高的价格。那些以低成本就可以减少污染的企业也愿意出卖它们所拥有的许可证。污染许可证成了一种稀缺资源，企业为了降低成本，提高收益，会尽量减少对这种资源的购买，或者节省这种资源，出卖给别人。这样，企业就会更多地减少污染。

6. Whoville 的许多非常相似的居民喜欢喝 Zlurp 饮料。每位居民对这种美味饮料的支付意愿是：

第一瓶	5 美元
第二瓶	4 美元
第三瓶	3 美元
第四瓶	2 美元
第五瓶	1 美元
更多瓶	0 美元

a. 生产 Zlurp 饮料的成本是 1.5 美元，而且竞争性的供给者以这一价格出售。(供给曲线是水平的。)每个 Whoville 居民将消费多少瓶饮料？每个人的消费者剩余是多少？

b. 生产 Zlurp 饮料引起了污染。每瓶的外部成本是 1 美元。把这个额外的成本计算进去，在 a 题中你所描述的配置的情况下，每个人的总剩余是多少？

e. Whoville 的一个居民 Cindy Lou 决定把自己消费的 Zlurp 饮料减少一瓶。Cindy 的福利（她的消费者剩余减她承受的污染成本）会发生什么变动？Cindy 的决策如何影响 Whoville 的总剩余？

d. Grinch 市长对 Zlurp 饮料征收 1 美元的税收。现在每人消费多少？计算消费者剩余、外部成本、政府收入以及每个人的总剩余。

e. 根据你的计算，你会支持市长的政策吗？为什么？

答：a. 根据题意可得，每个 Whoville 居民将消费 4 瓶 Zlurp 饮料；根据居民的支付意愿及生产 Zlurp 饮料的成本和价格，可知：消费第 1 瓶时，居民的消费者剩余是 5－1.5＝3.5 美元，消费第 2 瓶的消费者剩余是 4－1.5＝2.5 美元，消费第 3 瓶的消费者剩余是 3－1.5＝1.5 美元，消费第 4 瓶的消费者剩余是 2－1.5＝0.5 美元，因此每个人的消费者剩余为 3.5＋2.5＋1.5＋0.5＝8 美元。

b. 由于污染引起饮料的外部成本为 1 美元，此时饮料的价格为 2.5 美元，按照 a 中的配置情况，每个居民消费 4 瓶饮料，那么每多消费 1 瓶居民的消费者剩余会减少 1 美元，因此，居民的消费者剩余为 8－4＝4 美元。

c. Cindy Lou 决定把自己消费的 Zlurp 饮料减少一瓶，那么她消费 3 瓶饮料的消费者剩余为 3.5＋2.5＋1.5－3＝4.5 美元。因为 4.5＞4，所以 Cindy 的福利将增加，从而也会带动 Whoville 居民整体消费者剩余水平的增加。

d. Grinch 市长对 Zlurp 饮料征收 1 美元的税收，此时饮料的价格变为 1.5＋1＝2.5 美元，所以每人只消费 3 瓶饮料，此时：

消费第 1 瓶的消费者剩余为 5－2.5＝2.5 美元，消费第 2 瓶的消费者剩余为 4－2.5＝1.5 美元，消费第 3 瓶的消费者剩余为 3－2.5＝0.5 美元；每个居民造成的外部成本为 3 美元；政府从每个居民消费中得到的收入为 3 美元；每个人的总剩余为 2.5＋1.5＋0.5＝4.5 美元。

e. 根据以上计算，可以支持市长的政策，因为每个居民的总剩余比不征税时的总剩余高；同时对饮料进行征税具有正的外部性，一方面可以增加政府收入，另一方面减少消费这者对饮料的需求，减少污染，降低生产者的外部成本。

7. Ringo 喜爱以高音量演奏摇滚乐。Luciano 喜爱歌剧，并讨厌摇滚乐。不幸的是，他们是一座墙薄如纸的公寓楼里的邻居。

a. 这个例子中的外部性是什么？

b. 房东可以实行什么命令和控制政策？这种政策可能引起无效率的结果吗？

c. 假设房东允许房客做自己想做的事。根据科斯定理，Ringo 和 Luciano 可以怎样自己实现有效率的结果？什么可能妨碍他们实现有效率的结果？

答：a. 这里的外部性是噪声污染。Ringo 用高音量播放摇滚乐，使邻居 Luciano 受到噪声干扰，但 Ringo 在决定用多高音量播放摇滚乐时并没有把这种影响考虑在内。

b. 房东可以规定房客不得在房间里开大录音机、收音机或电视机的音量。这种政策可能会引起无效率的结果。它虽然使 Luciano 避免忍受摇滚乐干扰之苦，但也使 Ringo 无法享受自己喜爱的音乐。如果高音量摇滚乐使 Luciano 所承受的成本小于 Ringo 的收益，这项政策就是无效率的。

c. 根据科斯定理，Ringo 和 Luciano 可以就此事进行协商，比较他们各自的成本和收益，达成一个协议。要么，Ringo 向 Luciano 支付一定的金额以补偿 Luciano 忍受摇滚乐的痛苦；要么，Luciano 向 Ringo 支付一定的金额以补偿 Ringo 不能享受自己喜爱的音乐的损失。

但达成协议有时是很困难的，有时可能因为高昂的交易成本使谈判无法进行，有时会因为各方都竭力要达到更好的交易而使谈判破裂。假设 Ringo 从听摇滚乐中得到 400 美元收益，而 Luciano 由于听摇滚乐要承受 700 美元的成本。虽然 Ringo 放弃听高音量的摇滚乐，同时 Luciano 向他进行支付是有效率的。但是，如果 Ringo 想要 600 美元，而 Luciano 只愿意支付 500 美元。这时双方可能由于价格争执而使谈判破裂，最终不能达到有效率的结果。

8. 图 10-9 表示污染权的需求曲线既定时，政府可以通过用矫正税确定价格或用污染许可证确定数量来达到同样的结果。现在假设控制污染的技术有了显著进步。

a. 用类似于图 10-9 的图形说明这种技术进步对污染权需求的影响。

b. 在每种管制制度下，这对污染的价格和数量有什么影响？解释原因。

答：a. 由于治污技术有显著进步，对污染权的需求减少了，污染权的需求曲线从 D 向左移到 D'。如果使用矫正税，如图 10-9 所示，需求曲线的移动使污染量减少；如果使用污染许可证，如图 10-10 所示，污染权需求曲线的移动使污染价格下降。

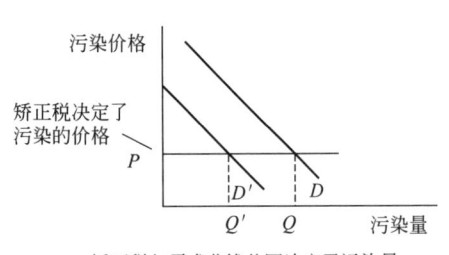
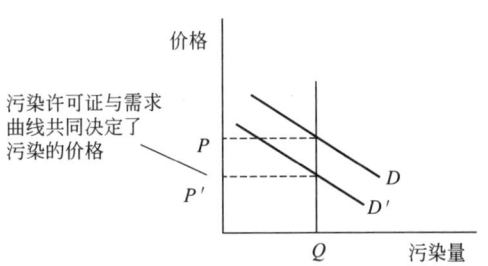

图 10-9 使用矫正税时污染需求减少的影响　　图 10-10 使用污染许可证时污染需求减少的影响

b. 在矫正税制度下，矫正税决定了污染的价格，只要税率不变，污染的价格就不变，而需求曲线的移动改变了污染量，使污染量减少。在污染许可证制度下，污染许可证的发放量决定了污染量，只要许可证的数量不变，污染量一般不会变，而需求曲线的移动改变了污染价格，使污染价格降低。

9. 假设政府决定发行针对某种污染的可交易许可证。

a. 政府是分配还是拍卖许可证对经济效率有影响吗？

b. 如果政府选择分配许可证，则许可证在各企业中的分配方式对效率有影响吗？

答：a. 政府无论是分配还是拍卖许可证并不会对经济效率产生影响。因为许可证是可交易的，减少污染成本高的企业会出高价从别的企业购买许可证，也可以出高价在拍卖会上买到满足自己需要量的许可证。市场最终将会以最高的价格把许可证分配给对它评价最高的买者。

其他方式只要是公平地发放许可证，对效率的影响都是一样的。但如果在许可证的取得过程中存在幕后交易或特权现象，就会使社会效率大大降低，因为污染企业必须多花一部分成本去"寻租"。

b. 许可证在各企业中的分配对效率不重要。许可证多余的企业可以在许可证市场上出卖多余的证，许可证缺少的企业也可以在市场上购买它所需要的量。

10. 在快乐山谷有三家工业企业。政府想把污染减少为 120 单位，所以它给每个企业 40 单位的可交易污染许可证。

企业	最初的污染水平（单位）	减少一单位污染的成本（美元）
A	70	20
B	80	25
C	50	10

a. 谁出售许可证？出售多少？谁购买许可证，购买多少？简单解释为什么卖者与买者愿意这样做。在这种情况下减少污染的总成本是多少？

b. 如果许可证不能交易，减少污染的成本会高多少？

答：a. C企业出卖许可证，出卖40单位；B企业购买许可证，购买40单位。在这种情况下减少污染的总成本是1100美元。分析如下。

A企业减少一单位污染的成本是20美元，B企业是25美元，C企业是10美元。因为B企业减少一单位污染的成本最高，所以它会保留自己的40单位许可证，而且还会向其他企业购买40单位，从而使污染量不变，仍保持在80单位水平。这样A和C企业总共还剩40单位许可证，由于A企业对许可证的评价高，所以它会保留自己的40单位许可证，使污染量不变，维持在40单位水平。因此，C企业将自己的40单位许可证出售给B企业，A企业既不购买也不出售许可证。最终，A排放40单位污染，B排放80单位，C不排放污染。在这种情况下，减少污染的总成本是30×20＋50×10＝1100美元。

b. 如果许可证不能交易，A、B、C三家都只得到40单位污染的许可，这就意味着A、B、C企业必须减少的污染量分别是：30单位、40单位、10单位。与此相对应的成本是：

A：30×20＝600美元

B：40×25＝1000美元

C：10×10＝100美元

减少污染的总成本是600＋1000＋100＝1700美元，比a题中可交易时高出600美元（1700－1100＝600）。

名校考研真题详解

1. 根据科斯定理，可以怎样解决外部性问题。［上海大学2017研；山东大学2014研］

答：（1）科斯定理的内容是：在交易费用为零时，只要产权初始界定清晰，并允许经济当事人进行谈判交易，就可以导致资源的有效配置。

（2）科斯定理扩大了"看不见的手"的作用。按照这个定理，只要那些假设条件成立，则外部影响就不可能导致资源配置不当。或者以另一角度来说，在给定的条件下，市场力量足够强大，总能够使外部性以最经济的办法来解决，从而仍然可以实现帕累托最优状态。

西方一些学者根据科斯定理认为，外部性之所以导致资源配置失当是由于产权不明确。如果产权明确，且得到充分保障，有些外部性就不会发生。就是说，在解决外部性问题上不一定要政府干预，只要产权明确，市场会自动解决外部性问题，而在此之前的传统经济学认为，解决外部性问题需要政府的干预。因此，科斯定理是对传统经济学的修正。

（3）如果产权界定是明确的，那么通过市场交易解决外在性问题是可行的。以Y厂商向X厂商就污染问题而施加外在成本的情形为例。在产权可以自由买卖的条件下，如果法律界定X厂商有权不受污染，那么Y厂商为了能够生产就必须向X厂商购买污染权。这时，Y厂商将因此增加一部分边际成本，而X厂商则得到相应的收益。反之，如果产权界定给Y厂商，即Y厂商有权向X厂商施加污染，那么，X厂商将购买这一权利以便Y厂商不释放污染。结果，市场交易本身使得污染问题解决。不仅如此，由于交易是在完全竞争条件下进行的，因而结果是帕累托最优的。

但是，科斯定理解决外部性问题在实际中并不一定真的有效。这是因为：第一，资产的财产权不一定能够明确地加以规定。有的资源，例如空气，在历史上就是大家均可使用的共同财产，很难将其财产权具体分派给谁；有的资源的财产权即使在原则上可以明确，但由于不公平问题、法律程序的成本问题等也变得实际上不可行；第二，已经明确的财产权不一定总是能够转让。这就涉及信息是否充分及买卖双方不能达成一致意见的各种原因，如谈判的人太多、交易成本过高、谈判双方都能使用策略性行为等；第三，明确的财产权的转让并不总能实现资源的最优配置。运用科斯定理完全有可能得到这样的结果：它与原来的状态相比有所改善，但并不一定恰好为帕累托最优状态。此外，还应指出，分配产权会影响收入分配，而收入分配的变动可以造成社会不公平，引起社会动乱。在社会动乱的情况下，就谈不上解决外部影响的问题了。

2. 请从经济学的角度解释为什么要"节能减排"。［武汉大学 2011 研］

答：节能减排是指节约能源、降低能源消耗、减少污染物排放。广义节能是指除狭义节能内容之外的节能方法，如节约原材料消耗，提高产品质量、劳动生产率、减少人力消耗、提高能源利用效率等。狭义节能是指节约煤炭、石油、电力、天然气等能源。"节能减排"原因的经济学分析如下。

（1）污染的外部性

外部性指一个经济活动的主体对它所处的经济环境的影响。负外部性的影响会造成私人成本和社会成本之间的不一致，容易造成市场失灵。负外部性的存在造成了一个严重后果：市场对资源的配置缺乏效率。以污染问题为例，在存在外部性影响的条件下，潜在的帕累托改进机会并不能得到实现，原因主要有以下这几种：①存在巨大的交易费用；②很难避免"免费搭便车"的现象；③势力的不对称性，污染者在改变污染水平上的行为就像一个垄断者。在这种情况下，由外部影响产生的垄断行为也会破坏资源的最优配置。因此，为了实现资源的更优配置，应该减少污染，"节能减排"。

（2）能源分配的公平问题

能源是一种有限的资源，与能源公平问题相关的至少存在于国内与代际之间。

① 就国内而言，保障社会公平是政府的责任。从企业和个人行为出发，无法考虑社会公平分配问题。政府需要决定如何将国有能源资源在个人之间进行分配，以保证公众的基本能源消费。

② 代际公平方面，人口和经济的快速增长，使能源资源和环境压力增大。后代人是否有足够的能源支撑现代化生活，是否有一个适合生存的自然环境，主动权完全掌握在当代人手中。以目前的能源和环境状况，如果现在不能处理好代际之间的公平，后代人面临的能源、环境压力将不堪设想。

（3）能源价格的变动对宏观经济的冲击

石油作为重要的能源，其价格波动常常导致世界性的经济不稳定。如果坚持高能耗的经济发展模式，不断加大经济增长对石油进口的依存度，那么一国的经济将会受到世界局势尤其是中东、非洲等产油地区局势变化的影响，为经济增长带来极大的不确定性。因此，应该鼓励节能减排，降低对石油等能源资源的依赖程度。

3. 外部影响是如何导致市场失灵的？政府应采取哪些措施矫正市场失灵？［中南财大 2014 研；人大 2002 研］

答：（1）市场失灵指完全竞争的市场机制在很多场合下不能导致资源的有效配置，不能达到帕累托最优状态的情形。市场失灵的几种情况有：垄断、外部性、公共物品和非对称信息。一项经济活动存在外部经济时，人们从该项活动中得到的私人利益会小于社会利益；而存在外部不经济时，人们从事该项活动所付出的私人成本又会小于社会成本。在这两种情况下，自由竞争条件下的资源配置都会偏离帕累托最优。

令 V_P、V_S 和 C_P、C_S 分别代表某人从事某项经济活动所能获得的私人利益、社会利益、私人成本和社会成本，再假定存在外部经济，即有 $V_S > V_P$，但又有 $V_P < C_P < V_S$，则

此人显然不会进行该活动。这表明资源配置没有达到帕累托最优,因为从上述两个不等式可以得到:$V_S-V_P>C_P-V_P$,这一新不等式说明,社会上由此得到的好处(V_S-V_P)大于私人从事这项活动所受到的损失(C_P-V_P)。可见,这个人如果从事这项活动的话,从社会上其他人所得到的好处中拿出一部分来补偿进行活动的私人所受到的损失以后还会有多余,即可能使其他人状况变好而没有任何人状况变坏。这说明,存在外部经济的情况下,私人活动的水平常常低于社会所要求的水平。

相反,存在外部不经济时,有$C_P<C_S$,再假定$C_S>V_P>C_P$,则此人一定会进行此项活动,从上述两不等式中可得到$C_S-C_P>V_P-C_P$,此不等式说明,进行了这项活动,社会上其他人受到的损失大于此人得到的好处,从整个社会看,是得不偿失的,因此私人活动水平高于社会所要求的最优水平了。

因此,外部性(外在性)是造成市场失灵的重要原因之一。

(2)为矫正因外部性而导致的市场失灵,政府可采取以下措施。

① 课税与补贴。对产生外部成本者课税,对产生外部利益者补贴,其目的在于使外部效果的产生者自行负担其外部成本或享有外部收益。

② 合并企业。合并企业的目的就在于使外在性问题内在化。如果生产 Y 商品的厂商对生产 X 商品的厂商施加了外在性,那么这一现象导致资源配置扭曲的原因是第二家厂商不考虑其行为对第一家厂商所产生的成本或者收益。因而,解决这一问题的思路是将这两家企业合并在一起。合并后的企业会继续以利润最大化为目标,这将导致社会资源的有效配置。

③ 赋予财产权。对能排他的公共财富或无主物赋予财产权,这样就能对享用者收取费用,对破坏者要求赔偿,使外部性削减,同时提高经济效率。

④ 政府直接管制。主要是指政府对产生外部成本的情况加以管制。例如,对污染的管制。

4. "外部性带来低效率",那么:

(1) 请结合图形说明,外部性是如何造成低效率的?

(2) "科斯定理"是如何有助于帮助克服这种低效率的?[山东大学 2017 研;东北财大 2010 研;湖南大学 2006 研]

答:(1)外部性使经济中的资源配置发生扭曲,使生产者的私人成本偏离社会成本,或者使对商品的社会需求偏离私人需求,这对于社会福利的最大化是不利的。

如图 10-11 所示,由于正外部性的作用,市场主体的私人需求小于社会需求,导致实际的市场均衡点 E_P 偏离理想的市场均衡点 E_S,其后果是实际的均衡数量 Q_P 低于理想的均衡数量 Q_S。市场机制导致的这种结果是缺乏效率的,因为在数量 Q_P 上,可以实现帕累托改进。

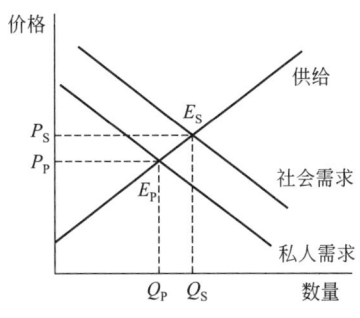

图 10-11 正外部性的影响

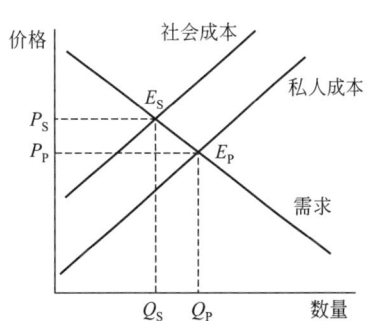

图 10-12 负外部性的影响

如图10-12所示,由于负外部性的作用,市场主体的私人成本小于社会成本,导致实际的市场均衡点E_P偏离理想的市场均衡点E_S,其后果是实际的均衡数量Q_P高于理想的均衡数量Q_S。市场机制导致的这种结果是缺乏效率的,因为在数量Q_P上,可以实现帕累托改进。

（2）科斯认为,外部性是因为产权界定不明确或界定不恰当而造成的;只要能界定产权和保护产权,随后产生市场交易,就能使资源的配置达到最优。科斯定理的一般表述为:只要财产权是明确的,并且其交易成本为零或者很小,则无论在开始时将财产权赋予谁,市场均衡的最终结果都是有效率的。

按照科斯定理的含义,只要交易成本为零或者很小,则不论财产权归谁,自由的市场机制总会找到最有效率的办法,使得私人成本（或利益）与社会成本（或利益）趋于一致,从而达到帕累托最优状态。

当然,科斯定理的结论只有在交易成本为零或者很小的情况下才能得到。事实上,由于财产权归属等难题的存在,运用科斯定理解决外部影响问题在实际中并不一定真的有效。

5. 解决外部性的私人方法有哪些？针对外部性的公共政策是什么？［深圳大学2010研］

答：外部性是指一个人的行为对其他人福利的影响,而对这种影响既不付报酬又得不到报酬。如果对其他人的影响是不利的,就称为负外部性。如果这种影响是有利的就称为正外部性。由于存在外部性,市场均衡并不是有效率的。

（1）外部性的私人解决方法主要有以下几种。

① 用道德约束和社会约束来解决。利用道德规范使经济人考虑自己的行为对他人的影响,将外部性内在化。

② 慈善行为。私人捐款筹资来保护环境,促进教育等。

③ 经营整合。把不同类型的经营整合在一起,使外部性内在化。

④ 利益各方签订合约。通过合约规定一方对另一方的支付,以解决外部性产生的无效率问题。

（2）针对外部性的公共政策主要有以下几种。

① 管制。政府可以通过规定或禁止某些行为来解决外部性。对于一些污染环境的行为制定完全禁止这种行为的命令与控制政策。

② 矫正性税收和补贴。对造成外部不经济的企业,国家应该征税,其数额应该等于该企业给社会其他成员造成的损失,从而使该企业的私人成本恰好等于社会成本,这样既增加了政府的收入,又提高了经济效率。同样,对于有正外部性的活动,实施补贴,也有利于促进经济效益提高。

③ 使用企业合并的方法。将有正的外部性的企业和有负的外部性的企业合并为一个企业,将外部性内部化,从而实现资源优化配置。

④ 规定财产权。许多外部性的产生由于财产权不明确,若财产权是完全明确并得到充分保障,则有些外部影响就不会发生。

第11章 公共物品和公共资源

```
                        ┌ 不同类型的物品
                        │           ┌ 搭便车者问题
                        │ 公共物品 ┤ 一些重要的公共物品
公共物品和公共资源 ┤           └ 成本—收益分析的难题
                        │ 公共资源 ┌ 公地悲剧
                        │           └ 一些重要的公共资源
                        └ 产权的重要性
```

考点1 物品的分类

排他性指一个人使用或消费一种物品时可以阻止其他人使用或消费该种物品的特性；竞争性指一个人使用或消费一种物品时，就减少了其他人使用或消费该种物品的机会。根据这两个特点可以把物品分为四类，如表11-1所示。

表11-1 物品的分类

项目		竞争性	
		是	否
排他性	是	私人物品	俱乐部物品
	否	公共资源	公共物品

【名师点读】

本知识点属于一般考点，多以概念题或简答题形式进行考查。考生需学会根据排他性与竞用性对物品进行正确分类，区分公共物品与公共资源。相关考研真题如下。

【概念题】 公共物品［北理工2016研；厦门大学2015研；中央财大2014研］

考点 2　公共物品

（1）搭便车者问题

搭便车者问题是指因公共物品没有排他性，人们得到一种物品的利益但并不为此支付的现象。搭便车者问题排除了私人市场提供公共物品的情况，政府只能通过征税的方式来支付公共物品的成本，使人人都可以获得享用该物品的收益。

（2）成本—收益分析

成本—收益分析是通过分析社会提供公共物品的成本与收益，从而确定是否提供该物品的一种研究方法。政府首先估计提供一种公共物品的收益和成本，然后把二者加以比较，最后根据比较的结果决定是否提供该物品。如果评估的结果是该公共物品的收益大于或至少等于其成本，则它就值得生产，否则便不值得。

现实中进行这种分析非常困难，因为所有的人都可以免费使用一种公共物品，人们对一种公共物品的评价依赖于其所面临的激励，受益于该公共物品的人有夸大利益的激励，而受害于该公共物品的人有夸大成本的激励。因此，有效率地提供公共物品比有效率地提供私人物品更困难。

【名师点读】

公共物品的提供是市场失灵的一种重要情况，考生需注意结合公共品的非排他性和非竞争性来理解搭便车的行为以及成本—收益分析中所面临的人们隐瞒自己真实支付意愿的困境。考试中，多以简答题的形式对本知识点进行考查。相关考研真题如下。

1.【简答题】与私人物品相比，公共物品有哪些特点？这些特点怎样决定市场机制在公共物品生产上是失灵的？［对外经贸大学2014研］

2.【简答题】在知道公共物品和私人物品的市场需求曲线的情况下，公共物品和私人物品的价格是怎么确定的？消费者是否认同公共物品定价方式？为什么？［南开大学2011研；东北财大2009研］

考点 3　公共资源

（1）概念

公共资源是指有竞争性但无排他性的物品。人们使用公共资源并不需要支付费用，在使用时存在负的外部性，会造成公共资源的过度使用。因此，政府一般采取限制手段，使公共资源的使用维持在一个有效率的水平。

（2）公地悲剧

① 简介

公地作为一项资源或财产有许多拥有者，每个人都有使用权，且没有权利阻止其他人使用，从而造成资源过度使用和枯竭。过度砍伐的森林、过度捕捞的渔业资源及污染严重的河流和空气，都是"公地悲剧"的典型例子。"悲剧"是指每个当事人都知道资源将由于过度使用而枯竭，但每个人对阻止事态的继续恶化都感到无能为力，甚至采取加剧恶化的行为。公共资源因产权难以界定（界定产权的交易成本太高）而被竞争性地过度使用或侵占是必然的结果。

② 成因

公地悲剧的成因在于缺乏约束的条件，当存在过度放牧问题时，每个牧羊人虽然明知公地会退化，但个人博弈的最优策略仍然只能是增加牲畜数量，因此牧场可能彻底退化或废弃。"公地悲剧"的发生，人性的自私或不足只是一个必要条件，而公地缺乏严格而有效的监管是另一个必要条件。所以，"公地悲剧"并非绝对不可避免。

（3）解决方案

① 政府通过税费改变人们的行为。

② 政府通过管制减少公共资源的消耗。

③ 把公共资源变为私人物品，即明确确定其产权。

【名师点读】

公地悲剧作为公共资源被过度使用的典型例子，其含义、成因及解决方法等各个方面考生均需熟练掌握，并能结合实际中的问题进行分析。一般以概念题或简答题等形式考查，相关考研真题如下。

【概念题】公地的悲剧［中央财大2015研］

一、概念题

1. 排他性（excludability）

答：排他性指一个人使用或消费一种产品或服务时可以阻止其他人使用或消费该种产品或服务的特性。排他性是区分公共物品和私人物品的标准之一。生产者的排他原则有效时，生产者能够限制那些不为这种物品支付的消费者使用这种商品，消费者的排他性有效时，消费者在消费一种物品时，其他人能够被排除在外。在排他性原则失效的地方，就会出现没有付出代价，却可以享受物品效用的"免费搭便车"现象。

2. 消费中的竞争性（rivalry in consumption）

答：消费中的竞争性指一种产品或服务被一个人消费从而减少了其他人消费的特性。如果某人已经使用了某个商品（如某一火车座位），其他人就不能再同时使用该商品，则这种商品就具有消费中的竞争性。市场机制只有在具备排他性和竞争性两个特点的私人物品的场合才真正起作用，才有效率。

3. 私人物品（private goods）

答：私人物品指既有排他性又有消费竞争性的物品，是供个人单独消费的物品。私人物品是那种可得数量将随任何人对它的消费或使用的增加而减少的物品，它具有两个特征：第一是竞争性，如果某人已消费了某种商品，则其他人就不能再消费该商品；第二是排他性，对商品支付价格的人才能消费商品，其他人则不能。

4. 公共物品（public goods）

答：公共物品与私人物品相对应，指既无排他性又无竞争性的物品。一种公共物品可以同时供一个以上的人消费，任何一个人对某种公共物品的消费，都不排斥其他人对这种物品的消费，也不会减少其他人由此而获得的满足。

公共物品具有四个特性：①非排他性。一种公共物品可以同时供一个以上的人消费，任何人对某种公共物品的消费，都不排斥其他人对这种物品的消费，也不会减少其他人由此而获得的满足。②自动性。公共物品是自动地提供给所有社会成员的，不论你是否愿意。③无偿性。消费者消费这种物品可以不支付费用，或者以远低于其边际效用或边际成本决定的价格来付价钱。④非竞争性。公共物品是提供给一切消费者的，无法在消费者之间进行分割。

5. 公共资源（common resources）

答：公共资源指有竞争性但无排他性的物品。公共资源有两个特征：一是资源的稀缺性，二是其使用上不受限制。由于使用上不受限制，没有人对新使用者造成的外部效应负责，使得公共资源的使用所带来的社会收益小于个人收益，进而造成公有资源的过度使用，这就是通常所说的公共资源问题。其产生的根源在于产权归属不够明确。

公共资源与公共物品一样，也没有排他性，想使用公有资源的任何一个人都可以免费使用。但是，公共资源具有竞争性，一个人使用公共资源减少了其他人对它的享用。例如，海洋中的鱼是一种竞争性物品：当一个人捕到鱼时，留给其他人捕的鱼就少了。但这些鱼并不是排他性物品，由于海洋浩瀚无边，对渔民所捕到的鱼收费是困难的。

6. 俱乐部物品（club goods）

答：俱乐部物品是指那些受益人相对固定的、通过俱乐部形式组织起来的利益共同体所提供的俱乐部公益性物品。俱乐部物品是介于纯私人物品和纯公共物品之间的产品或服务，具有排他性但没有消费中的竞争性。由于这类公共物品的消费者相对集中，且受益人相对固定，因此，将这些受益人通过俱乐部形式（一定地域范围内的农村合作社、经济协作组织、民间社团、待业组织等）组织起来，俱乐部内部所有成员共享俱乐部产品并分摊投入成本费用，是科学可行的。

7. 搭便车者（free rider）

答：搭便车者指得到一种物品的利益但并不为此支付的人，即不为产品支付费用却同样享受这种产品的消费者。公共物品经常出现有免费搭便车问题，免费搭便车者常会隐瞒自己对某种公共物品例如国防、公路等的真实需求，从而导致市场难以有效地提供公共物品，通常是供给量不足。因此，提供有效数量的公共物品大多通过市场以外的其他方式，例如通过成本—收益分析，由国家来提供有效数量的公共物品。

8. 成本—收益分析（cost-benefit analysis）

答：成本—收益分析指比较提供一种公共物品的社会成本与社会收益的研究。成本—收益分析是用来评估经济项目或非经济项目的。它首先估计一个项目所需花费的成本以及它所可能带来的收益，然后把二者加以比较，最后根据比较的结果决定该项目是否值得投资生产。公共物品也可以看成是一个项目，并运用成本—收益分析方法来加以讨论。如果评估的结果是该公共物品的收益大于或至少等于其成本，则它就值得生产，否则便不值得。

9. 公地悲剧（Tragedy of the Commons）

答：公地悲剧是说明从整个社会的角度看为什么公共资源的使用大于合意的水平的一个寓言。1968年，美国经济学家G·哈丁提出"公地悲剧"，即"公用权悲剧"概念，哈丁把公共财产比作公有草地，谁都可以在草地上放牧，每一位牧民为了从放牧中取得更多的好处，按照费用最少、效益最大的原则，总是力图增加畜群的数量，但是谁也不进行草地建设的投资。这样，随着畜群增加，草原的质量急剧下降，最后草场完全退化，不能再放牧牛羊。这就是草地公用权的悲剧。每个人追求自己最大的个人利益，但是最后的结果，是不可避免地导致所有人的利益的毁灭。

公地悲剧是说明公共资源被过度使用的范例。当一个人用公共资源时，他减少了其他人对这种资源的享用。由于这种负外部性，公共资源往往被过度使用。政府可以通过管制或税收减少公共资源的使用来解决这个问题。此外，政府有时也可以把公共资源变为私人物品。

二、复习题

1. 解释一种物品有"排他性"的含义。解释一种物品有"消费中的竞争性"的含义。一块比萨饼是否有排他性？是否有消费中的竞争性？

答：（1）"排他性"指一种物品具有的可以阻止一个人使用该物品的特性。当一种产品或服务者具有排他性，一个人使用或消费该产品或服务时就可以阻止其他人使用或消费该种产品和服务。

一种物品有"消费中的竞争性"是指一个人使用或消费该物品时，就减少了其他人使用或消费该物品的机会的特性。如果某人已经使用了某个商品（如某一火车座位），则其他人就不能再同时使用该商品，那么这种商品就具有竞争性。

（2）比萨饼既具有排他性又具有消费中的竞争性。比萨饼具有排他性是因为比萨饼生产者可以限制那些不为比萨饼支付的消费者享用比萨饼。比萨饼具有消费中的竞争性是因为一个消费者购买享用了它，其他消费者就不可以再消费这个比萨饼。

2. 给公共物品下定义并举出一个例子。私人市场本身能提供这种物品吗？解释原因。

答：（1）公共物品的含义及例子

公共物品与私人物品相对应，指既无排他性又无竞争性的物品。一种公共物品可以同时供一个以上的人消费，任何一个人对某种公共物品的消费，都不排斥其他人对这种物品的消费，也不会减少其他人由此而获得的满足。例如，国防是一种公共物品。一旦要保卫国家免受外国入侵，就不可能排除任何一个人享有这种国防的好处。而且，当一个人享受国防的好处时，他并不减少其他任何一个人的好处。

（2）私人市场本身不能提供公共物品，原因如下。

① 公共物品常出现免费搭便车问题。免费搭便车者常会隐瞒自己对某种公共物品例如国防、道路等的真实需求，从而导致市场难以有效地提供公共物品，通常是供给量不足。因此，提供有效数量的公共物品大多通过市场以外的其他方式，例如通过成本—收益分析，由国家来实现。

② 公共物品使用之所以具有非排他性和非竞争性，是因为公共物品在生产上具有不可分性，如国防、警务等提供的服务，它不可能像面包、衣服那样可分割为许多细小单位，而只能作为一个整体供全体社会成员使用。当物品可以像私人物品那样细分时，消费者就可按一定价格购买自己所需要的一定数量独自享用，排斥他人分享。在这种情况下，消费者对物品的偏好程度可通过愿意支付的价格来表现，使自己的消费达到最大满足，从而市场价格可对资源配置起到支配作用。公共物品由于不能细分，因而人们对公共物品的消费不能由市场价格来决定，价格机制无法将社会对公共物品的供需情况如实反映出来。这样，公共物品就只能由政府根据社会成员的共同需要来提供。如果要人们根据价格所表现的偏好来生产这些物品，则谁都不愿意表露自己的偏好，只希望别人来生产这些物品，自己则坐享其成，这样，公共物品就无法生产出来了。

因此，在公共物品生产上，私人市场本身不能提供这种物品，即市场是失灵的。

3. 什么是公共物品的成本—收益分析？为什么它很重要？为什么进行这种分析很困难？

答：（1）公共物品的成本—收益分析是通过分析社会提供公共物品的成本与收益，从而确定是否提供该物品的一种研究方法。

（2）公共物品的成本—收益分析非常重要，因为政府需要估计提供一种公共物品的收益和成本，然后把二者加以比较，最后根据比较的结果决定是否提供该物品。如果评估的结果是该公共物品的收益大于或至少等于其成本，则它就值得生产，否则便不值得。

(3) 进行这种分析非常困难，因为所有的人都可以免费使用一种公共物品，没有判断这种公共物品价值的价格。人们对一种公共物品的评价依赖于他们所面临的激励，那些受益于该公共物品的人有夸大他们的利益的激励，而那些受害于该公共物品的人有夸大他们成本的激励。

4. 给公共资源下定义并举出一个例子。如果没有政府干预，人们对这种物品的使用会太多还是太少？为什么？

答：（1）公共资源的含义和例子

公共资源指有竞争性但无排他性的物品。公共资源有两个特征：①资源的稀缺性；②使用上不受限制。由于使用上不受限制，没有人对新使用者造成的外部效应负责，使得公共资源的使用所带来的社会收益小于个人收益，进而造成公有资源的过度使用，这就是通常所说的公共资源问题。其产生的根源在于产权归属不够明确。

例如，海洋中的鱼是一种竞争性物品：当一个人捕到鱼时，留给其他人捕的鱼就少了。但这些鱼并不是排他性物品，因为几乎不可能对渔民所捕到的鱼收费。

(2) 没有政府干预，人们使用这种物品会太多。因为公共资源是非排他性的，人们都可以使用，并且使用公共资源时不需要为自己给他人带来的利益损害支付成本，也即没有人对新使用者造成的外部效应负责，这使得公共资源的使用所带来的社会收益小于个人收益，进而造成公共资源的过度使用。公共资源的过度使用，其产生的根源在于产权归属不够明确。

三、快速单选

1. 以下哪一类物品具有排他性？（　　）

a. 私人物品与俱乐部物品　　　　　　b. 私人物品与公共资源

c. 公共物品与俱乐部物品　　　　　　d. 公共物品与公共资源

【答案】 a

【解析】 排他性是指一种物品具有的可以阻止一个人使用该物品的特性。如果可以阻止人们使用一种物品，则该物品就是排他的。私人物品是既有排他性又有消费竞争性的物品；俱乐部物品是有排他性但无消费竞争性的物品。

2. 以下哪一类物品在消费中具有竞争性？（　　）

a. 私人物品与俱乐部物品　　　　　　b. 私人物品与公共资源

c. 公共物品与俱乐部物品　　　　　　d. 公共物品与公共资源

【答案】 b

【解析】 消费中的竞争性是指一个人使用一种物品将减少其他人对该物品的使用的特性。如果一个人使用某种物品会减少其他人对该物品的使用，则该物品在消费中就是竞争的。私人物品是既有排他性又有消费竞争性的物品；公共资源具有消费中的竞争性但没有排他性。

3. 以下哪一种是公共物品的例子？（　　）

a. 住房　　　　　b. 国防　　　　　c. 餐馆饮食　　　　　d. 海洋中的鱼

【答案】 b

【解析】 公共物品既无排他性又无消费中的竞争性。不能阻止人们使用一种公共物品，而且，一个人享用一种公共物品并不减少另一个人对它的使用。国防保卫国家免受外国入侵是公共物品的典型例子。一旦国家有了国防，要阻止任何一个人享受这种国防的利益都是不可能的。而且，当一个人享受国防的利益时，他并没有减少其他任何一个人的利益。因此，国防既无排他性，也无竞争性。

4. 以下哪一种是公共资源的例子？（　　）
  a. 住房   b. 国防   c. 餐馆的饮食   d. 海洋中的鱼
【答案】d
【解析】公共资源具有消费中的竞争性但没有排他性。海洋中的鱼具有消费中的竞争性，当一个人捕到鱼时，留给其他人捕的鱼就少了。但这些鱼并不是排他性物品，因为在海洋浩瀚无边的情况下，要阻止渔民在海中捕鱼是很困难的。

5. 公共物品（　　）。
  a. 可以由市场力量有效地提供   b. 如果没有政府就会提供不足
  c. 如果没有政府就会使用过多   d. 是一种自然垄断
【答案】b
【解析】由于公共物品没有排他性，搭便车者问题的存在就使私人市场无法提供公共物品。但是，政府可以潜在地解决这个问题。如果政府确信一种公共物品的总利益大于成本，它就可以提供该公共物品，并用税收收入对其进行支付，从而可以使每个人的状况变好。

6. 公共资源（　　）。
  a. 可以由市场力量有效地提供   b. 如果没有政府就会提供不足
  c. 如果没有政府就会使用过多   d. 是一种自然垄断
【答案】c
【解析】当一个人使用公共资源时，他就减少了其他人对这种资源的享用。由于这种负外部性，公共资源往往被过度使用。政府可以通过用管制或税收以减少公共资源的消耗来解决这个问题。此外，政府有时也可以把公共资源变为私人物品。

四、问题与应用

1. 考虑你们当地政府提供的物品与服务。
a. 用图 11-1 中的分类解释下列每种物品属于哪类：
  ·警察保护   ·铲雪   ·教育   ·乡间道路   ·城市街道
b. 你认为政府为什么要提供不是公共物品的东西？

项目		消费中的竞争性	
		是	否
排他性	是	私人物品 ·冰淇淋蛋卷 ·衣服 ·拥挤的收费道路	俱乐部物品 ·消防 ·有线电视 ·不拥挤的收费道路
	否	公共资源 ·海洋中的鱼 ·环境 ·拥挤的不收费道路	公共物品 ·龙卷风警报器 ·国防 ·不拥挤的不收费道路

图 11-1 四种类型的物品

答：a. ① 警察保护属于俱乐部物品，因为它有排他性却无竞争性。
② 铲雪属于公共资源，因为它有竞争性却无排他性。

③ 教育属于私人物品，因为它既有排他性又有竞争性。
④ 乡间道路属于公共物品，因为它既无排他性又无竞争性。
⑤ 城市街道属于公共资源，因为它无排他性却有竞争性。

b. 政府也提供一些不是公共物品的东西，原因如下。

公共物品是既无排他性又无竞争性的物品，政府提供的并不总是公共物品，很多时候还提供其他物品。例如城市街道（针对行人而言），它不收费，是非排他的；但是一般比较拥挤，多一个人行走，就会使他人觉得更拥挤，因此是竞争性的。无排他性却有竞争性的物品是公共资源，不是公共物品。这样政府提供的城市街道就是公共资源，而不是公共物品。此外，政府还可能提供俱乐部物品，如警察保护，只要警察对某个犯罪行为袖手旁观，就会使被害人不能享受这种服务。这种有排他性却无竞争性的物品不是公共物品，而是俱乐部物品。

2. 公共物品和公共资源都涉及外部性。

a. 与公共物品相关的外部性通常是正的还是负的？举例回答。自由市场上的公共物品数量通常大于还是小于有效率的数量？

b. 与公共资源相关的外部性通常是正的还是负的？举例回答。自由市场上公共资源的使用量通常大于还是小于有效率的使用量？

答：a. 与公共物品相关的外部性一般是正的。例如，国防是一种公共物品，任何人享用它不会减少其他人享用它所得到的收益，国防的社会收益大于个人收益。因为国防的非排他性，自由市场提供的量一般小于有效率的数量。

b. 与公共资源相关的外部性一般是负的，因为公共资源是竞争性但非排他性的，一个人对公共资源的使用会减少其他人的对该物品的使用数量。由于公共资源的使用是免费的，因此，自由市场的公共资源使用，一般是大于有效率的使用，即自由市场提供的量一般小于有效率的数量。例如，天然牧场是一种公共资源，它是免费的，牧民们就会在天然牧场上过度放牧，最终草场生态平衡遭到破坏，草场退化。

3. Charlie 喜欢看本地公共电视台的"Downton Abbey"节目，但在电视台筹集运营资金时，他从不出钱支持电视台。

a. 经济学家给像 Charlie 这样的人起了个什么名字？
b. 政府如何能解决像 Charlie 这样的人引起的问题？
c. 你能想出私人市场解决这个问题的方法吗？有线电视台的存在如何改变这种状况？

答：a. 经济学家把像 Charlie 这样的人称作"搭便车者"。搭便车者是指得到一种物品的利益但并不为此支付的人，即搭便车者是并不为产品支付费用却同样享受这种产品的消费者。Charlie 在电视台筹集运营资金的时候，从不出钱支持电视台，但是他却喜欢看本地公共电视台的电视节目，所以他是"搭便车者"。

b. 政府通过向 Charlie 这样的人征税获取资金，用这些钱对电视台进行补贴。

c. 私人市场可以通过在节目中插播合作伙伴的商业广告，赚取广告费来解决这个问题。有线电视台的存在使电视节目具有了排他性，不再是一种公共物品。

4. Communityville 市的机场免费提供无线高速互联网服务。

a. 起初，只有几个人使用这种服务。这种服务属于哪一种类型的物品？为什么？
b. 最后，随着越来越多的人发现了这项服务，并开始使用它，连接的速度开始下降了。现在无线互联网服务属于哪一种类型的物品？
c. 可能会引起什么问题？为什么？解决这个问题的一种可能的方法是什么？

答：a. 由于无线高速互联网服务是免费提供的，而且，起初只有几个人使用这种服务，此时这种服务属于公共物品，具有非排他性和非竞争性。

b. 随着越来越多的人发现了这项服务，并开始使用它，连接的速度开始下降了，现在无线互联网服务属于公共资源，具有非排他性和竞争性。

c. 上面的情况可能会引起"公地悲剧"的负的外部性问题。因为在机场人们使用无线高速互联网服务不需要支付费用，是免费的，很容易造成对它的使用过度，连接的速度便开始下降了。解决这个问题的一种可能的方法是可以通过收费提供登录账号和密码的方法，减少对高速互联网服务的使用，从而也能稳定上网连接的速度。

5. 四位室友计划在宿舍中看老电影来共度周末，而且，他们争论要看几部。下面是他们对每部电影的支付愿望：

单位：美元

项 目	Judd	Joel	Gus	Tim
第一部电影	7	5	3	2
第二部电影	6	4	2	1
第三部电影	5	3	1	0
第四部电影	4	2	0	0
第五部电影	3	1	0	0

a. 在宿舍内，播放电影是一种公共物品吗？为什么？

b. 如果租一部电影的花费为 8 美元，为使室友的总剩余最大化，应该租几部电影？

c. 如果他们从 b 中得出了所选择的最优数量，并平等分摊租电影的费用，每个人从看电影中得到了多少剩余？

d. 有一种分摊成本的方法能保证每个人都获益吗？这种解决方法引起了什么实际问题？

e. 假设他们事前一致同意选择这一有效率的数量并平均分摊电影的成本。当问到 Judd 的支付意愿时，他有说实话的激励吗？如果有的话，为什么？如果没有的话，他最可能说什么？

f. 关于公共物品的最优供给量这个例子告诉了你什么？

答：a. 在宿舍内播放电影是一种公共物品。没有哪一个室友能被排除在看电影之外，因此，在宿舍看电影具有非排他性。由于一个室友看电影并不影响另外一个室友看电影，所以在宿舍内看电影也具有消费中的非竞争性。由于在宿舍看电影既有非排他性，又有非竞争性，所以是公共物品。

b. 如果租一部电影为 8 美元，为使室友的总剩余最大化，应该租三部电影。因为前三部电影的价值大于成本（8 美元），而第四、第五部电影的价值小于成本。

c. 3 部电影的总成本是 24 美元，如果平等地分摊电影的成本，每人应该支付 6 美元。Judd 对 3 部电影的评价为 18 美元，所以他的剩余为 12 美元。Joel 对 3 部电影的评价为 12 美元，所以他的剩余为 6 美元。Gus 对 3 部电影的评价为 6 美元，所以他的剩余为 0 美元。Tim 对 3 部电影的评价为 3 美元，所以他的剩余为 -3 美元。

d. 存在一种分摊成本的方法能保证每个人都获益，这种方法是按照每个人的获益来分摊成本。由于 Judd 对电影的评价最高，他应该支付最大份额的成本。但这一方法的问题是每一个室友都有低报电影对自己的价值的激励。

e. 由于事前一致同意平均分摊电影的成本，Judd 有说实话的激励，因为他说出电影对其的真实价值能确保去租三部电影。他对每部电影的评价都高出了其分摊每部电影的成本。

f. 这个例子表明：只有在每人都没有激励去隐藏自己对物品的评价时，公共物品的最适供给量才可能实现。这意味着每个人分摊的成本不能与其对物品的评价相关。

6．一些经济学家认为私人企业从事的基础科学研究不会达到有效率的数量。

a．解释为什么可能会这样。在你的回答中，把基础研究划入图 11-1 所示的类型中的某一类。

b．为了应对这个问题，美国政府采取了哪类政策？

c．人们往往认为，这种政策提高了美国生产者相对于外国企业的技术能力。这种观点与你在 a 中对基础研究的分类一致吗？（提示：排他性能否只适用于公共物品的某些潜在受益者，而不适用于其他人?）

答：a．根据图 11-1 所示，基础研究是公共物品，任何人都可以免费使用获得收益，而且一个人的使用不会影响其他人的使用。它是一种公共物品，私人企业没有提供基础研究的激励，所以私人企业没有从事基础研究的有效率数量。

b．美国政府采取了由国家出资进行基础科学研究的政策。政府用税收收入开设研究机构，或对私人研究机构进行资助，开展基础科学研究。

c．这种观点与基础科学研究是公共物品的分类不矛盾。因为任何事物都是相对的，公共物品的排他性也是如此。基础科学研究成果在美国国内使用是没有排他性的。但在国际领域，美国政府为了保护自己的研究成果不被对手国家使用，可以采取一系列相关措施对外保密某项研究成果，使美国生产者的生产能力相对高于外国同类企业。

7．高速公路边经常有垃圾，而人们的院子里却很少有垃圾。对这一事实给出一个经济学的解释。

答：高速公路边经常有垃圾，而在人们的院子里却很少，其原因在于高速公路边的环境是公共资源，而人们院子里的环境是私人物品。具体如下。

（1）高速公路边的环境是公共资源，公共资源没有排他性，人们会随意使用。同时，公共资源有竞争性，人们在使用时会产生负外部性，但没有人考虑负外部性，因此大多数高速公路边都有垃圾。

（2）人们院子里的环境是私人物品，有排他性和竞争性。人们在使用时要比较使用的成本和收益，因此自家院里的垃圾就很少。

8．Wiknam 国有 500 万名居民，他们唯一的活动是捕鱼和消费鱼。他们用两种方法捕鱼。在渔场工作的居民每人每天捕两条鱼。到镇上的湖里钓鱼的居民每人每天钓 X 条鱼。X 取决于 N，即在湖中钓鱼的居民数（以百万计）。具体而言，有 $X=6-N$。

假设能获得更多鱼的工作对每个居民都有吸引力，因此在均衡状态下，这两种方法必须提供相同的回报。

a．你认为为什么每个渔民的生产率 X 随着渔民人数 N 的增加而下降？你可以用什么经济学术语来描述镇上湖中的鱼？相同的描述适用于渔场中的鱼吗？解释原因。

b．镇上的"自由党"认为每个人都有权选择在湖里钓鱼还是在渔场捕鱼而不受政府干预。在这种政策之下，多少居民会在湖中钓鱼？多少居民会在渔场捕鱼？鱼的产量是多少？

c．镇上的"效率党"认为，Wiknam 国应该尽量多生产鱼。为了达到这个目的，多少居民应该在湖中钓鱼？多少居民应该在渔场捕鱼？（提示：设计一个表格，显示 N 从 0 到 5 时，每种情况下的鱼产量——湖产量、渔场产量及总产量。）

d．"效率党"建议，为了达到上述目的，对在湖中钓鱼的每个人每天征收相当于 T 条鱼的税。然后税收收入会在 Wiknam 国的所有居民之间平均分配。（假设鱼是可分的，因此，这种分割并不需要取整数。）根据你在 c 中得出的结果计算 T 的值。

e. 与"自由党"提出的不干预政策相比较,谁将从"效率党"的鱼税中获益?谁将受损?

答:a. 每个渔民的生产率 X 随着渔民人数 N 的增加而下降,是因为该镇的湖里的鱼是公共资源,这种资源有竞争性但无排他性。能获得更多鱼的工作对每个居民都有吸引力,随着钓鱼人数的增加,每个渔民的捕鱼量自然相对减少,即每个渔民的生产率下降。

相同的描述不适用渔场的鱼,因为渔场的鱼是私人物品,既具有竞争性又具有排他性,在渔场工作的居民每人每天都可捕两条鱼。

b. 在每个人可以自由选择在湖里钓鱼还是在渔场捕鱼的情况下,由于在渔场工作的居民在渔场可以每天捕两条鱼,所以若选择去镇上的湖里钓鱼,捕得鱼数至少应为两条,而且到镇上的湖里钓鱼的居民每人每天钓的鱼数量与钓鱼的人数有关:$X=6-N$。因此,通过分析可知,这种情况下,可有 2 个居民在湖中钓鱼,每人钓 4 条鱼;3 个居民在渔场捕鱼,每人捕 2 条鱼,此时鱼的产量最多,共收获 14 条鱼。尽管这种情况从社会来看是最有效率的,但在渔场捕鱼的人总有动机去湖中钓鱼,就可以有更多的产量,所以这不是一种均衡状态。

可取的一种均衡状态是 4 个居民在湖中钓鱼,每人每天钓 2 条鱼;1 个居民在渔场捕鱼,每人每天捕 2 条鱼,此时共收获 10 条鱼。

c. 根据题意可得各捕鱼量与居民个数的关系,如表 11-2 所示。

表 11-2 捕鱼量与居民个数的关系

N(个)	0	1	2	3	4	5
湖产量(条)	0	5	8	9	8	5
渔场产量(条)	10	8	6	4	2	0
总产量(条)	10	13	14	13	10	5

根据表 11-2 可知,若要在镇上生产更多的鱼即湖产量更多,应该有 2 个居民在湖中钓鱼,3 个居民在渔场捕鱼。

d. 对在湖中钓鱼的每个人每天征收相当于 T 条鱼的税,使得居民的收入相等。根据 c 中的结果,有 2 个居民在湖中钓鱼,每人每天钓 4 条鱼,而在渔场捕鱼的 3 人每人每天只能捕 2 条鱼,所以为使他们的收入平等,应向在湖中钓鱼的居民每人每天征收相当于 2 条鱼的税,即 $T=2$。

e. 与"自由党"提出的政策相比较,政府可以从"效率党"的鱼税中获益,每天可以从在湖中钓鱼的居民那里获得部分收入,而在湖中钓鱼的居民将受损,需要上交鱼税,只获得与在渔场捕鱼同等的收入。

9. 许多交通体系,例如华盛顿特区的地铁,在高峰时段的收费比一天中的其他时间高。为什么要这样做?

答:因为地铁系统中的拥挤是一种负外部性。上下班高峰期比平时拥挤得多,这时的外部性远远大于平时,解决这种外部性的有效方法是在上下班高峰期高收费。这种高收费会激励乘地铁者改变时间表或使用别的交通工具上下班,以便减少付出的费用。这样就可以减少上下班高峰时的外部性。

10. 高收入的人为了避免死亡的危险愿意比低收入的人花更多钱。例如,他们更愿意为汽车的安全性花钱。你认为当评价公共项目时,成本—收益分析应该考虑这一事实吗?例如,有一个富人镇和一个穷人镇,它们都正在考虑安装红绿灯。在做出这项决策时,富人镇应该对人的生命的货币价值做出更高的估计吗？为什么？

答：在评价公共项目时不应该考虑这一事实。人的生命是平等的，不应该因为富人愿意为生命安全多花钱，就认为富人的生命更值钱。每个人都很珍爱自己的生命，只是由于经济能力不同而采取不同层次的安全措施。政府在提供公共服务时应认为每个人都是一样的。

在安装红绿灯的问题上，富人镇对生命的货币评价并不是更高。富人和穷人对生命的评价都是一样的。这种评价标准不应该是可以为安装红绿灯付多少钱，比较好的评价方法是观察给一个人多少钱他才愿意从事有生命危险的工作。例如，不同职业的死亡风险是不同的，在受教育程度、经验以及其他决定工资的因素不变的情况下，通过比较高风险职业和低风险职业的工资，可以在一定程度上得到人们对自己生命的评价。一般来说，人们对生命的货币评价是差不多一样的。

名校考研真题详解

1. 与私人物品相比，公共物品有哪些特点？这些特点怎样决定市场机制在公共物品生产上是失灵的？［对外经贸大学 2014 研；复旦大学 2000 研］

答：（1）公共物品是指供整个社会即全体社会成员共同享用的物品，如国防、警务之类。这些公共物品只能由政府以某种形式来提供，这是由其消费的非排他性和非竞争性决定的。非排他性指一产品为某人消费的同时，无法排斥别人也来消费这一物品。这和一件衣服，一磅面包之类私人物品不同。对于私人物品来说，购买者支付了价格就取得了该物品的所有权，就可轻易排斥别人来消费这一物品，而像国防之类的公共物品则不同，该国每一居民不管是否纳税，都享受到了国防保护。非竞争性指公共物品可以同时为许多人所消费，增加一名消费者的消费的边际成本为零，即一个人对这种物品的消费不会减少可供别人消费的量，如多一位消费者打开电视机不会给电视台带来任何增加的成本，这也和私人物品不同。一件衣服具有给你穿了就不能同时给他穿的特性。

（2）公共物品使用之所以具有非排他性和非竞争性，是因为公共物品生产上具有不可分性，如国防、警务等提供的服务，不可能像面包、衣服那样可分割为许多细小单位，而只能作为一个整体供全体社会成员使用。当物品可像私人物品那样细分时，消费者就可按一定价格购买自己所需要的一定数量独自享用，排斥他人分享。在这种情况下，消费者对物品的偏好程度可通过愿意支付的价格来表现，使自己的消费达到最大满足，从而市场价格可对资源配置起到支配作用。公共物品由于不能细分，因而人们对公共物品的消费不能由市场价格来决定，价格机制无法将社会对公共物品的供需情况如实反映出来。这样，公共物品就只能由政府根据社会成员的共同需要来提供。如果要人们根据用价格所表现的偏好来生产这些物品，则谁都不愿意表露自己的偏好，只希望别人来生产这些物品，自己则坐享其成，这样，公共物品就无法生产出来。因此，在公共物品生产上，市场是失灵的。

2. 以公地的悲剧为例说明公共资源面临的困境。［中南财大 2010 研］

答：公共资源是指不具有排他性但具有竞用性的物品。由于公共资源的非排他性和竞用性，则它可能很快就会被过度地使用，从而造成灾难性的后果。可以用"公地的悲剧"为例来说明公共资源所面临的这种困境。

假定一个乡村里有一块公共土地，村民们在这块公地上放牧奶牛，且每一个村民都能够毫无限制地使用公地。

（1）公地的最优放牧量取决于整个乡村集体在奶牛放牧上的边际社会收益和边际社会成

本。在两种情况下可以按照最优放牧量来使乡村集体的利润达到最大化：①在乡村集体决策规定在公地上放牧奶牛的数量；②乡村的公地由某个个人所有。

（2）如果对公地的使用没有明确的规定，也不存在乡村的集体决策，则结果就是实际的奶牛放牧量将会大大超过最优水平。因为如果村民可以无限制的使用土地，他们就会把自己的放牧数量确定在边际私人收益和边际私人成本相等的地方。如果某个村民增加奶牛的数量，则市场上牛奶供应量增加，价格下降，从而村民的边际私人收益和整个乡村的边际社会收益下降，但该村民的边际私人收益下降的幅度比整个乡村边际社会收益下降幅度要小。当每个村民都按照自己的边际私人成本等于边际私人收益所确定的放牧量来放牧，则实际放牧量将远超过最优放牧量。

（3）正是由于边际私人收益和边际社会收益的差别造成了公地的悲剧：当个人决定增加奶牛的数量时，他仅仅把个人可能得到的收益和私人成本相比，而忽视了他所增加的奶牛将使得所有其他的村民放牧奶牛的收益下降。由于每个人都忽略个人行为的社会代价，结果就是公地上奶牛放牧量增加的太多。类似于公地的公共资源由于具有非排他性，当产权不明确时，将会被过度利用，这就是公共资源面临的困境。

3. 请结合"免费乘车者问题"说明：
（1）为什么公共物品的私人提供会低于其最优数量。
（2）"免费乘车者问题"与"囚徒困境"有何联系与区别？［东北财大2013研］

答：（1）"免费乘车"又称"搭便车"，指个人不愿出资负担公共物品生产的成本，而依靠别人生产公共物品以便自己不花费任何代价地消费。

由于"免费乘车者问题"的存在，依靠市场机制解决公共物品的生产往往导致所提供的公共物品数量远远低于社会所需要的数量。

公共物品是指既不具有排他性也不具有竞用性的物品。由于公共物品不具备消费的竞用性，任何一个消费者消费一单位公共物品的机会成本为零。这意味着，没有任何消费者要为他所消费的公共物品去与其他任何人竞争。因此，市场不再是竞争的。如果消费者认识到他自己消费的机会成本为零，他就会尽量少支付给生产者费用以换取消费公共物品的权利，即"免费乘车"。如果所有消费者均这样行事，则消费者们支付的数量将不足以弥补公共物品的生产成本。结果便是生产者提供低于最优数量的产出，甚至是零产出。

（2）"囚徒困境"描述的是无法相互协调的个人之间出于自身理性的考虑所进行的选择往往不符合双方（或社会）整体利益的最大化这一两难处境。

①"免费乘车者问题"与"囚徒困境"的联系

"免费乘车者问题"是"囚徒困境"在公共物品的私人提供中的运用。"囚徒困境"运用到公共物品的私人提供中，表明尽管提供公共物品会给双方都带来更大的利益，但是理性的个人还是会选择不提供公共物品，从而造成公共物品的私人提供低于其最优数量。

②"免费乘车者问题"与"囚徒困境"的区别

二者的区别在于，公共物品的提供并非都是"囚犯困境"的问题，利他主义和动态博弈的存在意味着公共物品合作提供的可能性；将公共物品和私人物品相联系的激励机制同样可以在自发情况下解决一部分公共物品的供给问题。

4. 简论"公地悲剧"的解决之道。［北师大2008研］

答：公地悲剧得出了一个一般性的结论：当一个人使用公共资源时，他（她）就减少了其他人对这种资源的享用。由于这种负外部性，公共资源往往被过度使用。解决这一问题可以通过以下三个方法。

（1）政府通过税费改变人们的行为。如政府解决道路拥挤问题，对于道路拥挤的路段，政府可以对司机收取通行费，本质上，道路通行费就是拥挤外部性的矫正税；有时拥挤只是在一天中某些时段存在的问题。例如上下班高峰期过往车辆多，那么这些时段的拥挤外部性是最大的。解决这些外部性的有效方法是，在上下班高峰时收费更高。这种收费会激励驾车人改变时间表，从而减少拥堵最严重时的交通量。

（2）政府通过管制减少公共资源的消耗。这种管制一般是通过旨在保护鱼类和其他野生动物的法律。例如，政府对捕鱼和打猎的季节、数量的限制，同时要求保护鱼苗、幼崽以减少公共资源的使用，并维持动物种群。

（3）把公共资源变为私人物品。"公地悲剧"中的土地有一种较简单的解决方法——该镇可以把土地分给各个家庭，每个家庭都可以把自己的一块地用栅栏圈起来，这样每个家庭放牧时就会考虑效益最大化，从而避免过度放牧。

5. 不同类型的物品有哪些？为什么会出现"搭便车者"和"公地悲剧"？[北师大2007研]

答：（1）经济中的各种物品根据其特点可以分为四类。①私人物品，在消费中既有排他性又有竞争性，经济中大多数物品都是私人物品：除非花钱购买，否则就得不到，而且一旦得到，购买者就是唯一获益者。②公共物品，在消费中既无排他性又无竞争性。这就是说，不能阻止人们使用一种公共物品，而且，一个人享用一种公共物品并不减少另一个人对它的使用。③公共资源，在消费中有竞争性但没有排他性。④自然垄断的物品，在消费中有排他性但没有竞争性，如警察保护。

（2）搭便车者是得到一种物品的利益但避开为此付费的人，由于公共物品既没有排他性又没有竞争性，所以能够从公共物品获益的人可以避开为公共产品付出费用，这样便出现了"搭便车问题"。在公共产品的提供上，人们总是希望由别人来提供，而自己坐享其成。"搭便车问题"意味着市场机制不能解决公共产品的供给问题。

由于公共资源不具有排他性，每个人出于自己的利益考虑，就会尽可能多地去利用它，又因为公共资源具有竞争性的特点，当一个人使用公共资源时，他（她）就减少了其他人对这种资源的享用，由于这种负外部性，公共资源往往被过度使用，从而造成灾难性的后果，出现了被经济学者经常使用的"公地悲剧"困境。政府可以通过用管制或税收减少公共资源的消耗来解决这个问题。此外，政府有时也可以把公共资源变为私人物品。

6. 灯塔可向过往船只发出信号，使船只躲避危险的礁石。灯塔发出的光亮程度不同，船只及时收到信号的概率也不同。灯塔发出的光亮越强，船只及时收到信号的概率越高，图11-2中的 MC 曲线表示船只可收到信号的概率在不同情况下的边际成本。设有 A、B、C 三条船，每一条船只对不同光亮愿意付出的价格分别由图中的 A、B、C 三条个别需求曲线表示。

请回答下列问题：

（1）灯塔提供的服务属于私人物品还是公共物品？

（2）最佳光亮强度是多少？或者说，船只应该收到信号的概率是多少？

（3）每条船应支付多少灯塔服务费？

（4）灯塔是否可能由私人所有与经营？[厦门大学2007研；人大2004研]

答：（1）灯塔提供的服务属于公共物品，因为灯塔具有公共物品的两个属性：非排他性和非竞用性。

（2）如图11-2所示，通过将 A、B、C 三条个别需求曲线纵向加总可得到由 D 表示的

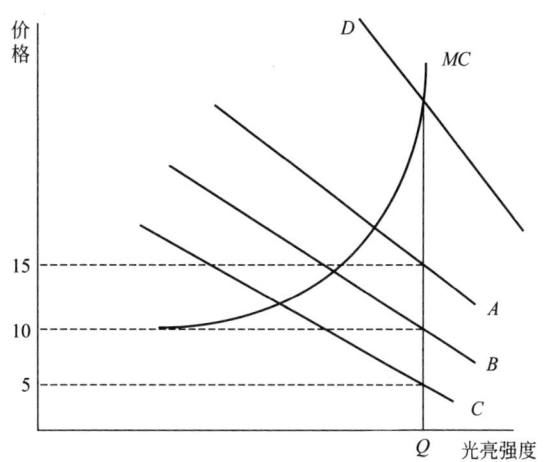

图 11-2 灯塔最佳光亮强度与收费标准的确定

市场需求曲线。边际成本曲线 MC 与市场需求曲线 D 相交点确定最佳光亮强度为 Q。

(3) 如图 11-2 所示,在 Q 的最佳光亮强度情况下,C 船应付 5 单位灯塔服务费,B 船应付 10 单位灯塔服务费,A 船应付 15 单位灯塔服务费。

(4) 灯塔可以由私人所有与经营。在英格兰,灯塔就曾经由私人所有与经营,灯塔服务费可在港口收取。一般情况下,一定时点只有一条船需要灯塔服务,由悬挂的旗帜来认定其是否已经交费,如未交费,灯塔则不发光。

第12章 税制的设计

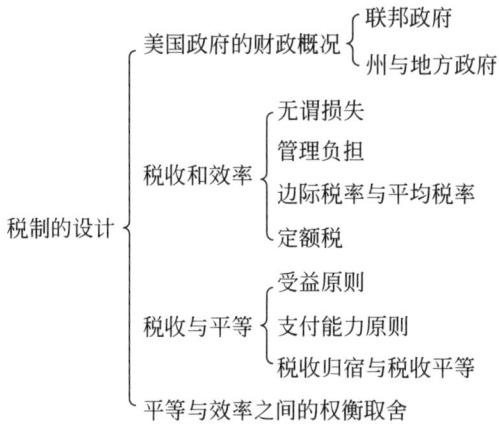

$$
\text{税制的设计}\begin{cases}
\text{美国政府的财政概况}\begin{cases}\text{联邦政府}\\\text{州与地方政府}\end{cases}\\
\text{税收和效率}\begin{cases}\text{无谓损失}\\\text{管理负担}\\\text{边际税率与平均税率}\\\text{定额税}\end{cases}\\
\text{税收与平等}\begin{cases}\text{受益原则}\\\text{支付能力原则}\\\text{税收归宿与税收平等}\end{cases}\\
\text{平等与效率之间的权衡取舍}
\end{cases}
$$

考点1 税收和效率

对于纳税人,纳税最明显的成本是支付的税收本身。同时,纳税还引起两种其他成本。

① 无谓损失。当税收扭曲了人们做出的决策时会引起无谓损失。无谓损失是当人们根据税收激励,而不是根据他们买卖的物品与服务的真实成本与利益配置资源时,税收引起的无效率。

② 管理负担。纳税人在遵照税法纳税时承担的管理负担。简化税法可以减少税制的管理负担。

有效率的税制是指引起无谓损失和管理负担小的税制。

 【名师点读】

考生应结合第6章和第8章内容牢固掌握税收所导致的无谓损失的相关内容;对于税收所导致的管理负担,考生有所了解即可。同时,考生也需清楚税收对经济效率的影响。

考点2 税收与平等

（1）受益原则

受益原则是指应该根据人们从政府服务得到的利益来纳税的思想。这种原则努力使公共物品与私人物品相似。同样，一个从公共物品中得到更大利益的人也应该比那些得到利益少的人多纳税。

受益原则可以用于支持富有的公民应该比贫困的公民多纳税，也可以用于支持用富人的税来为反贫穷计划提供资金。

（2）支付能力原则

支付能力原则是指应该根据一个人所能承受的负担来对这个人征税的思想。该原则有时证明了以下主张：所有公民都应该做出"平等的牺牲"来支持政府。但是，一个人的牺牲量不仅取决于其税收支付的多少，还取决于收入和其他环境。

支付能力原则得出了两个平等观念的推论。

① 纵向平等：能力大的纳税人应该缴纳更大的量。

② 横向平等：有相似支付能力的纳税人应该缴纳相等的量。

虽然这些平等概念被广泛接受，但很难被简单明了地用来评价一种税制。

（3）三种与纵向平等相关的税

① 比例税：所有纳税人都按收入的相同比例纳税。

② 累退税：随着征税对象数额的增大而税率逐级降低的税。

③ 累进税：随着征税对象数额的增加而税率逐级提高的税。

（4）税收归宿与税收平等

税收归宿是研究谁承担税收负担的理论，也是评价税收平等的核心问题。由于税收改变了供给与需求，所以也改变了均衡价格。结果，税收影响的不只是根据法律实际纳税的人。

税制的平等与效率的目标往往是冲突的。许多人主张改变税法以提高效率而减少平等，或者提高平等而降低效率。人们对税收政策的分歧往往是由于对这两个目标的侧重不同。

【名师点读】

考卷一般不涉及本部分知识点，但考生仍需对相关专业名词的概念有一定了解。

课后习题详解

一、概念题

1. 预算赤字（budget deficit）

答：预算赤字指政府的支出大于收入。政府得到税收收入用 T 表示，政府用于物品与服务的支出用 G 表示。如果 G 大于 T，这种情况下政府有预算赤字。

一国之所以会出现预算赤字，有许多原因。有的是为了刺激经济发展而降低税率或增加政府支出，有的则因为政府管理不当，引起大量的逃税或过分浪费。当一个国家预算赤字累积过高时，就好像一家公司背负的债务过多一样，对国家的长期经济发展而言，并不是一件好事，对于该国货币亦属长期的利空，且日后为了要解决财政赤字只有靠减少政府支出或增加税收，这两项措施对于经济或社会的稳定都有不良的影响。一国财政赤字若加大，该国货币币值会下跌，反之，若财政赤字缩小，表示该国经济良好，该国货币币值会上扬。

2. 预算盈余（budget surplus）

答：预算盈余指政府的收入大于支出。政府得到税收收入用 T 表示，政府用于物品与服务的支出用 G 表示。如果 T 大于 G，政府的预算盈余就是 $T-G$。

预算盈余是一种预算不平衡的状态，不过它与预算赤字的不平衡是完全不同的两种状态。盈余表示财政宽松，赤字表示财政困难。严格地讲，预算应是平衡的，不仅在计划中是平衡的，而且执行中和执行后也应是平衡的。但在某些时候，适当地安排使财政收入大于财政支出是可以的。这时，就会出现预算盈余。

3. 平均税率（average tax rate）

答：平均税率指纳税人实际缴纳的税额与课税对象的比例，主要用来衡量、控制某地区、某行业的税收负担情况和衡量纳税人的税负水平。它衡量纳税人收入中用于纳税的比例。平均税率主要有以下三种：①累进税的平均税率，即按各级税率计算的应纳税额的征税对象数额的比率；②作为平衡总负担水平的控制性税率；③作为编制税收计划和进行税收统计需用的税率。为了分析重点税源的变化情况，预测变化趋势，找出影响税收收入的因素，在编制税收计划时，需要根据税源统计资料计算出平均税率，即计算出按不同税率计征的税额总和与其相应的计税金额总和之比，并以此作为编制税收计划的依据。

4. 边际税率（marginal tax rate）

答：边际税率指对边际收入征收的税款与边际收入之间的比率。在市场经济发达的国家，一些税种的边际税率随纳税额增加而提高。边际收入增加时，边际税率不变、上升或者下降，相应的所得税分别为比例税、累进税、累退税。

当需要了解纳税人做出的牺牲，平均税率是比较适用的。但是，当需要知道税收扭曲了多少激励即税收如何无效率时，边际税率较为适当。这是由于人们考虑边际量，高边际税率不鼓励人们勤奋工作，并引起严重的无谓损失。

5. 定额税（lump-sum tax）

答：定额税指对每个人都征收等量的税收。定额税计算简便，适用于从量计征的税种，一般对那些价格稳定，质量和规格标准难以统一的产品课征。如中国现行消费税中对汽油、柴油直接规定每升消费税税额。土地使用税按使用土地面积规定每平方米税额。车船使用税对车辆从量规定幅度税额、对船舶按净吨位或载重吨位统一规定分类分级的固定税额。

定额税的税率不受课税对象价格升降变化的影响。价格提高，税额不变，则税负相应减轻；价格降低，税额不变，则税负相应提高。因此，在价格变动的情况下，往往导致税额的频繁调整。

定额税不易反映课税对象质的差别。有的商品量相同而质不同，价格相差很大，按量规定税额，税负不尽合理，必须按质分等定税额，而为了分等，必须制定质量标准。

定额税对于收入水平不同的纳税人是一种等量负担政策，即税额相等，实际税率不等，收入越高，实际税率越低。因此，根据合理负担、适当调节的税收政策，定额税是不合理的。但是对那些价格稳定，质量和规格标准统一的产品，应尽量采用定额税的形式，不仅因为定额税计算简便，更重要的在于：定额税有利于企业改进包装，提高售价而税额不增，避免了从价征税的缺点；定额税还有利于促进企业提高产品内在质量。在优质优价、劣质劣价的情况下，税额固定，优质优价的产品相应税负轻，劣质劣价的产品相应税负重。

6. 受益原则（benefits principle）

答：受益原则指税收或收费的负担应根据纳税人或交费者从公共货物的供应中获得的受益在他们之间进行分配。该原则的有效性取决于纳税人或交费者是否能显示出他们对论及的货物的真实偏好的意愿。受益原则在公共财政的分布函数上只有很有限的适用性。在实际中，把大部分政府服务的费用按受益的多寡较精确地在公民中间分摊，操作难度较大。同时受益原则还会限制实施某些社会需要的政府服务事业。受益原则近年来在西方税收和收费有关的理论界，引起了特别是以芝加哥大学和伦敦经济事务研究所为代表的经济学家的激烈争论。争论的焦点是：该原则是否适用于公共支出领域。其中的关键问题之一是能否设计出迫使消费者按照他们从公共货物中获得的受益来支付的方案。受益原则可以用于支持富有的公民比贫困的公民多纳税，也可以用于支持用富人的税来为反贫穷计划提供资金。

7. 支付能力原则（ability-to-pay principle）

答：支付能力原则指认为应该根据一个人所能承受的负担来对这个人征税的思想。能力相同者税负相同，能力大者税负重，能力小者税负轻，无能力者无税负。衡量税负能力的标准主要有：①成年人纳税能力相同，应对其课以等额人头税；②以国民所具有的财产作为衡量国民税负的标准；③以国民消费能力为其纳税分担的标准；④以国民所得或净所得为基础。纳税能力标准成为当代西方学者普遍接受的测度税收公平的标准。

8. 纵向平等（vertical equity）

答：纵向平等指不同收入水平的纳税人，应按不同的数额缴纳税款，即不同纳税能力者应按纳税能力合理地分配税收负担，主张支付能力更强的纳税人应该缴纳更多税收的思想。西方各国所得税和财产税制度多实行累进税率制度，对高收入者按较高税率课征，对低收入者按较低税率课征，甚至实施免税。

9. 横向平等（horizontal equity）

答：横向平等指具有相似收入水平的纳税人，应按相同的数额缴纳税款，即主张具有相似纳税能力的人缴纳相等的税款。目前西方各国的税制中规定了各种优惠及减免措施等，使相同收入水平的人交税数额不等，因此有待于进一步实现横向公平的准则。

10. 比例税（proportional tax）

答：比例税是指高收入纳税人和低收入纳税人缴纳收入中相同比例的税收，也就是税率不因课税对象数额的变化而改变的税，即不论课税对象数额多少，均按相同比例课征的税。税率通常用一个不变的百分比率表示。不管基数如何，对同一课税对象只规定一个税率。

一般来说，对商品流转额的课税，多为比例税。它对生产同一产品的企业，在一定程度上有鼓励先进，鞭策落后，促进企业加强经济核算的作用。我国曾经实行的工商统一税、产品税以及现行的关税等，都属比例税。由于比例税存在税率固定、负担平均的特点，比较符合税收的中性原则，现代西方国家开始对所得税实行比例税，但比例税不利于缓解社会分配不公。

11. 累退税（regressive tax）

答：累退税是"累进税"的对称，指随征税对象数额或相对比例的增大而逐级降低税率的一种递减等级税率。累退税率不同于累进税率，其课税对象数额或相对比例越大，负担率越低；课税对象数额或相对比例越小，负担率越高。也就是说，累退税的税负与纳税人收入呈相反方向变化，纳税人收入愈多，税负也愈轻，所以累退税有扩大收入差距的作用。在各国税制中，采用累退税率的税种很少。这是因为：除个别急需特殊调节的情况以外，一般都可以采用正常的税率予以解决，并可以辅助于减税、免税的规定。同时，累退税率的设计比较麻烦，也不易于为征纳双方所掌握。尽管如此，在某些特殊情况下，累退税率又有其他税率不可取代的优越性。

12. 累进税（progressive tax）

答：累进税指高收入纳税人缴纳的税收在收入中的比例高于低收入纳税人的税收，即税率随课税对象数额的增加而提高的税。按照课税对象数额的大小，规定不同等级的税率，课税对象数额越大，税率越高；课税对象数额越小，税率越低。累进税纳税人的负担程度和负税能力成正比，具有公平负担的优点。从其负效应来看，累进程度太大，又会导致奖懒罚勤，不利于鼓励人们工作。累进税又可分为两种。①全额（率）累进税：将课税对象的全部数额都按一个相应等级的税率计征。②超额（率）累进税：将课税对象按数额（比率）大小分为若干等级部分，每个等级部分分别按其相应的税率计征。累进税一般适用于收益课税和财产课税。

二、复习题

1. 过去的一个世纪以来，政府税收收入的增长与经济中其他部分的增长相比，是更快还是更慢？

答：在过去几十年间，美国政府税收收入的增长比经济中其他部分快。数据表明，美国经济中包括联邦、州和地方政府在内的政府税收收入在GDP中所占百分比的增长速度快于经济中其他部分。随着时间推移，政府在总收入中拿走的份额越来越大。在1902年，政府税收收入占总收入的7%，而在2000年占到了31%。换句话说，政府税收收入增长速度比经济中的其他部门都快。

2. 解释公司利润为何是双重纳税。

答：公司是作为一个独立法人建立的企业，政府根据其利润——公司出售的物品与服务的收入减去生产这些物品与服务的成本——对每个公司收税。实际上公司利润要交两次税。当公司赢利时，首先要缴纳公司所得税；当公司向股东分红时，股东要缴纳个人所得税。因此，造成双重纳税。

3. 为什么纳税人的税收负担大于政府得到的收入？

答：纳税人的税收负担大于政府得到的收入是因为缴税人的税收负担除了向政府缴纳的税收之外，还包括以下两种成本。

（1）税收改变了激励所引起的资源配置扭曲，即当政府征收税收时生产者的产量和消费者的消费量均小于有效水平而产生的无谓损失。无谓损失是当人们根据税收激励，而不是根据他们买卖的物品与服务的真实成本与利益配置资源时，税收引起的无效率。

（2）遵守税法的管理负担。

这两种成本没有政府的收入作为补偿。因此，纳税人的税收负担大于政府得到的收入。

4. 为什么一些经济学家支持对消费征税，而不是对收入征税？

答：一些经济学家提倡征收消费税而不是收入税是因为对收入征税扭曲了对人们储蓄的激励，鼓励人们少储蓄。如果政府采取消费税，储蓄起来的全部收入在决定最后消费支出前都不征税，就不会扭曲人们的储蓄决策。

（1）政府大部分收入来自个人所得税，这种税引起的无效率之一就是它鼓励不储蓄。考虑一个25岁的人正打算储蓄100美元。如果他把他的钱存入储蓄账户赚取8%的利息，并再留在账户上,当他 65 岁退休时就会有 2172 美元。但如果政府对他每年赚到的利息收入征收四分之一的税,有效利率只是 6%。赚 6% 的利息 40 年后,100 美元只增加到 1029 美元,小于原本没有税收时可以得到的一半。因此,由于对利息收入征税,储蓄的吸引力就小多了。

(2)一些经济学家主张通过改变税基来消除现在税制对储蓄的抑制作用。政府不是对人们赚到的收入量征税,而是对他们支出的量征税。根据这种主张,所储蓄起来的全部收入在最后支出之前都不征税。这种不同的制度被称为消费税,它不会扭曲人们的储蓄决策。

(3)消费税的思想得到了决策者的一些支持。几位国会议员建议用消费税取代现在的所得税制度。此外,现在税收规定的各种条款已经使税制有点像消费税。纳税人可以把他们有限的储蓄量存入特殊账户——例如,个人养老金账户、Keogh 计划,以及 401(K)计划--从而在退休时提取之前逃避了的赋税。对那些大部分储蓄进入养老金账户的人来说,他们的税单实际上是根据他们的消费,而不是根据他们的收入。

5. 定额税的边际税率是多少?它与这种税的效率有什么关系?

答:定额税的边际税率为零。在定额税下,没有边际税率,每个人无论收入如何,也无论采取什么行为,所应缴纳的税是等量的。因此定额税不会产生扭曲激励,从而也不会引起无谓损失。

6. 举出富有的纳税人应该比贫穷的纳税人多纳税的两个论据。

答:支持"富有的纳税人应该比贫穷的纳税人多纳税"的两个论据是受益原则和支付能力原则。

(1)受益原则是指应该根据人们从政府服务得到的利益来纳税的原则。这种原则努力使公共物品与私人物品相似。那些经常去看电影的人买电影票花的总钱数比很少去看电影的人多,这似乎就是公平的。同样,一个从公共物品中得到更大利益的人也应该比那些得到利益少的人多纳税。与穷人相比,富人从公共服务中受益更多,根据受益原则,富人应该比穷人多纳税。

(2)支付能力原则是指应该根据一个人所能承受的负担来对这个人征税的原则。这个原则有时证明了这样一种主张:所有公民都应该做出"平等的牺牲"来支持政府。但是,一个人的牺牲量不仅取决于他的税收支付的多少,而且还取决于他的收入和其他条件。

支付能力原则得出了两个平等观念的推论:纵向平等和横向平等。纵向平等认为,能力大的纳税人应该缴纳更大的量。横向平等认为,有相似支付能力的纳税人应该缴纳相等的量。

由于富人的纳税能力比穷人大,所以富人应该多纳税。

7. 什么是横向平等的概念?为什么很难将其运用于实践?

答:(1)横向平等的含义。

横向平等指具有相同收入水平的纳税人,应按相同的数额缴纳税款,即具有相同纳税能力的人缴纳相等的税款。目前西方各国的税制中规定了各种优惠及减免措施等,使相同收入水平的人交税数额不等,因此有待于进一步实现横向公平的准则。

(2)运用这一概念非常困难的原因是因为每个家庭的情况都不同,即使有相同的收入,支付能力也可能不同。例如两个收入相同家庭,其子女个数可能不同,医疗支付数量可能不同,因此很难判定这两者是否具有相似的支付能力而对其征收相同的税收。横向平等不仅涉及经济学问题，还涉及价值观问题，很难说确定的结果是否公平。

三、快速单选

1. 美国联邦政府两个最大的税收来源是（　　）。
a. 个人所得税和公司所得税
b. 个人所得税和用于社会保险的工薪税
c. 公司所得税和用于社会保险的工薪税
d. 用于社会保险的工薪税和财产税

【答案】b

【解析】联邦政府最大的收入来源是个人所得税。对联邦政府来说，几乎与个人所得税同样重要的是工薪税。工薪税是对企业付给工人的工资征的税收，被称为社会保险税。在重要性上仅次于个人所得税和社会保险税，但在数量上远远小于两者的是公司所得税。故个人所得税和用于社会保险的工薪税是美国联邦两个最大的税收来源。

2. Andy 讲授钢琴课，他每堂课的机会成本是 50 美元而收费 60 美元。他有两位学生：Bob 的支付意愿为 70 美元，Carl 的支付意愿为 90 美元。当政府对每堂钢琴课征收 20 美元税收而且 Andy 把价格提高到 80 美元时，无谓损失是（　　），税收收入是（　　）。
a. 10 美元，20 美元
b. 10 美元，40 美元
c. 20 美元，20 美元
d. 20 美元，40 美元

【答案】c

【解析】政府未征税时，生产者（Andy）的剩余＝70－50＋90－50＝60（美元），消费者 1（Bob）的剩余＝70－60＝10（美元），消费者 2（Carl）的剩余＝90－60＝30（美元），总剩余＝60＋10＋20＝90（美元）。

征税时，因为消费者 1（Bob）剩余＝70－80＝－10（美元），所以消费者 1（Bob）选择不去上课；生产者（Andy）的剩余＝90－50＝40（美元），消费者 2（Carl）的剩余＝90－80＝10（美元），政府税收收入是 20 美元，总剩余＝40＋10＋20＝70（美元），无谓损失＝90－70＝20（美元）。

3. 如果税法规定第一个 2 万美元的收入免税，然后对所有高于这一水平的收入征收 25% 的税，那么，一个赚 5 万美元的人的平均税率是（　　）%，边际税率是（　　）%。
a. 15，25
b. 25，15
c. 25，30
d. 30，25

【答案】a

【解析】税收收入＝（5－2）×25%＝0.75（万美元），平均税率＝0.75/5＝15%，边际税率等于增加 1 美元收入所支付的额外税收，即 25%。

4. 通行费是针对那些使用收费公路的人的税。这种政策可以作为（　　）的运用。
a. 受益原则
b. 横向公平
c. 纵向公平
d. 累进税

【答案】a

【解析】受益原则指人们应该根据他们从政府服务中得到的利益来纳税。通行费是对使用收费公路的人征的税，不使用公路的人则不缴税，符合受益原则。

5. 在美国，收入分配中最高收入的 1% 的纳税人在联邦税中支付了他们收入的（　　）。
a. 5%
b. 10%
c. 20%
d. 30%

【答案】d

【解析】美国联邦税制是累进的，收入越高，缴纳的税收也越多。美国收入最高的 1% 家庭几乎把他们收入的 30% 用于纳税。

6. 如果公司所得税引起企业减少它们的资本投资，那么（　　）。
a. 税收没有任何无谓损失　　　　b. 公司股东从税收中获益
c. 工人要承担部分税收负担　　　d. 税收达到了纵向公平的目标

【答案】c

【解析】由于征收企业所得税，公司的生产成本上升，产品收益减少，所以公司会减少资本投资，对工人的需求也减少，最后工人的数量和工资都下降，工人承担部分税收负担。

四、问题与应用

1. 在出版物或互联网上查询去年美国联邦政府是否有预算赤字或者盈余。在以后几年中决策者期望出现什么情况？（提示：国会预算办公室的网站是：http：//www.cbo.gov）

答：根据国会预算办公室的网站提供的数据，受联邦收入增长下滑以及政府开支上升的影响，在截至9月30日的2016财年内（美国的财年是从每年10月到下一年9月），美国联邦政府预算赤字达到5873亿美元，较上财年增长34%，为2011财年以来首次出现上升，预算赤字占GDP的比例从2.5%上升至3.2%，为2009财年以来首次上升。

无党派的国会预算办公室在8月份曾预计，2017财年美国联邦政府预算赤字占GDP比例将达到3.1%，随着开支增速超过收入增速，到2026财年上述占比将升至4.6%。

在特朗普当选美国总统后，一些市场机构对美国赤字膨胀速度的看法更加激进。高盛近期发布的报告预计，在特朗普可能对美国企业减税的潜在财政计划下，2017财年美国财政赤字占GDP的比重将从2016年的3.2%飙升到5%，到2018财年进一步增加到6.1%。预计2017财年年度赤字将增加到9600亿美元，到2018财年赤字会暴涨至1.2万亿美元，是2016财年的两倍以上。

2. 本章的许多表中的信息可以在每年一次的《总统经济报告》中找到。根据从你们图书馆或网上找到的最近一期报告回答下列问题，并提出一些数字来支持你的答案。（提示：政府印刷局的网站是 http：//www.gpo.gov）

a. 图12-1表示政府收入占总收入的百分比在不断提高。这种增长主要是由于联邦政府收入的变动，还是州与地方政府收入的变动？

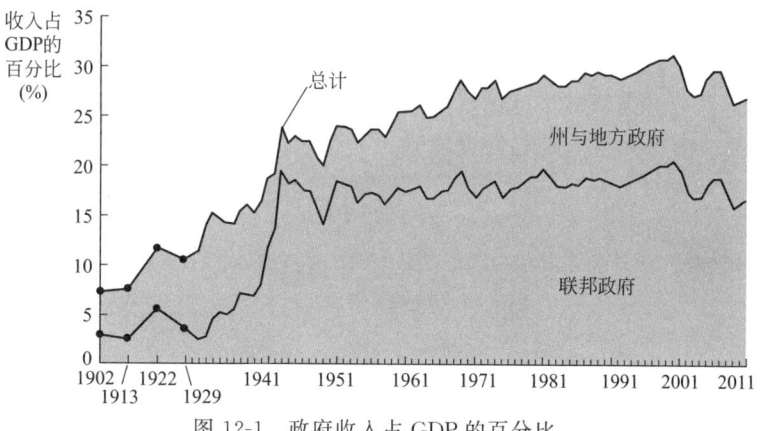

图12-1　政府收入占GDP的百分比

说明：这个图表明联邦政府和州与地方政府收入在国内生产总值（GDP）中的百分比，GDP衡量经济中的总收入，该图表示，政府在美国经济中起着重要作用，而且其作用在不断加强。

b. 观察联邦政府和州与地方政府的共同收入，总收入的构成一直在如何变动？个人所得税是更重要了，还是更不重要了？社会保障税呢？公司所得税呢？

c. 观察联邦政府和州与地方政府的共同支出，转移支付支出和物品与服务购买支出的相对份额一直在如何变动？

答：a. 从图12-1中可以看出，在20世纪初到20世纪40年代，政府收入占总收入的百分比不断提高主要是联邦政府收入的增加造成的。联邦政府收入占比从20世纪初的3%左右上升到40年代的20%，而地方与州政府收入在20世纪初还有4%左右，但是到了20世纪40年代，比重一度接近零，随后才慢慢增长。

在20世纪40年代至今，政府收入占总收入的比重不断提高主要是州与地方政府收入的增加造成的。联邦政府收入占GDP的百分比自20世纪40年代以来一直保持在15%～20%之间，波动较小，在21世纪初甚至有所下降；而州与地方政府收入占GDP的百分比从20世纪40年代的极小比例增长到21世纪初约占比10%以上，造成了整个政府收入占比上升。

b. 总收入的构成中，各种税收所占的比重一直在变动。个人所得税变得更重要了，因为个人所得税收入在政府收入中所占的比重不断提高，近年来，个人所得税已经占联邦政府收入总额的40%以上，逐渐成为美国的主体税种。州一级政府也征收个人所得税，但各州是否收取个人所得税则不统一，有的州收取有的州则免除。社会保障税收入所占的比重也在不断提高；公司所得税收入所占的比重在不断减小。

c. 通过观察联邦政府和州与地方政府的共同支出，转移支付在总支出中所占的份额在不断增加；物品与劳务购买在总支出中的份额在不断下降。

3. 本章说明了美国老年人口的增长比总人口的增长快。具体而言，工人数量增长缓慢，而退休人数增长很快。由于担心未来的社会保障问题，一些国会议员建议"冻结"该计划。

a. 如果冻结了总支出，每个退休者的收益会发生什么变动？每个工人的税收支付会发生什么变动？（假设每年的社会保障收入和社会保障支出是平衡的。）

b. 如果冻结了每个退休者的收益，总支出会发生什么变动？每个工人的税收支付会发生什么变动？

c. 如果冻结了每个工人的税收支付，总支出会发生什么变动？每个退休者的收益会发生什么变动？

d. 你对a、b、c的回答意味着决策者在决策时面临怎样的困难？

答：a. "冻结"是指维持原有的量不变，不再增加也不再减少。由于退休者的人数在不断增加，冻结了总支出会使每个退休者的收益减少。每个工人的税收支付基本不变，略有减少，因为每年的社会保障收入和社会保障支出是平衡的，同时，工人数量也在缓慢增加。

b. 冻结了每个退休者的收益，总支出会增加，因为退休人数在不断增加。每个工人的税收支付会增加，因为退休工人的增长速度快于工人数量的增长。

c. 如果冻结每个工人的税收支付，总支出会缓慢增加，增加的速度与工人增加的速度相一致。但由于退休人数增长更快，每个退休者的收益会减少。

d. 对a、b、c的回答对决策者面临的困难决策意味着要么每个工人的税收支付会增加，要么每个退休工人的收益会减少。决策者可能会选择折中策略，即一方面减少每个退休工人的收益，一方面增加每个工人的税收。

4. 假设你是美国经济中的一个普通人。你将收入的4%用于支付州所得税，并将劳动收入的15.3%用于支付联邦工薪税（雇主与雇员共同分摊）。你还要按表12-1支付联邦所得税。如果你的年收入是2万美元，你每年支付的各种税是多少？考虑到所有税收，你的平均税率与边际税率是多少？如果你的收入增加到4万美元，你的税单和你的平均税率与边际税率会发生什么变动？

表 12-1　2013 年联邦所得税税率

应纳税收入（美元）	税率（%）	应纳税收入（美元）	税率（%）
8925 以下	10	183 250～398 350	33
8925～36 250	15	398 350～400 000	35
36 250～87 850	25	400 000 以上	39.6
87 850～183 250	28		

说明：表 12-1 表示边际税率——收入每增加 1 美元所适用的税率。由于边际税率随着收入增加而提高，高收入家庭收入中税收占收入的百分比较高。要注意的是，表中的每种税率只适用于对应范围内的收入，而不适用于一个人的全部收入。例如，一个有 100 万美元收入的人，第一个 8925 美元仍然只缴纳 10% 的税。

解：(1) 当收入是 1 年 2 万美元时，所支付的税收：

州所得税 = 20 000 × 4% = 800（美元）

联邦工薪税 = 20 000 × 15.3% = 3060（美元）

联邦所得税 = 8925 × 10% + (20 000 - 8925) × 15% = 2553.75（美元）

平均税率 = (800 + 3060 + 2553.75) / 20 000 × 100% = 32.1%

边际税率 = 15% + 15.3% + 4% = 34.3%

(2) 当收入为 1 年 4 万美元时，所支付的税收：

州所得税 = 40 000 × 4% = 1600（美元）

联邦工薪税 = 40 000 × 15.3% = 6120（美元）

联邦所得税 = 8925 × 10% + (36 250 - 8925) × 15% + (40 000 - 36 250) × 25% = 5928.75
（美元）

平均税率 = (1600 + 6120 + 5928.75) / 40 000 × 100% = 34.1%

边际税率 = 25% + 4% + 15.3% = 44.3%

5. 一些州不对食物和衣服这类必需品征收销售税，另一些州则征收。讨论这种扣除的优点。讨论中既要考虑效率又要考虑平等。

答：从效率上看，对衣服和食品这类必需品免税是有效率的。免税后这类物品的交易将不会受到税收的扭曲，没有无谓损失，社会总剩余可以达到最大化。从公平方面看，穷人对这类生活必需品（尤其是食物）的支出在他们的收入总额中所占的比重大于富人，对这类物品免税，穷人受益更多。总之，这项政策是公平的。

6. 当某个人拥有的一种资产（例如股票）升值时，他有一种"增值"的资本收益。如果他出售这种资产，他就把以前增值的收益"实现"了。按美国的所得税，实现了的资本收益要纳税，但"增值"的资本收益不纳税。

a. 解释这种规定如何影响个人行为。

b. 一些经济学家认为，降低资本收益的税率，特别是暂时性资本收益的税率，会增加税收收入。为什么会是这样呢？

c. 你认为对实现了的资本收益征税但对增值的资本收益不征税是一个好规定吗？为什么？

答：a. 只有当出售资产时，个人才必须缴纳所得税。因此，这一法律规定影响了个人是保有还是出售资产的决定。

b. 当资产出售后，个人就要缴纳实现了的资本收益税。如果能够降低资本收益税率，就会鼓励人们将持有的资产出售，从而增加实现了的资本收益，扩大了税基，最终会增加税收收入。

c. 对实现了的资本收益征税但对增值的资本收益不征税不是一个好规定，因为这一规定是低效率的，它扭曲了持有者在决定是持有还是出售资产时面临的激励。

7. 假设你所在的州把销售税的税率从 5% 提高到 6%。该州税收委员会预期销售税收入会增加 20%。这个说法有道理吗？解释原因。

答：这种预期没有道理，因为它过高估计了销售税收入的增加幅度。税收会改变人们行为的激励，因此税率的改变会影响人们的消费行为。销售税提高，人们会减少对物品的购买，销售额下降，销售收入的增加会低于 20%。

8. 1986 年税收改革法案取消了对消费者债务（主要是信用卡和汽车贷款）利息支付的免税，但保留了对抵押贷款和房屋净值贷款利息支付的免税。你认为消费者贷款和房屋净值贷款的相对量会发生什么变化？

答：我认为消费者贷款的相对量会下降，房屋净值贷款的相对量会上升。取消对消费者债务利息支付的免税使该项债务人的税收负担增加，人们会减少对此项债务的使用，转而使用那些仍然可以享受利息支付免税的债务。

9. 把以下各项筹资计划作为受益原则或支付能力原则的例子进行分类。
a. 许多国家公园的观光者要支付门票。
b. 地方财产税用于支持小学与初中教育。
c. 机场信托基金会对出售的每张机票收税，并用这些钱来改善机场和空中交通控制系统。

答：a. 属于受益原则。谁到国家公园观光的次数多，谁就多支付门票。

b. 属于支付能力原则。财产多的人多交税，以支持小学和初中教育。

c. 属于受益原则。谁乘飞机的次数多，谁就更多地享用了机场设施，谁就要多出钱来维修和改善这些设施。

名校考研真题详解

1. 简述支付能力原则对我国个人所得税制改革的启示。[北工大 2004 研]

答：支付能力原则认为应该根据一个人所能承受的负担来对这个人征税。该原则得出了两个平等观念的推论：纵向平等和横向平等。纵向平等认为，能力大的纳税人应该缴纳更大的量。横向平等认为，有相似支付能力的纳税人应该缴纳相等的量。

目前，我国个人所得税是以自然人为纳税申报单位的，这种个人所得税税制的优点是便于计算税基，但是该种税制并没有很好地体现支付能力原则。其原因如下：

（1）该税制假设工薪收入是个人纳税能力的主要表征，但是这对于富有的人而言，或者主要依靠财产而获取收入的人而言其纳税能力被低估了，而对只有工薪收入的人而言其收入被高估了。个人所得税本来是为了调节社会收入差距而设置的，在没有相应的财产税税种作为配套时，个人所得税不仅没有起到调节收入差距的作用，反而在某种程度上进一步拉大了收入差距。

（2）人是以家庭为生活单位的，同样，个人所得税的纳税能力的评估应该以家庭为计征单位，而不是以个人为计征单位。如果家庭成员都有工作，两种税制没有区别；但是，如果家庭中工作的成员少，差别就很大。

所以，我国的个人所得税改革应该更好地体现能力纳税原则，这样才能促进社会公平。

2. 说明支持与反对用单一税率取代现行税制的观点。[北科大 2004 研]

答：（1）支持用单一税率取代现行税制的观点

① 单一税率税将取消现行所得税的许多税收减免。通过用这种方法扩大税基，固定税率能够降低大多数人面临的边际税率。税率越低意味着经济福利越大。因此，单一税率支持者声称，这种改变将扩大经济馅饼的规模。

② 由于单一税率税非常简单，所以，赋税的管理负担将大大降低。

③ 由于所有纳税人都面临相同的边际税率，所以可以按收入来源而不是按得到收入的人来收税。这种额外的简单化也降低了管理成本。

④ 单一税率税将取代个人所得税和公司所得税。所有收入无论是来自工作中的劳动还是来自公司中拥有的股份，都按相同的边际税率一次性纳税。单一税率将消除目前对公司利润的双重征税，这就可以鼓励企业投资于新工厂和设备。

⑤ 在为纳税计算收入时，允许企业扣除所有合法的经营支出，包括新投资品的支出。这种投资扣除使单一税率税更像消费税而不像所得税。结果，变为单一税率税将提高对投资的激励。

（2）反对用单一税率取代现行税制的观点

单一税率税的批评者同样向往更简单、更有效的税制，但他们反对单一税率。因为他们认为这种税很少注意纵向平等的目标。他们声称，单一税率税的累进性要小于现在的税制，而且，它会把一些税收负担从富人身上转移到中产阶级身上，从而不利于社会公平的实现。

第13章 生产成本

```
            ┌ 什么是成本 ┬ 总收益、总成本和利润
            │          ├ 作为机会成本的成本
            │          ├ 作为一种机会成本的资本成本
            │          └ 经济利润与会计利润
            │
            ├ 生产与成本 ┬ 生产函数
生产成本 ───┤          └ 从生产函数到总成本曲线
            │
            │ 成本的各种衡量指标 ┬ 固定成本与可变成本
            ├                  ├ 平均成本与边际成本
            │                  ├ 成本曲线及其形状
            │                  └ 典型的成本曲线
            │
            └ 短期成本与长期成本 ┬ 短期与长期平均总成本之间的关系
                                └ 规模经济与规模不经济
```

考点1 经济学中的成本和利润

（1）关于成本的几个概念如表13-1所示。

表13-1 机会成本、显成本和隐成本

成本类型	含义	关系
机会成本	生产者所放弃的使用相同的生产要素在其他生产用途中所能获得的最高收入	机会成本＝生产成本
显成本	厂商在生产要素市场上购买或租用他人所拥有的生产要素的实际支出	显成本＝会计成本
隐成本	厂商自己所拥有的且被用于自己企业生产过程的那些生产要素的总价格	隐成本＝机会成本－显成本

（2）关于利润的几个概念如表13-2所示。

第 13 章 生产成本

表 13-2 经济利润和正常利润

利润类型	含义	关系
经济利润	指企业的总收益和总成本之间的差额,简称企业的利润,也被称为超额利润。企业所追求的最大利润,指的是最大的经济利润。其中,企业的总成本是企业的所有的显成本和隐成本之和	经济利润＝总收益－总成本
正常利润	正常利润是指厂商对自己所提供的企业家才能的报酬支付。从机会成本的角度看,正常利润属于成本,并且属于隐成本,因此,经济利润中不包括正常利润。当厂商的经济利润为零时,厂商仍然得到了全部的正常利润	正常利润属于隐成本

【名师点读】

各种成本之间的关系和利润的分类为基础知识点,多以选择题或名词解释的形式考查,考生需理解其含义并会辨别和举例说明。相关考研真题如下。

1. **【概念题】** 隐性成本 [广东外语外贸大学 2016 研;北邮 2013 研]
2. **【概念题】** 机会成本 [东北大学 2016、2004 研;社科院 2015 研;中南财大 2014 研]
3. **【概念题】** 经济利润 [广东外语外贸大学 2015 研;兰州大学 2014 研]
4. **【简答题】** 说出两个有关机会成本的例子。[南开大学 2013 研]

考点 2 短期与长期生产成本

(1) 短期成本理论

① 短期生产成本的分类

各短期成本的概念及其公式表达如表 13-3 所示。

表 13-3 短期生产成本的分类

成本类型	总成本			平均成本			边际成本
名称	TFC	TVC	TC	AFC	AVC	AC	MC
定义	对不变生产要素所支付的总成本	对可变生产要素所付出的总成本	对全部生产要素所付出的总成本	平均每生产一单位产品所消耗的固定成本	平均每生产一单位产品所消耗的可变成本	平均每生产一单位产品所消耗的全部成本	每增加一单位产品时所增加的成本
公式表达	$TC = TFC + TVC$			$AC = AFC + AVC$ $AC = TC/Q$			$MC = \Delta TC / \Delta Q$

② 短期成本曲线的特征及其关系

各短期成本曲线的特征及其相互关系如图 13-1 所示。

a. 短期成本曲线特征的解释——边际产量递减规律

边际产量递减指在技术水平和其他要素投入量不变的条件下,连续等量地增加一种生产要素的投入量,当这种可变生产要素的投入量小于某一特定值时,增加该要素投入所带来的边际产量是递增的;当这种可变要素的投入量连续增加并超过这个特定值时,增加该要素投入所带来的边际产量是递减的。

边际报酬递减规律使可变成本 TVC 曲线,平均可变成本 AVC 曲线、平均总成本 AC 曲线和边际成本 MC 曲线都呈 U 形,都表现出成本随产量的增加而先降后升的特征。

b. TC 曲线、TVC 曲线和 MC 曲线之间的关系

由于 $MC=\dfrac{\mathrm{d}TC}{\mathrm{d}Q}$，又由于每一产量上的 TC 曲线和 TVC 曲线的斜率是相等的，所以，每一产量水平的 MC 值就是相应 TC 曲线和 TVC 曲线的斜率。如图 13-1 所示，与边际报酬递减规律作用的 MC 曲线的先降后升的特征相对应，TC 曲线和 TVC 曲线的斜率也由递减变为递增；MC 曲线的最低点 A 与 TC 曲线的拐点 B 和 TVC 曲线的拐点 C 相对应。

c. AC 曲线、AVC 曲线和 MC 曲线之间的关系

由于在边际报酬递减规律作用下的 MC 曲线有先降后升的 U 形特征，所以，AC 曲线和 AVC 曲线也必定有先降后升的 U 形特征。而且，如图 13-1 所示：U 形的 MC 曲线分别与 U 形的 AC 曲线相交于 AC 曲线

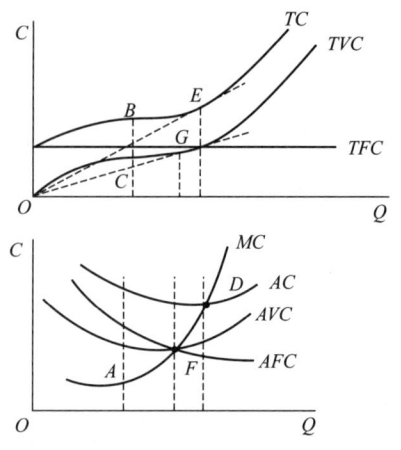

图 13-1　短期成本曲线的特征及关系

的最低点 D，与 U 形的 AVC 曲线相交于 AVC 曲线的最低点 F。在 AC 曲线的下降段，MC 曲线低于 AC 曲线；在 AC 曲线的上升段，MC 曲线高于 AC 曲线。类似地，在 AVC 曲线的下降段，MC 曲线低于 AVC 曲线；在 AVC 曲线的上升段，MC 曲线高于 AVC 曲线。

此外，对于产量变化的反应，边际成本 MC 要比平均成本 AC 和平均可变成本 AVC 敏感得多。反映在图 13-1 中，不管是下降还是上升，MC 曲线的变动都快于 AC 曲线和 AVC 曲线。

AC 曲线的最低点 D 的出现既慢于、又高于 AVC 曲线的最低点 F 是因为在平均总成本中不仅包括平均可变成本，还包括平均不变成本，而平均不变成本是递减的。

（2）长期成本理论

各类长期成本及其内容如表 13-4 所示。

表 13-4　长期总成本、长期平均成本和长期边际成本

类型	长期总成本	长期平均成本	长期边际成本
含义	厂商在长期中在每一产量水平上通过选择最优的生产规模所能达到的最低总成本	厂商在长期内按产量平均计算的最低总成本	厂商在长期内增加一单位产量所引起的最低总成本的增量
表示	$LTC=LTC(Q)$	$LAC(Q)=\dfrac{LTC(Q)}{Q}$	$LMC(Q)=\dfrac{\Delta LTC(Q)}{\Delta Q}=\dfrac{\mathrm{d}LTC(Q)}{\mathrm{d}Q}$
推导	长期总成本曲线是无数条短期总成本曲线的包络线。在这条包络线上，在连续变化的每一个产量水平上，都存在着 LTC 曲线和一条 STC 曲线的相切点，该 STC 曲线所代表的生产规模就是生产该产量的最优生产规模，该切点所对应的总成本就是生产该产量的最低总成本。所以，LTC 曲线表示长期内厂商在每一产量水平上由最优生产规模所带来的最低生产总成本	①LTC 曲线上的任一点与原点连线的斜率表示相应产量水平上的长期平均成本 ②根据短期平均成本曲线求得。长期平均成本曲线是无数条短期平均成本曲线的包络线。在长期生产中，厂商总是可以在每一产量水平上找到相应的最优的生产规模进行生产	①LTC 曲线上的任一点的斜率值表示相应产量水平上的长期边际成本 ②根据短期边际成本曲线求得。长期总成本曲线是短期总成本曲线的包络线，说明在长期的每一个产量水平上这两条曲线的斜率是相等的，即在每一个产量水平上的 LMC 值都与代表最优生产规模的 SMC 值相等

续表

类型	长期总成本	长期平均成本	长期边际成本
图像	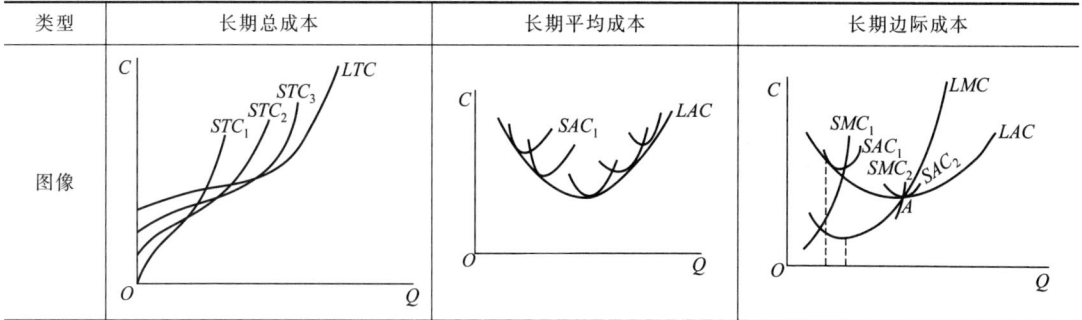		

(3) 短期与长期平均总成本之间的关系

短期平均总成本用 SAC 表示，长期平均总成本用 LAC 表示，两者的联系与区别如表 13-5 所示。

表 13-5　SAC 曲线与 LAC 曲线的关系

项目	SAC	LAC
联系	形状为 U 形	
形状为 U 形的原因	边际产量递减规律	由规模经济与规模不经济导致
区别	①LAC 曲线比 SAC 曲线平坦 ②所有 SAC 曲线在 LAC 曲线上或以上	
产生区别的原因	长期中,企业的所有成本都是可变的,企业可以选择想处的短期成本曲线所对应的生产规模。但在短期中,企业不得不用已选择的短期成本曲线	

【名师点读】

本考点为本章节重点，贯穿完全竞争市场和不完全竞争市场的内容。考生应结合图形重点掌握各类短期成本的求解及其相互之间的关系和图形表示、短期成本与长期成本的关系及其图形表示；理解各类成本曲线的形状、位置特点，产生交点、转折点的原因及对应的经济原理。相关考研真题如下。

1.【简答题】简要说明短期和长期平均成本曲线形成 U 形的原因。［武汉大学 2015 研］

2.【简答题】请分析为什么平均成本的最低点一定在平均可变成本的最低点的右边。［中央财大 2012 研］

考点 3　规模经济与不经济

相关概念分析如表 13-6 所示。

表 13-6　规模经济与不经济

项目	规模经济	规模不经济	规模收益不变
定义	指长期平均总成本随着产量增加而减少的特性	指长期平均总成本随着产量增加而增加的特性	指长期平均总成本随产量增加而保持不变的特性
产生原因	工人的专业化使其更精通任务,提高了生产效率	由于大型组织中固有的协调问题,管理团队变得越庞大,管理者压低成本的效率越低	在处于某些生产规模时,企业生产效率较为稳定

【名师点读】

本考点内容多以名词解释或简答题形式进行考查，考生需仔细辨析规模经济（不经济）的定义与起因，同时注意将其与规模报酬递增（递减）、外在经济（不经济）等相似概念进行对比，加深理解，避免混淆。相关考研真题如下。

1. **【概念题】** 规模经济［广东外语外贸大学 2015 研；厦门大学 2013 研；浙江大学 2003 研］

2. **【论述题】** 定义规模报酬递增与规模经济，简述其因果关系。［广东外语外贸大学 2004 研］

一、概念题

1. 总收益（total revenue）

答：总收益指一定时期内厂商从一定量产品的销售中得到的货币总额，它等于单位产品的价格 P 乘以销售量 Q，即：

$$TR = PQ$$

由于完全竞争的厂商所面对的是一条水平的需求曲线，厂商增减一单位产品的销售所引起的总收益的变化（ΔTR）总是等于固定不变的单位产品的价格 P，所以，总收益曲线是一条从原点出发的直线，其斜率就是固定不变的价格。完全竞争市场外其他类型市场的总收益曲线是先上升达到最大后再下降的。

2. 总成本（total cost）

答：总成本指企业购买生产投入所支付的货币量，它包括两个部分，即固定成本（FC）与可变成本（VC）。固定成本是在短期内不随产量变动而变动的生产费用，如厂房费用、机器折旧费用、一般管理费用及厂部管理人员的工资等。只要建立了生产单位，不管产量多少，都需要支出固定成本。可变成本是随产量变动而变动的生产费用，如原材料、燃料和动力支出及生产工人的工资等。这些费用在短期内是随着产量的变动而变动的。其变动的规律是：最初，在产量开始增加时，由于各种生产要素的投入比例不合理，不能充分发挥生产效率，故可变成本增加的幅度较大；以后随着产量的增加，各种生产要素的投入比例趋于合理，其效率得以充分发挥，故可变成本增加的幅度依次变小；最后由于可变要素的边际收益递减，可变成本增加的幅度依次变大。这一变动趋势正好同边际收益递减规律所描述的总产量的变动趋势相反。

3. 利润（profit）

答：利润指从产品的销售中得到的收益与生产这种产品所使用的生产要素的全部成本之间的差额。用等式表示为：利润＝总收益－总成本。经济学家通常假设，企业的目标是利润最大化，而且他们发现，这个假设在大多数情况下能很好地发挥作用。

4. 显性成本（explicit costs）

答：显性成本有时也称为直接成本，指需要企业支出货币的投入成本。它主要包括以下几方面。①直接材料成本。即在生产中用来变成产品主要部分的材料的成本，如用于原料、材料等方面的支出。②直接人工成本。在生产中对材料进行直接加工使它变成产品所用的人工的工资。③制造费用。在生产中发生的那些不能归入直接材料、直接人工的所有其他成本支出，如维修材料费用、维修工人工资、租金和保险费用等。总之，显性成本应包括为员工的工资薪水、原料、材料、燃料、动力和运输等所支付的费用，还包括借入资本支付的利息和租用物品支付的租金等。

5. 隐性成本（implicit costs）

答：隐性成本是相对于显性成本而言的，指厂商本身自己所拥有的且被用于该企业生产过程中的那些生产要素的总价格。隐性成本与厂商所使用的自有生产要素相联系，反映着这些要素在别处同样能被使用的事实。比如，某厂商在生产过程中，不仅会从劳动市场上雇用一定数量的工人，从银行取得一定数量的贷款或租用一定数量的土地，而且有时还会动用自有的土地和资金，并亲自管理企业。当厂商使用自有生产要素时，也要向自己支付利息、地租和薪金，所以这笔价值也应该计入成本之中。由于这笔成本支出不如显性成本那么明显，故被称为隐性成本。

6. 经济利润（economic profit）

答：经济利润指总收益减去包括显性成本与隐性成本在内的总成本。企业的会计利润是厂商的总收益与会计成本的差，也就是厂商在申报应缴纳所得税时的账面利润。但是西方经济学中的利润概念并不仅仅是会计利润，还必须进一步考虑企业自身投入要素的代价，其中包括自有资本应得利息、经营者自身的才能及风险的代价等。这部分代价的总和至少应与该资源投向其他行业所能带来的正常利润相等，否则，厂商便会将这部分资源用于其他途径的投资而获取利润或收益。在西方经济学中，这部分利润被称为正常利润，显然，它等于隐性成本。如果将会计利润再减去隐性成本，就是经济学意义上的利润的概念，称为经济利润，或超额利润。上述各种利润关系为：

企业利润＝会计利润＝总收益－显性成本

经济利润＝超额利润＝会计利润－隐性成本＝会计利润－正常利润

正常利润＝隐性成本

7. 会计利润（accounting profit）

答：会计利润也就是企业利润，指总收益减去总显性成本，也即厂商在申报应缴纳所得税时的账面利润。会计利润是根据企业平时实际发生的对外交易计算而得的。企业每发生一笔对外交易，就加以记录。每笔经济业务在记录时都涉及定时和计价的问题，主要问题是如何将某一特定期间的费用成本与有关收入进行恰当配比。企业在计算会计利润时，要运用诸如实现原则、配比原则和权责发生制原则等会计基本原则。按照这些基本原则计算而得的会计利润，可以反映出多种会计信息，如销售收入、费用成本、销售利润、营业利润等信息，这些信息对于评价企业的经营业绩，预测企业未来的损益，都有较大的帮助。有鉴于此，除非面临大幅度的个别或一般物价水平变动，各国会计普遍采用会计利润概念。

8. 生产函数（production function）

答：生产函数指描述用于生产一种物品的投入量与该物品产量之间的关系的函数。假定生产者只使用劳动和资本两种要素，则生产函数可表示为：$Q=f(K,L)$。生产函数中有两种特殊函数：一种是固定投入比例生产函数；另一种是柯布—道格拉斯生产函数。

固定投入比例生产函数，指在每一个产量水平上任何一对要素投入量之间的比例都是固定的。固定投入比例生产函数的一般形式为：$Q=\min(L/U,K/V)$。只有投入固定比例的

$\frac{L}{K} = \frac{U}{V}$ 才能够实现生产。其中，Q 表示产量，L 和 K 分别表示劳动和资本的投入量，U 和 V 分别为固定的劳动和资本的生产技术系数，它们分别表示生产一单位产品所需要的固定的劳动投入量和资本投入量。

柯布－道格拉斯生产函数的一般形式为：$Q = AL^{\alpha}K^{\beta}$，式中 Q 代表产量，L 和 K 分别代表劳动和资本投入量，A、α 和 β 为三个参数，且 $0 < \alpha$、$\beta < 1$。

9. 边际产量（marginal product）

答：边际产量指在生产技术水平和其他投入要素不变的情况下，每增加一个单位可变投入要素所得到的总产量的增加量。例如，在生产中如果只有劳动 L 是可变投入，则劳动的边际产量可以表示为：

$$MP = \Delta Q / \Delta L$$

假设生产函数连续且可导，从而可以用总产量对可变投入量求导得出边际产量，即 $MP = dQ/dL$。这样，在某一产量上的边际产量，就是该产量相对于总产量曲线上一点的斜率。

如图 13-2 所示，边际产量曲线 MP 是一条向横轴凸出的曲线。最初边际产量递增，达到最大值以后，开始减少。边际产量开始为正值，然后下降为零，最后成为负值。边际产量为负值表示每增加一单位投入，总产量没有增加反而减少。边际产量曲线达到最大值时斜率为零（如 d 点），边际产量为零时 MP 曲线和横轴相交（如 f 点）。边际产量为负值时，MP 曲线位于横轴下方。与经济学中所有的总量、平均量与边际量的关系类似，TP、AP 与 MP 曲线也有如下的关系：当总产量 TP 以递增的增长率增加时，边际产量 MP 和平均产量 AP 都增加；当 TP 开始以递减的增长率增加时，MP 达到最大值并开始减少，AP 则继续增加；当 TP 继续以递减的增长率增加而 MP 和 AP 相交时，AP 达

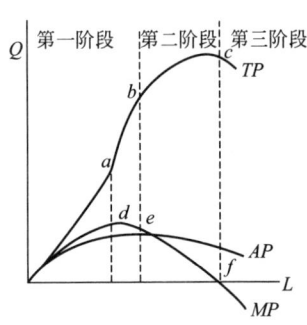

图 13-2　边际产量曲线

到最大值，此时平均产量等于边际产量；当 TP 达到最大值时，TP 的斜率为零，从而 MP 也等于零，MP 曲线和横轴相交，即边际产量为零，AP 曲线继续下降；当 TP 从最大值开始下降时，斜率为负，从而 MP 为负，MP 曲线位于横轴下方，平均产量仍继续下降。

10. 边际产量递减（diminishing marginal product）

答：边际产量递减规律又称边际收益递减规律，指在技术水平不变的条件下，在连续等量地把一种可变生产要素增加到一种或几种数量不变的生产要素上去的过程中，当这种可变生产要素的投入量小于某一特定值时，增加该要素投入所带来的边际产量是递增的；当这种可变要素的投入量连续增加并超过这个特定值时，增加该要素投入所带来的边际产量是递减的。在厂商的厂房、机器设备等资本投入不变的情况下，随着可变投入劳动的增加，劳动的边际产量一开始是递增的，但当劳动投入量增加到一定程度之后，其边际产量就会递减，直到出现负数。

出现边际产量递减规律的主要原因是，随着可变投入的不断增加，不变投入和可变投入的组合比例变得愈来愈不合理。当可变投入较少的时候，不变投入显得相对较多，此时增加可变投入可以使要素组合比例趋向合理从而提高产量的增量；而当可变投入与不变投入的组合达到最有效率的那一点以后，再增加可变投入，就使可变投入相对不变投入来说显得太多，从而使产出的增加量递减。

边际产量递减规律是有条件的：①以技术不变为前提；②以其他生产要素固定不变，只有一种生产要素的变动为前提；③在可变要素增加到一定程度之后才出现；④假定所有的可变投入要素是同质的，如所有劳动者在操作技术、劳动积极性等各个方面都没有差异。

11. 固定成本（fixed costs）

答：固定成本也称不变成本，是指不随着产量变动而变动的成本。固定成本一般包括租用机器厂房所花费的租金、机器设备折旧费等。在短期内，这些费用一般是不变的，与产量的变化无关；因为这些成本都是必不可少的，厂商不能对它们进行选择使用与否或使用多少，只要建立了企业，无论在一定时期内是否生产产品，都一定要支付这些成本。在直角坐标系中，厂商的固定成本曲线是一条平行于产量轴的直线。短期内厂商有固定成本，因此不能在一定的产量下使它的生产要素达到最优组合。长期内固定成本则没有意义，因为长期内厂商可以改变生产其他产品，也可以改变生产规模甚至退出该行业，从而长期内所有的成本都是可变的。

12. 可变成本（variable costs）

答：可变成本指随着产量变动而变动的成本。可变成本是与不变成本相对应的概念，一般包括原材料、燃料和动力的费用、生产工人的工资等。厂商没有进行生产时，可变成本为零。产量逐渐增加时，可变成本会相应地增加，但可变成本的增加并不一定与产量的增加呈相同比例，这一过程受到边际产量递减规律的影响：开始时产量增加，生产要素组合的效率得到发挥，可变成本增加幅度变缓；最后，边际产量递减规律又会使它增加较快。

13. 平均总成本（average total cost）

答：平均总成本指总成本与产出量之比，即 $ATC=TC/Q$，同时平均总成本又可以表示为平均不变成本与平均可变成本之和，即 $ATC=AFC+AVC$。平均总成本曲线（如图13-3中 ATC 曲线所示）一般是一条U形曲线，当产量较小时，平均总成本随着产量的增加而降低；当产量较大时，平均总成本随着产量的增加而增加；在平均总成本曲线最低处，平均总成本曲线恰好与边际总成本曲线相交。

14. 平均固定成本（average fixed cost）

答：平均固定成本指总固定成本与产出量之比，即 $AFC=TFC/Q$。随着产出的增加，平均固定成本将下降，因为相同的总固定成本被更大的产出量分摊，这一现象有时被称为分摊管理费用。平均不变成本在图13-3中表示为 AFC 曲线。

15. 平均可变成本（average variable cost）

答：平均可变成本指可变成本与产出量之比，即 $AVC=TVC/Q$。平均可变成本曲线一般是一条U形曲线。当产量较小时，平均可变成本随着产量的增加而降低；在某一产量水平上，平均可变成本将达到最小；当产量继续增加时，平均可变成本将趋于增加。平均成本曲线的一个重要特征是：在使平均可变成本达到最小的点上，平均可变成本曲线与边际可变成本曲线恰好相交。平均可变成本如图13-3中的 AVC 曲线所示。

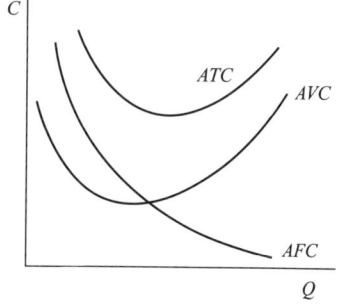

图 13-3 平均成本曲线

16. 边际成本（marginal cost）

答：边际成本指厂商增加最后一单位产量时所增加的总成本，或者说，边际成本就是由一单位产量的变动所引起的总成本的变动。设 $C(Q)$ 为生产 Q 单位产量的总成本，则 Q 与

$Q-1$ 单位产量之间的成本 $[C(Q)-C(Q-1)]$ 就是边际成本。在产量水平较低的阶段上，边际成本可能随产量的增加而减少，但到达一个最低点后，则随着产量的进一步增加而增加。之所以如此，这是由边际报酬递减规律所决定的。

17. 有效规模（efficient scale）

答：有效规模指使平均总成本最小的产量。平均总成本曲线是 U 形的，当产量较小时，平均总成本随着产量的增加而降低；当产量较大时，平均总成本随着产量的增加而增加；在平均总成本最低处，平均总成本曲线恰好与边际总成本曲线相交。如果企业生产的产量是使平均总成本最小的产量，则此时的平均总成本处于 U 形曲线的底部，这种产量被称为企业的有效规模。

18. 规模经济（economies of scale）

答：规模经济指在给定的技术条件下，由于生产规模的扩大而引起的厂商产量的增加或收益的增加。在长期中，企业投入的各种生产要素可以同时增加，使生产规模扩大，从而得到各种益处，使同样产品的单位成本比原来生产规模较小时降低。

规模经济分为内在经济和外在经济。内在经济是厂商在生产规模扩大时从自身内部所引起的收益增加。例如，当厂商生产规模扩大时，可以实现有利于技术提高的精细分工；充分发挥管理人员的效率；使用更加先进的机器设备；对副产品进行综合利用；以更有利的价格、渠道等采购原材料和推销产品等。

外在经济是整个行业规模和产量扩大而使得个别厂商平均成本下降或收益增加。根据形成外在经济的原因，可分为技术性外在经济和金融性外在经济。技术性外在经济是指由于行业的发展，个别厂商可得到修理、服务、运输、人才供给、科技情报等方面的非货币因素的便利条件，而引起的外在经济。金融性外在经济是指随着行业的发展，使个别厂商在融资等货币方面受到了影响而发生的外在经济。

19. 规模不经济（diseconomies of scale）

答：规模不经济指企业或行业产量扩大的倍数小于由此造成的成本扩大的倍数。如果产量的扩大是由所有投入同比例扩大产生的，则规模不经济表现为规模收益递减。在应用中，为了简单，有时也常把规模不经济等同于规模收益递减，也即如果某个企业的生产函数呈现出规模收益递减的性质，就说该企业存在规模不经济问题。推而广之，如果一个行业或者一个经济中存在着规模收益递减现象，就说该行业或者该经济处于规模不经济状态。造成规模不经济的主要原因是随着企业规模的扩大，管理成本急剧增加，同时，企业的内部信息不对称问题也会随着企业的扩展而日趋严重。

20. 规模收益不变（constant returns to scale）

答：规模收益不变指长期平均总成本在产量变动时保持不变的特性，对于生产函数 $Q=f(L,K)$ 而言，若 $f(\lambda L,\lambda K)=\lambda f(L,K)$，则该生产函数为规模报酬不变生产函数，其中 λ 为一常数。图 13-4 显示了规模收益不变生产函数的几何意义。

规模收益不变时，产量增加的比例等于各种生产要素增加的比例，即投入扩大某一倍数，产出也扩大相同的倍数。图 13-4 中，当劳动与资本投入分别为 2 个单位时，产出为 100 个单位；当劳动与资本投入分别为 4 个单位时，产出为 200 个单位。产出与投入扩大了相同的倍数。

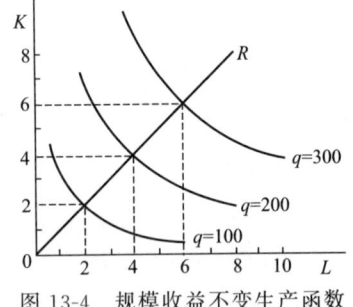

图 13-4 规模收益不变生产函数

二、复习题

1. 企业总收益、利润和总成本之间的关系是什么?

答:(1) 企业总收益、利润和总成本的含义。参见"概念题"第1、2、3题。

(2) 企业总收益、利润和总成本之间的关系

企业总收益、利润和总成本之间的关系用等式表示为:利润=总收益-总成本。利润和总收益是正相关关系,即利润随着总收益的增加而增加;利润和总成本是负相关关系,即利润随着总成本的增加而减少。经济学家通常假设,企业的目标是利润最大化,即企业追求最大的总收益和最小的总成本。

2. 举出一种会计师不算做成本的机会成本的例子。为什么会计师不考虑这种成本?

答:会计师不把企业家经营管理企业的才能的机会成本计算在内。企业家的机会成本是他从事其他工作所能赚到的最大收益。会计师之所以不计入成本是因为会计师分析经营活动的依据是货币的流入和流出,隐性机会成本不引起企业的货币流动,但它确实影响企业家的经营决策。

3. 什么是边际产量?边际产量递减意味着什么?

答:(1) 边际产量的含义。参见"概念题"第9题。

(2) 边际产量递减意味着每增加一个单位可变投入要素所得到的总产量的增加量是减少的,说明该企业的生产设备已经得到充分利用。此时可变投入与不变投入的组合已经超过最有效率的那一点,再增加可变投入,就使可变投入相对不变投入来说显得太多,从而使产出的增加量递减。

4. 画出表示劳动的边际产量递减的生产函数。画出相关的总成本曲线。(在这两种情况下,都要标明坐标轴代表什么。)解释你所画出的两个曲线的形状。

答:图13-5表示了劳动的边际产量递减的生产函数曲线,生产函数表示雇用的工人数量和生产量之间的关系。随着工人数量增加,生产函数变得平坦,这反映了边际产量递减。

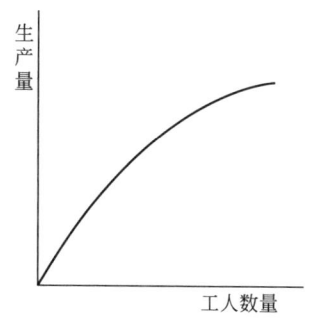

图13-5 边际产量递减的生产函数曲线

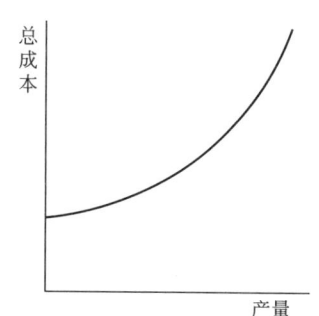

图13-6 总成本曲线

由于边际产量递减,边际成本递增,随着产量增加,总成本曲线变得较为陡峭,如图13-6所示。

生产函数曲线向上凸出和总成本曲线的向下凹都是因为劳动边际产量的递减。在厂商的厂房、机器设备等资本投入不变的情况下,随着可变投入劳动的增加,劳动的边际产量一开始是递增的,但当劳动投入量增加到一定程度之后,其边际产量就会递减,甚至出现负数。

5. 给总成本、平均总成本和边际成本下定义。它们之间的关系是怎样的?

答:(1) 总成本、平均总成本和边际成本的定义。参见"概念题"第2、13、16题。

（2）总成本、平均总成本和边际成本之间的关系

总成本、平均总成本和边际成本之间的关系用公式可以表示为：

$$平均总成本 = 总成本 / 总产量$$

$$边际成本 = 总成本变动量 / 总产量变动量$$

由于 $MC = \dfrac{dTC}{dQ}$ 所以，每一产量点上的 MC 值就是相应的 TC 曲线的斜率。在边际报酬递减规律的作用下，当 MC 曲线逐渐地由下降变为上升时，相应地，TC 曲线的斜率也由递减变为递增。当 MC 曲线达到极小值时，TC 曲线上存在一个拐点。

U 形的 ATC 曲线与 U 形的 MC 曲线相交于 ATC 曲线的最低点。在 ATC 曲线的下降阶段，MC 曲线在 ATC 曲线的下方；在 ATC 曲线的上升阶段，MC 曲线在 ATC 曲线的上方。之所以有这个特征其原因在于：对于任何两个相应的边际量和平均量而言，只要边际量小于平均量，边际量就把平均量拉下，只要边际量大于平均量，边际量就把平均量拉上，所以当边际量等于平均量时，平均量必然达到其本身的极值点。还有一个重要的特点就是：不管是下降还是上升，MC 曲线的变动都快于 ATC 曲线的变动。这是因为对于产量变化的反应来说，边际成本 MC 要比平均成本 ATC 敏感得多，因此不管是减少还是增加，MC 曲线的变动都快于 ATC 曲线的变动。

6. 画出一个典型企业的边际成本曲线和平均总成本曲线。解释为什么这些曲线的形状是这样，以及为什么在那一点相交。

答：（1）如图 13-7 所示：

典型企业的平均总成本曲线是一条 U 形曲线，当产量较小时，平均总成本随着产量的增加而降低；当产量较大时，平均总成本随着产量的增加而增加，原因是边际产量递减。出现边际报酬递减规律的主要原因是，随着可变投入的不断增加，不变投入和可变投入的组合比例变得愈来愈不合理。当可变投入较少的时候，不变投入显得相对较多，此时增加可变投入可以使要素组合比例趋向合理从而提高产量的增量；而当可变投入与不变投入的组合达到最有效率的那一点以后，再增加可变投入，就使可变投入相对不变投入来说显得太多，从而使产出的增加量递减。

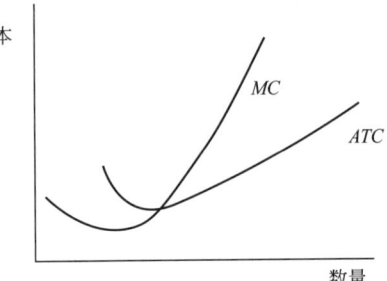

图 13-7 典型企业的边际成本和平均总成本曲线

边际成本曲线是一条先降后升的 U 形曲线。呈现 U 形的原因是边际报酬递增阶段对应的是边际成本的递减阶段，边际报酬递减阶段对应的是边际成本的递增阶段，边际报酬极大值对应边际成本的极小值。

（2）边际成本曲线与平均总成本曲线相交于平均总成本曲线的最低点。这可以用数学来解释。$\dfrac{dATC}{dQ} = \dfrac{d}{dQ}\left(\dfrac{TC}{Q}\right) = \dfrac{TC' \cdot Q - TC}{Q^2} = \dfrac{1}{Q}(MC - ATC)$，由于 $Q > 0$，所以，当 $MC < ATC$，ATC 曲线是下降的；当 $MC > ATC$ 时，ATC 曲线是上升的；当 $MC = ATC$ 时，ATC 曲线达极小值点。

7. 企业的平均总成本曲线在短期与长期中如何不同？为什么不同？

答：企业的长期平均总成本曲线比短期平均总成本曲线平坦得多。因为企业的大部分成本在短期内是固定的，而所有的成本在长期内都是可变的。当企业沿着长期平均总成本曲线移动时,可以根据产量调整企业规模,使企业较长期地处在规模收益不变状态。

8. 给规模经济下定义并解释其产生的原因。给规模不经济下定义并解释其产生的原因。

答:(1) 规模经济的含义及产生原因

规模经济的含义参见"概念题"第18题。

产生规模经济的主要原因是劳动分工与专业化以及技术因素。企业规模扩大后使得劳动分工更细,专业化程度更高,这将大大提高劳动生产率,降低企业的长期平均成本。技术因素是指规模扩大后可以使生产要素得到充分的利用。

(2) 规模不经济的含义及产生原因

规模不经济的含义参见"概念题"第19题。

导致规模不经济出现的主要原因是由于规模过大,造成管理人员信息沟通缓慢、内部官僚主义、决策失误及要素边际生产力递减等现象,所有这些都会造成长期平均成本的上升。

三、快速单选

1. Raj 用两个小时开了一家柠檬水摊位。他花了 10 美元买原料,并卖了价值 60 美元的柠檬水。在这同样的两个小时中他本可以帮邻居剪草坪而赚到 40 美元。Raj 的会计利润是( ),经济利润是( )。

a. 50 美元;10 美元
b. 90 美元;50 美元
c. 10 美元;50 美元
d. 50 美元;90 美元

【答案】a

【解析】经济利润是总收益减去总机会成本(显性的与隐性的)。会计利润是企业的总收益仅仅减去企业的显性成本。所以 Raj 的会计利润是 60－10＝50(美元),经济利润是 60－10－40＝10(美元)。

2. 边际产量递减解释了为什么随着企业产量增加,( )。

a. 生产函数和总成本曲线变得陡峭
b. 生产函数和总成本曲线变得平坦
c. 生产函数变得陡峭,而总成本曲线变得平坦
d. 生产函数变得平坦,而总成本曲线变得陡峭

【答案】d

【解析】边际产量递减是指一种投入的边际产量随着投入量增加而减少的特征。生产函数的斜率为边际产量,随着产量增加,边际产量递减,生产函数变得平坦;随着产量的增加,多生产一件商品要求增加更多要素投入,使成本增加,所以总成本曲线越来越陡峭。

3. 一个企业以总成本 5000 美元生产 1000 单位产品。如果将产量增加到 1001 单位,总成本增加到 5008 美元。这些信息告诉了你关于这个企业的什么?( )

a. 边际成本是 5 美元,平均可变成本是 8 美元
b. 边际成本是 8 美元,平均可变成本是 5 美元
c. 边际成本是 5 美元,平均总成本是 8 美元
d. 边际成本是 8 美元,平均总成本是 5 美元

【答案】d

【解析】边际成本是额外一单位产量所引起的总成本的增加,即 5008－5000＝8(美元)。平均总成本等于总成本除以产量,即 5000/1000＝5(美元)。

4. 一个企业生产 20 单位产品，平均总成本是 25 美元，边际成本是 15 美元。如果将产量增加到 21 单位，以下哪种情况一定会发生？（　　）

    a. 边际成本会减少
    b. 边际成本会增加
    c. 平均总成本会减少
    d. 平均总成本会增加

【答案】c

【解析】只要边际成本小于平均总成本，平均总成本就下降；只要边际成本大于平均总成本，平均总成本就上升。只根据本题所给出的条件，不足以判断边际成本的变化情况。

5. 政府每年对所有比萨饼店征收 1000 美元许可证费，这会导致哪一条成本曲线移动？（　　）

    a. 平均总成本和边际成本曲线
    b. 平均总成本和平均固定成本曲线
    c. 平均可变成本和边际成本曲线
    d. 平均可变成本和平均固定成本曲线

【答案】b

【解析】对比萨饼店来说，许可证费是成本的一部分，所以平均总成本增加，平均总成本移动；因为许可证费不随着产量的变动而变动，是固定成本，所以平均固定成本曲线移动，平均可变成本曲线不变；边际成本是额外一单位产量所引起的总成本的增加，与是否征收许可证费无关，所以边际成本曲线不变。

6. 如果更高的产量水平使工人在特定工作中更专业化，企业就会表现出规模（　　）和平均总成本（　　）。

    a. 经济，下降
    b. 经济，上升
    c. 不经济，下降
    d. 不经济，上升

【答案】a

【解析】规模经济是指长期平均总成本随产量增加而减少的特性。规模经济的产生是因为较高的产量水平允许在工人中实现专业化，而专业化可以使工人更精通某一项工作。在生产水平低时，企业从扩大规模、专业化程度更高中获益，同时，协调问题并不尖锐。

四、问题与应用

1. 本章讨论了许多成本类型：机会成本、总成本、固定成本、可变成本、平均总成本和边际成本。在以下句子中填入最合适的成本类型：

    a. 采取某个行为所放弃的东西称为（　　）。
    b. （　　）是当边际成本低于它时下降，当边际成本高于它时上升。
    c. 不取决于产量的成本是（　　）。
    d. 在冰淇淋行业里，短期中，（　　）包括奶油和糖的成本，但不包括工厂的成本。
    e. 利润等于总收益减（　　）。
    f. 生产额外一单位产品的成本是（　　）。

答：a. 机会成本。
    b. 平均总成本。
    c. 固定成本。
    d. 可变成本。
    e. 总成本。
    f. 边际成本。

2. 你的姑妈正考虑开一家五金店。她估计，租仓库和买库存货物每年要花费 50 万美元。此外,她要辞去薪水为每年 5 万美元的会计师工作。

a. 给机会成本下定义。

b. 你姑妈经营五金店一年的机会成本是多少?如果你姑妈认为她一年可以卖出价值 51 万美元的商品,她应该开这个店吗?解释原因。

答:a. 机会成本指将一定的资源用于某项特定用途时,所放弃的该项资源用于其他用途时所能获得的最大收益。

b. 姑妈经营五金店一年的机会成本是 55 万美元,包括租仓库和买库存货物的 50 万美元和当会计师可以挣得的 5 万美元。如果一年有 51 万美元的营业额,则姑妈不应该开这个店,因为从经济学角度上讲,总成本包括一切机会成本。经济利润=总收益-总成本=51-55=-4<0,姑妈开店一年将发生亏损。

3. 一个商业渔民注意到了钓鱼时间与钓鱼量之间存在以下关系:

时间(小时)	钓鱼量(磅)	时间(小时)	钓鱼量(磅)
0	0	3	24
1	10	4	28
2	18	5	30

a. 用于钓鱼的每小时的边际产量是多少?

b. 根据这些数据画出渔民的生产函数。解释其形状。

c. 渔民的固定成本为 10 美元(他的钓鱼竿)。他每小时时间的机会成本是 5 美元。画出渔民的总成本曲线。解释它的形状。

答:a. 用于钓鱼的每小时的边际产量分别是 10 磅、8 磅、6 磅、4 磅、2 磅。

b. 渔民的生产函数曲线随着钓鱼所花的小时数增加变得越来越平坦,这是因为随着渔民钓鱼所花的小时数增加,用于钓鱼的每小时的边际产量递减的特性。如图 13-8 所示。

c. 图 13-9 表示渔民的总成本曲线。该曲线向上倾斜是因为每多钓一条鱼要多花一些额外的时间。该曲线向外凸是因为钓鱼的边际产量递减:花在钓鱼上的额外每小时钓到鱼的数量减少。

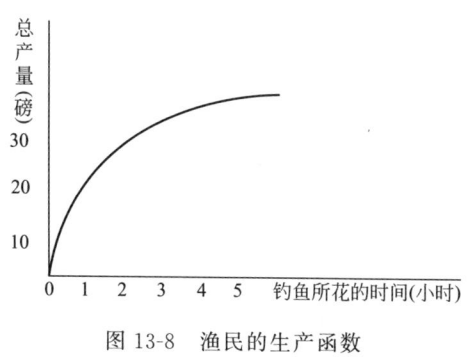

图 13-8 渔民的生产函数

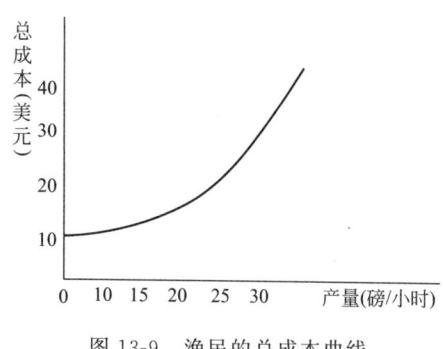

图 13-9 渔民的总成本曲线

4. Nimbus 公司是一家生产扫帚并挨家挨户出售的公司。下面是某一天中工人数量与产量之间的关系:

a. 填写边际产量栏。边际产量呈现出何种模式?你如何解释这种模式?

b. 雇用一个工人的成本是一天 100 美元,企业的固定成本是 200 美元。根据这些信息填写总成本栏。

c. 填写平均总成本栏(记住 $ATC=TC/Q$)。平均总成本呈现出何种模式?

d. 现在填写边际成本栏(记住 $MC=\Delta TC/\Delta Q$)。边际成本呈现出何种模式?

e. 比较边际产量栏和边际成本栏。解释其关系。

f. 比较平均总成本栏和边际成本栏。解释其关系。

工人数(人)	产量(件)	边际产量	总成本	平均总成本	边际成本
0	0	—	—	—	—
1	20	—	—	—	—
2	50	—	—	—	—
3	90	—	—	—	—
4	120	—	—	—	—
5	140	—	—	—	—
6	150	—	—	—	—
7	155	—	—	—	—

答：a. 见表13-7边际产量栏。Nimbus公司的边际产量先增加后减少，这可能是因为边际产量递减。当产量很小时，工人少，没有得到利用的设备多。由于公司可以轻而易举地把这些闲置的资源投入使用，额外增加一个工人的边际产量大。与此相比，当公司的产量达到90件时，工人可能已经开始拥挤，而且大部分设备得到充分利用，虽然增加工人能生产更多的产品，但新工人不得不在拥挤的条件下工作，而且可能不得不等待使用设备。因此，当产量超过90件，额外增加工人的边际产量递减。

表13-7 Nimbus公司产量与成本表

工人数(人)	产量(件)	边际产量	总成本(美元)	平均总成本(美元)	边际成本(美元)
0	0	—	200	—	—
1	20	20	300	15	5
2	50	30	400	8	3.3
3	90	40	500	5.6	2.5
4	120	30	600	5	3.3
5	140	20	700	5	5
6	150	10	800	5.3	10
7	155	5	900	5.8	20

b. 见表13-7总成本栏。

c. 见表13-7平均总成本栏。平均总成本曲线呈U形，平均总成本先减少后增加。当产量为120件和140件时，平均总成本不变。当产量超过140件时，平均总成本开始增加。

d. 见表13-7边际成本栏。边际成本呈U形，边际成本先减少后增加。

e. 当边际产量递增时，边际成本递减；当边际产量递减时，边际成本递增。在同一产量水平上，边际产量达到最大，边际成本达到最小。

f. 当边际成本小于平均总成本时，平均总成本递减；当边际成本大于平均总成本时，平均总成本递增。这是因为如果新增加的一单位产品的成本小于原先的平均总成本，新的平均总成本就会低于原先的水平。反之，如果新增加一单位产品的成本大于原先的平均总成本，新的平均总成本就会高于原先水平。

5. 你是一家出售数码音乐播放器的企业的财务总监。下面是你的企业的平均总成本表：

数量(台)	平均总成本(美元)
600	300
601	301

你们当前的产量水平是600台，而且全部售出。有一个人打来电话，非常希望买一台播放器，并出价550美元。你应该接受他的要求吗？为什么？

第 13 章　生产成本

答：当产量为 600 台时，该企业的总成本为 300×600＝180 000（美元）；当产量为 601 台时，该企业的总成本为 301×601＝180 901（美元），因而增加一台数码音乐播放器的边际成本为 180 901－180 000＝901（美元），而该顾客给出的价格为 550 美元，即边际收益为 550 美元，此时边际成本高于边际收益，该企业不应该接受这位顾客的要求。

6. 考虑以下关于比萨饼店的成本信息：
a. 比萨饼店的固定成本是多少？
b. 列一个表，在这个表上根据总成本的信息计算每打比萨饼的边际成本。再根据可变成本的信息计算每打比萨饼的边际成本。这些数字之间有什么关系？加以评论。

数量(打)	总成本(美元)	可变成本(美元)	数量(打)	总成本(美元)	可变成本(美元)
0	300	0	4	450	150
1	350	50	5	490	190
2	390	90	6	540	240
3	420	120			

答：a. 比萨饼店的固定成本是 300 美元。因为固定成本＝总成本－可变成本。
b. 如表 13-8 所示。边际成本等于总成本的变化量或可变成本的变化量，这是因为总成本等于可变成本加上固定成本，而固定成本不会随着产量变化而变化。所以随着产量增加，总成本的增加就等于可变成本的增加，也就等于边际成本。

表 13-8　比萨饼的成本表

数量(打)	总成本(美元)	可变成本(美元)	边际成本(美元)	数量(打)	总成本(美元)	可变成本(美元)	边际成本(美元)
0	300	0	—	4	450	150	30
1	350	50	50	5	490	190	40
2	390	90	40	6	540	240	50
3	420	120	30				

7. 你的堂兄 Vinnie 有一家油漆公司，其固定总成本为 200 美元，可变成本如下表所示。

每月油漆房屋量(间)	1	2	3	4	5	6	7
可变成本(美元)	10	20	40	80	160	320	640

计算每单位产量下的平均固定成本、平均可变成本及平均总成本。该油漆公司的有效规模是多少？

答：如表 13-9 所示，油漆公司的有效规模是每月油漆 4 座房屋，因为这时平均总成本最小。

表 13-9　Vinnie 的油漆公司的各种成本表

房屋量(间)	可变总成本(美元)	平均固定成本(美元)	平均可变成本(美元)	平均总成本(美元)
1	10	200	10	210
2	20	100	10	110
3	40	67	13	80
4	80	50	20	70
5	160	40	32	72
6	320	33	53	86
7	640	29	91	120

8. 市政府正在考虑两个税收建议：
• 对每个汉堡包的生产者征收 300 美元的定额税。

- 对每个汉堡包征收 1 美元的税,由汉堡包的生产者支付。

a. 下列哪一条曲线——平均固定成本、平均可变成本、平均总成本和边际成本——会由于定额税而移动?为什么?用图形说明这一点。尽可能准确地在图形上做好标记。

b. 这同样的四条曲线中,哪一条会由于对每个汉堡包的税收而移动?为什么?用新的图形说明这一点。尽可能准确地在图形上做好标记。

答:a. 定额税将导致固定成本增加,因而平均固定成本曲线将向上移动,而平均可变成本曲线和边际成本曲线不变,平均总成本曲线也将因为平均固定成本增加而向上移动。如图 13-10 所示,定额税使平均固定成本曲线从 AFC_1 向上移动至 AFC_2,平均总成本曲线从 ATC_1 向上移动至 ATC_2,而边际成本曲线 MC 和平均可变成本曲线 AVC 保持不变。

b. 对每个汉堡征税 1 美元,则生产者的平均可变成本、边际成本以及平均总成本将增加,而平均固定成本保持不变。如图 13-11 所示,平均可变成本曲线从 AVC_1 向上移动至 AVC_2,边际成本曲线从 MC_1 向上移动至 MC_2,平均总成本曲线从 ATC_1 向上移动至 ATC_2,平均固定成本曲线 AFC 保持不变。

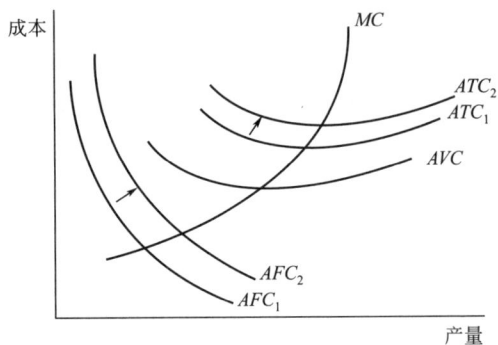

图 13-10 定额税对成本曲线的影响

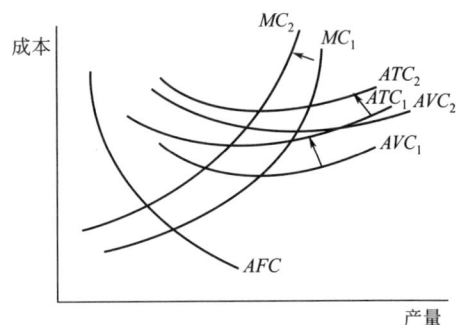

图 13-11 每个汉堡收税对成本曲线的影响

9. Jane 的果汁店有以下成本表:

产量(桶)	可变成本(美元)	总成本(美元)	产量(桶)	可变成本(美元)	总成本(美元)
0	0	30	4	70	100
1	10	40	5	100	130
2	25	55	6	135	165
3	45	75			

a. 计算每种产量下的平均可变成本、平均总成本和边际成本。

b. 画出这三条曲线。边际成本曲线与平均总成本曲线之间是什么关系?边际成本曲线与平均可变成本曲线之间是什么关系?解释原因。

答:a. 每单位产量的平均可变成本、平均总成本和边际成本如表 13-10 所示。

表 13-10 Jane 的果汁店成本表

产量(桶)	可变成本(美元)	总成本(美元)	平均可变成本(美元)	平均总成本(美元)	边际成本(美元)
0	0	30	0	—	—
1	10	40	10	40	10
2	25	55	12.5	27.5	15
3	45	75	15	25	20
4	70	100	17.5	25	25
5	100	130	20	26	30
6	135	165	22.5	27.5	35

b. 如图13-12所示，边际成本曲线与平均总成本曲线相交于平均总成本曲线的最低点。因为当边际成本，即每新生产一桶果汁的成本小于原有的平均总成本时，新的平均总成本一定小于原来的平均总成本；当新生产出的这一桶的成本大于原有的平均总成本时，新的平均总成本一定大于原来的平均总成本。

边际成本曲线与平均可变成本曲线相交于平均可变成本曲线的最低点，且边际成本曲线一直位于平均可变成本曲线的上方。边际成本交于平均可变成本曲线的最低点，其道理与边际成本曲线交于平均总成本曲线最低点是一样的。边际成本曲线位于平均可变成本曲线的上方是因为边际产量递减规律，边际成本和可变成本都递增，并且边际成本比平均可变成本增加得快，因为平均可变成本是把新增加一单位产量所带来的边际成本分摊在所有的产品上。

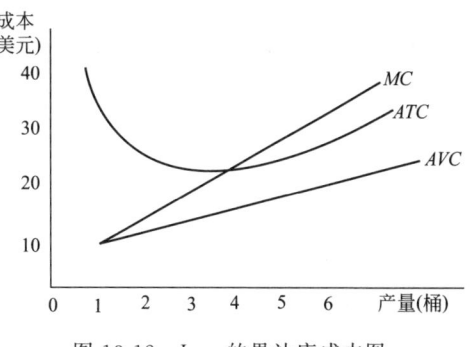

图13-12　Jane的果汁店成本图

10. 考虑下表中三个不同企业的长期总成本：

单位：美元

产量	1	2	3	4	5	6	7
企业A	60	70	80	90	100	110	120
企业B	11	24	39	56	75	96	119
企业C	21	34	49	66	85	106	129

这三个企业分别处于规模经济，还是规模不经济？

答：表13-11表示三家企业的平均总成本。

表13-11　三家企业的长期平均总成本表　　　单位：美元

产量	1	2	3	4	5	6	7
企业A	60	35	27	22.5	20	18	17
企业B	11	12	13	14	15	16	17
企业C	21	17	16	16.5	17	18	18.4

企业A处于规模经济。因为随着产量增加，它的长期平均总成本下降。

企业B处于规模不经济。因为随着产量增加，它的长期平均总成本增加。

企业C先是处于规模经济，随着产量增加，它又进入了规模不经济。因为生产3单位产量之前，它的长期平均总成本随着产量增加而减少，当生产第4单位产量时，它的长期平均总成本随着产量增加而增加。

名校考研真题详解

1. 请比较分析机会成本、沉淀成本和边际成本在理性经济人的决策中所起作用。[南开大学2010研]

答：（1）生产一单位的某种商品的机会成本是指生产者所放弃的使用相同的生产要素在其他生产用途中所能得到的最高收入。机会成本的存在是与资源的稀缺性紧密联系的，也就是获得一定数量的收入是以放弃用同样的经济资源生产其他产品所获得收入为代价的。所以，理性经济人在决策中总是要首先分别研究所有投入要素的机会成本，然后再根据各种投入要素的机会成本去进行选择。

（2）沉淀成本是指已经发生而无法收回的支出，这一成本对理性决策人当前的决策不产生任何影响。理性决策人在进行决策的过程中要考虑的是当前的决策是否有利可图，而不是过去已经投入多少成本，即不要为撒掉的牛奶哭泣。

（3）边际成本是指厂商在短期内增加一单位产量时所增加的成本，它是理性厂商在进行决策是否增加产量时必须考虑的因素。如果边际成本大于边际收益，增加产量是不利的；如果边际成本小于边际收益，增加产量是有利可图的；只有在边际成本等于边际收益的情况下，厂商才实现利润最大化或遭受损失最小化。

2. 简要说明短期和长期平均成本曲线形成 U 形的原因。[厦门大学 2017、2011 研；武汉大学 2015 研；深圳大学 2007 研；人大 1999 研]

答：（1）短期平均成本曲线呈 U 形，即最初阶段递减后又转入递增阶段，是因为可变要素的边际报酬先递增后递减导致的。在短期生产中，边际产量的递增阶段对应的是边际成本的递减阶段，边际产量的递减阶段对应的是边际成本的递增阶段，与边际产量最大值相对应的是边际成本的最小值。因此，在边际报酬递减的规律下，短期平均成本曲线表现出先降后升的 U 形。

（2）长期平均成本曲线呈 U 形是由规模经济和规模不经济决定的。随着产量的扩大，使用的厂房设备等的规模扩大，因而产品的生产经历规模报酬递增阶段，这表现为产品的单位成本将随着产量的增加而递减。长期平均成本经历递减阶段之后，最好的资本设备和专业化的利益已全部被利用，这时可能进入报酬不变，即平均成本固定不变阶段，由于企业管理这个生产要素不会像其他要素那样增加，因而随着企业规模的扩大，管理的困难和成本将越来越大，若再增加产量，企业的长期平均成本最终将转为递增。

3. 设 6 年前某人大学之后进行创业。他花费了 600 000 元购买一个商店。假设运营该商店的可变成本为 0。在 6 年中这个商店每年的利润额为 100 000 元。但是该商店在今年的时候毁于一场大火。你认为这次创业是赚钱、亏本还是不赚不赔？为什么？[人大 2012 研]

解：这次创业是亏本的。原因如下。

从经济学角度上讲，总成本包括一切机会成本，经济利润＝总收益－总成本＝总收益－显性成本－隐性成本。六年来总收益为 600 000 元，大火造成的损失，即显性成本为 600 000 元，隐性成本包括他 6 年时间放弃的从事其他行业获得的最高收入，假定为 a，

则该大学生的会计利润为：$600\,000 - 600\,000 = 0$；

经济利润为：$6\,000\,000 - 6\,000\,000 - a = -a < 0$。

由于他的经济利润为负，因此，从经济学的角度讲，他这次创业是亏本的。

4. 我们知道，边际报酬递减规律意味着短期边际成本递增而不是短期平均成本递增。请证明：

（1）规模报酬递减意味着长期平均成本递增而不是长期边际成本递增；

（2）即使每个要素的边际产品递减，也有可能出现规模报酬递增；

（3）竞争厂商绝无可能在边际成本递减的阶段生产。[武汉大学 2012 研]

证明：（1）假设生产函数为：$Q = f(L, K)$，劳动的边际报酬为 w，资本的边际报酬为 r，则规模报酬递减可表示为：$f(\lambda L, \lambda K) < \lambda f(L, K) = \lambda Q$。

长期平均成本为：$\dfrac{\lambda Lw + \lambda Kr}{f(\lambda L, \lambda K)} = \dfrac{\lambda(Lw + Kr)}{f(\lambda L, \lambda K)} > \dfrac{\lambda(Lw + Kr)}{\lambda f(L, K)} = \dfrac{LTC}{Q} = LAC$

由以上推导可知，规模报酬递减意味着长期平均成本递增。

（2）假定生产函数为：$F(K,L)=AK^{\alpha}L^{\beta}$，$\alpha+\beta>1$，$0<\alpha$，$\beta<1$。

资本的边际产品为：$MP_K=\alpha AK^{\alpha-1}L^{\beta}$，$MP'_K=\alpha(\alpha-1)AK^{(\alpha-2)}L^{\beta}<0$，因此资本的边际产品递减。同理，劳动的边际产品也是递减的。

$F(\lambda K,\lambda L)=A(\lambda K)^{\alpha}(\lambda L)^{\beta}=\lambda^{(\alpha+\beta)}AK^{\alpha}L^{\beta}=\lambda^{(\alpha+\beta)}F(K,L)>\lambda F(K,L)$，因此该生产函数是规模报酬递增的。由以上分析可知，即使每个要素的边际产品递减，也可能出现规模报酬递增。

（3）完全竞争厂商的利润函数为：

$$\pi=TR-TC$$

利润最大化的一阶条件为：$MR=MC$。

利润最大化的二阶条件为：$\dfrac{\mathrm{d}MR}{\mathrm{d}Q}-\dfrac{\mathrm{d}MC}{\mathrm{d}Q}<0$。

在完全竞争条件下，$MR=P$，是一条平行于横轴的直线，则$\dfrac{\mathrm{d}MC}{\mathrm{d}Q}=0$，若边际成本递减，则$\dfrac{\mathrm{d}MC}{\mathrm{d}Q}<0$，那么$\dfrac{\mathrm{d}MR}{\mathrm{d}Q}-\dfrac{\mathrm{d}MC}{\mathrm{d}Q}>0$，显然不满足利润最大化的二阶条件，因此厂商不能在边际成本递减的阶段生产。

5．一个行业现在有等规模的 100 家企业，每家企业的固定成本都为 16 元，产量和平均可变成本如下表所列。

（1）请在下表的空格内填上正确的数值；

（2）若现在的价格是 10 元，市场总供给量是多少？当这个市场转向其长期均衡量，价格上升还是下降？［深圳大学 2013 研］

产量	AVC(元)	VC(元)	TC(元)	MC(元)	ATC(元)
1	1				
2	2				
3	3				
4	4				
5	5				
6	6				

解：（1）根据各成本之间的关系有：$MC=\dfrac{\Delta TC}{\Delta Q}$，$ATC=\dfrac{TC}{Q}$，$TC=VC+TFC$，$AVC=\dfrac{VC}{Q}$，填表如下：

产量	AVC(元)	VC(元)	TC(元)	MC(元)	ATC(元)
1	1	1	17	1	17
2	2	4	20	3	10
3	3	9	25	5	25/3
4	4	16	32	7	8
5	5	25	41	9	8.2
6	6	36	52	11	26/3

（2）由于该行业有 100 家等规模企业，且个厂商的固定成本和生产函数相同，因此该行业接近于完全竞争行业。

若现在的价格是 10 元，则企业利润最大化原则为 $P=MC$，此时单个企业的产量为 5，市场总供给量为：$5\times100=500$。

长期均衡量时，每家企业的经济利润为零，且产品价格等于企业的最低平均成本，即 $P=\min ATC=8$，因此当这个市场转向其长期均衡量，价格将下降。

6. 某企业长期生产函数为 $\ln Q=0.25\ln K+0.5\ln L+0.25\ln M$，其中 Q 为产量，K，L，M 为三种投入要素，且三种投入要素的价格分别为 $P_L=2$，$P_K=1$，$P_M=4$，

（1）试推导该企业的长期总成本函数、长期平均成本函数（LAC）和长期边际成本函数（LMC）。

（2）设在短期内 $K=16$，求短期总成本函数（STC）。 [北航 2014 研；重庆大学 1999 研]

解：（1）由题意可知，企业生产函数可写为 $Q(K,L,M)=K^{\frac{1}{4}}L^{\frac{1}{2}}M^{\frac{1}{4}}$

三要素的边际产量分别为：$MP_K=\dfrac{Q}{4K}$，$MP_L=\dfrac{Q}{2L}$，$MP_M=\dfrac{Q}{4M}$

根据投入要素最优组合条件 $\dfrac{MP_K}{MP_L}=\dfrac{P_K}{P_L}$，$\dfrac{MP_K}{MP_M}=\dfrac{P_K}{P_M}$，可得 $K=L=4M$，代入企业生产函数 $Q(K,L,M)=K^{\frac{1}{4}}L^{\frac{1}{2}}M^{\frac{1}{4}}$，解得：$K=L=\sqrt{2}Q$，$M=\dfrac{\sqrt{2}}{4}Q$。

此时，长期总成本函数为：$LTC(Q)=4\sqrt{2}Q$；

长期平均成本函数为 $LAC(Q)=\dfrac{LTC(Q)}{Q}=4\sqrt{2}$；

长期边际成本函数 $LMC(Q)=\dfrac{\mathrm{d}LTC(Q)}{\mathrm{d}Q}=4\sqrt{2}$。

（2）在短期内 $K=16$ 时，由（1）可知，生产函数 $Q(L,M)=2L^{\frac{1}{2}}M^{\frac{1}{4}}$，由投入要素最优组合条件得，$M=4^{-\frac{4}{3}}\cdot Q^{\frac{4}{3}}$，$L=4M=4\times4^{-\frac{4}{3}}\cdot Q^{\frac{4}{3}}=4^{-\frac{1}{3}}\cdot Q^{\frac{4}{3}}$。此时，企业的短期总成本函数为 $STC(Q)=16+\dfrac{3}{\sqrt[3]{4}}Q^{\frac{4}{3}}$。

7. 作图分析"包络曲线"形成的过程，并解释该曲线与短期平均成本曲线不相切及相切的情况。 [人大 2017 研；东北大学 2017 研；南京大学 2005 研]

答：（1）"包络曲线"形成的过程

在图 13-13 中有三条短期平均成本曲线 SAC_1、SAC_2 和 SAC_3，它们各自代表了三个不同的生产规模。在长期，厂商可以根据生产要求，选择最优的生产规模进行生产。假定厂商生产 Q_1 的产量，则厂商会选择 SAC_1 曲线所代表的生产规模，以 OC_1 的平均成本进行生产。而对于产量 Q_1 而言，平均成本 OC_1 是低于其他任何生产规模下的平均成本的。假定厂商生产的产量为 Q_2，则厂商会选择 SAC_2 曲线所代表的生产规模进行生产，相应的最小平均成本为 OC_2；假定厂商生产的产量为 Q_3，则厂商会选择 SAC_3 曲线所代表的生产规模进行生产，相应的最小平均成本为 OC_3。

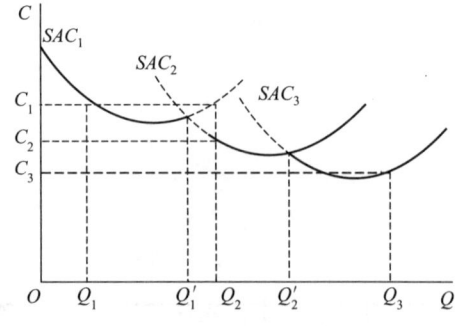

图 13-13 最优生产规模的选择

如果厂商生产的产量为 Q_1'，则厂商既可选择 SAC_1 曲线所代表的生产规模，也可选择 SAC_2 曲线所代表的生产规模。因为，这两个生产规模都以相同的最低平均成本生产同一个产量。这时，厂商有可能选择 SAC_1 曲线所代表的生产规模，因为，该生产规模相对较小，厂商的投资可以少一些。厂商也有可能考虑到今后扩大产量的需要，而选择 SAC_2 曲线所代表的生产规模。厂商的这种考虑和选择，对于其他的类似的每两条 SAC 曲线的交点，如 Q_2' 的产量，也是同样适用的。

在长期生产中，厂商总是可以在每一产量水平上找到相应的最优的生产规模进行生产。而在短期内，厂商做不到这一点。假定厂商现有的生产规模由 SAC_1 曲线所代表，而它需要生产的产量为 OQ_2，那么，厂商在短期内就只能以 SAC_1 曲线上的 OC_1 的平均成本来生产，而不可能是 SAC_2 曲线上的更低的平均成本 OC_2。

由以上分析可见，沿着图中所有的 SAC 曲线的实线部分，厂商总是可以找到长期内生产某一产量的最低平均成本的。由于在长期内可供厂商选择的生产规模是很多的，在理论分析中，可以假定生产规模可以无限细分，从而可以有无数条 SAC 曲线，于是，便得到图 13-14 中的长期平均成本 LAC 曲线。显然，长期平均成本曲线是无数条短期平均成本曲线的包络线。在这条包络线上，在连续变化的每一

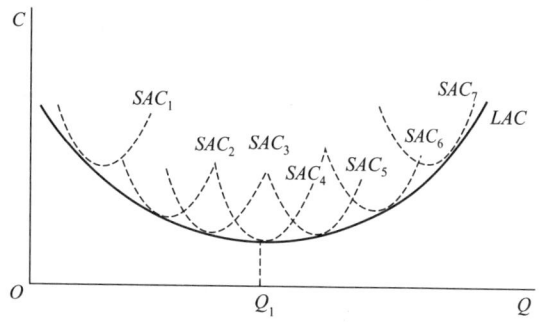

图 13-14 长期平均成本曲线

个产量水平，都存在 LAC 曲线和一条 SAC 曲线的相切点，该 SAC 曲线所代表的生产规模就是生产该产量的最优生产规模，该切点所对应的平均成本就是相应的最低平均成本。LAC 曲线表示厂商在长期内在每一产量水平上可以实现的最小的平均成本。

（2）"包络曲线"与短期平均成本曲线不相切及相切的情况

长期平均成本曲线 LAC 与短期平均成本曲线 SAC_1、SAC_2 相切，这些切点连接起来便形成 LAC 曲线。但必须注意，LAC 曲线与各条 SAC 曲线相切的切点，并不都在各 SAC 线的最低点。当 LAC 线处于下降的递减阶段，相切于各 SAC 线最低点的左边；当 LAC 线处于上升的递增阶段，相切于各 SAC 线最低点的右边；只有在 LAC 线处于最低点时才相切于 SAC 线（图中为 SAC_4）的最低点。这种情况的出现，是由于 LAC 线所反映的经济规模效益随着生产规模的扩大而有递减、不变、递增的变化结果。

第14章 竞争市场上的企业

知识结构导图

```
                    ┌ 什么是竞争市场 ┬ 竞争的含义
                    │                └ 竞争企业的收益
                    │
                    │                        ┌ 一个简单的利润最大化例子
                    │                        │ 边际成本曲线和企业的供给决策
                    │ 利润最大化与竞争企业的  │ 企业的短期停止营业决策
竞争市场上的企业 ───┤ 供给曲线                ┤ 覆水难收与其他沉没成本
                    │                        │ 企业退出或进入一个市场的长期决策
                    │                        └ 用竞争企业图形来衡量利润
                    │
                    │                 ┌ 短期：有固定数量企业的市场供给
                    │                 │ 长期：有进入与退出的市场供给
                    │ 竞争市场的供给  ┤ 如果竞争企业利润为零，为何要留在市场上
                    │ 曲线            │ 短期与长期内的需求移动
                    │                 └ 为什么长期供给曲线可能向右上方倾斜
                    │
                    └ 在供给曲线背后
```

 考点难点归纳

考点 1　竞争市场

竞争又称完全竞争、纯粹竞争，指不存在任何阻碍和干扰因素的市场情况，亦即没有任何垄断因素的市场结构。

完全竞争市场需要具备以下三个特征：①市场上有许多买者和许多卖者；②各个卖者提供的物品大体上是相同的；③企业可以自由地进入或退出市场。

竞争企业的收益分析具体如表 14-1 所示。

表 14-1　竞争企业的收益分析

项目	总收益	平均收益	边际收益
定义	指企业按照一定价格出售一定量产品所获得的全部收入	指企业在平均每一单位产品销售上所获得的收入，等于物品的价格	指企业增加一单位产品销售时所获得的收入增量

续表

项目	总收益	平均收益	边际收益
公式	$TR(Q)=PQ$	$AR(Q)=TR(Q)/Q$	$MR(Q)=\Delta TR(Q)/\Delta Q$
特征	竞争企业的平均收益曲线、边际收益曲线和需求曲线三线重叠，即有 $AR=MR=P$		

  【名师点读】

考试中对完全竞争市场的定义和特征的考查较为基础，考点虽简单，但不能掉以轻心。考生可分别在不同类型市场中结合图像理清 AR、MR 以及厂商所面临需求曲线三者之间的关系并将其进行对比。此部分知识与后面的短期均衡与长期均衡都有较大的联系。

考点2 利润最大化及营业决策

（1）企业实现最大利润的均衡条件

企业实现最大利润的均衡条件是在其他条件不变的情况下，厂商选择的产量使得最后一单位产品所带来的边际收益等于所付出的边际成本。即：$MR=MC$。利润最大化产量 Q_{max} 是在水平价格线与边际成本曲线相交之处，如图14-1所示。

（2）用竞争企业图形来衡量利润

企业利润可以通过计算价格与平均总成本之间图形的面积来衡量，公式为：

$$利润=(P-ATC)Q$$

图14-2(a)中，$P>ATC$，因此企业有正利润。在图14-2(b)中，$P<ATC$，因此企业有亏损。

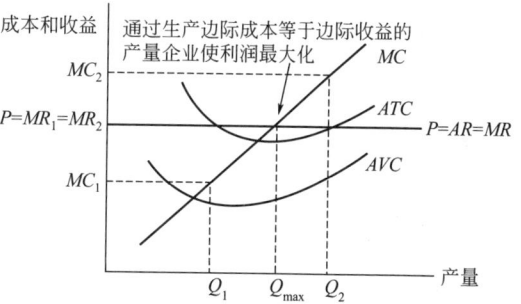

图14-1 一个竞争企业的利润最大化

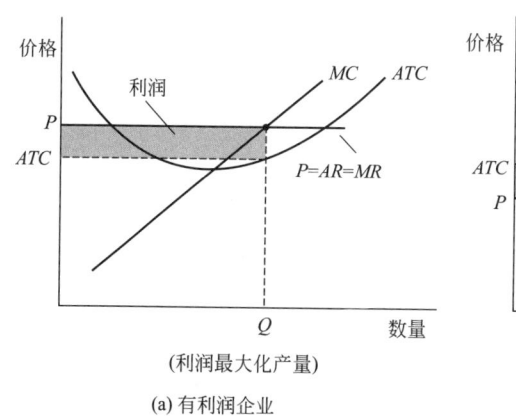
(a) 有利润企业

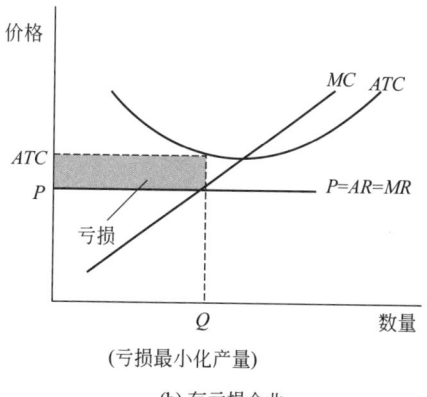
(b) 有亏损企业

图14-2 作为价格与平均总成本之间面积的利润

（3）企业的营业决策

具体分析如表14-2所示。

表 14-2 短期决策与长期决策

决策	短期	长期	
	停止营业	退出市场	进入市场
条件	$P<AVC$	$P<ATC$	$P>ATC$

【名师点读】

完全竞争厂商的利润最大化是经常考查的知识点,考生需重点掌握使厂商利润最大化的产量的决定。同时,还需注意对厂商短期停止营业点与长期退出市场点的理解掌握。同时还要求考生会利用图形分析作答。相关考研真题如下。

1. 【概念题】停止营业点(shut out point)[清华大学 2014 研]
2. 【计算题】完全竞争行业中某厂商的成本函数为:
$$TC=Q^3-6Q^2+30Q+40$$
试求:(1) 假设产品价格为 66 元,利润最大化时的产量及利润总额。

(2) 由于竞争市场供求发生变化,由此决定的新价格为 30 元,在新价格下,厂商是否会发生亏损?如果会,最小的亏损额为多少?

(3) 该厂商在什么情况下会停止生产?

(4) 厂商的短期供给函数。[中南财大 2015 研]

考点 3 竞争市场的供给曲线

(1) 竞争企业的供给曲线

完全竞争厂商的短期供给曲线是用 MC 曲线上大于和等于 AVC 曲线最低点的部分来表示,如图 14-3 所示,即用 MC 曲线上大于和等于停止营业点的部分来表示。它是向右上方倾斜的,表示了商品的价格和供给量之间同方向变化的关系,还表示厂商在每一个价格水平的供给量都是能够带来最大利润或最小亏损的最优产量。

(2) 竞争市场的供给曲线

竞争市场的供给曲线随市场情况不同有不同的形式,具体分析如表 14-3 所示。

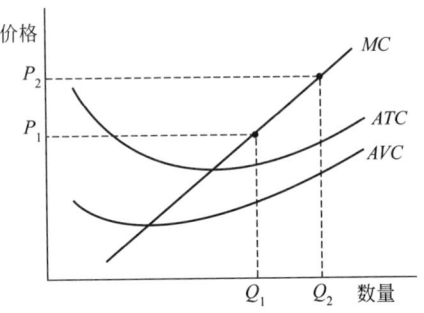

图 14-3 竞争企业的供给曲线

表 14-3 竞争市场的供给曲线

项目	短期供给曲线	长期供给曲线
市场特点	市场上有固定数量的企业,价格既定时,市场供给量等于每家企业供给量之和	企业的长期利润为零,所有企业在有效规模生产,价格等于平均最低成本
形状	向右上方倾斜	水平或略微向右上方倾斜
原因	既定生产要素价格下,短期市场供给曲线由所有企业的短期供给曲线的水平加总而得到	水平原因:厂商可以自由进出市场 向右上方倾斜原因:①用于生产的资源数量可能是有限的,产量的增加引起生产成本的增加;②各企业可能有不同的成本,新进入者成本高
零利润仍经营的原因	短期内存在固定成本,经营可获得零利润,不经营则亏损	在零利润均衡时,经济利润为零,但会计利润为正。所以企业仍旧经营

第14章 竞争市场上的企业

【名师点读】

对于本考点，考查形式多样，实际考试中可以判断形状，分析供给曲线为某种形状的原因或者计算供给曲线的表达式等各种形式考查。考生需注意只有在完全竞争市场中才有规律性的厂商和行业的短期和长期供给曲线，而在具有垄断因素的不完全竞争市场中不存在。考生复习时应多进行知识点的交叉对比来加深理解。相关考研真题如下。

【计算题】在一个完全竞争市场中，行业的生产成本不变，单个厂商的长期成本函数为 $LTC=Q^3-40Q^2+600Q$。又假设该市场的需求函数为 $Q=13000-5P$。问：

（1）该行业的长期供给曲线是什么？

（2）该行业实现长期均衡时的厂商数量是多少？［人大 2016 研］

一、概念题

1. 竞争市场（competitive market）

答：竞争市场指有许多买者和卖者，以至于每一个人对市场价格的影响都微不足道的市场。竞争市场一般指完全竞争市场。完全竞争又称为纯粹竞争，是指不存在任何阻碍和干扰因素的市场情况，亦即没有任何垄断因素的市场结构。完全竞争市场需要具备以下四个条件：①市场上有大量的买者和卖者；②市场上每一个厂商提供的商品都是同质的；③所有的资源具有完全的流动性；④信息是完全的。

2. 平均收益（average revenue）

答：平均收益指厂商在出售一定数量的产品时，平均出售每一单位的产品所获得的货币收入，即总收益除以销售量。在不同的市场结构中，厂商的平均收益具有不同的变化规律。在完全竞争市场中，由于单个厂商可以在市场价格下出售任何数量的商品，厂商面临一条水平的需求线（即平均收益曲线）。这时，当市场达到长期均衡时，厂商的平均收益与平均成本相等，所以厂商的利润为零，厂商只能得到正常利润。在非完全竞争市场上，厂商能够影响市场价格。为了多销售一单位产品，它不仅要以比原来价格更低的价格出售这一产品，而且还必须降低原来所有产品的价格。因此，厂商面临的需求曲线（即平均收益曲线）向右下方倾斜，表明厂商想要多销售产品，必须降低产品价格。

3. 边际收益（marginal revenue）

答：边际收益又称"边际报酬"，指新增加一个单位的产品销售量所引起的总收益的增加量，这里的收益是指货币收益或销售收入。边际收益存在递减规律，即在生产的技术水平和其他要素投入量不变的条件下，连续追加一种生产要素的投入量，总是存在着一个临界点，超过这一点之后，边际收益将出现递减的趋势。出现边际收益递减规律的主要原因是，随着可变投入的不断增加，不变投入和可变投入的组合比例变得愈来愈不合理。当可变投入较少的时候，不变投入显得相对较多，此时增加可变投入可以使要素组合比例趋向合理从而提高产量的增量；而当可变投入与不变投入的组合达到最有效率的那一点以后，再增加可变投入，就使可变投入相对于不变投入来说显得太多，从而使产出的增加量递减。

4. 沉没成本（sunk cost）

答：沉没成本指已经发生而无法收回，或不因生产决策有所改变的成本。从某种意义上说，沉没成本是机会成本的反面。它主要是与生产决策无关的厂房、设备等不相关成本，即固定成本。在财务分析中，沉没成本的计算采用会计成本，在经济分析中则使用机会成本计算。比如，过去购进的闲置设备，要根据其使用机会计算沉没成本。如果是别无他用的专用设备，或者是经济寿命终结的过时设备，购置成本就是沉没成本。如果这些设备还能以半价转让出去，沉没成本仅是购置成本的一半。沉没成本并不影响企业决策。

二、复习题

1. 竞争市场的主要特征是什么？

答：竞争市场需要具备以下三个特征：（1）市场上有许多买者和许多卖者；（2）各个卖者提供的物品大体上是相同的；（3）企业可以自由地进入或退出市场。

2. 解释企业收益与企业利润的差别。企业使其中哪一个最大化？

答：企业的总收益等于价格乘以销售量，而企业的利润等于总收益减去总成本。企业的目标是利润最大化，为了实现利润最大化，企业选择使边际收益等于边际成本的产量。

3. 画出一个典型企业的成本曲线。解释竞争企业如何选择利润最大化的产量水平。在该产量水平时，在你的图形中标明企业的总收益及总成本。

答：典型企业（完全竞争企业）的成本曲线如图14-4所示。

完全竞争情况下，价格与边际收益相等。假定既定价格为P^*，则利润最大化产量应为边际成本等于价格时的产量，如图14-4为Q^*。只要这个价格水平在短期内高于平均可变成本，在长期内高于平均总成本。

如果企业选择产量Q_1（$Q_1<Q^*$），则$MC<MR=P$，即企业增加一单位产量所带来的边际收益大于边际成本。于是，企业会增加产量以提高利润。如果企业选择产量Q_2（$Q_2>Q^*$），则$MC>MR=P$，即企业再增加一单位产量所带来的边际收益小于边际成本。于是，企业可以通过减少产量以提高利润。

在利润最大化处，企业的总成本（矩形$OCED$）和经济利润（矩形$ABED$）如图14-4中的阴影部分所示，总收益为经济利润与总成本之和（矩形$ABCO$）。

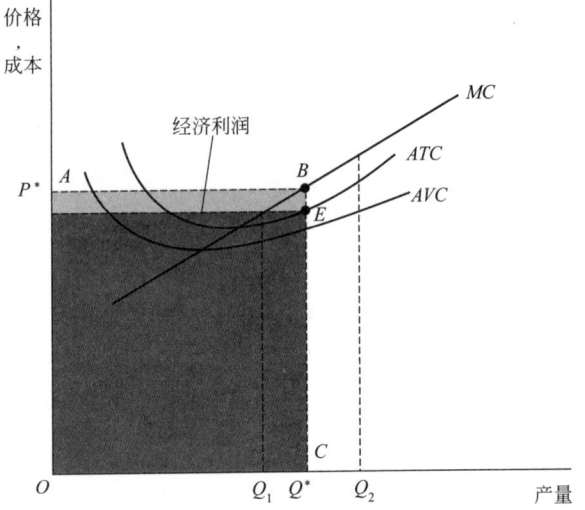

图14-4 典型企业的成本曲线

4. 在什么条件下企业将暂时停止营业？解释原因。

答：如果产品的价格低于生产的平均可变成本，企业将暂停营业。原因如下：

（1）企业暂时停止营业点的条件是$P=AVC_{min}$。在这种情况下，厂商生产或不生产的结果都是一样的。这是因为如果厂商生产的话，则全部收益只能弥补全部的可变成本，不变成本得不到任何弥补，如果厂商不生产的话，厂商虽然不必支付可变成本，但是全部不变成本仍然存在。由于在这一均衡点上，厂商处于关闭企业的临界点，所以被称作为停止营业点。

（2）企业在短期中处于停止营业点并不意味着企业将退出市场，因为企业可以通过在长期中调整生产要素而获得收益，当在长期中市场价格低于长期平均成本时，企业才会暂停营业，甚至会退出市场。因为在长期中，当厂商获得利润时，行业外的企业进入该行业，市场上的供给就增加，市场价格下降。相反，当市场价格低于长期平均成本时，企业经营不能获利，市场必须减少供给才能使价格上升到长期平均成本，在这个条件下，企业可能退出市场。

5. 在什么条件下企业将退出市场？解释原因。

答：如果从生产中得到的总收益小于它的总成本（此时价格低于平均总成本），企业就退出市场。原因如下。

在长期内，企业的所有成本都是可以改变的，因此固定成本和可变成本都是企业在决定经营与否时要考虑的。企业利润 $= TR - TC$，当 $TR < TC$ 时，利润小于零，此时，企业选择退出市场，状况会更好，因为可以避免固定成本和可变成本的损失。

6. 竞争企业的价格是在短期中、长期中，还是在这两个时期中都等于边际成本？解释原因。

答：企业的价格在短期和长期中都等于边际成本，原因如下。

（1）在竞争市场上，企业的平均收益（AR）曲线、边际收益（MR）曲线和需求曲线 d 三条线重叠，它们都用同一条既定价格水平出发的水平线来表示。原因是在厂商的每一个销售量水平都有 $AR = MR = P$，且厂商的需求曲线本身就是一条由既定价格水平出发的水平线。此外，完全竞争厂商的总收益（TR）曲线是一条由原点出发的斜率不变的上升的直线。

（2）无论在短期还是长期，价格都等于边际收益。出售一单位商品，它的价格就是厂商所获得的收益。而厂商利润最大化原则是边际收益等于边际成本，即当 $MR > MC$ 时，企业可以增加产量以提高利润；当 $MR < MC$ 时，企业可以减少产量以提高利润。所以，企业会不断调整产量，从而使得价格无论在短期中还是在长期中都等于边际成本。

7. 竞争企业的价格是在短期中、长期中，还是在这两个时期中都等于最低平均总成本？解释原因。

答：企业的价格只有在长期才等于最低平均总成本。原因如下。

（1）短期内企业价格可以高于（盈利）或低于（亏损）最低平均总成本，只要不低于最低平均可变成本，企业就选择继续经营。原因主要有：①短期内，行业中的企业数量可看作是固定的；②短期内，固定成本是沉没成本，可以不加以考虑。因此，短期内，只要企业的收益可以弥补生产所带来的可变成本，企业就应该继续经营。

（2）在长期，企业价格等于最低平均总成本，主要原因如下。①长期中如果该行业有利润，就会有新企业加入，使供给量增加，价格下降，利润减少；如果该行业亏损，就会有老企业退出，使供给量减少，价格上升，利润增加。所以，在长期市场均衡时，行业中的企业获得零利润。②在长期，企业的所有成本都是可变的。所以，价格既要等于边际成本又要等于平均总成本，这个点只在平均总成本曲线的最低点出现。

8. 一般而言，市场供给曲线是在短期中更富有弹性，还是在长期中更富有弹性？解释原因。

答：一般而言，市场供给曲线在长期更富有弹性，原因如下。

市场供给曲线往往取决于所考虑的时间长短。在大多数市场上，供给在长期比在短期更富有弹性。因为在短期，生产者很难迅速调整生产规模来增加或减少供给量。但在长期，企业可以调整固定成本和可变成本以调整产量，甚至选择进入或退出一个行业，即长期的产量对价格变动很敏感。因此，在长期内市场供给曲线更富有弹性。

三、快速单选

1. 一个完全竞争企业会（　　）。
a. 选择其价格以实现利润最大化
b. 使其价格低于出售相似产品的其他企业价格
c. 把价格作为既定市场条件
d. 选择使其获得最大市场份额的价格

【答案】c

【解析】完全竞争市场有两个特征：①市场上有许多买者和许多卖者；②各个卖者提供的物品大体上是相同的。由于以上这些条件，市场上任何一个买者或卖者的行为对市场价格的影响都可以忽略不计。每一个买者和卖者都把市场价格作为既定的，买者和卖者都是价格接受者。

2. 一个竞争企业通过选择使（　　）的数量来实现利润最大化。
a. 平均总成本最低　　　　　　　　b. 边际成本等于价格
c. 平均总成本等于价格　　　　　　d. 边际成本等于平均总成本

【答案】b

【解析】一个竞争企业在利润最大化的产量水平时，边际收益和边际成本正好相等。由于一个竞争企业是价格接受者，所以，其产品的边际收益等于市场价格。对于任何一个既定价格来说，竞争企业可以通过观察价格与边际成本曲线的交点来找出使利润最大化的产量。

3. 一个竞争企业的短期供给曲线是其（　　）曲线在其（　　）曲线之上的部分。
a. 平均总成本，边际成本　　　　　b. 平均可变成本，边际成本
c. 边际成本，平均总成本　　　　　d. 边际成本，平均可变成本

【答案】d

【解析】由于边际成本曲线表示企业在任意一种既定价格时的供给量，所以，它是企业的供给曲线。在短期中，竞争企业的供给曲线是平均可变成本曲线以上的边际成本曲线。如果价格低于平均可变成本，企业暂时停止营业更好。

4. 如果一个利润最大化的竞争企业生产的产量的边际成本在平均可变成本与平均总成本之间，它将（　　）。
a. 在短期中继续生产，但在长期中会退出市场
b. 在短期中停业，但在长期中会恢复生产
c. 在短期中停业，而且在长期中退出市场
d. 在短期与长期中都会继续生产

【答案】a

【解析】在短期中，竞争企业的供给曲线是平均可变成本曲线以上的边际成本曲线，竞争企业在短期中可以继续生产。竞争企业的长期供给曲线是边际成本曲线位于平均总成本曲线之上的那一部分。题中竞争企业生产的产量的边际成本在平均可变成本与平均总成本之间，在长期中会退出市场。

5. 在一个有许多同质企业的竞争市场长期均衡中,价格 P、边际成本 MC 以及平均总成本 ATC 的关系是(   )。

a. $P>MC$,且 $P>ATC$　　　　　　b. $P>MC$,且 $P=ATC$
c. $P=MC$,且 $P>ATC$　　　　　　d. $P=MC$,且 $P=ATC$

【答案】d

【解析】处于长期均衡中的竞争企业,价格 P 等于边际成本 MC,该企业实现了利润最大化;长期中,企业将进入或退出市场,直至利润变为零,价格 P 等于平均总成本 ATC。新企业没有进入市场的激励,现有企业也没有离开市场的激励。

6. 纽约的椒盐卷饼摊是实现了长期均衡的完全竞争行业。有一天,市政府开始对每个摊位每月征收 100 美元的税。这种政策在短期和长期中会如何影响椒盐卷饼的消费量?(   )

a. 短期中减少,长期中没有变化
b. 短期中增加,长期中没有变化
c. 短期中没有变化,长期中减少
d. 短期中没有变化,长期中增加

【答案】c

【解析】在短期中,市场上企业的数量是固定的,企业的边际成本不变,竞争企业通过选择生产使价格等于边际成本的产量来使利润最大化,短期内价格不变,均衡时的消费量也不变。但在长期中,由于市政府开始对每个摊位每月征收 100 美元的税,导致平均总成本增加,企业能够进入或退出市场,自由进入与退出的力量驱使价格等于平均总成本,所以长期中价格上升,新的均衡产量减少。

四、问题与应用

1. 许多小船是用一种从石油中提炼出来的玻璃纤维制造的。假设石油价格上升。

a. 用图形说明单个造船企业的成本曲线和市场供给曲线发生了什么变动。

b. 短期中造船者的利润会发生什么变动?长期中造船者的数量会发生什么变动?

答:a. 石油价格的上升增加了单个造船企业的生产成本,从而使市场供给曲线向上移动,如图 14-5 所示。最初典型企业的边际成本曲线是 MC_1,平均总成本曲线是 ATC_1。在最初的均衡处,市场供给曲线 S_1 与需求曲线 D 相交于价格 P_1,P_1 等于典型企业的最低平均总成本,因此典型企业没有经济利润。

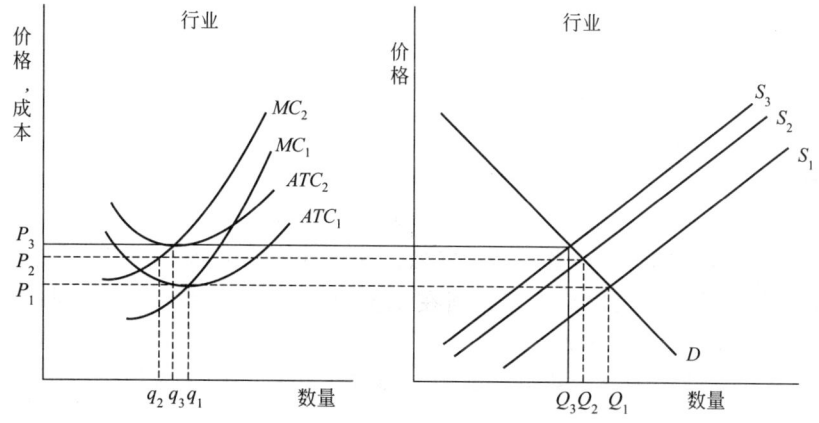

图 14-5　单个造船企业的成本曲线和市场供给曲线

b. 石油价格的提高使典型企业的成本曲线向上移动到 MC_2 和 ATC_2，并使市场供给曲线向上移动到 S_2。均衡价格从 P_1 上升到 P_2，但价格并没有像企业的边际成本上升的那样多。结果，对企业来说，价格低于平均总成本，所以利润为负。

在长期，负的利润使一些企业退出该行业，这样市场供给曲线向左移动，这种移动会一直持续到价格上升到等于企业平均总成本曲线的最低点。长期均衡的供给曲线为 S_3，均衡价格为 P_3，行业总产量为 Q_3，单个企业的产量为 q_3。因此，在长期，利润仍然为零，但造船者的数量变少了。

2. 你到镇里最好的餐馆，点了一道 40 美元的龙虾。吃了一半龙虾，你就感到非常饱了。你的朋友想劝你吃完，因为你无法把它拿回家，而且"你已经为此花了钱"。你应该怎么做？把你的答案与本章的内容联系起来。

答：不应该吃完。原因如下。

因为龙虾已经买下了，买龙虾所付的钱成为沉没成本。短期均衡中，沉没成本不应影响所做的决策。此时，只衡量吃龙虾的边际成本与边际收益就可以了。我感到饱了，就是我的收益已经最大化。如果再吃，就会产生不适感，边际成本大于边际收益，总收益会递减。这就像竞争厂商的短期均衡一样，只要 $MR=MC$，厂商就不再增加产量，因为已经达到利润最大化。

3. Bob 的草坪修剪中心是追求利润最大化的竞争企业。Bob 每剪一块草坪赚 27 美元。他每天的总成本是 280 美元，其中 30 美元是固定成本。他每天剪 10 块草坪。你对 Bob 的短期停止营业决策和长期退出决策有何见解？

答：对 Bob 的剪草中心来说，$P=27$（美元），$ATC=280/10=28$（美元），$AVC=(280-30)/10=25$（美元）。

当 $P<AVC$，即 $P<25$（美元）时，Bob 应该短期停止营业。因为在短期中，价格没有弥补平均可变成本，企业停止生产，状况会变好一些。

当 $P<ATC$，即 $P<28$（美元）时，Bob 应该长期退出剪草坪市场。因为在长期中，如果价格小于平均总成本，企业就不能收回其固定和可变成本，企业发生亏损，此时退出该行业是明智的选择。

现在看来，Bob 短期内不用暂时停止营业，因为价格还高于平均可变成本。但在长期应该选择退出该行业，因为他的价格已经低于平均总成本。

4. 考虑下表中给出的总成本和总收益：

单位：美元

产量	0	1	2	3	4	5	6	7
总成本	8	9	10	11	13	19	27	37
总收益	0	8	16	24	32	40	48	56

a. 计算每种产量时的利润。企业为了使利润最大化应该生产多少？

b. 计算每种产量时的边际收益和边际成本。画出它们的图形。（提示：把各点画在整数之间。例如，2 和 3 之间的边际成本应该画在 2.5 处。）这些曲线在哪一种数量时相交？如何把这一点与你对 a 的回答联系起来？

c. 你认为这个企业是否处于竞争行业中？如果是的话，你认为这个行业是否处于长期均衡？

答：a. 每种产量的利润如表 14-4 所示。企业为了利润最大化应该生产 5 单位或 6 单位产品，因为企业生产 5 或 6 单位产品时都能获得最大利润 21 美元。

表 14-4　成本和收益表　　　　　　　　　　　　单位：美元

产量	0	1	2	3	4	5	6	7
总成本	8	9	10	11	13	19	27	37
总收益	0	8	16	24	32	40	48	56
利润	−8	−1	6	13	19	21	21	19
边际收益	—	8	8	8	8	8	8	8
边际成本	—	1	1	1	2	6	8	10

b. 如图 14-6 所示，边际收益曲线和边际成本曲线在产量 5.5 处相交。这表明，当企业的边际成本等于边际收益时，企业实现利润最大化的产量。因为当企业生产 5 单位和 6 单位时所获得利润是一样的，所以该图形与 a 的答案一致。

c. 这个企业是在竞争市场上，因为企业的边际收益不变，是个常数。这个行业没有处于长期均衡，因为企业的边际成本曲线和边际收益曲线的交点不是平均总成本线的最低点，且利润为正。

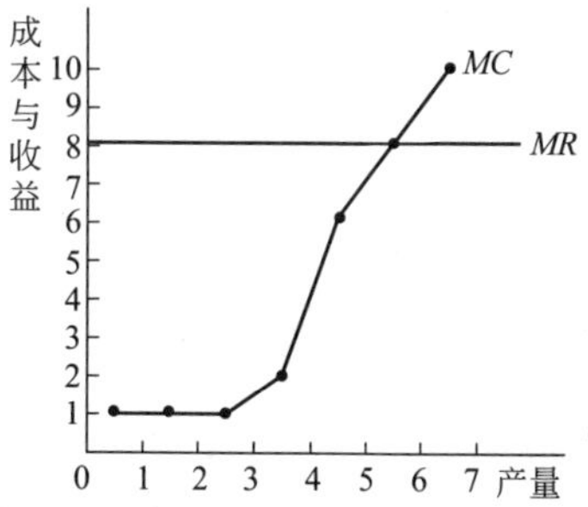

图 14-6　边际成本与边际收益曲线

5. 某轴承公司面对的生产成本如下：

数量(箱)	总固定成本(美元)	总可变成本(美元)	数量(箱)	总固定成本(美元)	总可变成本(美元)
0	100	0	4	100	140
1	100	50	5	100	200
2	100	70	6	100	360
3	100	90			

a. 计算该公司在每一产量水平时的平均固定成本、平均可变成本、平均总成本以及边际成本。

b. 每箱轴承的价格是 50 美元。鉴于公司无法获得利润，该公司的 CEO 决定停止经营。企业的利润或亏损是多少？这是一个明智的决策吗？解释原因。

c. 该企业的 CFO 隐约记起了他的初级经济学课程，他告诉 CEO 生产一箱轴承更好一些，因为在这一产量时边际收益等于边际成本。在这种产量水平时，该企业的利润或亏损是多少？这是最好的决策吗？解释原因。

答：a. 该公司的平均固定成本、平均可变成本、平均总成本以及边际成本如表 14-5 所示。

表 14-5　平均固定成本、平均可变成本、平均总成本以及边际成本　　　单位：美元

Q	TFC	TVC	AFC	AVC	ATC	MC
0	100	0	—	—	—	—
1	100	50	100	50	150	50
2	100	70	50	35	85	20
3	100	90	33.3	30	63.3	20
4	100	140	25	35	60	50
5	100	200	20	40	60	60
6	100	360	16.7	60	76.7	160

b. 如果价格为 50 美元，则该公司可以通过生产 4 箱来使其损失最小化。此时，该公司

将损失 $100+140-50\times4=40$（美元）。如果该公司停止营业，则它将损失固定成本，即损失 100 美元。因此，停止经营不是一个好的决策。

c. 当边际收益等于边际成本时，即 $MC=MR=P=50$（美元）时，该公司将生产 1 箱，它的损失总额为 $100+50-50=100$（美元）。但是，由于第二箱和第三箱的边际成本小于价格（等于边际收益），所以该公司可以通过增加产量来减少损失。因此，生产 1 箱不是最好的决策。

6. 假设图书印刷行业是竞争性的，而且，开始时处于长期均衡。

a. 画出描述该行业中一个典型企业的平均总成本、边际成本、边际收益和供给曲线的图形。

b. 某高技术印刷公司发明了大幅度降低印刷成本的新工艺。当该公司的专利阻止其他企业使用该项新技术时，该公司的利润和短期中图书的价格会发生什么变动？

c. 长期中，当专利到期，其他企业可以自由使用这种技术时，会发生什么变动？

答：a. 如图 14-7 所示，印刷行业的一个典型企业的平均总成本为 ATC_1，边际成本为 MC_1，价格为 P_1。

b. 新工艺使高技术公司边际成本下降为 MC_2，平均总成本下降为 ATC_2，但由于专利阻止其他企业使用新工艺，短期中图书的价格依然是 P_1，因而企业得到正的利润。

c. 长期中，当专利到期，其他企业可以自由使用该技术时，所有企业的平均总成本都下降为 ATC_2。行业外的企业看到有利可图，纷纷进入，印刷品的供给大幅度增加，价格下降。市场价格下降为 P_3，长期中企业没有利润。

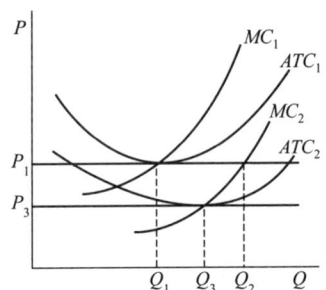

图 14-7 印刷企业的成本、收益图

7. 一家竞争市场上的企业得到了 500 美元的总收益，而且，边际收益是 10 美元。平均收益是多少？多少单位的产品被售出？

解：由于该企业在完全竞争市场上运营，所以市场价格等于边际收益，也等于平均收益，即有 $P=MR=AR=10$（美元），企业此时售出了 $500/10=50$（单位）产品。

8. 一家竞争市场上利润最大化的企业现在生产 100 单位产品，它的平均收益是 10 美元，平均总成本是 8 美元，固定成本是 200 美元。

a. 利润是多少？

b. 边际成本是多少？

c. 平均可变成本是多少？

d. 该企业的有效规模大于、小于还是等于 100 单位？

解：a. 企业的利润为 $(AR-ATC)\times Q=(10-8)\times100=200$（美元）。

b. 在完全竞争市场上，$MC=P=MR=AR=10$（美元）。

c. 可变成本为 $TVC=TC-TFC=ATC\times Q-TFC=800-200=600$（美元），所以平均可变成本为 $AVC=TVC/Q=600/100=6$（美元）。

d. 由于平均总成本小于边际成本，平均总成本处于上升阶段，所以该企业的有效规模小于 100 单位。

9. 化肥市场是完全竞争的。市场上的企业在生产产品，但它们现在有经济亏损。

a. 与生产化肥的平均总成本、平均可变成本和边际成本相比，化肥的价格如何？

b. 并排画出两个图形,说明一个典型企业和市场上现在的状况。

c. 假设需求曲线或企业的成本曲线都没有变动,解释长期中化肥的价格,每个企业的边际成本、平均总成本、供给量以及市场总供给量会如何变动。

答:a. 市场上的企业现在有经济亏损表明化肥的价格低于平均总成本。由于企业有经济亏损时,仍然在生产产品,化肥的价格一定高于平均可变成本。如果企业是在追求利润最大化,化肥的价格就等于边际成本。

b. 一个典型企业和市场上现在的状况如图 14-8 所示。企业现在的产出为 q_1 单位,市场的总供给为 Q_1,价格为 P_1。

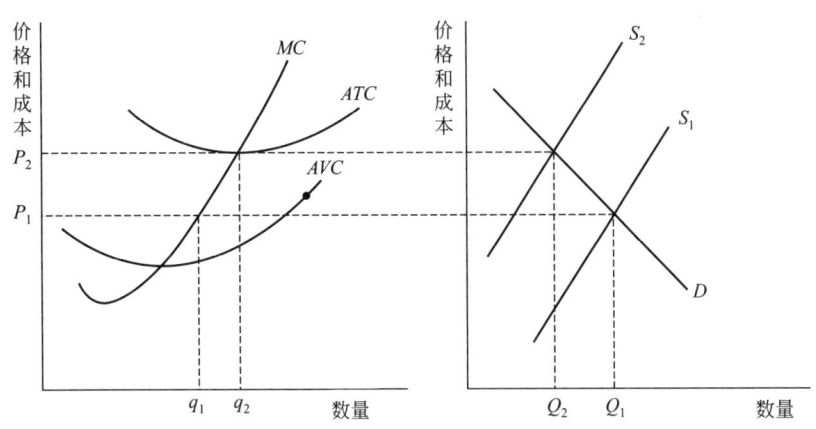

图 14-8 化肥市场的短期和长期均衡

c. 如图 14-8 所示,化肥市场在长期中会进行调整。由于市场上的企业现在有经济亏损,将有一些企业退出该行业。这意味着市场供给曲线向左移动,化肥的价格将上升,余下的化肥企业将增加供给。市场退出将一直持续到当化肥的价格等于最低平均总成本时。长期中,每个企业的边际成本将上升,平均总成本下降,每个企业的供给量上升,市场总供给减少。

10. Ectenia 市的苹果派市场是竞争性的,而且有以下的需求表:

价格(美元)	1	2	3	4	5	6	7	8	9	10	11	12	13
需求量(个)	1200	1100	1000	900	800	700	600	500	400	300	200	100	0

市场上每个生产者的固定成本为 9 美元,边际成本如下:

数量(个)	1	2	3	4	5	6
边际成本(美元)	2	4	6	8	10	12

a. 计算每个生产者生产 1 到 6 个苹果派时的总成本和平均总成本。

b. 现在苹果派的价格是 11 美元。多少个苹果派被售出?每个生产者生产多少苹果派?有多少个生产者?每个生产者能赚到多少利润?

c. b 部分中所描述的情况是长期均衡吗?为什么?

d. 假设在长期中企业可以自由进出。长期均衡时每个生产者能赚到多少利润?市场均衡价格是多少?每个生产者生产的数量是多少?有多少苹果派被售出?有多少生产者在经营?

答:a. 当每个生产者生产 1 到 6 个苹果派时,总成本和平均总成本如表 14-6 所示。

表 14-6 不同产量下的总成本和平均总成本

产量(个)	总成本(美元)	平均总成本(美元)	产量(个)	总成本(美元)	平均总成本(美元)
1	11	11	4	29	7.25
2	15	7.5	5	39	7.8
3	21	7	6	51	8.5

b. 当苹果的价格为 11 美元时，200 个苹果派被售出去；

根据竞争企业的均衡条件 $P=MR=MC$ 可知，每个生产者生产 5 个苹果派，而需求量为 200 个，因此生产者的数量为 $200/5=40$ 个。

每个生产者能赚到的利润为 $5\times 11-(2+4+6+8+10+9)=16$ 美元。

c. b 部分描述的情况不是长期均衡；因为长期均衡中，每个生产者在有效规模生产，价格等于最低平均总成本，利润为零，而 b 部分描述的情况中生产者能够获得长期利润。

d. 若在长期中企业可以自由进出，长期均衡时市场均衡价格为最低平均总成本 7 美元，每个生产者只生产 3 个苹果派。在此价格水平下，市场需求量为 600，因而有 600 个苹果派被售出，有 200 家生产者在经营，生产者的利润为 0。

11. 假设美国纺织业是竞争的，纺织业中没有国际贸易。在长期均衡时，每单位布匹的价格为 30 美元。

a. 用图形描述整个市场的均衡和某个单个生产者的均衡。

现在假设其他国家的纺织品生产者愿意在美国仅以每单位 25 美元的价格出售大量的布匹。

b. 假设美国纺织品生产者有很高的固定成本，以上进口对个别生产者的产量有什么短期影响？对利润有什么短期影响？用图形说明你的答案。

c. 对美国该行业中企业数量的长期影响是什么？

答：a. 图 14-9 说明了美国纺织业的情况。没有国际贸易时，市场处于长期均衡。供给和需求相交的产量为 Q_1，价格为 30 美元，典型企业的产量为 q_1。

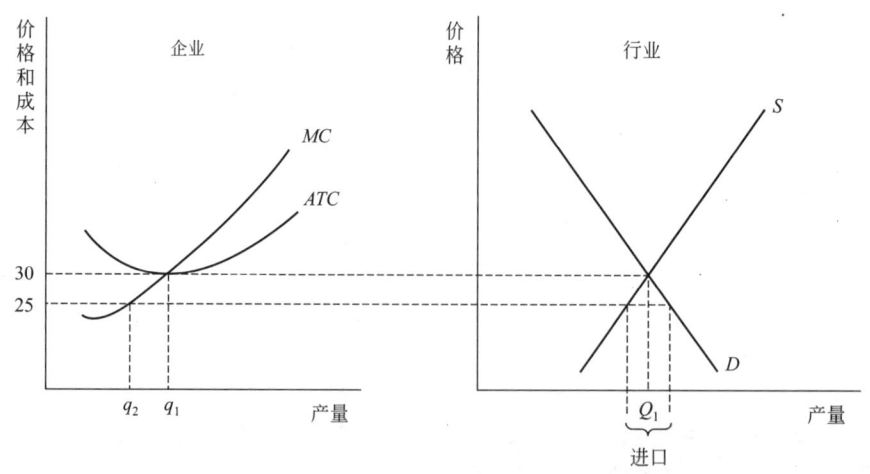

图 14-9 一个生产者和整个市场的供给和需求曲线

b. 价格为 25 美元的进口的影响是：市场供给曲线沿着原来的供给曲线向下移动到 25 美元的价格水平，然后在该价格变成水平线。结果，需求大于国内供给，美国从国外进口纺织品。国内的典型企业将产量从 q_1 减少到 q_2，由于大量的固定成本意味着平均总成本远高于价格，国内企业出现亏损。

c. 在长期，国内厂商由于成本过高，难以同国外厂商竞争。所有的国内生产企业都将退出市场，从其他国家进口以满足整个国内需求。

12. 某个行业现在有 100 家企业，所有企业的固定成本都为 16 美元，平均可变成本如下：

数量	1	2	3	4	5	6
平均可变成本（美元）	1	2	3	4	5	6

a. 计算当数量从 1 到 6 时每个企业的边际成本和平均总成本。

b. 现在的均衡价格是 10 美元。每个企业生产多少？市场总供给量是多少？

c. 在长期中，企业可以进入和退出市场，而且所有进入者都有相同的成本（如上表所示）。当这个市场转向其长期均衡时，价格将上升还是下降？需求量将增加还是减少？每个企业的供给量将增加还是减少？解释原因。

d. 画出该市场的长期供给曲线，在相关的坐标轴上标出具体的数字。

答：a. 表 14-7 列出了该行业中代表性厂商的可变成本（VC）、总成本（TC）、边际成本（MC）和平均总成本（ATC）。

表 14-7　边际成本和平均总成本　　　　　　　　单位：美元

数量	VC	TC	MC	ATC
1	1	17	1	17
2	4	20	3	10
3	9	25	5	8.33
4	16	32	7	8
5	25	41	9	8.20
6	36	52	11	8.67

b. 当价格为 10 美元时，每个企业生产 5 单位，市场总供给为 $5 \times 100 = 500$（单位）。

c. 当价格为 10 美元时，每个企业生产 5 单位，由于这时价格高于平均总成本，每个企业都获得了正的经济利润。因此，新的企业将进入，行业供给增加，价格将下降。当价格下降时，需求量将增加，每个企业的供给量将减少。

d. 该市场的长期供给曲线如图 14-10 所示，它是一条与平均总成本曲线相切的水平线，切点为平均总成本曲线的最低点。

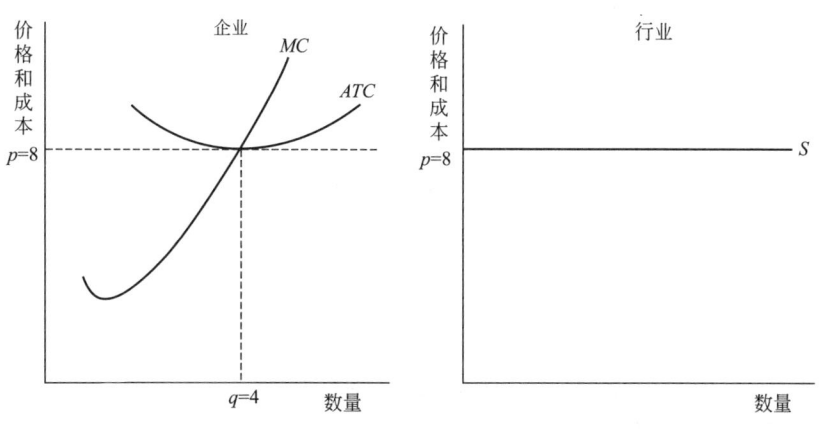

图 14-10　长期供给曲线

名校考研真题详解

1. "假定一完全竞争行业处于长期均衡时,市场对该行业产品需求有完全的弹性,而在短期中,资本是固定的,劳动是可变投入。这时如果资本价格(利率)提高,则所有厂商会发生亏损;相反如果劳动价格提高,则所有厂商会获得纯利润。"试评论这一说法。[武汉大学2013研]

答:这一说法是对的。

因为厂商的短期供给曲线由最低平均可变成本以上的边际成本曲线构成,而边际成本与固定成本无关,因而短期中如果固定成本上升,不会改变短期供给曲线,因而固定成本上升时,短期内产量和价格都不受影响。但在长期均衡时,所有厂商纯利润为零,这时如果提高利率,资本价格上升,则厂商必亏损,亏损额为所提高的利息。

如果提高工资率,这时会使短期边际成本提高,但由于富有完全弹性,产品价格会随产品边际成本提高而提高。这样,工资率的增长率等于总收益的增长率,而产品总成本中的固定资本并没有随产量提高而增加,这无异于平均成本下降,于是厂商会有纯利润,其数额等于一定百分比的固定成本。

2. "在长期均衡点,完全竞争市场中每个厂商的利润都为零。因而,当价格下降时,所有这些厂商就无法继续经营。"这句话对吗?[中南财大2013研;武汉大学2007研]

答:这句话前半部分是对的,后半部分是错的。在长期均衡点,完全竞争市场中每个厂商的利润(指经济利润)为零,也即每个厂商只能获得正常利润,得不到超额利润。当产品的价格下降时(由需求缩小引起的),会引起部分厂商退出该行业,由于部分厂商的退出,使该行业的供给量减少,供给曲线向左上方移动,从而使价格上升到原来的水平。当恢复到原来的价格水平时,留存下来的厂商又达到新的均衡。因而不能说当价格下降时,所有这些厂商都无法继续经营。

3. 试论述完全竞争厂商的短期均衡理论。[深圳大学2013研]

答:在完全竞争厂商的短期生产中,市场的价格是给定的,而且,生产中的不变要素投入量是无法变动的,即生产规模是给定的。因此,在短期,厂商是在给定的生产规模下,通过对产量的调整来实现 $MR=SMC$ 的利润最大化的均衡条件。

当厂商实现 $MR=SMC$ 时,有可能获得利润,也可能亏损。完全竞争厂商短期均衡的不同情况如图14-11所示。

(1) 经济利润大于零的短期均衡

当市场价格为 P_1 时,MR 与 MC 相交于 A 点 ($P_1=MR$),这时 $P_1>AC$,厂商可获得超额利润,$\pi=Q_1\times(P-AC)=Q_1\times AB$,即矩形 $ABGP_1$ 的面积。所以厂商将按 $MR=MC$ 所确定的产量点 Q_1 进行生产,以获得最大利润。

(2) 经济利润等于零(即仅获得正常利润)的短期均衡

当市场价格为 P_2 时,MR 与 MC 相交于 AC 的最低点 C。在 C 点,$P_2=AC$,$\pi=0$,厂商收支相抵,既无盈余也无亏损。AC 的最低点 C 称为利润零点或

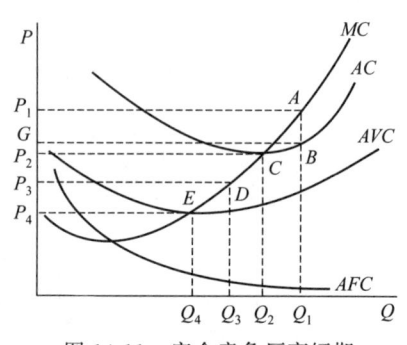

图14-11 完全竞争厂商短期均衡的各种情况

短期收支相抵点，或扯平点。此时，厂商按 $MR=MC$ 所确定的产量 Q_2 进行生产，在其他产量点上，厂商都将出现亏损。

（3）亏损但继续生产经营的短期均衡

当市场价格为 P_3 时，MR 与 MC 相交于 D 点，这时 $AC>P_3>AVC$，厂商亏损，但厂商仍可生产。因为价格大于平均可变成本，说明厂商在补偿全部的可变成本外，尚可收回部分固定成本，使亏损总额减少一些。因此，厂商按 $MR=MC$ 的原则，决定产量 Q_3，其亏损最小。

（4）亏损并停止生产经营的短期均衡（停止营业点）

当市场价格为 P_4 时，MR 与 MC 相交于 AVC 的最低点 E，这时 $AC>P_4=AVC$，此时，厂商的平均收益 AR 等于平均可变成本 AVC，厂商可以继续生产，也可以不生产，也就是说，厂商生产或不生产的结果都是一样的，厂商亏损全部固定成本。因此，平均可变成本曲线的最低点 E 称为短期停止营业点。

（5）停止生产经营的短期均衡

当市场价格低于 P_4 时，厂商不再生产。在这种亏损情况下，如果厂商还继续生产，则全部收益连可变成本都无法全部弥补，就更谈不上对不变成本的弥补了。而事实上只要厂商停止生产，可变成本就可以降为零，显然，此时不生产要比生产强。

综上所述，完全竞争厂商短期均衡的条件是：$MR=SMC$，式中，$MR=AR=P$。在短期均衡时，厂商的利润可以大于零，也可以等于零，或者小于零。

4. 在完全竞争行业中，单个厂商的长期平均成本为 $LAC=Q^2-20Q+200$，市场的产品价格为 $P=600$，求：

（1）该厂商实现利润最大化时的产量、长期平均成本、利润；

（2）该行业处于长期均衡时，每个厂商的产量、长期平均成本、利润。[中南财大 2012 研]

解：（1）由已知可得该厂商的利润函数为：
$$\pi=PQ-TC=600Q-(Q^2-20Q+200)Q=-Q^3+20Q^2+400Q$$

利润最大化的一阶条件为：
$$\frac{d\pi}{dQ}=-3Q^2+40Q+400=0$$

解得：$Q=20$ 或 $Q=-\frac{20}{3}$（负值不符合题意，舍去）。故利润最大化时的产量为 $Q=20$。

此时长期平均成本为：$LAC=Q^2-20Q+200=200$；

单个厂商的利润为：$\pi=-Q^3+20Q^2+400Q=8000$。

（2）当完全竞争行业处于长期均衡时，市场产品的价格等于厂商平均成本的最小值，由长期平均成本函数 $LAC=Q^2-20Q+200$，可得长期平均成本最小化的一阶条件为：
$$\frac{dLAC}{dQ}=2Q-20=0$$

解得：$Q=10$。即每个厂商的产量为 10。

此时：$LAC_{\min}=Q^2-20Q+200=100$；

单个厂商的利润为：$\pi=(P-LAC)Q=0$。

5. 完全竞争行业中某厂商的成本函数为：
$$TC=Q^3-6Q^2+30Q+40$$

试求：

（1）假设产品价格为 66 元，利润最大化时的产量及利润总额；

（2）由于竞争市场供求发生变化，由此决定的新价格为 30 元，在新价格下，厂商是否会发生亏损？如果会，最小的亏损额为多少？

（3）该厂商在什么情况下会停止生产？

（4）厂商的短期供给函数。[中南财大 2015 研；厦门大学 2007 研]

解：（1）厂商的成本函数为 $TC = Q^3 - 6Q^2 + 30Q + 40$，

则 $MC = 3Q^2 - 12Q + 30$，又知 $P = 66$ 元。

根据利润最大化的条件 $P = MC$，有：$66 = 3Q^2 - 12Q + 30$，

解得：$Q = 6$ 或 $Q = -2$（舍去）。

最大利润为：$\pi = TR - TC = PQ - (Q^3 - 6Q^2 + 30Q + 40) = 176$（元）

（2）由于市场供求发生变化，新的价格为 $P = 30$ 元，厂商是否发生亏损要根据 $P = MC$ 所决定的均衡产量计算利润为正还是为负。

均衡条件为 $P = MC$，即 $30 = 3Q^2 - 12Q + 30$，

则 $Q = 4$，或 $Q = 0$（舍去）。

此时利润 $\pi = TR - TC = PQ - (Q^3 - 6Q^2 + 30Q + 40) = -8$，

可见，当价格为 30 元时，厂商会发生亏损，最小亏损额为 8 元。

（3）厂商退出行业的条件是 P 小于 AVC 的最小值。

由 $TC = Q^3 - 6Q^2 + 30Q + 40$

得：$TVC = Q^3 - 6Q^2 + 30Q$

有：$AVC = \dfrac{TVC}{Q} = Q^2 - 6Q + 30$

令 $\dfrac{dAVC}{dQ} = 0$，即 $\dfrac{dAVC}{dQ} = 2Q - 6 = 0$，

解得：$Q = 3$，

当 $Q = 3$ 时 $AVC = 21$，可见只要价格 $P < 21$，厂商就会停止生产。

（4）由 $TC = Q^3 - 6Q^2 + 30Q + 40$

可得：$SMC = \dfrac{dTC}{dQ} = 3Q^2 - 12Q + 30$，

进而可得：$Q = \dfrac{6 + \sqrt{3P - 54}}{3}$，

由于完全竞争厂商的短期供给曲线即为 SMC 曲线上大于和等于停止营业点的部分来表示，因此厂商的短期供给函数即为：

$$Q(P) = \dfrac{6 + \sqrt{3P - 54}}{3} \quad (P \geq 21)$$

6. 完全竞争市场上，单个厂商的长期成本函数为：$LTC = Q^3 - 20Q^2 + 200Q$，价格 $P = 600$。求：

（1）实现利润最大化时厂商的产量、平均成本及利润；

（2）厂商是否处于长期均衡，为什么？

（3）长期均衡时厂商的产量、平均成本及利润；

（4）判断（1）中的产量是处于规模经济还是规模不经济。[复旦大学 2012 研]

解：（1）由已知可得厂商的利润函数为：

$$\pi = PQ - LTC = 600Q - (Q^3 - 20Q^2 + 200Q) = -Q^3 + 20Q^2 + 400Q$$

利润最大化的一阶条件为：

$$\frac{d\pi}{dQ} = -3Q^2 + 40Q + 400 = 0$$

解得：$Q = 20$ $\left(Q = -\frac{20}{3}\text{负值舍去}\right)$。

此时，厂商的利润为 $\pi = -Q^3 + 20Q^2 + 400Q = 8000$。

由 $LTC = Q^3 - 20Q^2 + 200Q$ 可得厂商的长期平均成本函数为：

$$LAC = \frac{LTC}{Q} = Q^2 - 20Q + 200$$

从而长期平均成本为 $LAC = Q^2 - 20Q + 200 = 200$。

（2）完全竞争厂商处于长期均衡时，厂商只能获得正常利润，不能获得超额利润，经济利润 $\pi = 0$。而现在厂商利润为 8000，因此，厂商处于短期均衡，而不是长期均衡。

（3）完全竞争市场上，长期均衡条件为：$P = LAC_{\min}$。

由（1）可知 $LAC = Q^2 - 20Q + 200$，长期平均成本最小化的一阶条件为：

$$\frac{dLAC}{dQ} = 2Q - 20 = 0$$

解得：$Q = 10$，从而 $LAC_{\min} = Q^2 - 20Q + 200 = 100$，此时 $\pi = (P - LAC)Q = 0$。

故长期均衡时，厂商的产量为 10，平均成本为 100，利润为 0。

（4）与长期均衡点相比，短期均衡时的产量与平均成本都要高于长期均衡时的产量与平均成本，表现为规模不经济。

第15章

垄 断

 知识结构导图

```
         ┌ 为什么会产生垄断 ┬ 垄断资源
         │                ├ 政府创造的垄断
         │                └ 自然垄断
         │                      ┌ 垄断与竞争
         │ 垄断者如何做出生产与定价决策 ┤ 垄断者的收益
         │                      │ 利润最大化
         │                      └ 垄断者的利润
         │ 垄断的福利代价 ┬ 无谓损失
    垄断 ┤              └ 垄断利润：是一种社会代价吗
         │         ┌ 关于定价的一个寓言
         │ 价格歧视 ┤ "定价寓言"的寓意
         │         │ 对价格歧视的分析
         │         └ 价格歧视的例子
         │             ┌ 用反托拉斯法增强竞争
         │ 针对垄断的公共政策 ┤ 管制
         │             │ 公有制
         │             └ 不作为
         └ 垄断的普遍性
```

 考点难点归纳

考点1 垄断

垄断市场的基本概述如表15-1所示。

表15-1 垄断市场的基本概述

项目	垄断市场
含义	整个行业中只有一个厂商的市场组织
条件	①市场上只有一个厂商生产和销售商品 ②该厂商生产和销售的商品没有任何相近的替代品 ③其他任何厂商进入该行业都极为困难或不可能

续表

项目	垄断市场
形成原因	①垄断资源。生产所需要的关键资源由单个企业拥有 ②政府管制。政府给予单个企业排他性地生产某种物品或服务的权利 ③生产流程。某个企业能以低于大量企业的成本生产产品

 【名师点读】

垄断市场的含义、条件及成因属于基础知识点，考生需熟练掌握，可与其他类型市场相互比较，总结规律与区别。

考点 2　垄断者的生产和定价决策

（1）需求曲线

垄断厂商所面临的需求曲线就是市场的需求曲线，它是一条向右下方倾斜的曲线，即垄断厂商的销售量和市场价格成反方向变动，这表示垄断厂商可以通过改变销售量来控制市场价格。

（2）垄断者的收益

垄断厂商的边际收益小于平均收益，即 $MR<AR$，因为只要平均量下降，边际量就总是小于平均量。

垄断者的边际收益小于其价格，即 $MR<P$，因为当一个垄断者增加一单位生产时，对总收益（$P\times Q$）有两种效应。①产量效应：销售的产量越多，Q 越大。②价格效应：价格下降，P 降低。

垄断者必须降低对所销售的每一单位产品收取的价格，这种价格下降减少了其已经卖出的各单位的收益。

（3）垄断者的利润

利润＝总收益（TR）－总成本（TC），改写为：

$$利润=(TR/Q-TC/Q)Q$$

TR/Q 是平均收益，等于价格 P，而 TC/Q 是平均总成本（ATC）。因此，

$$利润=(P-ATC)Q$$

可以用图形来衡量垄断者的利润。考虑图 15-1 中阴影的方框，方框的高（BC 段）是价格减去平均总成本（$P-ATC$），这是正常销售一单位产品的利润。方框的宽（DC 段）是销售量 Q_{MAX}。因此，这个方框的面积是垄断企业的总利润。

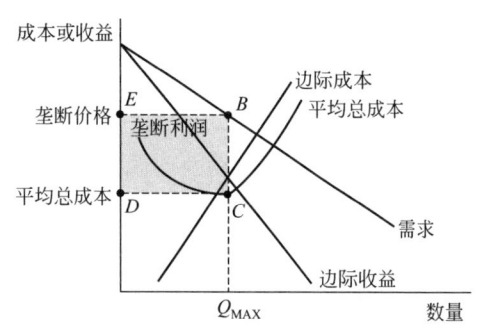

图 15-1　垄断者的利润

（4）利润最大化

垄断厂商为了获得最大的利润，必须遵循 $MR=MC$ 的原则。在垄断市场上，对于垄断企业有：$P>MR=MC$

 【名师点读】

该考点属于重要考点，考生需牢记垄断企业所面临的需求曲线是向右下方倾斜的，

要注意与完全竞争市场的情况相区分。同时，考生需学会结合垄断企业定价图形合理分析问题，对于垄断企业的利润最大化条件，考试中常以计算题的形式考查，考生需反复练习直至掌握。相关考研真题如下。

【计算题】某垄断企业的总成本函数为 $TC=7Q+0.5Q^2$，市场需求曲线为 $Q=386-0.5P$。

（1）计算该垄断市场的均衡价格，以及该垄断企业的产量和利润。

（2）假设政府对该垄断企业征收每单位商品1元的单位税（数量税），该垄断市场的商品价格，企业的产量和利润分别为多少？政府获得的税收收入是多少？

（3）假设政府不对垄断企业，而对消费者征收每单位商品1元的单位税，该垄断市场的商品价格，企业的产量和利润分别为多少？政府获得的税收收入为多少？[中央财大2015研]

考点3　垄断的福利代价及对策

（1）无谓损失

垄断者选择生产并销售低于社会有效率的产量，收取高于边际成本的价格，而某些消费者对物品的评价高于其边际成本，低于垄断价格，因此不会购买该商品，则垄断者生产并销售的数量低于社会有效率的水平，导致无谓损失，如图15-2所示，需求曲线（反映消费者对物品的评价）与边际成本曲线（反映垄断生产者的成本）之间的三角形面积代表无谓损失。

（2）针对垄断的公共政策

政府决策者会用以下四种方式中的一种对垄断问题做出反应。

① 用反托拉斯法努力使垄断行业更有竞争性。

② 管制垄断者的行为，管制垄断者收取的价格。政府如果采用边际成本定价进行管制时会面临两个难题。

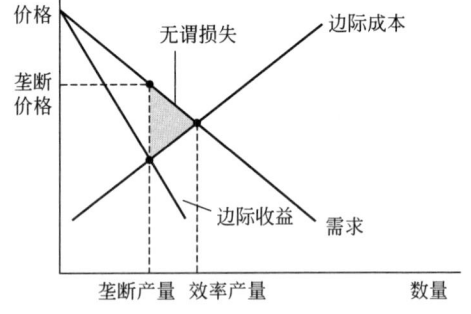

图15-2　垄断的无效率

a. 由于自然垄断的平均总成本递减，边际成本小于平均总成本，如果按边际成本定价，则此时价格小于平均成本，厂商亏损，会退出市场。

b. 它不能激励垄断者降低成本。

③ 把一些私人垄断变为公共企业。

④ 如果与政策不可避免的不完善性相比，市场失灵要小，政府可以不作为。

【名师点读】

垄断是一个很基础的知识点，考生需掌握垄断造成低效率的原因以及治理垄断的相关方法。该考点一般以论述题的形式进行综合考查，考生需要熟练掌握此部分内容，灵活运用。相关考研真题如下。

【论述题】"垄断带来低效率"，那么：

（1）请结合图形说明，垄断是如何造成低效率的。

（2）为什么在理论上，存在消费者补偿垄断者从而克服这种"无效率"的可能？

（3）为什么在实践中，这种方案又不可行？[东北财大2014研]

考点 4 价格歧视

价格歧视指以不同价格向不同顾客出售同一种物品的经营做法。

（1）价格歧视的特征

① 对于一个价格歧视的企业来说，应该有某种市场势力。
② 价格歧视是利润最大化垄断者的理性战略。
③ 价格歧视要求能根据支付意愿划分顾客。
④ 某些市场力量会阻止企业实行价格歧视，例如套利。
⑤ 价格歧视有时可以消除垄断定价中固有的无效率。

（2）完全价格歧视分析

对价格歧视的分析如表 15-2 所示。

表 15-2 有无价格歧视的分析

项目	没有价格歧视	完全价格歧视
定义	对同一种商品，企业向所有顾客都收取相同的价格	指厂商可以根据消费者在每一单位产品上愿意并且能够给出的最高价格来确定每单位产品的价格，消费者剩余全部转化为垄断超额利润
福利损失	引起无谓损失	没有无谓损失
图像	(a) 单一价格垄断者	(b) 完全价格歧视垄断者

【名师点读】

考试中对于价格歧视的考查方式呈现多样化，概念题、简答题、计算题等题型均有涉及，考生需熟练掌握其含义、条件及类型，才能在考场答题时游刃有余。相关考研真题如下。

1.【概念题】价格歧视［北理工 2016 研；华中科大 2016 研；东南大学 2016 研；北京工商大学 2015 研；中南财大 2015 研］

2.【简答题】什么是价格歧视？实施价格歧视有什么条件？它有几种类型？［东北大学 2016 研；华南理工 2015 研］

课后习题详解

一、概念题

1. 垄断企业（monopoly）

答：垄断企业指一种没有相近替代品的产品的唯一卖者的企业。垄断是这样一种状态：

在某一市场上只存在一个厂商,这一厂商在这个市场上拥有绝对的权力,它控制该市场的全部供给,从而能决定价格和销售数量。此外,该厂商还控制着所有有关市场与价格的信息。垄断从分配的角度来看是垄断者得到了全部利益而消费者一无所获。在各种类型的市场中,垄断市场一般被认为是效率最低的市场,而且阻碍了技术进步。但是,有的西方学者认为,垄断厂商资金雄厚,可以从事革新生产技术的长期研究。

2. 自然垄断(natural monopoly)

答:自然垄断指某些行业或部门为了有效生产而只需要一个生产者或厂商的市场状况。这种行业可能始终呈现规模经济的特征,若由两家或两家以上的厂商生产将产生较高的平均成本、造成社会资源的浪费。自然垄断部门一般有电力、石油、天然气、自来水和电信等行业。自然垄断的形成,使得一个大规模厂商能够依靠自己的规模经济来降低生产成本,使得规模经济的益处由该厂商充分加以利用。自然垄断有时来源于某些地理条件。在自然垄断的部门中,政府通常对厂商加以认可,以批准该厂商进入该行业经营,或者在不利后果发生之前进行制止,以免损害公共利益。政府管制自然垄断部门的原因在于:①如果自然垄断行业内竞争性厂商过多,会造成经济资源的巨大浪费。例如,四家电话公司互相竞争,将会铺设四条电话干线,而实际上有一条就够了,这就造成了资源的浪费。同时,价格竞争必然会优胜劣汰,其他厂商将会被排挤出市场,剩下的厂商制定垄断价格,使消费者遭受损失。②多家厂商如果相互勾结起来操纵价格以避免激烈竞争,同样使消费者遭受垄断价格。③这类部门一般是资金规模大、技术水平高、风险大的行业,如果没有政府的支持和许可,私人厂商可能会避开这类行业,这样消费者将因为不能消费这些商品或服务而受损失。

3. 价格歧视(price discrimination)

答:价格歧视指以不同价格向不同顾客出售同一种物品的经营做法。由于垄断者具有某种垄断力量,因此,垄断者可以对自己所出售的同类产品,采取不同的价格,以使自己所获利润达到最大值。实现价格歧视必须具备以下几个条件:①厂商不能是价格的接受者,即厂商有权改变价格;②厂商必须能够按照需求弹性对顾客加以区分,买者必须具有不同的需求弹性;③厂商必须能够防止产品的再次出售。

价格歧视有以下三种情况:①一级价格歧视,指垄断者对每多出售一单位产品都收取不同的价格;②二级价格歧视,指垄断者对一定数量的商品收取一种价格,对于另外一定数量的该种商品收取另一种价格等,二级价格歧视又称为成批定价;③三级价格歧视,指垄断者对同一商品在不同的市场上收取不同的价格,或者对不同的人收取不同的价格,但每一市场上出售产品的边际收益相等。实行三级价格歧视需要具备两个重要的条件:第一个条件是存在着可以分隔的市场。若市场不可分隔,市场上的套利行为将使得价格歧视消失。第二个条件是被分隔的各个市场上需求价格弹性不同。如果被分隔的各个市场需求价格弹性相同,则最佳策略是对同一产品收取相同的价格。

二、复习题

1. 举出一个政府创造的垄断的例子。创造这种垄断必定是一种糟糕的公共政策吗?解释原因。

答:专利和版权法是政府为公共利益而创造垄断的例子。创造这种垄断未必是一种坏政策,原因如下。

(1)专利和版权法之所以是政府创造的垄断,是因为法律允许公司或个人享有20年的专利期和永久的版权。专利使所有者拥有在20年内排他性生产并销售这种产品的权利,版权使作者成为作品销售的一个垄断者。

（2）创造这种垄断是一种好政策。离开了专利和版权法，没有人愿意写书（因为其他人可以任意抄袭这本书，从而作者不能获得收益），也没有任何公司愿意投资于开发和研究新产品（因为其他任何公司都可以生产并销售它们，从而该公司不能从投资中获益）。所以，专利和版权法鼓励发明创造，对社会的发展是有益的。

2. 给出自然垄断的定义。市场规模的大小与一个行业是不是自然垄断有什么关系？

答：（1）自然垄断的含义参见"概念题"第2题。

（2）市场规模的大小与一个行业是不是自然垄断的关系是：当相关产量范围存在规模经济，并且市场规模正好处于规模经济范围中时，自然垄断就产生了。但随着市场规模的扩大，自然垄断会变成竞争市场。因为处于自然垄断的企业无法满足市场需要，必须有新的企业进入这个行业。

3. 为什么垄断者的边际收益小于其物品的价格？边际收益能成为负的吗？解释原因。

答：（1）垄断者的边际收益小于产品的价格是因为：①垄断者面临的需求曲线即为市场的需求曲线，而市场需求曲线一般向右下方倾斜；②为增加销售量，垄断者必须降低出售的每单位商品的价格；③单位价格的削减会减少已售出产品的收入。

从图形上看，垄断厂商的需求曲线是向右下方倾斜的，其相应的平均收益 AR 曲线、边际收益 MR 曲线的一般特征如图15-3所示：①由于厂商的平均收益 AR 总是等于商品的价格 P，所以，在图中，垄断厂商的 AR 曲线和需求曲线 d 重叠，都是同一条向右下倾斜的曲线。②由于 AR 曲线是向右下方倾斜的，则根据平均量和边际量之间的相互关系可以推知，垄断厂商的边际收益 MR 总是小于平均收益 AR。因此，图中 MR 曲线位于 AR 曲线的左下方，即垄断者的边际收益小于其物品的平均收益，也就小于其物品的价格。

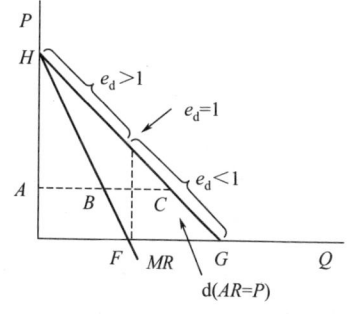

图15-3 垄断者的边际收益小于产品的价格

（2）边际收益不可以为负。原因如下：

在垄断竞争下，厂商获得利润最大化的条件是 $MR=MC$，MR 曲线是向下倾斜的，MC 向上倾斜，交点就是利润最大化的产出点，垄断竞争下产量决定价格。$MR>MC$ 时，则厂商生产一个额外商品所带来的利润大于该产品的成本，是盈利的，所以厂商会继续生产。当 $MR<MC$ 的时候，则厂商生产一个额外商品所带来的利润小于该产品的成本，或者说生产这个商品是亏钱的，那么厂商会停止生产。又因为厂商的边际成本不为负，所以垄断者在生产时不可能使边际收益为负。

4. 画出垄断者的需求、边际收益、平均总成本和边际成本曲线。标出利润最大化的产量水平、利润最大化的价格和利润量。

答：垄断者的需求（D）、边际收益（MR）、平均总成本（ATC）和边际成本（MC）曲线如图15-4所示。

边际收益和边际成本曲线决定了利润最大化的产量 Q_M，即边际收益等于边际成本时的产量，需求曲线决定了利润最大化时的价格 P_M，此时平均总成本为 ATC_M，利润量为图15-4中的阴影部分面积。

**5. 在你前一个问题的图上标明使总剩余最大化的产量水平，标明垄断的无谓损失。解释你的答案。

答：(1) 如图15-4所示，总剩余最大化的点是需求曲线与边际成本曲线的交点，所对应的产量Q_C即总剩余最大化的产量水平。需求曲线代表消费者对该物品的评价，边际成本曲线代表生产者的成本，当买者的评价＝卖者的成本时，总剩余最大化。

(2) 垄断的无谓损失如图15-4所示三角形（Q_M与Q_C之间，边际成本曲线之上，需求曲线之下的三角形）的面积。垄断者会选择边际收益与边际成本曲线相交的产量Q_M。可以看出，垄断的产量Q_M低于有效率的产量Q_C，垄断价格P_M高于有效率的价格。

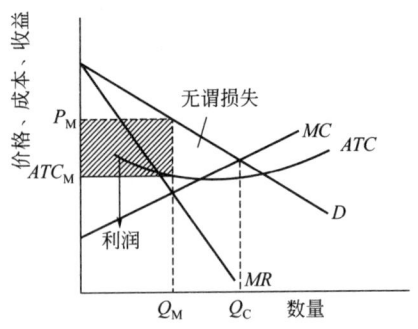

图15-4 垄断者的需求、边际收益和边际成本曲线

因此，虽然有些消费者对物品的评价高于其边际成本，但低于垄断者的价格，这些消费者最后将不购买该物品。垄断定价使一些对双方有益的交易无法进行，产生了无谓损失。

6. 举出两个价格歧视的例子。在每个例子中，解释为什么垄断者选择实施这种经营战略。

答：价格歧视指以不同价格向不同顾客出售同一种物品的经营做法。由于垄断者具有某种垄断力量，因此，垄断者可以对自己所出售的同类产品采取不同的价格，以使自己所获利润达到最大值。

价格歧视例子1：书籍出版时，出版社往往对精装版的定价远比平装版高，而且差价远高于两者的印刷成本。这是因为当书刚刚出版时，那些书刊的铁杆书迷愿意付较高的价格来先睹为快而购买精装版，但另一些人更愿意等到平装版出版才购买，这时价格比较低。出版商实行价格歧视时比单一定价时利润更高。

价格歧视例子2：电影院往往对儿童票和老人票有优惠，是因为这些人的支付意愿比较低，电影院的差别定价会比制定单一的价格获利更多。

7. 是什么给予政府管制企业之间合并的权力？从社会福利的角度看，分别列举出两个企业想合并的一个好理由与一个坏理由。

答：(1) 反托拉斯法给予政府管制企业之间合并的权力。反托拉斯法是国际间或涉外经济活动中，用以控制垄断活动的立法、行政规章、司法判例以及国际条约的总称。从广义讲，垄断活动同限制性商业惯例（"限制"指限制竞争）、卡特尔行为以及托拉斯活动含义相当；从狭义讲，国际间的限制性商业惯例指在经济活动中，企业为牟取高额利润而进行的合并、接管（狭义的垄断活动），或勾结起来进行串通投标、操纵价格、划分市场等不正当的经营活动（狭义的限制性商业惯例）。国际反托拉斯法是同上述跨国垄断活动进行斗争的法律手段。

(2) 从社会福利的角度来看，两个企业想合并的好的理由是：有些企业合并并没有削弱竞争，而是通过更有效率地联合使生产降低了成本，这有助于增进社会福利。

(3) 坏的理由：如果两个在某种物品市场上本已有很大市场份额的企业合并，就很有可能在市场上形成垄断或者加强已有的垄断，垄断市场不是对资源配置最有效率的市场，会产生无谓损失，从而引起整个国家经济福利减少。

8. 当管制者命令一个自然垄断者必须设定等于边际成本的价格时，会产生哪两个问题？

答：当管制者命令一个自然垄断者必须设定等于边际成本的价格时，会产生以下两个问题：

(1) 自然垄断的平均总成本递减，它的边际成本小于平均总成本。如果管制者确定的价格等于边际成本，价格就会低于企业的平均总成本，企业将亏损。长期下去，企业会离开该行业。这样一来，管制者会陷入困境，要么放弃边际成本定价法，要么政府资助被管制的企业。

(2) 这种定价不能激励垄断者降低成本。竞争市场上的企业由于知道低成本意味着高利润，会努力降低其成本。如果一个受管制的垄断者知道只要成本降低，政府就会降低价格，垄断者不会从降低成本中受益。那么，垄断者就没有主动降低成本的积极性。

三、快速单选

1. 如果一个企业随着产量增加表现出以下哪些特点，这家企业就是自然垄断者？( )

a. 边际收益递减　　　　　　　　b. 边际成本递增
c. 平均收益递减　　　　　　　　d. 平均总成本递减

【答案】d

【解析】自然垄断是指由于一个企业能以低于两个或更多企业的成本向整个市场供给一种物品或服务而产生的垄断。当一个企业的平均总成本曲线持续下降时，该企业就被称为自然垄断企业。

2. 对于向所有消费者收取相同价格的以利润最大化为目标的垄断者，价格 P、边际收益 MR 和边际成本 MC 之间的关系是什么？( )

a. $P=MR$，以及 $MR=MC$　　　b. $P>MR$，以及 $MR=MC$
c. $P=MR$，以及 $MR>MC$　　　d. $P>MR$，以及 $MR>MC$

【答案】b

【解析】垄断者的利润最大化产量是由边际收益曲线与边际成本曲线的交点决定的，竞争企业的边际收益等于其价格，而垄断企业的边际收益小于其价格，即：对于竞争企业有 $P=MR=MC$；对于垄断企业有 $P>MR=MC$。在利润最大化的产量时，边际收益与边际成本相等，对于这两种企业都是同样成立的。

3. 如果一个垄断者的固定成本增加，它的价格将（　　），而它的利润将（　　）。

a. 增加，减少　　　　　　　　　b. 减少，增加
c. 增加，保持不变　　　　　　　d. 保持不变，减少

【答案】d

【解析】垄断者的利润最大化产量是由边际收益曲线与边际成本曲线的交点决定的，固定成本增加不改变边际成本，从而产量不变，因为需求曲线不变，所以价格不变；利润＝总收益－总成本，收益不变，成本上升，所以利润下降。

4. 与社会最优水平相比，垄断企业会选择（　　）。

a. 过低的产量和过高的价格　　　b. 过高的产量和过低的价格
c. 过高的产量和过高的价格　　　d. 过低的产量和过低的价格

【答案】a

【解析】垄断者价格大于边际收益，即 $P>MR=MC$，此时垄断企业利润最大化。相比竞争者利润最大化情况，即社会最优水平：$P=MR=MC$，垄断企业所在市场的产品价格会高于竞争市场的产品价格，面对相同的需求曲线，高价格意味着低销量，所以垄断企业会选择过低的产量和过高的价格。

5. 垄断引起无谓损失是因为（　　）。

a. 垄断企业比竞争企业赚取更高的利润

b. 一些潜在消费者不去购买价值高于其边际成本的物品

c. 购买该物品的消费者不得不支付高于边际成本的价格，这就减少了他们的消费者剩余

d. 垄断企业选择的产量不能使价格等于平均收益

【答案】b

【解析】当垄断者收取高于边际成本的价格时，一些潜在消费者对物品的评价高于其边际成本，但低于垄断者的价格，这些消费者不会购买该物品。因为这些消费者对物品的评价大于生产这些物品的成本，所以这个结果是无效率的。因此，垄断定价使一些对双方有益的交易无法进行，即垄断引起的无谓损失。

6. 当垄断者从收取单一价格转为完全价格歧视价格时，它减少了（　　）。

a. 产量　　　　b. 企业的利润　　　c. 消费者剩余　　　d. 总剩余

【答案】c

【解析】完全价格歧视描述垄断者完全了解每个顾客的支付意愿，并对每位顾客收取不同价格的情况。在这种情况下，垄断者对每位顾客收取的价格正好等于该顾客的支付意愿，而且，垄断者得到每次交易中的全部剩余。完全价格歧视增加了利润，增加了总剩余，但减少了消费者剩余。

四、问题与应用

1. 一家出版公司面临一位著名作家的下一部小说的以下需求表：

价格（美元）	需求量（本）	价格（美元）	需求量（本）
100	0	40	600 000
90	100 000	30	700 000
80	200 000	20	800 000
70	300 000	10	900 000
60	400 000	0	1 000 000
50	500 000		

向作者支付的稿酬是 200 万美元，印刷一本书的边际成本是固定的 10 美元。

a. 计算每种数量时的总收益、总成本和利润。出版社选择的利润最大化产量是多少？它收取的价格是多少？

b. 计算边际收益（回想一下，$MR = \Delta TR / \Delta Q$）。边际收益与价格相比如何？解释原因。

c. 画出边际收益曲线、边际成本曲线和需求曲线。在哪个数量时边际收益曲线与边际成本曲线相交？这一交点表示什么？

d. 在你的图中，用阴影表示无谓损失。用文字解释该阴影代表什么。

e. 如果向作者支付的稿酬是 300 万美元而不是 200 万美元，这将如何影响出版社关于收取的价格的决策？解释原因。

f. 假设出版社的目标不是利润最大化，而是经济效率最大化。那么它对这本书收取的价格是多少？在这种价格时能获得多少利润？

答：a. 出版社选择的利润最大化产量是 500 000 本时，每本的价格是 50 美元，或者是产量为 400 000 本时，每本价格 60 美元。这时的最大利润都是 18 000 000 美元，如表 15-3 所示。

表 15-3　出版社的成本、收益表

价格(美元)	需求量(本)	总收益(万美元)	总成本(万美元)	利润(万美元)	边际收益(美元)	边际成本(美元)
100	0	0	200	−200	—	—
90	100 000	900	300	600	90	10
80	200 000	1600	400	1200	70	10
70	300 000	2100	500	1600	50	10
60	400 000	2400	600	1800	30	10
50	500 000	2500	700	1800	10	10
40	600 000	2400	800	1600	−10	10
30	700 000	2100	900	1200	−30	10
20	800 000	1600	1000	600	−50	10
10	900 000	900	1100	−200	−70	10
0	1 000 000	0	1200	−1200	−90	10

b. 出版社的边际收益总是小于其书的价格。由于出版社面临一条向右下方倾斜的需求曲线，产量增加则价格下降，但是当企业降低价格时，从所有单位产品得到的收益都会下降，因而边际收益下降得比价格多。

c. 在400 000本与500 000本中间时边际成本与边际收益曲线相交，这一点表示利润最大化，如图15-5所示。

d. 产生的无谓损失如图15-5所示 DWL 表示的面积（边际成本之上，需求曲线之下的三角形的面积）。无谓损失意味着经济中的总剩余小于竞争市场上的总剩余水平，因为垄断产量低于有效率的产量水平。

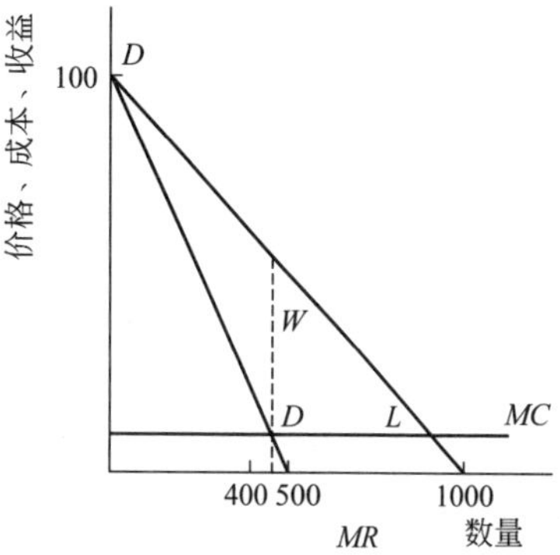

e. 如果对作者写一本书支付 300 万美元，出版社的总成本提高，但是它的边际成本和边际收益不变。出版社要实现利润最大化的目标，仍然应该生产边际成本与边际收益相等时的产量，并实行该产量所对应的价格。只要原来的价格不低于现在的平均可变成本，出版社关于收取的价格的决策不变。

图 15-5　出版社的边际收益、边际成本和需求曲线
（产量的单位：1000 本）

f. 假设出版社追求的不是利润最大化，而是经济效率最大化，那么，该书的定价应该是 10 美元，即价格等于该书的边际成本。在该价格下，出版社亏损 200 万美元（等于支付给作者的稿费）。

2. 一个小镇有许多相互竞争的超市，它们有不变的边际成本。

a. 用日用品市场图形说明消费者剩余、生产者剩余和总剩余。

b. 现在假设各个独立的超市联合为一个连锁店。用新图形说明新的消费者剩余、生产者剩余和总剩余。相对于竞争市场而言，从消费者转移给生产者的是什么？无谓损失是什么？

答：a. 如图 15-6 所示，在这个日用品市场上有许多相互竞争的超市，它们有不变的边际成本。产量为 Q_C，价格为 P_C，消费者剩余是面积 A，生产者剩余是 0，总剩余是面积 A。

b. 如果超市联合成连锁店，如图 15-7 所示。产量从 Q_C 下降到 Q_M，价格从 P_C 上升到 P_M。图 15-6 中的面积 A 相当于图 15-7 中的面积（$B+C+D+E+F$）。现在的消费者剩余为面积 $B+C$，生产者剩余为面积 $D+E$，总剩余为面积 $B+C+D+E$。从消费者转移给生

产者的是面积 $D+E$，无谓损失是面积 F。

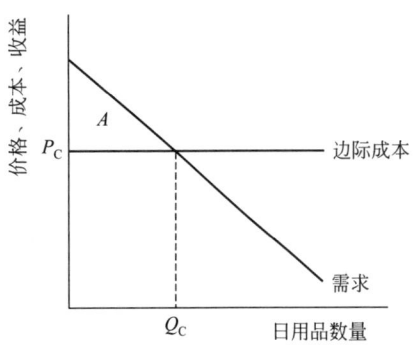

图 15-6　日用品市场图

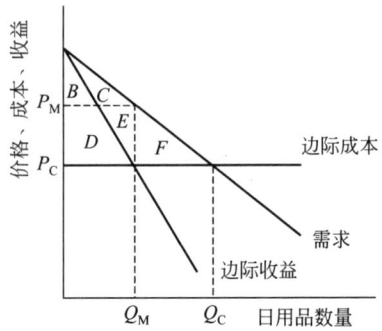

图 15-7　存在垄断的日用品市场

3. Johnny Rockabilly 刚刚录制完他的最新 CD。他的录音公司的市场营销部确定对这张 CD 的需求如下表所示：

价格（美元）	CD 需求量（张）	价格（美元）	CD 需求量（张）
24	10 000	18	40 000
22	20 000	16	50 000
20	30 000	14	60 000

该公司生产 CD 没有固定成本，可变成本是每张 CD 5 美元。

a. 求产量分别等于 10 000 张、20 000 张……时的总收益。销售量每增加 10 000 张的边际收益是多少？

b. 求利润最大化时的 CD 产量、价格和利润。

c. 如果你是 Johnny 的经纪人，你会建议 Johnny 向录音公司要多少报酬？为什么？

答：a. 如表 15-4 所示。

表 15-4　CD 销售利润表

价格（美元）	CD 需求量（张）	总收益（美元）	边际收益（美元）
24	10 000	240 000	—
22	20 000	440 000	200 000
20	30 000	600 000	160 000
18	40 000	720 000	120 000
16	50 000	800 000	80 000
14	60 000	840 000	40 000

b. 利润最大化的 CD 产量是 50 000 张，价格是 16 元/张，利润是 550 000 美元。

c. 作为 Johnny 的经纪人，我会建议 Johnny 向录音公司要 550 000 美元的报酬，因为这样他会取代录音公司而获得所有的利润。

4. 一个公司正在考虑在一条河上建一座桥。修桥的成本是 200 万美元，没有维修费用。下表表示该公司对桥在使用寿命内需求的预期：

每过一次的价格（美元）	过桥次数（千次）	每过一次的价格（美元）	过桥次数（千次）
8	0	3	500
7	100	2	600
6	200	1	700
5	300	0	800
4	400		

a. 如果公司建这座桥，其利润最大化的价格是多少？该价格对应的是否是有效率的产量水平？为什么？

b. 如果公司关注利润最大化，它应该建桥吗？它的利润或亏损是多少？

c. 如果政府要建桥，它收取的价格应该是多少？

d. 政府应该建桥吗？解释原因。

答：a. 如果公司建桥，它的利润最大化价格是 4 美元/次。这不是有效率的产量水平。如果产量水平是有效率的，公司的利润应该为零。而在利润最大化时，公司的收益是 160 万美元，成本是 200 万美元。

b. 如果公司关心利润最大化，它不应该建桥。建桥后，它的亏损至少是 40 万美元（200－160）。

c. 如果政府要建桥，收取的价格应该是零。政府收取的价格应该由需求曲线和边际成本曲线的交点决定。因为边际成本为零，所以政府收取的价格应该是零。

d. 我认为政府应该建桥。因为政府建桥将增进整个社会的福利，而且增加的福利大于为此支付的成本。

5. Larry、Curly 和 Moe 经营镇里唯一的一个沙龙。Larry 想在不赔钱的情况下尽量多卖饮料，Curly 想让沙龙带来尽可能多的收益，Moe 想使利润尽量多。用一个该沙龙的需求曲线和成本曲线图形说明每个合伙人都赞成的价格和数量的组合。解释原因。

答：如图 15-8 所示，A 是利润最大化的点，在该点 MR＝MC，于是 A 点决定的价格和数量满足 Moe 的要求。B 点满足 Larry 的要求，它是平均成本和需求曲线的交点，可以在不赔钱的情况下卖出最多的饮料。C 点满足 Curly 的要求，该点对应的边际收益为零。边际利益为零之前，总收益一直在增加，边际收益为负时，总收益减少。

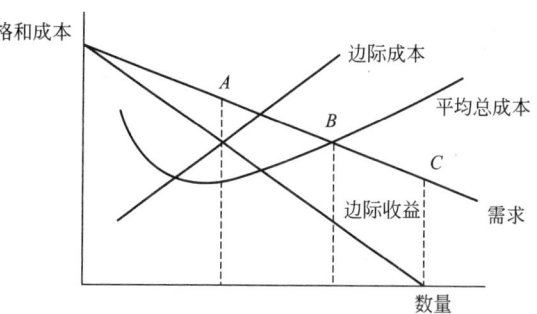

图 15-8 沙龙的成本需求曲线图

能同时满足这三人要求的点就在 A 点到 C 点之间，但具体处在哪一点上，要看这三人如何相互协调，达成一个折中的方案。

6. Ectenia 市的居民都喜爱经济学，市长提议建一座经济学博物馆。博物馆的固定成本是 240 万美元，而且没有可变成本。这个镇有 10 万名居民，而且，每个人对参观博物馆都有相同的需求：$Q^D＝10－P$，其中 P 是门票的价格。

a. 用图形表示该博物馆的平均总成本曲线和边际成本曲线。该博物馆属于哪一种类型的市场？

b. 市场建议用 24 美元的定额税来为博物馆提供资金，然后免费向公众开放。每个人会参观多少次？计算每个人从博物馆得到的收益（用消费者剩余减去这一新税收来计算）。

c. 市长的税收反对者说，博物馆应该自己通过收取门票费来筹资。在不引起亏损的情况下，该博物馆能收取的最低价格是多少？（提示：找出价格为 2 美元、3 美元、4 美元和 5 美元时的参观者人数和博物馆的利润。）

d. 根据你在 c 中找出的保本价格，计算每个居民的消费者剩余。与市长的计划相比，收取门票费会使谁的状况变好？谁的状况变坏？解释原因。

e. 在上述问题中被略去的哪些现实问题，可能会有利于支持收取门票费？

答：a. 根据题意可得，博物馆的总成本 $TC=240$ 万美元，边际成本 $MC=0$ 美元，该博物馆的平均总成本曲线和边际成本曲线如图 15-9 所示。该博物馆属于自然垄断市场。

b. 若免费向公众开放，每个人会参观 10 次。每个人从博物馆得到的收益为消费者剩余－定额税$=1/2\times10\times10-24=26$（美元）。

c. 若博物馆自己通过收取门票来筹资，当门票费不同时，该镇的总利润和总收益如下表：

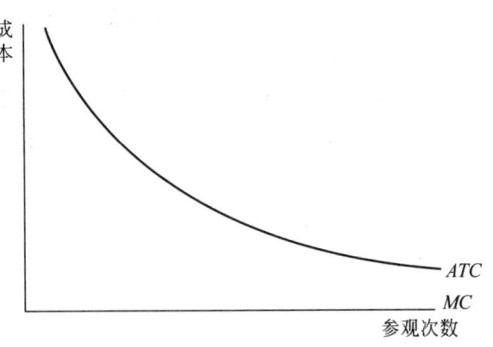

图 15-9 博物馆的平均总成本曲线和边际成本曲线

P（美元）	Q（次）	TR（万美元）	利润（万美元）
2	8	160	-80
3	7	210	-30
4	6	240	0
5	5	250	10
6	4	240	0

因此，在不引起亏损的情况下，该博物馆能收取的最低价格为 4 美元。

d. 当门票费为 4 美元时，每个居民的消费者剩余如图 15-10 所示。

即消费者剩余$=(10-4)\times(10-4)/2=18$（美元）。

与市长的计划相比，收取门票费会使消费者的状况变坏，政府的状况变好，整个社会存在无谓损失。因为收取门票，把更多的资金费用转移到消费者身上，消费者对去博物馆参观所要支付的费用增加，需求减少，导致消费者剩余减少，而政府需要进行的投资及转移支付减少。

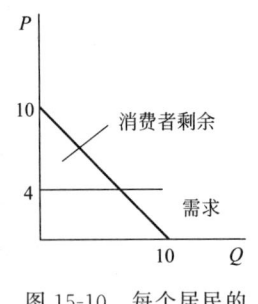

图 15-10 每个居民的消费者剩余

e. 虽然收取门票使消费者剩余减少，但就建造经济博物馆这件事还是有利于消费者的，居民都喜欢经济学，愿意去博物馆参观，博物馆还是给居民带来了很大的福利；另一方面，收取门票费可以减轻一定政府支出，也在一定程度上影响着博物馆每天的人流量，从这些方面来看，是可以支持收取门票的。

7. 考虑垄断定价和需求价格弹性之间的关系：

a. 解释为什么一个垄断者绝不生产需求曲线缺乏弹性时的数量。（提示：如果需求缺乏弹性而企业提高其价格，总收益和总成本会发生什么变动？）

b. 画出垄断者的图形，准确地标出缺乏弹性的需求曲线部分。（提示：答案与边际收益曲线相关。）

c. 在你的图形上标明使总收益最大化的数量和价格。

答：a. 垄断者总是在需求富有弹性的产量范围内进行生产。如果垄断者在需求曲线缺乏弹性时进行生产，当其提高价格时，产量下降的百分比比价格上升的百分比小，收益增加，此时达不到利润最大化。由于在较低水平的产量时成本减少，垄断者将产生更高的收益和更低的成本，所以其利润增加。因此垄断者会一直提高价格直到利润最大化水平，而利润最大化必定发生在需求曲线富有弹性的那部分。

b. 如图 15-11 所示，在需求曲线缺乏弹性时，边际收益 MR 是负的。增加产量要求价格有更大百分比的下降，所以收益减少。由于企业在边际成本等于边际收益时达到利润最大化，而边际成本不可能为负的，所以利润最大化的产量绝不会出现在边际收益为负的地方，也就是不会出现在需求曲线缺乏弹性的部分。

c. 如图 15-11 所示，使总收益最大化的产量为 Q_{TR}，此时边际收益 $MR = 0$，价格为 P_{TR}。

8. 你住在一个有 300 个成人和 200 个儿童的小镇上，而且，你正考虑进行一场演出招待你的邻居并赚点钱。该演出的固定成本为 2000 美元，但多售出一张票的边际成本为零。下面是你的两类顾客的需求表：

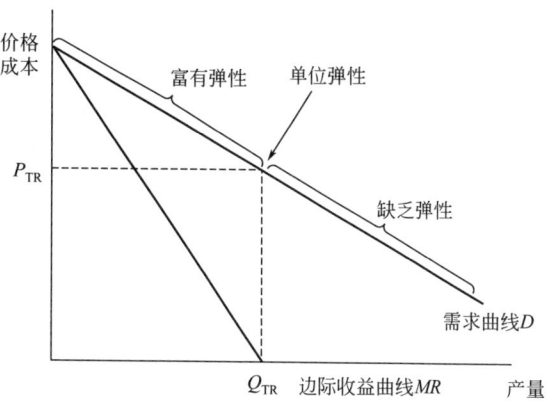

图 15-11　需求弹性与垄断者的产量决策

价格（美元）	成人（个）	儿童（个）	价格（美元）	成人（个）	儿童（个）
10	0	0	4	300	200
9	100	0	3	300	200
8	200	0	2	300	200
7	300	0	1	300	200
6	300	0	0	300	200
5	300	100			

a. 为了使利润最大化，你对成人票收取多高的价格？对儿童票呢？你获得多少利润？

b. 市委会通过了一项法律，禁止你向不同顾客收取不同价格。现在你把票价确定为多少？你获得多少利润？

c. 由于法律禁止价格歧视，谁的状况变坏了？谁的状况变好了？（如果可以的话，计算福利变动的数量。）

d. 如果这个演出的固定成本是 2500 美元，而不是 2000 美元，你对 a、b、c 的回答有什么变动？

答：a. 对成人和小孩售票的边际收益如表 15-5 和表 15-6 所示。

表 15-5　销售成人票的边际收益

价格	成人票数	销售成人票的总收益	销售成人票的边际收益
10	0	0	—
9	100	900	9
8	200	1600	7
7	300	2100	5
6	300	1800	−3
5	300	1500	−3
4	300	1200	−3
3	300	900	−3
2	300	600	−3
1	300	300	−3
0	300	0	−3

表 15-6 销售儿童票的边际收益

价格	儿童票数	销售儿童票的总收益	销售儿童票的边际收益
10	0	0	—
9	0	0	0
8	0	0	0
7	0	0	0
6	0	0	0
5	100	500	5
4	200	800	3
3	200	600	−2
2	200	400	−2
1	200	200	−2
0	200	0	−2

为了使利润最大化,应该对成人票收取 7 美元/张,售出 300 张票。对儿童票收取 4 美元/张,售出 200 张票。总收益为 2100+800=2900 美元。由于总成本为 2000 美元,所以获得的利润为 900 美元。

b. 如果不允许向不同的顾客收取不同价格,应把票确定为 7 美元/张,售出 300 张票,获取的利润为 100 美元。

c. 由于禁止价格歧视,票价为 7 美元/张时,愿意出 4 美元票价的儿童不能看到演出,他们的福利状况变坏了。演出提供者的利润减少了,其福利也变坏了。没有任何人的福利变好。

d. 如果演出的固定成本为 2500 美元,a 中成人票和儿童票的价格不会变,但演出提供者的利润变为 400 美元。b 中演出提供者将不会提供演出,因为其将亏损 400 美元。c 中儿童、演出提供者和成人的福利都将变坏,没有任何人的福利变好。

9. 在 Wiknam 国,只有一家企业生产并销售足球,而且,在开始时,足球的国际贸易是被禁止的。以下方程式说明了垄断者的需求、边际收益、总成本和边际成本:

需求:$P=10-Q$

边际收益:$MR=10-2Q$

总成本:$TC=3+Q+0.5Q^2$

边际成本:$MC=1+Q$

其中 Q 是数量,而 P 是用 Wiknam 国货币衡量的价格。

a. 垄断者生产多少足球?在什么价格时这些足球可以售出?垄断者的利润是多少?

b. 一天,Wiknam 国的国王命令,今后允许足球自由贸易——既可以进口也可以出口,世界价格是 6 美元。企业现在是竞争市场上的价格接受者。足球的国内生产会发生什么变化?国内消费呢?Wiknam 国是出口还是进口足球?

c. 在我们分析国际贸易的第 11 章中,当一个国家没有贸易时的价格低于世界价格时变为出口国,高于世界价格时变为进口国。这个结论在你对 a 和 b 的回答中成立吗?解释原因。

d. 假设世界价格现在不是 6 美元,而是与 a 中决定的没有贸易时的国内价格正好完全相同。允许贸易改变了 Wiknam 国经济的某些方面吗?解释原因。这里得出的结论与第 9 章的分析相比较如何?

答:a. 垄断企业为了获取最大利润,需满足 $MC=MR$,所以 $1+Q=10-2Q$,解得 $Q=3$,此时价格 $P=7$,垄断者的利润为 $PQ-TC=3×7-(3+3+0.5×3^2)=10.5$。

b. 企业现在是价格的接受者，世界价格是 6 美元，所以足球的国内价格会下降，生产会增加；随着世界价格小于国内价格，促使国内足球需求量增加为 4，生产量增加为 5（$P=MC$），所以此时 Wiknam 国出口 1 个足球。

c. 结论在 a 和 b 的回答中成立。允许足球自由贸易后，尽管 Wiknam 国现在开始出口足球但是该国的实际价格下降了。一旦允许自由贸易，Wiknam 国生产足球的该企业不再具有垄断势力变成了价格接受者。此时，6 美元的世界价格显然大于 Wiknam 国完全竞争时的足球价格 4.5 美元（$P=MC$），即 Wiknam 国没有贸易时的价格低于世界价格，从而变为出口国。

d. 如果世界价格是 7 美元，Wiknam 国仍将出口足球。这是因为 Wiknam 国生产足球的该企业现在是价格接受者，面临的需求曲线不再向下倾斜而是平行于横轴的价格为 7 美元的一条直线，从而在不降低价格时可以卖出更多的产品。

由此可见允许贸易确实改变了 Wiknam 国经济的某些方面，这与第 9 章的分析是相同的，即开放经济有利于国内经济的发展。

10. 根据市场研究，Ectenia 国一家电影公司获得了以下有关其新的 DVD 的需求和生产成本的信息：

价格：$P=1000-10Q$

总收益：$TR=1000Q-10Q^2$

边际收益：$MR=1000-20Q$

边际成本：$MC=100+10Q$

其中，Q 表示可以售出的 DVD 数量，而 P 是用 Ectenia 元表示的价格。

a. 找出使公司利润最大化的价格和数量。

b. 找出能实现社会福利最大化的价格和数量。

c. 计算垄断带来的无谓损失。

d. 假设除了以上成本以外，还要向电影的导演支付报酬。这家公司在考虑以下四种方案：

i. 一次性付费 2000Ectenia 元

ii. 利润的 50%

iii. 每售出一张 DVD 支付 150Ectenia 元

iv. 收益的 50%

对于以上四种方案，分别计算使利润最大化的价格和数量。在这些付酬计划之中，如果有的话，哪一种能改变垄断引起的无谓损失？解释原因。

解： a. 垄断者为了实现利润最大化，将按 $MC=MR$ 来决定产量。因为 $MC=100+10Q$，$MR=1000-20Q$，所以由 $100+10Q=1000-20Q$ 可得 $Q=30$，即公司利润最大化的数量为 $Q=30$，相应的价格为 $P=1000-300=700$Ectenia 元。

如图 15-12 所示，MR 曲线与 MC 曲线相交于 A 点，决定了利润最大化的产量为 $Q=30$，相应的价格为 $P=700$Ectenia 元。

b. 当价格等于边际成本时，社会福利实现最大化。即 $P=1000-10Q=100+10Q$，从而可以解得社会福利最大化的数量为 $Q=45$，相应的价格为 $P=1000-450=550$Ectenia 元。如图 15-12 所示，需求曲线 D 与边际成本曲线 MC 相交于 B 点，决定了社会福利最大化的产量为 $Q=45$，相应的价格为 $P=550$Ectenia 元。

c. 垄断带来的无谓损失如图 15-12 中的阴影部分所示，大小为：$(7-4)\times(45-30)/2=$

2250Ectenia 元。

d. i. 一次性付费 2000Ectenia 元不会改变垄断者的边际收益或边际成本，因而利润最大化的价格仍为 $P=700$Ectenia 元，数量为 $Q=30$，无谓损失不变，仍为 2250Ectenia 元。

ii. 向乐师支付利润的 50% 不会影响垄断者的边际决策，因而不会影响利润最大化的价格和数量，价格仍为 $P=700$Ectenia 元，数量为 $Q=30$，无谓损失不变，仍为 2250Ectenia 元。

iii. 对每张 CD 支付 150Ectenia 元，因而垄断者的边际成本变为 $MC=100+10Q+150Q=100+160Q$，由 $MC=MR$ 可得：$100+160Q=1000-20Q$，从而可以解得 $Q=5$，$P=950$Ectenia 元。此时，产量更低，价格更高，因而无谓损失变大了。

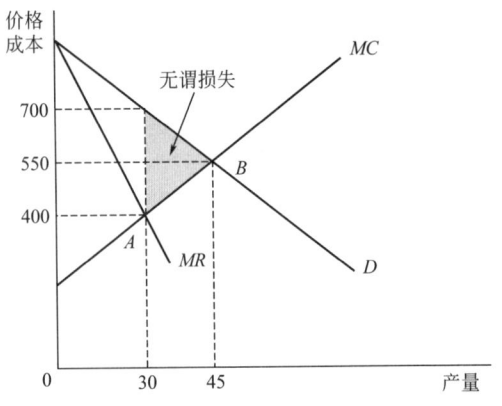

图 15-12　垄断者的生产决策

iv. 如果向导演支付收益的 50%，则总收益变为 $500Q-5Q^2$，边际收益变为 $500-10Q$，此时由 $MR=MC$ 可得：$500-10Q=100+10Q$，解得利润最大化的数量为 $Q=20$，相应的价格为 $P=1000-200=800$Ectenia 元。此时，产量更低，价格更高，因而无谓损失变大了。

11. 许多价格歧视计划都会引起一些成本。例如，折扣券要占用买者与卖者的时间与资源。这个题考虑高成本价格歧视的含义。为了使事情简化，我们假设这里垄断者的生产成本与产量是成比例的，因此平均总成本和边际成本是不变的，而且相等。

a. 画出垄断者的成本曲线、需求曲线和边际收益曲线。说明没有价格歧视时垄断者收取的价格。

b. 在你的图上标出等于垄断者利润的面积，并称之为 X；标出等于消费者剩余的面积，并称之为 Y；标出等于无谓损失的面积，并称之为 Z。

c. 现在假设，垄断者可以实行完全价格歧视。垄断者的利润是多少？（用 X、Y 和 Z 表示你的答案。）

d. 价格歧视引起的垄断利润变动是多少？价格歧视引起的总剩余变动是多少？哪一个变动更大？解释原因。（用 X、Y 和 Z 表示你的答案。）

e. 现在假设价格歧视有一些成本。为了使这种成本模型化，我们假设，垄断者为了实行价格歧视必须支付固定成本 C。垄断者如何做出是否支付这种固定成本的决策？（用 X、Y、Z 和 C 表示你的答案。）

f. 关心总剩余的仁慈的社会计划者如何决定垄断者是否应该实行价格歧视？（用 X、Y、Z 和 C 表示你的答案。）

g. 比较你对 e 和 f 的答案。垄断者实行价格歧视的激励与社会计划者有什么不同？即使价格歧视从社会来看是不合意的，垄断者也可能实行价格歧视吗？

答：a. 垄断者的成本、需求和边际收益曲线如图 15-13 所示。没有价格歧视时，垄断者收取的价格 P 由其边际收益与边际成本曲线的交点决定。

b. 如图 15-13 所示。

c. 实行完全价格歧视时，垄断者利润 $=X+Y+Z$。

d. 价格歧视引起的垄断利润变动是 $+(Y+Z)$，引起总剩余的变动是 $+Z$。垄断利润的变动大是因为完全价格歧视下,企业可以根据每一个消费者对产品的不同评价收取不同的价格,垄断者获得每次交易中的全部剩余。实行完全价格歧视时,没有无谓损失,所有的剩余都成为垄断者利润。

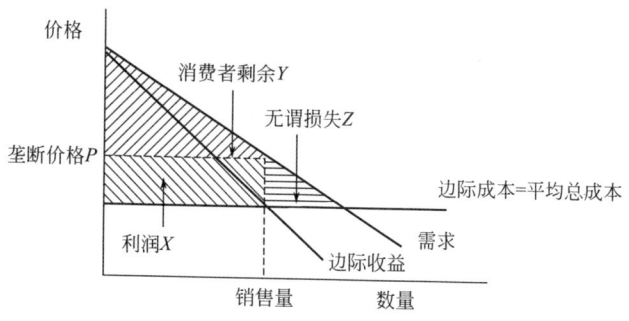

图 15-13 垄断者的成本、需求曲线

e. 只要 $Y+Z>C$,垄断者就会实行价格歧视。因为实行价格歧视的收益大于其成本。

f. 当 $Z>C$ 时,关心总剩余的仁慈社会计划者会同意垄断者实行价格歧视。因为实行价格歧视增加的总剩余大于减少的总剩余。

g. 垄断者只要能增加自己的利润就会实行价格歧视,而社会计划者要考虑社会总剩余的变动。如果价格歧视从社会来看是不合意的,垄断者能否实行价格歧视要看社会计划者是否会对这种价格歧视行为采取管制或其他限制性措施。

名校考研真题详解

1. 什么是价格歧视?实施价格歧视有什么条件?它有几种类型?[东北大学 2016 研;华南理工 2015 研;南开大学 2009 研;湖南大学 2007 研]

答:(1)价格歧视指垄断者凭借其拥有的某种垄断力量,对自己所出售的同类产品采取不同的价格,以使自己所获利润达到最大值。

(2)实现价格歧视必须具备以下几个条件:①厂商不能是价格的接受者,即有权改变价格;②厂商必须能够按需求弹性对顾客加以区分;③买者必须具有不同的需求弹性;④厂商必须能够防止产品的再次出售。

(3)价格歧视有以下三种情况。

① 一级价格歧视,指垄断者对每多出售一单位产品都收取不同的价格。一级价格歧视可以再分为完全一级价格歧视与不完全一级价格歧视。不完全一级价格歧视是指价格与销售量离散变动;完全一级价格歧视,又称为纯一级价格歧视,是指价格与销售量连续变动。在完全一级价格歧视的情况下,消费者剩余被生产者完全剥夺了,但生产是有效率的,因为在边际点上,价格等于边际成本,总产出水平较高,消费者剩余与生产者剩余加总量较大。完全一级价格歧视纯粹是一种理论讨论,在现实中很少见到。

② 二级价格歧视,指垄断者对一定数量的商品收取一种价格,对于另外一定数量的该种商品收取另一种价格等。二级价格歧视又称为成批定价。

③ 三级价格歧视,指垄断者对同一商品在不同的市场上收取不同的价格,或者对不同的人群收取不同的价格,但使得每一市场上出售产品的边际收益相等。实行三级价格

歧视需要具备两个重要的条件。第一个条件是存在着可以分隔的市场。若市场不可分隔，市场上的套利行为将使得价格歧视消失。第二个条件是被分隔的各个市场上需求价格弹性不同。如果被分隔的各个市场需求价格弹性相同，则最佳策略是对同一产品收取相同的价格。

2. 依据你所学的微观经济学原理，用代数的方法推导出不完全竞争企业价格决定的公式，将其表达成需求价格弹性和边际成本的函数。在此基础上请回答：

（1）垄断的市场势力（market power）是否和需求的价格弹性有关？其原因可能是什么？

（2）在完全竞争的条件下，价格是否和边际成本相等？

（3）该公式能否用来制定价格歧视策略？［武汉大学 2013 研］

答：（1）垄断市场势力和需求的价格弹性有关。具体分析如下：

假定反需求函数为 $P=P(Q)$，则可以有 $TR(Q)=P(Q)Q$。

$$MR(Q)=\frac{dTR(Q)}{dQ}=P+Q\frac{dP}{dQ}=P\left(1+\frac{dP}{dQ}\frac{Q}{P}\right)$$

即 $MR=P\left(1-\frac{1}{e_d}\right)$，式中，$e_d$ 为需求的价格弹性，$e_d=-\frac{dQ}{dP}\frac{P}{Q}$。企业利润最大化均衡条件为 $MR=MC$，所以 $P=\dfrac{MR}{1-\dfrac{1}{e_d}}=\dfrac{MC}{1-\dfrac{1}{e_d}}$。

采用勒纳指数对垄断势力进行衡量：$L=\dfrac{P-MC}{P}=\dfrac{\dfrac{MC}{1-\dfrac{1}{e_d}}-MC}{\dfrac{MC}{1-\dfrac{1}{e_d}}}=\dfrac{1}{e_d}$，由此可知，垄断的市场势力与需求的价格弹性有关，需求的价格弹性越小，勒纳指数越大，垄断的市场势力越大。

（2）完全竞争条件下，均衡时的条件为：$MR=MC$。同时 $MR=\dfrac{dTR}{dQ}=\dfrac{dPQ}{dQ}=P$，则 $P=MC$，价格与边际成本相等。

（3）该公式可以用来制定价格歧视策略。由（1）可得在市场1，$MR_1=P_1\left(1-\dfrac{1}{e_{d_1}}\right)$，在市场2，$MR_2=P_2\left(1-\dfrac{1}{e_{d_2}}\right)$。垄断厂商实行三级价格歧视时利润最大化原则为 $MR_1=MR_2=MC$。即有：

$$P_1\left(1-\frac{1}{e_{d_1}}\right)=P_2\left(1-\frac{1}{e_{d_2}}\right)$$

整理得：$\dfrac{P_1}{P_2}=\dfrac{1-\dfrac{1}{e_{d_2}}}{1-\dfrac{1}{e_{d_1}}}$。由此可知，在三级价格歧视情况下，需求价格弹性小的市场上价格较高，而需求价格弹性较大的市场上价格较低。

3. 设垄断厂商的产品的需求函数为 $P=12-0.4Q$，总成本函数 $TC=0.6Q^2+4Q+5$，求：

（1）Q 为多少时总利润最大，价格、总收益及总利润各为多少？

（2）Q 为多少时总收益最大，与此相应的价格、总收益及总利润各为多少？[武汉大学 2011 研]

解：（1）垄断厂商利润函数为：
$$\pi = PQ - TC = (12-0.4Q)Q - (0.6Q^2+4Q+5) = -Q^2+8Q-5$$

利润最大化的一阶条件为：
$$-2Q+8=0$$

解得：$Q=4$。

当 $Q=4$ 时，价格 $P=12-0.4\times4=10.4$，总收益 $TR=PQ=10.4\times4=41.6$，总利润 $\pi=-4^2+8\times4-5=11$。

（2）总收益为 $TR=PQ=(12-0.4Q)Q=12Q-0.4Q^2$，总收益最大化的一阶条件为：
$$\frac{dTR}{dQ}=12-0.8Q=0$$

解得：$Q=15$。且二阶导数 $\frac{d^2TR}{dQ^2}=-0.8<0$，因此 $Q=15$ 时总收益最大。

当 $Q=15$ 时，价格 $P=12-0.4\times15=6$，总收益 $TR=PQ=6\times15=90$，总利润 $\pi=-15^2+8\times15-5=-110$。

由 $TC=0.6Q^2+4Q+5$ 得 $AVC=0.6Q+4$。当时 $Q=15$，$AVC=0.6\times15+4=13$，此时 $P<AVC$，因此厂商会选择停业，亏损总固定成本 5。

4. 某垄断企业的总成本函数为 $TC=7Q+0.5Q^2$。市场需求曲线为 $Q=386-0.5P$。

（1）计算该垄断市场的均衡价格，以及该垄断企业的产量和利润。

（2）假设政府对该垄断企业征收每单位商品 1 元的单位税（数量税），该垄断市场的商品价格，企业的产量和利润分别为多少？政府获得的税收收入是多少？

（3）假设政府不对垄断企业，而对消费者征收每单位商品 1 元的单位税，该垄断市场的商品价格，企业的产量和利润分别为多少？政府获得的税收收入是多少？[中央财大 2015 研]

解：（1）由题意可知，

企业的边际收益为：$MR=772-4Q$

企业的边际成本为：$MC=7+Q$

企业达到利润最大化的均衡条件为：$MR=MC$

联立以上三个方程，解得：$Q=153$，$P=772-2\times153=466$；

利润 $\pi=TR-TC=466\times153-7\times153-0.5\times153^2=58522.5$。

（2）政府对该垄断企业征收每单位商品 1 元的单位税（数量税）会使得该产品的边际生产成本增加 1 元，所以，$MC'=MC+1=8+Q$。

根据利润最大化原则 $MR=MC'$ 有：
$$8+Q=772-4Q$$

解得：$Q=152.8$，$P=772-2\times152.8=466.4$；

利润 $\pi=TR-TC=466.4\times152.8-7\times152.8-0.5\times152.8^2=58522.4$；

政府的税收为：$1\times152.8=152.8$。

（3）政府对消费者征收每单位商品 1 元的单位税，市场需求曲线变为：

$$Q=386-0.5(P+1)=385.5-0.5P$$

从而 $P=771-2Q$，$TR=P\times Q=771Q-2Q^2$，$MR=771-4Q$。

根据利润最大化原则 $MR=MC$ 有：

$$7+Q=771-4Q$$

得到 $Q=152.8$，$P=771-2\times152.8=465.4$；

利润 $=TR-TC=465.4\times152.8-7\times152.8-0.5\times152.8^2=58369.6$；

政府的税收为：$1\times152.8=152.8$。

5. 请说明完全竞争市场和完全垄断市场的特征和均衡机制，为什么政府要对垄断行为做出一定的控制？[中央财大2011研]

答：(1) 在经济分析中，根据不同的市场结构的特征，将市场分为四种结构：完全竞争市场、垄断竞争市场、寡头市场和完全垄断市场，其中完全竞争市场与完全垄断市场是两种极端的市场类型。决定市场结构的主要因素有四个：市场上厂商的数目、厂商所生产的产品差别程度、单个厂商对市场价格的控制程度以及厂商进入或退出一个行业的难易程度。就厂商数目而言，完全竞争市场有很多，而垄断市场仅有一个；就产品差别程度而言，完全竞争市场完全无差别，而垄断市场则生产唯一的几乎无法替代的产品；就对市场价格的控制程度而言，完全竞争市场完全不能控制价格，每个厂商都是价格的接受者，而垄断市场则是价格的制定者（不过经常受到政府的管制）；就厂商进入或退出一个行业的难易程度而言，完全竞争市场进出门槛很低，而垄断市场进出很困难，几乎不可能。

(2) 完全竞争市场上，在短期，厂商是在给定的生产规模下通过调整产量来实现 $MR=SMC$ 的利润最大化均衡条件；而在长期，厂商可以对全部生产要素进行调整，以达到最优生产规模从而实现 $MR=LMC=LAC=SMC=SAC$ 的利润最大化均衡条件，显然完全竞争厂商的长期均衡点位于长期平均成本曲线 LAC 最低点，经济利润为零。完全垄断市场上，在短期，完全垄断厂商无法改变固定要素投入量，垄断厂商在给定的生产规模下，通过调整产量和价格来实现 $MR=SMC$ 的利润最大化均衡条件；而在长期，可以对全部生产要素进行调整，以达到最优生产规模从而实现 $MR=LMC=SMC$ 的利润最大化均衡条件，此时垄断厂商通常有正的经济利润。

(3) 垄断常常导致资源配置缺乏效率，从而造成社会福利损失。此外，垄断利润通常也被看成是不公平的，这就使得有必要对垄断进行政府干预。

第16章

垄断竞争

```
              ┌ 在垄断和完全竞争之间
              │                    ┌ 短期中的垄断竞争企业
              │          差别产品的 │ 长期均衡
  垄断竞争 ───┤          竞争      │ 垄断竞争与完全竞争
              │                    └ 垄断竞争与社会福利
              │          ┌ 关于广告的争论
              └ 广告 ────┤ 作为质量信号的广告
                         └ 品牌
```

考点1 垄断竞争

（1）垄断竞争市场的特征

① 许多卖者：有许多企业争夺相同的顾客群体。

② 产品存在差别：每个企业生产的一种产品至少与其他企业生产的这种产品略有不同。

③ 自由进入和退出：企业可以无限制地进入（或退出）一个市场。

（2）垄断竞争市场与完全竞争市场、垄断市场的对比

作为一种市场结构，垄断竞争市场既有与完全竞争市场相似的地方，又有与垄断市场相似的地方，如表16-1所示。

表16-1 垄断竞争市场与完全竞争市场、垄断市场的对比

项目	市场结构		
	完全竞争	垄断竞争	垄断
企业目标	利润最大化	利润最大化	利润最大化
最大化原则	$MR=MC$	$MR=MC$	$MR=MC$
短期中能否赚到经济利润	能	能	能

续表

项目	市场结构		
	完全竞争	垄断竞争	垄断
价格接受者	是	不是	不是
价格	$P=MC$	$P>MC$	$P>MC$
能否达到福利最大化的产量水平	能	不能	不能
企业数量	许多	许多	一家
长期中企业能否进入	能	能	不能
长期中能否赚到经济利润	不能	能	能

(3) 垄断竞争厂商的需求曲线

一方面，垄断竞争厂商可以在一定程度上控制自己的产品价格，因而其所面临的需求曲线向右下方倾斜；另一方面，垄断竞争厂商又面临着与许多其他厂商的竞争，因而其面临的需求曲线弹性较大。

因此，垄断竞争厂商面临着向右下方倾斜且较为平坦的需求曲线。

(4) 垄断竞争企业遵循垄断者的利润最大化规律

垄断竞争企业会选择边际收益（MR）等于边际成本（MC）的产量，然后便可用其面临的需求曲线得到与这种产量相一致的价格。

【名师点读】

本考点为基础性知识，考生需牢固掌握垄断竞争市场及其需求曲线的特点，也要会对垄断竞争市场与其他市场结构进行对比分析。考试中，多以概念题或简答题的形式对本考点内容进行考查。相关考研真题如下。

【概念题】垄断竞争［北师大 2016 研；厦门大学 2014、2004 研；武汉大学 2012 研；人大 2003 研］

考点 2　垄断竞争市场的均衡

(1) 垄断竞争市场的短期均衡

在短期内，垄断竞争厂商是在现有的生产规模下，通过对产量和价格的同时调整来实现 $MR=SMC$ 的均衡条件的。短期均衡时，垄断竞争性厂商可能获得最大的利润［如图 16-1 (a) 所示］，可能利润为零，也可能蒙受最小损失［如图 16-1(b) 所示］。

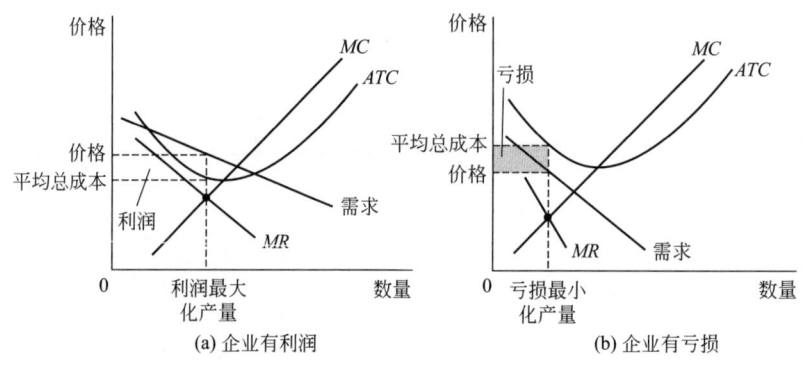

图 16-1　短期中的垄断竞争者

（2）垄断竞争市场的长期均衡

① 垄断竞争市场长期均衡的条件

当各个垄断竞争企业的边际收益等于边际成本，平均收益等于平均成本，即 $MR = LMC = SMC$，$AR = LAC = SAC$ 时，垄断竞争市场达到长期均衡，如图 16-2 所示。

② 垄断竞争市场长期均衡的特点

a. 与垄断一样，价格高于边际成本，因为利润最大化要求：$MC = MR$。而且，因为需求曲线向右下方倾斜，MR 曲线在需求曲线下方。

b. 与竞争一样，价格等于平均成本，因此经济利润等于零。经济利润为零是因为垄断竞争市场与垄断不同，垄断竞争厂商可以自由进入。

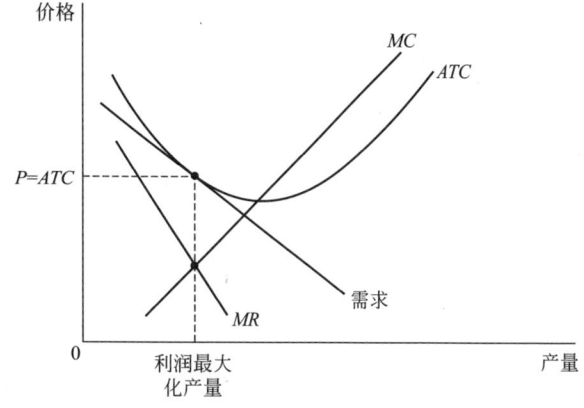

图 16-2　长期中的垄断竞争者

【名师点读】

考生需掌握对垄断竞争市场均衡状态的分析，同时，尤其要注意其长期均衡的特点。

考点 3　垄断竞争与完全竞争在长期均衡时的区别

（1）生产能力过剩

垄断竞争企业在其平均成本曲线向右下方倾斜的部分进行生产。因此，此时生产的产量小于在企业的有效规模（ATC 最低）时能生产的产量。在长期均衡时，垄断竞争企业的产量与完全竞争企业产量之间的差额被称为过剩的生产能力。

（2）高于边际成本的价格加成

垄断竞争企业收取高于其边际成本的价格。完全竞争企业收取等于其边际成本的价格。结果，如果垄断竞争企业可以多吸引一个顾客，便可以增加利润。

考点 4　垄断竞争市场无效率的原因

（1）高于边际成本的价格加成

由于价格加成，一些对物品的评价高于生产边际成本（但小于价格）的顾客没有购买物品。因此，垄断竞争市场有垄断定价时正常的无谓损失。

（2）市场上的企业数量可能太多或太少

每当一家新企业考虑带着一种新产品进入市场时，该企业只考虑自己的利润，但该企业的进入还有两种外部效应。

① 产品多样化外部性：由于消费者从新产品引进中得到了消费者剩余，所以存在与进入相关的正外部性。

② 抢走业务的外部性：由于其他企业因新竞争者进入而失去了顾客和利润，所以存在与进入相关的负外部性。

因此，在垄断竞争市场上，与新企业进入相关的既有正外部性又有负外部性。垄断竞争市场中产品太多还是太少取决于哪一种外部性大。

一、概念题

1. 寡头（oligopoly）

答：寡头亦称"寡头垄断"或"寡占"，指只有几个提供相似或相同产品的卖者的市场结构。在寡头市场上，整个行业（或市场）的产品（或服务）的一大部分是由少数几个企业（或卖者）供给的。作为卖主的垄断寡头之间仍然存在着竞争，每个寡头都要考虑竞争对手对于自己的每一行动的反应。一方面，如果有一卖主为争取更大的市场销售份额而降低商品价格，那么其他卖主势必也会降低价格，最终使各个卖主的原有市场份额保持不变，而使利润减少。另一方面，如果有一卖主提高价格，那么其他卖主就不一定会提高价格，从而使提高价格的卖主丧失原来占有的市场份额。由于垄断寡头能预计到这种结果，垄断寡头不会轻易提价。因此，在卖方寡头市场上，商品价格一般比较稳定。

2. 垄断竞争（monopolistic competition）

答：垄断竞争指一种由许多厂商生产和销售有差别的同种产品的市场，市场中既有垄断又有竞争，既不是完全竞争又不是完全垄断。引起这种垄断竞争的基本条件是产品差别的存在。产品差别是指同一种产品在质量、包装、牌号或销售条件等方面的差别。产品差别既会产生垄断，又会引起竞争，从而形成一种垄断竞争的状态。有差别的产品往往是由不同的厂商生产的。因此，垄断竞争的另一个条件就是存在较多厂商。这些厂商努力创造自己产品的特色，以形成垄断，而这些产品之间又存在竞争，这就使这些厂商处于垄断竞争的市场中。垄断竞争市场上，厂商面临着两条需求曲线：一条表示当一厂商改变产品的价格，而该行业其他厂商并不随着改变价格时，该厂商的价格与销售量的关系；另一条表示当一厂商改变自己产品的价格，该行业中其他与之竞争的厂商也随之改变价格时，该厂商的价格与销售量的关系。垄断厂商的均衡条件为 $MC=MR$，实现均衡时，可能有超额利润、收支相抵或亏损。

由于垄断厂商可以在一定程度上控制自己的产品的价格，故垄断竞争厂商所面临的需求曲线也是向右下方倾斜的。市场中的竞争因素又使得垄断厂商面临的需求曲线具有较大的弹性，因此垄断竞争厂商向右下方倾斜的需求曲线是比较平坦的，相对地比较接近完全竞争厂商的产品价格和销售量之间的关系。

垄断竞争市场有利于鼓励进行创新，但同时会使销售成本（主要是广告成本）增加。许多经济学家认为，垄断竞争的存在从总体上说是利大于弊，现实中垄断竞争也是一种普遍存在的市场结构，如轻工业品市场等。

二、复习题

1. 描述垄断竞争的三个特点。垄断竞争哪些方面像垄断？哪些方面像完全竞争？

答：（1）垄断竞争的三个特点如下。

①存在较多的厂商。有许多企业争夺同样的顾客群体。

②存在产品差别，即每个企业生产的一种产品至少与其他企业生产的这种产品略有不同。因此，每个企业不是价格的接受者，而是面临一条向右下方倾斜的需求曲线。

③企业进出一个行业没有任何限制。因此，市场上企业的数量要一直调整到经济利润

为零时止。

（2）垄断竞争像垄断的方面

垄断竞争如垄断一样，每一个垄断竞争者都面临一条向右下方倾斜的需求曲线，因此，收取的价格高于边际成本。

（3）垄断竞争像竞争的方面

垄断竞争又像竞争是因为在长期内垄断竞争厂商自由进出市场，产品价格等于平均总成本且厂商利润为零。

2. 画出一个描述在垄断竞争市场上赚取利润的企业的图形。说明当新企业进入该行业时，这个企业会发生什么变动。

答：获得利润的垄断竞争市场企业及当新企业进入该行业时这个企业的变动如图16-3所示。

企业开始时面临需求曲线 D_1，边际收益曲线为 MR_1，此时企业盈利，因为产量 Q_1 处，价格（P_1）高于平均总成本（ATC）。盈利吸引新的企业进入，导致需求曲线移至 D_2，边际收益曲线移至 MR_2，结果导致产量下降至 Q_2，在此产量水平，价格为 P_2，等于平均总成本 ATC，利润为零。

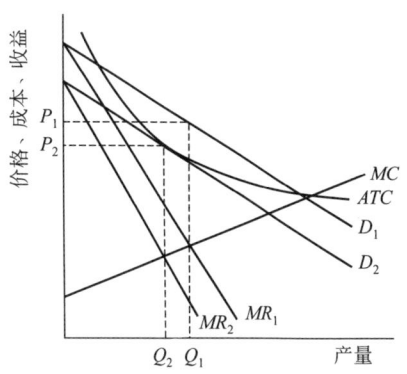

图 16-3　垄断竞争市场上的企业

3. 画出垄断竞争市场长期均衡的图形。价格与平均总成本有什么关系？价格与边际成本有什么关系？

答：垄断竞争市场长期均衡如图16-4所示。

在长期均衡下，价格 P 等于平均总成本 ATC，而高于边际成本 MC。

（1）价格等于平均总成本，因此经济利润等于零。因为与垄断不同，垄断竞争允许自由进入，最终利润会降为零。

（2）价格高于边际成本，因为利润最大化要求 $MC=MR$，而且，因为需求曲线向右下方倾斜，MR 曲线位于需求曲线的下方。

4. 与最有效率的水平相比，垄断竞争者生产的产量太多还是太少？使决策者难以解决这个问题的实际因素是什么？

答：（1）与最有效率的水平相比，垄断竞争者生产的产量太少。原因如下。

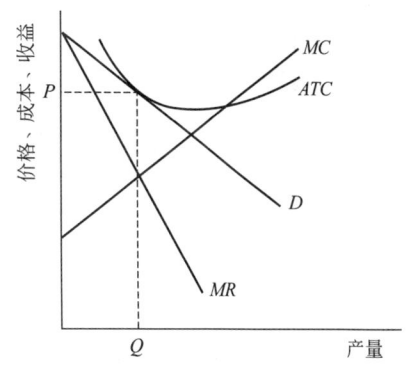

图 16-4　垄断竞争市场的长期均衡

在长期均衡下，垄断竞争者的需求曲线相切于 LAC 曲线最低点的左侧。而在完全竞争条件下，需求曲线必切于 LAC 曲线的最低点。根据 $MR=MC$，在垄断竞争条件下的长期均衡产量必然低于最有效率的完全竞争条件下长期均衡产量。显然在垄断竞争中较少的产量却面临较高的成本，存在着生产资源的浪费，资源配置未达到最佳状态。

垄断竞争者的生产成本也没有达到 SAC 的最低点，这意味着企业没有充分利用现有的生产设备。从长期来看，垄断竞争厂商没有更多地使用社会资源以扩大规模，将成本降低到 LAC 曲线的最低点。另外从消费者剩余来看，完全竞争市场上的消费者剩余要大于垄断竞争市场上的消费者剩余。所以，在垄断竞争市场上垄断竞争者生产的产量太少，存在着社会福利损失。

（2）使决策者难以解决这个问题的实际因素是：①决策者需要管制所有生产有差别产品的企业，这种管理成本巨大；②当企业以边际成本定价时，企业是亏损的，这时需要政府给予补贴。

5. 广告会怎样减少经济福利？广告又会怎样增进经济福利？

答：（1）广告减少经济福利的方面

广告主要从以下三个方面减少了经济福利：

① 广告是有成本的，操纵人们的嗜好；

② 广告夸大相似产品之间的品质差别，使买者不太关心相似产品之间的价格差别；

③ 在需求曲线缺乏弹性时，每个企业都可以收取远远高于边际成本的价格。

（2）广告增进经济福利的方面

广告主要从以下两个方面增进了经济福利：

① 给消费者提供了有用信息，使顾客更好地选择想购买的物品，从而提高了市场有效配置资源的能力；

② 促进了竞争，因为广告使顾客更充分地了解市场上所有的企业，这样顾客可以更容易地利用价格差别。

6. 没有明显信息内容的广告实际上如何向消费者传递信息？

答：没有明显信息内容的广告实际上通过广告的存在与昂贵的制作费用向消费者传递信息。一个舍得花大价钱，请著名人物，拍高质量广告的企业，一定认为它自己的产品质量是很好的，足可以用广告效应带来的高额销售利润弥补昂贵的广告费，消费者也可以体会到这一点。

7. 解释品牌存在可能带来的两种好处。

答：品牌存在可能带来以下两种好处。

（1）品牌给消费者提供了在购买前关于产品质量的信息。由于品牌商品一贯以高质量著称，当消费者面对一种品牌产品和一种从未用过的相似产品时，品牌作为判断你要买的物品质量的方法是有用的。

（2）品牌向企业提供了保持高质量的激励，因为企业有保持自己品牌声誉的经济目的。一旦品牌的声誉受到损害，品牌企业为此所付出的代价将比一般企业因为质量等原因所付出的代价要高得多。因此，品牌企业更注重保持产品的高质量。

三、快速单选

1. 下面哪一种条件不能描述垄断竞争市场上的企业？（　　）

a. 生产与其竞争者不同的产品　　　　b. 接受市场条件给定的价格

c. 可以在短期与长期中实现利润最大化　　d. 长期中有进入或退出自由

【答案】b

【解析】垄断竞争是指一个有许多出售相似但不相同产品的企业的市场结构。在垄断竞争市场上，每家企业都垄断着自己生产的产品，但许多其他企业也生产相似但不相同的产品来争夺同样的顾客。垄断竞争市场的特征有：①有许多卖者争夺相同的顾客群体；②产品存在差别，企业面临向右下倾斜的需求曲线；③企业可以无限制地进入或退出市场。短期内垄断竞争市场上的企业最大的利润是正的，长期垄断竞争市场上的企业最大的利润是零。

2. 下面哪一种产品最适于垄断竞争的定义？（　　）

a. 小麦　　　　b. 自来水　　　　c. 原油　　　　d. 软饮料

【答案】d

【解析】垄断竞争是指一个有许多出售相似但不相同产品的企业的市场结构。软饮料有很多品牌、口味、包装等，它们有相似的顾客群，但每个企业生产的软饮料略有区别。

3. 在哪种条件下垄断竞争企业将增加其生产？（   ）
    a. 边际收益大于边际成本　　　　　　b. 边际收益大于平均总成本
    c. 价格高于边际成本　　　　　　　　d. 价格高于平均总成本

【答案】a

【解析】垄断竞争者通过生产边际收益等于边际成本的产量来实现利润最大化，当边际收益大于边际成本时，垄断竞争者会增加产量，获取额外收益，直至边际收益等于边际成本。

4. 在哪种条件下新企业会进入垄断竞争市场？（   ）
    a. 边际收益大于边际成本　　　　　　b. 边际收益大于平均总成本
    c. 价格高于边际成本　　　　　　　　d. 价格高于平均总成本

【答案】d

【解析】当企业有经济利润时，即价格高于平均总成本时，新企业有进入市场的激励。新企业进入过程一直持续到价格等于平均总成本，市场上企业正好有零经济利润时为止。

5. 关于垄断竞争市场的长期均衡，以下哪种说法是正确的？（   ）
    a. 价格高于边际成本　　　　　　　　b. 价格等于边际收益
    c. 企业有正的经济利润　　　　　　　d. 企业的生产处于平均总成本最低时

【答案】a

【解析】a项，垄断竞争企业在其平均总成本曲线向下的部分运营，因此边际成本低于平均总成本，长期均衡下价格等于平均总成本，高于边际成本；b项，垄断竞争厂商面临着向右下方倾斜的需求曲线，其边际收益曲线的斜率大于需求曲线的斜率，故边际收益小于价格；c项，当企业有正的经济利润时，会有新的企业进入市场，瓜分利润，直至市场上企业的经济利润为零，故长期均衡下的垄断竞争市场的企业，其经济利润为零；d项，平均总成本最小的产量称为企业的有效规模，而垄断竞争企业在小于有效规模处生产，故其生产平均总成本不是最低。

6. 如果广告使消费者更忠于某种品牌，这种品牌就会（   ）需求弹性，并（   ）高于边际成本的价格加成。
    a. 增加，增加　　　　　　　　　　　b. 增加，减少
    c. 减少，增加　　　　　　　　　　　d. 减少，减少

【答案】c

【解析】广告创造了一种本来不存在的欲望，向消费者夸大各产品之间的差别。通过增加产品差别意识和促进品牌忠诚度，广告使买者不太关心相似产品之间的价格差，因此使某一特定品牌的需求更缺乏弹性。在需求曲线缺乏弹性时，每个企业都要收取更多高于边际成本的价格加成。

四、问题与应用

1. 在垄断、寡头、垄断竞争和完全竞争中，你如何给下列每一种饮料的市场分类？
    a. 自来水　　　　b. 瓶装水　　　　c. 可乐　　　　d. 啤酒

答：a. 自来水市场是自然垄断市场，是由市场的自然条件而产生的垄断，经营自来水的部门如果进行竞争，则可能导致社会资源的浪费或者市场秩序的混乱。

b. 瓶装水市场是垄断竞争市场。在这一市场上有许多生产瓶装水的厂商，而且每一厂商产出的瓶装水在品牌和包装上都有不同，即产品有一些差异。

c. 可乐市场是寡头市场。在这一市场上只有有限的几家厂商控制大部分的市场份额。

d. 啤酒市场是寡头市场。在这一市场上只有有限的几家厂商控制大部分的市场份额。

2. 把下列市场分为完全竞争、垄断和垄断竞争，并解释你的答案：

a. 2号木杆铅笔　　　　　　　　　　**b. 铜**

c. 本地电力服务　　　　　　　　　　**d. 花生酱**

e. 唇膏

答：a. 2号木杆铅笔市场属于完全竞争市场。因为任何一个厂商生产的铅笔都是一样的，并且有很多生产企业。

b. 铜市场是完全竞争市场，因为所有的铜都是相同的，并且有很多生产企业。

c. 地区性电力服务属于垄断市场，这是一种自然垄断，该市场由一个企业提供所有产品，成本较低，价格便宜。

d. 花生酱市场是垄断竞争市场，因为存在不同的质量特征和不同的品牌。

e. 唇膏市场是垄断竞争市场，因为不同企业生产的唇膏有细微的差别，并且存在大量可以自由进出市场的企业。

3. 说出下面每一个特征描述的是完全竞争企业、垄断竞争企业，两者都是，还是两者都不是。

a. 出售的产品与其竞争的产品有差别　　　**b. 边际收益低于价格**

c. 在长期中获得经济利润　　　　　　　　**d. 长期中生产最低平均总成本处的产量**

e. 边际收益与边际成本相等　　　　　　　**f. 收取高于边际成本的价格**

答：a. 该特征描述的是垄断竞争企业。在垄断竞争市场上，企业出售与其竞争对手不同的产品。

b. 该特征描述的是垄断竞争企业。在垄断竞争市场上，企业边际收益低于价格。

c. 该特征描述的既不是完全竞争企业，也不是垄断竞争企业。在完全竞争和垄断竞争市场上，企业都不可能在长期中获得经济利润。

d. 该特征描述的是完全竞争企业。长期中，完全竞争市场中的企业生产最低平均总成本处的产量。

e. 该特征描述的既是完全竞争企业，也是垄断竞争企业。在完全竞争和垄断竞争市场上，企业的边际收益与边际成本相等。

f. 该特征描述的是垄断竞争企业。在垄断竞争市场上，企业收取高于边际成本的价格。

4. 说出下面每一个特征描述的是垄断企业、垄断竞争企业，两者都是，还是两者都不是。

a. 面临一条向右下方倾斜的需求曲线　　　**b. 边际收益小于价格**

c. 面临出售相似产品的新企业的进入　　　**d. 在长期中赚到经济利润**

e. 边际收益与边际成本相等　　　　　　　**f. 生产从社会来看有效率的产量**

答：a. 该特征描述的既是垄断企业，又是垄断竞争企业。在垄断和垄断竞争市场上，企业都面临向右下方倾斜的需求曲线。

b. 该特征描述的既是垄断企业，又是垄断竞争企业。在垄断和垄断竞争市场上，企业的边际收益小于价格。

c. 该特征描述的是垄断竞争企业。在垄断竞争市场上，企业面临出售相似产品的新企业的进入。

d. 该特征描述的是垄断企业。在垄断市场上，企业能在长期中赚到经济利润；而在垄断竞争市场上，企业长期的经济利润为零。

e. 该特征描述的既是垄断企业，又是垄断竞争企业。在垄断和垄断竞争市场上，企业的边际收益都与边际成本相等。

f. 该特征描述的既不是垄断企业，又不是垄断竞争企业。在垄断和垄断竞争市场上，企业都不能生产从社会来看有效率的产量。

5. 你被雇用为一家垄断竞争企业的顾问。该企业报告了以下有关其价格、边际成本和平均总成本的信息。该企业可以使利润最大化吗？如果不能，它如何增加利润？如果该企业是利润最大化的，它处于长期均衡吗？如果不是，恢复长期均衡时会出现什么情况？

a. $P < MC$，$P > ATC$
b. $P > MC$，$P < ATC$
c. $P = MC$，$P > ATC$
d. $P > MC$，$P = ATC$

答：a. 该企业没有实现利润最大化。对于垄断竞争企业而言，价格大于边际收益。如果价格小于边际成本，边际收益一定小于边际成本。因此，该企业应该减少产出，增加利润。

b. 该企业可能实现利润最大化。当边际收益等于边际成本时，该企业就能实现利润最大化。但该企业并不处于长期均衡，因为价格小于平均总成本。在这种情况下，部分企业会退出该行业，留在该行业的企业面临的需求会增加，直到经济利润为零时，该行业处于长期均衡。

c. 该公司没有实现利润最大化。对于垄断竞争企业而言，价格大于边际收益。如果价格等于边际成本，边际收益一定小于边际成本。因此，该企业应该减少产出，增加利润。

d. 该企业可能实现利润最大化。当边际收益等于边际成本时，该企业就能实现利润最大化。该企业处于长期均衡，因为价格等于平均总成本，该企业的经济利润为零。

6. Sparkle 为牙膏市场中众多的企业之一，它处于长期均衡。

a. 画出表示 Sparkle 的需求、边际收益、平均总成本与边际成本曲线的图形。标出 Sparkle 利润最大化的产量和价格。

b. Sparkle 的利润是多少？解释原因。

c. 用你的图形说明从购买 Sparkle 牙膏中所得到的消费者剩余。再说明与有效率产量水平相关的无谓损失。

d. 如果政府强迫 Sparkle 在有效率产量水平上进行生产，企业会发生什么变动？Sparkle 的顾客会发生什么变动？

答：a. 如图 16-5 所示，利润最大化的产量为 Q_M，利润最大化价格为 P_M。

b. Sparkle 的利润是零。因为在产量 Q_M 上，价格等于平均总成本。牙膏市场是一个垄断竞争市场，如果市场中的企业有正利润，其他企业看到有利可图会纷纷进入该市场，使市场上的产品增多，价格下降；如果市场中的企业亏损，一些老企业会退出该市场，使市场产量减少，价格上升。所以在长期均衡下，价格等于平均总成本，垄断竞争企业获得零利润，这时市场上不再有企业进出。

c. 如图 16-5 所示，从 Sparkle 牙膏购买所得到的消费者剩余为面积 $A+B$。效率产量位于需求曲线与边际成本曲线相交的点 C 所对应的产量 Q_C，所以与效率产量水平相关的无谓损失为面积 E，即边际成本曲线以上，需求曲线以下，从 Q_M 到 Q_C 的面积。

d. 如果政府强迫 Sparkle 生产效率产量水平，平均成本高于价格，企业会发生亏损。长期下去，企业将退出该市场。产量上升导致价格下降，Sparkle 的顾客会得到更多的消费者剩余，顾客的数量增加。但长期下去，顾客们可能买不到 Sparkle 的产品，也就得不到消费者剩余，因为 Sparkle 退出了牙膏市场。

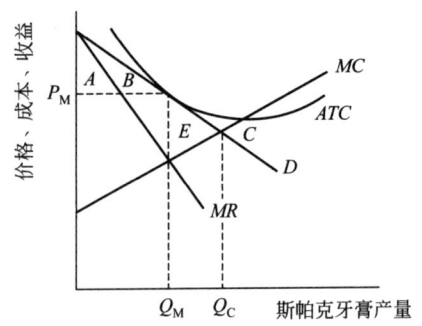

图 16-5 Sparkle 的长期均衡图

7. 考虑一个有 N 家企业的垄断竞争市场。每家企业的经营机会可以用以下方程式描述：

需求：$Q = 100/N - P$

边际收益：$MR = 100/N - 2Q$

总成本：$TC = 50 + Q^2$

边际成本：$MC = 2Q$

a. 市场中的企业数量 N 如何影响每一家企业的需求曲线？为什么？

b. 每家企业生产多少单位产品？（对这个问题和以下两个问题的回答取决于 N。）

c. 每家企业收取的价格是多少？

d. 每家企业有多少利润？

e. 在长期中，多少家企业将会留在这个市场上？

答：a. 市场中的企业数量 N 影响每一家企业的需求曲线的斜率；当 N 增大时，需求曲线向下移；当 N 减小时，需求曲线向上移。

b. 根据利润最大化的均衡条件 $MR = MC$，可得 $100/N - 2Q = 2Q$，解得 $Q = 25/N$，即每家企业生产 $25/N$ 单位产品。

c. 价格 $P = 100/N - Q = 100/N - 25/N = 75/N$。

d. 利润 $= TR - TC = 1250/N^2 - 50$。

e. 在长期中，$1250/N^2 - 50 = 0$，解得 $N = 5$，即有 5 家企业将会留在这个市场上。

8. Nutville 的花生酱市场是垄断竞争的，而且处于长期均衡。有一天，消费者权益倡导者 SkippyJif 发现，Nutville 所有品牌的花生酱都是相同的。此后，市场就成为完全竞争的，而且再次达到了长期均衡。用适当的图形解释对于该市场一个普通企业而言，以下每一种变量是增加了、减少了，还是保持不变。

a. 价格　　**b.** 数量　　**c.** 平均总成本　　**d.** 边际成本　　**e.** 利润

答：垄断竞争市场的长期均衡如图 16-6 所示。

当市场成为完全竞争市场时，所有的花生酱都是同质的，企业只能是价格的接受者。

a. 价格从 P_{MC} 下降到最小平均总成本 P_C 处。

b. 数量增加到最有效率的产出水平 Q_C。

c. 平均总成本减少。

d. 边际成本随着产出的增长而增长，而且等于价格。

e. 利润不变，在这两种情况下，市场最终都将达到长期均衡，此时所有生产者的经济利润都为零。

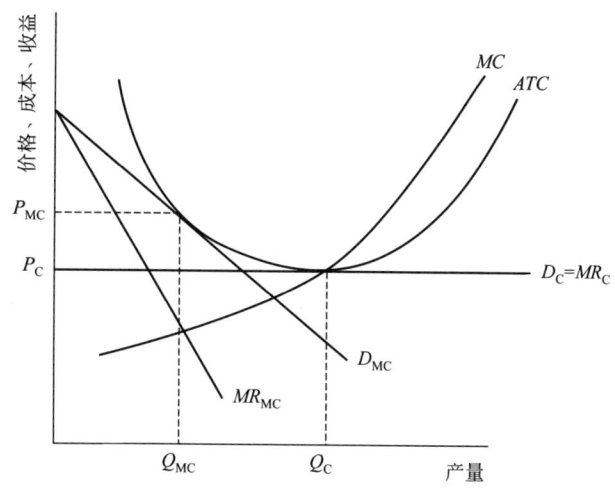

图 16-6 竞争市场的长期均衡

9. 解释下列每对企业中哪一个更可能做广告：
a. 家庭拥有的农场或家庭拥有的餐馆。
b. 叉车制造商或轿车制造商。
c. 一家发明了极为舒适的剃须刀的公司，或一家发明了不太舒适的剃须刀的公司。

答：a. 家庭拥有的餐馆更可能做广告。因为农产品市场是一个完全竞争市场，生产者是价格的接受者。而餐饮市场是垄断竞争市场，经营者可以通过广告扩大销售量从而增加收益。

b. 轿车制造商更可能做广告。因为像叉车这样的工业产品不同品牌之间的差别非常小，所以叉车市场可以看作是寡头市场。而轿车之类的消费品却有很大的可察觉的差别，所以轿车市场是垄断竞争市场。

c. 发明了极为舒适的剃须刀的公司更可能做广告。因为公司知道自己的产品很好，一旦推向市场，扩大销售份额带来的利润足以弥补昂贵的广告费。发明了不太舒适的剃须刀但生产成本相同的公司知道，自己的产品价格比成本高不了多少，销售所得的利润很可能还抵不上广告费。

10. Sleek Sneakers 公司是鞋子市场上众多的企业之一。
a. 假设 Sleek 现在获得短期经济利润。在一个正确标注的图上，说明 Sleek 利润最大化的产量和价格，以及表示利润的区间。
b. 长期中 Sleek 的价格、产量和利润会发生什么变化？用文字解释这种变化，并用新的图形说明这种变化。
c. 假设消费者越来越关注鞋子品牌之间的风格差异。这种态度的变化如何影响每个企业的需求价格弹性？在长期中，这种需求的变化如何影响 Sleek 的价格、产量和利润？
d. 在你在 c 中确定的利润最大化的价格时，Sleek 的需求曲线是富有弹性的，还是缺乏弹性的？解释原因。

答：a. Sleek 的短期经济均衡如图 16-7 所示，MC 与 MR 曲线相交于 A 点，决定了 Sleek 短期利润最大化的产量为 Q^*，相应的价格为 P^*，此时平均总成本为 ATC，因而短期经济利润如图 16-7 中的阴影部分所示。

b. 在长期，新企业将进入鞋子市场，从而使 Sleek 的需求曲线向左移动，Sleek 的价格和产量将下降。厂商将不断进入，直到利润降为零为止。如图 16-8 所示，在长期均衡时，

MR 与 MC 相交于 B 点，从而决定了长期均衡产量为 Q^*，价格为 $P^* = ATC$，需求曲线与平均总成本曲线相切于 C 点，此时经济利润为零。

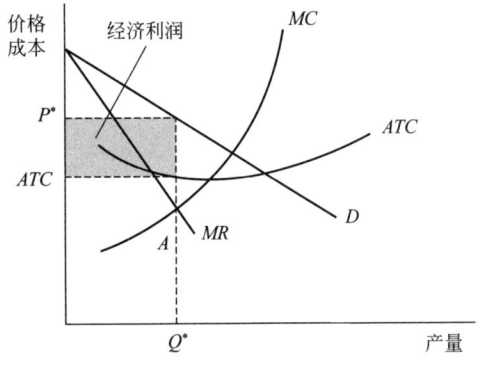

图 16-7　Sleek 的短期经济均衡

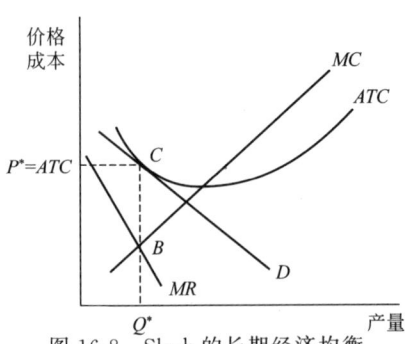

图 16-8　Sleek 的长期经济均衡

c. 随着消费者越来越关注鞋子品牌之间的风格差异，他们变得更少关注价格，这将使得每个企业的产品需求变得更加缺乏价格弹性。需求曲线会变得相对地更为陡峭，从而使得 Sleek 可以索取一个较高的价格。如果这些风格差异无法复制，则它们有可能成为一种进入障碍，使得 Sleek 可以在长期中获得经济利润。

d. 垄断竞争企业的生产处于边际收益大于零的范围内，这意味着垄断竞争企业在需求曲线富有弹性的部分从事生产。

名校考研真题详解

1. 对比分析垄断竞争市场与完全竞争市场。[深圳大学 2011 研；武汉大学 2012 研]

答：完全竞争市场是指有许多交易相同产品的买者和卖者，以至于每一个买者和卖者都是价格接受者的市场。垄断竞争是指许多出售相似而不相同的产品的企业的市场结构。

（1）垄断竞争市场和完全竞争市场的相同点

垄断竞争市场与竞争市场相比，有一些相同或相似的地方。垄断竞争市场也包括有大量小规模厂商，小厂商能自由进入该行业。垄断竞争市场和完全竞争市场产品之间具有很强的替代性。

（2）垄断竞争市场和完全竞争市场的不同点

完全竞争市场的产品是同质的，各厂商产品具有完全的替代性，而垄断竞争市场中每个厂商的产品不是同质的，而是有差别的。垄断竞争市场每个厂商的需求曲线，不是需求弹性为无穷大的直线，而是向右下方倾斜。垄断竞争市场与完全竞争市场的两个最重要的差别如下。

① 过剩的生产能力。完全竞争市场上的自由进入使企业生产有效规模，而垄断竞争企业的生产低于这一水平，即企业在垄断竞争之下有过剩生产能力。如图 16-9(a) 所示，垄断竞争市场实际产量低于有效规模。

② 价格和边际成本的关系。如图 16-9(b) 中所示，完全竞争市场价格等于 MC。如图 16-9(a) 所示，而垄断竞争企业的价格高于 MC，因为企业总有某种市场势力。零利润只能保证价格等于 ATC，它并不能保证价格等于边际成本。在长期均衡时，垄断竞争企业在其 ATC 曲线向下的部分运营，即 $MC<ATC$，因此价格等于 ATC 时，价格必定高于 MC。

此外，垄断竞争厂商之间的广告竞争也导致更高的平均成本。

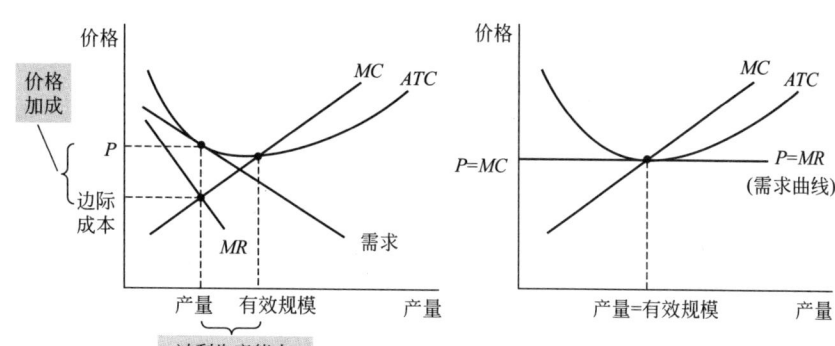

图 16-9 垄断竞争与完全竞争

从整个社会来看，同完全竞争相比较垄断竞争行业各厂商使用的设备规模小于最优规模，这样的设备规模提供的产量的平均成本大于该设备所能实现的最低平均成本，垄断竞争厂商长期时会出现过剩生产能力。这对于社会资源利用来说，造成了浪费。然而，由于垄断竞争情况下造成这种浪费的原因是产品差别性，产品的差别又能满足人们本来就存在的多种多样的需求。产品的多样化，丰富了消费者的生活，这对消费者也有利。因此，垄断竞争情况下产品价格较高，可看作是消费者为满足多样化的需求而付出的代价。

2. 家电行业的制造商发现，为了占有市场份额，他们不得不采取一些竞争策略，包括广告、售后服务、产品外形设计等，其竞争是很激烈的。因此，家电行业被认为是完全竞争行业。这种说法对吗？［厦门大学 2010 研］

答：这种说法是不正确的，家电行业属于垄断竞争行业。

（1）完全竞争市场具备以下三个条件：①各厂商都是价格接受者；②市场上每一个厂商提供的产品是同质的，即同一行业中的每一个厂商生产的产品是完全无差别的；③厂商能够自由进入与退出。完全竞争市场的这些特征决定了完全竞争厂商只能在既定的市场价格上提供产量，厂商如果采取一些非价格竞争的手段来提高销售量，例如广告、售后服务、产品外形设计等都会增加成本，其利润就会为负，即完全竞争市场上的厂商没有必要采取一些非价格竞争的策略。

（2）垄断竞争市场的特征之一是厂商之间通过销售有差别的产品进行竞争，这些产品相互之间是高度可替代的但不是完全替代的，这决定了垄断竞争行业的竞争是非常激烈的。由于采取价格竞争策略对各厂商都会带来负面作用，所以垄断竞争厂商一般采取非价格竞争的策略，例如广告、售后服务、产品外形设计等。

家电行业属于垄断竞争行业，其产品具有非常强的相互替代性，但是不同厂商的产品又是有差异的，行业中既有竞争的因素又有垄断的因素，家电产品很相近但又因为独特而巧妙的个性化设计和功能能够占领部分市场，因此家电行业的制造商通常采取一些竞争策略，如广告、售后服务、产品外形设计等来增加市场份额。

3. 为什么垄断竞争厂商之间一般不愿意进行价格竞争而宁肯进行非价格竞争？［理工 2008 研］

答：在垄断竞争市场上，垄断竞争厂商之间既存在价格竞争，也存在非价格竞争。就价格竞争而言，它虽然能使一部分厂商得到好处，但从长期看，价格竞争会导致产品价格持续下降，最终使厂商的利润消失。因此，非价格竞争便成为垄断竞争厂商普遍采取的另一种竞争方式。

非价格竞争是指在垄断竞争市场上，由于每一个厂商生产的产品都是有差别的，所以垄断竞争厂商往往通过改进产品品质、精心设计商标和包装、改善售后服务以及广告宣传等手段来扩大自己产品的市场销售份额。

非价格竞争作为厂商之间相互竞争的一种形式，强化了市场的竞争程度，并且，非价格竞争的一些具体做法，客观上也满足了消费者的某些需要。同时，非价格竞争可以增加消费者对某些产品的依赖程度，从而使得厂商加强了对自己产品的垄断程度。因此，垄断竞争厂商倾向于采用非价格竞争来扩大产品市场份额，以获得最大的利润。

4. 什么是垄断竞争市场？垄断竞争市场的条件有哪些？〔东北大学 2017 研；中南财大 2000 研〕

答：(1) 垄断竞争市场指那种许多厂商出售相近但非同质、具有差别的商品的市场组织。垄断竞争市场是这样一种市场状况，一个市场中有许多企业生产和销售有差别的同种产品。垄断竞争市场主要具有以下三个特征：

① 市场上生产和出售的产品都具有差别，这种差别是指同一类产品的不同之处。产品有了差异，就不能彼此完全替代，所以形成垄断，即每个企业对自己产品的价格都具有一定的垄断力量，从而使市场带有垄断的因素。一般说来，产品的差别越大，企业的垄断程度就越高。另一方面，由于有差别的产品又同属一类产品，每一种产品都会遇到大量的其他相似产品的竞争，因此，市场又具有竞争因素。一般来说，产品的差别越小，替代性就越强，竞争程度就越高。如此，便构成了垄断因素和竞争因素并存的垄断竞争市场的基本特征。

② 市场上生产同类产品的企业很多，因此，各个企业的行为对市场的影响很有限。

③ 企业进入和退出某一类产品市场比较容易。

(2) 垄断竞争市场的条件主要有以下三点。

① 在生产集团中有大量的企业生产有差别的同种产品，这些产品彼此之间都是非常接近的替代品。

② 一个生产集团中的企业数量很多，以至于每个厂商都认为自己的行为影响很小，不会引起竞争对手的注意和反应，因而自己也不会受到竞争对手的任何报复措施的影响。

③ 厂商的生产规模比较小，因此，进入和退出一个生产集团比较容易。

垄断竞争是以产品的差异性为基础而形成的市场结构，在实际经济运行中具有较为普遍的意义。

第17章 寡头

知识结构导图

考点难点归纳

考点1　不完全竞争

不完全竞争指行业中的企业有竞争对手，同时又没有面临着使它们成为价格接受者的激烈竞争。不完全竞争分以下两种类型。

（1）寡头：只有少数几个卖者的市场，每个卖者都提供与其他企业相似或相同的产品。因此，市场上任何一个卖者的行动都对其他卖者的利润有重大的影响。

（2）垄断竞争：有许多出售相似但不相同产品的企业的市场结构。

考点2　寡头

（1）卡特尔

卡特尔指企业之间就有关生产与价格达成协议并以一致方式行事的企业集团。

寡头市场一旦形成了卡特尔，市场实际就是由一个垄断者提供服务，而且卡特尔不仅必须就总产量水平达成一致，而且还要就每个成员的生产量达成一致。

(2) 寡头的均衡

合作并达到垄断的结果会使寡头的状况更好，但由于他们追求自己的私利，最后不能达到垄断结果，因而并不能使他们共同的利润最大化。每一个寡头都有增加生产并占有更大市场份额的动机，此时，总产量增加了，而价格下降了。

当寡头企业个别地选择利润最大化的产量时，有：

垄断产量＜寡头产量＜竞争产量

竞争价格（＝边际成本）＜寡头价格＜垄断价格

(3) 寡头数量如何影响市场结果

若各寡头没有形成卡特尔，则每个企业在增加产量时需要考虑两种效应，如表17-1所示。

表17-1　寡头数量如何影响市场结果

项目	产量效应	价格效应
定义	由于价格高于边际成本，在现行价格时每多销售1单位产品将增加利润	提高产量将增加总销售量，但也会降低产品的价格并减少所销售的所有其他产品的利润
关系	若产量效应＞价格效应，寡头应该增加产量 若价格效应＞产量效应，寡头应该减少产量	
行业中的企业数量对寡头的影响	随着寡头数量↑，价格效应↓。当寡头数量增加到极大时，价格效应完全消失，只剩产量效应。此时，寡头市场接近竞争市场。寡头市场的每个企业只要"价格＞边际成本"即可增加产量	

【名师点读】

本考点是微观经济学的核心内容之一，考生应重点掌握寡头市场的均衡、完全竞争市场均衡与垄断市场均衡的对比以及对寡头数量对市场结果影响的理解。同时，曼昆教材中未涉及的古诺模型、斯塔克伯格模型、伯特兰模型等寡头市场模型也属于大多高校计算题的常考考点之一，考生可结合相关材料进行拓展。相关考研真题如下。

1.【概念题】古诺均衡［中国地质大学2015研；对外经贸大学2014研；武汉大学2009研］

2.【计算题】假设某大宗商品的国际需求函数为$Q=a-p$，两个寡头公司1和2向该市场提供同质产品，拥有不变的单位边际生产成本，分别为c_1和c_2，且有$a>c_2>c_1$：

(1) 若两个寡头公司展开古诺竞争，则各自的纳什均衡产量q_1和q_2是多少？

(2) 若两个企业的供给能力充足而展开伯川德（Bertrand）竞争，则各自的纳什均衡价格策略是什么？［人大2015研］

考点3　博弈论与合作经济学

博弈论是描述和研究行为者之间相互依存和相互作用的策略的一种决策理论。

占优策略是指无论其他参与者选择什么策略，对一个参与者都为最优的策略。

(1) 囚徒困境

囚徒的困境反映了：从个人角度出发所选择的占优策略，从整体来看，却是最差的结局，即个人理性与团体理性的冲突。囚徒困境的逻辑适用于许多情况，包括军备竞赛、做广告、公有资源问题和寡头。

（2）作为囚徒困境的寡头

寡头在力图达到垄断结果时的博弈也类似于两个处于困境的囚徒的博弈。

垄断结果对寡头是共同理性，但每个寡头都有违背协议的激励。正如利己使囚徒困境中的囚犯坦白一样，利己也使寡头难以维持低产量、高价格和垄断利润的合作结果。

（3）囚徒困境与社会福利

囚徒困境说明了即使合作使每个博弈参与者的状况变好，要维持合作也是困难的。但这种缺乏合作从整个社会的角度来看，其作用的好坏取决于环境。

【名师点读】

博弈论是中级微观经济学的重要考点之一，考生应注意对如占优策略均衡、纳什均衡、纯策略均衡等相关概念的理解和拓展并掌握利用支付矩阵进行分析的方法。考试中多以概念题或简答分析题的形式进行考查。相关考研真题如下。

【概念题】纳什均衡［对外经贸大学 2017 研；东北大学 2017 研；中南大学 2016 研；中央财大 2015、2012、2007 研；中南财大 2015、2009、2007 研；社科院 2015 研；北师大 2014 研；厦门大学 2013、2006 研；北理工 2013 研］

一、概念题

1. 寡头（oligopoly）

答：寡头亦称"寡头垄断"或"寡占"，指只有少数几个卖者提供相似或相同产品的市场结构。在寡头市场上，整个行业（或市场）的产品（或服务）的一大部分是由少数几个企业（或卖者）供给的。作为卖主的垄断寡头之间仍然存在着竞争，每个寡头都要考虑竞争对手对于自己的每一行动的反应。一方面，如果有一卖主为争取更大的市场销售份额而降低商品价格，那么其他卖主势必也会降低价格，最终使各个卖主的原有市场份额保持不变，而使利润减少。另一方面，如果有一卖主提高价格，那么其他卖主就不一定会提高价格，从而使提高价格的卖主丧失原来占有的市场份额。由于垄断寡头能预计到这种结果，垄断寡头不会轻易提价。因此，在卖方寡头市场上，商品价格一般比较稳定。

2. 博弈论（game theory）

答：博弈论也称为对策论，指研究人们在各种决策下如何行事的一般分析理论。博弈论被应用于政治、外交、军事、经济等研究领域。博弈就是决策者在某种竞争场合下做出的决策，或者说，参加竞争的各方为了自己的利益而采取的对付对方的策略。博弈模型是人们对博弈现象的抽象。博弈论就是分析博弈模型的方法和理论，它研究的典型问题是两个或两个以上的参加者（称为局中人）在某种对抗性或竞争性的场合下各自做出决策，使自己这一方得到尽可能最有利的结果。

博弈模型一般至少含有以下三个要素。①局中人。博弈论假定所有局中人都是机智和理性的。②策略集合。局中人策略是一个完整的行动计划，它指定局中人在每种情况下应如何行动。③有可评价的结果。在博弈论中，可以用数值表示各局中人在各个结果上各自获益多少，这个数值称为支付。博弈论中，从每个局中人的策略集合中各取一个策略组成的策略组称为局势。支付是局势的函数。

博弈按照参与人之间能否达成协议分为合作博弈与非合作博弈；按照参与人行为的先后顺序可分为静态博弈和动态博弈；按照参与人所掌握的信息分为完全信息博弈和不完全信息博弈；按参与人的个数或可选择的战略数量多少分为有限博弈和无限博弈；按支付结果分为零和博弈与非零和博弈。

3. 勾结（collusion）

答：勾结指一个市场上的企业之间就生产的产量或收取的价格达成的协议。在寡头市场上，当寡头数量很少时，从理论上说，它们很容易通过谈判实行勾结定价，即像一个垄断者那样用高价格来损害消费者的利益。这样做，交易费用（寡头进行价格勾结谈判达成协议所需要的费用）并不高，而勾结定价可以为参与者带来共同的利益。但这种勾结定价在现实中成功的很少。尽管许多国家"反垄断法"中有禁止勾结定价的条款，但实际上这个条款的作用极为有限，因为寡头之间可以采用不易被发现的隐蔽性勾结——默契。

4. 卡特尔（cartel）

答：卡特尔是指这样一个组织，在该组织中厂商串谋到一起，试图确定使整个行业的利润实现最大化的价格和产量。这样，一个卡特尔组织就像一个垄断厂商一样，只要市场需求相当缺乏弹性，它可以将价格提高到远高于竞争的水平。

卡特尔是独立的寡头厂商之间的公开勾结形式，用协议的方式，共同确定价格、产量、市场等，并且通过这些协议使寡头厂商协调行动，以获取共同的最大利润。由于整个卡特尔可以像一个完全垄断厂商那样行事，所以，有的国家宣布卡特尔协议是非法的。卡特尔形成后，面对市场需求曲线，运用 $MR=MC$ 原则可以确定卡特尔的均衡产量和均衡价格，即统一价格。整个卡特尔的产量和价格确定后，就要对各成员厂商分配产量限额。分配方法有以下几种。①以卡特尔总成本最小为原则。这是一种理想的分配方式，但在现实中难以实现。②配给定额。配给的决定主要根据厂商的地位和谈判能力、厂商以前的销售量和生产能力及地理区划。③均分市场。卡特尔具有不稳定性。因为任一厂商如果通过秘密降价来突破自己的份额，整个卡特尔就会瓦解。

5. 纳什均衡（Nash equilibrium）

答：纳什均衡又称为非合作均衡，是博弈论的一个重要术语，以提出者约翰·纳什的名字命名。

纳什均衡是指这样一种策略集，在这一策略集中，每一个博弈者都确信，在给定竞争对手策略决定的情况下，他选择了最好的策略。纳什均衡是由所有参与人的最优策略所组成的一个策略组合，也就是说，给定其他人的策略，任何个人都没有积极性去选择其他策略，从而没有人有积极性去打破这个均衡。

6. 囚徒困境（prisoners'dilemma）

答：囚徒困境指两个被捕获的囚犯之间的一种特殊"博弈"，说明为什么甚至在合作对双方有利时，保持合作也是困难的。囚徒困境是图克（Tucker）在20世纪40年代首先提出的，之后作为博弈论的经典案例被广泛引用。囚徒困境反映了个人理性追求并不一定能达到最后集体理性的结果，而个人理性达到集体理性的论断一直是主流经济学的主要思想。

囚徒困境是非零和博弈的著名例子，产生于被拘留并分别受审的罪犯的决策问题。假设检察官认为他们有罪，但未获确切的证据。摆在两个罪犯面前的情况是：两个人都不招供并不告发同谋犯，他们就会免受惩罚或判处轻刑；如果一个招供，而另一个拒绝招供，则招供者会受到从轻发落，而不认罪者会受到严惩；如果两个人都招供，则他们都会判刑，但没有只有一个人招供时判的那么重。本来"最好的"解是攻守同盟、拒不认罪，但从人的理性出发，每个人都受到引诱招供而让其他人承担后果，然而，这一符合个人理性的后果却导致了明显的不合集体理性的后果。"囚徒困境"对策适合于模拟各类冲突问题，如核裁军会谈、劳资双方的工资谈判等。

囚徒困境模型深刻地揭示了社会和经济生活中的一种普遍情形，即"个人理性"与"集体理性"的矛盾，这就是"困境"。

7. 占优策略（dominant strategy）

答：占优策略指无论其他参与者选择什么策略，对一个参与者都为最优的策略。在一些特殊的博弈中，一个参与人的最优策略可能并不依赖于其他参与人的策略选择，就是说，不论其他参与人选择什么策略，他的最优策略是唯一的，这样的最优策略即为占优策略。占优策略是一种纳什均衡。占优策略若存在，只存在唯一均衡，而纳什均衡可能存在多重解。

二、复习题

1. 如果一群卖者可以组成一个卡特尔，它们将试图设定怎样的产量和价格？

答：如果一群卖者可以形成一个卡特尔，它们将按照市场垄断者制定价格和产量的原则制定价格和产量，即产量为边际收益等于边际成本时的产量，而价格则为此产量在需求曲线上对应的价格。

卡特尔的主要任务是确定价格和瓜分市场。关于价格的确定：首先由几家厂商组成一个卡特尔，进而产生一个管理并确定一个统一的产品销售或服务价格，由此形成垄断价格。关于市场的划分：通过内部谈判与协商，将卡特尔的总产量或总销售量按一定比例分配给各成员厂商，最终完成对市场的瓜分。

2. 比较寡头与垄断的产量与价格。

答：如果寡头们可以联合起来统一行动的话，寡头与垄断的产量和价格相等。几家寡头厂商如果组成一个卡特尔，进而产生一个管理并确定一个统一的产品销售或服务价格，由此可以形成垄断价格。这种情况下，市场上的产量为边际收益等于边际成本时的产量，而价格则为此产量在需求曲线上对应的价格，即寡头市场上的产量和价格同垄断市场是一样的。此种情况下寡头市场与垄断市场的效率是一样。

如果寡头企业不相互勾结，而个别选择利润最大化的产量，则它们的产量大于垄断的产量水平，小于竞争的产量水平。寡头价格低于垄断价格，高于竞争价格。这种情况下寡头市场的效率高于垄断市场。

3. 比较寡头与竞争市场的产量与价格。

答：寡头厂商的产量低于竞争市场的产量，价格高于竞争市场的价格。具体分析如下。

（1）竞争市场上，市场价格是一条水平的直线，而在企业处于长期均衡状态时，企业的边际收益和平均收益都等于市场价格，所以，企业提供的生产产量恰好处于平均成本的最低点。这就是说，当提供该产量时，企业在现有的生产规模中选择了成本最低的一个。所以，完全竞争市场的生产在技术上是最优的，因为企业利用现有技术提供了最低的生产成本。

（2）在不完全竞争条件下，厂商的需求曲线是向右下方倾斜的。厂商的垄断程度越高，需求曲线越陡峭；垄断程度越低，需求曲线越平坦。在垄断市场上，厂商在长期内获得利润，所以在垄断厂商的长期均衡时，向右下方倾斜的、相对比较陡峭的需求曲线与 LAC 曲线相交，产品的均衡价格最高，且大于生产的平均成本，产品的均衡数量最低。在寡头市场上，厂商的需求曲线不太确定，一般认为，寡头市场是与垄断市场比较接近的市场组织，在长期均衡时,寡头厂商的产品的均衡价格比较高,高于竞争市场的价格;产品的均衡数量比较低,低于竞争市场的产量。

4. 一个寡头市场上的企业数量如何影响市场结果?

答:一个寡头市场上的企业数量对市场结果的影响是:随着寡头市场上企业数量增加,寡头市场就越接近于竞争市场;价格越接近于边际成本,寡头市场的产量越接近于竞争市场上有效率的产量水平。

(1) 如果寡头行业内的单个厂商可以获得利润,则会吸引其他新的厂商加入到该行业的生产中来。随着新厂商的加入,行业的厂商数目增加,整个行业的供给就会增加,市场价格就会下降,这会使得市场价格越来越接近于边际成本。另一方面,寡头市场的产量也会增加,从而越来越接近于竞争市场上有效率的产量水平。

(2) 相反,一个寡头市场上的企业数量越少,行业的垄断程度越高。如果仅有的几个寡头厂商组成一个卡特尔,就会像一个垄断厂商那样行事,按照利润最大化原则确定产量和价格,则市场上的产量和价格水平会接近于垄断市场,即产量远远低于竞争市场的水平,而价格远远高于竞争市场的水平。

5. 什么是囚徒困境?它与寡头有什么关系?

答:(1) 囚徒困境的含义参见"概念题"第6题。

(2) 囚徒困境与寡头的关系

在一次性静态博弈的情况下,寡头市场上结成共谋的每个寡头都面临着囚徒困境:每个寡头出自个人理性的占优策略选择却导致了从整体而言的最坏的结局,即在占优策略均衡中不仅总体利益下降,而且个人利益也是下降的。造成这一结局的原因很清楚:一方面,在达成合作协议以后,每个寡头厂商出于对自己利益的考虑,都有一种采取机会主义行为的冲动,即单方面偷偷独自采取不合作的策略,以获得更大的利益。例如,当合作协议规定各寡头厂商共同维持一个较高的市场价格水平时,每个厂商都会有一种利己的冲动去单方面偷偷降低自己产品的销售价格,以期获得更大的市场份额和销售收入。当每个寡头厂商都这样想并且这样做之后,整个市场的价格水平就会下降,寡头们的合作协议便被撕毁,最后,每个寡头都落到了最差的结局。另一方面,需要指出的是,在一次性博弈中,任何厂商的违约和欺骗行为都不会受到惩罚。因为,当每个厂商完成一次性的策略选择(包括违约和欺骗的策略选择)以后,整个博弈也就永远地结束了,即没有后续的博弈来对已经发生的违约和欺骗行为进行惩罚。正因为如此,寡头厂商之间的共谋不稳定性是不可避免的,或者说,一次性博弈的囚徒困境的不合作是必然的。

6. 举出寡头之外的两个例子,说明囚徒困境如何有助于解释行为。

答:囚徒困境指两个被捕获的囚犯之间的一种特殊"博弈",说明为什么甚至在合作对双方有利时,保持合作也是困难的。除寡头之外,军备竞赛和做广告也是囚徒困境的例子。

(1) 军备竞赛

第二次世界大战时美国和苏联企图通过军备控制谈判和协议来解决军备竞赛问题。两国面临的问题和寡头在力图维持卡特尔中遇到的问题是相似的。正如寡头争论产量水平一样,美国和苏联争论允许各国保留的军备数量,而且也像卡特尔在执行生产量时遇到的麻烦一样,美国和苏联各自都担心另一国会违背协议。在军备竞赛和寡头的情况下,利己无情的逻辑使参与者得到各方状况均变坏的不合作结果。囚徒困境如图17-1所示。

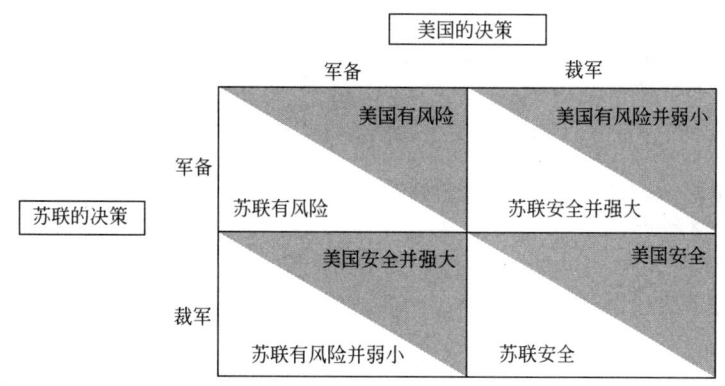

图17-1 军备竞赛的囚徒困境

（2）做广告

当两个企业用广告来吸引相同的顾客时，它们面临与囚徒困境类似的问题。例如，考虑两家烟草公司——万宝路与骆驼面临的决策。如果两家公司都不做广告，它们瓜分市场。如果两家公司都做广告，它们仍然瓜分市场，但利润减少了，因为每家公司都要承担广告费用。但如果一家公司做广告而另一家不做，做广告的一家就把另一家的顾客吸引走了。

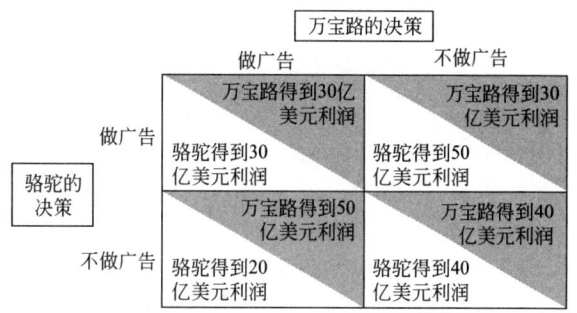

图17-2 做广告的囚徒困境

因此，尽管两家企业都不做广告时状况会更好，但两家都选择了做广告。囚徒困境如图17-2所示。

7. 反托拉斯法禁止哪些类型的行为？

答：反托拉斯法禁止企业企图垄断市场的行为。

（1）反托拉斯法是国际间或涉外经济活动中，用以控制垄断活动的立法、行政规章、司法判例以及国际条约的总称。从广义讲，垄断活动同限制性商业惯例（"限制"指限制竞争）、卡特尔行为以及托拉斯活动含义相当；从狭义讲，国际间的限制性商业惯例指在经济活动中，企业为牟取高额利润而进行的合并、接管（狭义的垄断活动）或勾结起来进行串通投标、操纵价格、划分市场等不正当的经营活动（狭义的限制性商业惯例）。国际反托拉斯法是同上述跨国垄断活动进行斗争的法律手段。

（2）当企业间的兼并使任何一个企业对市场有较大控制能力时，政府将采用反托拉斯法进行限制。反托拉斯法禁止寡头之间相互勾结以减少市场竞争的行为。

三、快速单选

1. 寡头市场的关键特征是（　　）。

a. 每个企业都生产与其他企业不同的产品

b. 一个企业选择市场需求曲线上的某一点

c. 每个企业都把市场价格作为既定的

d. 少数企业按策略行事

【答案】d

【解析】由于寡头市场只有几个卖者,因此,寡头的关键特征是合作与利己之间的冲突。寡头集团合作起来并像一个垄断者那样行事:生产少量产品并收取高于边际成本的价格,情况会最好。但由于每个寡头只关心自己的利润,因此有一种强大的激励在起作用,使得企业集团很难维持合作的结果。少数企业按策略行事。

2. 如果一个寡头行业把自己组成一个合作性卡特尔,它生产的产量将(　　)竞争水平,并(　　)垄断水平。

  a. 低于,高于　　　　　　　　　　　b. 高于,低于

  c. 低于,等于　　　　　　　　　　　d. 等于,高于

【答案】c

【解析】一旦形成了卡特尔,市场实际上就是由一个垄断者提供服务,垄断者将生产利润最大化的产量并收取这种价格,这个产量水平低于完全竞争水平的产量,并等于垄断水平。

3. 如果一个寡头不进行合作,而且每个企业都选择自己的产量,那么,这个行业生产的产量将(　　)竞争水平,并(　　)垄断水平。

  a. 低于,高于　　　　　　　　　　　b. 高于,低于

  c. 低于,等于　　　　　　　　　　　d. 等于,高于

【答案】a

【解析】当寡头企业单独地选择利润最大化的产量时,它们生产的产量大于垄断但小于竞争的产量水平。寡头价格低于垄断价格,但高于竞争价格,实际上,他们达到的是某种纳什均衡。

4. 当一个寡头行业的企业数量越来越多时,所达到的产量水平将(　　)竞争水平,并(　　)垄断水平。

  a. 低于,高于　　　　　　　　　　　b. 高于,低于

  c. 低于,等于　　　　　　　　　　　d. 等于,高于

【答案】d

【解析】一个大的寡头市场本质上是一个竞争企业集团,竞争企业在决定生产多少时只考虑产量效应,因为竞争企业是价格接受者,不存在价格效应。因此,随着寡头市场上卖者数量增加,寡头市场就越来越像竞争市场。达到的产量水平将接近甚至等于竞争水平,并高于垄断水平。

5. 囚徒困境是两个人的博弈,说明了(　　)。

  a. 合作的结果对两个人来说可能比纳什均衡还坏

  b. 即使合作的结果对一个人来说比纳什均衡好,对另一个来说可能会更坏

  c. 即使合作比纳什均衡好,每个囚徒也会有不合作的激励

  d. 理性、利己的人会自然而然地回避纳什均衡,因为这对他们都不好

【答案】c

【解析】囚徒困境是两个被捕的囚徒之间的一种特殊"博弈",说明为什么甚至在合作对双方都有利时,保持合作也是困难的。

6. 反托拉斯法的目的是(　　)。

  a. 促进寡头行业中企业之间的合作　　　b. 鼓励合并以利用规模经济

  c. 不鼓励企业把生产设备迁至海外　　　d. 阻止企业以减少竞争的方式行事

【答案】d

【解析】决策者用反托拉斯法来防止引起过多的市场势力集中在任何单个企业中的合并。此外，这些法律也用于防止寡头以一种使自己的市场不太具竞争性的方式共同行事。

四、问题与应用

1. 全世界大部分的钻石供给来自俄罗斯和南非。假设采集每块钻石的边际成本是1000美元，而且，钻石的需求如下表所示：

价格(美元)	数量(块)	价格(美元)	数量(块)
8000	5000	7000	6000
6000	7000	5000	8000
4000	9000	3000	10 000
2000	11 000	1000	12 000

a. 如果有许多钻石供给者，价格和数量会是多少？

b. 如果只有一个钻石供给者，价格和数量会是多少？

c. 如果俄罗斯和南非形成一个卡特尔，价格和数量会是多少？如果这两个国家平分市场，南非的产量和利润会是多少？如果南非产量增加1000块，而俄罗斯遵守卡特尔协议，南非的利润会有什么变化？

d. 用你对c的答案解释为什么卡特尔协议往往是不成功的。

答：a. 如果有许多钻石供给者，钻石的价格等于边际成本1000美元，数量为12 000块。

b. 如果只有一个钻石供给者，那么钻石的边际成本等于边际收益。边际收益构成如表17-2所示。

表17-2 总收益与边际收益

价格(千美元)	产量(千块)	总收益(百万美元)	边际收益(百万美元)
8	5	40	—
7	6	42	2
6	7	42	0
5	8	40	−2
4	9	36	−4
3	10	30	−6
2	11	22	−8
1	12	12	−10

每块钻石的边际成本是1000美元。当价格为7000美元，产量是6000时，垄断者获得最大化利润。再增加产量将会使边际收益小于边际成本。

c. 如果俄罗斯和南非形成一个卡特尔，则其价格和产量将形成垄断。即价格为7000美元，产量是6000，相当于市场上只有一个钻石供给者。如果这两个国家平分市场，总收入是42 000 000美元，成本为6 000 000美元，总利润为36 000 000美元。南非的产量是3000块，利润应该是18 000 000美元。如果南非增产1000块，而俄罗斯坚持卡特尔协议，此时，市场供给量是7000块，市场价格是6000美元，南非的利润变为20 000 000美元。

d. 从问题c的答案可以看出，寡头之间总存在着类似于囚犯两难处境的博弈，每个寡头都有自己的占优策略。出于利己的动机，寡头往往会选择自己的占优策略，从而使卡特尔协议难以维持。例如上述钻石卡特尔，南非将俄罗斯的决策看作是既定的，如果它单方面增产就会使自己的利润增加。出于利己，南非有违反卡特尔协议的激励。同样，俄罗斯也有这样的激励。

2.《纽约时报》（1993 年 11 月 30 日）报道："OPEC 上周不能就减少生产达成一致而使石油市场陷入混乱……（并导致了）国内原油价格下降到自 1990 年 6 月以来的最低水平。"

a. 为什么 OPEC 成员国力图对减产达成一致？

b. 你认为为什么 OPEC 不能就减产达成一致？为什么因此石油市场陷入了"混乱"？

c. 该报提到 OPEC 认为"该组织以外的产油国，如挪威和英国，也应该和我们共同行动并减产"。"和我们共同行动"这句话表明 OPEC 希望与挪威和英国形成一种什么样的关系？

答：a. OPEC 成员都是国际石油市场的寡头。如果它们能在减产问题上达成有效协议，世界石油供应量将大幅下降，世界原油价格将大幅上涨，使整个 OPEC 组织的利润达到最大。

b. OPEC 不能就减产达成一致协议，是因为 OPEC 成员国之间存在着类似于囚犯两难困境的博弈，每个成员国的利己行为使它们无法维持这种符合它们共同利益的合作。

石油市场陷入了"混乱"是指由于产量增加、石油价格下降，OPEC 成员国之间不能就减产达成协议，各个成员国主要是自主决定石油产量，这就会导致产量增加。又因为世界石油市场相当富有竞争性，所以产量增加会使石油价格大幅度下降。于是，产油国之间产生了价格竞争的"混乱"。

c. "和我们共同行动"这句话表明 OPEC 希望与挪威和英国有一种合意的关系。这种合意的关系是指：希望英国和挪威加入到石油减产的行列中来，以使世界油价进一步上涨，给产油国带来更多的利润。

3. 本章讨论了在其销售物品的市场上是寡头的公司。许多同样的思想适用于在其购买投入品的市场上是寡头的公司。

a. 如果作为寡头的卖者力图提高它们销售的物品的价格，那么作为寡头的买者的目标是什么？

b. 棒球大联盟的老板在棒球运动员市场上是寡头。这些老板考虑运动员薪水时的目标是什么？为什么这种目标难以达到？

c. 棒球运动员在 1994 年举行罢工是因为他们不愿接受老板想实行的薪水上限。如果这些老板已经就薪水进行了勾结，为什么他们还认为需要薪水上限？

答：a. 作为寡头的买者的目的是联合起来，共同压低所要购买的物品的价格。

b. 这些老板考虑运动员薪水时的目标是在可能的条件下尽量少付薪水。这种目的难以达到的主要原因是作为寡头的老板们之间也存在着囚犯两难困境的博弈。如果一家棒球俱乐部的老板私下违反了限制球员薪水的卡特尔协议，许多好球员就愿意到这家俱乐部来。同时，该俱乐部原有的球员会更加努力地比赛。出于利己的动机，棒球联盟老板的卡特尔协议很难维持。

c. 薪水上限实际上就是老板们进行薪水勾结的公开协议。这种公开协议有利于防止违反勾结的行为。

4. 考虑美国和墨西哥之间的贸易关系。假定两国领导人认为不同贸易政策的结果如下：

a. 美国的占优策略是什么？墨西哥的呢？解释原因。

b. 定义纳什均衡。贸易政策的纳什均衡是什么？

c. 1993 年美国国会通过了《北美自由贸易协定》。根据这个协定，美国和墨西哥一致同意同时降低关税。上表给出的结果能证明这种贸易政策方法正确吗？解释原因。

d. 根据你对贸易好处的了解（第 3 章和第 9 章讨论的），你认为上表给出的支付实际上反映了一国在这四种可能结果下的福利了吗？

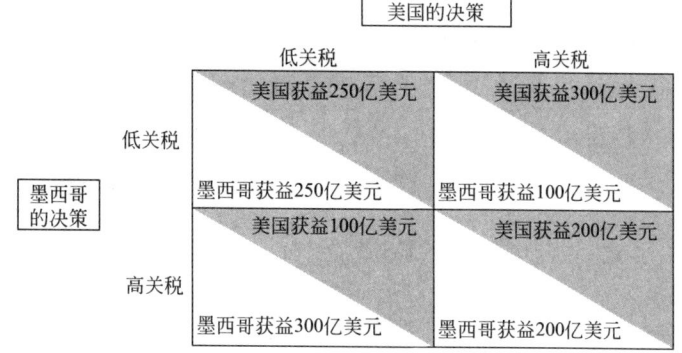

图 17-3　美国和墨西哥的占优策略

答：a. 美国和墨西哥的占优策略都是实行高关税。以美国为例，美国假设：本国实行高关税，如果墨西哥实行低关税，本国可以得到 300 亿美元的收益，高于低关税时的 250 亿美元；如果墨西哥实行高关税，本国可以得到 200 亿美元的收益而不是低关税时的 100 亿美元。所以无论墨西哥怎么做，美国实行高关税都会更好一些。对于墨西哥来讲，也可以这样考虑。

b. 纳什均衡是相互作用的经济主体在假定所有其他主体所选战略为既定的情况下，选择自己最优战略的状态。贸易政策的纳什均衡是美国和墨西哥都实行高关税。

c. 根据图 17-3 看到的结果，这种贸易政策方法正确，因为共同的低关税使两国的贸易总剩余最大化。

d. 如图 17-3 所示，支付表中左上角和右下角这两种结果反映了一国的福利，因为贸易可以使双方获益，而关税是贸易的障碍。支付表中右上角和左下角部分不能反映一国的福利，因为一项关税有损于国内的消费者，而有利于国内的生产者，但是总剩余会下降，正如第 9 章中分析的那样。所以用支付表中左上角和右下角部分反映两国的福利情况更为精确，因为任何一国实行高关税都会降低本国的福利，而不管另一国是否实行高关税。

5. Synergy 和 Dynaco 是某高科技行业仅有的两家企业，当它们在决定研究预算为多大规模时面临着以下结果矩阵：

a. Synergy 有占优策略吗？解释原因。
b. Dynaco 有占优策略吗？解释原因。
c. 这种情况下存在纳什均衡吗？解释原因。（提示：再认真阅读纳什均衡的定义。）

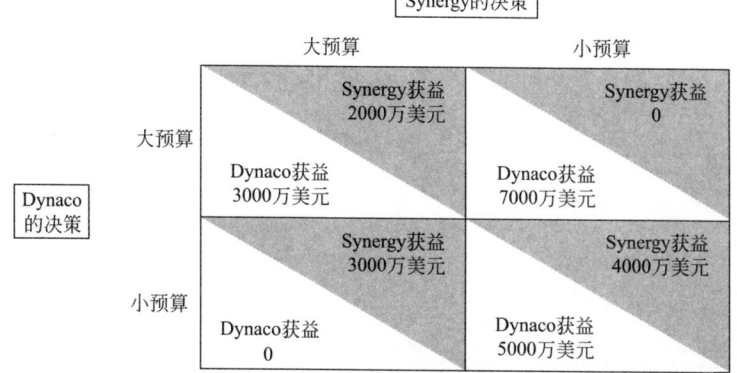

答：a. Synergy 没有占优策略。其原因是：如果 Synergy 认为 Dynaco 会采取大预算，则它将采取大预算，获益 2000 万美元；但是如果 Synergy 认为 Dynaco 会采取小预算，则它将采取小预算，会比采取大预算多获益 1000 万美元。因此，Synergy 不存在占优策略。

b. Dynaco 存在占优策略。其原因是：如果 Dynaco 认为 Synergy 会采取大预算，则它将采取大预算，获取 3000 万美元；但是如果 Dynaco 认为 Synergy 会采取小预算，则它也将采取大预算，会比采取小预算多获益 2000 万美元。因此，大预算是 Dynaco 的一个占优策略。

c. 在大预算是 Dynaco 的一个占优策略的情况下，纳什均衡是：两家企业都选择大预算。其原因是：大预算是 Dynaco 一个占优策略，因此，无论 Synergy 选择什么，Dynaco 肯定会选择大预算；在 Dynaco 选择大预算的情况下，Synergy 的最优策略也是大预算。

6. 假设你和你的同学被分配到一个项目组，你们将根据该项目得到一个共同的分数。你们每个人都想得到一个好成绩，但你们还想尽量少干点活。具体情况如下：

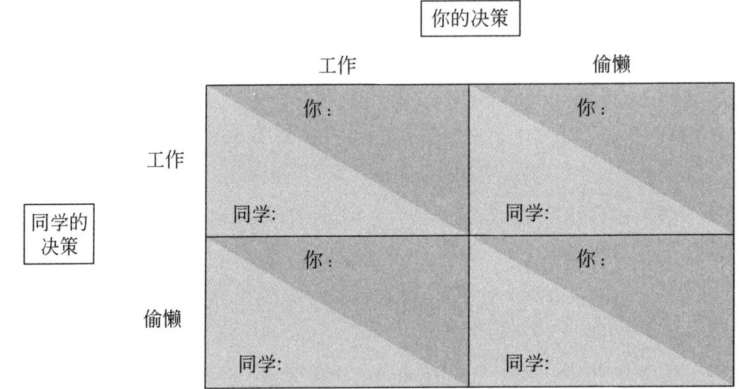

- 如果你们俩都努力工作，就都得 A，这给你们俩每人带来 40 单位快乐。
- 如果你们俩只有一个人努力工作，就都得 B，这给你们俩每人带来 30 单位快乐。
- 如果你们俩都不努力工作，就都得 D，这给你们俩每人带来 10 单位快乐。
- 努力工作的代价是 25 单位快乐。

a. 在决策方框中填写结果。

b. 最可能的结果是什么？解释你的答案。

c. 如果你把这位同学作为你一年中一系列项目的合作者，而不只是一次的合作者，你预期 b 的结果会有什么改变？

d. 你的另一位同学更关心好成绩：他从 B 中得到 50 单位快乐，而从 A 中得到 80 单位快乐。如果这位同学是你的合作者（但你的偏好不变），你对 a 和 b 的答案会有什么改变？你希望这两位同学中的哪一位成为你的合作者？他也希望将你作为他的合作者吗？

答：a. 如表 17-3 所示。

表 17-3　决策方框

项目		我的决策	
		工作	偷懒
同学的决策	工作	我得 15 单位快乐 同学得 15 单位快乐	我得 30 单位快乐 同学得 5 单位快乐
	偷懒	我得 5 单位快乐 同学得 30 单位快乐	我得 10 单位快乐 同学得 10 单位快乐

b. 最可能的结果是偷懒。如果我同学工作，我最好偷懒，因为我可以得到 30 单位快乐而不是 15 单位快乐；如果我同学偷懒，对我来说最好也偷懒，因为我可以得到 10 单位快乐而不是 5 单位快乐。因此，我的占优策略就是偷懒。我同学也面临同样的支付，因此他也会选择偷懒。

c. 如果与这位同学是一系列项目的合作者，那么我们就都有更大的激励去努力工作，双方的状况会更好。在重复博弈中，更可能选择合作。

d. 新的决策方框如表 17-4 所示。

表 17-4　决策方框

项目		我的决策	
		工作	偷懒
同学的决策	工作	我得 15 单位快乐 同学得 55 单位快乐	我得 30 单位快乐 同学得 25 单位快乐
	偷懒	我得 5 单位快乐 同学得 50 单位快乐	我得 10 单位快乐 同学得 10 单位快乐

这位新同学的占优策略是工作。因此，纳什均衡是我选择偷懒，他选择工作。这时我能够得到 B，而更希望这位新同学成为合作者。但是他希望其合作者的占优策略也是工作，这样他就能够得到 A。

7. 本章的案例研究描述了美洲航空公司和布拉尼夫航空公司总裁的一段电话交谈。我们来分析这两家公司之间的博弈。假设每家公司可以对机票收取高价格，也可以收取低价格。如果一家公司收取 300 美元，而另一家公司也收取 300 美元时，它就赚到低利润，如果另一家公司收取 600 美元，它就赚到高利润。另一方面，如果一家公司收取 600 美元，而另一家公司收取 300 美元，它赚到极低的利润，如果另一家公司也收取 600 美元，它赚到中等的利润。

a. 画出这个博弈的决策方框。
b. 这个博弈中的纳什均衡是什么？解释答案。
c. 对两家航空公司来说，有比纳什均衡更好的结果吗？如何达到这种结果？如果达到的话，谁将蒙受损失？

答：a. 见表 17-5。

表 17-5　机票价格博弈的决策方框

		美洲航空公司	
		高价格	低价格
布拉尼夫航空公司	高价格	• 两家航空公司都赚得适当的利润	• 美洲航空公司得高利润 • 布拉尼夫航空公司得极低利润
	低价格	• 美洲航空公司得极低利润 • 布拉尼夫航空公司得高利润	• 两家航空公司都赚得低利润

b. 这个例子中的纳什均衡是两家航空公司都卖低价格的机票。以美洲航空为例，它假定布拉尼夫航空公司采取高票价，则美洲航空公司采用低票价会获得高利润；如果布拉尼夫

航空公司也实行低票价，则美洲航空公司可以得到低利润而不是极低利润。所以，采取低票价是美洲航空公司的占优策略，对布拉尼夫航空来说也是如此。

c. 对两家航空公司来说，比纳什均衡更好的结局是双方都实行高价格机票。这样，两家航空公司都可以得到适当的利润。要达成这种结局，需要两家航空公司相互合作，订立同时采取高价格的协议，并严格执行。如果达到这种结局，乘坐飞机的消费者将受到损失，消费者必须为乘飞机支付更高的价格。

8. 两名能力相同的运动员竞争 1 万美元的奖金。每个人都要决定是否使用一种危险的提高成绩的药物。如果一个运动员用了这种药，而另一个人没用，那么，用了药的运动员将获得奖金。如果两个运动员都用药或都不用药，他们就平局并平分奖金。用药给健康带来的风险相当于损失 x 美元。

a. 画出一个 2×2 的支付矩阵，以描述两名运动员面临的决策。
b. x 为多少时，服用药物将是纳什均衡？
c. 如果服用药物的安全性提高（即降低 x），运动员的状况将变好还是变糟？解释原因。

答：a. 假设两名运动员分别为 A、B，根据题意可得两名运动员面临的决策如下：

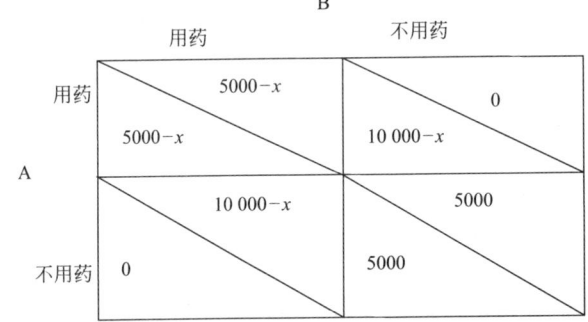

b. 若服用药物是纳什均衡，则在假定另一位运动员选择决策既定的情况下，选择用药是最优策略，即 $5000-x>0$ 且 $10000-x>5000$，解得 $x<5000$ 美元。因此当 $x<5000$ 美元时，服用药物将是纳什均衡。

c. 如果服用药物的安全性提高（即降低 x），则服用药物的可能性也将提高，因为 x 的降低增加了每位运动员报酬。

9. Little Kona 是一家小咖啡公司，正在考虑进入由 Big Brew 控制的市场。每家公司的利润取决于 Little Kona 是否进入以及 Big Brew 设定高价格还是低价格。

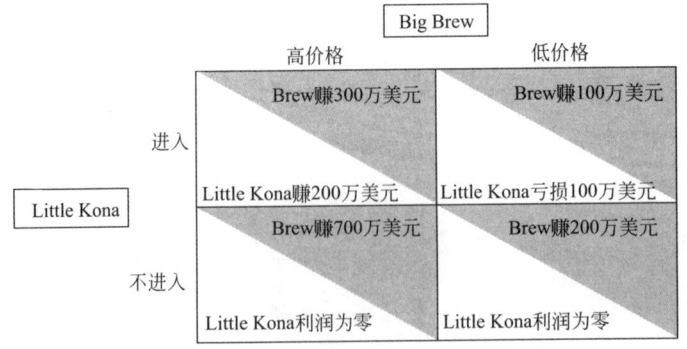

图 17-4　每家公司的利润

a. 这个博弈的两个参与者谁有占优策略？

b. 你对 a 的回答有助于你理解另一个参与者会怎么做吗？本例中的纳什均衡是什么？它是唯一的吗？

c. Big Brew 威胁 Little Kona 说："如果你进入，我们将设定低价格，因此，你最好不要进入。"你认为 Little Kona 应该相信这种威胁吗？为什么？

d. 如果这两个企业可以勾结并就如何瓜分总利润达成协议，你预期结果会是什么？

答：a. 如果 Little Kona 选择进入，则 Big Brew 将设定高价格；如果 Little Kona 选择不进入，则 Big Brew 也将设定高价格。因此，高价格是 Big Brew 的一个占优策略。如果 Big Brew 设定高价格，则 Little Kona 将选择进入；如果 Big Brew 设定低价格，则 Little Kona 将选择不进入。因此，Little Kona 没有占优策略。

b. 由 a 可知，无论 Little Kona 采取何种策略，Big Brew 都会采取其占优策略，即设定高价格。在这种情况下，Little Kona 的最优反应是选择进入。因此，该博弈有唯一的纳什均衡，即 Little Kona 选择进入，Big Brew 设定高价格。

c. 从 Little Kona 和 Big Brew 的决策来看，Little Kona 不应该相信这种威胁。因为对 Big Brew 来说，实行高价格是它的占优战略。当 Big Brew 实行高价格时，如果 Little Kona 不进入，Big Brew 可以赚 700 万美元，而不是低价格时的 200 万美元；如果 Little Kona 进入，Big Brew 可以赚 300 万美元，而不是低价格时的 100 万美元。无论 Little Kona 进入与否，实行高价格对 Big Brew 来说都会比较有利。

Little Kona 应该选择进入。既然它可以相信 Big Brew 不会实现威胁，那么，进入该市场对 LittleKona 来说是有利可图的。

d. 如果这两个企业可以勾结并就如何瓜分总利润达成协议，Big Brew 将设定高价格，Little Kona 选择不进入，然后他们分配赚到的 700 万美元。

名校考研真题详解

1. 假设在某市场中只有企业 1 和企业 2 生产产品 A。对产品 A 的反需求曲线为 $P=70-Q_1-Q_2$。企业 1 和企业 2 的市场竞争模式符合古诺模型，即企业 1 和 2 同时选择生产一定数量的产品 A 来瓜分整个市场。假设两个企业的边际成本均为每单位 10 元，并且没有固定成本。

（1）请写出企业 1 和 2 的反应函数，并用图表示出来。图的纵轴为产量，横轴为价格。

（2）请分别计算出该市场在均衡时的价格，产量（消费量），企业 1 和 2 的均衡利润。[人大 2011 研]

解：（1）由于两个企业是边际成本恒为常数，且无固定成本，则有 $AC=MC=10$。因此，企业 1 的利润函数为：

$$\pi_1 = PQ_1 - TC = (70-Q_1-Q_2)Q_1 - 10Q_1 = -Q_1^2 + (60-Q_2)Q_1$$

企业 1 利润最大化的一阶条件为 $\dfrac{\delta \pi_1}{\delta Q_1} = -2Q_1 + 60 - Q_2 = 0$，从而企业 1 的反应函数为：

$$Q_1 = 30 - 0.5 Q_2$$

用产品价格 $P=70-Q_1-Q_2$ 来表示，则 $Q_1=30-0.5(70-Q_1-P)$，即：$Q_1=-10+P$。

企业 2 的利润函数为 $\pi_2 = PQ_2 - TC = -Q_2^2 + (60-Q_1)Q_2$，同理可得企业 2 的反应函

数为：
$$Q_2=30-0.5Q_1$$

用产品价格 $P=70-Q_1-Q_2$ 来表示，企业 2 的反应函数可化为：$Q_2=80-2P$。

因此，企业 1 和企业 2 的反应函数如图 17-5 所示。

（2）联立企业 1 和企业 2 的反应函数：
$$\begin{cases} Q_1=30-0.5Q_2 \\ Q_2=30-0.5Q_1 \end{cases}$$

解得：$Q_1=Q_2=20$，则 $Q=Q_1+Q_2=40$，$P=70-Q_1-Q_2=30$。

企业 1 的均衡利润为：$\pi_1=-Q_1^2+(60-Q_2)Q_1=400$；

企业 2 的均衡利润为：$\pi_2=-Q_2^2+(60-Q_1)Q_2=400$。

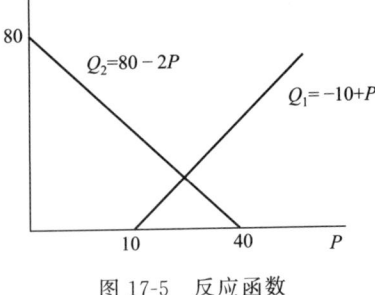

图 17-5　反应函数

2．什么是纳什均衡？请用收益矩阵的形式举出纳什均衡的几个例子：

（1）一个纳什均衡，且是有效率的；

（2）一个纳什均衡，但是无效率的（囚徒困境）；

（3）两个纳什均衡，其中一个有效率，一个没有效率；

（4）两个纳什均衡，在帕累托效率上没有优劣之分。

（如果你能用代数完整描述纳什均衡在经济学中的某一种运用，也可以）〔武汉大学 2010 研〕

答：纳什均衡又称为非合作均衡，纳什均衡是指这样一种策略集，在这一策略集中，每一个博弈者都确信，在给定竞争对手策略的情况下，他选择了最好的策略。纳什均衡是由所有参与人的最优战略所组成的一个战略组合，也就是说，给定其他人的战略，任何个人都没有积极性去选择其他战略，从而没有人有积极性去打破这个均衡。

在同时博弈中，纯策略的纳什均衡可能存在，也可能不存在；在纳什均衡存在的情况下，它既可能是唯一的，也可能不唯一；它既可能是最优的，也可能不是最优的。

（1）如表 17-6 所示。存在一个纳什均衡解（合作，合作），且是有效率的。

表 17-6　一个有效率的纳什均衡的情形

项目		乙的策略	
		合作	不合作
甲的策略	合作	9，8	1，4
	不合作	8，2	2，1

（2）如表 17-7 所示，存在一个纳什均衡（不合作，不合作），而且收益之和小于（合作，合作）对应的支付矩阵，因此是无效率的。

表 17-7　囚徒困境

项目		乙的策略	
		合作	不合作
甲的策略	合作	7，8	1，4
	不合作	9，2	2，3

（3）如表 17-8 所示。存在两个纳什均衡解，（合作，合作）有效率，（不合作，不合作）

无效率。

表 17-8 两种纳什均衡的情形

项目		乙的策略	
		合作	不合作
甲的策略	合作	9,8	1,4
	不合作	8,2	2,3

（4）如表 17-9 所示。存在两个纳什均衡（看电影，看电影），（看球赛，看球赛），两种情况下的收益总和都为 3，因而在帕累托效率上没有优劣之分。

表 17-9 性别战

项目		男	
		看电影	看球赛
女	看电影	2,1	−1,−1
	看球赛	0,0	1,2

3. 假设政府与流浪者之间存在如下社会福利博弈：

		流浪汉	
		寻找工作	游手好闲
政府	救济	(3,2)	(−1,3)
	不救济	(−1,1)	(0,0)

请分析下，在这场博弈中政府和流浪汉各自有没有优势策略均衡？有没有纳什均衡？在此基础上说明优势策略均衡和纳什均衡的区别和联系。[复旦大学 2012 研]

答：（1）从流浪汉的角度来看，如果政府选择"救济"，流浪汉的最佳策略是"游手好闲"；如果政府选择"不救济"，流浪汉的最佳策略是"寻找工作"。因此，流浪汉没有优势策略。从政府的角度来看，如果流浪汉选择"寻找工作"，政府的最佳策略是"救济"；如果流浪汉选择"游手好闲"，政府的最佳策略是"不救济"。因此，政府也没有优势策略。从而，这场博弈中没有优势策略均衡。如果流浪汉选择"寻找工作"，则政府会选择"救济"；反过来，如果政府选择"救济"，则流浪汉会选择"游手好闲"。因此，（救济，寻找工作）不是纳什均衡，同理，可以推断出其他三个策略组合也不是纳什均衡。所以，这场博弈中也没有纳什均衡。

（2）当博弈的所有参与者都不想改换策略时所达到的稳定状态称为均衡。无论其他参与者采取什么策略，该参与者的唯一最优策略就是他的优势策略。由博弈中所有参与者的优势策略所组成的均衡就是优势策略均衡。给定其他参与者策略条件下每个参与者所选择的最优策略所构成的策略组合则是纳什均衡。

优势策略均衡与纳什均衡的关系可以概括为：优势策略均衡一定是纳什均衡，纳什均衡不一定是优势策略均衡。

4. 某产品市场中存在很多的消费者，而生产该产品的企业只有两家，企业 A 和企业 B，这两家企业生产完全相同的产品，固定成本均为 0，企业 A 的边际成本为 10，企业 B 的边际成本为 14，已知该市场的需求函数为线性，且当价格 P 为 20 时，需求量 Q^D 为 100，需求价格弹性为 −0.2。

(1) 求该市场的需求函数。

(2) 如果两家企业进行古诺竞争，此时市场的均衡价格与均衡产出是多少？

(3) 如果企业 A 先做产出决策，在预测到企业 A 的决策之后，企业 B 再进行产出决策，此时市场的均衡价格与均衡产出是多少？两家企业的产出分别多少？[清华大学 2015 研]

解：(1) 设该市场的需求函数为 $P=a-bQ^D$，由"当价格 P 为 20 时，需求量 Q^D 为 100，需求价格弹性为 -0.2"，可得下列方程组：

$$\begin{cases} 20=a-b100 \\ e_p=\dfrac{dQ^D}{dP}\dfrac{P}{Q}=-\dfrac{1}{b}\times\dfrac{20}{100}=-0.2 \end{cases}$$

解得：$a=80$，$b=1$。因此该市场的需求函数为 $P=80-Q^D$。

(2) 若两家企业进行古诺竞争，则企业 A 的利润函数为

$$\pi_A=Pq_A-c(q_A)=(80-q_A-q_B)q_A-10q_A$$

其利润最大化的一阶条件为 $\dfrac{\partial \pi_A}{\partial q_A}=70-2q_A-q_B=0$，此为企业 A 的反应函数；

企业 B 的利润函数为

$$\pi_B=Pq_B-c(q_B)=(80-q_A-q_B)q_B-14q_B$$

其利润最大化的一阶条件为 $\dfrac{\partial \pi_B}{\partial q_B}=66-2q_B-q_A=0$，此为企业 B 的反应函数；

联立企业 A、B 的反应函数得：$q_A=\dfrac{74}{3}$，$q_B=\dfrac{62}{3}$；此时市场的均衡价格为 $P=\dfrac{104}{3}$，均衡产出为 $Q^D=\dfrac{136}{3}$。

(3) 如果企业 A 先做产出决策，则企业 A 为领导者，企业 B 为追随者，由（2）知 B 的反应函数为 $66-2q_B-q_A=0$，将其代入领导者 A 的利润函数可得

$$\pi_A=(80-q_A-q_B)q_A-10q_A=\left(80-q_A-\dfrac{66-q_A}{2}\right)q_A-10q_A=\left(47-\dfrac{1}{2}q_A\right)q_A-10q_A$$

其利润最大化的一阶条件为 $\dfrac{\partial \pi_A}{\partial q_A}=47-q_A-10=0$，解得：$q_A=37$；

代入 B 的反应函数得：$q_B=14.5$；

此时，市场的均衡产出为 $Q^D=51.5$，均衡价格为 $P=28.5$。

5. 中新网 2012 年 2 月 7 日报道，在中国第三届大学生艺术展演活动中央媒体见面会上，浙江省教育厅厅长刘希平再次表达了改革教育的决心。早在两年前，浙江省教育厅举办的课业减负相关会议上，刘希平就痛批"应试绑架了教育"，倡导开展教育减负的改革。2010 年 8 月，浙江省教育厅就减轻义务教育阶段中小学生过重课业负担下发通知，制定了"六个严格"和"六项制度"，对中小学课时、课程开设、规范考试、学生休息时间等都做了严格的规定。两年后，减负工作成效如何，刘希平感叹，顽疾难治，但决心不改，帮助孩子减负需要教育人持之以恒。"在减负的道路上，那么多年来我们可以说是屡战屡败、屡败屡战，但要改变应试教育的危害，减轻学生负担是必须要做的第一步，我们绝不可以退让。"

试运用博弈理论分析目前的应试教育现象。[暨南大学 2013 研]

答：目前我国的应试教育现象体现了博弈论中的"囚徒困境"理论。

(1) "囚徒困境"

囚徒困境指两个被捕获的囚徒之间的一种特殊"博弈"，说明为什么在合作对双方都有

利时，保持合作也是困难的。具体情况如下：两个囚徒被指控是同案犯。他们被分关在不同的牢房里且无法互通信息，各囚徒都被要求坦白罪行。如果两个囚徒都坦白，则各将被判入狱 5 年；如果两人都不坦白，则各将被判入狱 2 年；如果一方坦白另一方不坦白，则坦白方入狱 1 年，另一方入狱 10 年。下面的支付矩阵列明了两个囚徒选择的结果。

项目		囚徒 B	
		坦白	不坦白
囚徒 A	坦白	−5,−5	−1,−10
	不坦白	−10,−1	−2,−2

如果囚徒 A 不坦白，他就冒着被囚徒 B 利用的危险，因为不管囚徒 A 怎么选择，囚徒 B 坦白总是最优方案。同样，囚徒 A 坦白也总是最优方案。总之，可以看出，对囚徒个人而言，选择坦白总比不坦白收益高，但从两人的支付总和来看，双方都不坦白的收益是最高的。因此，囚徒困境揭示了社会和经济生活中的一种普遍情况，即"个人理性"与"集体理性"之间的矛盾。它意味着个人理性并不是实现集体理性的充分条件。

（2）目前应试教育现象中的"囚徒困境"

"囚徒困境"再现了我国教育体制中"减负"口号渐渐陷入应试教育中的情形。学校、学生、家长和社会都意识到"减负"势在必行，"减负"对于莘莘学子来说应该是一种最佳的策略选择，但事实上学生们却做出了弃"减"选增的选择。其原因可以用囚徒困境的原理加以解释。

下表是学生 A、学生 B 减负与应试教育的博弈矩阵，"增负"和"减负"是他们各自选择的策略，其中的数字表示的是在该策略下所获得的收益。

项目		学生 B	
		增负	减负
学生 A	增负	5,5	10,2
	减负	2,10	9,9

在这个博弈矩阵中出现了四种情形：（增负，增负），（增负，减负），（减负，增负），（减负，减负）。对于博弈方 A 来说，假设博弈方 B 选择"增负"，博弈方 A 也会选择"增负"，因为"增负"的得益 5 大于"减负"的得益 2；假设博弈方 B 选择"减负"，博弈方 A 出于自身利益的最大化，他依然会选择"增负"。因此，不论博弈方 B 采取何种策略，博弈方 A 都会选择"增负"。同样，博弈方 B 与博弈方 A 的情形一样。最终这个博弈的纳什均衡是（增负，增负）。

从整个社会的效益来看，（减负，减负）是最好的选择，但每个博弈方出于自身利益的最大化，为了保证自身收益的稳定性。对于学生来说，（减负，减负）只是一个理想的状态，在现实的教育及其考核制度下是不可能实现的，选择"减负"只会让他们放弃上名校的机会，拉大与他人的距离，而"增负"不过就是多写作业、多上课，但可以获得好的成绩并上好的学校才是他们对自己最负责、最好的选择；对于家长来说，选择"减负"会使自己的孩子远离名校，落后于应试教育的孩子；对于学校来说，"减负"也没有多大的现实意义，"减负"影响的不仅仅是学校的升学率，还有学校排名的下降；对于老师来说，"增负"使得学生获得好成绩的同时，也有奖金奖励及地位的提高。不论是学生、老师、家长、还是学校都不愿意承受较小收益的风险，会毫不犹豫的选择占优策略"增负"。

(3) 解决应试教育和减负"囚徒困境"的途径

如果社会、学校、家长和学生各方面共同努力，改变各方的博弈策略，可以得到一个新的博弈矩阵，从而摆脱减负中的"囚徒困境"现象。新的博弈矩阵如下：

项目		学生 B	
		增负	减负
学生 A	增负	3，3	2，6
	减负	6，2	10，10

在这个新的博弈矩阵里，利用划线法可以找到唯一的纳什均衡点，通过四种策略的收益比较发现此时的纳什均衡点达到了全社会的效益最大化，可以说是帕累托均衡状态。

具体而言社会各方应该从以下方面努力：

① 政府应该改革现有教育制度，逐步改变应试教育的教育体制。可通过实现奖惩激励制度和重点培养素质教育学校的方法来改变"增负""减负"博弈的结构，尤其是要改变目前小升初、中考和高考的应试模式。

② 学校应该实行多样化的考核方式，改进教学方法。学校应顺应素质教育的潮流，以考试成绩的衡量学生学习能力的标准是不可取的，考核制度要多样化，考试成绩是重要的标准，但不是唯一的标准，课堂表现、动手能力、组织能力等都应列为标准。照本宣科、布置繁重功课的传统教学方法也应改进，要注重课外知识的传授，学生能力的培养。

③ 家长转变现有的教育模式，转变教育思想，同时学生要实现自我意识的"减负"。

此外，采取分层推进战略、预先先期实施素质教育的学校的升学率、开展严格的素质教育评估、建立保障机制、提高个体理性行为、创新教育制度等都是走出囚徒困境的途径。多种途径的结合才能更有效地解决减负的囚徒困境。

第18章

生产要素市场

 知识结构导图

生产要素市场
- 劳动的需求
  - 竞争的、以利润最大化为目标的企业
  - 生产函数与劳动的边际产量
  - 边际产量值和劳动需求
  - 什么引起劳动需求曲线移动
- 劳动的供给
  - 工作与闲暇之间的权衡取舍
  - 什么引起劳动供给曲线移动
- 劳动市场的均衡
  - 劳动供给的移动
  - 劳动需求的移动
- 其他生产要素：土地和资本
  - 土地和资本市场的均衡
  - 生产要素之间的联系

 考点难点归纳

考点1　劳动的需求

（1）关于企业的两个假设

① 企业在产品市场和生产要素市场上都是竞争性的。

② 企业追求利润最大化。

（2）劳动的边际产量

劳动的边际产量指企业增加一单位劳动所引起的产量增加量。其他生产要素保持不变，劳动的边际产量递减。

（3）边际产量值和劳动需求

① 边际产量值（边际产品价值）

一种生产要素的边际产量值是企业增加该要素一个单位的投入导致其收入的增加，是使用该要素的边际收益，其值等于该要素的边际产量乘以产品的市场价格。

② 劳动需求的决定

要使利润最大化，企业应使其使用要素的边际收益与边际成本相等，此时，边际收益为该要素的边际产量值，边际成本为该要素价格。

于是，一个竞争性的、追求利润最大化的企业选择劳动量的决策原则是使劳动边际产量

值等于工资。因此，企业的劳动边际产量值曲线也是其劳动需求曲线，如图 18-1 所示。

（4）使劳动需求曲线移动的因素

① 产品价格。产品价格上升增加边际产量值，使劳动需求曲线向右移动。

② 技术变革。大多数技术进步增加劳动的边际产量，使劳动需求曲线向右移动。

③ 其他要素的供给。生产中与劳动同时使用的要素供给的增加提高了劳动的边际产量，使劳动需求曲线向右移动。

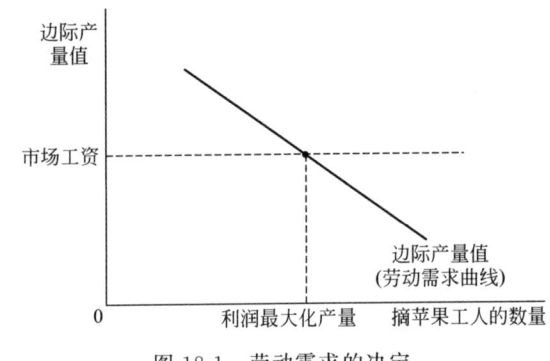

图 18-1 劳动需求的决定

【名师点读】

竞争性企业对劳动的需求属于基础性知识，考生需理解边际产量值（边际产品价值）的含义以及劳动需求的推导，并牢记劳动需求曲线的特征：竞争性企业对单一要素的需求曲线与该要素的边际产量值曲线重合。相关考研真题如下。

【简答题】比较说明"边际产品价值"与"边际收益产品"之间的异同。[南开大学 2012 研]

考点 2　劳动的供给

（1）劳动供给曲线

劳动供给曲线反映了工人根据机会成本的变动做出的劳动—闲暇决策。向右上方倾斜的劳动供给曲线意味着，工资上升使工人增加劳动供给量。但是，劳动供给曲线并不一定向右上方倾斜，向后弯曲的劳动供给曲线如图 18-2 所示。

当工资较低时，随着工资的上升，工人为较高的工资吸引将减少闲暇，增加劳动供给量。但是，工资上涨对劳动供给的吸引力是有限的。当工资涨到 w_1 时，工人的劳动供给量达到最大。此时如果继续增加工资，劳动供给量非但不会增加，反而会减少。于是劳动供给曲线从工资 w_1 处开始向后弯曲。

（2）使劳动供给曲线移动的因素

① 爱好（偏好）。

② 其他劳动市场上可得的机会。

③ 移民。

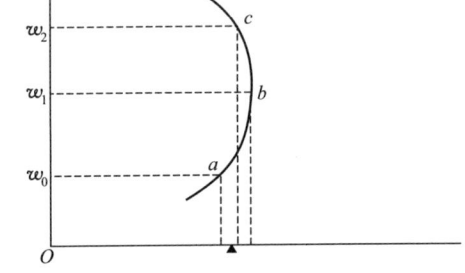

图 18-2 向后弯曲的劳动供给曲线

【名师点读】

考试中对劳动供给曲线的特点考查较多，且常以简答题的形式进行考查。尽管本教材中只涉及向右上方倾斜的劳动供给曲线，但仍建议考生结合第 21 章及其他材料重点掌握劳动供给曲线向后弯曲的原因分析。

考点 3　劳动市场的均衡

（1）劳动市场的均衡状态

劳动的均衡价格（工资）取决于供给与需求，如图 18-3 所示。

（2）劳动市场均衡时必然满足的条件

① 工资自发调整使劳动的供求平衡。

② 工资等于劳动的边际产量值，这意味着改变劳动供求的任何事件都必定使均衡工资和边际产量等量变动。

（3）劳动市场均衡的改变

当劳动供给或者劳动需求变化时，劳动市场的均衡工资和就业量也会随之改变，如表 18-1 所示。

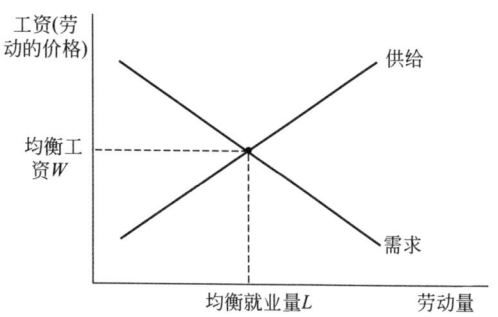

图 18-3　劳动市场的均衡

表 18-1　劳动市场均衡的改变

项目	劳动供给的移动(其他不变)		劳动需求的移动(其他不变)	
	右移	左移	右移	左移
均衡工资	减少	增加	增加	减少
均衡就业量	增加	减少	增加	减少

【名师点读】

劳动市场均衡状态的求解属于基础性知识，考生需牢固掌握。对于劳动供给曲线或需求曲线移动所导致的均衡状态改变的分析，不要死记硬背，画图分析即可。

考点 4　其他生产要素：土地和资本

（1）购买价格与租赁价格

购买价格：为了无限期地拥有某些生产要素而支付的价格。

租赁价格：为了在一个有限时期内使用某些生产要素而支付的价格。

（2）租赁价格的决定

工资即为劳动的租赁价格，因此，工资决定的理论也可以用于土地和资本租赁价格的决定。图 18-4 说明了土地租赁价格［如图 18-4(a) 所示］以及资本租赁价格［如图 18-4(b) 所示］的决定。此外，土地和资本的需求决定也与劳动的需求决定类似。

与劳动市场类似，供给和需求决定了对土地所有者支付的报酬［如图 18-4(a) 所示］和对资本所有者支付的报酬［如图 18-4(b) 所示］。每种要素的需求都取决于该要素的边际产量值，且只要使用生产要素的企业是竞争性的和追求利润最大化的，每种要素的均衡租赁价格就必须等于此时该要素的边际产量值。

（3）土地和资本的购买价格

土地和资本的租赁价格和购买价格是相关的：如果土地或资本能产生有价值的租赁收入流，买者就愿意花钱购买土地或资本。而且，任何一个时点的均衡租赁收入等于该要素的边际产量值。因此，一块土地或资本的均衡购买价格取决于当前的边际产量值以及预期未来会有的边际产量值。

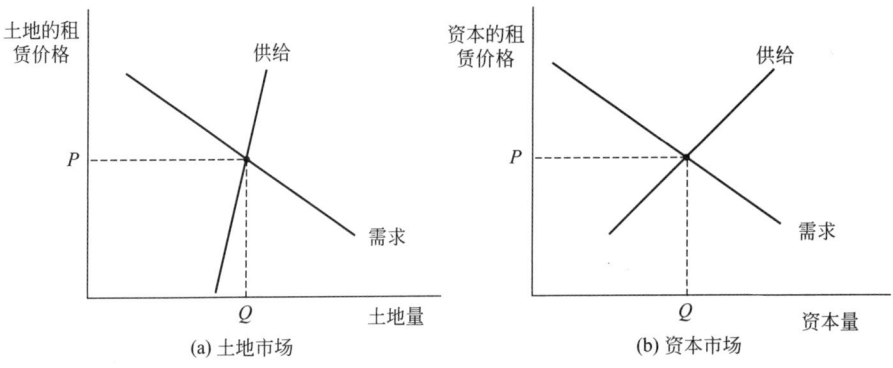

图18-4 土地和资本市场

【名师点读】

本考点属于次要知识点，考试中对此知识点的考查不多。总体而言，土地和资本市场的分析类似于劳动市场，考生应掌握其均衡状态的分析，并理解土地与资本购买价格与租赁价格的关系。

考点5 生产要素之间的联系

（1）支付给任何一种生产要素——劳动、土地或资本——的价格等于那种要素的边际产量值。任何一种要素的边际产量又取决于可以得到的那种要素的量。由于边际产量递减，一种供给充足的要素边际产量低，从而价格较低；而一种供给稀缺的要素边际产量高，价格也较高。因此，当某种要素供给减少时，其均衡要素价格上升。

（2）当某种要素的供给发生变化时，其影响并不局限于对该要素市场的影响。在大多数情况下，生产要素组合在一起使用，这就使得每种要素的生产率都取决于生产过程中使用的其他要素的可获得量。结果，任何一种生产要素的供给发生变化都会改变所有要素的收入。

【名师点读】

考试中直接考查本知识点的情况较少，但本知识点的掌握对于充分理解生产要素市场而言必不可少。考生应结合边际产量递减以及生产要素价格等于该要素边际产量值这两个基本原理来理解生产要素之间的关系。

一、概念题

1. 生产要素（factors of production）

答：生产要素指用于生产物品与服务的投入。劳动、土地和资本是三种最重要的生产要素。传统经济学把生产要素分为三种，即土地、劳动和资本。其所有者分别为地主、劳动者和资本家。这三类生产要素的价格，则分别被称为地租、工资和利润（包括利息）。到19世纪末，第四种生产要素——企业家才能被"发现"。于是，利润被看成是企业家才能的收益，而"利息"被看成是资本所有者的收益。

2. 生产函数（production function）

答：生产函数指描述用于生产一种物品的投入量与该物品的产量之间的关系的函数。在一定时期内，在技术水平不变的条件下，生产函数表示了生产中所使用的各种生产要素的数量与所能生产的最大产量之间的关系。简单的生产函数可表示为：$Q=f(K,L)$。

在分析上，生产函数分为长期与短期两种。

短期：指生产函数中至少有一种生产要素（一般为资本K）无法调整（或变动）的期间。因此生产函数为：$Q=f(L,K-)=f(L)$（资本固定）。

长期：指所有生产要素皆可变动的期间。这时的生产函数可表示为$Q=f(L,K)$。

3. 劳动的边际产量（marginal product of labor）

答：劳动的边际产量指在其他要素投入保持不变的情况下，增加一单位劳动所获得的产品的增量。劳动的边际生产率用公式可以表示为$MPL=\Delta Q/\Delta L$，当劳动的增加量非常小时，$MPL=dQ/dL$。劳动的边际产出曲线的变化趋势是倒 U 形的，这就意味着当边际产出为零时总产出达到最大值。在图形上，总产出曲线上各点切线的斜率值，就是各劳动投入量上边际产量的数值。即在某一产量上的边际产量，就是该产量相对于总产量曲线上一点的斜率。一个企业主在考虑再雇用一名工人时，在劳动的平均产量和边际产量中他更关心劳动的边际产量。

4. 边际产量递减（diminishing marginal product）

答：边际产量递减指一单位投入的边际产量随着投入量的增加而减少的性质。在技术水平不变的条件下，把连续等量的一种可变生产要素增加到另外一种或几种数量不变的生产要素上去的过程中，当这种生产要素的投入量小于某特定值时，增加生产要素所带来的边际产量是递增的；当这种要素的投入量连续增加并超过这个特定值时，增加该要素投入量所带来的边际产量是递减的。边际产品用 MP 表示，在资本投入不变的情况下，随劳动量的不断增加，MP 上升到一定点后就会下降，出现边际产量递减规律，如图 18-5 所示。

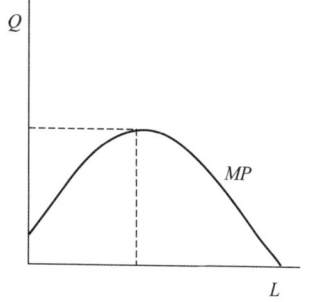

图 18-5　边际产量曲线

出现边际产量递减的主要原因是，随着可变要素投入的不断增加，不变投入和可变投入的组合比例变得越来越不合理。当可变投入较少的时候，不变投入显得相对较多，此时增加可变投入可以使要素组合比例趋向合理，从而提高产量的增加；而当这个组合比例达到最有效率的那一点后，再增加可变投入，就使可变投入相对不变投入来说显得太多，从而使产出的增加量递减。

5. 边际产量值（value of the marginal product）

答：边际产量值指投入的边际产量乘以产品的市场价格，即在完全竞争条件下，厂商在生产中增加一个单位的某种生产要素投入所增加的产品的价值，等于边际物质产品（MP）与价格（P）的乘积，即 $VMP=MP \cdot P$。应特别注意边际产量值 VMP 与产品的边际收益 MR 的区别：产品的边际收益或者简称边际收益通常是对产量而言，故称为产品的边际收益；边际产量值则是对要素而言，是要素的边际产量值。因为存在边际收益递减规律，随着这种可变要素投入量的增多，其边际实物产量递减，从而边际产量值也逐渐下降，所以边际产品价值曲线为一条自左上方向右下方倾斜的曲线。

6．资本（capital）

答：资本指能够增值的价值，即经济活动中表现为生产要素或经营投入的价值，并可以以产品形态和货币形态存在。木工制造家具时，他们用的锯、车床和电钻都是资本。工具越多，工人越能迅速而准确地工作。

资本的一个重要特征是，它是一种生产出来的生产要素。这就是说，资本是生产过程的投入，也是过去生产过程的产出。木工用一部车床制造桌子腿，车床本身是制造车床的企业的产出，车床制造者又用其他设备来制造它的产品。因此，资本是用于生产各种物品与服务，以及更多资本的生产要素。

二、复习题

1．解释一个企业的生产函数如何与其劳动的边际产量相关，一个企业的劳动边际产量如何与其边际产量值相关，以及一个企业的边际产量值如何与其劳动需求相关。

答：（1）生产函数与劳动边际产量的相关性

生产函数描述企业用于生产一种物品的投入量与生产的产出量之间的关系。劳动的边际产量指增加一单位劳动所引起的产量增加。

假设投入的"劳动"可变，另一些投入——厂房、设备等是固定的。为了实现产出量最大化的目标，企业必须决定雇用多少劳动量。但要注意的是，随着劳动投入数量增加，劳动的边际产量递减。由于这个原因，企业的生产函数随着劳动投入量的增加变得越来越平坦，因此企业的生产函数反映

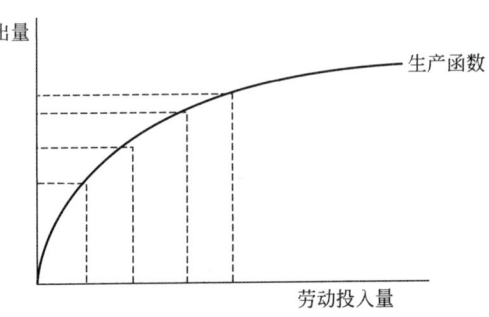

图18-6 生产函数

了劳动的边际产量递减的特性，并且生产函数的斜率就是劳动的边际产量，如图18-6所示。

（2）劳动边际产量与其边际产量值的相关性

一个企业的劳动边际产量等于企业增加的一单位劳动所引起的产量增加量。劳动边际产量值就是劳动的边际产量乘以产品的市场价格。由于一个竞争性企业的市场价格是不变的，所以劳动的边际产量值与边际产量一样也随着劳动投入数量增加而递减。

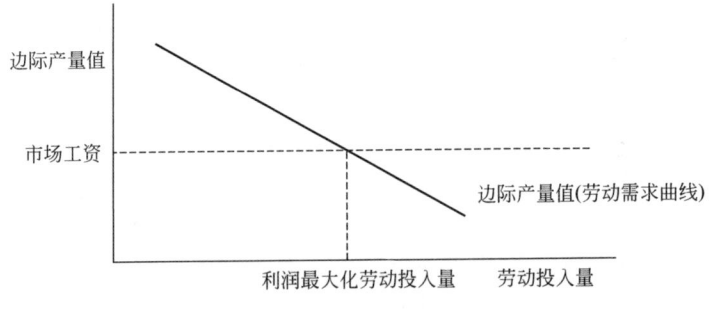

图18-7 劳动的边际产量值

（3）边际产量值与其劳动需求的相关性

企业劳动的边际产量值是随着劳动数量增加而递减的。对于一个竞争性的、追求利润最

大化的企业来说，企业雇用的劳动量要到劳动边际产量值与工资相等的那个水平上，因为当劳动边际产量值高于工资水平时，再增雇一个工人会增加利润，而当劳动边际产量值低于工资水平时，再雇用一个工人会亏损。因此企业选择劳动量的决策原则是使边际产量值等于工资，换言之，边际产量值曲线也是劳动需求曲线，如图18-7所示。

2. 列举出可以使劳动需求移动的两个事件，并解释它们为什么能够这样。

答：（1）产品价格

劳动边际产量值是边际产量乘以企业产品的价格。因此，当产品价格变动时，边际产量值变动，而且劳动需求曲线也移动。例如，苹果价格上升增加了每个摘苹果工人的边际产量值，因此，增加了供给苹果企业的劳动需求。相反，苹果价格下降减少了边际产量值，也减少了劳动需求。

（2）技术变革

科学家和工程师一直在改进生产工艺，这对劳动市场有深远的意义。技术进步增加了劳动的边际产量，这又增加了劳动需求，并使劳动需求曲线向右移动。这种技术进步揭示了面对工资上升的持久就业的增加：尽管美国工资（根据通货膨胀调整过的）在40年（1960～2000年）中上升了131%，但企业雇用的工人数量同时增加了80%。技术变革也可能减少劳动需求，使劳动曲线向左移动，这种情况称之为节约劳动的技术变革。

3. 列举出可以使劳动供给移动的两个事件，并解释它们为什么能够这样。

答：（1）可供选择的机会改变

在任何一个劳动市场上，劳动的供给都取决于其他劳动市场上可以得到的机会。如果摘苹果的工人赚到的工资突然上升了，一些摘梨子的工人就会选择改变职业，导致摘梨子工人市场上的劳动供给减少了。

（2）移民

工人从一个地区向另一个地区，或从一个国家向另一个国家流动是劳动供给移动的明显而又往往很重要的来源。例如，当移民来到美国时，美国的劳动供给增加了，而移民国的劳动供给减少了。实际上，许多有关移民的争论集中在它对劳动供给，从而对劳动市场均衡的影响上。

4. 解释工资如何能调整到使劳动供求平衡，而同时又等于劳动的边际产量值。

答：正如所有的价格一样，劳动的价格（工资）取决于供给与需求，工资的调整可以使劳动的供求平衡。由于需求曲线反映了劳动的边际产量值，所以均衡时工资等于劳动的边际产量值。具体来讲如下。

（1）如果劳动市场上的工资低于均衡工资水平，劳动供给会小于劳动需求，所引起的劳动市场的供给短缺将鼓励厂商提高他们的工资水平，以吸引更多的劳动供给。相反，如果劳动市场上的工资高于均衡工资水平，劳动供给就大于劳动需求，由于过多的劳动供给争夺较少的工作岗位，因此工资水平被迫下降。通过这种方法，工资使劳动市场上的劳动供求平衡。

（2）当工人的边际产量值高于工资时，企业再雇用一个工人会增加利润，而当工人的边际产量值低于工资时，企业再雇用一个工人就会亏损。因此，一个竞争性的、追求利润最大化企业雇用的工人人数在使工人的边际产量值等于工资这个水平上。

5. 如果美国的人口由于移民进入而突然增加，工资会发生什么变动？土地所有者和资本所有者赚到的租金会发生什么变动？

答：移民是影响劳动供给移动的因素之一，如果美国的人口由于移民进入而突然增加，工资会下降，土地和资本所有者赚到的租金上升。具体如下。

（1）进入美国的移民突然增加，增加了美国劳动市场的劳动供给量，劳动供给曲线由 S_1 右移到 S_2。由于劳动的需求没有变化，移民造成的劳动供过于求导致工资下降，工资由 W_1 下降到 W_2，如图 18-8 所示。

（2）工资下降降低了企业的生产成本，使企业扩大生产规模变得有利可图。企业生产规模的扩大增加了对生产要素的需求，因而土地和资本的需求增加。由于土地和资本的供给没有变化，从而土地和资本所有者赚到的租金会增加。

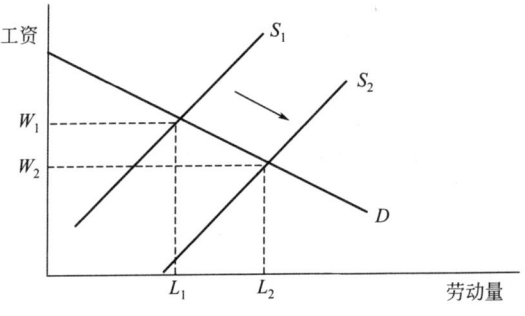

图 18-8　劳动供给移动

三、快速单选

1. 与资本和土地所有者相比，美国国民收入中将近（　　）支付给工人。

a. 30%　　　b. 50%　　　c. 70%　　　d. 90%

【答案】c

【解析】2012 年美国居民的总收入是 15 万亿美元左右。人们以各种方式赚到这份收入，工人以工资和福利津贴的形式赚到总收入的 2/3；其他部分以租金、利润和利息的形式归土地所有者和资本所有者。

2. 如果企业是竞争性的，而且以利润最大化为目标，则劳动需求曲线由（　　）决定。

a. 工人时间的机会成本　　　b. 劳动的边际产量值
c. 抵消性的收入效应与替代效应　　　d. 资本的边际产量值

【答案】b

【解析】企业的劳动需求曲线表明了在任何一种既定的工资水平下企业所需要的劳动量。企业选择劳动量的决策原则是使边际产量值等于工资。因此，对一个竞争性的、利润最大化的企业来说，边际产量值曲线也是劳动需求曲线。

3. 一家在竞争市场上经营的面包店以每块 10 美元的价格出售点心，并以每小时 5 美元的价格雇用工人。为使利润最大化，它应该雇用工人直到劳动的边际产量为（　　）。

a. 每小时 1/2 块点心　　　b. 每小时 2 块点心
c. 每小时 10 块点心　　　d. 每小时 15 块点心

【答案】a

【解析】企业选择劳动量的决策原则是使边际产量值等于工资。边际产量值为一种投入的边际产量乘以该产品的价格。所以企业雇用的最后一个工人的边际产量应该是 5÷10＝1/2（块）。

4. 提高劳动边际产量的技术进步使劳动（　　）曲线向（　　）移动。

a. 需求，左　　　b. 需求，右　　　c. 供给，左　　　d. 供给，右

【答案】b

【解析】劳动需求曲线反映了劳动的边际产量值，产品价格边际产量值是边际产量乘以产品的价格。技术进步通常增加了劳动的边际产量，从而增加了劳动需求，并使劳动需求曲线向右移动。

5. 1973年左右，美国经济经历了重大的生产率增长（　　），相应的是真实工资增长（　　）。

a. 加速；加速　　　　　　　　　　b. 加速；放缓

c. 放缓；加速　　　　　　　　　　d. 放缓；放缓

【答案】d

【解析】1973年左右，美国经历了持续到1995年的生产率增长的放慢，生产率从每年2.8%放慢到1.4%，这与实际工资增长率从每年2.8%放慢到1.1%是一致的。

6. 暴风雨摧毁了几个工厂，从而减少了资本存量。这个事件对要素市场有什么影响？（　　）

a. 工资与资本的租赁价格都上升

b. 工资与资本的租赁价格都下降

c. 工资上升，而资本的租赁价格下降

d. 工资下降，而资本的租赁价格上升

【答案】d

【解析】暴风雨使资本存量减少，资本供给曲线向左移动，资本需求曲线不变，资本市场重新达到平衡时，资本的租赁价格会上升，资本量下降。一种生产要素的可获得量会影响其他生产要素的边际产量，所以资本量的减少将减少工人的边际产量，从而减少了工厂对工人的需求。所以劳动需求曲线向左移动，劳动供给曲线不变，重新达到均衡时，工资下降。

四、问题与应用

1. 假设总统提出一项旨在减少医疗成本的新法律：要求所有美国人每天吃一个苹果。

a. 每天吃一个苹果的法律将如何影响苹果的需求与均衡价格？

b. 这项法律将如何影响摘苹果工人的边际产量和边际产量值？

c. 这项法律将如何影响摘苹果工人的需求和均衡工资？

答：a. 这项法律将增加全美国人对苹果的需求量，如图18-9所示，需求曲线由 D_1 右移到 D_2。由于苹果的供给在短期内不变，因此将提高苹果市场的均衡价格，均衡价格由 P_1 上升为 P_2，均衡产量随之由 Q_1 增加为 Q_2。

b. 苹果需求的增加引起苹果的市场价格上升，既定的劳动数量下，这种价格上升不会改变摘苹果工人的边际产量，但会增加他们的边际产量值。由于价格上升，苹果种植园主会增加对工人的雇用数量，在利润最大化的水平上劳动的边际产量会下降。

c. 在苹果价格较高时，苹果种植园主愿意增加苹果产量。因此他们会雇用更多的摘苹果工人，增加了摘苹果工人的需求，摘苹果工人的均衡工资也增加了。

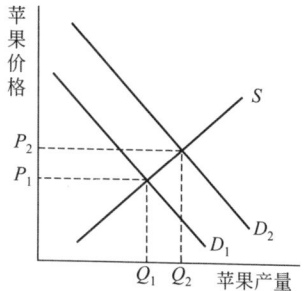

图18-9　新法律对苹果需求和均衡价格的影响

2. 说明下列每一个事件对电脑制造行业劳动市场的影响：

a. 国会为所有美国大学生购买个人电脑。

b. 更多的大学生选择工程与计算机科学专业。

c. 电脑企业建立新的制造厂。

答：a. 国会为全美国大学生购买个人电脑将引起美国个人电脑需求的急剧增加，从而导致个人电脑的均衡价格上升。在个人电脑价格较高时，个人电脑生产商的利润增加了，因而他们雇用更多的电脑制造工人变得有利可图，因此电脑制造行业劳动市场的劳动需求增加，电脑制造行业劳动市场的均衡工资上升了。

b. 更多的大学生选学工程与计算机科学专业意味着美国电脑制造行业劳动市场的劳动供给将增加，因此劳动市场的均衡工资会下降。

c. 电脑企业建立新的制造厂将增加电脑制造行业劳动市场的劳动需求，均衡工资会增加。

3. 假设劳动是某个完全竞争企业使用的唯一投入。该企业的生产函数如下：

劳动的天数	产量	劳动的天数	产量
0	0	4	25
1	7	5	28
2	13	6	29
3	19	7	29

a. 计算每个增加的工人的边际产量。
b. 每单位产品售价为 10 美元。计算每个工人的边际产量值。
c. 计算表明日工资从 0 到 100 美元时雇用的工人数量的需求表。
d. 画出企业的需求曲线。
e. 如果产品价格从每单位 10 美元上升为 12 美元，这条需求曲线会发生什么变动？

答：a. 劳动的边际产量是增加一单位劳动所引起的产量增加量。每个增加的工人的边际产量如表 18-2 所示。

表 18-2 每个增加的工人的边际产量和边际产量值

劳动的天数	产量	边际产量	边际产量值
0	0	—	—
1	7	7	70
2	13	6	60
3	19	6	60
4	25	6	60
5	28	3	30
6	29	1	10
7	29	0	0

b. 劳动的边际产量值等于劳动的边际产量乘以该产品的价格。每个工人的劳动边际产量值如表 18-2 所示。

c. 日工资从 0 到 100 美元时对工人的需求表如表 18-3 所示。

表 18-3 对工人的需求表

工资（美元）	劳动需求量	工资（美元）	劳动需求量
0	7	60	3
10	6	60	2
30	5	70	1
60	4		

d. 劳动需求曲线也就是边际产量值曲线，如图 18-10 所示。

e. 产品价格从每单位 10 美元上升为 12 美元时，劳动需求曲线向右移动，这是因为在每一既定的劳动雇用水平上，产品价格上升使劳动边际产量值增加了。

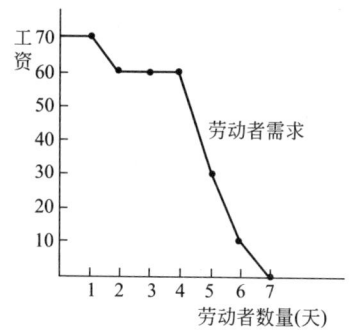

图 18-10 劳动需求曲线

4. Smiling 牛奶场可以以每加仑牛奶 4 美元的价格售出它想要售出的全部牛奶，而且它可以以每天 100 美元的资本租金价格租下它想要为奶牛挤奶的全部机器人。它面对的是以下生产表：

机器人数量	总产量（加仑）	机器人数量	总产量（加仑）
0	0	4	140
1	50	5	150
2	85	6	155
3	115		

a. 企业在哪种市场结构中出售其产品？你是怎么判断的？
b. 企业在哪种市场结构中租用机器人？你是怎么判断的？
c. 计算每增加一个机器人的边际产量和边际产量值。
d. 企业应该租用多少机器人？解释原因。

答：a. 由于该企业以每加仑牛奶 4 美元的价格售出它想要售出的全部牛奶，所以 Smiling 牛奶场在一个完全竞争的产品市场上运营。

b. 由于企业可以以每天 100 美元的资本租金价格租下它想要为奶牛挤奶的全部机器人，所以 Smiling 牛奶场在一个完全竞争的要素市场上运营。

c. 每增加一个机器人的边际产量和边际产量值如表 18-4 所示。

表 18-4 机器人的边际产量和边际产量值

机器人数量	总产量（加仑）	边际产量（加仑）	边际产量值（美元）
0	0	—	—
1	50	50	200
2	85	35	140
3	115	30	120
4	140	25	100
5	150	10	40
6	155	5	20

d. 企业应该增加机器人，直至边际产量值（VMP）等于资本租金价格为止。如表 18-3 所示，当边际产量值和资本租金价格都为 100 美元时，租用的机器人数量为 4。

5. Ectenia 国有 20 个竞争性的苹果园，它们都以每个 2 美元的世界价格出售苹果。下面的方程式描述了每个苹果园的生产函数和劳动的边际产量：

$$Q = 100L - L^2$$
$$MPL = 100 - 2L$$

其中，Q 是一天生产的苹果量，L 是工人量，MPL 是劳动的边际产量。

a. 作为日工资 W 的函数的每个苹果园的劳动需求是什么？整个市场的劳动需求是什么？

b. Ectenia 有 200 个工人无弹性地提供他们的劳动。求解工资 W。每个苹果园雇用多少工人？每个苹果园主获得多少利润？

c. 如果苹果的世界价格翻了一番，达到 4 美元，工人和苹果园主的收入将发生什么变化？

d. 现在假设苹果价格又回到 2 美元，但一场飓风摧毁了一半苹果园。计算这场飓风如何影响每个工人和每个剩下的苹果园主的收入。Ectenia 国整体的收入发生了什么变动？

解：a. 使苹果园利润最大化所选择的劳动量要使劳动的边际产量值等于工资，即 $P \times MPL = W$。由此可得每个苹果园的劳动需求 $W = VMP = P \times MPL = 2(100-2L) = 200 - 4L$，即 $L = 50 - 0.25W$，整个市场的劳动需求为 $L = 20(50 - 0.25W) = 1000 - 5W$。

b. 200 个工人无弹性的提供劳动，由题意可知劳动人数与工资呈反方向变动，所以每个果园雇用 10 个工人，工资 $W = 160$ 美元，此时每个果园的利润为 $PQ - W = 200 \times 10 - 2 \times 10^2 - 160 \times 10 = 200$ 美元。Ectenia 国整体的收入为 $160 \times 200 + 200 \times 20 = 36000$ 美元。

c. 如果世界价格为 4 美元，则 $W = VMP = P \times MPL = 4(100 - 2L) = 400 - 8L$，可得此时 $W = 320$ 美元，果园的利润为 $PQ - W = 400 \times 10 - 4 \times 10^2 - 320 \times 10 = 400$ 美元，工人和果园的收入都翻了一倍。Ectenia 国整体的收入为 $320 \times 200 + 400 \times 20 = 72000$ 美元。

d. 若减少一半果园，那么每个果园需要雇用 20 个工人，则 $W = 120$ 美元，此时每个果园的利润为 $PQ - W = 200 \times 20 - 2 \times 20 \times 20 - 120 \times 20 = 800$ 美元，此时工人的工资降低，没有被摧毁的每个果园的收入增加，Ectenia 国整体的收入为 $120 \times 200 + 800 \times 10 = 32000$ 美元，比 b、c 中的整体收入都少些。

6. 你具有创业精神的叔叔开了一家雇用 7 个工人的三明治店。雇员每小时工资 6 美元，每个三明治卖 3 美元。如果你叔叔追求利润最大化，他雇用的最后一个工人的边际产量值是多少？这个工人的边际产量是多少？

答：为实现利润最大化，叔叔雇用的最后一个工人的边际产量值应等于其工资，也就是 6 美元。根据一种投入的边际产量值等于该投入的边际产量乘以产品的市场价格的等式，可以算出这个工人的边际产量是每小时 2 个三明治。

7. Leadbelly 公司在完全竞争的产品市场上出售铅笔，并在完全竞争的劳动市场上雇用工人。假设工人的市场工资率是每天 150 美元。

a. Leadbelly 公司应遵循什么规律来雇用使利润最大化的劳动量？

b. 在利润最大化的产量水平时，所雇用的最后一个工人的边际产量是每天 30 箱铅笔。计算每箱铅笔的价格。

c. 画出铅笔工人劳动市场的图形，再画出劳动的供给曲线和 Leadbelly 公司的需求曲线图。标出市场和企业的均衡工资和劳动量。这两个图形有什么关系？

d. 假设一些铅笔工人转而从事新兴的电脑行业工作。用 c 中并列的图形说明这种变化对铅笔市场和 Leadbelly 公司的均衡工资和劳动量有什么影响？这种变化如何影响 Leadbelly 公司的劳动的边际产量。

答：a. 为了实现利润最大化，Leadbelly 公司将雇用劳动量直至劳动的边际产量值（VMP）等于工资（150 美元/天）为止。

b. 由于产品市场是完全竞争的，所以劳动的边际产量值 $VMP = P \times MP$。在利润最大化时，$VMP = $ 工资率 $= 150$ 美元/天，所以每箱产品的价格为 $P = VMP/MP = 150/30 = 5$

（美元）。

c. 铅笔工人劳动市场的图形如图 18-11（a）所示。劳动市场的工资率（$W=150$）是由整个劳动市场的供给和需求共同决定的，而单个企业将此工资率视为既定不变的，因而单个企业面临的劳动供给曲线为一条平行线。Leadbelly 公司选择利润最大化的劳动雇用量，直至 $W=VMP=150$ 为止。如图 18-11（b）所示，单个企业的最优劳动雇用量为 L^*。

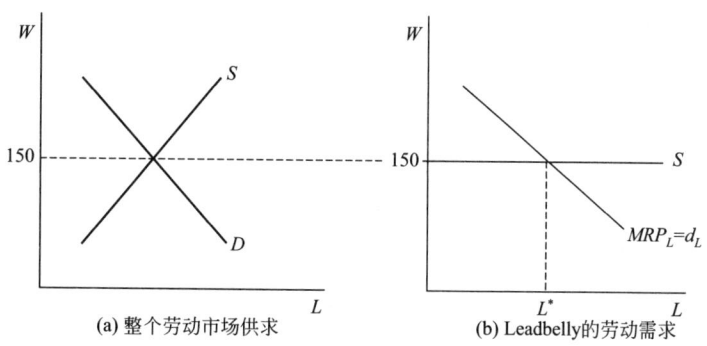

图 18-11　铅笔工人劳动市场均衡

d. 一些铅笔工人转而从事新兴的电脑行业工作，这将导致铅笔工人劳动市场供给减少，从而会提高均衡工资率。工资率的提高会降低利润最大化的劳动雇用量。工人的边际产品值（VMP）会提高到新的工资率水平。如图 18-12 所示，劳动供给减少导致劳动供给曲线从 S_1 向左移动至 S_2，从而使铅笔工人劳动市场的均衡工资率从 150 上升到 W_2，Leadbelly 公司面临的劳动供给曲线从 S_1 向上移动至 S_2，其利润最大化的劳动雇用量从 L_1^* 减少为 L_2^*。

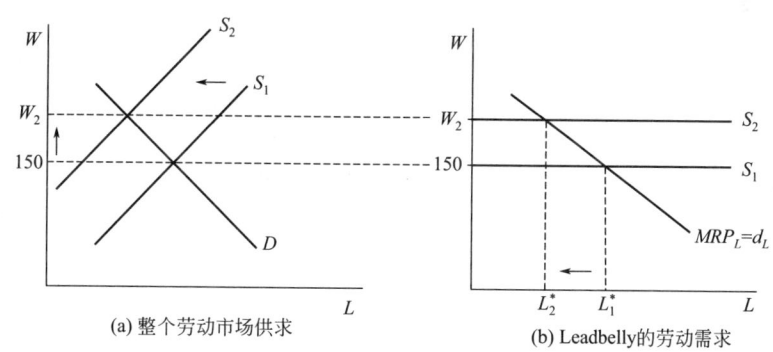

图 18-12　劳动供给减少对铅笔工人劳动市场均衡的影响

8. 在 20 世纪 80 年代、90 年代和 21 世纪前十年期间，大量资本从国外流入美国。例如，丰田、宝马和其他外国汽车公司在美国建立了汽车工厂。

a. 用一张美国资本市场图来说明这种流入对美国资本租赁价格和资本使用量的影响。

b. 用一张美国劳动市场图来说明资本流入对美国工人得到的平均工资的影响。

答：a. 如图 18-13 所示，其他国家资本的大量流入使得美国资本市场上的供给曲线右移，由 S_1 右移到 S_2，结果造成资本租赁价格从 P_1 下降到 P_2，资本量由 C_1 增加为 C_2。

b. 如图 18-14 所示，其他国家资本的大量流入增加了既定劳动规模下的劳动边际产量和边际产量值。劳动需求曲线由 D_1 右移到 D_2，结果工资由 W_1 上升到 W_2，劳动数量 L_1 由增加到 L_2。

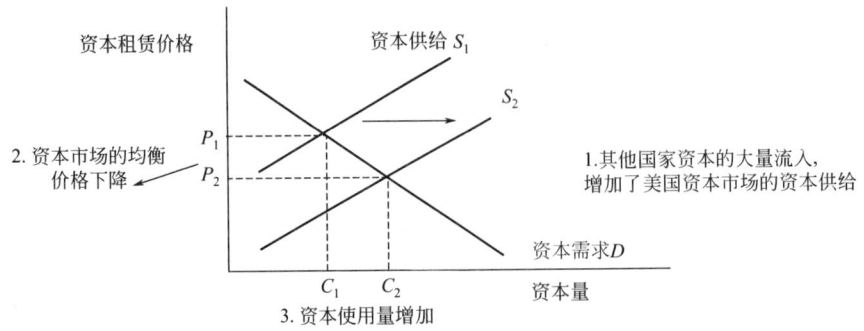

图 18-13 资本流入后的美国资本市场图

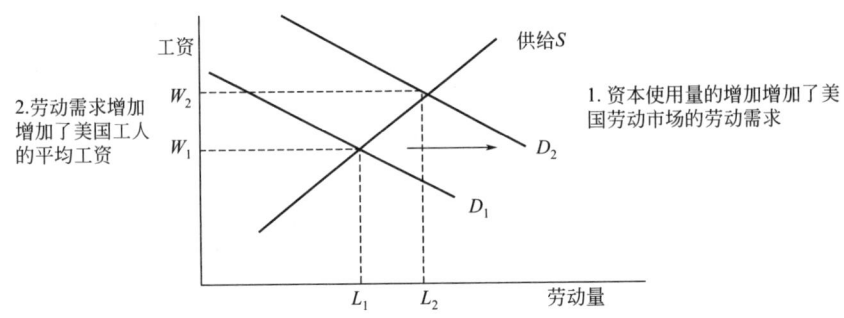

图 18-14 资本流入后的美国劳动市场图

9. 有时，一些决策者建议，应要求企业给工人一定量的福利津贴，例如医疗保险或带薪产假。让我们来考虑这种政策对劳动市场的影响。

a. 假定法律规定企业给所雇用的工人以每小时 3 美元的津贴。在任一给定的货币工资下，这项法律对企业从每个工人身上赚到的边际利润有什么影响？这项法律对劳动需求曲线有什么影响？用纵轴代表货币工资的图形给出你的答案。

b. 如果劳动供给没有变动，这项法律将如何影响就业与工资？

c. 为什么劳动供给曲线会由于这项法律而移动？这种劳动供给的移动增强还是削弱了这项法律对工资和就业的影响？

d. 正如第 6 章所讨论的，一些工人的工资（特别是不熟练工人和无经验工人的工资）由于最低工资法而高于均衡水平。一项关于福利津贴的强制性管制对这些工人会有什么影响？

答：a. 当法律规定企业对自己雇用的工人每小时给 3 美元津贴时，工人的货币工资比原来的均衡水平增加了 3 美元，企业从每个工人身上赚到的边际利润减少了 3 美元。工人工资的上涨意味着企业生产成本的提高，因此企业会减少劳动需求，劳动需求曲线从 D_1 移动到 D_2，其幅度为 3 美元。如图 18-15 所示。

b. 如果劳动供给没有变动，这项法律使得劳动市场上的劳动需求量减少，就业减少，工资增加。由于供给曲线有一个正的斜率，新的均衡点的工资 W_2 低于原来的工资 W_1，但是 $W_2 > W_1 - 3$，所以工资增加，就业数量减少。如果供给曲线是垂直的，则 $W_2 = W_1 - 3$，即工资不变，就业数量不变。

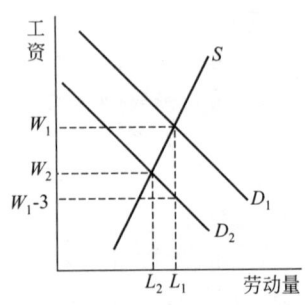

图 18-15 企业的劳动需求图

c. 由于这项法律增加了劳动者的工资收入，将吸引更多人加入到劳动供给队伍中来，劳动供给的增加，使得劳动供给曲线右移。这种劳动供给的移动削弱了这项法律对工资和就业的影响，因为就业者的均衡工资比劳动供给曲线移动前有所降低，就业者的人数比劳动供给曲线移动前有所增加。

d. 一项关于福利津贴的强制性管制会增加不熟练工人和无经验工人的失业率。因为这些工人的均衡工资往往较低，当福利津贴的强制性管制措施迫使这些工人的工资高于使供求平衡的水平时，与均衡水平相比，它就增加了劳动供给量而减少了劳动需求量。由于存在过剩的劳动供给且愿意工作的不熟练工人和无经验工人多于工作岗位，所以一项关于福利津贴的强制性管制增加了这些工人的失业。

名校考研真题详解

1. 阅读下列材料，请结合所学的经济学知识客观分析最低工资带来的政策效应。

资料1："十一五"期间，我国最低工资标准年均增长12.5%。根据《促进就业规划（2011～2015年）》提出的目标，"十二五"期间，我国将形成正常的工资增长机制，职工工资收入水平合理较快增长，最低工资标准年均增长13%以上，绝大多数地区最低工资标准达到当地城镇从业人员平均工资的40%以上。

资料2：截至9月底全国有18个省份调整最低工资标准，平均调增幅度为19.4%。目前，月最低工资标准最高的为深圳的1500元，小时最低工资标准最高的是北京的14元。

资料3：中国社科院今日发布的2011年《经济蓝皮书》认为，随着中国经济从金融危机中率先复苏，中国就业增长强劲，中国民工荒、劳资冲突频发，各地纷纷提高最低工资标准等。自2003年以来，农民工工资也以年增10.2%的速度显著提高，农民工将终结"低工资"时代。

（1）请简单分析最低工资提高对农民工的工作与闲暇的影响。

（2）在竞争性市场上，工人赚到的工资等于他们对物品与服务生产的边际贡献值。为什么现实中大家认为在劳动力市场上，农民工仍旧受到很多歧视。

（3）政府出台的最低工资相关政策措施引起社会广泛关注，支持者认为最低工资制度是保障低收入人群尤其是农民工工资收入的基本制度，是国家直接干预劳动力市场，进行社会管理的主要手段，对缩小农民工与城镇职工收入差距，促进分配公平和社会正义具有重要意义，反对声音也不断，其中著名经济学家张五常认为"最低工资其实是害了底层工人，政府不该逼企业涨薪"。请用经济学理论分析最低工资标准对于农民工可能的影响。

（4）如果"农民工将终结'低工资'时代"的判断是正确的或者可以接受，那么农民工工资上涨对于劳动力市场、宏观经济将产生哪些影响？

（5）假设农民面临多重选择，务农和务工（off-farm）活动，务农同样面临从事粮食作物生产或者其他经济活动（比如种植经济作物，畜牧业活动等），试着分析劳动力外出务工对粮食产量可能的影响。[人大2013研]

答：（1）最低工资的提高对于农民工工作与闲暇的影响要根据最低工资提高的收入效应和替代效应具体分析。随着最低工资的提高，农民工闲暇的机会成本也高了，此时农民工会把更多的时间投放到工作中，减少闲暇。但是当最低工资提高到一定程度，农民工的收入大幅提高，此时工资提高的收入效应大于替代效应，农民工反而会增加对闲暇的消费，减少工作时间。

(2) 有许多因素影响边际产量值,企业对那些较有才能、较勤奋、较有经验而且受教育多的工人支付的更多一些,因为这些工人的生产率较高。而企业对那些受到顾客歧视的工人支付的要少,因为这些工人对收益的贡献要少。

在现实中,劳动市场上仍将农民工等同于简单体力劳动、文化低、素质低的代名词,尽管农民工的边际贡献值并不比脑力劳动的工薪阶层低,但社会上仍旧存在对农民工的歧视。

(3) 最低工资标准把工资推到均衡水平之上,增加了劳动的供给量,减少了劳动的需求量,结果容易导致劳动过剩或失业。

(4) 农民工工资上涨,会使得农民工劳动供给增加,劳动力市场将出现供过于求的局面,农民工失业增多。同时,农民工工资上涨会使得企业成本增加,我国劳动密集型的出口企业的竞争优势减少,进出口加工企业经营困难。

(5) 劳动力外出务工对粮食产量可能的影响体现在以下两个方面。

① 随着我国工业化、城镇化的发展,随着农业机械化的普及,我国农业中存在着大量的过剩劳动力,若只有农业过剩劳动力外出务工,则对我国粮食产量没有影响,过剩劳动力的转移有利于农业生产率的提高,粮食产量可能增加。

② 若大量非过剩劳动力都选择外出务工,则会导致务农人数相对和绝对的减少,由于粮食生产劳动力投入大量减少,粮食产量可能下降。但随着农业机械化的推广和普及,技术进步大量的粮食产量增加效应可能超过务农人数减少带来的粮食产量减少效应,最终粮食产量仍然可能增加。我国粮食总产量连续十多年持续增长的事实,很好说明了这一点。

2. 劳动是唯一可变要素,生产函数 $Q = A + 10L - 5L^2$,产品市场是完全竞争的,劳动价格为 W,试先给出厂商对劳动的需求函数,然后据此函数简要回答:为什么厂商对劳动的需求量与工资反方向变化?以及,为什么厂商对劳动的需求量与产品价格同方向变化?
[北邮 2013 研]

答:由生产函数可得劳动边际产量为:
$$MP_L = 10 - 10L$$
根据完全竞争市场要素使用原则 $MP_L = W/P$,可得厂商对劳动的需求函数为:
$$10 - 10L = W/P$$
整理得:
$$L = 1 - W/10P$$

(1) 由劳动需求函数可得: $\partial L / \partial W = -1/10P < 0$,故厂商对劳动的需求量与工资反方向变化。

(2) 由 $\partial L / \partial P = W/10P^2 > 0$,可知厂商对劳动的需求量与产品价格同方向变化。

3. 要素使用原则与利润最大化原则有何联系? [暨南大学 2010 研]

答:完全竞争厂商的要素使用原则与利润最大化产量原则之间的关系可以用数学方法予以推导。

假设 π 表示厂商的利润,它是要素 X 的函数。由利润的定义有:
$$\pi(X) = R[Q(X)] - C[Q(X)]$$
其中,R 为收益,它是产量 Q 的函数,因而是要素 X 的复合函数。C 为成本,也是要素 X 的复合函数。为了达到最大利润,必须使:
$$\frac{d\pi(X)}{dX} = \frac{dR}{dQ}\frac{dQ}{dX} - \frac{dC}{dQ}\frac{dQ}{dX} = 0$$
即有: $\frac{dR}{dQ}\frac{dQ}{dX} = \frac{dC}{dQ}\frac{dQ}{dX}$,

c. 由于这项法律增加了劳动者的工资收入，将吸引更多人加入到劳动供给队伍中来，劳动供给的增加，使得劳动供给曲线右移。这种劳动供给的移动削弱了这项法律对工资和就业的影响，因为就业者的均衡工资比劳动供给曲线移动前有所降低，就业者的人数比劳动供给曲线移动前有所增加。

d. 一项关于福利津贴的强制性管制会增加不熟练工人和无经验工人的失业率。因为这些工人的均衡工资往往较低，当福利津贴的强制性管制措施迫使这些工人的工资高于使供求平衡的水平时，与均衡水平相比，它就增加了劳动供给量而减少了劳动需求量。由于存在过剩的劳动供给且愿意工作的不熟练工人和无经验工人多于工作岗位，所以一项关于福利津贴的强制性管制增加了这些工人的失业。

名校考研真题详解

1. 阅读下列材料，请结合所学的经济学知识客观分析最低工资带来的政策效应。

资料1："十一五"期间，我国最低工资标准年均增长12.5%。根据《促进就业规划(2011~2015年)》提出的目标，"十二五"期间，我国将形成正常的工资增长机制，职工工资收入水平合理较快增长，最低工资标准年均增长13%以上，绝大多数地区最低工资标准达到当地城镇从业人员平均工资的40%以上。

资料2：截至9月底全国有18个省份调整最低工资标准，平均调增幅度为19.4%。目前，月最低工资标准最高的为深圳的1500元，小时最低工资标准最高的是北京的14元。

资料3：中国社科院今日发布的2011年《经济蓝皮书》认为，随着中国经济从金融危机中率先复苏，中国就业增长强劲，中国民工荒、劳资冲突频发，各地纷纷提高最低工资标准等。自2003年以来，农民工工资也以年增10.2%的速度显著提高，农民工将终结"低工资"时代。

(1) 请简单分析最低工资提高对农民工的工作与闲暇的影响。

(2) 在竞争性市场上，工人赚到的工资等于他们对物品与服务生产的边际贡献值。为什么现实中大家认为在劳动力市场上，农民工仍旧受到很多歧视。

(3) 政府出台的最低工资相关政策措施引起社会广泛关注，支持者认为最低工资制度是保障低收入人群尤其是农民工工资收入的基本制度，是国家直接干预劳动力市场，进行社会管理的主要手段，对缩小农民工与城镇职工收入差距，促进分配公平和社会正义具有重要意义，反对声音也不断，其中著名经济学家张五常认为"最低工资其实是害了底层工人，政府不该逼企业涨薪"。请用经济学理论分析最低工资标准对于农民工可能的影响。

(4) 如果"农民工将终结'低工资'时代"的判断是正确的或者可以接受，那么农民工工资上涨对于劳动力市场、宏观经济将产生哪些影响？

(5) 假设农民面临多重选择，务农和务工（off-farm）活动，务农同样面临从事粮食作物生产或者其他经济活动（比如种植经济作物，畜牧业活动等），试着分析劳动力外出务工对粮食产量可能的影响。[人大2013研]

答：(1) 最低工资的提高对于农民工工作与闲暇的影响要根据最低工资提高的收入效应和替代效应具体分析。随着最低工资的提高，农民工闲暇的机会成本也高了，此时农民工会把更多的时间投放到工作中，减少闲暇。但是当最低工资提高到一定程度，农民工的收入大幅提高，此时工资提高的收入效应大于替代效应，农民工反而会增加对闲暇的消费，减少工作时间。

307

(2) 有许多因素影响边际产量值，企业对那些较有才能、较勤奋、较有经验而且受教育多的工人支付的更多一些，因为这些工人的生产率较高。而企业对那些受到顾客歧视的工人支付的要少，因为这些工人对收益的贡献要少。

在现实中，劳动市场上仍将农民工等同于简单体力劳动、文化低、素质低的代名词，尽管农民工的边际贡献值并不比脑力劳动的工薪阶层低，但社会上仍旧存在对农民工的歧视。

(3) 最低工资标准把工资推到均衡水平之上，增加了劳动的供给量，减少了劳动的需求量，结果容易导致劳动过剩或失业。

(4) 农民工工资上涨，会使得农民工劳动供给增加，劳动力市场将出现供过于求的局面，农民工失业增多。同时，农民工工资上涨会使得企业成本增加，我国劳动密集型的出口企业的竞争优势减少，进出口加工企业经营困难。

(5) 劳动力外出务工对粮食产量可能的影响体现在以下两个方面。

① 随着我国工业化、城镇化的发展，随着农业机械化的普及，我国农业中存在着大量的过剩劳动力，若只有农业过剩劳动力外出务工，则对我国粮食产量没有影响，过剩劳动力的转移有利于农业生产率的提高，粮食产量可能增加。

② 若大量非过剩劳动力都选择外出务工，则会导致务农人数相对和绝对的减少，由于粮食生产劳动力投入大量减少，粮食产量可能下降。但随着农业机械化的推广和普及，技术进步大量的粮食产量增加效应可能超过农人数减少带来的粮食产量减少效应，最终粮食产量仍然可能增加。我国粮食总产量连续十多年持续增长的事实，很好说明了这一点。

2. 劳动是唯一可变要素，生产函数 $Q=A+10L-5L^2$，产品市场是完全竞争的，劳动价格为 W，试先给出厂商对劳动的需求函数，然后据此函数简要回答：为什么厂商对劳动的需求量与工资反方向变化？以及，为什么厂商对劳动的需求量与产品价格同方向变化？
[北邮 2013 研]

答：由生产函数可得劳动边际产量为：
$$MP_L=10-10L$$
根据完全竞争市场要素使用原则 $MP_L=W/P$，可得厂商对劳动的需求函数为：
$$10-10L=W/P$$
整理得：
$$L=1-W/10P$$

(1) 由劳动需求函数可得：$\partial L/\partial W=-1/10P<0$，故厂商对劳动的需求量与工资反方向变化。

(2) 由 $\partial L/\partial P=W/10P^2>0$，可知厂商对劳动的需求量与产品价格同方向变化。

3. 要素使用原则与利润最大化原则有何联系？ [暨南大学 2010 研]

答：完全竞争厂商的要素使用原则与利润最大化产量原则之间的关系可以用数学方法予以推导。

假设 π 表示厂商的利润，它是要素 X 的函数。由利润的定义有：
$$\pi(X)=R[Q(X)]-C[Q(X)]$$
其中，R 为收益，它是产量 Q 的函数，因而是要素 X 的复合函数。C 为成本，也是要素 X 的复合函数。为了达到最大利润，必须使：
$$\frac{d\pi(X)}{dX}=\frac{dR}{dQ}\frac{dQ}{dX}-\frac{dC}{dQ}\frac{dQ}{dX}=0$$
即有：$\frac{dR}{dQ}\frac{dQ}{dX}-\frac{dC}{dQ}\frac{dQ}{dX}$，

也就是：$MR \cdot MP = MC \cdot MP$。

整理可得：$MR = MC$，即边际收益等于边际成本。这恰好是产品市场理论中厂商利润最大化产量的条件。

由此可见，厂商使用要素的原则与利润最大化产量的条件实质上是一回事，它们可以相互推出，换句话说，厂商在生产上和要素使用上遵循的是完全一样的原则。

4. 某厂商所处的产品市场和要素市场上都是完全竞争市场，其短期生产函数为 $Q = f(L, \overline{K})$，其中 L 是可变生产要素，$\overline{K}$ 是固定生产要素，两要素价格分别为 P_L、P_K。在某产量 Q_0 处，该厂商工人的边际产量 MP_L 等于其平均产量 AP_L。请分析：此时该厂商的利润是多少，为什么？[东北财大 2010 研]

答：短期总成本函数为：

$$TC(Q) = TVC(Q) + TFC = P_L L + P_K \overline{K}$$

厂商的总收益等于其产品价格和产品数量的乘积，即：

$$TR(Q) = PQ = P f(L, \overline{K})$$

则厂商的利润函数为：$\pi = TR(Q) - TC(Q)$。

要素市场上是完全竞争市场，则厂商使用要素的原则是 $P_L = MP_L \times P = AP_L \times P$。又因为在某产量 Q_0 处，该厂商工人的边际产量 MP_L 等于其平均产量 AP_L，即：$MP_L = AP_L = \dfrac{Q_0}{L}$。则 $P_L = MP_L \times P = \dfrac{Q_0}{L} P$。

厂商的利润为：

$$\pi = TR(Q) - TC(Q) = PQ_0 - P_L L - P_K \overline{K} = PQ_0 - P \dfrac{Q_0}{L} L - P_K \overline{K} = -P_K \overline{K}$$

5. 市场有两个行业，服装行业和钢铁行业，服装行业的生产函数为 $y_c = l_c$，钢铁行业生产函数为 $y_s = 24 l_s^{0.5} - 2 l_s$，$l_c$ 与 l_s 分别是服装与钢铁行业的劳动人数。市场总人数为 25，而且所有人都会进入某个行业，假设服装行业与钢铁行业都是完全竞争行业，产品价格都是 1。

（1）假定劳动市场完全竞争，求 l_c 和 l_s 以及均衡工资。

（2）假定钢铁工人组成一个强大的工会，拥有垄断权力向钢铁行业提供劳动，工会的目标是使本行业工人总收入最大化，求 l_c 和 l_s 以及钢铁行业和服装行业的工资。

（3）假定两个行业的工人共同组成一个强大的工会，可以垄断的向两个行业提供劳动，工会的目标是使所有工人总收入最大化，求 l_c 和 l_s 以及两个行业的工资。[上海财大 2011 研；西安交大 2011 研]

解：（1）因为劳动市场完全竞争均衡，故设服装行业和钢铁行业的工资为 $w_c = w_s = w$，服装行业的生产函数为 $y_c = l_c$，所以服装行业工人的边际产量 $MP = 1$，因为产品价格为 1，所以服装行业工人的边际产品价值 $VMP = P \times MP = 1$，又因为劳动市场完全竞争，所以有 $VMP = w_c = w_s = w = 1$。

对于钢铁行业，工人的边际产量是：$MP = 12 l_s^{-0.5} - 2$，边际产品价值 $VMP = P \times MP = 12 l_s^{-0.5} - 2 = 1$，所以得 $l_s^{-0.5} = \dfrac{1}{4}$，因此 $l_s = 16$。因为 $l_s + l_c = 25$，所以 $l_c = 9$。

（2）此时服装行业因为没有发生变化，所以 $VMP = w_c = 1$，但是钢铁行业发生了变化，产品市场依然是完全竞争市场而劳动市场不再是完全竞争市场，钢铁行业利润函数为 $\pi_s = p_s y_s - l_s w_s = 24 l_s^{0.5} - 2 l_s - l_s w_s$，假如给定了钢铁行业工人的工资，则根据利润最大化的一阶条件，有：

$$\frac{\partial \pi_s}{\partial l_s}=12l_s^{-0.5}-2-w_s=0 \Rightarrow w_s=12l_s^{-0.5}-2$$

可以把上式看成是钢铁行业对工人工资的一个反应函数。

此时工会的目标是最大化收入函数 $R_s=l_s w_s$，把反应函数 $w_s=12l_s^{-0.5}-2$ 代入该目标函数，得：

$$R_s=l_s(12l_s^{-0.5}-2)=12l_s^{-0.5}-2l_s$$

则根据收入最大化的一阶条件，有：

$$\frac{dR_s}{dl_s}=6l_s^{-0.5}-2=0 \Rightarrow l_s=9$$

因为 $l_s+l_c=25$，所以 $l_c=16$。

此时钢铁行业的工人工资为 $w_s=12l_s^{-0.5}-2=2$。

（3）此时工会的目标函数是 $\pi=l_c w_c+l_s w_s$，服装行业利润函数为 $\pi_c=p_c y_c-l_c w_c=l_c-l_c w_c$，假如给定了服装行为工人的工资，则根据利润最大化的一阶条件，有：

$$\frac{\partial \pi_c}{\partial l_c}=1-w_c=0 \Rightarrow w_c=1 \quad ①$$

可以把上式看成是服装行业对工人工资的一个反应函数。

由（2）知钢铁行业对工人工资的一个反应函数为：

$$w_s=12l_s^{-0.5}-2 \quad ②$$

由 $l_s+l_c=25$ 及①、②，可知工会的目标函数变为：

$$\pi=l_c w_c+l_s w_s=24-l_s+l_s(12l_s^{-0.5}-2)=12l_s^{0.5}-3l_s+25$$

利润最大化的一阶条件为：

$$\frac{\partial \pi}{\partial l_s}=6l_s^{-0.5}-3=0$$

解得：$l_s=4$，$l_c=21$。$w_s=12l_s^{-0.5}-2=4$。

6. 为什么劳动供给曲线向后弯曲？［西北大学 2017 研；南开大学 2016 研；东南大学 2016 研；浙江理工大学 2015 研；中南财大 2010 研；人大 2008 研；南航 2006 研；西南财大 2006 研；清华大学 2004 研］

答： 劳动供给曲线是人们提供的劳动和对劳动所支付的报酬之间关系表现形式。假设劳动的供给只取决于工资，则劳动供给曲线可用图 18-16 表示。

此图是向后弯曲的劳动供给曲线。这是因为，当工资较低时，随着工资的上升，消费者为较高的工资所吸引将减少闲暇，增加劳动供给量。在这个阶段，劳动供给曲线向右上方倾斜。但是，工资上涨对劳动供给的吸引是有限的。当工资涨到足够高（例如 W_0）时，消费者的劳动供给量达到最大，此时，如果继续增加工资，劳动供给量不会继续增加，反而会减少，例如，当工资从 W_0 提高到 W_1 时，劳动供给则从 L_0 减少到 L_1。具体理由从以下三方面来阐述。

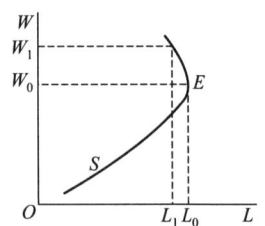

图 18-16 劳动供给曲线

（1）劳动的供给曲线之所以向后弯曲，是劳动工资率产生的替代效应和收入效应综合影响的结果。劳动者在不同的工资率下愿意供给的劳动数量取决于劳动者对工资收入和闲暇所带来效用的评价。消费者的总效用由收入和闲暇所提供。收入通过消费品的购买为消费者带来满足：收入越多，消费水平越高，效用满足越大。同样，闲暇也是一种特殊的消费，闲暇时间越长，效用水平越高。然而，可供劳动者支配的时间是既定的，所以劳动者的劳动供给行为可以表述为：在既定的时间约束条件下，合理地安排劳动和闲暇时间，以实现最大的效用满足。

（2）一般而论，工资率越高，对牺牲闲暇的补偿也就越大，劳动者宁愿放弃闲暇而提供劳动的数量也就越多。换言之，工资率提高，闲暇的机会成本相应也就越大，劳动者的闲暇时间也就越短。因此，工资率的上升所产生的替代效应使得劳动数量增加。同时，工资率的提高，使得劳动者收入水平提高。这时，劳动者就需要更多的闲暇时间。也就是说，当工资率提高以后，劳动者不必提供更多的劳动就可提高生活水平。这说明，工资率提高的收入效应使得劳动数量减少。

（3）替代效应和收入效应是工资率上升的两个方面，如果替代效应大于收入效应，那么，工资率提高使得劳动数量增加，即劳动的供给曲线向右上方倾斜；反之，工资率的提高会使劳动数量减少，劳动供给曲线向左上方倾斜。在工资率较低的条件下，劳动者的生活水平较低，闲暇的成本相应也就较低，从而，工资提高的替代效应大于收入效应，劳动的供给曲线向右上方倾斜。但是，随着工资率的进一步提高和劳动时间的增加，闲暇的成本增加，替代效应开始小于收入效应，结果劳动供给数量减少。

基于以上原因，劳动的供给曲线呈现出向后弯曲的形状。

第19章 收入与歧视

知识结构导图

收入与歧视
- 决定均衡工资的若干因素
  - 补偿性工资差别
  - 人力资本
  - 能力、努力和机遇
  - 教育的另一种观点：信号
  - 超级明星现象
  - 高于均衡水平的工资：最低工资法、工会和效率工资
- 歧视经济学
  - 劳动市场歧视的衡量
  - 雇主的歧视
  - 顾客与政府的歧视

 考点难点归纳

考点1　决定均衡工资的若干因素

（1）补偿性工资差别

补偿性工资差别指为抵消不同工作的非货币特性而产生的工资差别。

（2）人力资本

人力资本是对人的投资的积累，最重要的人力资本类型是教育。

（3）能力、努力和机遇

（4）教育的另一种观点：信号

受教育更多的人得到更高工资是因为有更高天赋能力的工人把教育作为一种向雇主表示他们高能力的信号，而不是因为教育提高了生产率。

（5）超级明星现象

（6）最低工资法、工会和效率工资

最低工资法、工会和效率工资会导致工人的工资高于均衡的工资水平。

 【名师点读】

考卷对本考点的考查较少，考生有一定理解即可。其中，可结合不对称信息部分逆

向选择的理论来理解教育的信号理论；对于人力资本、效率工资等概念，也需清楚其含义。常以概念题形式考查，相关考研真题如下。

【概念题】效率工资［人大2013研］

考点2　歧视经济学

工资差别的另一个来源是歧视。歧视指市场向那些仅仅是种族、宗教、性别、年龄或其他个人特征不同的相似个人提供不同的机会。不过，由于必须根据人力资本和工作特性的差别进行校正，歧视的衡量是困难的。

企业的利润最大化行为倾向于消除歧视性工资差别，但如果顾客愿意为维持歧视性做法进行支付或者政府强制歧视，竞争市场上的歧视性工资差别就会持续下去。

【名师点读】

本部分内容为介绍性知识点，考试中一般不对此进行考查，要求考生对歧视经济学的概念及内容有一个基本的了解即可。

一、概念题

1. 补偿性工资差别（compensating differential）

答：补偿性工资差别指不同工作的非货币特性所引起的工资差别。补偿性工资差别在经济中普遍存在。比如：教授的工资低于受教育时间大致相同的律师和医生，教授的低工资由工作所带来的学术上与个人价值上的满足而得到补偿。工厂中夜班工人的工资高于同类白班工人的工资。高工资补偿用来补偿他们不得不夜里工作而白天睡觉这种大多数人都不喜欢的生活方式。

工资差别产生的原因，主要是为了"补偿"一些人在工作条件和社会环境方面所处的不利地位。由于他们所处的这种地位，使他们不得不承受更多的生理和心理方面的压力，承受了更高的"劳动的负效应"，也就是劳动引起的劳累、紧张、枯燥、疲倦、痛苦和危险的感觉或处境。从一定意义上说，这也意味着他们比那些没有处于同样地位的人付出了更多的劳动。所以，这种工资差别被称为补偿性工资差别。

2. 人力资本（human capital）

答：人力资本指对人的投资的积累，如教育和在职培训。人力资本对经济发展具有重大贡献，主要表现如下。①提高物质资本使用率。较高的人力资本能更有效地提高物质资本的利用率，从而提高经济效益。②产生余值增长率。国民收入增长率高于国民资源增长率的差距即为余值增长率，主要是由于规模报酬递增规律和劳动者素质的提高而产生的。③提高劳动生产率。人力资本的进步是提高劳动生产率和促进经济增长的重要因素。

人力资本是为了提高劳动的文化技术水平和劳动素质而投到劳动者身上的投资，是无形资本，它与物质资本（有形资本）共同构成了经济增长因素中的投资。人力资本在经济增长中的作用越来越重要，其自身不仅能形成递增的收益还能使相关的劳动和资本也产生递增的收益，从而使得整个经济的规模收益递增。

3. 工会（union）

答：工会指与雇主谈判工资和工作条件的工人协会。工会通常把工资提高到没有工会时的水平以上，也许是因为它们可以通过号召罢工来威胁从企业撤出工人。在许多欧洲国家，工会起着重要作用。例如，在瑞典和丹麦，3/4以上的工人属于工会。

工会是一种卡特尔，它是卖者共同行动以希望发挥其共同市场势力的一个集团。在经济中大部分工人单独地与其雇主讨论工资、津贴和工作条件。与此相比，工会的工人是作为一个集团来这样做的。

4. 罢工（strike）

答：罢工指工人为实现某种利益要求或表示抗议而集体停止工作的行为。按照性质的不同，可以将罢工区分为经济罢工和政治罢工。在工人阶级还未觉醒而进行自发斗争时，罢工主要是为了提高工资、缩短工时、改善劳动条件而进行的经济斗争。随着工人阶级的觉醒，尤其是在有了自己的工会组织和政党领导之后，罢工由单纯的经济斗争上升到政治斗争，并把两者结合起来。现代市场经济国家对于工人的罢工权，有的由宪法作出明确规定（如法国、日本），有的由单行法规加以规定（如美国、西班牙）。各国在确认公民罢工权的同时，又大都对罢工做出了种种限制。这些限制主要表现在以下四个方面。①职业上的限制。如美国的有关法律规定，禁止国家公务人员罢工，参加罢工的国家公务人员应立即予以解雇，剥夺其公务人员身份，并在三年内不得在任何国家机关中复任公职。②罢工类型上的限制。各国法律大都直接或间接地，或事实上禁止政治性罢工或同情性罢工。③经济性罢工在程序上和时间上的限制。许多国家对劳资关系都采用双方协商、调解和仲裁解决的程序，规定在此期间不得罢工。④利用集体合同或集体协议予以限制。例如，瑞典的有关法律规定，如已签订的集体合同中包括规定工人有不举行罢工的义务的条款时，则工人无权罢工。

5. 效率工资（efficiency wages）

答：效率工资指企业为了提高工人的生产效率而支付的高于均衡工资的工资。在一定限度内，企业通过支付给工人比劳动市场出清时更高的工资率，可以促使劳动生产率的提高，获得更多的利润。效率工资取决于两个因素：其他企业支付的工资与失业率水平。

效率工资的基本观点是，雇主必须把工资作为刺激雇员努力工作的手段。雇员在工作时候的努力程度决定了生产和经营的经济效率。如果员工积极性高，则生产的效率就高，反之亦然；而雇员工作时的努力程度又在很大程度上取决于雇员得到的报酬的高低。

如果雇主给雇员支付的工资高于其他企业从事同种工作的雇员的工资水平，雇员就会认为自己的工作是有前途的"好工作"，并为了保持这种好工作而努力工作，这就有利于企业效率的提高。根据这一理论，经济学家们得出结论，除非不得已，雇主不愿意降低员工的工资，因为这不利于刺激工人的生产积极性。不但如此，社会上的工资水平总体上有不断上升的趋势。而且，高工资率还可以刺激产生高效率，效率的提高不可避免引起对劳动的需求的下降，从而社会上失业的存在就是可以理解的。效率工资理论是新凯恩斯主义反击新古典主义的批判，并证明其所主张的工资刚性的重要理由。

6. 歧视（discrimination）

答：歧视指对仅仅由于种族、民族、性别、年龄或其他个人特征不同的相似个人提供不同的机会。歧视反映了某些人对某个社会群体的偏见，是工资差别的一个来源。竞争市场包含了解决雇主歧视的合理方法，只关心利润的企业的进入有助于消除歧视性工资差别。只有在顾客愿意为维持歧视性做法进行支付或政府规定歧视时，竞争市场上的这种工资差别才能持续下去。

二、复习题

1. 为什么煤矿工人得到的工资高于其他有相似教育水平的工人？

答：煤矿工人得到的工资高于其他有相似教育水平的工人，是因为他们的高工资是用来补偿采煤的枯燥和危险性，以及煤矿工人所面临的长期健康问题，这种不同工作非货币特性所引起的工资差别，经济学家称之为补偿性工资差别。

2. 从什么意义上可以说教育是一种资本？

答：从教育能够提高生产率的意义上讲，可以说教育是一种资本。具体如下。

与所有资本形式一样，教育代表为了提高人未来的生产率而在过去某一时点的资源支出。但是，与其他资本形式的投资不同的是，教育是与一个特定的人相联系的，这种联系使教育成为人力资本。人力资本是资本的一种特殊形式，是对人的投资的积累，尽管它不如物质资本具体，但对经济的生产同样重要。它是指人们在教育和培训过程中能够积累起来的有用的和有价值的知识。人力资本较多的人，也即教育水平高的人有较高的边际生产率。因为教育能够提高生产率，所以教育是一种资本。

3. 教育为何可能在不提高工人生产率的情况下增加工人的工资？

答：教育不一定提高工人的生产率，但是会增加工人的工资。原因如下。

（1）根据教育的人力资本观点，教育使得受教育的人更有生产率，因而企业习惯于把工人的受教育状况作为区分其能力高与能力低的一种方法。当人们得到较高的学位时，尽管其并没有变得生产率更高，但他们向有希望的雇主发出了他们高能力的信号，因为高能力的人比低能力的人更容易得到高学位。因此，企业愿意对这类高学位的人支付更高的工资，以使得他们的工资与能力成正比。根据这种观点，提高工人的教育水平尽管不完全会提高工人的生产率，但会增加他们的工资。

（2）根据教育的信号理论，正规学校教育并没有真正的生产率利益，但工人通过为在学校花费数年的意愿向雇主发出其内在生产率的信号。在这种情况下，所采取的行为并不是为了其内在的利益，而是由于采取那种行为的意愿向关注这种行为的某人传递了私人信息。

（3）从整个社会的角度来看，教育这种投资的收益并不完全由个人获得。教育的收益包括个人的与社会的。个人收益是受教育以后收入的增加以及社会地位提高等这类非货币收益。社会的收益是教育对经济增长的贡献。这就是说，教育提高生产率的结果一部分由个人以高收入的形式获得，即增加了工人的工资；而另一部分由社会以经济增长率提高的形式获得。

4. 产生收入上的超级明星的条件是什么？你预期牙科行业中会出现超级明星吗？在音乐行业中呢？解释原因。

答：产生收入上超级明星产生的条件主要是以下两点：

（1）市场上每位顾客都想享受最优生产者提供的物品；

（2）生产这种物品所用的技术使最优生产者以低成本向每位顾客提供物品成为可能。

不能指望在牙科行业中看到超级明星。因为一个牙科医生只能为有限的顾客提供他的服务。在音乐中可以看到超级明星。因为每个人都想听最好的音乐家的歌曲，录音机的发明使音乐家可以以低成本向大量听众提供他们的音乐。

5. 举出工人的工资会高于使供求平衡的水平的三个原因。

答：工人的工资高于均衡工资水平主要是由最低工资法、工会和效率工资三个原因引起的。

（1）最低工资法

经济中大多数工人并不受这些法律的影响，因为他们的均衡工资远远高于法定的最低工资。但是，对一些工人，特别是对最不熟练而又最无经验的工人来说，最低工资法把他们的工资提高到他们在不受管制的市场上所能赚到的水平之上。

（2）工会的市场势力

工会是与雇主谈判工资和工作条件的工人协会。工会通常把工资提高到没有工会存在时的水平之上，也许因为它们可以通过号召罢工来威胁从企业撤出工人。

（3）效率工资

效率工资理论认为，企业会发现支付高工资是有利的，因为这样做提高了工人的生产率。特别是，高工资可以减少工人的流动性，提高工人努力程度，并提高适应企业工作的工人素质。如果这种理论正确的话，那么，一些企业就会选择支付给自己工人的工资高于工人正常情况下所赚到的工资。

高于均衡工资的工资无论是由最低工资法、工会还是效率工资引起的，对劳动市场都有类似的影响。特别是，把工资推到均衡水平之上，增加了劳动供给量，减少了劳动需求量，结果是劳动过剩或失业。

6. 确定一个工人群体工资低是否是由于歧视存在什么困难？

答：在确定一个工人群体工资低是否由于歧视时，会遇到关于歧视衡量的困难。具体如下。

（1）一个工人群体工资低的原因很复杂，它根植于社会习俗和期望、教育和工作经验等经济因素之中，只有当市场向那些仅仅是种族、宗教、性别、年龄或其他个人特征不同的相似个人提供了不同机会时，才出现了歧视。

（2）劳动市场上的歧视对不同工人群体的收入有多大影响，这个问题很重要但很难回答。因为即使在一个没有歧视的劳动市场上，不同人的工资也不同，因为人们拥有的人力资本量以及能够并愿意从事的工作种类的差异决定了他们的工资水平不同。

（3）以人力资本的作用为例：白人男性工人拥有高中和大学学历的比例高于黑人男性工人，因而黑人工资与白人工资的差别可以追溯到教育程度的差别。

以工作经验形式获得的人力资本为例：女性的工作经验平均比男性少，因而这个事实解释了女性工人与男性工人之间的部分收入差别。

另外以补偿性工资差别为例：一般妇女从事的工作比男性从事的工作轻松，这个事实也解释了男性与女性之间的部分收入差别。

根据上面的分析，不能简单地认为一个工人群体工资低是由于歧视。

7. 经济竞争的力量是加重还是削弱了基于种族的歧视？

答：经济竞争的力量削弱了基于种族的歧视。原因如下。

（1）经济竞争的力量对雇主的歧视行为提供了一种自然的矫正方法。这种方法就是利润动机。设想一个工人由于发色而受到歧视的经济中，金发人与褐发人都有同样的技能、经验和职业道德。但由于歧视，雇主不喜欢雇用金发工人。因此，对金发人的需求低于没有歧视时的情况。结果，金发人赚的收入低于褐发人。

在这个经济中，存在一种企业打垮竞争对手的简单易行方法：它可以雇用金发工人。通过雇用金发工人，一家企业可以使支付的工资和成本低于雇用褐发人的企业。随着时间推移，越来越多的"金发人"企业利用这种成本优势进入市场。现有的褐发人企业成本高，因此，当面临新竞争者时就开始亏损。这些亏损使褐发人企业被逐出市场。最后，金发人企业进入和褐发人企业退出引起对金发工人需求增加以及对褐发工人需求减少。这个过程一直持续到工资差别消失为止。

（2）在与只关心歧视的企业竞争中，只关心赚钱的企业处于优势地位。因此，不进行歧视的企业取代了进行歧视的企业。竞争的市场以这种方法提供了解决歧视的合理措施。

8. 举出一个竞争市场中歧视如何会持续的例子。

答：当顾客愿意为维持歧视性做法进行支付或政府规定歧视时，竞争市场中的歧视会持续下去。假设餐馆老板在雇用服务员时歧视金发人，结果金发服务员赚的工资低于褐发服务员。在这种情况下，别的餐馆可以用金发服务员开业并收取低价格。如果顾客只关心他们饭菜的质量和价格，歧视性企业就只有关门，而且工资差别也会消失。如果政府通过法律，宣布金发人在餐馆中只能刷盘子而不能当服务员时，那么金发人和褐发人的工资差别就会持续下去。

三、快速单选

1. Ricky 离开他当高中数学教师的工作，并回到学校学习电脑编程的最新进展，此后他在一家软件企业得到一份高报酬的工作，这是哪种工资差别的例子？（　　）

　　a. 补偿性差别　　　　　b. 人力资本　　　　　c. 发信号　　　　　d. 效率工资

【答案】b

【解析】人力资本是对人的投资的积累，如教育和在职培训。Ricky 回到学校学习电脑编程，相当于他在对自己进行教育投资，受到更高教育的 Ricky，有更丰富的知识、技术，能胜任更困难的工作，获得高工资。

2. Lucy 和 Ethel 都在当地一家百货公司工作。Lucy 负责在顾客来时向他们问好，Ethel 负责清洗卫生间，Lucy 的收入少于 Ethel。这是哪种工资差别的例子？（　　）

　　a. 补偿性差别　　　　　b. 人力资本　　　　　c. 发信号　　　　　d. 效率工资

【答案】a

【解析】补偿性工资差别是指为抵消不同工作的非货币特性而产生的工资差别。清洗卫生间相比对顾客打招呼，需要更多体力劳动，而且其工作内容也更艰苦，所以需要更高工资吸引工人来清洗卫生间。

3. Fred 经营一家小型制造业公司。尽管 Fred 可以支付较低工资并仍然可以招到他想要的所有人，但他向其雇员支付相当于当地其他企业两倍的工资。他认为更高的工资使他的工人更忠诚、更努力。这是哪种工资差别的例子？（　　）

　　a. 补偿性差别　　　　　b. 人力资本　　　　　c. 发信号　　　　　d. 效率工资

【答案】d

【解析】效率工资理论认为企业会发现支付高工资是有利的，因为这样做提高了工人的生产效率。具体而言，高工资可以减少工人的流动性，提高工人的努力程度，并提高申请该企业工作岗位的工人素质。

4. 一家商业咨询公司雇用 Vivian 是由于她大学学习的是数学专业，她的新工作一点也不需要她学过的数学，但企业认为任何一个获得数学学位的人都十分聪明。这是哪种工资差

别的例子？（　　）

a. 补偿性差别　　　　b. 人力资本　　　　c. 发信号　　　　d. 效率工资

【答案】c

【解析】根据教育的信号理论，学校教育并没有使生产率实际提高，但工人通过在学校花费数年学习的意愿向雇主发出其与生俱来的生产率的信号。企业把教育状况作为区分高能力工人与低能力工人的一种方法。因为他们认为高能力的人比低能力的人更容易获得大学学历，所以拥有高学历的工人其工作效率自然高。题目中 Vivian 获得数学专业，发出信号，吸引该企业雇用。

5. 衡量歧视对劳动市场的结果有多大影响是困难的，这是因为（　　）。

a. 工资的数据是关键的，但不易获取

b. 企业误报他们支付的工资，以掩盖他们歧视的做法

c. 工人的特性不同，而且他们的工作类型不同

d. 同样的最低工资法适用于各群体的工人

【答案】c

【解析】工人的特性不同，而且他们的工作类型不同，例如有一部分黑人工资与白人工资之间的差别可以追溯到受教育程度的差别，白人受教育程度往往高于黑人；工作经验的形式获得的人力资本也有助于解释工资差别，一般女性工人的工作经验少于男性工人；补偿性工资差别，女性更可能当秘书，而男性更可能当卡车司机，卡车司机由于工作的艰苦和危险性，其工资会更高等；这些影响因素影响经济学家衡量歧视对劳动市场的结果有多大影响。

6. 市场上自由进入与退出的竞争力量会消除（　　）歧视所带来的工资差别。

a. 雇主　　　　b. 顾客　　　　c. 政府　　　　d. 以上所有各种

【答案】a

【解析】雇主歧视会造成一部分人更受到雇主偏爱，获得高工资，而另一部分人只能得到低工资。人员工资是企业一项重要的成本，受到歧视那部分人工资低，雇用其企业的成本低，会驱逐成本高的企业；企业为了生存，会增加对受到歧视人员雇用，市场逐渐减少歧视造成的工资差别。竞争市场以这种方法对雇主歧视进行了自发的矫正。

四、问题与应用

1. 大学生有时通过暑假实习为私人企业或政府工作。许多这类工作工资很少或没有工资。

a. 从事这种工作的机会成本是什么？

b. 解释为什么学生愿意接受这些工作。

c. 如果把做过暑假实习与做过工资较高的暑假工作的工人们以后一生的收入进行比较，你预计会发现什么？

答：a. 从事这种工作的机会成本是大学生在暑假期间内看书获得的知识或从事其他工作赚得的更高工资。

b. 大学生为私人企业或政府工作的目的是积累工作经验，并希望通过从事这类工作换取在职培训，增加自身的人力资本。

c. 我预计做过暑假实习的大学生以后一生的收入要高于那些做过工资较高的暑假工作的工人。

2. 正如第 6 章所解释的，最低工资法扭曲了低工资劳动市场。为了减少这种扭曲，一

些经济学家提倡一种双重最低工资制度，对成年工人实行正常的最低工资，对青少年工人实行"次最低工资"。举出两种原因说明为什么单一最低工资对青少年工人劳动市场的扭曲大于对成年工人劳动市场的扭曲。

答：单一最低工资对青少年工人劳动市场的扭曲大于成年工人劳动市场，其原因主要有以下两个：

（1）青少年工人的边际产量值低于成年工人边际产量值，所以成年工人最低工资更可能高于青少年工人的边际产量值。

经济不只是包括一个劳动市场，而是包括许多不同类型工人的劳动市场。最低工资法对不同劳动市场的扭曲取决于每个劳动市场上的均衡工资水平。当实行单一最低工资法时，成年工人市场受的影响不大，因为成年人技术高而且经验丰富，他们的均衡工资（边际产量值）一般都高于最低工资。而最低工资法对青少年劳动市场影响很大。因为青少年往往是一些最不熟练和经验最少的工人，他们的均衡工资（边际产量值）往往低于最低工资，当最低工资由于法律规定而高于均衡水平时，结果就是增加了青少年工人劳动市场的失业，所以最低工资法对青少年工人劳动市场的扭曲大于成年工人劳动市场。

（2）青少年工人的劳动需求更有弹性。青少年一般喜欢通过从事一些杂活（拿低薪）来感受有酬工作的滋味。但最低工资法的实行增加这些工作的成本，因而企业一般会减少这类工作的岗位，所以最低工资法减少了青少年的就业机会。而最低工资法对成年工人就业机会的影响相对较小，因此最低工资法对青少年工人劳动市场造成更大的扭曲。

3. 劳动经济学的一项基本结论是，那些工作经验多的工人得到的工资高于那些（正规教育相同但）工作经验少的工人。为什么会是这种情况？一些研究也发现，同种工作中的经验（称为"工龄"）对工资有额外的正影响。解释原因。

答：在工资的决定中，很难确定能力、努力和机遇等因素的重要性的大小，因为能力、努力和机遇这些因素是很难衡量的。但可以通过间接的证据——可衡量的变量——如正规教育年限、工作年限、年龄和工作特性联系起来。

工作经验多（即工龄长）的工人获得了更多的职业培训，而职业培训可以增加劳动边际产量值。而且他们会拥有更多的关于本企业工作职位的专业知识。在正规教育相同的情况下，工作经验多（也即工龄长）的工人比工作经验少（即工龄短）的工人向雇主发出了他们更有生产率的信号，因而雇主也愿意对他们支付更高的工资。所以，同种工作中的经验（称为"工龄"）对工资有额外的正影响。

4. 在一些学院和大学中，经济学教授的薪水高于其他一些学科的教授。

a. 为什么这种情况可能是真实的？

b. 一些其他学院和大学制定对所有学科教授支付相同工资的政策。在这些学校中，经济学教授的教学负担比一些其他学科的教授轻。教学负担的差别起了什么作用？

答：a. 因为在这些学院与大学中，相对于其他某些领域的教授来说，经济学教授除了在大学教学之外，在其他地方（例如在私营企业或政府部门）也很容易能找到工作，经济学教授需求大于供给的矛盾更严重些，所以经济学教授得到的薪水要高于其他些领域的教授。

b. 较轻的教学负担用于弥补经济学教授由于低工资所带来的与经济学教授劳动市场均衡工资水平的差距。如果所有学科教授的工资相同，那么经济学教授的工资会低于他们在其他地方获得的工资。为了吸引或留住经济学教授，学校会给他们一些补贴，例如较轻的教学负担。

5. 设想某人向你提出一种选择：你可以在世界上最好的大学学习四年，但你必须为你在那里上学保密。或者你可以从世界上最好的大学获得一个正式的学位,但你不能实际去那里上学。你认为哪一种选择能更多地提高你未来的收入?你的回答为教育作用中的信号与人力资本的争论作何注脚?

答:基于人力资本理论,应该选择第一种;基于信号理论,应该选择第二种。

我认为第二种选择能更多地提高我未来的收入。因为根据教育的信号观点,世界上最好的大学的正式学位向雇主发出了我具有较高人力资本的信号。世界上最好的大学的教育会使我比其他大学毕业的人更有生产率。由于我不能实际上学,所以我并没有变得生产率更高,但我的学位向雇主发出了我高能力的信号。因为在雇主看来,高能力的人比低能力的人更容易得到世界上最好大学的正式学位。

这一回答说明,在一些情况下,关于教育的信号理论比人力资本理论更有说服力。根据人力资本观点,提高工人的教育水平,会提高工人的生产率。根据信号观点,教育并没有提高生产率,但会提高工人的工资。第一种选择可以提高我的生产率,但由于我必须为我的上学保密,所以我不能向雇主发出我具有较高人力资本的信号,因此最好的教育也不大可能提高我未来的收入。

6. 当录音机在近一百年前第一次被发明出来时,音乐家们突然可以以低成本向大量听众提供他们的音乐。你认为这件事如何影响最优秀音乐家的收入?你认为它如何影响一般音乐家的收入?

答:这件事将使最优秀音乐家的收入大增,但是会减少了一般音乐家的收入。原因如下。

因为市场上的每位听众都想享受最优秀音乐家提供的音乐。而录音机的发明使得最优秀音乐家能够以低成本向每位顾客提供他们的音乐。在其他条件相同的情况下,每个听众都会喜欢最优秀音乐家的音乐,从而使得享受一般音乐家的音乐的听众剧减,所以一般音乐家的收入减少。简言之,录音机的发明增加了最优秀音乐家的收入,减少了一般音乐家的收入。

7. 当前有关教育的争论是,应该仅仅根据教师的受教育年限和教学经验按标准薪级支付工资,还是应该部分地根据他们的业绩支付工资(称为"绩效工资")。

a. 为什么绩效工资可能是合意的?

b. 谁会反对绩效工资制?

c. 绩效工资潜在的挑战是什么?

d. 一个相关的问题:为什么一个学区决定付给教师的工资远远高于周围学区提供的工资?

答:a. 人们对激励做出反应,绩效工资提供了一种促使教师更加努力工作的激励,提高教师的生产率。

b. 那些所带班级表现不好的教师将反对绩效工资制。同时有些教师不愿努力工作以获得较高的工资,他们也会反对绩效工资制。

c. 绩效工资潜在的挑战是如何真实、客观、公正、准确地衡量教师的表现。

d. 由于激励问题,所以一个学区决定付给教师的工资远远高于周围学区提供的工资,以确保该学区具有更为优秀的教师。

8. 当艾伦·格林斯潘(后来成为美联储主席)在 20 世纪 60 年代经营一家经济咨询公司时,他主要雇用女经济学家。他曾经在《纽约时报》上说:"我总是给予男性与女性同样的评价,而且我发现,由于其他人不这样评价,好的女经济学家就比男经济学家雇用成本低。"格林斯潘的行为是利润最大化的吗?这种行为值得赞赏还是应该谴责?如果更多的雇

主像格林斯潘这样，男性与女性之间的工资差别会发生什么变动？为什么当时其他经济咨询企业没有遵循格林斯潘的经营战略呢？

答：（1）格林斯潘的行为是追求利润最大化的。

（2）有些人可能谴责格林斯潘的这种行为，因为其歧视男性经济学家，但有些人认为这种行为值得赞赏，因为他在实现利润最大化和给予女性较好的工作机会。

（3）如果更多的雇主像格林斯潘这样，男性与女性之间工资差别会缩小，因为雇主之间激烈的竞争使雇主雇用更多的女性，使女性的就业机会增加，男性与女性的工资差别最终消失。

（4）当时其他经济咨询企业没有遵循格林斯潘的经营战略是因为他们的某些顾客更喜欢男性咨询员，并愿意为这种差别付出更多的费用。

9. 本章考虑了雇主、顾客和政府歧视的经济学，现在考虑工人的歧视。假设一些褐发工人不喜欢与金发工人一起工作。你认为这种工人歧视能解释金发工人的低工资吗？如果这种工资差别存在，利润最大化的企业家会怎么做？如果存在许多这种企业，长期中会发生什么变动？

答：（1）褐发工人的这种歧视不能解释金发工人的低工资。尽管一些褐发工人不喜欢与金发工人一起工作，但利润最大化的企业家不会考虑这些，他们的目标是成本最小化。

（2）由于金发工人的工资低于褐发工人，利润最大化企业家就会增雇低工资的金发工人，解雇不喜欢与金发工人一起工作的褐发工人。

（3）长期中，随着越来越多的利润最大化企业家以这种低成本优势进入市场，雇用褐发工人的企业就会面临高成本的竞争劣势，如果存在许多这种企业，劳动市场对金发工人的需求增加，对褐发工人的需求减少，这个过程将一直持续到两者之间的工资差别消失为止。

名校考研真题详解

1. 联系信息不对称中的逆向选择理论说明劳动力市场上的逆向选择，并分析教育信号在克服这种逆向选择中的重要作用。［北大 2007 研］

答：（1）劳动力市场信息不对称问题

劳动力市场交易的对象是劳动力这种特殊商品，劳动力是劳动者在劳动过程中的体力和脑力的付出。在劳动力的需求方（雇主）和供给方（劳动者）交易之前，双方要根据各自掌握的一系列信息来商定劳动合约。一般情况下，雇主对某一岗位的体力和脑力劳动强度、劳动环境与工作条件可能给劳动者造成的负效用以及自身遵守合约的概率等信息的掌握是确定和充分的，但对劳动者的劳动技能及劳动过程中努力的程度（即劳动的质量和数量）这类信息的掌握则是不确定和不充分的。对劳动者而言，情况正好相反。这便是劳动力市场信息不对称问题。

（2）劳动力市场上的逆向选择

劳动力市场信息不对称问题容易造成劳动力市场上的逆向选择。招聘者在招聘人员的时候，很难根据简单的信息（如应聘者受教育程度、工作经历等）和简短的交流来判断应聘者是否合格。在劳动力市场上，招聘者很难实行一个最优工资策略。

如果招聘者降低工资，应聘者数量肯定减少，并且由于低工资减少的应聘者中，主要的是那些工作效率较高的人，而不是工作效率较低的人。这样工资下降的结果是应聘队伍的结构变化，高效率应聘者所占比例不断降低，低效率应聘者所占比例不断上升，从而整个应聘者的平均效率下降。反过来，如果招聘者提高工资，应聘者的数量就会增加，而在这些增加的应聘者中可能主要是一些工作效率较高的人才，这些人认为现在的高工资才值得他们应聘，结果整个应聘队伍的平均效率就上升了。

由此可见，在招聘者所出的工资水平与应聘者的平均效率之间存在一个同方向变化的关系，平均效率随着工资水平的下降而下降，反之亦然。

（3）教育信号在克服逆向选择中的重要作用

教育信号在解决劳动力市场信息不对称中有重要作用。雇主虽然无法事先知道劳动者的生产率，但是根据教育状况可以判断其生产能力，教育也因此成为标志潜在生产能力的信号。

教育状况的意义并不限于它可能成为传递潜在生产能力的信号。生产能力信号仅仅是社会地位符号的一个部分，后者还包括一些前者所没有的内容。见识、品位、社会关系网络这些影响社会地位评价的因素并不能简单地归于生产能力范畴。而有关这些因素的信息，通过学校经历是可以在一定程度上体现出来的。也就是说，教育状况通过比传递能力信号更广泛的途径影响着雇主决策。因此，教育信号在克服劳动力市场的逆向选择中作用巨大。

2. 作图分析集体议价的工资率。［南京大学 2008 研］

答：现代西方国家通常都有工会组织，在工会势力较大的国家，工资率往往都是通过集体议价的方式来确定的。集体议价的方式是指由工会代表劳动者与厂商雇主的代表通过谈判达成工资率的协议。一旦劳资双方达成协议，则为工会组织的全体会员所接受，他们不得私自以低于协议价的工资率接受雇用，资方也不得付给工会成员低于协议规定的工资率。

集体议价所形成的工资率，一般都高于市场均衡的工资率。在现代西方经济学中，工会被看成是劳动供给的卖方垄断者，因为工会被认为可以控制劳动供给量，控制工资率。

集体议价的结果，固然可使工资率提高，但另一方面却也使劳动者失业。工会则可以采取减少劳动供给的方法来保持充分就业。如图 19-1 所示。

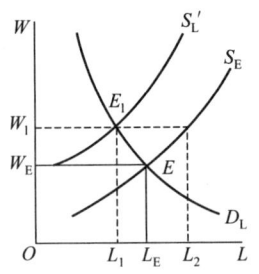

图 19-1　集体议价的工资率

图中，E 点为劳动市场的均衡点，均衡价格为 W_E。假如工会通过集体议价的方法使工资率上升到 W_1，则劳动的供给由 OL_E 增加到 OL_2，而对劳动的需求则减少到 OL_1，这表明有 L_1L_2 数量的工人失业。这时，工会采取限制劳动供给量的措施（如限制非工会会员受雇等），使劳动供给曲线由 S_L 左移至 S'_L，这时，均衡点为 E_1，在 W_1 工资率水平下，对劳动的需求和劳动的供给都是 OL_1。

3. 假定对劳动的市场需求曲线为 $D_L=-10W+150$，劳动的供给曲线为 $S_L=20W$，求：

（1）在市场中，劳动和工资的均衡水平为多少？

（2）若政府宣布法定最低工资为 6 元/日，则在这个工资水平下将需求多少劳动？失业人数是多少？［东北财大 2008 研］

解：已知 $D_L=-10W+150$，$S_L=20W$。

（1）均衡时有 $D_L=S_L$，即 $-10W+150=20W$，得 $W=150/30=5$（元），$D_L=S_L=20\times 5=100$（人）。

（2）若政府宣布法定最低工资为 6 元/日，则此时劳动需求 $D_L=-10\times 6+150=90$（人），而劳动供给 $S_L=20\times 6=120$（人），故失业人数为 $S_L-D_L=120-90=30$（人）。

第20章 收入不平等与贫困

知识结构导图

收入不平等与贫困
- 不平等的衡量
  - 美国的收入不平等
  - 世界各国的不平等状况
  - 贫困率
  - 衡量不平等时的问题
  - 经济流动性
- 收入再分配的政治哲学
  - 功利主义
  - 自由主义
  - 自由至上主义
- 减少贫困的政策
  - 最低工资法
  - 福利
  - 负所得税
  - 实物转移支付
  - 反贫困计划和工作激励

 考点难点归纳

考点1 不平等的衡量及问题

（1）不平等的衡量

① 贫困率

贫困率是常用的收入分配判断标准，定义为家庭收入低于一个称为贫困线的绝对水平的人口百分比。

② 洛伦兹曲线

将一国总人口按收入由低到高进行排队，考虑收入最低的任意百分比人口所得到的收入百分比，将人口累计百分比和收入累计百分比的对应关系描绘在图形上，即洛伦兹曲线，如图20-1所示。洛伦兹曲线的弯曲程度反映了收入分配的不平等程度。弯曲程度越大，收入分配程度越不平等；反之亦然。

③ 基尼系数

在洛伦兹曲线图中，不平等面积与完全不平等面积之比，称为基尼系数，是衡量一个国家贫富差距的标准。若设 G 为基尼系数，则：

$$G = \frac{A}{A+B}$$

其中，A 为洛伦兹曲线与 45°线之间的部分，叫作"不平等面积"；B 为洛伦兹曲线与折线 OHL 之间的部分，$A+B$ 为"完全不平等面积"。显然，基尼系数不会大于 1，也不会小于零，即有 $0 \leq G \leq 1$。

（2）衡量不平等时的问题

① 不平等程度的标准衡量并没有考虑实物转移支付。

② 正常的生命周期形式也会引起年度收入分配不平等。

③ 暂时收入与持久收入影响不平等的衡量。

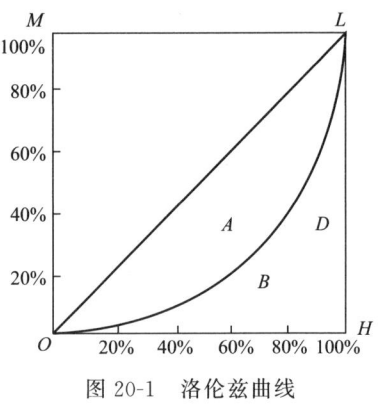

图 20-1 洛伦兹曲线

【名师点读】

贫困率相关概念以及衡量不平等时的问题不属于微观经济学重要考点，考生基本了解即可；洛伦兹曲线与基尼系数则属于常考的基础知识点，难度不大，考生需掌握其含义并应能进行适当的解读。常以概念题形式考查，相关考研真题如下。

1. 【概念题】基尼系数［山东大学 2015 研；北师大 2015 研］
2. 【概念题】洛伦兹曲线［中央财大 2012 研；中山大学 2009 研］

考点 2　收入再分配的政治哲学

对于政府在收入再分配中的作用有许多争论，几种主要的观点可由表 20-1 概括。

表 20-1　关于收入再分配中政府目标的三种观点

项目	功利主义	自由主义	自由至上主义
代表人物	杰里米·边沁、约翰·斯图亚特·穆勒	约翰·罗尔斯	罗伯特·诺齐克
出发点	效用和边际效用递减假设	处于原始状态下的人会特别关注处于收入分配最底层的可能性	机会平等比收入平等更重要
观点	政府应当选择使社会中每一个人的效用总和最大化的政策	政府的目标是使社会上状况最差的人的福利最大化（最大最小准则）	政府应落实个人权利，不应为实现任何一种收入分配而拿走一些人的收入并给予另一些人

【名师点读】

本部分内容在考试中考查较少，考生需了解关于收入再分配中政府目标的典型的三种观点的主要内容。

考点 3　减少贫困的政策

（1）最低工资法

（2）福利制度

（3）负所得税

（4）实物转移支付

【名师点读】

考生要会对实行最低工资法时的情况结合图像分析，并了解最低工资法的利弊；对于其他几种政策，考生有基本的了解即可，一般不常考查。

一、概念题

1. 贫困率（poverty rate）

答：贫困率指家庭收入低于称为贫困线的绝对水平的人口百分比，即一国或一个地区低于贫困线的人口占总人口的比重。贫困面指标是反映一个地区中包含点域的贫困程度，是以县为基本单位的。而贫困率指标与贫困面指标不同，它是以户为基本单位的，其计算公式为：贫困率(％)＝总贫困户数/总户数。

2. 贫困线（poverty line）

答：贫困线指由政府根据每个家庭规模确定的一种收入绝对水平，低于这一水平的家庭被认为处于贫困状态。美国国家的贫困线是联邦政府按提供充分食物成本的大约三倍的标准确定的。贫困线每年根据价格水平的变动调整，并取决于家庭规模。

常用的贫困线测定方法有：恩格尔系数法、线性支出系统模型法、基本需求法、比例法，以及马丁法等。前四种方法从理论基础、测算依据和可操作性三个方面考察都有各自的特点与可取之处，但又存在着一定的局限和缺陷。第一种方法要求恩格尔系数比较稳定；第二种方法实质上是测定相对贫困标准方法，利用这种方法测定出的贫困标准，在不同地区或同一地区不同时期都有很大的差别；第三种方法缺乏制定生活必需消费项目和数量的标准，特别是对连续计算贫困线借助经验判断较多，各时期之间的判断标准难以统一；第四种方法在比例的确定上存在经验的、主观的和武断的因素，客观性和科学性不强；第五种方法即马丁法吸收了前四种方法的优点，克服了它们的缺陷，无论从理论基础方面，还是从测算依据、可操作性方面都得到了进一步的改进与完善，使其更加实用、科学。

3. 实物转移支付（in-kind transfers）

答：实物转移支付指以物品和服务形式而不是以现金形式给予穷人的转移支付。比如，通过各种政府计划，穷人得到了许多非货币物品，包括食品券、住房补贴和医疗服务。不平等程度的标准衡量并没有考虑这些实物转移支付。

由于实物转移支付的对象是社会中最穷的成员，所以，没有把实物转移支付考虑在内就大大影响了所衡量的贫困率。

实物转移支付的重要作用使评价贫困的变化更为困难。由于帮助穷人的公共政策一直在变动，现金和实物转移支付之间的援助构成也在变动。因此，被衡量出来的贫困率的某些波动只是反映了政府援助形式的变动，而不是经济恶化的实际程度。

4. 生命周期（life cycle）

答：生命周期指在人的一生中有规律的收入变动形式。比如，可以预见到人的一生中收入总在变动。一个年轻工人,尤其是还在学校的年轻人,收入是较低的。随着工人年龄变大和经验增加,收入在增加,在50岁左右达到最高,然后在工人65岁退休时大幅度减少。

理性人根据自己一生的收入和财产来安排自己一生的消费并保证每年的消费水平保持在一定水平。人们在一生中的消费规律是:青年时以未来收入换取借款,中年时或清偿早期债务或储蓄防老,老年人逐日消耗一生积蓄。一般而言,中年人具有较高水平的收入,青年人和老年人收入水平较低。所以,中年人具有较低的平均消费倾向,青年人和老年人具有较高的消费倾向。但综合其一生,个人具有相对稳定的长期消费倾向。这就很好地解释了消费函数在长期和短期中的不同形式。

由于人们能以借款与储蓄来平缓收入的生命周期变动,所以他们在任何一年的生活水平对一生收入的依赖大于对那一年收入的依赖。这种正常的生命周期形式也会引起年度收入分配不平等,但这并不代表生活水平真的不平等。对于估计社会中的生活水平不平等,一生收入分配比年度收入分配更适用。由于人一生的收入是把生命周期的高收入与低收入拉平,所以在人们的分配中,一生收入肯定比年度收入更平等。

5. 持久收入(permanent income)

答:持久收入指一个人的正常收入,即消费者在较长时期可以维持的稳定收入水平。人们在计划自己的消费水平时,不是依据短期的实际收入,而是把消费和长期的持久收入联系起来。持久收入是消费者一生中的稳定收入,这种稳定收入可以理解为消费者一生收入总和的某种平均数。消费者在其生命终结之前无法准确知道其持久收入,持久收入也无法直接观测到。因此,消费者只能根据某种方法,利用可得到的信息,对其持久收入进行估计。

持久收入是美国经济学家M.弗里德曼提出的一种消费函数理论中的一个概念。该理论指出个人或家庭的消费不取决于现期收入,而取决于持久收入。人们希望消费是稳定的,因此,影响人们消费行为的就不是暂时收入,而是持久收入。弗里德曼还说明了持久收入的估算方法。他认为,持久收入与过去和现在的收入是相关的,因为人们总是根据过去与现在的收入来预期未来的收入。这样,持久收入就是过去收入与现在收入的加权平均数,时期越近,加权数越大。以 Y_{-1} 代表过去的收入,以 Y 代表现在的收入,以 θ 代表加权数,则持久收入 Y_p 可以用下列公式来表述:$Y_p = \theta Y + (1-\theta) Y_{-1}$ $(0 < \theta < 1)$。持久收入假说把消费与持久收入联系在一起,从而也解释了长期中消费函数的稳定性。此外,持久收入假说还是弗里德曼的重要理论——现代货币数量论的一个组成部分。弗里德曼用持久收入的稳定性证明了货币需求的稳定性,从而说明了货币供给量变动对经济的决定性作用。

6. 功利主义(utilitarianism)

答:功利主义指一种把追求幸福、快乐、效用、利益作为道德标准和行为规范的伦理哲学和经济理论。功利主义是一种政治哲学,根据这种政治哲学,政府应该选择使社会上所有人总效用最大化的政策。功利主义的奠基人是英国哲学家杰瑞米·边沁和约翰·斯图亚特·穆勒。在很大程度上,功利主义的目的是要把个人决策的逻辑运用于涉及道德与公共政策的问题。

功利主义的出发点是效用,即人们从其环境中得到的幸福或满足程度。效用是福利的衡量,而且,根据功利主义者的看法,它也是所有公共和私人行动的最终目标。他们声称,政府的正确目标是使社会每一个人的效用总和最大化。功利主义者支持收入再分配是根据边际效用递减的假设。

7. 效用(utility)

答:效用指衡量幸福或满足程度的指标。效用是商品满足人的欲望的能力,是消费者从商品消费中所获得的满足,是消费者对商品主观上的偏好和评价。一种商品对消费者是否具有效用，取决于消费者是否有消费这种商品的欲望，以及这种商品是否具有满足消费者欲望的能力。由于效用是消费者对商品的主观评价，因此，同一商品会因人、因时、因地之不同而有不同的效用。对效用或者对这种"满足程度"的度量，西方经济学家先后提出了基数效用和序数效用的概念，并在此基础上，形成了分析消费者行为的两种方法，即基数效用论者的边际效用分析方法和序数效用论者的无差异曲线的分析方法。

在19世纪和20世纪初期，西方经济学家普遍使用基数效用的概念。基数效用论者认为，效用如同长度、重量等概念一样，可以具体衡量并加总求和，具体的效用量之间的比较是有意义的。表示效用大小的计量单位被称为效用单位。到了20世纪30年代，序数效用的概念为大多数西方经济学家所使用。序数效用论者认为，效用是一个有点类似于香、臭、美、丑的概念，效用的大小是无法具体衡量的，效用之间的比较只能通过顺序或等级来表示，消费者要回答的是偏好哪一种消费，即哪一种消费的效用是第一，哪一种消费的效用是第二；同时，就分析消费者行为来说，以序数来度量效用的假定比以基数来度量效用的假定所受到的限制要少，它可以减少一些被认为是值得怀疑的心理假设。在现代微观经济学里，通常使用的是序数效用的概念，但在某些研究方面，如对风险情况下的消费者行为的分析等，还继续使用基数效用的概念。

8. 自由主义（liberalism）

答：自由主义指一种政治哲学，根据这种政治哲学，政府应该选择注定公开的政策。这种公正要由一位在"无知面纱"背后的无偏见评论者来评价。自由主义是由哲学家约翰·罗尔斯在他的著作《正义论》中提出的。他认为，人们应该关注收入分配底层的状态，因此，应该建立称为最大化标准——认为政府应该以使社会上状况最差的人的福利最大化为目标的观点——的社会规则，这种规则称为最大最小准则。结果，收入再分配是一种社会保障。虽然不能把收入完全均等化，但它要求的再分配大于功利主义。批评者认为，"无知面纱"背后的理性人并不一定遵循最大化标准去回避风险。

9. 最大最小准则（maximin criterion）

答：最大最小准则指一种主张，即认为政府的目标应该是使社会上状况最差的人的福利最大化。最大最小准则是由罗尔斯提出的，也称之为罗尔斯规则。由于最大化标准强调的是社会上最不幸的人，所以，它证明了旨在使收入分配平等化的公共政策是正确的。通过把富人的收入转移给穷人，社会增进了最不幸者的福利。但是，最大化标准并不会导致一个完全平等的社会。

10. 社会保险（social insurance）

答：社会保险是由法律规定的专门机构负责实施、面向劳动者建立、通过向劳动者及其雇主筹措资金建立专项基金，以保证在劳动者失去劳动收入后获得一定程度的收入补偿的制度。社会保险一般包括养老保险、医疗保险、失业保险、工伤保险、生育保险五种。社会保险的五大特征是：①社会保险的客观基础是劳动领域中存在的风险，保险的标的是劳动者的人身；②社会保险的主体是特定的，包括劳动者（含其亲属）与用人单位；③社会保险属于强制性保险；④社会保险的目的是维持劳动力的再生产；⑤保险基金来源于用人单位和劳动者的缴费及财政的支持。保险对象范围限于职工，不包括其他社会成员。保险内容范围限于劳动风险中的各种风险，不包括此外的财产、经济等风险。

11. 自由至上主义（libertarianism）

答：自由至上主义指一种政治哲学，根据这种政治哲学，政府应该惩罚犯罪并实行自愿的协议，但不应该进行收入再分配。自由至上主义者的结论是，机会平等比收入平等更重要。他们认为，政府应该强调个人的权利，以确保每个人有同样使用自己才能并获得成功的机会。一旦建立了这些游戏规则，政府就没有理由改变由此引起的收入分配，即政府不应该为了实现任何一种收入分配而拿走一些人的收入并给予另一些人。

12. 福利（welfare）

答：福利在本章中指福利计划，即补贴贫困者收入的政府计划。提高穷人生活水平的一种方法是政府补贴其收入。政府这样做主要是通过福利制度。福利是包括多种政府计划的一个广义术语。对贫困家庭的暂时补贴（TANF）是一项帮助有子女，但没能达到成年人来养家糊口的家庭的计划。在一个典型的接受这种补助的家庭中，没有父亲，而母亲在家抚养小孩。另一项福利计划是补贴性保障收入（SSI），它为有病或残疾穷人提供帮助。要注意的是，在这两项福利计划中，仅仅是收入低的穷人并不能有资格获得帮助。要想获得帮助，他还应该满足一些额外"要求"，例如，有小孩或者残疾。

对福利计划的普遍批评是，它实际上激励了人们变成"需要帮助者"。例如，这些计划会鼓励家庭破裂，因为许多家庭仅仅没有父亲就有资格得到经济帮助。这个计划也会鼓励未婚生育，因为对许多穷人来说，单身妇女只要有孩子就符合帮助的标准。由于贫穷，单身母亲就是贫困问题中相当重要的一部分；而且，由于福利计划似乎增加了穷人，即单身母亲的数量，所以批评福利制度的人断言，这些政策恶化了它们原本打算解决的问题。

13. 负所得税（negative income tax）

答：负所得税指向高收入家庭收税并给低收入家庭转移支付的税制。在负所得税制度下，贫困家庭不用表示需要就会得到经济帮助。得到帮助要求的唯一资格就是收入低。它既有优点也有缺点：一方面，负所得税不鼓励非婚生育和家庭破裂，福利制度的批评者认为现行的政策就是鼓励非婚生育和家庭破裂的；另一方面，负所得税也会补贴那些仅仅是由于懒惰而陷于贫穷的人——而在一些人眼中，政府最不该补贴这样的人。一种和负所得税有相同作用的现实税收条款是劳动收入税收减免。这种优惠使贫困劳动家庭一年中得到的所得税返还大于缴纳的税收。由于劳动收入税收减免只适用于劳动的穷人，因此就不会像其他反贫困计划所做的那样鼓励得到补贴的人不干活。但由于同样的原因，它却无助于减轻由于失业、生病或其他无工作能力引起的贫困。

二、复习题

1. 最富有的1/5美国人的收入是最穷的1/5美国人的收入的3倍、6倍，还是12倍？

答：最富的1/5美国人的收入是最穷的1/5美国人的12倍。

以2008年为例，最低收入1/5的所有家庭得到了所有收入的4.0%，而最高收入1/5的所有家庭得到了所有收入的47.8%。换言之，即使最高和最低1/5包括了相同的家庭数，最高收入1/5的收入是最低收入1/5的12倍左右。

2. 过去四十年间，美国最富裕的1/5人口的收入份额发生了什么变化？

答：过去四十年间，美国最富裕的1/5人口的收入份额从40.9%增加到48.9%。

3. 美国人口中哪一个群体最可能生活在贫困之中？

答：贫困是一种影响所有人口集团的经济病症，但对各人口集团影响的大小并不同。在美国，以下人口群体最可能生活在贫困之中：黑人和西班牙裔人、孩子以及以女性为家长而没有丈夫的家庭。

(1) 贫困与种族相关。黑人和西班牙裔人生活在贫困中的可能性是白人的3倍左右。

(2) 贫困与年龄相关。孩子比一般人更容易成为贫困家庭的成员，而老年人比一般人更不容易贫穷。

(3) 贫困与家庭结构相关。以女性为家长而没有丈夫的家庭生活在贫困中的可能性是一般家庭的五倍多。

4. 在衡量不平等程度时，为什么收入的暂时变动和生命周期变动带来了一些难题？

答：在衡量不平等程度时，收入的暂时变动和生命周期变动带来了一些难题，因为人们可以通过借款和存款的方式来平缓收入的暂时变动和生命周期变动。

举例来说：如果恶劣的气候毁坏了庄稼，农民就会动用以前的储蓄或借款来稳定当期的消费水平。因为坚信毕业后的收入会远高于学生时代可怜的收入，法律专业的大学生在年轻时就会借钱消费。在这些情况下，衡量不平等程度时，不能以收入的暂时变动和生命周期变动而简单地认为某个人的生活水平高或低。因为消费者在选择其消费水平时，既会考虑其当前收入，也会预期长期收入。所以收入的暂时变动和生命周期变动增加了衡量不平等程度的困难。

5. 功利主义者、自由主义者和自由至上主义者各是如何决定多大程度的收入不平等是可允许的？

答：(1) 功利主义者认为，如果政府的收入再分配政策不能使更大平等的好处与扭曲激励的损失平衡，则此时的收入不平等程度是可允许的最大程度。

功利主义的出发点是效用。根据功利主义者的观点，政府的正确目标是使社会每一个人的效用总和最大化。功利主义者支持收入再分配是根据边际效用递减的假设，即随着一个人收入增加，他从增加一美元收入中得到的额外福利是减少的。因此通过对高收入者和低收入者之间的收入实行再分配，可以增加社会的总效用。但同时，功利主义者又否定收入的完全平等化。因为政府通过税收和转移支付的方式进行收入再分配扭曲了激励，并引起无谓损失。如果政府通过高所得税和转移支付拿走了人们可以赚到的额外收入时，他们勤奋工作的激励就会变小。当他们工作减少时，社会的总收入减少了，总效用也减少了。因此功利主义者认为政府的收入再分配政策必须使更大平等的好处与扭曲激励的损失平衡。为了使总效用最大化，政府不能使社会的收入完全平等。

(2) 自由主义者认为，如果政府的收入再分配政策会使得最不幸者的状况开始恶化，则此时的收入不平等程度是可允许的最大程度。

自由主义者从一个社会的制度、法律和政策应该是公正的这个前提开始，主张设计公共政策时，政府的目标应该是提高社会中最差的人的福利，也即使最小效用最大化，这种规则被称为最大化标准。由于最大化标准强调的是社会上最不幸的人，所以它证明了旨在使社会收入分配平等化的公共政策是正确的。但是，最大化标准并不会导致一个完全平等的社会。因为如果政府努力使收入完全地平等化时，人们就没有勤奋工作的激励，社会的总收入将大大减少，而且，最不幸者的状况肯定会更恶化。因此，最大化标准仍然允许收入不平等，但是它要求的收入再分配要比功利主义者更多。

(3) 自由至上主义者认为，只要决定收入分配的过程是公正的，任何收入不平等程度都是可允许的。

与功利主义和自由主义者不同，自由至上主义者认为，社会本身没有赚到收入——只是单个社会成员赚到了收入，因此政府不应该为了实现任何一种收入分配而拿走一些人的收入并给予另一些人。自由至上主义者认为，只要决定收入分配的过程是公正的，所引起的分配无论如何不平等都是公正的。自由至上主义者的结论是，机会平等比收入平等更重要，政府应该强调个人的权利，以确保每个人有同样使用自己才能并获得成功的机会。一旦建立了这些游戏规则，政府就没有理由改变所引起的收入分配。即要求政府保护个人权利以保证一个公正的过程，但不用关注所引起的收入分配不平等。

6. 对穷人的实物（而不是现金）转移支付有什么优缺点？

答：实物转移支付是直接向穷人提供提高他们生活水平所需要的物品和服务。例如：食物、居住场所、医疗援助或圣诞节的玩具。

用实物转移支付帮助穷人好，还是直接给穷人现金好，这个问题一直处于争论之中。

（1）对穷人的实物转移支付的优点

这种方式的优点是确保穷人得到他们最需要的东西。因为最贫困社会成员中的嗜酒和吸毒现象很普遍，如果直接向他们提供现金，很可能扶植这些恶习，而通过向他们提供食物和居住场所就会避免这些恶习。这是实物转移支付比给现金支付在政治上更受欢迎的一个原因。

（2）对穷人的实物转移支付的缺点

但另一方面，实物转移支付的反对者认为实物转移支付是无效率的和不尊重穷人的。因为政府并不知道穷人最需要什么物品与服务，政府提供的东西可能是他们并不需要的东西。许多穷人是运气不好的普通人，尽管他们不幸，但他们可以最好地决定如何提高自己的生活水平。不给穷人可能并不需要的物品与服务的实物转移支付，而是给他们现金并允许他们购买自己认为需要的东西，会使他们的状况更好。

7. 描述反贫困计划如何不鼓励穷人工作。你能如何减少这种障碍？你所建议的政策的不利之处是什么？

答：为了说明反贫困计划如何不鼓励穷人工作，让我们先来看下面的例子。假设一个美国家庭维持合理的生活水平需要 15 000 美元。再假设政府出于对穷人的关心，承诺保证每个家庭都有这个收入。因此无论一个家庭赚多少钱，政府将补足收入和 15 000 美元之间的差额。这种政策的激励效应是显而易见的：任何一个工作收入在 15 000 美元以下的人没有找工作和保持工作的激励。这个人每赚到 1 美元，政府就会减少 1 美元的收入补贴。实际上，政府对增加的收入征收 100% 的税，有效边际税率为 100% 的政策会鼓励穷人不工作。

（1）减少这种不鼓励的办法

对这个问题似乎有一个简单的解决办法：随着贫困家庭收入增加，逐渐减少对他们的津贴。例如，如果一个贫困家庭每赚 1 美元就减少 30 美分津贴，那么，它就面临 30% 的有效边际税率。这种实际税负在某种程度上减少了工作努力，但并没有完全消除对工作的激励。

（2）所建议的政策的不利之处

这种政策的不利之处是大大增加了反贫困计划的成本。如果随着贫困家庭收入增加而逐渐减少津贴，那么，正好在贫困水平以下的家庭也有资格得到大量津贴。津贴的减少越慢，符合津贴资格的家庭越多，这个计划的成本也越大。

三、快速单选

1. 在美国，最贫穷的 1/5 人口的收入是全部收入的百分之（　　），而最富有的 1/5 人口的收入是全部收入的百分之（　　）。

a. 2，65　　　　b. 4，45　　　　c. 10，35　　　　d. 15，25

【答案】b

【解析】根据美国人口普查局的普查结果，在2011年，收入最低的1/5的家庭得到了所有收入的3.8%，而收入最高的1/5的家庭得到了所有收入的48.9%。题中只有b项最接近这一组数据。

2. 当与其他国家的收入不平等相比时，你会发现美国（　　）。
　a. 是世界上最平等的国家之一
　b. 是世界上最不平等的国家之一
　c. 比大多数发达国家平等，但比许多发展中国家不平等
　d. 比大多数发达国家不平等，但比许多发展中国家平等
【答案】 d
【解析】根据2011年人类发展报告，当各国根据收入不平等状况排序时，美国的收入分配比大多数经济发达的国家，如日本和德国更不平等；但美国的收入分配比一些发展中国家，如南非和巴西要平等。

3. 功利主义者相信，在什么情况下从富人向穷人的收入再分配是有用的？（　　）
　a. 最穷的社会成员由此得到好处
　b. 对这种制度作出贡献的人同意它
　c. 在税收和转移支付之后，每个人的收入都反映了其边际产量
　d. 对工作激励的扭曲效应并不太大
【答案】 d
【解析】功利主义者认为政府应该选择使社会上所有人总效用最大化的政策。功利主义者假设边际效用递减，并认为人们会对激励做出反应。所以政府必须使更大平等的好处与扭曲激励的损失保持平衡。因此，为了使总效用最大化，政府不会试图使社会完全平等，在扭曲激励的效果并不大，进行收入再分配会使社会总效用最大化。

4. 罗尔斯关于在"无知面纱"背后的"原始状态"的思想实验是要引起对以下事实的注意（　　）。
　a. 大多数穷人并不知道如何找到更好的工作并脱贫
　b. 我们每个人出生的状态很大程度上依靠幸运
　c. 富人有许多不知如何花完的钱
　d. 只要每个人开始时有平等的机会，结果就是有效率的
【答案】 b
【解析】罗尔斯曾提出问题：我们社会成员如何能对公正的含义有一致的认识呢？似乎每个人的观点必然要取决于自己所处的特定环境，如才能高低、所受教育多少、家庭环境等。我们能客观地决定一个公正的社会应该是什么样子吗？为了回答这个问题，罗尔斯提出了关于在"无知面纱"背后的"原始状态"思想实验。

5. 负所得税是指在这种政策下（　　）。
　a. 低收入者从政府得到转移支付
　b. 政府在不扭曲激励的情况下提高税收收入
　c. 每个人支付的税收都少于传统所得税之下支付的税收
　d. 一些纳税人处于拉弗曲线不利的一面
【答案】 a
【解析】负所得税可以用来补贴穷人的收入。根据这种政策，每个家庭都要向政府报告

自己的收入，高收入家庭根据他们的收入纳税，而低收入家庭将得到补助。换句话说，这些低收入家庭将"支付"一种"负税"。

6. 如果从某个反贫困项目中得到的收益随个人收入增加而减少，那么，该项目将（ ）。

a. 鼓励穷人更努力工作

b. 引起不熟练工人的劳动供给过剩

c. 提高穷人面临的有效边际税率

d. 使政府的成本大于对每个人都有好处的项目的成本

【答案】c

【解析】若反贫困项目规定给穷人的补贴随个人收入增加而减少，相当于政府对增加的收入征收了一定比例的税，这些家庭面临的有效边际税率就会提高。例如，如果一个贫困家庭每赚1美元就减少30美分补贴，那么，它就面临30%的有效边际税率。这在某种程度上降低了工作的努力程度。

四、问题与应用

1. 表20-2表明自从20世纪70年代以来，美国的收入不平等加剧了。第19章中讨论的一些因素对这种加剧起了作用。这些因素是什么？

表20-2 美国的收入不平等状况

年份	最低的 1/5(%)	次低的 1/5(%)	中间的 1/5(%)	次高的 1/5(%)	最高的 1/5(%)	最高的 5%(%)
2011	3.8	9.3	15.1	23.0	48.9	21.3
2010	3.8	9.5	15.4	23.5	48.8	20.0
2008	4.0	9.6	15.5	23.1	47.8	20.5
2000	4.3	9.8	15.5	22.8	47.4	20.8
1990	4.6	10.8	16.6	23.8	44.3	17.4
1980	5.2	11.5	17.5	24.3	41.5	15.3
1970	5.5	12.2	17.6	23.8	40.9	15.3
1960	4.8	12.2	17.8	24.0	41.3	15.9
1950	4.5	12.0	17.4	23.4	42.7	17.3
1935	4.1	9.2	14.1	20.9	51.7	26.5

答：主要有以下两个因素。

（1）导致过去40年间美国的收入不平等加剧的主要原因在于家庭因素，家庭破裂使得贫穷的家庭越来越穷，双职工家庭的增加使得富裕家庭越来越富。

（2）另外，美国与低工资国家国际贸易的增长和技术变革倾向于减少美国国内对不熟练劳动力的需求并增加熟练劳动力的需求。因此，不熟练工人的工资相对于熟练工人的工资会下降，而且，这种相对工资的变动加剧了家庭收入的不平等。

2. 表20-3表明，收入低于贫困线的家庭中儿童的百分比远远高于这些家庭中老年人的百分比。政府在不同社会计划之间的资金配置如何引起了这种现象？（提示：参见第12章）

答：收入低于贫困线家庭中儿童的百分比远远高于这些家庭中老年人的百分比，其原因在于社会保障制度偏向于老人。美国政府支出中货币量最大的一项是社会保障，它主要是给老年人的转移支付，另外还包括政府对老年人的保健计划——医疗保健，因而收入低于贫困线家庭中老年人的百分比较低。而儿童也是与老年人一样需要政府援助的群体，政府降低收入低于贫困线家庭中儿童的百分比的方法是增加政府支出中用于儿童的比重,如教育、医疗援助等计划。

表 20-3 谁是穷人

群体	贫困率(%)	群体	贫困率(%)
总人口	15.0	孩子(18岁以下)	21.9
白人(非西班牙裔)	9.8	老人(64岁以上)	8.7
黑人	27.6	已婚夫妇家庭	6.2
西班牙裔	25.3	没有丈夫的以女性为家长的家庭	31.2
亚裔	12.3		

3. 本章讨论了经济流动性的重要性。

a. 政府可以采取什么政策来提高一代人之内的经济流动性?

b. 政府可以采取什么政策来提高几代人之间的经济流动性?

c. 你认为我们应该为了增加对提高经济流动性的计划的支出而减少对现期福利计划的支出吗?这样做有什么有利之处与不利之处?

答:a. 经济流动性即人们在各个收入阶层之间的变动。政府可以提供培训项目(为不熟练工人提供技能),也可以用工作福利制代替福利(帮助穷人提高收入)来提高一代人之内的流动性。

b. 判断几代人之间的经济流动性是根据一代到另一代人经济成功的持续性。为了提高几代人之间的经济流动性,政府应该增加对教育的支持。

c. 不应该。如果减少对现期福利计划的支出,有利的方面是可以减轻政府的负担,鼓励更多的人更加勤奋地工作,不利的方面是会使社会中一些先天智力和体力有缺陷的人的生活状况进一步恶化,社会贫富差距会进一步扩大,因此不应该为了增加对提高经济流动性的计划的支出而减少对现期福利计划的支出。

4. 考虑两个社区。在一个社区中,有 10 个家庭每家有 10 万美元收入,还有 10 个家庭每家有 2 万美元收入。在另一个社区,有 10 个家庭每家有 20 万美元收入,还有 10 个家庭每家有 2.2 万美元收入。

a. 在哪个社区中收入分配更不平等?在哪个社区中贫困问题可能更严重?

b. 罗尔斯更喜欢哪一种收入分配?解释原因。

c. 你更喜欢哪一种收入分配?解释原因。

d. 为什么有人有相反的偏好?

答:a. 在第二个社区中收入分配更不平等,因为第二个社区中收入最高的家庭收入几乎是收入最低的家庭收入的 10 倍,而第一个社区中收入最高的家庭收入只是收入最低的家庭收入的 5 倍。但在第一个社区中贫困问题更严重,因为第一个社区中的最低家庭收入仅为 2 万美元,家庭平均收入为 6 万美元,而第二个社区中的最低家庭收入为 2.2 万美元,家庭平均收入为 11.1 万美元。

b. 罗尔斯是一个自由主义者,他不像功利主义者那样主张使每个人效用的总和最大化,罗尔斯的目标是提高社会中状况最差的人的福利,第一个社区中收入最低的家庭收入是 2 万美元,而第二个社区中收入最低的家庭收入是 2.2 万美元,因此第二个社区中最差的人的福利要高于第一个社区中最差的人的福利,所以罗尔斯喜欢第二种收入分配。

c. 我喜欢第二个社区的收入分配,因为第二个社区中的整体收入水平要高于第一个社区。尽管第二个社区中收入分配的差距很大，但个人收入水平取决于他的才能高低、勤奋还是懒惰、受教育多还是受教育少等多方面的原因，只要取得收入的过程是公正的，无论收入分配的结果如何，都应该承认这种收入分配结果。只有社会整体的收入水平上去了，政府才有更多的财力进行转移支付。

d. 功利主义者可能会喜欢第一个社区的收入分配，因为在这个社区中收入比较平等。

5. 本章用"漏水的桶"的比喻来解释一种对收入再分配的限制。

a. 美国收入再分配制度中有哪些因素引起了桶中水的漏出？具体说明。

b. 你认为一般情况下，是共和党还是民主党认为用于收入再分配的桶会漏出更多？这种信念是如何影响他们关于政府应该进行多大程度的收入再分配的观点的？

答：a. "漏出的水"用来比喻收入再分配过程引起的效率上的损失。美国制度中的联邦所得税和福利制度使得收入再分配过程减少了社会总效用。在这些政策之下，收入高的人支付高税收，而收入低的人得到收入转移。因此高税收扭曲了高收入者的工作激励，拿走了他们本可以赚到的额外收入，抑制了他们勤奋工作的动机。另外转移支付的高福利又不利于刺激低收入的人勤奋工作，增强了低收入者对政府的依赖，最后导致整个社会的效率下降，总收入减少。

b. 共和党认为用于收入再分配的桶会漏出更多。因为共和党的经济理念是"大市场、小政府"，主张削减政府开支、降低福利支出、减轻税收负担，更多地让市场机制来分配收入；而民主党主张通过收入再分配来实现社会平等，这种信念会使民主党认为政府采取的收入再分配量应该大些。

6. 假设在一个有 10 个人的社会中存在两种可能的收入分配。在第一种分配中，有 9 个人的收入为 3 万美元，有 1 个人的收入为 1 万美元。在第二种分配中，10 个人每人的收入都是 2.5 万美元。

a. 如果社会中存在的是第一种分配方案，功利主义者支持对收入再分配的论据是什么？

b. 罗尔斯会认为哪一种收入分配方案更平等？解释原因。

c. 诺齐克会认为哪一种收入分配方案更平等？解释原因。

答：a. 功利主义者支持的收入再分配是从 9 个收入为 3 万美元的人的收入里拿出一部分转给那个收入为 1 万美元的人，但并不要达到 10 个人的收入都相等。

b. 罗尔斯认为第二种收入分配更平等。因为罗尔斯认为处于原始状态下的人会特别关注处于收入分配中最底层的可能性。因此政府在设计公共政策时的目标是提高社会中最差的人的福利。在第二种收入分配中，最差的人的收入要比第一种收入分配中最差的人的收入高出 1.5 万美元，所以罗尔斯认为第二种收入分配更平等。

c. 诺齐克并不认为哪种分配更平等。他认为最平等的分配方式是人们得到他们应得的。只要社会中决定收入分配的规则是公正的，所引起的收入分配无论如何不平等都是可以接受的。

7. 如果把实物转移支付的市场价值加到家庭收入中，贫困率会大大降低。最大的实物转移支付是医疗援助——政府为穷人提供的医疗计划。假设该计划用于每个受援助家庭的支出为 10 000 美元。

a. 如果政府给每个受援助家庭一张 10 000 美元的支票，而不是把它们列入医疗援助计划，你认为大多数这种家庭会用这笔钱去买医疗保险吗？为什么？（记住，四口之家的贫困线大约是 23 000 美元。）

b. 你对 a 的回答如何影响你关于我们是否应该通过评估政府为实物转移支付的价格来

确定贫困率的观点？解释原因。

c. 你对 a 的回答如何影响你关于我们是应该以现金转移支付还是实物转移支付来向穷人提供帮助的观点？解释原因。

答：a. 不会。如果受援助家庭得到现金而不是医疗保险，他们不可能把这些钱都花在医疗保险上，他们可能会用于其他的方面。

b. 应该通过评估政府为实物转移支付的价格来确定贫困率。因为根据对 a 的回答，政府给每个受援助家庭一张等额支票很难起到预期的作用。而政府的实物转移支付提高了受援助家庭的福利，尽管这些家庭的货币收入没有增加，但实际的生活水平已经提高了，有的贫困家庭在接受政府的实物转移后已经脱离了贫困，社会中的贫困率下降了，所以应该通过评估政府为实物转移支付的价格来确定贫困率。

c. 政府帮助穷人的最好方法还是实物转移支付，即直接向他们提供提高生活水平所需要的某些物品与服务。因为如果以现金转移支付来帮助穷人，不仅不会帮助他们改善生活，还很可能会扶植他们的一些恶习，如赌博、吸毒。

8. 考虑美国的两种收入保障方案：贫困家庭暂时援助（TANF）和劳动所得税抵免（EITC）。

a. 当一个有孩子而且收入极低的妇女多赚到 1 美元时，她得到的 TANF 收入减少了。你认为 TANF 的这个特点对低收入妇女的劳动供给有什么影响？解释原因。

b. 低收入工人赚到的收入越多（直到某一点为止），EITC 给予的利益越多。你认为这个方案对低收入者的劳动供给有什么影响？解释原因。

c. 取消 TANF 并将节省下来的钱给予 EITC 的不利之处是什么？

答：a. 由于低收入妇女多赚到 1 美元时，她得到的 TANF 收入减少了，她会更倾向于不工作或减少工作。因此，TANF 的这个特点会造成低收入妇女的劳动供给下降。

b. 如果一个人赚到的收入越多，收到的 EITC 利益也越多，这就会鼓励其工作。因此，EITC 对低收入者的劳动供给有正面的影响，使其劳动供给增加。

c. TANF 主要是向那些在劳动市场中竞争失败的人提供生活保障。取消 TANF 并将节省下来的钱给予 EITC 的不利之处是可能会造成那些在劳动市场中竞争失败的人丧失最基本的生活保障。

名校考研真题详解

1. 简述帕累托效率的含义，说明对我国收入分配的意义。[武汉大学 2011 研]

答：(1) 帕累托效率又称经济效率，它是指这样一种资源配置状态，在这种状态下，任何改变都不可能使至少一个人的状况变好而又不使其他任何人的状况变坏，也就是一种不存在帕累托改进的状态，这种状态在经济学里也被称为帕累托效率或帕累托最优。

(2) 经济学认为，帕累托效率是一种最优效率的均衡状态，而完全竞争经济的一般均衡状态就可以达到帕累托效率。在完全竞争条件下，无论是在产品市场，还是在要素市场，单个消费者和单个厂商的经济活动都表现为在市场机制的作用下各自追求自身经济利益最大化的过程。正是在这一过程中，每个产品市场和每个生产要素市场，进而所有的市场，都实现了供求相等的均衡状态。在这样的完全竞争的均衡状态中，每一种产品都以最低的成本被生产出来，每一种产品也都以最低的价格在市场上出售，消费者获得最大的满足，厂商获得最大的利润，生产要素的提供者根据各自对生产的贡献都得到了相应的报酬。

微观经济学中的一般均衡理论进一步证明完全竞争条件下，所有单个市场同时均衡的状态是可以存在的。福利经济学则以一般均衡理论为出发点，进而论述一般均衡状态符合"帕累托最优状态"或"帕累托效率"。这样，在市场均衡状态下，整个经济社会实现了有效率的资源配置，同时社会福利最大。

（3）帕累托效率对我国的收入分配具有一定的指导意义，主要体现在如何处理分配中的公平和效率问题。经济学中，公平是指收入更加平等地分配，而效率是指资源的更加优化的配置。效率和公平这两个目标有时是相互促进的，但在很多情况下却是相互矛盾的。对此，在十八大报告中，就收入分配改革问题作出安排：发展成果由人民共享，必须深化收入分配制度改革，努力实现居民收入增长和经济发展同步、劳动报酬增长和劳动生产率提高同步，提高居民收入在国民收入分配中的比重，提高劳动报酬在初次分配中的比重。

效率优先就是让市场机制在收入分配领域充分发挥作用，就是让市场的供求关系去决定各种生产要素的价格，去决定收入的分配，因为只有这样，才可以使各种经济资源达到最优的配置，才可以使经济的效率达到最大。当然，我国当前的收入分配一定要注意不能一味地追求效率，公平的重要性越来越突出。

2. 假定在一个四人社会中，总收入为100，甲、乙、丙、丁四人的收入分别为10、20、30、40。画出洛伦兹曲线，并计算这个四人社会的基尼系数。[上海交大2007研]

答：甲、乙、丙、丁四人的收入已经按从小到大的顺序排序，因而洛伦兹曲线如图20-2所示。

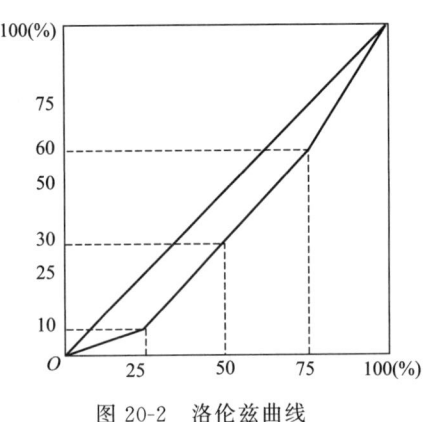

图20-2 洛伦兹曲线

基尼系数为：

$$G = \frac{\text{绝对平均线与洛伦兹曲线围成的面积}}{\text{绝对平均线以下部分的面积}} = 1 - \frac{\text{洛伦兹曲线以下的面积}}{\text{绝对平均线以下部分的面积}}$$

$$= 1 - \frac{10 \times 25/2 + (10+30) \times 25/2 + (30+60) \times 25/2 + (60+100) \times 25/2}{100 \times 100/2} = 0.25$$

3. 试比较政府解决贫困问题的两种决策：实物转移支付与现金转移支付。[西北大学2008研]

答：实物转移支付是指直接向人们提供提高生活水平所需的某些物品与服务，而现金转移支付是指直接向人们支付现金进行补贴。对于是用这些实物转移支付帮助人们好，还是现金转移支付更好，这个问题存在着一定的争议。

实物转移支付的支持者认为，这种转移支付确保穷人得到他们最需要的东西。最贫困社会成员中的嗜酒和吸毒与整个社会中存在的这种情况相比更为普遍。通过向穷人提供食物和居住场所，社会更确信自己不是在助长这些恶习。这是实物转移支付比现金支付在政治上更受欢迎的一个原因。

现金支付的支持者认为，实物转移支付是无效率的和不尊重穷人的做法。政府并不知道穷人最需要什么物品与服务。许多穷人是运气不好的普通人。尽管他们不幸，但由他们来决定如何提高自己的生活水平是最适当的。与其通过实物转移支付来为穷人提供他们可能并不需要的物品与服务，还不如给他们现金以购买他们认为最需要的东西，这样会使他们的状况更好。

4. 假设一个家庭的税收负担等于它的收入乘 0.5 再减 10 000 美元。在这种制度之下，一些家庭将向政府纳税，而一些家庭将通过"负所得税"从政府那里得到钱。

（1）考虑税前收入为 0、10 000 美元、20 000 美元、30 000 美元和 40 000 美元的家庭。制表来说明每个家庭的税前收入、向政府支付的税收或从政府那里得到的钱，以及税后收入。

（2）这种制度中边际税率是多少？从政府那里得到钱的家庭的收入量最大是多少？

（3）现在假设税表改变了，因此一个家庭的税收负担等于其收入乘 1/4 再减 10 000 美元。在这种新制度中边际税率是多少？从政府那里得到钱的家庭的收入量最大是多少？

（4）这里所讨论的每一个税表的主要优点是什么？[武汉大学 2009 研]

答：（1）如表 20-4 所示。

表 20-4　税收负担等于家庭收入乘 0.5 再减 10 000 美元

税前收入	向政府支付的税收	从政府那里得到的钱	税后收入
0	0	10 000	10 000
10 000	0	5000	15 000
20 000	0	0	20 000
30 000	5000	0	25 000
40 000	10 000	0	30 000

（2）边际税率为 50%，因为税前收入增加 10 000 美元要多交 5000 美元的税。从政府那里得到钱的家庭的最大收入量是 20 000 美元。

（3）在这种新制度中边际税率是 25%。从政府那里得到钱的家庭中，最大收入量是 40 000 美元。

（4）在第一个税表中，边际税率是 0.5，在第二个税表中，边际税率是 0.25，高边际税率降低了人们工作的激励，但政府补贴的家庭收入标准要比低边际税率制度中的标准低些，因而能援助更多的低收入家庭。第二个税表中的低边际税率减少了政府征税引起的效用损失，鼓励人们更勤奋地工作，因为只有家庭税前收入超过 4 万美元的家庭才纳税。

第 21 章

消费者选择理论

 知识结构导图

消费者选择理论
- 预算约束：消费者能买得起什么
- 偏好：消费者想要什么
  - 用无差异曲线代表偏好
  - 无差异曲线的四个特征
  - 无差异曲线的两个极端例子
- 最优化：消费者选择什么
  - 消费者的最优选择
  - 收入变动如何影响消费者的选择
  - 价格变动如何影响消费者的选择
  - 收入效应与替代效应
  - 需求曲线的推导
- 三种应用
  - 所有的需求曲线都向右下方倾斜吗
  - 工资如何影响劳动供给
  - 利率如何影响家庭储蓄
- 人们真的这样想吗

 考点难点归纳

考点 1　预算约束线：消费者的购买力

预算约束线指在消费者收入和消费者希望购买的物品价格既定时，消费者的全部收入所能购买到的两种商品的各种组合。预算线方程为：

$$I = P_1 X_1 + P_2 X_2$$

式中，I 表示消费者的收入；P_1、P_2 分别为商品 1 和商品 2 的价格；X_1、X_2 分别为两商品的数量。预算约束线的斜率是两种物品的相对价格，衡量的是消费者用一种物品换到另一种物品的比率。

 【名师点读】

本考点属于基础性知识，难度不大。实际考试中，多与之后的消费者偏好等考点结合起来考查。考生需掌握消费者所面临预算约束线的含义、斜率和横（纵）截距等基础知识，也要清楚收入和商品价格的变化所导致的预算约束线的变动。

考点 2 偏好：消费者的购买欲望

可以用无差异曲线来表示消费者偏好，具体分析如表 21-1 所示。

表 21-1 无差异曲线

项目		无差异曲线
定义		指带给消费者相同满足程度的消费组合的一条曲线。它表示消费者在一定偏好、一定技术条件和一定资源条件下选择商品时，对在同一条无差异曲线上的商品组合的满足程度是没有区别的
图像		
斜率（边际替代率）	含义	一条无差异曲线上任意一点的斜率等于消费者愿意用一种物品替代另一种物品的比率，称为边际替代率，即在维持效用水平或满足程度不变的前提下，消费者增加 1 单位的某种商品的消费时所需放弃的另一种商品的消费数量
	公式	① $MRS_{12} = -\dfrac{\Delta X_2}{\Delta X_1}$ ② $MRS_{12} = \lim\limits_{\Delta X_1 \to 0} -\dfrac{\Delta X_2}{\Delta X_1} = -\dfrac{\mathrm{d}X_2}{\mathrm{d}X_1}$（商品数量的变化趋于无穷小时）
特征		①对较高无差异曲线的偏好大于较低无差异曲线 ②无差异曲线向右下方倾斜 ③无差异曲线不相交 ④无差异曲线凸向原点（边际替代率递减）
特例		①完全替代品，指两种商品之间的替代比例固定不变，相应的无差异曲线为一条斜率不变的直线 ②完全互补品，指两种商品必须按固定不变的比例同时被使用，相应的无差异曲线呈直角形状

> **【名师点读】**
>
> 无差异曲线是分析消费者选择的重要工具，考生需对无差异曲线的定义、图像、特征和斜率等各个方面都熟练掌握，考试中常以概念题、简答题或论述题等形式对该知识点进行考查。相关考研真题如下：
>
> 1.【概念题】无差异曲线［中国地质大学 2015 研；广东外语外贸大学 2015 研；厦门大学 2014 研］
>
> 2.【简答题】简述无差异曲线及其特点。［北师大 2016 研；华中科大 2016 研］

考点 3 最优化：消费者的最优选择

（1）消费者的最优选择

消费者获得最大效用水平或满足程度的均衡点为既定的预算线与一组无差异曲线簇中一条无差异曲线相切的点。即消费者的最优选择条件是：

$$MRS_{12} = \frac{P_1}{P_2}$$

表示此时两种商品的边际替代率等于商品的价格之比。

(2) 收入变动对消费者选择的影响

当收入发生变动时，由于两种物品的相对价格并没有变，新预算约束线的斜率与原来的预算约束线一样，即收入变动使预算约束线平行移动。预算约束线移动后与一组无差异曲线中的某一条再相切于某一点，这一点即新的消费者最优选择。

(3) 商品价格变动对消费者选择的影响

当一种物品价格改变时，一般而言，消费者的预算约束线会转动，从而得到新的预算约束线。这条新的预算约束线与一组无差异曲线中的某一条再相切于某一点，即新的消费者最优选择。

价格变动对消费者选择的影响可以分解为收入效应和替代效应，如表21-2所示。

表21-2 收入效应与替代效应

项目	收入效应	替代效应
定义	价格变动使消费者移动到更高或更低无差异曲线时所引起的消费变动	价格变动使消费者沿着一条既定的无差异曲线移动到有新边际替代率的一点时所引起的消费变动
表现	反映在无差异曲线的移动上	反映在沿着一条无差异曲线向有不同斜率的点的移动上

(4) 需求曲线的推导

① 价格—消费曲线

即在消费者的偏好、收入以及其他商品价格不变的条件下，与某一商品的不同价格水平相联系的消费者预算线和无差异曲线相切的消费者效用最大化的均衡点的轨迹。如图21-1(a) 中 PCC 曲线所示。

② 需求曲线

由消费者的价格—消费曲线可以推导消费者的需求曲线，如图21-1所示。

在图21-1(a) 中，PCC 曲线上的每一点都是一个均衡点，都存在着价格与需求量的一一对应关系，把每一个价格及其对应的需求量绘制到 (b) 图上，就得到消费者需求曲线 D，从图上可以看出需求曲线向右下方倾斜，它表示商品的价格与需求量呈反方向变动。

【名师点读】

本考点为重要考点。一方面，考生需熟练掌握消费者最优选择的决定条件以及收入或商品价格的变化对消费者最优选择的影响，并会画图分析，尤其要注意对价格变动时的替代效应和收入效应的理解和画图分析方法；另一方面，考生要理解和熟悉需求曲线的推导过程，清楚价格—消费曲线的概念。相关考研真题如下。

1.【概念题】价格—消费曲线［中央财大2013研；北邮2006研；人大2002研；武汉大学2002研］

2.【概念题】消费者均衡［南京财大2015研；对外经贸大学2014研；东北财大2012、2007研］

3.【简答题】试画图说明正常物品价格上升时的收入效应与替代效应。［人大2017、2000研；中国青年政治学院2008研；山东大学2007研］

第 21 章 消费者选择理论

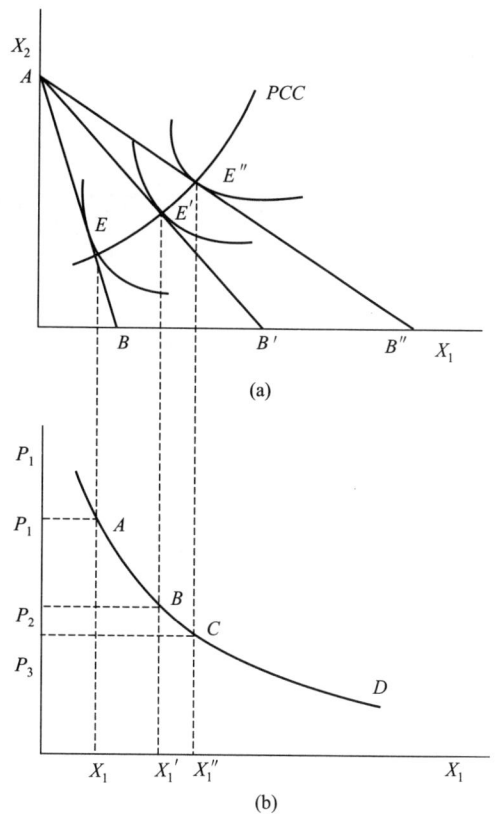

图 21-1 需求曲线的推导

考点 4 三种应用

（1）替代效应和收入效应对需求曲线形状的影响

具体分析如表 21-3 所示。

表 21-3 商品价格变化所引起的替代效应和收入效应

商品类别	替代效应与价格	收入效应与价格	总效应与价格	需求曲线的形状
正常物品	反方向变化	反方向变化	反方向变化	向右下方倾斜
低档物品	反方向变化	同方向变化	反方向变化	向右下方倾斜
吉芬物品	反方向变化	同方向变化	同方向变化	向右上方倾斜

（2）工资对劳动供给的影响

工资变化对劳动供给产生两种效应，以工资提高为例，如表 21-4 所示。

表 21-4 工资变化对劳动供给的影响

项目	替代效应	收入效应
工资提高	当工资率提高时，消费者放弃劳动享受闲暇的代价较大，消费者就增加劳动时间替代闲暇时间	当工资率提高时，到一定程度后，由于收入上升，消费者可能减少劳动时间而增加闲暇时间
两者结合的效应	替代效应＞收入效应，劳动供给↑ 收入效应＞替代效应，劳动供给↓	

（3）利率对家庭储蓄的影响

利率提高既可能鼓励储蓄，也可能抑制储蓄，如表21-5所示。

表21-5 利率变化对家庭储蓄的影响

项目	替代效应	收入效应
利率提高	利率↑,现时消费的成本↑,以后消费比较划算,因此家庭储蓄↑	利率↑,得到以后同样的储蓄现在所需存入的本金↓,现在可支配收入就较多,家庭消费↑,因此家庭储蓄↓
两者结合的效应	替代效应＞收入效应,则储蓄↑ 收入效应＞替代效应,则储蓄↓	

【名师点读】

替代效应和收入效应的应用也是重要的考点，常以概念题或简答题的形式对本考点进行考查。考生需牢记正常物品、低档物品和吉芬物品的概念。此外，对于本考点所涉及的三种应用，尤其是第一种和第二种应用，均需要考生能熟练地进行作图分析。相关考研真题如下。

1.【概念题】劣等品［南京大学2007研；上海交大2007研］与吉芬品［中南财大2013研；北理工2012研；中央财大2007研；西安交大2006研］

2.【简答题】什么是吉芬商品、低档商品？二者有何关系？［厦门大学2014研］

一、概念题

1. 预算约束线（budget constraint）

答：预算约束线又称消费可能线和价格线，指对消费者可以支付得起（在消费者收入和消费者希望购买的物品价格既定时）的消费组合的限制。预算约束线表示消费者支付得起的消费组合。假定以 I 表示消费者的既定收入，以 P_1 和 P_2 分别表示商品1和商品2的价格，以 X_1 和 X_2 分别表示商品1和商品2的数量，那么，相应的预算等式为：$P_1X_1+P_2X_2=I$。

2. 无差异曲线（indifference curve）

答：无差异曲线指带给消费者相同满足程度的消费组合的一条曲线。它表示消费者在一定偏好、一定技术条件和一定资源条件下选择商品时，对不同组合商品的满足程度是没有区别的。与无差异曲线相对应的效用函数为：$U=f(X_1, X_2)$。其中，X_1、X_2 分别为商品1和商品2的消费数量；U 是常数，表示某个效用水平。由于无差异曲线表示的是序数效用，所以，这里的 U 只需表示某一个效用水平，而不在乎其具体数值的大小。有的西方经济学者称这种效用水平为效用指数。无差异曲线可以表示为图21-2所示。

在一个坐标系内，无差异曲线有无数条，图21-2中显示的只是其中的三条。图中的横轴表示商品1的数量 X_1，纵轴表示商品2的数量 X_2，I、I'、I'' 分别代表三条无差异曲线。图中的每一条无差异曲线上的任何一点，如无差异曲线 I'' 上的 A、B、C、D、E 和 F 点所代表的商品组合给消费者带来的效用水平都是相等的。显然，无差异曲线是消费者偏好相同的两种商品的各种不同数量组合的轨迹。每一条无差异曲线代表一个效用水平，不同的无差异曲线代表不同的效用水平。在图中，三条无差异曲线所代表的效用水平是不同的，其中，I''代表的效用水平大于I'，I'所代表的效用水平大于I。

无差异曲线的特点是：①对较高无差异曲线的偏好大于较低无差异曲线；②无差异曲线向右下方倾斜；③无差异曲线不相交；④无差异曲线凸向原点。

3. 边际替代率（marginal rate of substitution）

答：边际替代率（MRS）指消费者愿意以一种物品交换另一种物品的比率。换句话说，在维

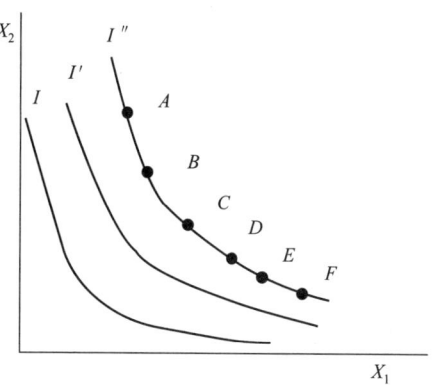

图 21-2　无差异曲线

持效用水平不变的前提下，消费者增加一单位某种商品的消费数量时所需放弃的另一种商品的消费数量，就是一种商品对另一种商品的边际替代率。用ΔX_1和ΔX_2分别表示商品1和商品2的消费变化量，则商品1对商品2的边际替代率的公式为：$MRS_{12}=-\dfrac{\Delta X_2}{\Delta X_1}$。

当商品数量的变化趋于无穷小时，则商品的边际替代率公式为：

$$MRS_{12}=\lim_{\Delta X_1 \to 0}-\dfrac{\Delta X_2}{\Delta X_1}=-\dfrac{dX_2}{dX_1}$$

显然，无差异曲线上某一点的边际替代率就是无差异曲线在该点的斜率的绝对值。

由于在保持效用水平不变的前提下，消费者增加一种商品的数量所带来的效用增加量和相应减少的另一种商品数量所带来的效用减少量必定是相等的，即有$|U_1\Delta X_1|=|MU_2\Delta X_2|$，根据上式有$MRS_{12}=\lim\limits_{\Delta X_1 \to 0}-\dfrac{\Delta X_2}{\Delta X_1}=\dfrac{MU_1}{MU_2}$或$MRS_{21}=\lim\limits_{\Delta X_2 \to 0}-\dfrac{\Delta X_1}{\Delta X_2}=\dfrac{MU_2}{MU_1}$。

这表明两种商品的边际替代率等于两种商品的边际效用之比。

4. 完全替代品（perfect substitutes）

答：完全替代品指无差异曲线为直线的两种物品。在这种情况下，两种商品的边际替代率不变。如图 21-3(a)所示。

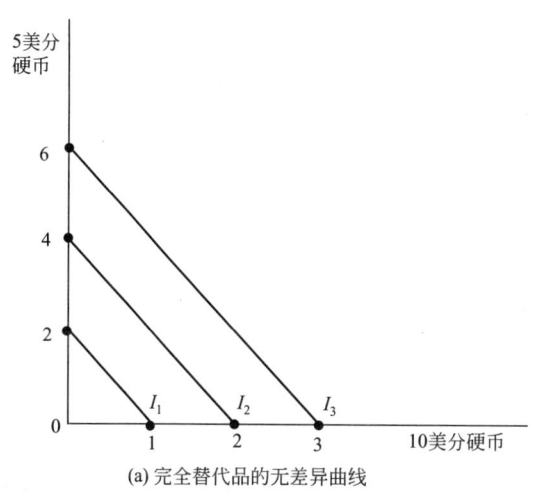

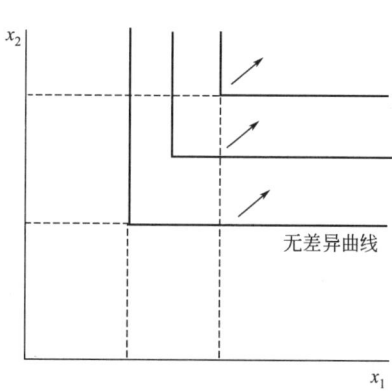

(a) 完全替代品的无差异曲线　　　　　(b) 完全互补品的无差异曲线

图 21-3

如图 21-3(a) 所示，图中的无差异曲线表示对 10 美分硬币和 5 美分硬币的偏好，可以看出，10 美分硬币和 5 美分硬币之间的边际替代率是一个不变的数——2。所以，无差异曲线是一条直线。

5. 完全互补品（perfect complements）

答：完全互补品是始终以固定的比例一起消费的商品。完全互补品的无差异曲线如图 21-3(b) 所示。

图 21-3(b) 中，完全互补品的无差异曲线呈 L 型，表示商品是配对使用的，一种商品的使用数量增加，另一种商品的使用数量也必然要增加。

6. 正常物品（normal good）

答：正常物品指收入增加引起需求量增加的物品。如图 21-4 所示，在价格不变的情况下，如果消费者的收入增加，对某种商品的需求随之增加；在收入减少时，对这种商品的需求随之减少，则这种商品就是正常物品。对正常物品来说，需求数量的变动总是与收入的变动方向相同。应注意，正常物品的范围会随着经济发展水平、消费者收入水平的变化而变化。

当消费者收入增加时，预算约束线向外移动。如果两种物品是正常物品，消费者对收入增加的反应是购买更多这两种物品。在这里，消费者购买的是更多的比萨饼和更多的百事可乐。

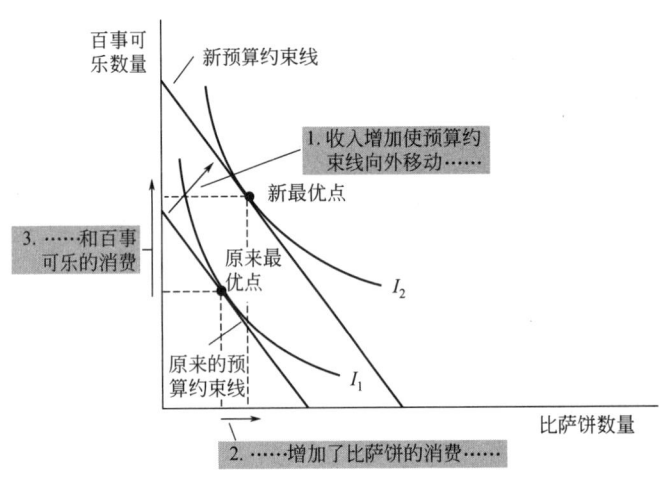

图 21-4　正常物品

7. 低档物品（inferior good）

答：低档物品指收入增加引起需求量减少的物品。这种商品价格下跌导致实际收入提高后，对该商品的需求反而减少，即该商品的需求收入弹性为负数。对于低档物品来说，替代效应与价格成反方向变动，收入效应与价格成同方向变动，而且在大多数场合，收入效应的作用小于替代效应的作用，所以总效应与价格成反方向变动，相应的需求曲线向右下方倾斜。在少数场合，某些低档物品的收入效应作用大于替代效应的作用，于是出现需求曲线向右上方倾斜的现象，这种物品是一种特殊的低档物品，即吉芬物品。

8. 收入效应（income effect）

答：收入效应指当一种价格变动使消费者移动到更高或更低无差异曲线时所引起的消费变动。一种商品价格下降可能产生消费者实际收入提高的效应，因为消费者因价格下降而导致的购买力的提高使得他有可能改变商品的购买量。比如，X 商品价格提高，消费者名义收入虽没有变化，但实际收入降低了。这样消费者将因为实际收入降低而改变对商品 X 和 Y 的购买，这就是收入效应。

如图 21-5 所示，X 的价格提高后，预算线由 AB 变为 AB'。补偿收入下降的预算线 FG 平行于 AB'，表明当消费者均衡由 c 点变化到 a 点时，商品 X、Y 的相对价格没有变化，而仅仅因为消费者实际收入降低了。因此，当商品 X 价格提高时，消费者均衡点由

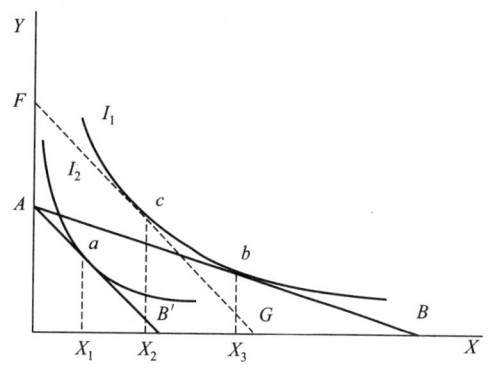

图 21-5　收入效应与替代效应

无差异曲线 I_1 上的 c 点变成无差异曲线 I_2 上的 a 点，对 X 的购买量由 X_2 减至 X_1，纯粹是由于消费者实际收入降低引起的，因而反映了 X 商品价格提高的收入效应。

某种商品价格变化而产生的替代效应与收入效应一般来说是同方向的。替代效应与收入效应同方向作用的商品称为正常品。但也有些商品当其价格发生变化时所产生的替代效应与收入效应不是同方向起作用而是反方向起作用，这种商品称为劣等品。在替代效应与收入效应反方向变化的情况下，替代效应的绝对值大于收入效应的绝对值，那么价格降低仍会导致需求量的增加，这种情况下产生的需求曲线仍是向右下方倾斜的需求曲线；但是如果替代效应的绝对值小于收入效应的绝对值，在这两种效应反方向起作用的情况下，价格降低会导致需求量的减少，这种情况下产生的需求曲线便是向右上方倾斜的非正常的需求曲线，具有这种特征的商品被称为吉芬商品。

9. 替代效应（substitution effect）

答：替代效应指当一种价格变动使消费者沿着一条既定的无差异曲线移动到有新边际替代率的一点时所引起的消费变动。一种商品的价格下降将引起消费者用该种商品去替代那些价格未下降或上升的商品。比如，X 商品价格提高，而 Y 商品价格不变，这使两种商品比价发生变化，即 Y 商品的相对价格降低。由于 Y 商品与 X 商品有一定程度的替代性，消费者对价格变动的反应就是进行商品购买的替代，增加 Y 商品的购买量，减少 X 商品的购买量，这就是替代效应。假设消费者实际收入不变，则价格变动使需求量改变可以看成纯粹是由替代效应引起。

如图 21-5 所示，X 的价格提高后，预算线由 AB 变为 AB'。作辅助线 FG，使之平行于 AB'，且与无差异曲线 I_1 相切于 c 点，FG 在 AB' 的右边，代表比 AB' 高的收入约束。从 AB' 到 FG 的变化，在于抵消因价格提高而使消费者实际收入下降对需求量的影响，从而纯粹考察替代效应，因为 c 点与初始的 b 点消费者得到的效用相同，从而可以认为实际收入未变。这样，当商品 X 价格提高后，预算线的斜率改变，消费者均衡点由同一条无差异曲线 I_1 上的 b 点变为 c 点，从而对 X 商品的消费量由 X_3 减至 X_2，减少量为 $X_3 - X_2$，这是在消费者实际收入不变情况下发生的，纯粹是由商品比价变化引起的，因而反映了 X 商品价格提高的替代效应。

10. 吉芬物品（Giffen good）

答：吉芬物品指价格上升引起需求量增加的物品。吉芬物品是由英国统计学家罗伯特·吉芬（Robert Giffen）发现而得名。这种商品的价格与需求量的变动违反了需求规律，对于吉芬物品而言价格越低购买得越少，价格提高反而购买的更多，商品需求量与其价格成正比

关系。1854年当爱尔兰发生大饥荒而使马铃薯的价格大幅度上涨之时，对马铃薯的需求量却反而增加了。之所以会发生这种现象，原因在于价格变动所引起的替代效应远远低于其收入效应。说得通俗一些，也就是因为当时人们太穷了，平时人们所能消费的肉类不太多，如今马铃薯涨价了，相对来说他们更穷了，穷到买不起原来消费肉类的数量，结果只好增加对马铃薯的购买来补救。因此，吉芬物品的价格上升时，需求量增加；价格下降时，需求量减少。因此，它的需求曲线的斜率为正。这种违反常规的现象，一般称为吉芬效应（Giffen effect），或吉芬反论（Giffen paradox）。吉芬物品是低档物品的一种，但并不是所有的低档物品都可以被称作吉芬物品。

二、复习题

1. 某消费者收入为3000美元。1杯红酒3美元，1磅奶酪6美元。画出该消费者的预算约束线，红酒为纵坐标。这条预算约束线的斜率是多少？

答：该消费者的预算约束线如图21-6所示。预算约束线与横轴的交点表示当该消费者只购买奶酪时，所能购买的奶酪的磅数。在收入为3000美元，奶酪1磅6美元时，他可以买500磅奶酪。预算约束线与纵轴的交点表示当该消费者只购买红酒时，所能购买的红酒的杯数。在收入为3000美元，红酒1杯3美元时，他可以买1000杯红酒。这条预算约束线的斜率为－1000/500＝－2。

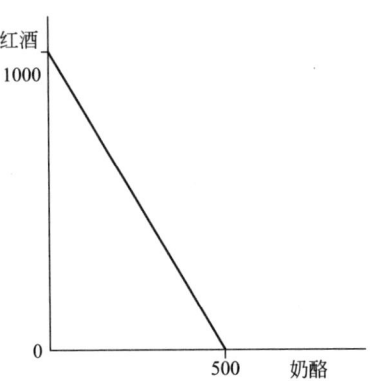

图21-6 某消费者的预算约束线

2. 画出消费者对红酒和奶酪的无差异曲线。描述并解释这些无差异曲线的四个特征。

答：图21-7显示了该消费者对红酒和奶酪的无差异曲线。由于无差异曲线代表消费者偏好，所以它们有某些反映这些偏好的特征。大多数无差异曲线的四个特征如下。

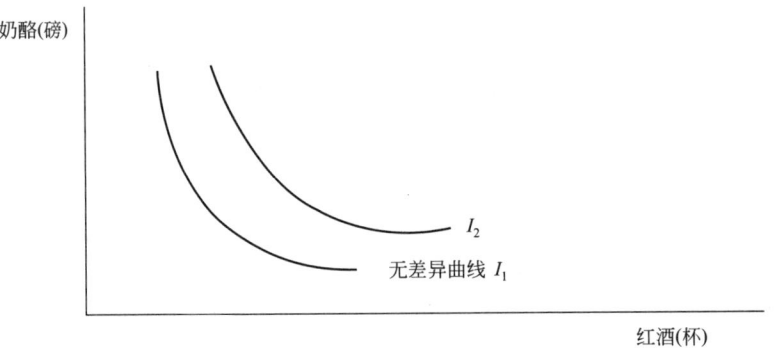

图21-7 某消费者的无差异曲线

（1）消费者对较高无差异曲线的偏好大于较低无差异曲线。对于消费者而言，多比少更让人喜欢。

（2）无差异曲线向右下方倾斜。如果红酒的数量减少，为了使消费者得到同等的福利，奶酪的数量必定要增加。

（3）无差异曲线不相交。图中I_2和I_1没有交点。

（4）无差异曲线凸向原点。一个消费者在他有很多红酒的时候比在只有一点点红酒的时候更愿意用红酒换奶酪。

3. 选出红酒与奶酪的无差异曲线上的一点，说明边际替代率。边际替代率告诉我们什么？

答：边际替代率是消费者愿意用一种物品替代另一种物品的比率，即无差异曲线的斜率。在图21-8中，无差异曲线上任意一点的斜率等于消费者愿意用红酒替代奶酪的比率。由于无差异曲线不是一条直线，所以在一条既定的无差异曲线上，所有各点的边际替代率都不相同。特别是，由于人们更愿意放弃他们丰富的物品，并且更不愿意放弃他们不多的物品，所以无差异曲线凸向原点。

在图21-8中，在 A 点时，由于消费者有大量的红酒而只有少量的奶酪，他愿意用3杯红酒来换取一磅奶酪，所以 A 点的边际替代率等于3。边际替代率说明消费者为了多得到一磅奶酪愿意放弃的红酒的数量。

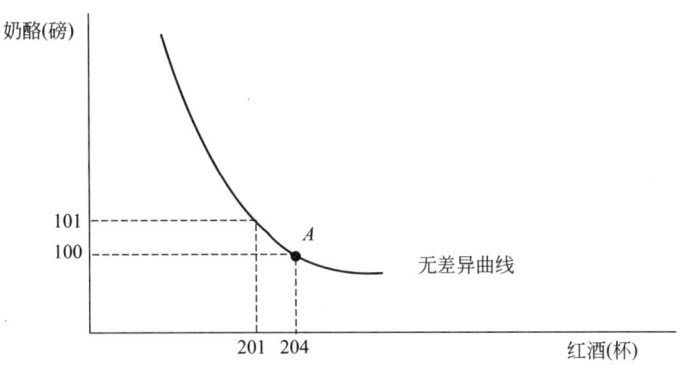

图21-8 凸向原点的无差异曲线

4. 说明消费者红酒与奶酪的预算约束线及无差异曲线。说明最优消费选择。如果1杯红酒的价格是3美元，而1磅奶酪的价格是6美元，在最优点，边际替代率是多少？

答：（1）图21-9显示了消费者的预算约束线和红酒与奶酪的无差异曲线。在最优消费选择时，无差异曲线的斜率等于预算约束线的斜率，也就是无差异曲线与预算约束线相切的那一点。所以该消费者的最优消费选择为（w^*，c^*）。

（2）本题中无差异曲线的斜率是奶酪和红酒之间的边际替代率，而预算约束线的斜率是奶酪和红酒的相对价格，因此，消费者在做出自己的消费选择时把红酒和奶酪的相对价格作为既定的，然后选择使他的边际替代率等于红酒和奶酪相对价格的那一点。因此当红酒价格为3美元，奶酪价格为6美元时，最优边际替代率是2。

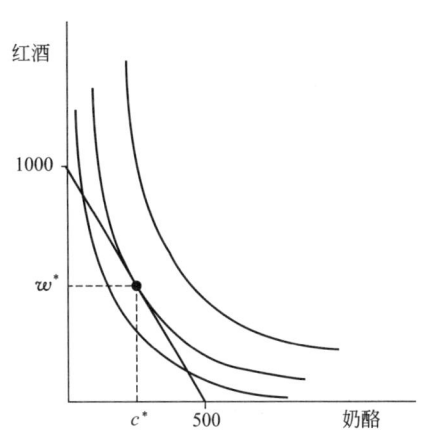

图21-9 预算约束线和无差异曲线

5. 某个消费红酒和奶酪的人得到晋升，因此，其收入从3000美元增加到4000美元。如果红酒和奶酪都是正常物品，会发生什么变动？如果奶酪是低档物品，会发生什么变动？

答：正常物品指需求量与收入呈同方向变化的商品。对于正常物品来说，替代效应与价格呈反方向的变动，收入效应也与价格呈反方向的变动，在它们的共同作用下，总效用必定与价格呈反方向的变动，正因为如此，正常物品的需求曲线是向右下方倾斜的。

低档物品指需求量与收入呈反方向变化的商品。对于低档物品来说，替代效应与价格呈反方向变动，收入效应与价格呈同方向变动，而且，在大多数场合，收入效应的作用小于替代效应，所以，总效应与价格呈反方向变动，相应的需求曲线是向右下方倾斜的。

当消费者收入从 3000 美元增加到 4000 美元后，预算约束线向外平行移动（从 BC_1 移动到 BC_2），如图 21-10 所示。由于红酒和奶酪都是正常物品，因而消费者对它们两者的需求量都会随着收入的增加而增加。如果奶酪是低档物品，收入增加后，消费者对奶酪的需求量会减少，如图 21-11 所示。

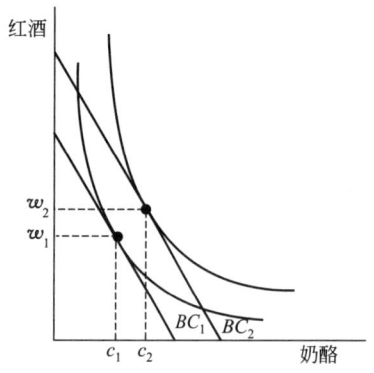 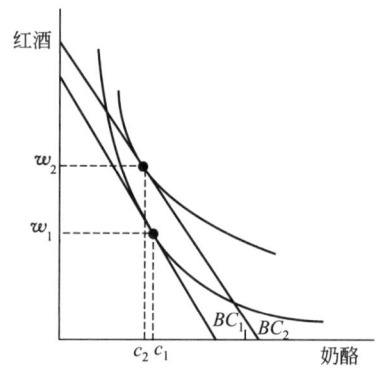

图 21-10　收入增加，对正常物品消费增加　　　图 21-11　收入增加，对低档物品的消费减少

6. 奶酪的价格由 1 磅 6 美元上升为 1 磅 10 美元，而红酒仍然是 1 杯 3 美元。对一个收入为 3000 美元不变的消费者来说，红酒和奶酪的消费会发生什么变动？把这种变动分解为收入效应和替代效应。

答：消费者会少买奶酪多买红酒。具体分析如下。

奶酪价格从 6 美元上升到 10 美元使预算线横轴上的点从 500 降到 300，如图 21-12 所示。消费者的预算约束线从 BC_1 移动到 BC_2，最优选择从点 A（c_1 奶酪，w_1 红酒）变为点 B（c_2 奶酪，w_2 红酒）。为了将这种变动分为收入效应和替代效应，画出预算约束线 BC_3，BC_3 平行于 BC_2，但与消费者最初的无差异曲线相切于点 C。从点 A 到点 C 的移动代表替代效应，由于奶酪变得更贵，随着从点 A 移动到点 C，消费者用红酒替代奶酪。从点 C 到点 B 的移动表示收入效应，奶酪价格的提高结果是实际收入的下降。

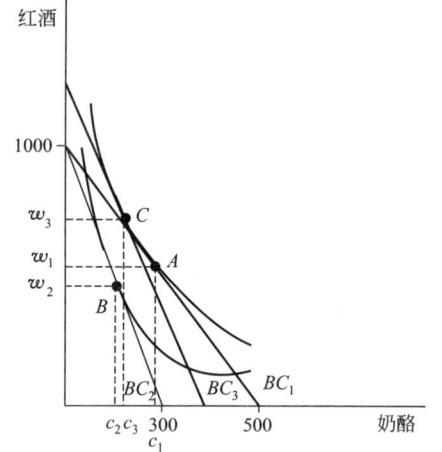

图 21-12　奶酪价格上升的影响

7. 奶酪价格上升有可能使消费者购买更多奶酪吗？解释原因。

答：奶酪价格上升有可能使消费者购买更多奶酪。具体分析如下。

一般而言，当一种物品价格上升时，人们对它的购买量会减少。但是当奶酪是一种非常特殊的低档物品（即吉芬物品）时，奶酪价格上升有可能使消费者购买更多的奶酪。当奶酪价格上升时，消费者变穷了。收入效应使消费者想少买红酒和多买奶酪。同时，由于奶酪相对于红酒变得更为昂贵，替代效应使消费者想购买更多的红酒和更少的奶酪。在这种特殊情况下，收入效应如此之大，以致超过了替代效应，结果消费者对奶酪价格上升的反应是购买更多奶酪。

三、快速单选

1. Emilio 购买价格为 10 美元的比萨饼和价格为 2 美元的苏打水。他的收入为 100 美元。如果以下哪一个事件出现，他的预算约束线就会平行向外移动？（　　）

　　a. 比萨饼的价格下降到 5 美元，苏打水的价格下降到 1 美元，而他的收入减少为 50 美元

　　b. 比萨饼的价格上升到 20 美元，苏打水的价格上升到 4 美元，而他的收入仍保持不变

　　c. 比萨饼的价格下降到 8 美元，苏打水的价格下降到 1 美元，而他的收入增加到 120 美元

　　d. 比萨饼的价格上升为 20 美元，苏打水的价格上升至 4 美元，而他的收入增加到 400 美元

【答案】d

【解析】预算约束线表示消费者在某种既定收入时能买得起的物品的各种组合。要使预算约束线平行向外移动，则预算约束线的斜率，即两种物品的相对价格不变，且 Emilio 的收入能够买到的比萨饼或者苏打水的数量增加，d 项符合题意。

2. 在无差异曲线上的任何一点，该曲线的斜率衡量消费者的（　　）。

　　a. 收入　　　　　　　　　　　　b. 用一种物品换另一种物品的意愿
　　c. 对两种物品是替代品还是互补品的认知　　d. 需求弹性

【答案】b

【解析】无差异曲线表示给消费者带来相同满足程度的消费组合。一条无差异曲线上任意一点的斜率等于消费者愿意用一种物品替代另一种物品的比率，这个比率称为边际替代率。

3. Matthew 和 Susan 是衬衫和帽子市场上的两个追求最优化的消费者，他们用 100 美元买一件衬衫，用 50 美元买一顶帽子。Matthew 买了 4 件衬衫和 16 顶帽子，而 Susan 买了 6 件衬衫和 12 顶帽子。从这些信息，我们推断，Matthew 的边际替代率是每件衬衫（　　）顶帽子，而 Susan 是每件衬衫（　　）顶帽子。

　　a. 2，1　　　　　b. 2，2　　　　　c. 4，1　　　　　d. 4，2

【答案】b

【解析】消费者选择预算约束线上位于最高无差异曲线上的一点。在这个被称为最优点的点上，边际替代率等于两种物品的相对价格。Matthew 和 Susan 愿意用 100 美元买一件衬衫，用 50 美元买一顶帽子，所以他们的边际替代率都是每件衬衫/2 顶帽子。

4. Charlie 只购买牛奶和早餐麦片。牛奶是正常物品，而早餐麦片是低档物品。当牛奶价格上升时，Charlie 购买的（　　）。

　　a. 两种物品都更少　　　　　　　　b. 牛奶更多，早餐麦片更少
　　c. 牛奶更少，早餐麦片更多　　　　d. 牛奶更少，但对早餐麦片的影响并不清楚

【答案】c

【解析】正常物品是收入增加引起需求量增加的物品，牛奶价格上升则需求量减少；低档物品是收入增加引起需求量减少的物品，牛奶价格上升导致 Charlie 收入相对下降，对低

档物品的需求量增加。

5. 如果通心粉价格上升而消费者购买更多通心粉，我们就可以推断出（　　）。

a. 通心粉是正常物品，而且收入效应大于替代效应

b. 通心粉是正常物品，而且替代效应大于收入效应

c. 通心粉是低档物品，而且收入效应大于替代效应

d. 通心粉是低档物品，而且替代效应大于收入效应

【答案】c

【解析】通心粉价格上升说明收入相对下降引起通心粉需求量上升，所以通心粉是低档物品。收入效应是当价格的某种变动使消费者移动到更高或更低无差异曲线时所引起的消费变动。替代效应是当价格的某种变动使消费者沿着一条既定的无差异曲线变动到有新边际替代率的一点时所引起的消费变动。当通心粉价格上升，收入效应使消费者多买通心粉，而替代效应是使消费者少买通心粉，而结果是消费者购买更多通心粉，所以收入效应大于替代效应。

6. 在哪种情况下，劳动供给曲线向上方倾斜？（　　）

a. 闲暇是正常物品　　　　　　　　b. 消费是正常物品

c. 对闲暇的收入效应大于替代效应　　d. 对闲暇的替代效应大于收入效应

【答案】d

【解析】当一个人工资增加时，相对于消费而言，闲暇变得更昂贵了，而这就鼓励他用消费替代闲暇。换句话说，替代效应使他因为更高的工资而更勤奋地工作，这就倾向于使劳动供给曲线向右上方倾斜。当工资增加时，他移动到更高的无差异曲线上。现在的状况变得比以前好了。只要消费和闲暇都是正常物品，就倾向于用这种福利增加来享受更高消费和更多闲暇。换句话说，收入效应导致他减少工作，这就倾向于使劳动供给曲线向右下方倾斜。当替代效应大于收入效应时，他就增加工作，劳动供给曲线向上方倾斜。

四、问题与应用

1. Jennifer 把她的收入用于消费咖啡和牛角面包（这两种物品都是正常物品）上。巴西早来的寒流使美国咖啡价格大幅度上升。

a. 说明寒流对 Jennifer 预算约束线的影响。

b. 假定牛角面包的替代效应大于收入效应，说明寒流对 Jennifer 最优消费组合的影响。

c. 假定牛角面包的收入效应大于替代效应，说明寒流对 Jennifer 最优消费组合的影响。

答：a. 寒流使美国咖啡的价格大幅度上升，因为较高的咖啡价格缩小了 Jennifer 的购买机会，因此 Jennifer 的预算约束线向内移动，由 BC_1 移动到 BC_2，如图 21-13 所示。

b. 咖啡价格上升对 Jennifer 的影响可以分解为两种效应：收入效应和替代效应。考虑收入效应，当咖啡价格上升后，Jennifer 的收入购买力下降了，因为状况变坏，Jennifer 将减少对这两种物品的购买，所以收入效应使 Jennifer 减少了咖啡和牛角面包的购买量。现在考虑替代效应，当咖啡价格上升后，牛角面包的消费相对于咖啡的消费变得便宜了，这种替代效应会使 Jennifer 选择更多的牛角面包。假定牛角面包的替代效应大于收入效应，寒流对 Jennifer 最优消费组合的影响是 Jennifer 会比以前消费更多的牛角面包，更少的咖啡。如图 21-13 所示，Jennifer 的最优消费组合点由 A 点变为 B 点。

c. 假定牛角面包的收入效应大于替代效应时，寒流对 Jennifer 最优消费组合的影响是同时减少咖啡和牛角面包的购买量。如图 21-14 所示，Jennifer 的最优消费组合点由 A 点变为 B 点。

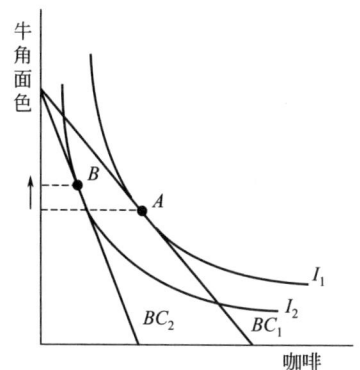 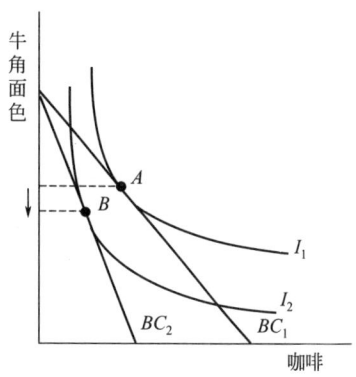

图 21-13 替代效应大于收入效应时寒流对预算约束线和最优消费组合的影响　　图 21-14 收入效应大于替代效应时寒流对最优消费组合的影响

2. 比较下列两对物品：

（1）可口可乐与百事可乐

（2）滑雪板和滑雪板上的固定装置

a. 在哪一种情况下两种物品是互补品？在哪一种情况下它们是替代品？

b. 在哪种情况下，你预期无差异曲线完全是一条直线？而在哪种情况下你预期无差异曲线有很强的凸性？

c. 在哪种情况下，消费者对两种物品相对价格的变动反应更大？

答：a. 滑雪板和滑雪板上的固定装置是互补品，可口可乐与百事可乐是替代品。

b. 当两种物品是完全替代品时，无差异曲线完全是一条直线。因为可口可乐与百事可乐差别很小，是完全替代品，所以它们的无差异曲线完全是一条直线。

当两种物品是完全互补品时，无差异曲线是非常凸向原点的，因为滑雪板和滑雪板上的皮鞋固定装置是完全互补品，所以两者的无差异曲线是非常凸向原点的。

c. 当两种物品是完全替代品时，消费者对它们相对价格的变动反应更大，所以消费者对可口可乐与百事可乐相对价格的变动反应更大。

3. 你只消费苏打水和比萨饼。有一天，苏打水的价格上升了，比萨饼的价格下降了，而且，你与价格变动以前的满足程度相同。

a. 用图形说明这种情况。

b. 你对这两种物品的消费量会如何变动？你的反应如何取决于收入效应和替代效应？

c. 你能买得起价格变动前你消费的苏打水和比萨饼的组合吗？

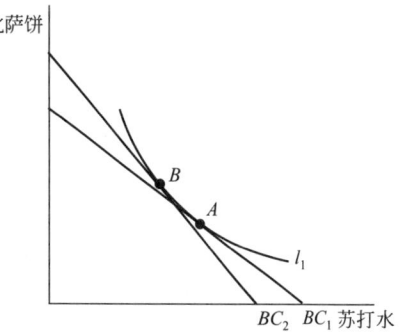

图 21-15 价格变化前后的情况

答：a. 若使价格变动前后消费者的满足程度相同，当价格变化后，消费苏打水的数量减少，消费比萨饼的数量增加，如图 21-15 所示。

b. 苏打水的价格上升，比萨饼的价格下降后，由于替代效应，苏打水的消费量减少，比萨饼的消费量增加。苏打水的价格上升，消费者的实际购买力下降了，所以会减少对物品的购买，因此收入效应会使消费者减少对苏打水和比萨饼的消费量；比萨饼的价格又下降，收入效应会使消费者增加对苏打水和比萨饼的消费量。最终，这两种收入效应相互抵消，只有替代效应，消费者的满足程度不变，只是消费了更多的比萨饼、更少的苏打水。

c. 如图21-15所示，买不起价格变动前消费的苏打水和比萨饼的组合了，因为原始的消费组合A位于价格变动后的预算线之外。

4. Mario只消费奶酪和饼干。

a. 对Mario来说，奶酪和饼干能都是低档物品吗？解释原因。

b. 假设奶酪对Mario而言是正常物品，而饼干是低档物品。如果奶酪的价格下降，Mario的饼干消费会发生什么变动？他的奶酪消费会发生什么变动？解释原因。

答：a. 对Mario来说，奶酪和饼干不可能都是低档物品。原因是Mario只消费这两种物品，则将其全部收入用于购买这两种物品，即 $p_1 x_1(p_1, p_2, I) + p_2 x_2(p_1, p_2, I) = I$，等式的两边同时对I求偏导，即 $p_1 \dfrac{\partial x_1(p_1, p_2, I)}{\partial I} + p_2 \dfrac{\partial x_2(p_1, p_2, I)}{\partial I} = I$。对于低档物品来说，随着消费者收入的增加，其需求量是减少的，这就意味着 $\dfrac{\partial x_i(p_1, p_2, I)}{\partial I} < 0$，如果这两种物品都是低档物品，则有 $\dfrac{\partial x_1(p_1, p_2, I)}{\partial I} < 0$，$\dfrac{\partial x_2(p_1, p_2, I)}{\partial I} < 0$，这样的话等式两边就不相等了。所以对Mario来说，奶酪和饼干不可能都是低档物品。

b. 奶酪的价格下降的替代效应意味着Mario会消费更多的奶酪和更少的饼干。价格下降的收入效应也会使Mario消费更多的奶酪（因为奶酪是正常物品）和更少的饼干（因为饼干是低档物品）。所以两种效应的综合结果是Mario增加对奶酪的消费，减少对饼干的消费。

5. Jim只买牛奶和点心。

a. 在第一年中，Jim赚了100美元，牛奶为每夸脱2美元，点心为每打4美元。画出Jim的预算约束线。

b. 现在假设在第二年所有价格都上升了10％，而Jim的薪水也增加了10％。画出Jim的新预算约束线。与第一年的最优组合相比，第二年牛奶和点心的最优组合会如何变动？

答：a. 因为100/2＝50，100/4＝25。所以Jim在100美元的收入下，可以购买50夸脱牛奶，也可以购买25打点心。预算约束线如图21-16所示。

b. 第二年，Jim的收入为 $100 \times (1+10\%) = 110$ 美元，每夸脱牛奶为 $2 \times (1+10\%) = 2.20$ 美元，每打点心为 $4 \times (1+10\%) = 4.40$ 美元。因为110/2.20＝50，110/4.40＝25，Jim的预算约束线不会改变。

与第一年的最优组合相比，第二年牛奶和点心的最优组合不变，因为Jim的预算约束线未变，如图21-16所示。

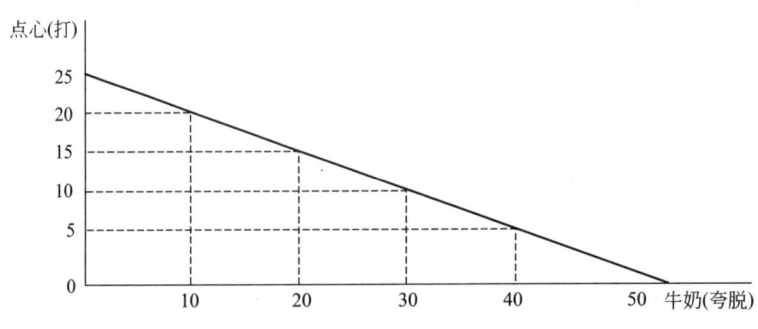

图21-16　吉姆的预算约束线

6. 说明下面每一种说法正确还是错误。解释你的答案。

a. "所有的吉芬物品都是低档物品。"

b. "所有的低档物品都是吉芬物品。"

答：a. 正确。低档物品指价格下跌所引起的收入效应为负的商品，替代效应与价格成反方向变动，收入效应与价格成同方向变动。吉芬物品属于低档物品，是一种特殊的低档物品。

b. 错误。吉芬物品是低档物品的一种，但不是所有的低档物品都是吉芬物品。一般的低档物品收入效应的作用小于替代效应的作用，所以总效应与价格成反方向变动，相应的需求曲线向右下方倾斜；而吉芬物品的收入效应的作用大于替代效应的作用，于是需求曲线向右上方倾斜。

7. 某个大学生有两种吃饭的选择：到食堂吃每份 6 美元的饭，或者吃每份 1.5 美元的方便面。他每周的食物预算是 60 美元。

a. 画出表示到食堂吃饭和吃方便面的预算约束线。假设二者的支出量相等，画出一条表示最优选择的无差异曲线。用 A 点来标明最优选择。

b. 假设方便面的价格现在上升到 2 美元。用你 a 中的图说明这种价格变动的结果。假设现在我们的学生只能把 30% 的收入用于到食堂吃饭。用 B 点标明新的最优点。

c. 由于这种价格变动，方便面的消费量会发生什么变动？这种结果说明了收入效应与替代效应的什么关系？解释原因。

d. 用 A 点和 B 点画一条方便面的需求曲线。这类物品被称为什么物品？

答：a. 假设该学生在食堂吃饭的份数为 X，吃方便面的份数为 Y，则他的预算约束线方程为：$6X+1.5Y=60$，即：$Y=40-4X$。预算约束线如图 21-17 中的直线 BC_1 所示。他的无差异曲线为 I_1。预算线与无差异曲线相切于 A。A 即为该大学生的最优选择点，此时他在食堂吃饭的份数为 5，吃方便面的份数为 20。

b. 当方便面的价格上升后，该大学生的预算约束线方程为：$6X+2Y=60$，即：$Y=30-3X$。预算约束线如图 21-18 中的直线 BC_2 所示。新的预算线与无差异曲线 I_2 相切于 B。B 即为该大学生的最优选择点，此时他在食堂吃饭的份数减少为 3，吃方便面的份数增加为 21。

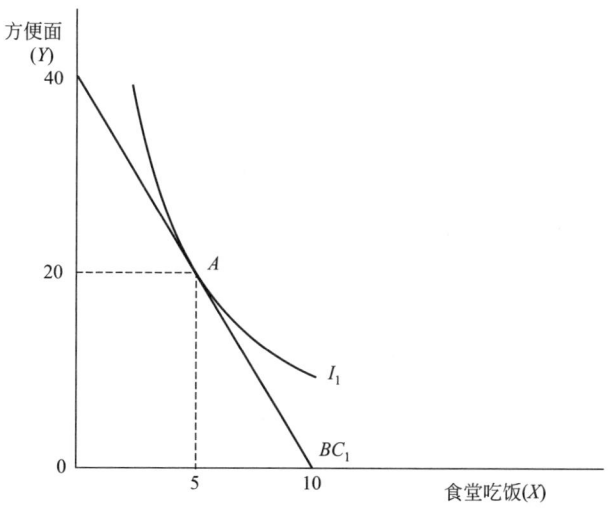

图 21-17 大学生的最优选择

c. 方便面价格上涨，该大学生对方便面的消费量增加了。这意味着方便面是一种低档物品，它的收入效应超过了替代效应。

d. 方便面的需求曲线如图21-19所示。该需求曲线向右上方倾斜，因而方便面是吉芬物品。

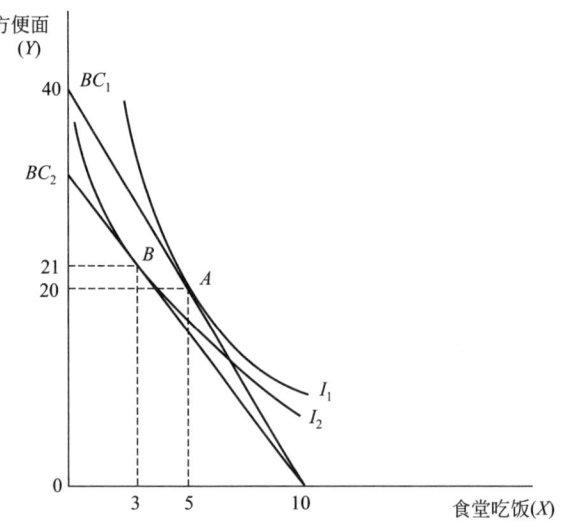

图21-18　方便面价格上涨对大学生最优选择的影响　　图21-19　方便面的需求曲线

8. 考虑你关于工作多少小时的决策。

a. 画出假设你的收入不纳税时的预算约束线。在同一个图上，画出假设纳15%个人所得税时的预算约束线。

b. 说明税收如何引起工作时数增加、减少或不变。解释原因。

答：a. 如图21-20所示，BC_1表示收入不交税时的预算约束线，BC_2是纳15%的税时的预算约束线。

b. 图21-21的无差异曲线表示税收使一个人选择的工作时数增加。因为收入效应（较少的闲暇）大于替代效应（更多闲暇），所以结果是更少的闲暇。

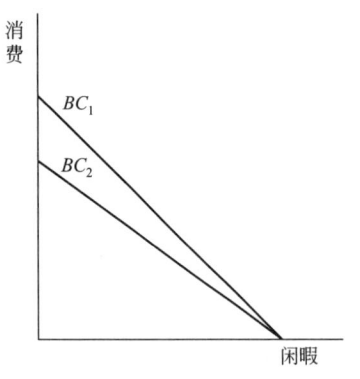
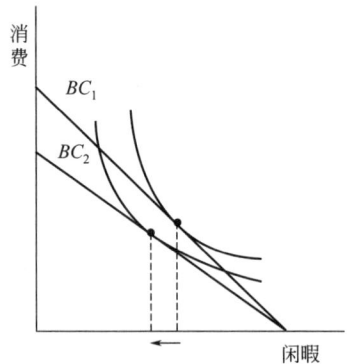

图21-20　交税和不交税时的预算约束线　　图21-21　税收使工作时数增加

图21-22的无差异曲线表示税收使一个人选择的工作时数减少。因为收入效应（较少的闲暇）小于替代效应（更多闲暇），所以结果是更多的闲暇。

图21-23的无差异曲线表示税收使一个人选择的工作时数不变。因为收入效应（较少的闲暇）等于替代效应（更多闲暇），所以结果是闲暇的时间不变。

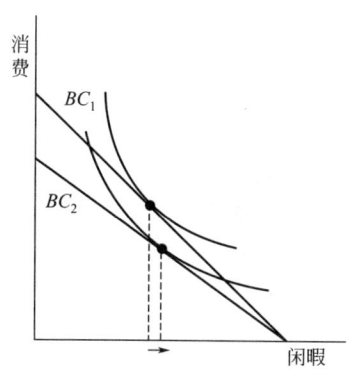

图 21-22 税收使工作时数减少

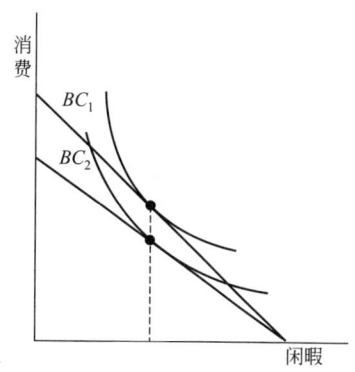

图 21-23 税收使工作时数不变

9. Sarah 每周除了睡觉之外有 100 个小时。用图说明她每小时赚 6 美元、8 美元和 10 美元时的预算约束线。再画出工资在每小时 6～8 美元时使 Sarah 的劳动供给曲线向右上方倾斜的无差异曲线,以及当工资在每小时 8～10 美元时使 Sarah 的劳动供给曲线向右下方倾斜的无差异曲线。

答: 图 21-24 显示了 Sarah 每小时赚 6 美元、8 美元和 10 美元时的预算约束线。L_6、L_8、L_{10} 分别表示每小时赚 6 美元、8 美元和 10 美元时每周的闲暇小时数。在每小时赚 6 美元的工资水平上,她工作 $100-L_6$ 小时;在每小时赚 8 美元的工资水平上,她工作 $100-L_8$ 小时;在每小时赚 10 美元的工资水平上,她工作 $100-L_{10}$ 小时。

当工资水平在每小时 6～8 美元时,$L_6 > L_8$,劳动供给曲线向右上方倾斜;当工资水平在每小时 8～10 美元时,$L_{10} > L_8$,劳动供给曲线向左上方倾斜。图 21-24 同时也显示了 Sarah 在工资每小时 6～8 美元时使其劳动供给曲线向右上方倾斜的无差异曲线,以及在工资每小时 8～10 美元时使其劳动供给曲线向左上方倾斜的无差异曲线。

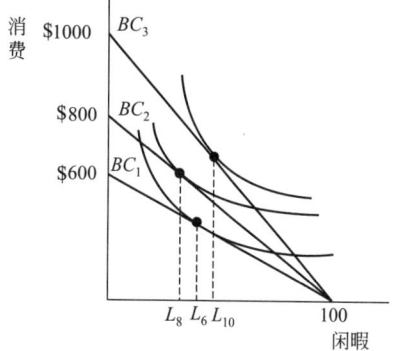

图 21-24 Sarah 的预算约束线和无差异曲线

10. 画出某人决定如何分配工作和闲暇的无差异曲线。假设工资增加了,这个人的消费可能会减少吗?这是否合理?讨论之。(提示:考虑收入效应和替代效应。)

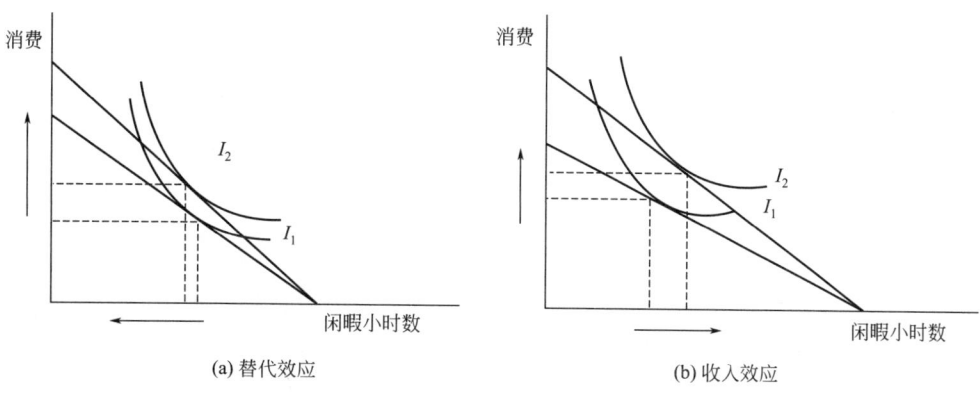

图 21-25 工资增加后的工作—闲暇决策

答：首先考虑替代效应：当这个人的工资增加时，相对于工作而言，闲暇变得更昂贵了，而这就鼓励他用工作替代闲暇。换言之，替代效应使这个人由于更高的工资而增加工作时数。在图 21-25(a) 中，当工资增加时，消费增加，闲暇减少了。

现在考虑收入效应：当工资增加时，这个人会移动到更高的无差异曲线。现在他的状况比以前变好了。由于消费和闲暇都是正常物品，他就倾向于用这种福利增加来享受更高的消费和更多的闲暇。在图 21-25(b) 中，当工资增加时，消费和闲暇都增加了。

11. 考虑一对夫妇关于要多少孩子的决策。假定这对夫妇一生中有 20 万个小时可以用于工作或抚养孩子。工资为每小时 10 美元。抚养一个孩子需要 2 万个小时。

a. 画出表示一生消费和孩子数量之间的权衡取舍关系的预算约束线（不考虑孩子只能以整数进入家庭这一事实）。标明无差异曲线和最优选择。

b. 假设工资增加到每小时 12 美元。说明预算约束线如何移动。用收入效应和替代效应讨论这种变动对孩子数量和一生中消费量的影响。

c. 我们观察到，随着社会变得越来越富裕以及工资的增加，人们要的孩子数量通常也少了。该事实与这个模型一致吗？解释原因。

答：a. 预算约束线如图 21-26 所示。最初的预算约束线为 BL_1。如果把所有的时间都用于抚养孩子，能够抚养 10 个孩子。如果把所有的时间用于工作，能够赚得 2 000 000 美元用于消费。效用最大化时抚养 K_1 个孩子，消费水平为 C_1。

b. 工资上升时，预算约束线旋转为 BL_2，如图 21-26 所示。预算线变得比较陡峭，这反映了抚养孩子的机会成本增加了。工资上升的替代效应是增加消

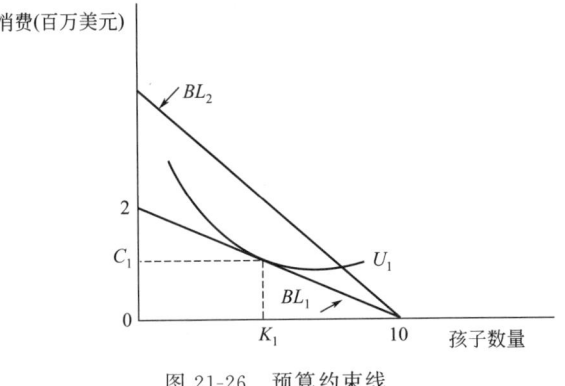

图 21-26　预算约束线

费，减少抚养孩子的数量。在假设消费和孩子都是正常物品的情况下，工资上升的收入效应是增加消费和孩子的数量。工资上升对消费的总效应是增加消费，但对孩子数量的影响取决于替代效应和收入效应的相对大小。

c. 如果随着收入的增加，孩子的数量减少了，这表明替代效应的影响大于收入效应，这一事实与模型一致。

12. 经济学家乔治·斯蒂格勒（George Stigler）曾经写道，根据消费者理论，"当消费者收入增加时，如果他们不减少某种商品的购买量，那么当这种商品价格上升时，他们肯定要少买这种商品。"用收入效应和替代效应的概念解释这句话。

答：理解这句话的关键在于乔治·斯蒂格勒所指的商品是正常物品。具体分析如下：

（1）当消费者收入增加时，如果他不少买一种商品，说明这种商品是正常品。正常物品指收入增加引起需求量增加的物品。在价格不变的情况下，如果消费者的收入增加，对某种商品的需求随之增加；在收入减少时，对这种商品的需求随之减少，则这种商品就是正常物品。所以"当消费者收入增加时，他们不减少某种商品的购买量"。

（2）正常物品的替代效应与价格成反方向的变动，收入效应也与价格成反方向的变动，在它们的共同作用下，总效应必定与价格成反方向的变动，从而使得正常物品的需求曲线是向右下方倾斜的。所以，对于正常品而言，当其价格上升时，在收入效应和替代效应的作用下，消费者将减少对其的购买。所以"当这商品价格上升时，他们肯定要少买这种商品"。

13. 五个消费者有以下苹果和梨的边际效用：

项目	苹果的边际效用	梨的边际效用
Claire	6	12
Phil	6	6
Haley	6	3
Alex	3	6
Luke	3	12

每个苹果的价格是 1 美元，每个梨的价格是 2 美元。如果有的话，这些消费者最优的水果选择是哪一个？对那些没有最优选择的人，他们如何改变自己的支出？

答：当每一美元不同商品所带来的边际效用相等时，即不同商品的边际效用—价格之比相等时，消费者实现了效用最大化。

对于 Claire 而言，苹果的边际效用—价格比为：$6/1=6$，梨的边际效用—价格比为 $12/2=6$，因而两者相等，Claire 实现了最优选择。

对于 Phil 而言，苹果的边际效用—价格比为：$6/1=6$，梨的边际效用—价格比为 $6/2=3$，因而前者大于后者，Phil 没有实现最优选择。为了使得苹果和梨的边际效用—价格之比相等，根据边际效用递减规律，他应该增加苹果的消费，从而降低苹果的边际效用，减少梨的消费，从而增加梨的边际效用。

对于 Haley 而言，苹果的边际效用—价格比为：$6/1=6$，梨的边际效用—价格比为 $3/2=1.5$，因而前者大于后者，Haley 没有实现最优选择。为了使得苹果和梨的边际效用—价格之比相等，根据边际效用递减规律，他应该增加苹果的消费，从而降低苹果的边际效用，减少梨的消费，从而增加梨的边际效用。

对于 Alex 而言，苹果的边际效用—价格比为：$3/1=3$，梨的边际效用—价格比为 $12/2=6$，因而前者小于后者，Alex 没有实现最优选择。为了使得苹果和梨的边际效用—价格之比相等，根据边际效用递减规律，他应该减少苹果的消费，从而增加苹果的边际效用，增加梨的消费，从而降低梨的边际效用。

名校考研真题详解

1. 为什么说需求曲线上的每一点都满足消费者效用最大化条件？〔东北财大 2017 研；南京财大 2010 研；人大 2000、1999 研〕

答：消费者要想获得效用的最大化，必须按照下列原则调整自己的购买量：在既定的收入与商品价格下，追求效用最大化的消费者分配他在各种商品上支出的原则是使得他花费在所购买的每一种商品上的最后一元钱所得到的边际效用相等。这是消费者购买商品时获得效用最大化的必要条件。这一条件可以表示为：$MU_1/P_1=MU_2/P_2=\cdots=MU_n/P_n$。

其中 MU_i（$i=1,2,\cdots,n$）表示任一种商品的边际效用，P_i（$i=1,2,\cdots,n$）表示任一种商品的价格。若消费者所购买的是两种商品，则消费者达到效用最大化的条件是：$MU_x/P_x=MU_y/P_y$。

需求曲线是消费者在既定收入水平下追求最大效用的结果，曲线上每一点都表示消费者效用达到了最大。可从图 21-27(a) 中看出，通过连续变动的价格（以商品 X 的价格变动为例），得到了几个不同的消费者均衡点，每一个均衡点都存在着价格与需求量的一一对应，把每一个价格及其对应的需求量绘制到图 21-27(b) 上，便得到一条向右下方倾斜的需求曲线。图中只给出了 A、B、C 三点，需求曲线是通过连接 A、B、C 三点得到的。因而需求曲线上的每一点都表示消费者在既定收入水平下对应于市场价格选择最大效用的商品数量。

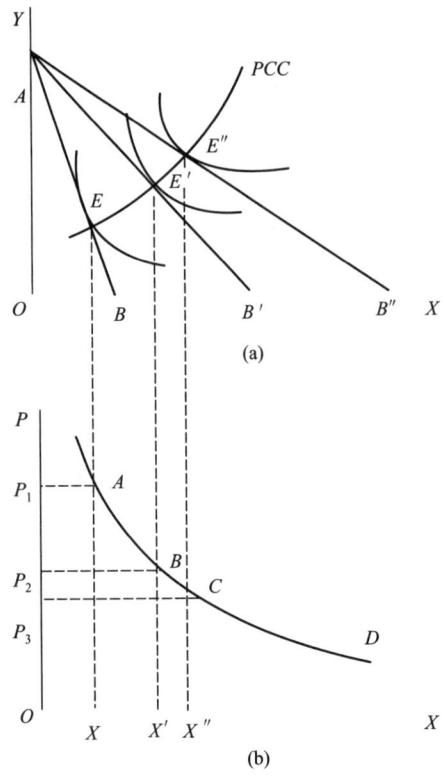

图 21-27　满足消费者效用最大化的需求曲线

2. 试画图说明正常物品价格上升时的收入效应与替代效应。〔人大 2017、2000 研；中国青年政治学院 2008 研；山东大学 2007 研〕

答：现用图 21-28 说明正常物品价格上涨时的收入效应与替代效应。图 21-28 中的横轴 OX_1 和纵轴 OX_2 分别表示商品 1 和商品 2 的数量，其中，商品 1 是正常商品。在商品价格变化之前，消费者的预算线为 AB，该预算线与无差异曲线 U_1 相切于 a 点，a 点是消费者效用最大化的一个均衡点。在 a 均衡点上，相应的商品 1 的需求量为 OX_1'。现假定商品 1 的价格 P_1 上升使预算线的位置由 AB 移至 AB'。新的预算线 AB' 与另一条代表较低效用水平的无差异曲线 U_2 相切于 c 点，c 点是商品 1 的价格上升以后的消费者的效用最大化的均衡点。在 c 均衡点上，相应的商品 1 的需求量为 OX_1'''。比较 a、c 两个均衡点，商品 1 的需求量的减少量为 $X_1'X_1'''$，这便是商品 1 的价格 P_1 上升所引起的总效应。这个总效应可以被分解为替代效应和收入效应两个部分。

通过作与预算线 AB' 平行且与无差异曲线 U_1 相切的补偿预算线 FG，便可将总效应分解成替代效应和收入效应。具体地看，P_1 上升引起的商品相对价格的变化，使消费者由均衡点 a 运动到均衡点 b，相应的需求减少量为 $X_1'X_1''$，这就是替代效应，它是一个负值。这是因为，当 P_1 上升时要保持效用水平不变，消费者必定减少对正常商品 1 的购买。而 P_0 上升引起的消费者的实际收入水平的变动，使消费者由均衡点 b 运动到均衡点 c，需求量由 X_1'' 减少到 X_1'''，这就是收入效应。收入效应也是一个负值。这是因为，当 P_1 上升使得消费者的实际收入水平降低时，消费者必定会减少对正常商品 1 的购买。这也就是说，正常物品的收入效应与价格成反方向的变动。

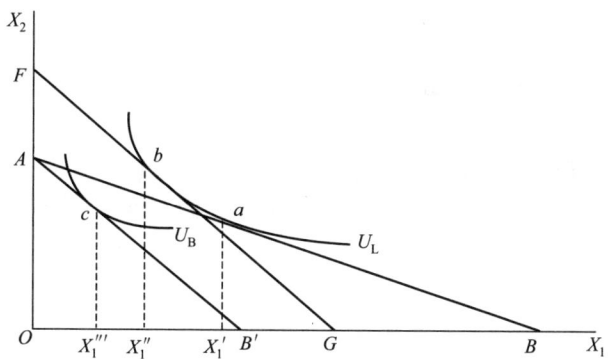

图 21-28 正常物品价格上升时的收入效应与替代效应

综上所述，对于正常物品来说，替代效应与价格成反方向的变动，收入效应与价格成反方向的变动，在它们的共同作用下，总效应必定与价格成反方向变动。正因为如此，正常物品的需求曲线是向右下方倾斜的。

3. 已知某消费者每年用于商品 1 和商品 2 的收入为 540 元，两商品的价格分别为 $P_1 = 20$ 元和 $P_2 = 30$ 元，该消费者的效用函数为 $U = 3X_1 X_2^2$。

（1）该消费者每年购买这两种商品的数量各应是多少？

（2）每年从中获得的总效用是多少？

（3）假设收入不变，如果商品 1 价格上涨，产生的替代效应、收入效应是什么样？〔人大 2013 研〕

解：（1）由已知可得消费者效用最大化问题为：
$$\max \quad 3X_1 X_2^2$$
$$\text{s.t.} \quad 20X_1 + 30X_2 = 540$$

构造拉格朗日函数：
$$L(X_1, X_2, \lambda) = 3X_1 X_2^2 + \lambda(540 - 20X_1 - 30X_2)$$

效用最大化的一阶条件为：
$$\frac{\partial L}{\partial X_1} = 3X_2^2 - 20\lambda = 0$$
$$\frac{\partial L}{\partial X_2} = 6X_1 X_2 - 30\lambda = 0$$
$$\frac{\partial L}{\partial \lambda} = 540 - 20X_1 - 30X_2 = 0$$

解得：$X_1 = 9$，$X_2 = 12$。

故消费者每年购买两种商品 1 和 2 的数量分别为 9 和 12。

（2）由（1）可知 $X_1 = 9$，$X_2 = 12$，从而 $U = 3X_1 X_2^2 = 3888$，故每年获得的总效用为 3888 效用单位。

（3）商品 1 价格上涨，收入效应使得 X_1 和 X_2 均下降，替代效应使得 X_1 下降，X_2 上升。但总效应应视收入效应和替代效应的强弱而定。

4. 设有两个消费者，其效用函数分别为 $u = 2\ln x + 2\ln y$ 和 $u = x^2 y^2$。他们面临相同的约束，收入相同，价格也相同。

（1）请利用相关原理回答，他们两人的消费购买行为是否一样？

（2） 请利用代数的方法计算出他们各自对两个商品的消费量。这个结果和你对第一个问题的答案一致吗？

（3） 如果第三个消费者的效用函数为 $u=x^2+y^2$，请问其消费行为和前面两人的消费行为是否相同？为什么？

（4） 计算出上面问题（3）的答案。（提示：对（3）和（4）两问，注意其呈现出来的无差异曲线的形状，或者注意最优化问题的一阶条件和二阶条件）[武汉大学 2013 研]

解：（1）两人的消费购买行为是一样的。因为 $u=x^2y^2$ 是 $u=2\ln x+2\ln y$ 的正单调变换。一个效用函数的正单调变换还是一个效用函数，这个效用函数代表的偏好与原效用函数代表的偏好相同。

（2）对于第一个消费者来说，满足效用最大化的条件是 $\frac{MU_x}{P_x}=\frac{MU_y}{P_y}$，即 $\frac{2}{xP_x}=\frac{2}{yP_y}$。

对于第二个消费者来说，满足其效用最大化的条件是 $\frac{2xy^2}{P_x}=\frac{2x^2y}{P_y}$，化简可得：$\frac{2}{xP_x}=\frac{2}{yP_y}$。

又两个消费者面临的消费约束均为 $xP_x+yP_y=m_c$。联立可得 $x=\frac{m}{2P_x}$，$y=\frac{m}{2P_y}$。他们对两个商品的消费量是相同的，这个结果与第一问答案一致。

（3）~（4）其消费行为与前面两人的消费行为不同。

效用函数 $u=x^2+y^2$ 为凹函数，根据凹函数的性质可知，消费最优点落在无差异曲线和预算约束线以及横轴或纵轴的交点上。

当 $P_x<P_y$ 时，消费者全部消费 x，即 $x=\frac{w}{P_x}$，$y=0$；

当 $P_x>P_y$ 时，消费者全部消费 y，即 $x=0$，$y=\frac{w}{P_y}$；

当 $P_x=P_y$ 时，消费者选择两个端点的效用是无差异的。

5. 某消费者的效用函数为 $u(x_1,x_2)=\sqrt{x_1x_2}$，商品 x_1 和 x_2 的价格为 p_1 和 p_2，收入为 y。

（1） 假设商品 x_1 和 x_2 的价格为 $p_1=1$ 和 $p_2=2$，该消费者收入为 $y=100$。求该消费者对两种商品的需求量。

（2） 若商品 x_1 价格升至 2，即此时 $p_1=p_2=2$，该消费者收入不变。求此价格变化对商品 x_1 产生的替代效应和收入效应。[厦门大学 2014 研]

解：（1）消费者的效用最大化问题为：

$$\max \sqrt{x_1x_2}$$
$$\text{s.t.} \quad p_1x_1+p_2x_2=y$$

构造拉格朗日函数：

$$L=\sqrt{x_1x_2}+\lambda(y-p_1x_1-p_2x_2)$$

一阶条件为：

$$\frac{\partial L}{\partial x_1}=\frac{1}{2}x_1^{-1/2}x_2^{1/2}-\lambda p_1=0$$

$$\frac{\partial L}{\partial x_2}=\frac{1}{2}x_1^{1/2}x_2^{-1/2}-\lambda p_2=0$$

$$\frac{\partial L}{\partial \lambda}=y-p_1x_1-p_2x_2=0$$

由上述三式解得消费者对两种商品的需求函数分别为：

$$x_1 = \frac{y}{2p_1}, \quad x_2 = \frac{y}{2p_2}$$

当 $p_1 = 1$、$p_2 = 2$、$y = 100$ 时，消费者对商品 x_1 的消费量为：$x_1 = \frac{y}{2p_1} = \frac{100}{2 \times 1} = 50$；

对商品 x_2 的消费量为：$x_2 = \frac{y}{2p_2} = \frac{100}{2 \times 2} = 25$。

此时消费者效用为：$u(x_1, x_2) = \sqrt{x_1 x_2} = \sqrt{25 \times 50} = 25\sqrt{2}$。

(2) 当商品 x_1 的价格为 $p_1' = 2$ 时，有 $x_1' = \frac{y}{2p_1'} = \frac{100}{2 \times 2} = 25$。

由此可知，价格变化对 x_1 产生的总效应为 -25。

为保持原有的效用水平（$u = 25\sqrt{2}$），消费者在新的价格水平（2，2）下的支出最小化问题为：

$$\min \quad 2x_1 + 2x_2$$
$$\text{s.t.} \quad u = \sqrt{x_1 x_2} = 25\sqrt{2}$$

求解可得：$x_1'' = 25\sqrt{2}$，$x_2 = 25\sqrt{2}$。

所以，x_1 价格上升的替代效应为：$x_1'' - x_1 = 25\sqrt{2} - 50 = 25(\sqrt{2} - 2)$；

收入效应为：$x_1' - x_2'' = 25\sqrt{2} - 25 = 25(1 - \sqrt{2})$。

说明：上述替代效应和收入效应为希克斯替代效应和希克斯收入效应。斯勒茨基替代效应和收入效应的求解如下：

要使得购买力保持不变，则收入水平应调整为：$y' = 2x_1 + 2x_2 = 2 \times 50 + 50 = 150$。在该收入水平下，消费者对商品 的消费量为：$x_1'' = \frac{y'}{2p_1'} = \frac{150}{2 \times 2} = 37.5$。

因此，斯勒茨基替代效应为：$x_1'' - x_1 = 37.5 - 50 = -12.5$；

斯勒茨基收入效应为：$x_1' - x_1'' = 25 - 37.5 = -12.5$。

第 22 章 微观经济学前沿

知识结构导图

```
                    ┌─ 隐蔽性行为：委托人、代理人及道德风险
                    │  隐蔽性特征：逆向选择和次品问题
            不对称信息┤  为传递私人信息发信号
            │        │  引起信息披露的筛选
            │        └─ 不对称信息与公共政策
微观经济学前沿┤        ┌─ 康多塞投票悖论
            │政治经济学│  阿罗不可能性定理
            │        │  中值选民说了算
            │        └─ 政治家也是人
            │        ┌─ 人们并不总是理性的
            └行为经济学┤  人们关注公正
                     └─ 人们是前后不一致的
```

考点难点归纳

考点1 不对称信息

不对称信息指在生活中，一些人往往拥有比另一些人更多的信息，这种信息的差别会影响他们做出的决策以及他们如何相互交易。

（1）不对称信息的影响

① 道德风险。道德风险指一个没有受到完全监督的人从事不忠诚或不合意行为的倾向；或者说在双方信息非对称的情况下，人们享有自己行为的收益，而将成本转嫁给别人，从而造成他人损失的可能性。

② 逆向选择。逆向选择指在买卖双方信息非对称的情况下，差的商品总是将好的商品驱逐出市场的现象；或者说拥有信息优势的一方，在交易中总是趋向于做出尽可能地有利于自己而不利于别人的选择。

（2）不对称信息的私人解决

① 发信号。发信号是指有信息的一方向无信息的一方披露自己私人信息时所采取的行动。有效信号的条件是：信号必须是有成本的。如果信号是免费的，任何人都可以使用它，

它也就不能传递有效信息;信号对发送者来说其成本有差别,信号必须是低成本的或者是对有高质量产品的人更有利。

② 筛选。筛选指当无信息的一方所采取的引起有信息的一方披露私人信息时所采取的行动。

(3) 不对称信息与公共政策

不对称信息可以在一些情况下要求政府有所作为,但三个事实使这个问题复杂化了。

① 私人市场有时可以用发信号和筛选的结合,从而依靠自己解决不对称信息问题。

② 政府也并不比私人各方有更多信息。即使市场的资源配置不是最优的,但可能是次优的。

③ 政府本身也是一种不完善的制度。

【名师点读】

信息不对称是引起市场失灵的一种重要原因,考试中多以概念题或简答题的形式对该知识点进行考查。考生要重点把握逆向选择和道德风险的概念,并会举例作图说明;对于解决信息不对称的方法,考生也需熟练掌握。相关考研真题如下。

1.【概念题】逆向选择与道德风险〔安徽大学 2017 研;东南大学 2014 研;山东大学 2014 研;北理工 2013 研;中央财大 2010 研〕

2.【简答题】什么是信息不对称,请举例说明为什么信息不对称会导致市场失灵?〔湖南大学 2017 研;人大 2007 研;南开大学 2004 研;复旦大学 2002 研〕

考点 2　政治经济学

政治经济学运用经济性的方法来研究政府如何运作,相关观点具体分析如表 22-1 所示。

表 22-1　政治经济学的三种观点

项目	康多塞投票悖论	阿罗不可能性定理	中值选民定理
概念	指多数规则没有产生可传递性的社会偏好,要投票的事情的顺序会影响结果	在一组假设条件之下,没有把个人偏好加总为一组正确的社会偏好的方案	一个数学结论,表明如果要选民沿着一条线选一个点,而且,每个选民都想选择离他最偏好的点最近的点,那么,多数规则将选出中值选民最偏好的点
结论	①确定议程(即决定要投票事情的顺序)会对民主选举结果有重大影响 ②多数投票本身并没有告诉我们社会真正想要什么结果	社会在把其成员的偏好加总时采用哪一种方案并不重要,将其作为社会选择机制是有缺陷的	①如果两个政党各自努力使自己当选的机会最大化,它们就会使自己的立场接近中值选民 ②少数人的观点不会被过多重视

【名师点读】

本知识点不属于考查的重点内容,考生在理解本知识点所涉及概念的基础上清楚其结论即可。

一、概念题

1. 道德风险(moral hazard)

答:道德风险指一个没有受到完全监督的人从事不诚实或不合意行为的倾向。换句话说，道德风险是在双方信息非对称的情况下，人们享有自己行为的收益，而将成本转嫁给别人，从而造成他人损失的可能性。道德风险的存在不仅使得处于信息劣势的一方受到损失，而且会破坏原有的市场均衡，导致资源配置的低效率。

在信息不对称的情况下，当代理人为委托人工作而其工作成果同时取决于代理人所做的主观努力和不由主观意志决定的各种客观因素，并且主观原因对委托人来说难以区别时，就会产生代理人隐瞒行动而导致对委托人利益损害的"道德风险"。道德风险发生的一个典型领域是保险市场。解决道德风险的主要方法是风险分担。

2．代理人（agent）

答：代理人指一个为委托人完成某种行为的人。这里的"人"，可以是自然人或法人。在现实经济生活中，代理人的种类很多，如销售代理商、企业代理商、专利代理人、广告代理人、保险代理人、税务代理人等。在现代微观经济学中，企业的管理者可以被看成是所有者的代理人。随着分工和专业化的发展，交易和契约活动中的委托—代理关系成为现代经济中的重要问题。在公司制度中，由于所有权和控制权、经营权的分离，导致了所有者和管理者之间潜在的利益矛盾。特别是在一些大型股份公司里，如果股权极其分散，对管理者的控制和影响就更弱了。管理者是为了自己的利益最大化而工作，而不是为了股东利益最大化。而委托—代理问题的重要之处在于，由于代理人的某些信息或某些行动是不可观察的，或者虽然可观察但不可确证，委托人难以通过一个直接的强制性契约来实现自己的利益最大化，而只能通过一个间接的激励方案，使代理人在追求自我利益的最大化实现的同时，也使委托人的利益尽可能地得到实现。

3．委托人（principal）

答：委托人指让代理人完成某种行为的人。在现实经济生活中，委托人的种类很多，如商品销售事务的委托人、专利事务的委托人、广告事务的委托人、保险事务的委托人、税务的委托人等。

4．逆向选择（adverse selection）

答：逆向选择指在买卖双方信息非对称的情况下，差的商品总是将好的商品驱逐出市场；或者说拥有信息优势的一方，在交易中总是趋向于做出尽可能地有利于自己而不利于别人的选择。对逆向选择问题的研究，始于美国经济学家乔治·艾克洛夫的论文《柠檬（次货）市场》，他考察了一个次品充斥的旧车市场。假设有一批旧车，每辆车的好坏只有卖主知道，要让交易做成，最合理的办法是按平均质量水平定价。这就意味着其中有些好车的价格被低估了，从而卖方就不愿按照平均定价出售，或者卖方"理性"地抽走好车，让买主在剩下的差车中任意挑选。如果买方明白这一道理，就不会接受卖方的定价，而只愿出较低的价格。接着这将可能导致另一回合的出价和杀价：卖主再从中抽走一些较好的车，买主则再次降低意愿价格。最终的均衡可能使所有好车都卖不出去，显然，这是无效率的，因为最终成交量低于供求双方理想的成交量。

逆向选择的存在使得市场价格不能真实地反映市场供求关系，导致市场资源配置的低效率。一般在商品市场上卖者关于产品的质量、保险市场上投保人关于自身的情况等都有可能产生逆向选择问题。解决逆向选择问题的方法主要有：政府对市场进行必要的干预和利用市场信号。

5．发信号（signaling）

答：发信号指有信息的一方向无信息的一方披露自己私人信息时所采取的行动。发信号是市场对不对称信息问题做出反应。发信号是有信息的一方用信号让无信息的一方相信有信息的一方提供了高质量的东西。发信号理论的最广泛的分析应用是在保险市场，个人将风险结果"卖"给保险公司；此时，拥有某种优先风险的人由于其损失的概率更低，所以更乐意共同保险，共同保险的水平是保险质量的一个潜在信号发送。在金融分析中，某个拥有关于高质量投资机会的大量信息的经理，可以通过筹措资金或红利分配政策的选择向潜在的投资者发信号。一个企业家可以通过挑选有威信的审计员来说明工程的质量，审计员对工程的有利估计很有说服力，从而企业家更愿意在高身价、高声望的审计员身上花钱，这属于发信号问题。

6. 筛选（screening）

答：筛选指无信息的一方所采取的引起有信息的一方披露信息的行动。例如，一个买二手车的人会要求这辆车在出售之前经过汽车技师的检验。拒绝这个要求的卖者表明了他的车是次品的私人信息，买者会决定出一个低价或去寻找另一辆车。

7. 政治经济学（political economy）

答：政治经济学是运用经济学的分析方法来研究政府如何运作的一门学科，有时被称为公共选择学科。但应该注意此处的政治经济学不可和马克思主义对政治经济学的定义混为一谈。这一理论是一种研究政府决策方式的经济学和政治学，而马克思主义政治经济学的研究对象是生产关系及其发展规律。

8. 康多塞悖论（Condorcet paradox）

答：康多塞悖论指18世纪法国政治理论家科思·康多塞提出的"多数规则没有产生可传递的社会偏好"的悖论。传统的微观经济学理论以个人选择为基础，强调基于个人理性和目标最大化的个人选择行为。当涉及社会选择（或集体选择）时，就会出现这样一个问题：个人的最优选择能否或如何转化为社会的最优选择？传统理论认为，如果某种选择对每个人来说都是最优的，那么它对社会也是最优的，这实际是遵循"一致同意原则"行事。但人们发现，一致同意原则在现实生活中很难实现：要么成本太高，要么存在内在的逻辑不一致性。因此，在实际生活中常常不用"一致同意原则"。而用"多数原则"来实现个人选择到社会选择的转换，即通过投票来保证社会选择符合多数人的利益。然而，多数原则本身也存在问题，此即"康多塞悖论"。

例如，现有三个可供选择的对象X、Y、Z。它们可以代表投票选举中的各候选人，或代表投票表决中的各种提案。现有投票者甲、乙、丙三人。他们对这些选择对象都有个人的偏好顺序，每个人的偏好都是理性的、稳定不变的，并具有传递性。如投票者甲认为，X优于Y，Y优于Z；投票者乙认为，Y优于Z，Z优于X；投票者丙认为，Z优于X，X优于Y。以所有个人的偏好顺序为基础，要求最后选出一个多数人偏好的社会选择顺序，或选出一个多数人偏好的可供选择对象。如果在X与Y之间进行投票表决，则X将被选择（投票者甲和丙都认为X优于Y）；如果在Y与Z之间进行投票表决，Y将被选择；如果在Z与X之间进行投票表决，Z将被选择。这三种结果显然存在着矛盾。而如果在X、Y、Z之间进行投票表决，则会形成X优于Y，Y优于Z，Z优于X的怪圈。这表明，在多数原则下，明确的结果可能永远不会产生。也就是说，个人理性会导致集体的非理性。康多塞悖论是社会选择理论和新福利经济学的重要问题之一。

从康多塞悖论中可以得出两个结论。狭义的结论是，当有两种以上的选择时，确定议程（即决定要投票事情的顺序）会对民主选举结果有重大影响。广义的结论是多数投票本身并没有告诉我们社会真正想要什么结果。

9. 阿罗不可能性定理（Arrow's impossibility theorem）

答：阿罗不可能性定理指阿罗分析市场一般均衡时得出的一个数学结论，表明在一组假设条件之下，没有把个人偏好加总为一组正确的社会偏好的方案。阿罗不可能定理包含两项重要假设：每个人的偏好是可以排列的；每个人的偏好次序是可以过渡的。

根据这两项假设，阿罗指出，要建立一种社会福利函数必定要违反他规定的下列五项条件的一项或若干项，否则社会福利函数就无法建立。其五项规定或条件为：①自由三元组条件：在所有选择方案中，至少有三个方案，对之允许有任何逻辑上可能的个人选择顺序。②社会选择正相关于个人价值条件：如果某一选择方案在所有人的选择顺序中地位上升或保持不变，且没有其他变化发生，则在社会选择顺序中，这一方案的地位上升，或至少不下降。③不相关的选择方案具有独立性条件：第一，任何两个选择方案的社会选择顺序仅仅依赖个人对这两个方案的选择顺序，与个人在其他不相关的备选对象上的选择顺序无关；第二，任何两个选择对象之间的社会偏好顺序仅仅依赖于个人相应的选择顺序，而与偏好强度等因素无关。④公民主权条件：社会选择顺序毕竟不是强迫的。⑤非独裁条件：选择规则不能是独裁的，即不存在这种情况：一个人的选择顺序就是社会的选择顺序，所有其他人的选择是无足轻重的。

阿罗证明了不存在一个选择规则或选择程序能够同时满足上面两个假设和五个条件，这表明由个人选择合乎逻辑地转化为社会选择的过程包含巨大的困难。

10. 中值选民定理（median voter theorem）

答：中值选民定理指一个数学结论，表明如果要选民沿着一条线选一个点，而且，每个选民都想选择离他最偏好的点最近的点，那么，多数规则将选出中值选民最偏好的点。这就是中值选民定理。根据称为中值选民定理的著名结论，多数规则将引起中值选民最偏好的结果。中值选民是正好在分布的中间的选民。

中值选民定理的一个含义是，如果两个政党各自努力使自己当选的机会最大化，它们就要使自己的立场接近中值选民。另一种含义是，少数人的观点不会被过多重视。多数规则并不是达到考虑到每个人偏好的一种综合，而是只注意正好在分布中间的人。

11. 行为经济学（behavioral economics）

答：行为经济学作为实用的经济学，它将行为分析理论与经济运行规律、心理学与经济学有机结合起来，以发现现今经济学模型中的错误或遗漏，进而修正主流经济学关于人的理性、自利、完全信息、效用最大化及偏好一致基本假设的不足。

狭义而言，行为经济学是心理学与经济分析相结合的产物。广义而言，行为经济学把五类要素引入经济分析框架：①"认知不协调-C-D gap"；②"身份-社会地位"；③"人格-情绪定势"；④"个性-偏好演化"；⑤情境理性与局部知识。

理性人假设是传统西方经济学理论的基石。20世纪80年代以后，由于传统经济学说在一些理论推演过程中始终陷入"瓶颈"以及在解释及指导现实经济生活时表现得欲振乏力，以理查德·泰勒为首的一批经济学家开始对作为传统理论的立论根本的"理性人"假设提出质疑。他们尝试将心理学、社会学等学科的研究方法和成果引入到经济学研究中来，提出了将非理性的经济主体作为微观研究的对象，从而开创了对微观经济主体非理性规律进行研究的先河，行为经济学由此诞生。随后大批学者对这一崭新的领域表现出极大的热情与信心并积极投身于其研究中。一般认为行为经济学正式创立于1994年，已故著名心理学家阿莫斯·特维尔斯基，经济学家丹尼尔·卡尼曼、里查德·萨勒、马修·拉宾以及美籍华人奚恺元教授等是这一学科的开创性代表。

行为经济学区别于传统经济学的关键是其关于"非理性人"的理论前提。行为经济学指出：正常生活中（或者说更具备研究价值）的经济个体应该是非理性的，这样一个非理性的人，并不具备稳定和连续的偏好以及使这些偏好最大化的无限理性；即使知道效用最大化的最优解也有可能因为自我控制意志力方面的原因而无法做出相应的最优决策；其经济决策的过程中包含了相当的非物质动机和非经济动机权重。事实证明，引入"非理性人"这样一个假设前提后，经济研究得以抛开脱离现实、严格理想化的假设，并为心理学、社会学等学科研究成果的引入奠定了基础，从而使得经济理论更具有现实指导意义与多元学科互通有无的优势。

二、复习题

1. 什么是道德风险？列出雇主为了降低这个问题的严重性可能会做的三件事。

答：（1）道德风险的含义参见"概念题"第1题。

（2）雇主为了降低这个问题的严重性，可以做以下三件事。

① 更好地进行监督。例如，雇用保姆的父母在自己家里安装录像机，以便在父母外出时录下保姆的行为，目的是抓住不负责的行为。

② 提供高工资。根据效率工资理论，一些雇主会选择向其工人支付高于劳动市场供求均衡水平的工资。赚到这种高于均衡水平工资的工人不太会怠工，因为如果他被抓住了并被解雇，他就无法找到另一份高工资工作。

③ 延期支付部分工资和奖金。企业会延迟支付工人的部分工资和奖金，因为如果抓住工人怠工并解雇，他就会蒙受相当大的惩罚。延期报酬的一个例子是年终奖金。同样，一个企业也会选择在工人生命的后期进行支付。因此，工人随着年龄而增加工资可能不仅仅反映经验的利益，也是对道德风险的一种反映。

雇主并不需要单独使用这几种机制，可以用这些机制的某种组合来减少道德风险问题。

2. 什么是逆向选择？举出可能存在逆向选择的一个市场的例子。

答：（1）逆向选择指在买卖双方信息非对称的情况下，差的商品总是将好的商品驱逐出市场；或者说拥有信息优势的一方，在交易中总是趋向于做出尽可能地有利于自己而不利于别人的选择。逆向选择的存在使得市场价格不能真实地反映市场供求关系，导致市场资源配置的低效率。

（2）在市场上存在逆向选择的一个例子

在二手车市场上，假定有若干辆质量不同的二手车要卖。旧车主知道自己要卖的车的质量，质量好的索价高些，质量差的索价低些。但买主不知道每辆旧车的质量情况。在这种情况下，买主只能按好的旧车和差的旧车索价的加权平均价格来购买。这样，由于买主无法掌握旧车的准确信息，从而其出价并不区分旧车质量的好坏，质量好的旧车会退出市场，质量差的旧车留在市场上。一旦发生这样的情况，质量差的旧车比例增加，买主会进一步降低出价，使质量稍好的旧车也退出市场，如此循环下去，旧车市场就会逐渐萎缩。

所以，二手车市场上逆向选择的存在使得市场价格不能真实地反映市场供求关系，导致市场资源配置的低效率。由于逆向选择的存在，二手车市场成为一个问题市场。

3. 给发信号和筛选下定义，并各举出一个例子。

答：（1）发信号指有信息的一方向无信息的一方披露自己私人信息时所采取的行动。发信号是市场对不对称信息问题做出反应，是有信息的一方用信号让无信息的一方相信有信息的一方提供了高质量的东西。筛选指无信息的一方所采取的引起有信息的一方披露私人信息所采取的行动。

（2）发信号的例子

企业会花钱做广告，向潜在客户发出它们有高质量产品的信号。产品优良的企业从广告中得到了相当大的利益，因为想尝试这种产品的客户更可能成为经常性客户。因此，有好产品的企业为信号（广告）付费是理性的，而且，客户把信号作为有关产品质量的信息内容也是理性的。

此外，求职者可以用大学文凭作为向雇主发出证明其能力的信号。

（3）筛选的例子

① 人寿保险公司可以要求申请人提交体检报告，以便公司对此人的死亡风险掌握更多的信息。

② 保险公司通过提供能使他们自行甄别的不同保险政策来区分两类司机。一种政策是保险费较高，而且补偿所发生的任何一次事故的全部费用。另一种政策是保险费较低，但要扣除若干费用。要注意的是，对于爱冒险的司机，扣除是一种更大的负担，因为他们更可能发生事故。因此，在扣除足够大时，含有扣除条款的低保险费政策将吸引安全的司机，而没有扣除条款的高保险费政策将吸引爱冒险的司机。面对这两种政策，两类司机就会通过选择不同的保险政策而披露自己的私人信息。

③ 考虑一个出售汽车保险的企业。这个企业想向安全的司机收取较低的保险费，而向爱冒险的司机收取较高的保险费。但是，如何才能辨别这两种司机呢？司机知道他们是安全的还是爱冒险的，但爱冒险的司机不会承认这一点。司机的历史信息是一种信息内容（保险公司实际上在利用它），但由于汽车事故的固有随机性，历史记录是预期未来风险的一种不完全的指标。

4. 康多塞发现的投票的非正常特征是什么？

答：康多塞发现的投票的非正常特征是：多数规则没有产生可传递性的社会偏好。具体如下。

（1）民主在努力选出各种结果中的一个时会遇到一些问题。假设有三种可能的结果，分别记为 A、B 和 C，且有如表 22-2 所示的三种偏好的选民。市长想把这些个人偏好整合为整个社会的偏好，他应该按照下面的步骤做。

首先，他会试着用某种一对一的投票。如果他问选民在 B 和 C 中首先选什么，1 类和 2 类选民将投 B 的票，B 得到了多数。然后，如果他让选民在 A 和 B 中选择，1 类和 3 类选民投 A 的票，A 得到了多数。观察到 A 击败了 B，B 击败了 C，市长会得出结论：A 是选民的明确选择。

假设市长让选民在 A 和 C 中选择，在这种情况下，2 类和 3 类选民投 C 的票，C 得到多数。这就是说，在两两多数投票的方式之下，A 击败了 B，B 击败了 C，而 C 又击败了 A。按常规来说，期望偏好表现出被称为传递性的特征：如果 A 优于 B，而 B 优于 C，那么，应该期望 A 会优于 C。康多塞悖论是，民主的结果并不总是遵照这个特性。两两投票会产生有传递性的社会偏好取决于个人偏好的形式。但如表 22-2 所示，不能指望它这样做。

表 22-2　康多塞悖论

项目	选民类型		
	1 类	2 类	3 类
选民的百分比	35	45	20
第一次选择	A	B	C
第二次选择	B	C	A
第三次选择	C	A	B

(2) 康多塞悖论的一个含义是，要投票的事情的顺序会影响结果。如果市长建议先在 A 和 B 中选择，然后赢家与 C 相比较，该市最终会选择 C。但是，如果选民先在 B 和 C 之间选择，然后赢家与 A 相比较，该市最终会选择 A。而且，如果选民先在 A 和 C 之间选择，然后赢家与 B 相比较，该市最终会选择 B。

(3) 从康多塞悖论中可以得出两个结论。狭义的结论是，当有两种以上的选择时，确定议程（这就是说，决定要投票事情的顺序）会对民主选举结果有重大影响。广义的结论是，多数投票本身并没有告诉我们社会真正想要什么结果。

5. 解释为什么多数原则代表了中值选民的偏好，而不是平均选民的偏好。

答：多数原则代表了中值选民的偏好，而不是平均选民的偏好是因为中值选民所偏好的结果打败了两边任何一种其他主张，中值选民这边拥有一半以上的选民。具体分析如下：

(1) 设想一个社会正在决定把多少钱用于某种公共物品，例如，军队或国家公园。每个选民都有他自己最偏好的预算，而且，他对离自己最偏好的结果近的结果的喜爱大于对离自己最偏好的结果远的结果。因此，可以把选民从偏好最少预算到偏好最大预算排成一队。图 22-1 是一个例子。这里有 100 个选民，而且，预算规模从 0 变动到 200 亿美元。

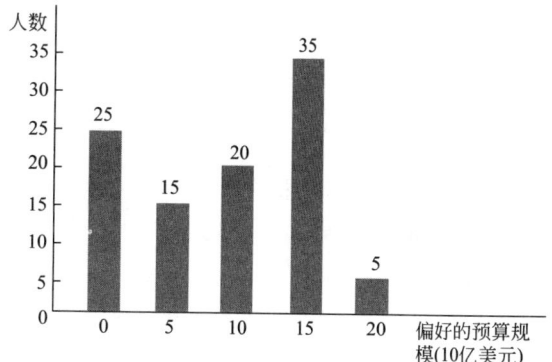

图 22-1　中值选民定理：一个例子

(2) 根据称为中值选民定理的著名结论，多数规则将引起中值选民最偏好的结果。中值选民是正好在分布的中间的选民。在这个例子中，如果按选民所偏好的预算给他们排序，而且，无论从这个队列的哪一头数 50 个选民，将会发现，中值选民想要 100 亿美元的预算。与此相比平均偏好的结果（把偏好的结果相加再除以选民的数量）是 90 亿美元，而多数结果（最大多数选民偏爱的结果）是 150 亿美元。

(3) 中值选民规定了投票结果，因为其所偏爱的结果打败了两边任何一种其他主张。在例子中，有一半以上的选民想要 100 亿美元或更多的预算，有一半以上的选民想要 100 亿美元或更少的预算。如果有个人建议，比如是 80 亿美元而不是 100 亿美元，每一个偏好 100 亿美元或更多的选民就将与中值选民一起投票。同样，如果有个人建议 120 亿美元而不是 100 亿美元，每个想要 100 亿美元或更小的选民就与中值选民一起投票。在这两种情况下，中值选民这边有一半以上的选民。

6. 描述最后通牒博弈。传统经济理论预期这个博弈的结果是什么？试验证实了这种预期吗？解释原因。

答：(1) 最后通牒博弈的进行如下：两位志愿者（他们相互不认识）被告知，他们将要去玩游戏并可以赚到 100 美元。在他们玩以前，他们要了解规则。游戏从掷硬币开始，硬币用来确定玩家 A 和玩家 B 自愿充当的角色。指定玩家 A 的工作是在他和玩家 B 之间分 100 美元奖金。在玩家 A 提出他的建议后，玩家 B 决定是接受还是否决。如果他接受了，两个玩家根据这个建议得到钱。如果玩家 B 拒绝了建议，两家都空手走出去。无论哪一种情况，博弈都结束了。

(2) 传统的经济理论假设在这种情况下，人们是理性的财富最大化者。这个假设得出了一个简单的预期结果：玩家 A 应该建议他得 99 美元，而 B 得 1 美元；而且，玩家 B 应该接受这个建议。首先，一旦提出了建议，玩家 B 只要从中得到点什么，他接受建议状况就会改善。此外，由于玩家 A 知道，接受建议符合玩家 B 的利益，所以，玩家 A 就没有理由给他的钱大于 1 美元。

（3）试验没有证实这种预期。事实上，玩家 B 通常拒绝只给他少量钱的建议。由于了解这一点，扮演玩家 A 角色的人通常建议给玩家 B 的钱远远大于 1 美元。一些人将提出 50：50 的分法，但更经常的是玩家 A 建议给玩家 B 30 或 40 美元这样的量，并把大部分留给自己。在这种情况下，玩家 B 通常会接受建议。

（4）合理的解释是人们部分受朴素的公正观念驱使。在许多人看来如此之不公正，即使自己一无所获也要拒绝。

三、快速单选

1. 由于 Elaine 有重大的家族遗传病史，她购买了医疗保险，而她的朋友 Jerry 家族健康，没有买医疗保险。这是（　　）的例子。

a. 道德风险　　b. 逆向选择　　c. 发信号　　d. 筛选

【答案】b

【解析】逆向选择是指在卖者对所出售物品的特征了解得比买者多的市场上产生的问题。购买医疗保险的人比保险公司更了解自己的健康问题，有较多隐蔽性健康问题的人比其他人更可能购买医疗保险。

2. George 有人寿保险，如果他去世，就会给他家人 100 万美元。因此，他毫不犹豫地享受他喜欢的蹦极爱好。这是（　　）的例子。

a. 道德风险　　b. 逆向选择　　c. 发信号　　d. 筛选

【答案】a

【解析】道德风险是指一个没有受到完全监督的人从事不诚实或不合意行为的倾向。在没有保险时，George 会更爱惜自己的生命，减少危险的室外活动；在参保后，他会因为有保险而放松警惕，参加蹦极等危险活动。

3. 在出售任何一份医疗保险之前，Kramer 保险公司都要求申请者进行体检。那些有重大先天健康问题的人要交纳更多的保费。这是（　　）的例子。

a. 道德风险　　b. 逆向选择　　c. 发信号　　d. 筛选

【答案】d

【解析】筛选是指无信息的一方所采取的引起有信息的一方披露信息的行动。因为保险公司不了解投保者的身体健康状况，想通过体检来获取投保人的健康信息，更好区分高风险人群与低风险人群。

4. 康多塞悖论通过说明两两多数领先的投票（　　），证明了阿罗不可能性定理。

a. 与确定性原则并不一致　　　　b. 引起不可传递的社会偏好
c. 违背了不相关选择的独立性　　d. 会使一个人成为独裁者

【答案】b

【解析】康多塞悖论是指多数原则没有产生可传递的社会偏好。它的一个含义是，投票的顺序会影响结果。

5. 两个政党候选人竞选某镇镇长，竞选的关键问题是每年 7 月 4 日国庆烟火晚会上花多少钱。在 100 个选民中，40 个人想花 3 万美元，30 个人想花 1 万美元，而 30 个人想一分不花。在这个问题中获胜的立场是（　　）。
　　a. 1万美元　　　　b. 1.5万美元　　　　c. 2万美元　　　　d. 3万美元
【答案】a
【解析】中值选民定理是指如果要选民沿着一条线选一个点，而且，每个选民都想选离他最偏好的点最近的点，那么，多数原则将选出中值选民最偏好的点。题目中按选民所偏好的预算给他们排序，从小到大，中值选民在30个人想花1万美元之中，所以最后选票决定烟火晚会花1万美元。

6. 被称为最后通牒博弈的实验说明人们（　　）。
　　a. 对自己的能力过度自信　　　　　　b. 在策略上采用了纳什均衡
　　c. 即使对自己不利，也关注公正　　　d. 会做出前后不一致的决策
【答案】c
【解析】通牒博弈的实验选择两名玩家A和B，玩家A的工作是在他自己和玩家B之间分100美元奖金，玩家B选择接受建议或拒绝，如果拒绝，双方都得不到奖金。现实中充当玩家B角色的人通常拒绝只给他1美元或类似的少量钱的建议，而玩家A为避免玩家B拒绝建议，通常给玩家B30美元或40美元这样的量。这说明人们部分受天生的公正观念的驱使，即使对自己不利，也关注公正。

四、问题与应用

1. 下列每一种情况都涉及道德风险。在每种情况下，确定委托人和代理人，并解释为什么存在不对称信息。所描述的行为如何减少了道德风险问题？
　　a. 房东要求房客支付保证金。
　　b. 企业把在未来以既定价格购买公司股票的期权作为对高层管理人员的报酬。
　　c. 汽车保险公司对在汽车上安装防盗器的客户提供折扣。
答：a. 在房东要求房客支付保证金这种情况下，房东是委托人，房客是代理人。此时存在信息不对称的原因是房东不知道房客会怎样对待房子。房客支付保证金后，为了以后能将保证金拿回，就会小心地照料房子。

b. 这种情况下，公司的所有者是委托人，高层管理人员是代理人。此时不对称信息存在的原因是公司的所有者事先不知道高层管理人员经营公司时是否会尽力。通过未来以某种价格购买股票的期权作为对高层管理人员的报酬就能鼓励高层管理人员努力工作，并提升公司的价值。

c. 这种情况下，汽车保险公司是委托人，客户是代理人。此时存在信息不对称是因为保险公司不能观察到客户投保后的行为，客户可能将车停在犯罪高发区等。而安装防盗器的客户则表明他会更好地保管汽车。通过提供折扣，保险公司可以诱导客户安装防盗器。

2. 假设"长寿健康医疗保险公司"对一种家庭保险单每年收取5000美元。公司总裁建议，为了增加利润，公司把每年的价格提高到6000美元。如果企业采纳了这个建议，会产生什么经济问题？平均而言，企业的客户群中健康的人会更多还是不健康的人会更多？公司的利润一定会增加吗？
答：如果企业采用了这个建议，那么一些相对健康的人会因保费提高而退出保险，而那些不太健康的人可能仍会加入，因而客户中不健康的人将增加。公司的保费收入可能会下降，而支出则基本不变，因而公司的利润可能会减少。

3. 本章的案例研究描述了男朋友如何通过向女朋友赠送适当的礼物发出"他爱她"信号。你认为说"我爱你"是否算作信号？为什么？

答：（1）在本章的案例中，他通过送一份合适的礼物向女朋友发信号，表达"他爱她"的情感，因为选择一份合适的礼物其代价将是高昂的，而且它的代价取决于私人信息（他多爱她）。如果他是真的爱她的，选择一件好礼物就不难。如果他并不爱她，找到合适的礼物就比较难了。因此，送一件适合于女朋友的礼品是他传递"他爱她"这种私人信息的一种方法。

（2）说"我爱你"不能算做有效信号。显然，发送有效的信号，必须是有成本的。如果信号是免费的，任何人都可以使用它，它也就不能传递信息。由于同样的原因，还有另一个要求：信号必须是低成本的，或者是对有高质量产品的人更有利的。否则，每一个人都有同样使用信号的激励，信号也就不能说明什么了。简单的表达"我爱你"是不能满足这些条件的，所以不能算作有效信号。

4. 一些艾滋病宣传员认为，不应该允许医疗保险公司问申请者是否感染了引起艾滋病的 HIV 病毒。这种规定帮助还是伤害那些 HIV 呈阳性的人？这种规定将帮助还是伤害那些 HIV 不呈阳性的人？这种规定将加剧还是减缓医疗保险市场上的逆向选择问题？你认为它将增加还是减少没有医疗保险的人数？在你看来，这是一种好政策吗？解释你对上述问题的答案。

答：（1）该建议是有利于那些 HIV 呈阳性的人。因为如果不允许医疗保险公司进行检查，那么将有更多的 HIV 呈阳性的人能够参加保险。

（2）该建议加剧了在医疗保险市场上的逆向选择问题。那些 HIV 呈阳性的人参加医疗保险，保险公司的成本将会提高，保险公司也会提高保费。因此，那些健康的人因要承担更高的保费而可能会退出保险，参加保险的人可能很多是一些有病的人（包括 HIV 呈阳性的人），从而加剧了逆向选择问题。

（3）其结果是没有参加医疗保险的人数增加了。

（4）正因为上述原因，我认为该建议不是一项好的政策。

5. Ken 向一家冰淇淋店走去。

侍者：今天我们有香草口味的和巧克力口味的。

Ken：我要香草的。

侍者：我差点忘了。我们也有草莓的。

Ken：这样的话，我要巧克力的。

Ken 违背了决策的标准特征吗？（提示：再读一下有关阿罗不可能性定理的那部分内容。）

答：阿罗不可能定理包含两项重要假设：每个人的偏好是可以排列的；每个人的偏好次序是可以过渡的。Ken 违背了其他不相关选择的独立性假设。先前只有香草和巧克力时，他偏爱香草。多了草莓这个选择不应该诱使他改变想法而选择巧克力。

6. 三个朋友正在选择吃晚餐的餐馆。下面是他们的偏好：

项目	Rachel	Ross	Joey
第一选择	意大利餐馆	意大利餐馆	中国餐馆
第二选择	中国餐馆	中国餐馆	墨西哥餐馆
第三选择	墨西哥餐馆	墨西哥餐馆	法国餐馆
第四选择	法国餐馆	法国餐馆	意大利餐馆

a. 如果三个朋友用博达计算做出他们的决策，他们到哪里吃饭？

b. 在去他们所选择的餐馆的路上，他们看到墨西哥餐馆和法国餐馆关门了，因此，他们用博达计算再在剩下的两家餐馆中选择。现在他们决定去哪家餐馆？

c. 你对 a 和 b 的回答如何与阿罗不可能性定理相关？

答：a. 如果三个朋友采用博达计算，中国餐馆得票最多 10 票；意大利餐馆得到 9 票；墨西哥餐馆得到 7 票；法国餐馆得到 4 票。因此，他们到中国餐馆吃饭。

b. 在这种情况下，意大利餐馆得到 5 票，中国餐馆得到 4 票。因此，他们将到意大利餐馆吃饭。

c. 这一投票结果违背了其他不相关选择的独立性假设。在中国餐馆和意大利餐馆之间的偏好不应该因为墨西哥餐馆和法国餐馆的存在而改变。

7. 三个朋友选择看哪一个电视节目。下面是他们的偏好：

项目	Chandler	Phoebe	Monica
第一选择	NCIS	Glee	Homeland
第二选择	Glee	Homeland	NCIS
第三选择	Homeland	NCIS	Glee

a. 如果三个朋友用博达计算做出他们的选择，会出现什么结果？

b. Monica 建议按多数原则投票。她提出，他们先在 NCIS 和 Glee 之间选择，然后在第一次投票中的赢者和 Homeland 之间选择。如果他们都忠实地按他们的偏好投票，会出现什么结果？

c. Chandler 会同意 Monica 的建议吗？他偏好哪一种投票制度？

d. Phoebe 和 Monica 能说服 Chandler 按 Monica 的投票制度去做吗？在第一轮投票中，Chandler 虚伪地说，他对 Glee 的偏好大于 NCIS。他为什么会这么做？

答：a. 如果用博达计算做出选择，那么将会出现平局，三个电视节目均得到 6 票。

b. 在 NCIS 和 Glee 之间的选择中，NCIS 将会成为赢者。在 NCIS 和 Homeland 之间的选择中，Homeland 将成为赢者。因此，Monica 的第一选择 Homeland 将最终获胜。

c. Chandler 不会同意 Monica 的建议。他倾向于先在 Glee 和 Homeland 之间选择，第一次投票中的赢者再与 NCIS 之间选择。这样，Chandler 的第一选择 NCIS 将最终获胜。

d. 如果 Chandler 虚伪地说，他对 Glee 的偏好大于 NCIS，在 Glee 和 NCIS 的选择中，Glee 就会成为赢者。在 Glee 和 Homeland 的选择中，Glee 就会成为最终的赢者。通过这种方法 Chandler 就避免了他最不偏好的选择 Homeland。

8. 五位室友计划在他们宿舍中看电影来度过周末，而且，他们正在争论看几部电影。下面是他们的支付意愿：

单位：美元

项目	Quentin	Spike	Ridley	Martin	Steven
第一部电影	14	10	8	4	2
第二部电影	12	8	4	2	0
第三部电影	10	6	2	0	0
第四部电影	6	2	0	0	0
第五部电影	2	0	0	0	0

买一张 DVD 的成本为 15 美元，由室友平分，因此，每部电影每人支付 3 美元。

a. 有效的看电影数量（即使总剩余最大化的数量）是几部？

b. 从每个室友的角度看，偏好的电影是几部？

c. 中值室友的偏好是什么？

d. 如果室友在有效结果和中值投票人的偏好之间进行投票，每个人会如何投票？哪一个结果会得到大多数票？

e. 如果一个室友提出了一个不同数量的电影的建议，他的建议能战胜 d 中投票的赢者吗？

f. 在公共物品的提供中，多数原则能达到有效的结果吗？

答：a. 有效的看电影数量为 3 部。此时，总剩余为五位室友的支付意愿总和减去 3 部电影的总成本，即（38＋26＋18）－15×3＝37。

b. Quentin 偏好的电影是 4 部；Spike 偏好的电影是 3 部；Ridley 偏好的电影是 2 部；Martin 偏好的电影是 1 部；Steven 不愿意租任何电影。

c. 中值室友是 Ridley，其偏好是 2 部电影。

d. Quentin 和 Spike 会投 3 部电影，其他三位室友会投 2 部电影。所以最终会选择 2 部电影。

e. 如果一个室友提出了一个不同数量的电影的建议，他的建议不能战胜 d 中投票的赢者。除了两部电影之外的任何选择都只会得到少数票。

f. 不能。在提供公共物品的提供时，中间投票者的偏好决定了投票的结果，这可能达到也可能达不到有效的结果。

9. 两家冰淇淋店正在一条一英里的海岸上选址。人们都沿着海岸均匀分布，坐在海滩上的每个人每天从离自己最近的店买一个冰淇淋蛋卷。每个冰淇淋卖者都想使自己的顾客数量最大化。这两家店应该设在沿海岸的什么地方？这种结果使你想到了本章中哪一个结论？

答：两家店都应该设在海岸的中间，这样他们至少能赢得一半的顾客。具体分析如下：

中值选民定理指一个数学结论，表明如果要选民沿着一条线选一个点，而且，每个选民都想选择离他最偏好的点最近的点，那么，多数规则将选出中值选民最偏好的点。根据中值选民定理，如果每个冰淇淋卖者都想使自己的顾客数量最大化，他们就要使自己的位置接近海岸的中间。就像候选人争取中间选民一样，冰淇淋卖者都会尽可能地争取分布在海岸中间的顾客（多数顾客），而只有在海岸的中间才是争取"中间顾客"的最佳位置。

10. 政府正考虑两种帮助穷人的方法：给他们分发现金或给他们分发免费食物：

a. 根据标准的理性消费者理论，给出一种支持分发现金的论点。

b. 根据信息不对称，给出一种支持分发免费食物比分发现金好的观点。

c. 根据行为经济学理论，给出一种支持分发免费食物好于分发现金的观点。

答：a. 假定穷人是理性消费者，如果政府分发现金的话，他将在既定的现金约束下寻找效用最大化的消费水平，然后用所持现金去购买他最需要的物品及其数量。

b. 如果政府对穷人将如何使用他的现金没有完全信息，即存在信息不对称，那么设立施舍中心分发免费食物将是更好的选择。例如，分发的现金可能被用在毒品或酒精上，但是如果分发免费食物的话，政府可以保证其投入均被用在食物上。

c. 根据行为经济学理论，人们不总是理性的，如果政府采取分发现金的方式帮助穷人，他们可能把现金用在他们并不是非常需要的地方，因此分发免费食物有时候是一种更好的选择。

名校考研真题详解

1. 举例说明什么是道德风险。[南开大学 2013 研]

答：道德风险（moral hazard）又称败德风险，是指交易双方在签订交易合约后，信息占优势的一方为了最大化自己的收益将成本转嫁给别人，从而造成他人的损失的可能。道德风险的存在不仅使得处于信息劣势的一方受到损失，而且会破坏原有的市场均衡，导致资源配置的低效率。

例如，我国公费医疗中就存在着大量的道德风险现象。在公费医疗制度下，政府充当了医疗保险公司的角色，对每一个享受公费医疗的人实行全额的医疗保险。结果，享受公费医疗者的败德行为，一方面造成医药的大量浪费，另一方面使得对于医疗服务的需求大大超过供给。

2. 请利用你所学的知识解释，为什么会存在着各种各样的产品质量问题？难道消费者不会拒绝购买这些产品吗？[武汉大学 2011 研]

答：市场上存在产品质量问题且消费者不拒绝购买的原因如下。

（1）政府的价格控制

政府规定价格上限将导致产品短缺，供不应求，卖者就必须在大量潜在买者中配给稀缺物品。此时就容易产生黑市现象，消费者的选择有限，而生产者是追求利润最大化的，从而容易滋生产品以次充好的现象。

（2）信息不对称所造成的逆向选择问题

逆向选择是在卖者对所出售物品的特征了解得比买者多的市场上产生的问题。在这种情况下，买者要承担物品质量低的风险。从无信息的买者角度看，所出售物品的"选择"可能是逆向的。

（3）完全垄断

当市场结构是完全垄断时，处于卖方垄断地位的厂商没有动力对产品的质量问题进行持续的监督和控管，市场上不存在来自其他厂商的该产品，消费者也无法避免购买低质量的产品。

3. 比较保险市场上逆向选择和道德风险之间的异同点，并回答：当其中一个不存在时，另一个可以存在吗？[厦门大学 2011 研]

答：道德风险和逆向选择虽然都是由保险市场交易双方信息不对称所引起的，但逆向选择是发生于交易合同订立之前，交易一方故意隐瞒一些情况导致交易另一方做出了错误选择进而利益受到了损害的情况；而道德风险则是发生于交易合同订立之后，交易一方由于可推卸责任而导致损害交易另一方利益的不谨慎、不适当或故意的行为。例如在保险市场上，一个经常生病的人故意隐瞒病情而到保险公司要求参加医疗保险属逆向选择现象，而该病人一旦参加了保险就会认为反正医疗费由保险公司支付，因而更加不注意自己的身体，进而造成保险公司更多地支付医疗费用的情况就属道德风险。

既然两者有区别，那么逆向选择和道德风险两者完全有可能出现"一种能在另一种不存在的情况下存在"。例如，一个身体正常的人参加了医疗保险就有可能更不注意自己的健康，这种情况就属于不存在逆向选择的情况下的道德风险。反之，一个本来有病的人参加医疗保险后可能并不会不当心自己身体，这种情况就属于不存在道德风险的情况下的逆向选择。

4. 俗话说"买的不如卖的精",在现实生活中存在许多消费者和提供者对商品质量的信息不对称性现象,请回答:

(1) 假定买卖双方对商品质量都有充分的了解,试作图说明高质量商品和低质量商品的市场供求状况;

(2) 在信息不对称条件下,试作图分析高质量和低质量商品的市场供求状况。[南开大学 2010 研;北大 1998 研]

答:(1)假定买卖双方对商品的质量有充分的了解,消费者会把不同质量的商品看成是不同的商品。对于高质量和低质量的商品,消费者愿意支付不同的价格。比如,高质量的商品,消费者愿意支付较高的价格;低质量的商品,消费者愿意支付较低的价格。对于同一种质量的商品,价格越高,需求量越少。所以,消费者的需求曲线仍然是向右下方倾斜。同理,生产者也掌握足够的信息,针对不同质量的商品会以不同的价格供应,其供给曲线仍是向右上方倾斜的。市场需求曲线和市场供给曲线确定市场均衡价格和均衡产量。

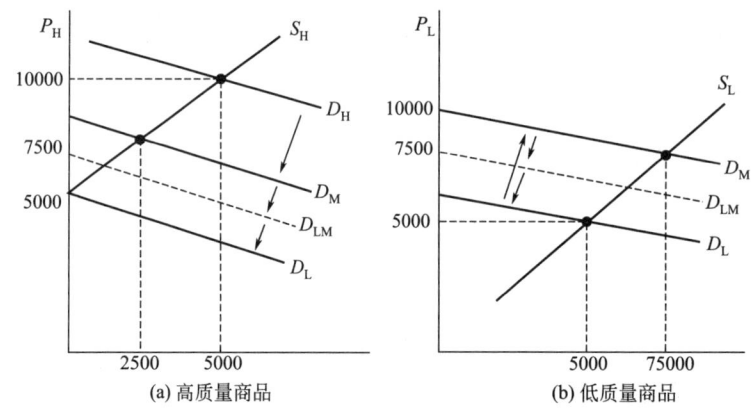

图 22-2 柠檬市场

(2)在信息不对称的条件下,买的不如卖的精,会出现逆向选择,即低质量商品会将高质量商品逐出市场。

如图 22-2 所示,当产品的卖方对产品质量比买方有更多信息时,柠檬市场可能出现,使低质量商品驱逐高质量商品。在图 22-2(a)中,当买方对市场上商品的平均质量预期降低时,对高质量商品的需求曲线从 D_H 移到 D_M。同样,在图 22-2(b)中,对低质量商品的需求曲线从 D_L 移到 D_M。结果,高质量商品的销售下降,而低质量商品的数量增加。最终,售出的只有低质量商品了。